8° Le 1 85 9

Paris
1883

Gambetta, léon

Discours et plaidoyers politiques

11vol

DISCOURS

ET

PLAIDOYERS POLITIQUES

DE

M. GAMBETTA

IX *Modèle*

PARIS

TYPOGRAPHIE GEORGES CHAMEROT

19, RUE DES SAINTS-PÈRES, 19

DISCOURS

ET

PLAIDOYERS POLITIQUES

DE

M. GAMBETTA

PUBLIÉS PAR M. JOSEPH REINACH

IX

SEPTIÈME PARTIE

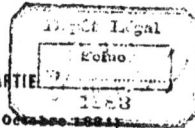

6 Février 1879 — 28 Octobre 1881

ÉDITION COMPLÈTE

PARIS

G. CHARPENTIER, ÉDITEUR

13, RUE DE GRENELLE-SAINT-GERMAIN, 13

1883

ALLOCUTION

Prononcée le 6 février 1879

A LA CHAMBRE DES DÉPUTÉS

Les élections du 14 octobre 1877 avaient donné au parti républicain la majorité dans la Chambre des députés. Le renouvellement partiel du 5 janvier 1878 donna à la République une majorité de cinquante voix au Sénat. Le 30 janvier 1879, le maréchal de Mac-Mahon remit entre les mains d'un républicain de la veille la magistrature suprême de la République.

Il ne nous appartient pas de raconter ici ni les divers incidents qui déterminèrent le maréchal de Mac-Mahon à la retraite ni ceux qui marquèrent les premiers temps de la nouvelle présidence [1]. Il nous suffira de rappeler que, le 30 janvier 1879, M. Jules Grévy, président de la Chambre des députés, fut élu président de la République par 563 voix sur 662 votants et que M. Waddington fut appelé à la présidence du conseil en remplacement de M. Dufaure, démissionnaire (2 février).

M. Gambetta s'était mis, dès le 30 janvier, pendant la réunion de l'Assemblée nationale, à la disposition de M. Jules Grévy. Le nouveau président de la République répondit à celui qui avait été son principal électeur que le moment de l'appeler aux affaires ne lui semblait pas encore

---

1. Voir notre *Histoire du ministère du 14 novembre 1881*, livre I, chap. 2.

IX.   1

venu. Il l'engagea à se porter candidat à la présidence de la Chambre, devenue vacante par sa propre démission.

Le cabinet du 4 février fut constitué comme suit :

Affaires étrangères et présidence du conseil. . . . . . MM.	Waddington.
Justice et cultes	Le Royer.
Intérieur	de Marcère.
Guerre	le général Gresley.
Marine et colonies.	l'amiral Jauréguiberry.
Instruction publique. . . .	Jules Ferry.
Finances	Léon Say.
Travaux publics	de Freycinet.
Agriculture et commerce . .	Lepère.
Postes et télégraphes . . .	Cochery.

M. Gambetta, élu président de la Chambre des députés dans la séance du 1er février 1879 par 338 voix sur 407 votants, prononça le 6 février, en prenant possession du fauteuil, l'allocution suivante :

Messieurs les députés,

En prenant possession du poste d'honneur que le vote de la Chambre vient de me confier, je vous adresse l'expression de ma vive reconnaissance.

Permettez-moi d'ajouter que les circonstances historiques qui ont précédé et déterminé cette marque de votre confiance l'ont rendue tout ensemble et plus précieuse et plus redoutable pour moi. Je succède, en effet, au grand citoyen, à l'homme d'État que les suffrages des représentants du pays ont spontanément appelé à la présidence de la République française... *(Applaudissements à gauche et au centre)*, où le suivent l'irrésistible adhésion de la France, la fidélité inaltérable du Parlement et l'estime du monde. *(Vive adhésion et applaudissements.)*

S'il est aujourd'hui le chef de la nation, il reste ici notre instituteur et notre modèle. *(Nouveaux applaudissements.)* Nous suivrons ses leçons et ses traces, sans l'orgueil de le remplacer, mais avec le ferme dessein de reproduire les traits principaux de sa magistrature : la vigilante attention à toutes vos discussions, l'impartialité pour tous les partis (*Applaudissements*), le souci scrupuleux de nos règles, le culte jaloux des libertés de la tribune. (*Nouveaux applaudissements.*)

Élu de la majorité républicaine, gardien résolu de vos prérogatives, je connais mon devoir de protection envers les minorités; j'espère pouvoir les allier, sans défaillance, avec le respect que chacun doit ici à la Constitution et aux pouvoirs de la République. (*Vifs applaudissements à gauche et au centre.*)

Nous pouvons, nous devons tous, à l'heure actuelle, sentir que les combats ont fait leur temps. Notre République, enfin sortie victorieuse de la mêlée des partis, doit entrer dans la période organique et créatrice. (*Très bien! très bien!*)

Aussi, Messieurs les députés, je vous inviterai surtout à concentrer votre ardeur, vos lumières, vos talents, tous vos efforts sur les grandes questions scolaires, militaires, financières, industrielles, économiques, dont vous êtes saisis et dont les jeunes générations, l'armée, les travailleurs, les producteurs, la nation, en un mot, attendent légitimement la solution. (*Très bien! très bien!*)

Mandataires deux fois consacrés du suffrage universel, vous avez obéi à la première de ses volontés en sauvant la République. (*Très bien! très bien!*) Vous exécuterez les autres en lui assurant, d'accord avec le Gouvernement, les bienfaits de la paix, les garanties de la liberté, les réformes réclamées par l'opinion et fondées sur la justice. (*Bravos et applaudissements prolongés à gauche et au centre.*)

À la suite de cette allocution, M. de Marcère, ministre de l'intérieur, donne lecture à la Chambre du message suivant:

Messieurs les députés,

L'Assemblée nationale, en m'élevant à la présidence de la République, m'a imposé de grands devoirs. Je m'appliquerai sans relâche à les accomplir, heureux si je puis, avec le concours sympathique du Sénat et de la Chambre des députés, ne pas rester au-dessous de ce que la France est en droit d'attendre de mes efforts et de mon dévouement. (*Très bien ! très bien !*)

Soumis avec sincérité à la grande loi du régime parlementaire... (*Très bien! très bien! à gauche et au centre*) je n'entrerai jamais en lutte contre la volonté nationale... (*Bravos et applaudissements prolongés à gauche et au centre*), contre la volonté nationale exprimée par ses organes constitutionnels. (*Nouveaux applaudissements.*)

Dans les projets de lois qu'il présentera au vote des Chambres et dans les questions soulevées par l'initiative parlementaire, le Gouvernement s'inspirera des besoins réels, des vœux certains du pays, d'un esprit de progrès et d'apaisement; il se préoccupera surtout du maintien de la tranquillité, de la sécurité, de la confiance, le plus ardent des vœux de la France, le plus impérieux de ses besoins. (*Très bien! très bien! à gauche et au centre.*)

Dans l'application des lois, qui donne à la politique générale son caractère et sa direction, il se pénétrera de la pensée qui les a dictées; il sera libéral, juste pour tous, protecteur de tous les intérêts légitimes, défenseur résolu de ceux de l'État. (*Applaudissements.*)

Dans sa sollicitude pour les grandes institutions qui sont les colonnes de l'édifice social, il fera une large part à notre armée, dont l'honneur et les intérêts seront l'objet constant de ses plus chères préoccupations. (*Nouveaux applaudissements.*)

Tout en tenant un juste compte des droits acquis et des services rendus, aujourd'hui que les deux grands pouvoirs sont animés du même esprit, qui est celui de la France, il veillera à ce que la République soit servie par des fonctionnaires qui ne soient ni ses ennemis, ni ses détracteurs. (*Vifs applaudissements à gauche et au centre.*)

Il continuera à entretenir et à développer les bons rap-

ports qui existent entre la France et les puissances étrangères, et à contribuer ainsi à l'affermissement de la paix
générale. (*Très bien! très bien!*)

C'est par cette politique libérale et vraiment conservatrice
que les grands pouvoirs de la République, toujours unis,
toujours animés du même esprit, marchant toujours avec
sagesse, feront porter ses fruits naturels au gouvernemennt
que la France, instruite par ses malheurs, s'est donné
comme le seul qui puisse assurer son repos et travailler
utilement au développement de sa prospérité, de sa force
et de sa grandeur. (*Applaudissements prolongés.*)

Le président de la République,

Signé : JULES GRÉVY.

Le président du conseil,
ministre des affaires étrangères,

Signé : WADDINGTON.

Versailles, le 6 février 1879.

DISCOURS

Prononcé le 16 février 1879

EN RÉPONSE A UNE DÉPUTATION DU XXᵉ ARRONDISSEMENT

AU PALAIS-BOURBON [1]

(PARIS)

Nous reproduisons, d'après la *République française*, le compte rendu suivant :

Dimanche, à dix heures du matin, M. le président de la Chambre des députés a reçu, dans son cabinet, au Palais-Bourbon, une députation de l'ancien comité électoral du vingtième arrondissement dont M. Gambetta représente les intérêts à la Chambre.

Cette députation avait à sa tête les conseillers municipaux de l'arrondissement, MM. Sick, Charles Quentin et Métivier. M. Braleret, indisposé, s'était fait excuser.

---

1. La presse réactionnaire protesta assez vivement contre l'installation immédiate du nouveau président de la Chambre des députés au Palais-Bourbon, à Paris. La Chambre tient ses séances à Versailles, disaient le *Français*, l'*Union*, le *Pays*, etc. M. Gambetta n'a pas le droit de résider officiellement à Paris, dans un palais national. La *République française* répondit que l'article 9 de la loi constitutionnelle du 25 février 1875 ne pouvait obliger le président de la Chambre, puisqu'il n'obligeait ni le président de la République, ni les ministres qui résidaient officiellement à Paris.

L'article 9 de la loi du 25 février 1875 ne fut abrogé que cinq mois plus tard, dans la séance de l'Assemblée nationale du 19 juin, sur la proposition de M. Le Royer, garde des sceaux, à la majorité de 526 voix contre 241.

La commission de l'Assemblée, qui approuva le projet du gouvernement, était composée de MM. Gambetta, président, Jules Simon, rapporteur, Philippoteaux, Bertauld, Feray, Leblond, Méline, Henri Brisson, Louis Blanc, Jules Favre, Ferrouillat, Bernard-Lavergne, Peyrat, Senard et Eugène Spuller.

Au nom des électeurs du vingtième arrondissement,
M. le docteur Métivier a donné lecture de l'adresse suivante :

Monsieur le président et cher député,

Les membres de l'ancien comité électoral républicain du
vingtième arrondissement ont l'honneur de vous présenter
leurs félicitations cordiales et respectueuses.

A des titres divers, nous sommes, vous et nous, les coo-
pérateurs de la même œuvre, à savoir : la fondation de la
République et son développement progressif dans le sens
démocratique par les voies légales et constitutionnelles.

A ce titre, nous venons constater que la première partie
de l'objectif est réalisée, que la République est le fait, de
même qu'elle a toujours été le droit, et nous ajoutons
qu'une part considérable peut, sans injustice pour personne,
vous être attribuée dans ce résultat.

Nous avons été particulièrement émus et, permettez-moi
d'ajouter, glorieux que notre député ait été, par le libre
choix des représentants de la France, élevé à une situation
qui est la seconde de l'État.

L'honneur qui vous est fait, bien qu'il ne soit pas hors
de proportion avec les services rendus, est grand assurément ; mais ce qui nous touche surtout, c'est la possibilité
qui vous est offerte, par cette haute distinction, de rendre
à la République et à la France des services nouveaux et
d'une nature différente.

Vous vous êtes, jusqu'à présent, acquitté avec succès de
la tâche de discipliner l'armée républicaine, pour la conduire victorieusement au combat.

Aujourd'hui nous avons à assurer nos conquêtes, à nous
mettre en garde contre les retours offensifs, à marcher
d'un pas prudent, ferme et sûr, dans la voie du progrès
politique et social, intellectuel et moral, qui est la conséquence nécessaire de l'établissement de la République.

C'est à cette seconde partie de la tâche qu'il vous faudra
consacrer vos éminentes facultés.

Vous aurez besoin, dans cette période nouvelle et tout
organique de l'évolution républicaine, de qualités d'un ordre
différent et en apparence opposées à celles qui ont marqué
jusqu'à ce jour votre vie politique.

Certains pourraient douter que l'orateur enflammé de la période de combat puisse avoir la maturité d'esprit et la calme raison nécessaires pour mener à bien l'œuvre qui dès à présent s'impose à tous, élus et électeurs, et à laquelle il ne faudra pas faillir, sous peine de compromettre à jamais l'avenir de la France avec celui de la République.

Mais nous qui vous avons nommé, dès la première heure, parce que nous vous avons pressenti ; nous qui vous aimons, parce que nous savons toute la sincérité et toute l'ardeur de votre dévouement à la République, en même temps que l'élévation sereine et lumineuse de votre raison, nous avons la certitude que vous serez l'organisateur, comme vous avez été le combattant, et que, si la place qui vous est faite dans l'estime de vos concitoyens est élevée, elle ne dépasse pas la hauteur de vos vues patriotiques.

Ont signé : Braleret, Quentin, Sick. Métivier, conseillers municipaux ; Barré, Bouland, Bouvet, Bureau père, Bureau fils, Chassin, Delgué, Desenfants, Fontaine, Gérard, Hersent, Lecesne, Lelièvre, Lioré, Mugnier, Nourry, Passé, Sandrier, Sanguet, Topart.

M. le président de la Chambre des députés a répondu à ce discours dans les termes suivants :

Mes chers concitoyens,

Je dois vous dire que de toutes les récompenses qui pouvaient m'être accordées par la sympathie de mes collègues, aucune ne pouvait me toucher, m'honorer davantage que le vote qui m'a appelé à la présidence de la Chambre ; mais je n'ai pas été seulement heureux et fier de cette distinction éminente, qui est, en même temps, une charge et qui me confère un *nouveau mandat* : permettez-moi de dire qu'en l'acceptant, j'ai eu seulement le sentiment très net que j'allais servir, développer et poursuivre la politique que nous avons conclue ensemble.

Vous me rappeliez ce pacte tout à l'heure. A chacun des actes importants de notre vie commune, vous venez me le rappeler avec la même autorité, avec la même sympathie, et de mon côté je le renouvelle, soyez-en

sûrs, dans le même esprit où je l'ai accepté le premier
jour. Messieurs, il y a dix ans, nous sommes entrés
ensemble dans l'arène politique pour y faire deux
choses : fonder la République et faire porter au régime
républicain tous ses fruits.

La première partie de la tâche est accomplie. Je n'ai
pas besoin d'en énumérer les preuves, elles sont multiples, et, je puis le dire, elles s'imposent désormais
à la conscience du monde. La France n'a été si heureuse des événements qui viennent de s'accomplir
que parce qu'elle a pu éprouver la solidité et la souplesse des institutions républicaines, et que, dans la
crise inopinée qui a surgi, elle a pu, avec la confiance
la plus entière et la plus paisible, remettre ses
destinées entre les mains d'un homme politique et
d'un républicain dont la sagesse et la fermeté lui
étaient connues. C'est ainsi que la République a fait
ses preuves. C'est, maintenant, à la seconde partie de
notre tâche qu'il faut apporter tout ce que nous aurons
de force d'âme, de puissance de travail et de réflexion,
de volonté énergique et infatigable. Oui, nous ferons
une République féconde, une République réparatrice,
une République animée de l'esprit de justice et de
progrès, et nous la ferons parce que nous la devons
à la France. Nous avons pris souvent cet engagement ;
aujourd'hui nous sommes en demeure de le tenir, et
par quels procédés le tiendrons-nous? Par les mêmes
procédés dont nous nous sommes servis pour fonder
nos institutions nouvelles : par l'étude assidue et
constante qui doit précéder l'établissement des lois,
par une disposition intelligente et pratique, sérielle et
graduée des diverses réformes que le pays attend.
Nous n'aborderons pas toutes ces réformes à la fois,
mais quand nous aurons entrepris la solution de l'une
d'entre elles, nous ne l'abandonnerons plus sans
l'avoir résolue, sans l'avoir inscrite dans les lois, sans
l'avoir fait passer dans les mœurs.

Vous connaissez l'ensemble de ces réformes. J'ai eu l'occasion, il n'y a pas longtemps, d'en expliquer quelques-unes, de les formuler et d'indiquer ainsi la seconde étape que nous avons à parcourir et que nous parcourrons, je l'espère, avec autant de bonheur que la première. Messieurs, nous ferons ces progrès et nous les ferons, je le crois, sans trop de difficultés. Je ne prends pas au sérieux et je ne tiens pas pour des obstacles les criailleries et les gémissements des partis vaincus, qui se donnent le rôle assez inoffensif et en même temps assez ridicule de Jérémies en larmes au milieu du triomphe et de la joie de la démocratie française.

Je n'ai de ce côté aucune préoccupation. Ma préoccupation, je la porte tout entière sur le parti républicain, qui s'est accru au point d'être aujourd'hui la nation elle-même. Je veux, je désire continuer à le maintenir dans cette imposante, laborieuse et active prépondérance. J'admets très bien qu'il y ait des oppositions, des dissidences sur les bords de cette grande unité nationale ; nous sommes faits pour les comprendre et les supporter, étant faits pour la discussion et pour la controverse. Toutefois, il faut que nos adversaires le sachent : nous ne nous laisserons jamais aller, ni les uns ni les autres, à l'esprit de réaction, à l'esprit de diffamation et de dénigrement envers ceux qui ont été, qui sont encore et qui doivent rester les serviteurs et les défenseurs d'une même cause, la cause de la démocratie républicaine.

Mais, en même temps que nous saurons résister à cet esprit de réaction, nous ne nous laisserons pas emporter davantage par l'esprit d'impatience et de témérité, nous ne nous abandonnerons pas à l'ivresse du succès. Nous continuerons à être des hommes sages, des hommes de bon sens et d'opportunité, parce que je ne sais rien qui puisse remplacer avec succès cette méthode politique.

Voilà, Messieurs, dans quelle disposition d'esprit vous retrouvez votre représentant, votre fidèle mandataire, celui qui n'oublie pas qu'il y a dix ans vous lui avez ouvert les portes de la vie politique et qui a passé ces dix ans sous vos yeux, livré à votre jugement et à celui du pays. Vous venez de me dire tout à l'heure quelle était votre sympathie et quel devait être notre accord. L'ère dans laquelle nous sommes entrés me permettra, je l'espère, de vous prouver que, si j'ai changé de situation, je n'ai changé ni d'esprit ni de méthode, et, permettez-moi de l'ajouter en finissant, que je reste fidèle à votre égard à mes anciens sentiments de dévouement et de fraternité. *(Vive adhésion et applaudissements.)*

ALLOCUTION

Prononcée le 27 novembre 1879

A LA CHAMBRE DES DÉPUTÉS

———

Un décret du président de la République avait convoqué le Sénat et la Chambre des députés en session extraordinaire pour le 27 novembre [1]. M. Gambetta, président de la Chambre des Députés, prononça l'allocution suivante à l'ouverture de la première séance de la Chambre :

Messieurs les députés,

Le deuxième Congrès national, en ramenant à Paris les pouvoirs publics, a rendu à notre incomparable capitale le titre légal dont on l'avait trop longtemps dépouillée sans avoir pu l'amoindrir. (*Applaudissements.*)

L'Assemblée souveraine, par ce vote réparateur, a

[1]. La séance ordinaire avait été close à Versailles, le 2 août 1879. M. Gambetta avait prononcé, après avoir donné lecture du décret de prorogation, l'allocution suivante :

« Messieurs, la prochaine réunion de la Chambre aura lieu à Paris. (*Vifs applaudissements.*)

« En nous séparant pour nous retrouver à Paris, permettez-moi, Messieurs, de me faire votre interprète, en exprimant toute votre reconnaissance pour l'hospitalité cordiale, fraternelle, républicaine, que nous avons trouvée dans la ville de Versailles. (*Vive adhésion et applaudissements répétés.*)

« Et je ne crois pas dépasser la mesure en disant qu'une bonne part de cette reconnaissance revient à celui de nos collègues qui, dans les bons comme dans les mauvais jours, a toujours été le fidèle représentant de la noble population de cette ville [1]. » (*Applaudissements à gauche et au centre.*)

[1] M. Rameau.

resserré le lien de l'unité nationale; elle a placé le siège du gouvernement et des Chambres au seul point du territoire d'où on gouverne avec autorité. (*Applaudissements.*)

Elle a voulu enfin attester, aux yeux du monde, la confiance de la nation dans le patriotisme de la population de Paris, qui reste après tant d'épreuves la tête et le cœur de la France. (*Nouveaux applaudissements.*) Désormais, débarrassés de fatigants et quotidiens voyages, nous pourrons rendre en travail au pays les heures stérilement dépensées dans nos précédentes sessions.

La grande tâche de réformation par vous entreprise dans l'ordre scolaire, financier, économique, militaire et politique va recevoir une nouvelle impulsion de votre résidence dans ce prodigieux laboratoire de Paris où viennent s'accumuler toutes les ressources intellectuelles, affluer toutes les forces vives de la société, toutes les données de la politique intérieure et extérieure, fécondées par un esprit public dont la vivacité n'altère ni la justesse ni le bon sens.

Vous avez, Messieurs, amassé, préparé bien des matériaux de reconstruction, vous avez élaboré bien des projets. Il faut aboutir. (*Vifs applaudissements.*)

J'adjure vos commissions de redoubler d'efforts, de nous apporter à leur heure, que je souhaite prochaine, les résultats de leurs discussions intérieures.

A la lumière de cette grande tribune, les idées justes, les réformes mûres et pratiques s'imposeront d'elles-mêmes, et le pays, journellement éclairé sur ses affaires, verra enfin sa longue constance récompensée. (*Applaudissements prolongés.*)

Dans l'accomplissement de ces travaux, veuillez croire, Messieurs, que, scrupuleusement renfermé dans les devoirs spéciaux de la charge dont vous m'avez revêtu, je m'efforcerai d'apporter toute l'impartialité, toute l'activité, tout le zèle dont je suis capable. (*Très bien! très bien!*)

Mettons-nous donc tous résolument à l'œuvre, élevons-nous au-dessus des intérêts particuliers, écartons les incidents inutiles ou passionnés, faisons converger toutes nos facultés, tous nos efforts vers le but suprême : la grandeur de la patrie, l'affermissement de la République. (*Applaudissements prolongés et répétés.*)

Nous n'avons pas à raconter ici à la suite de quels incidents parlementaires le cabinet du 4 février fut amené à se disloquer, moins d'un an après sa constitution vers la fin du mois de décembre 1879. Une interpellation de M. Raynal sur un discours de M. de Carayon-Latour, colonel de l'armée territoriale, servit de prétexte au général Gresley, ministre de la guerre, pour remettre sa démission au président de la République; M. Le Royer, garde des sceaux, ministre de la justice, se retira pour cause de santé, et M. Waddington remit à M. Grévy, malgré deux ordres du jour de confiance consécutifs, la démission de tout le cabinet.

M. de Freycinet fut chargé par le président de la République de constituer un nouveau ministère.

Le cabinet du 28 décembre fut composé comme suit :

Présidence du conseil et ministère des affaires étrangères.	MM. de Freycinet.
Justice et cultes.	Cazot.
Intérieur.	Lepère.
Finances.	Magnin.
Guerre.	le général Farre.
Marine et colonies.	l'amiral Jauréguiberry.
Instruction publique et beaux-arts.	Jules Ferry.
Travaux publics.	Varroy.
Agriculture et commerce.	Tirard.
Postes et télégraphes.	Cochery.

MM. Sadi-Carnot, Cyprien Girerd, Martin-Feuillée, Constans, Wilson et Turquet furent nommés sous-secrétaires d'État aux travaux publics, au commerce, à la justice, à l'intérieur, aux finances et aux beaux-arts.

M. Gambetta fut réélu président de la Chambre, dans la séance du 11 janvier 1880, par 289 suffrages sur 308 votants. Il prononça le 15 janvier l'allocution suivante :

Quant à moi, Messieurs, je ne prendrai pas, pour la seconde fois, possession de ce fauteuil sans adresser à la Chambre tout entière l'expression de ma profonde reconnaissance pour l'honneur qu'elle a bien voulu me décerner. Qu'elle me permette d'ajouter que, à l'ouverture d'une session si importante et, espérons-le, si décisive pour les affaires et les intérêts du pays, je ne saurais mieux reconnaître la valeur du mandat qui m'est confié qu'en consacrant à la Chambre tout ce que j'ai d'activité, de vigilance, d'attention et d'impartialité. (*Applaudissements nombreux.*)

DISCOURS

SUR

LE PROJET DE LOI

PORTANT AMNISTIE PLÉNIÈRE DE TOUS LES CONDAMNÉS
POUR CRIMES ET DÉLITS
SE RATTACHANT A L'INSURRECTION DU 18 MARS.

Prononcé le 21 juin 1880

A LA CHAMBRE DES DÉPUTÉS

Nous avons montré plus d'une fois, au cours de ce commentaire, comment la question de l'amnistie plénière ou partielle pour les condamnés de l'insurrection du 18 mars n'avait jamais cessé, depuis le mois de juin 1871, de préoccuper et aussi de diviser le parti républicain. Dès le lendemain du 9 juillet 1871, une proposition d'amnistie, qui portait entre autres les signatures de MM. Peyrat, Edgar Quinet, Louis Blanc, Gambetta, Cazot, Tolain, Schœlcher et Madier de Montjau, avait été déposée à l'Assemblée nationale, qui l'avait repoussée. Plus tard, des propositions plus restreintes avaient été présentées avec aussi peu de succès par M. Lisbonne, et par MM. de Pressensé, Bethmont et Laboulaye. Enfin, aux élections générales de janvier et de février 1876, la question de l'amnistie pour les crimes et délits se rattachant à l'insurrection communaliste avait été agitée avec passion dans tous les grands centres et avait figuré à la première place des programmes républicains de Paris, de Lyon, de Marseille, de Lille [1]. M. Victor Hugo pro-

---

1. D'après le rapport du général Appert, les 43,522 inculpés qui

posa au Sénat (en mars 1876) l'amnistie de tous les condamnés pour actes relatifs aux évènements de mars, avril et mai 1871. Le Sénat rejeta la proposition par assis et levé (séance du 22 mai). Les propositions d'amnistie totale ou partielle qui furent portées à la Chambre des députés par MM. B. Raspail, Rouvier, Margue et Allain-Targé furent également écartées. La Chambre se borna à adopter dans une séance du 4 novembre 1876, à la suite d'un discours de M. Gambetta, la proposition tendant à mettre fin aux poursuites pour faits relatifs à la Commune (V. tome VI, p. 185 et suivantes); mais le Sénat rejeta ce projet [1] (5 décembre), et l'agitation continua dans la presse républicaine et les centres démocratiques [2].

Le coup d'État parlementaire du Seize-Mai relégua au second plan, pendant quelques mois, la question de l'amnistie. M. Thiers, qui était depuis longtemps un partisan de l'amnistie partielle, se déclara à cette époque pour l'amnistie plénière. « Vous avez raison, dit-il un jour à M. Naquet, qui a relaté cette conversation dans le journal le Voltaire, il est temps d'en finir. Je ne suis pas partisan des longues représailles. Dans les affaires de ce genre, il faut faire justice d'un coup; mais aussitôt il faut passer l'éponge. Ce serait de la barbarie que de tenir plus longtemps ces gens en prison ou en exil. Je ne veux pas vous faire de promesses, d'autant plus que l'on pourrait m'accuser de manœuvres électorales. Mais si les évènements me ramènent au pouvoir, je vous assure que j'en finirai avec cette question. Je ne sais pas

furent arrêtés à la suite de l'insurrection du 18 mars, se subdivisent dans les catégories suivantes :

Relâchés sur refus d'informer 7,213
Relâchés en vertu d'ordonnances de lieu 23,727
Mis en jugement 12,582
Condamnés 10,137
Acquittés 2,443
Condamnés à la déportation dirigés sur la Nouvelle-Calédonie 3,575
Déportés ayant commis des crimes et des délits antérieurs à l'insurrection du 18 mars 1,501
Condamnés ayant obtenu de la commission des grâces remise totale ou partielle 2,649

1. En fait, la lettre adressée, le 27 juin 1876, par le maréchal de Mac-Mahon au ministre de la guerre, mit fin aux poursuites des faits relatifs à la Commune. (Voir t. VI, p. 185.)

comment je m'y prendrai pour effacer les traces de la guerre civile, j'ignore si je procéderai en bloc ou par mesures individuelles ; mais, je vous le promets, nous ferons rentrer vos amis, nous les ferons rentrer tous. » L'amnistie plénière était un des articles du programme que M. Thiers avait arrêté avec M. Gambetta en prévision de son retour à la présidence de la République.

Le Gouvernement du 16 mai vaincu, le parti républicain décida de « sérier les questions » et de n'étudier d'abord que celles qui réunissaient d'avance la grande majorité (V. tome VIII, p. 11). La question de l'amnistie fut en conséquence provisoirement écartée. En revanche, le président de la République prononça, sur la proposition de M. Dufaure, un nombre considérable de grâces. Du 14 décembre 1871 au 16 janvier 1879, la remise de la peine fut accordée à 3,767 condamnés. Enfin, le 11 février, au lendemain de la démission du maréchal de Mac-Mahon et de l'avènement de M. Jules Grévy, le projet de loi suivant, rédigé par MM. Le Royer, ministre de la justice, et de Marcère, ministre de l'intérieur, fut présenté à la Chambre des députés :

ARTICLE PREMIER. — L'amnistie est accordée à tous les condamnés pour faits relatifs à l'insurrection de 1871 qui ont été et seront libérés ou qui ont été et seront graciés par le président de la République dans le délai de trois mois après la promulgation de la présente loi.

ART. 2. — Les peines prononcées par contumace et pour les mêmes faits pourront être remises par voie de grâce.

ART. 3. — A partir de la promulgation de la présente loi, la prescription de l'article 637 du Code d'instruction criminelle sera acquise pour les mêmes faits aux individus qui sont l'objet de poursuites commencées et non encore terminées.

ART. 4. A dater de la notification des lettres de grâce entraînant virtuellement l'amnistie le condamné qui sera resté en France ne jouira plus du bénéfice de l'article 476 du Code d'instruction criminelle.

ART. 5. La présente loi ne sera pas applicable aux individus qui auront été condamnés contradictoirement ou par contumace pour crimes de droit commun ou pour délits de même nature ayant entraîné une condamnation de plus d'une année d'emprisonnement commis antérieurement à l'insurrection de 1871.

Le projet de loi du gouvernement (étendu par la commission de la Chambre à tous les faits insurrectionnels de 1870 et 1871, sans exception), fut vivement combattu, à la Chambre des députés, par MM. Louis Blanc, Lockroy, Clémenceau, Marcou, Naquet et Ribot. Les cinq premiers orateurs soutinrent la thèse de l'amnistie plénière. M. Ribot déclara qu'il ne pouvait se résigner à admettre l'idée de *l'amnistie*, si restreinte qu'elle fût. A son avis, le système de la *grâce* offrait seul un terrain solide tant au point de vue juridique qu'au point de vue politique. « Avec le projet actuel, la question ne serait pas résolue ; on la verrait renaître sous peu, et le gouvernement aurait plus de peine à résister à ces revendications répétées, qu'il n'en aurait eu à clore la question dès le début en refusant d'entrer dans la voie de l'amnistie. »

M. Andrieux répondit à M. Louis Blanc, et le ministre de la justice défendit son projet contre l'extrême gauche et contre le centre gauche. « L'amnistie que nous proposons, dit M. Le Royer, est une amnistie personnelle. Elle ne laissera en dehors de la clémence que 1,200 individus sur 10,000 qui ont été jugés contradictoirement et 3,100 jugés par contumace. » M. Le Royer eut gain de cause. L'amnistie plénière fut rejetée par 350 voix contre 99 et le texte de la commission fut adopté par 313 voix contre 93. Le Sénat vota sans modification, par 189 voix contre 86, le projet d'amnistie adopté par la Chambre (février 1879).

Le projet de M. Le Royer réalisait un progrès considérable, mais il laissait la question ouverte, comme MM. Louis Blanc, Naquet et Ribot l'avaient très judicieusement annoncé. Si les 1,200 individus qui restèrent en dehors de la *grâce-amnistie*, à la fin de décembre 1879, n'étaient dignes, pour la plupart, ni d'intérêt ni d'estime, ils comptaient parmi eux les chefs les plus connus de la Commune, et l'agitation devait nécessairement continuer sur les noms de ces hommes. L'amnistie plénière devint ainsi le drapeau de la démagogie des grandes villes, et l'ancien rédacteur du *Père Duchêne*, M. Alphonse Humbert, fut envoyé au conseil municipal de Paris par les électeurs du quartier de Javel (12 octobre). M. Louis Garel fut élu conseiller municipal de Lyon, etc. Tous les vrais politiques ne tardèrent pas à se demander s'il n'était pas d'un intérêt majeur d'enlever aux intransigeants un pareil drapeau. Assurément, il était peu agréable de rendre leurs droits politiques et civils aux auteurs de l'insurrection du 18 mars, aux assassins de Clément Thomas et des otages, aux incendiaires de Paris. Mais est-ce que les auteurs, non moins criminels, du 2 décembre n'avaient pas conservé les leurs ? Du reste, la vraie question n'était pas là. Amnistier, c'est effacer les conséquences d'une condamnation, ce n'est pas légitimer le fait qui a motivé la condamnation. Et dès lors, en présence de la perturbation profonde dont les grandes villes étaient le théâtre, ne valait-il pas mieux que les quelques centaines d'individus qui servaient de prétexte à ce désordre fussent dedans que dehors ? Vus à distance, ils passaient pour des victimes, ils excitaient de vives sympathies parmi les foules ignorantes et généreuses ; la polémique, toute semée de calomnies et d'outrages, dont ils remplissaient les feuilles intransigeantes exerçait une action d'autant plus sensible qu'elle venait de loin. Dedans ils seraient rapidement démasqués : la lumière se ferait bien vite sur eux, une fois que la couronne de martyr leur aurait été arrachée ; en tout cas, s'ils restaient dangereux, ils le seraient beaucoup moins à Paris que sur les frontières de Suisse et de Belgique, ils perdraient la moitié de leur prestige. Et d'ailleurs, même parmi ces 1,200 proscrits et déportés, il y avait encore quelques hommes qui méritaient réellement de voir les portes de la patrie se rouvrir pour eux. Les uns s'étaient sincèrement repentis, avaient racheté leur égarement par de courageux efforts. D'autres qui avaient été condamnés à des peines de droit commun, n'étaient responsables en bonne justice que de crimes ou délits politiques. Mais, à supposer, comme quelques publicistes le proposaient, qu'on pût aisément, après neuf années, faire la revision des dossiers de ces derniers, la question n'était pas terminée pour cela. Elle restait ouverte tant qu'il restait à Genève, à Londres ou à Nouméa un seul membre du comité central ou de la Commune dont les intransigeants pussent faire un candidat. Quand M. Blanqui, inéligible, fut nommé député à Bordeaux, le 21 avril 1879, avec 4,000 voix de majorité, M. Bersot écrivit dans le *Journal des Débats* que les électeurs de M. Blanqui venaient de tirer sur la République. M. Bersot avait raison, et la Chambre eut raison d'invalider l'élection du vieux conspirateur. Mais ne convenait-il pas d'enlever une bonne fois aux intransigeants et aux réactionnaires coalisés de pareilles occasions de tirer sur la République?

C'est ce que beaucoup de républicains très sages et très fermes commencèrent à penser dans les derniers mois de 1879 et dès l'avènement du cabinet présidé par M. de Freycinet. (Interpellation du 16 décembre 1879; discours de M. Antonin Proust, dans la séance du 12 février 1880, sur la proposition d'amnistie plénière reprise par M. Louis Blanc.) La *République française* ne tarda pas à prendre la direction de cette campagne, laissant de côté la question de pitié et de sympathie pour ne traiter que la vraie question, la question politique. Elle s'attacha surtout à convaincre le ministère et elle y réussit graduellement. Quand M. de Freycinet, président du conseil, repoussa, le 12 février, la proposition d'amnistie, il prit grand soin de dire qu'il la repoussait, non pas comme injustifiable, mais comme inopportune.

Donc il ne s'agissait plus que de la rendre opportune.

Ce fut l'œuvre de la loi qui fixa au 14 juillet 1880 la fête nationale de la République. La première fois où cette fête allait être célébrée, le président de la République devait distribuer à l'armée ses nouveaux drapeaux. N'était-ce pas là une occasion admirable, unique, de ne rien épargner pour calmer, en l'honneur de cette manifestation patriotique, les passions et les haines? Les divers groupes de gauche examinèrent la question : le centre se prononça contre l'amnistie, la gauche républicaine décida de la rejeter si elle était proposée en dehors du gouvernement. L'Union Républicaine résolut de laisser agir le cabinet, mais de se substituer à lui au besoin. Il y avait ainsi à la Chambre, pour le cas où le cabinet aurait le courage de prendre l'initiative de la loi, une majorité de plus de 200 voix pour voter l'amnistie plénière. M. de Freycinet et ses collègues hésitèrent longtemps. Le 15 juin, le président du conseil déclara encore à M. Gambetta que le ministère ne pouvait se résigner à l'amnistie, qu'il allait mettre au *Journal officiel* des grâces générales. M. Gambetta protesta vivement que la grâce ne résolvait que la question de sentiment, qu'elle laissait toujours ouverte la question politique, la plus grave, la plus importante. M. de Freycinet imagina alors de réunir au ministère des affaires étrangères les présidents des deux Chambres et les principaux représentants des groupes de gauche. Ce procédé, qui parut incorrect à quelques-uns, est familier au parlementarisme anglais. Quand le premier ministre, chef de la majorité, est perplexe sur une grave question politique, il réunit les membres les plus importants de son parti pour prendre publiquement leur avis. M. de Freycinet se trouva bien d'avoir suivi cet exemple. La réunion du quai d'Orsay trancha la question d'opportunité : elle se manifesta à la presque unanimité, après avoir entendu M. Gambetta et M. Hébrard, pour le dépôt du projet de loi d'amnistie plénière.

Le président de la République et le cabinet se décidèrent aussitôt. Un projet de loi portant amnistie plénière pour tous les condamnés de l'insurrection de 1870 et de 1871 fut déposé le lendemain sur le bureau de la Chambre par M. de Freycinet (séance du 19 juin).

L'exposé des motifs du projet était ainsi conçu :

« Messieurs, depuis les paroles que le Gouvernement a prononcées devant la Chambre des députés, le 13 février dernier, un mouvement considérable s'est fait dans les esprits en faveur de l'amnistie. Ce mouvement, plus rapide que nous-mêmes ne l'avions prévu, a été accéléré par un nombre d'incidents récents.

« Le calme inébranlable de la population parisienne, en présence d'excitations séditieuses, l'élection de Lyon, qui a été le triomphe de la légalité (*Applaudissements à gauche et au centre*), enfin les approches de la fête nationale du 14 juillet (*Nouveaux applaudissements*), ont déterminé dans les cœurs un vif sentiment de confiance et un besoin général d'apaisement.

« Le devoir des gouvernements sages n'est pas de résister systématiquement à ces manifestations de l'opinion, mais de les observer avec soin et d'y céder à temps, quand les intérêts du pays ne sont pas exposés à en souffrir.

« Tel est le cas aujourd'hui. L'amnistie, dans notre conviction profonde, peut être prononcée sans qu'il en résulte aucun péril pour la société.

« Les hommes qu'il s'agit de laisser rentrer sur le sol natal seront moins dangereux au dedans qu'au dehors, et plus on les verra de près, moins on leur attribuera d'importance. D'ailleurs le gouvernement est assez fort pour maîtriser toutes les tentatives d'agitation, de quelque part qu'elles vinssent à se produire.

« Il n'est pas à craindre qu'on se méprenne sur la signification d'une pareille mesure. Nos sentiments sont connus, jamais nous ne pactiserons avec le désordre. Jamais nous ne réhabiliterons des crimes qui ont soulevé toutes les consciences et dont l'énormité ne peut s'expliquer que par les effroyables circonstances qui les ont vus naître. Ce n'est pas à votre justice que nous nous adressons, mais à votre clémence.

« Nous faisons appel aussi à ces considérations d'ordre supérieur qui, à certaines heures, dictent aux assemblées politiques des résolutions d'un caractère exceptionnel. Fermant les yeux sur l'indignité d'un trop grand nombre, nous vous demandons, pour tous indistinctement, le pardon et l'oubli. Nous vous demandons, après dix ans, de compléter l'œuvre que vous avez déjà accomplie aux trois quarts et qui ne saurait indéfiniment demeurer inachevée.

« Nous espérons, Messieurs, que vous vous associerez à nos vues, et que vous voudrez bien ratifier le projet de loi que nous avons l'honneur de vous présenter.

« ARTICLE UNIQUE. — Amnistie est accordée à tous les condamnés pour crimes et délits se rattachant aux insurrections de 1870 et 1871, ainsi qu'à tous les condamnés pour crimes et délits politiques, ou pour crimes et délits de presse commis jusqu'à la date du 19 juin 1880. »

La Chambre discuta ce projet dans la séance du 21 juin.

La majorité était singulièrement agitée. La sagesse des électeurs de Lyon qui avaient nommé M. Ballue contre M. Blanqui, inéligible, au scrutin de ballottage du 27 mai, avait été une des causes principales qui l'avaient déterminée à accepter l'amnistie plénière. Or l'exemple de cette sagesse venait d'être perdu pour Paris. Dans l'intervalle des séances du 19 juin, où M. de Freycinet avait déposé un projet d'amnistie, et du 21 où la Chambre était appelée à se prononcer, les électeurs municipaux du quartier du Père-Lachaise (XXe arrondissement) avaient nommé M. Trinquet, ancien déporté à Nouméa, contre M. Letalle, candidat républicain[1] (dimanche 20 juin). « Élire Trinquet, avait dit la *République*

1. M. Trinquet avait été nommé par 2,338 voix contre 1,897 données à M. Letalle et 278 bulletins blancs et nuls.

française, c'est voter contre l'amnistie » et M. Gambetta s'était rendu le 19 juin dans le XXe arrondissement, dont il était le député, pour soutenir la candidature de M. Letalle. Mais les déclamations de la presse intransigeante l'avaient emporté dans ce quartier sur tous les efforts de M. Gambetta et de ses amis. Et cette victoire de l'intransigeance semblait annoncer la défaite de l'amnistie[1].

On put croire pendant quelques heures que la cause de l'oubli et de la réconciliation était perdue.

Séance du 21 juin.

PRÉSIDENCE DE M. GAMBETTA, PRÉSIDENT.

M. LE PRÉSIDENT. — La parole est à M. Jozon, au nom de la commission chargée de l'examen du projet de loi sur l'amnistie plénière.

M. PAUL JOZON. — Messieurs, les questions d'amnistie sont des questions essentiellement politiques, et leur solution

---

1. M. Gambetta prononça au bal de l'Élysée-Ménilmontant, donné le 19 juin, au profit de l'école libre du XXe arrondissement, une allocution qui n'a pas été reproduite par la sténographie, mais dont la *République française* résuma comme suit les passages essentiels :

«... Déjà vous avez appris la bonne nouvelle. Je vous la confirme. L'amnistie a été proposé aux Chambres par le gouvernement. On a tenu à mon égard des propos bien amers; mais souvent on se trouve aux prises avec des difficultés qui ne sont pas bien comprises. Vous savez que je sais compter avec les obstacles; mais une fois que j'ai fait un pas en avant, je ne recule jamais.

« C'est par respect de la légalité que la conviction s'est faite peu à peu dans les esprits sur cette question de l'amnistie, et il en sera toujours ainsi pour tous les progrès. Rappelez-vous qu'il y a une chose que tout républicain sincère doit avoir à cœur d'observer : c'est le respect de la loi.

« Il y a longtemps que nous aurions eu l'amnistie, si de part et d'autre on s'était montré plus sage et plus habile. Mais à quoi bon récriminer?...

« Je ne veux pas quitter cette fête sans vous dire un demi-mot... La fête d'aujourd'hui n'est que le prélude de la grande fête du 14 juillet. Vous la célébrerez avec d'autant plus d'enthousiasme que vous saluerez ceux qui sont rentrés dans la patrie, et qu'il n'y aura plus de place dans les cœurs que pour des sentiments de fraternité et d'union. »

dépend avant tout des circonstances dans lesquelles se trouve placé le pays.

Lorsqu'un grand pays comme la France a été le théâtre de dissensions à jamais déplorables, il est évident, pour tout homme vraiment éclairé qu'une heure doit sonner où il convient d'en faire disparaître les dernières traces par une mesure générale de clémence et d'oubli. Il faut seulement attendre que l'apaisement des esprits et la consolidation des forces du Gouvernement permettent de réaliser cette mesure sans danger et sans inconvénient sérieux.

Ainsi que le Gouvernement, beaucoup d'entre nous ont pensé pendant longtemps que ce moment n'était pas encore venu ; ainsi que lui, et par les mêmes raisons, nous croyons qu'il est aujourd'hui arrivé. On pouvait craindre, il y a quelques mois, que le vote de l'amnistie ne devînt le signal d'une agitation regrettable. Nous estimons aujourd'hui qu'il sera le point de départ d'un salutaire apaisement.

Votée dans les conditions actuelles, sur l'initiative du Gouvernement, qui en prend la responsabilité, l'amnistie ne constitue ni un retour quelconque sur la réprobation que nous avons toujours manifestée pour la criminelle insurrection de la Commune, ni l'inauguration d'une politique nouvelle: elle n'est que la suite des idées logiques qui animent et le Gouvernement et la majorité de la Chambre.

Elle est un témoignage de force et de confiance dans la situation de la République, un gage que le Gouvernement se sent en mesure de déjouer toute tentative de désordre, et qu'il est plus que jamais résolu à persévérer dans cette politique de modération, de sagesse et de fermeté qui ont assuré jusqu'ici le progrès mesuré et régulier de nos institutions républicaines: (Très bien! très bien!)

Au moment où les élections départementales, municipales et législatives vont se succéder, après la grande fête nationale du 14 juillet, la mesure à laquelle votre commission s'est ralliée à l'unanimité écartera des préoccupations du pays une dernière cause d'inquiétude, et contribuera à faire régner la concorde parmi tous ceux qui sont décidés à soutenir le Gouvernement que la France s'est librement donné. (Approbation.)

Dégagés désormais de tout embarras rétrospectif, ayant achevé la liquidation du passé, nous ne regarderons plus qu'en avant, et nous marcherons vers l'avenir avec la certitude qu'il réserve à notre patrie la grandeur et la prospérité que nous désirons tous pour elle. (*Très bien ! très bien !*)

Votre commission a pensé que, pour répondre plus sûrement au vœu du Gouvernement et du pays, il y avait intérêt à ne rien modifier au projet que le Gouvernement nous a présenté, et elle vous en propose purement et simplement l'adoption sous la forme suivante :

« ARTICLE UNIQUE. — Amnistie est accordée à tous les condamnés pour crimes et délits se rattachant aux insurrections de 1870 et 1871, ainsi qu'à tous les condamnés pour crimes et délits politiques ou pour crimes et délits de presse commis jusqu'à la date du 19 juin 1880. » (*Très bien ! très bien ! et applaudissements à gauche et sur divers bancs au centre.*)

M. LE PRÉSIDENT. — M. Casimir-Périer a demandé la parole.

M. PAUL DE CASSAGNAC. — Je demande le renvoi de la discussion à demain.

Sur un grand nombre de bancs. — Non ! non ! tout de suite !

M. LE RAPPORTEUR. — Nous demandons la discussion immédiate. (*Très bien ! très bien !*).

M. LE PRÉSIDENT. — Je consulte la Chambre.

(La Chambre, consultée, décide que la discussion aura lieu immédiatement.)

M. LE PRÉSIDENT. — Il y a plusieurs orateurs inscrits. D'autre part, on me remet un article additionnel qui constitue, à proprement parler, un amendement...

M. RIBOT. — La discussion générale doit précéder la discussion des amendements.

M. LE PRÉSIDENT. — Sans doute. Je fais d'abord connaître à la Chambre l'état de la question. L'article additionnel est ainsi conçu :

« Sont exclus de l'amnistie les individus condamnés pour crime d'assassinat ou d'incendie.

« *Signé:* MARCEL BARTHE et DESBONS. »

M. Casimir-Périer et d'Ariste sont inscrits contre le projet ; MM. Dugué de la Fauconnerie, Laroche-Joubert et Paul de Cassagnac sont inscrits pour. (*Rumeurs à gauche.*)

Je donne la parole à M. Casimir-Périer.

M. CASIMIR-PÉRIER (Aube). — Messieurs, j'ai demandé la parole au nom de ceux qui, membres de la majorité répuhlicaine, ne peuvent s'associer au vote de la loi d'amnistie plénière.

C'est un devoir qu'il nous est pénible de remplir que de refuser nos suffrages à ce cabinet que nous avons toujours soutenu.

L'année dernière, M. le garde des sceaux Le Royer, à l'appui du projet de loi d'amnistie partielle que nous avons voté, disait :

« Quand nous en serons arrivés à n'avoir exclu de cette mesure de clémence que les coupables de droit commun, ceux qui ont trempé leurs mains dans le sang pour voler, ceux qui se sont faits incendiaires sans autre but que de faire le mal pour le mal, les assassins des otages, quand nous aurons limité le châtiment à ceux dont je viens de parler et à ceux qui persistent à exhaler leur fureur et à revendiquer leur œuvre de 1871 comme un honneur, je vous le demande, quel est le patriote, quel est l'honnête homme, parmi les dix-huit signataires du projet d'amnistie pleine et entière qui pourrait dire encore: Je vais renouveler l'agitation, je vais revenir sur ce projet d'amnistie, je le propose. » (Très bien! très bien! sur plusieurs bancs au centre.)

Il y a quatre mois, une proposition d'amnistie plénière était de nouveau soumise à nos délibérations, et nous applaudissions au langage que tenait à cette tribune M. de Freycinet, président du conseil.

« L'amnistie, disait-il, n'est pas une mesure de commisération, de bienfaisance ou d'humanité ; elle n'est pas faite dans l'intérêt des individus. »

M. le président du conseil avait raison : les considérations d'humanité ne trouvent pas place dans ce débat ; ce n'est ni à la justice ni à la clémence de cette Chambre que s'adresse la loi d'amnistie.

La grâce seule est faite pour les individus, et c'est le Gouvernement qui dispose du droit de grâce. L'opinion publique eût compris un acte de clémence à la veille de la fête nationale. L'amnistie est essentiellement et exclusivement une mesure politique.

Et M. le président du conseil indiquait éloquemment à quelles conditions cette mesure serait possible.

« La première, disait-il, c'est que préalablement le calme et l'apaisement se seront faits sur cette question ; c'est que l'amnistie aura cessé, en dehors de cette assemblée, d'être un instrument d'agitation ; c'est qu'on aura cessé de la présenter comme un droit, comme une revendication et surtout comme une réhabilitation... Tant qu'elle apparaîtra ainsi hors de cette Assemblée, les gouvernements... seront obligés de vous répondre comme je le fais en ce moment et de repousser cette proposition. »

Cette minorité turbulente s'est-elle arrêtée devant la parole de M. le président du conseil ? Les faits seuls répondent. Si le Gouvernement a pu se faire des illusions, une élection récente a dû lui ouvrir les yeux. (*Approbation sur divers bancs au centre.*)

Mais à côté de cette minorité qui s'agite, il y a une grande masse du suffrage universel qui, sans être indifférente aux choses de la politique, ne cherche à peser ni sur ses mandataires ni sur le pouvoir. Dans un pays qui en est encore à l'apprentissage des mœurs de la liberté, c'est cette partie paisible du corps électoral qu'il faut interroger. Les impressions ne la pénètrent pas vite, mais elles s'y gravent profondément. Les gouvernements peuvent chercher à la diriger, ils doivent prétendre à l'instruire ; ce serait une imprudence que de ne pas compter sur elle. (*Applaudissements sur les mêmes bancs.*)

Cette majorité, si vous la consultiez, vous répondrait aujourd'hui, comme il y a quatre mois, que non seulement l'amnistie ne lui manque pas, mais qu'elle l'inquiète. (*Mouvements divers.*)

Le temps a plaidé la cause de la clémence, nous n'y contredisons pas, mais une République dont le premier principe est la souveraineté nationale doit punir les insurrections comme des crimes de lèse-nation. Vous voulez effacer jusqu'aux dernières traces de la tentative la plus criminelle par ses actes, la plus odieuse en présence de l'ennemi : le pays pourra se méprendre sur vos intentions et confondre l'amnistie accordée aux individus avec l'amnistie accordée à la Commune même. (*Approbation sur plusieurs bancs.*)

Il ne verra pas dans ce grand acte le mouvement spontané de l'opinion tout entière, et tandis qu'on invoque en faveur du projet de loi l'union du parti républicain, le pays sera tenté de n'y voir que la victoire d'une minorité. (*Très bien ! sur les mêmes bancs.*)

Ce qu'il réclame, ce ne sont pas des démonstrations de cette nature, mais le développement par de bonnes lois et par de sages entreprises de sa prospérité morale et de sa richesse.

Forts de cette conviction, nous ne pouvons prendre la responsabilité d'une mesure qui n'apparaîtra ni comme un acte de force gouvernementale, ni comme un gage de la stabilité du cabinet et qui, — nous le craignons, — sera jugé, — j'emprunte les expressions de M. le président du conseil, — « comme le symptôme d'une politique moins prudente et moins ferme ». (Applaudissements sur plusieurs bancs.)

M. DE FREYCINET, *président du conseil, ministre des affaires étrangères.* — Je demande la parole.

M. LE PRÉSIDENT. — La parole est à M. le président du conseil.

M. LE PRÉSIDENT DU CONSEIL. — Messieurs, je ne fais nulle difficulté de reconnaître qu'au moment où je prononçais les paroles qui viennent d'être rappelées, au mois de février dernier, je ne supposais pas que l'amnistie pourrait être faite dès le mois de juin. Mais je demande à tous ceux qui pourraient s'en étonner s'ils ont vu souvent, en politique, les évènements arriver ainsi à point nommé. (*Très bien ! très bien ! et applaudissements.*) Je leur demande s'ils croient que les heures de l'histoire se marquent sur une horloge dont les aiguilles ne varient jamais. (*Approbation.*)

Comment voulez-vous qu'en présence des faits qui viennent de se passer sous nos yeux, depuis quelques mois, nos sentiments ne se soient pas modifiés, et que, parce que, dans notre pensée, il y a six mois, nous nous étions assigné une date un peu plus reculée, nous restions opiniâtres et inébranlables devant les manifestations de l'opinion publique? (*Vifs applaudissements.*)

On a rappelé que j'avais indiqué deux conditions à l'amnistie. En effet, je les avais indiquées, et c'est sur ces conditions mêmes que je m'appuie aujourd'hui.

J'avais dit : l'amnistie ne sera possible que lorsqu'elle aura cessé d'être une cause d'agitation dans le pays. Pouvez-vous dire que depuis ces derniers mois la cause de l'amnistie soit un élément d'agitation dans le pays. (*Rumeurs sur quelques bancs.*) Comment ! vous niez que ce pays soit tranquille? Vous niez que l'ordre soit assuré ? Est-ce que vous avez jamais vu, à aucune époque, la sécurité publique mieux sauvegardée qu'elle ne l'est aujourd'hui ? (*Très bien ! très bien ! et applaudissements.*)

Est-ce que les secrètes ambitions des partis ne sont pas tenues en respect par les forces du Gouvernement ? (*Nouveaux applaudissements.*)

Voix à droite. — Elles ne l'étaient donc pas il y a quatre mois ?

M. LE PRÉSIDENT DU CONSEIL. — Est-ce que jamais les institutions de la République ont couru moins de dangers que maintenant ? Est-ce qu'en aucun temps le Gouvernement s'est senti plus sûr de lui-même ?

Non, Messieurs, ne méconnaissons pas les conditions réelles dans lesquelles nous nous trouvons ; ne méconnaissons pas l'ordre et la tranquillité qui règnent dans le pays, et qui sont à la fois son honneur et l'honneur du Gouvernement qui préside actuellement à ses destinées. (*Applaudissements prolongés.*)

Nous avons dit aussi que l'amnistie ne serait possible que lorsque l'opinion publique y serait suffisamment préparée. On nous objecte que l'opinion du pays n'y est pas préparée. Je demande à mes honorables contradicteurs sur quels faits ils s'appuient...

A gauche. — C'est cela ! très bien !

M. LE PRÉSIDENT DU CONSEIL. — ...quelles sont les lumières particulières dont ils disposent pour venir dire que l'opinion du pays n'y est pas préparée, alors que nous, Gouvernement, nous croyons pouvoir affirmer qu'elle l'est suffisamment. (*Vive approbation.*)

Je leur demande enfin, — si l'opinion du pays n'y est pas préparée depuis quatre mois, — de m'expliquer le fait auquel ils vont assister, ce fait de *deux cents députés qui, il y a quatre mois, votaient contre l'amnistie, et qui, tout à l'heure, voteront en sa faveur.* (*Exclamations et rires à droite. — Approbation sur un grand nombre de bancs à gauche et au centre.*)

Mais pouvons-nous, je vous le demande, invoquer de meilleurs témoins de l'opinion publique que les représentants du pays dans cette enceinte, que les élus du suffrage universel ? Connaissez-vous des hommes plus autorisés que ceux qui siègent dans cette Chambre, pour dire quelle est l'opinion dominante en France sur cette question qui agite tous les esprits ?

Je le répète : après avoir hésité, — car nous avons voulu approfondir cette question, nous avons voulu nous éclairer à toutes les sources de renseignements, — nous avons acquis la conviction que la grande majorité du pays était préparée pour cette œuvre, et que le moment est venu de l'accomplir.

Nous avons pensé que les amnisties sont surtout des œuvres d'opportunité...

A droite. — Ah ! ah !

A gauche. — Mais c'est bien évident.

M. LE PRÉSIDENT DU CONSEIL. — ...nous avons pensé qu'il y a pour les amnisties une heure propice qu'il faut savoir choisir. Il faut, pour les faire, qu'il ne soit ni trop tôt ni trop tard.

A gauche. — Très bien ! très bien !

M. LE PRÉSIDENT DU CONSEIL. — Quand nous avons vu ce mouvement d'opinion se produire dans cette Chambre et au dehors, quand nous avons interrogé les organes de l'opinion publique, quand nous avons aperçu que partout cette question de l'amnistie marchait avec une rapidité qui nous a étonnés nous-mêmes... (*Applaudissements ironiques à droite.*)

Voix diverses à gauche. — Très bien ! très bien ! C'est de la loyauté !

M. LE PRÉSIDENT DU CONSEIL. — ...nous avons fait ce qu'un gouvernement sage doit faire, nous nous sommes rendus aux vœux de l'opinion publique, nous nous sommes rendus aux vœux d'une immense majorité du Parlement. (*Très bien ! à gauche.*)

Et c'est avec une véritable douleur que j'ai entendu ici une fraction de cette majorité venir réclamer contre la mesure que nous vous avons proposée...

Une voix à gauche. — Ce sont des orléanistes.

M. LE PRÉSIDENT DU CONSEIL. — Non, ce ne sont pas des orléanistes, ce sont de vrais et sincères républicains !

M. HORACE DE CHOISEUL. — Ce sont eux qui ont fait la République !

M. LE COMTE DE DOUVILLE-MAILLEFEU. — Ils veulent des places d'ambassadeurs.

M. LE PRÉSIDENT. — Monsieur de Douville-Maillefeu, je vous prie de ne pas interrompre ainsi !

M. LE PRÉSIDENT DU CONSEIL. — Ce sont de vrais et sincères républicains dont le concours nous a été précieux et qui, je l'espère, dans peu de temps, éclairés sur les conséquences de la loi que vous allez voter, rendront mieux justice à nos intentions, aux vues politiques qui nous ont guidés.

Ce que nous poursuivons, c'est un but d'apaisement et de conciliation entre toutes les fractions du parti républicain ; ce que nous voulons, ce n'est pas l'intérêt de quelques centaines de personnes, qui sont plus ou moins dignes ou indignes d'indulgence, mais c'est l'intérêt du grand parti républicain pour lequel, depuis de longs mois, l'amnistie était une cause de division.

Nous avons attendu l'heure favorable ; elle devait, dans nos prévisions, venir dans quelques mois ; mais, hâtée par les circonstances, elle nous semble arrivée aujourd'hui. (*Très bien! très bien! à gauche.*)

La question ainsi posée, il est nécessaire de la résoudre immédiatement.

Si ceux que je vois en face de moi, et qui semblent douter de l'efficacité de ce grand acte, en apercevaient clairement, comme moi, les conséquences heureuses pour l'avenir du parti républicain... (*Applaudissements à gauche et au centre*), ah! ils n'hésiteraient pas à mettre de côté leurs préventions, ils n'hésiteraient pas à nous tendre encore une fois la main. C'est une mesure de salut commun. Leur concours ajouterait à cette mesure une valeur particulière ; il lui donnerait une qualité de plus aux yeux du pays tout entier. (*Mouvements divers.*)

C'est à eux que je m'adresse, c'est à leur patriotisme : il dépend d'eux que cette mesure qui est déjà salutaire, qui, nous en sommes assurés, porte en elle de bons fruits, en porte de meilleurs encore, si elle a leur approbation. Elle apparaîtra encore plus conciliante, plus conservatrice... (*Interruption à droite*), et c'est ce caractère-là surtout que nous voudrions lui donner. (*Applaudissements à gauche et sur divers bancs au centre.*)

M. PAUL DE CASSAGNAC dit qu'il avait demandé le renvoi à demain dans la pensée que le vote immédiat pourrait éveiller l'idée d'une surprise, mais le discours de M. le président du conseil contient des aveux qui simplifient la discussion. Dans le premier débat qui s'est engagé sur l'am-

nistie, l'honorable M. Clémenceau disait qu'en l'accordant
alors le gouvernement ferait preuve de force, et qu'en
l'accordant plus tard il ferait preuve de faiblesse. C'est ce
qui arrive. Le gouvernement n'agit pas en maître, mais en
serviteur.

On se rappelle aussi que M. Andrieux n'avait pas craint
de jouer sa popularité sur cette question. Il peut être
permis de changer d'opinion sur une question de ce genre,
mais on ne comprend pas que le même ministère ait refusé
l'amnistie et la demande aujourd'hui. Le ministère ne
devrait pas avoir le bénéfice d'une mesure qui lui est imposée par un autre groupe; les aiguilles d'un cadran peuvent
varier, mais on les porte chez l'horloger; quand des ministres varient d'opinion, il faut les changer. (Rires et applaudissements à droite.)

Il y a un instant, l'honorable M. Casimir-Périer vous a
cité deux phrases des déclarations de M. de Freycinet à
l'époque où la question de l'amnistie est entrée dans sa
deuxième période et venait pour la seconde fois devant
vous. J'ai regretté que M. Casimir-Périer n'ait pris dans les
déclarations de M. de Freycinet que ce qui était absolument
indispensable pour motiver ses résolutions, et qu'il ait laissé
de côté ce qui pouvait rendre la situation absolument insoutenable pour M. le président du conseil.

Je vais achever ce qu'il n'a fait qu'ébaucher. Je ne serai
pas long. Je ne citerai pas tous les discours de tous ceux
qui, à cette époque, étaient contre l'amnistie et qui sont
aujourd'hui pour elle. Je me bornerai à lire deux paragraphes d'un intérêt spécial. Voici ce que disait M. le président du
conseil le 13 février. J'extrais ses paroles du *Journal officiel*:

« Non, le pays n'est pas actuellement préparé à recevoir
l'amnistie; le sera-t-il un jour? Oubliera-t-il l'origine, le
caractère, les actes de la Commune, au point d'étendre sa
clémence à tous ceux qui y ont pris part? Je l'ignore; mais
ce que je sais, c'est que, si l'amnistie est un jour possible,
elle ne le sera qu'à deux conditions : la première, c'est que
l'apaisement se sera fait sur cette question; c'est que l'amnistie aura cessé d'être, en dehors de cette Assemblée, un
instrument d'agitation, lorsqu'on aura cessé de la représenter comme un droit, comme une revendication, surtout
comme une réhabilitation. »

Le ministre continuait en disant :

« Faisons des chemins de fer, des routes, des canaux; instruisons le peuple, améliorons nos tarifs de douanes, dégrevons nos impôts, augmentons la prospérité morale et matérielle du pays, et un jour peut-être, au sein de la France tranquille, apaisée, prospère, unie dans la République, un Gouvernement fort de votre confiance justifiée par des gages répétés de modération, de sagesse et de fermeté, un Gouvernement sera en droit de se lever et de vous dire : Les mesures hardies que vous nous aviez conseillées et que nous avions toujours jugées dangereuses pour la République, le moment est venu de les réaliser. » (*Très bien! très bien! et applaudissements à gauche.*)

J'estime que mes collègues de l'extrême gauche auraient tort de ne pas applaudir; j'estime qu'il serait de mauvais goût et de mauvais cœur de leur part de ne pas aider M. le ministre dans l'évolution difficile qu'il est en train d'exécuter dans ce moment-ci et dans le passage des théories qu'il exprimait autrefois à celles bien différentes que vous avez entendues tout à l'heure.

Que lit-on, en effet, dans les deux paragraphes extraits du *Journal officiel?* On lisait, dans le premier : « Sommes-nous prêts pour donner l'amnistie? Le ministre répond « oui » aujourd'hui. Il ne le croyait pas il y a quelques mois; il le croyait si peu que, dans le paragraphe que je vous ai indiqué, entraîné par une espèce de sentiment bucolique, il a fait une sorte de pastorale où il convie tous les hommes pacifiques, leur disant : Faisons des chemins de fer, des routes, des canaux pour occuper la France. » (*Bruit.*) Faisons des chemins de fer!... — on nous a beaucoup parlé de cela. Que sont-ils devenus? que sont devenus les routes, les canaux? Ce que vous aviez promis, vous ne l'avez pas donné, et ce que vous aviez refusé, vous l'accordez. (*Protestations et dénégations à gauche.*)

On nous dit : Le moment est venu de faire l'amnistie : l'apaisement est fait, la question est devenue absolument pacifique, elle n'est plus, dans le pays, ni une revendication, ni une question de réhabilitation. Je prétends que cette affirmation n'est pas en rapport direct avec l'exactitude des faits.

Qu'est-ce que nous avons vu, il y a à peine quelques jours? Une élection avait lieu à Lyon; qui présentait-on?

On présentait M. Blanqui. Qu'est-ce que c'était que M. Blanqui? C'était le candidat contre la légalité, le candidat de l'illégalité dans ce qu'elle devait avoir de plus audacieux, dans ce qu'elle devait avoir de plus vif et de plus âpre.

M. Blanqui n'a pas été nommé, c'est vrai, grâce à une manœuvre de la dernière heure dont on vous demandera des comptes à gauche; moi, cela ne me regarde pas.

M. BALLUE. — Vous viendrez discuter ici cette élection. Je vous mets au défi de l'attaquer.

M. PAUL DE CASSAGNAC. — Mon cher collègue, vous avez raison de me mettre au défi de l'attaquer, je ne la connais pas. (Applaudissements à droite. — Rires ironiques à gauche.)

Je ne la connais que par ce que les journaux de l'extrême gauche en ont dit.

M. BALLUE. — Ce sont vos amis qui l'ont attaquée; j'en donnerai des preuves.

M. PAUL DE CASSAGNAC. — Permettez-moi de vous dire que la question de Lyon viendra en son temps. Je prétends que l'élection de Lyon a vu certaines manœuvres électorales qui seront peut-être portées à la tribune par les intéressés, et les intéressés ne siègent pas à droite, ils siègent à l'extrême gauche.

M. BALLUE. — Ils siègent à droite!

M. PAUL DE CASSAGNAC. — Eh bien, je prétends que pendant trois semaines, et l'honorable M. Ballue ne pourra pas dire le contraire, la circonscription qui a élu M. Ballue a été en proie à l'agitation la plus grande, la plus complète, — M. Ballue ne peut pas le nier; — il ne fut question, alors, que de la revendication la plus séditieuse sous forme de représailles contre la loi; c'était le programme des adversaires de M. Ballue.

M. BALLUE. — Mais il n'a pas triomphé!

M. PAUL DE CASSAGNAC. — Il n'a pas triomphé, c'est vrai; mais quelle distance y a-t-il entre le nombre des voix des concurrents? et si une aussi faible différence existait entre un candidat de la droite et un candidat de la gauche, je prétends qu'on y trouverait matière à invalidation si le candidat de la gauche avait échoué. (Approbation à droite.)

Je dis que, pendant de longs mois, l'apaisement dont vous parlez n'a pas existé à Lyon, et que vous ne pouvez pas prendre cette élection comme un exemple.

Vous avez eu un succès, c'est vrai ; le candidat de la légalité siège dans cette Chambre, mais jusqu'au dernier moment vous n'avez pas su qui triompherait, du candidat de l'illégalité ou de celui de la légalité qui est ici. Attendez, celui de l'illégalité y entrera bientôt. (*Applaudissements à droite.*)

A Paris, où est l'apaisement? Que s'est-il produit depuis que deux gardes des sceaux refusaient l'amnistie jusqu'au moment où un troisième garde des sceaux, qui est le même que le second, est venu la proposer?

Vous avez eu hier une élection, celle de M. Trinquet: est-ce une preuve d'apaisement? (*Rires ironiques à droite.*)

Vous disiez, Monsieur le ministre, que le jour où l'amnistie ne serait plus présentée comme une question de réhabilitation, vous donneriez l'amnistie. Et hier, on nommait, à Paris, comme conseiller municipal, pour disposer des finances de la ville, un galérien qui, à l'heure actuelle, est au bagne. Il me semble, Messieurs, que dans l'élection d'hier il ne s'est rien produit qui puisse enlever à M. le ministre les appréhensions qu'il avait traduites devant vous d'une manière si énergique il y a quelques mois à peine. J'affirme qu'il ne s'est produit rien de nouveau en politique depuis que M. de Freycinet refusait l'amnistie, absolument rien. A Lyon, vous avez vu ce qu'il y a eu ; à Paris, vous avez vu M. Trinquet élu contre vous, élu contre le député de la circonscription, contre M. Gambetta. (*Applaudissements à droite.*)

M. LE PRÉSIDENT, *s'adressant à la droite*. — Applaudissez, Messieurs!

Monsieur Brisson, je vous prie de vouloir bien me remplacer au fauteuil. (*Applaudissements à gauche.*)

(*M. le vice-président Brisson vient prendre la place de M. le président Gambetta, qui va s'asseoir sur le deuxième banc du côté gauche, près de l'hémicycle. — Applaudissements prolongés à gauche et au centre.*)

PRÉSIDENCE DE M. BRISSON, VICE-PRÉSIDENT

M. LE PRÉSIDENT. — Veuillez continuer, Monsieur de Cassagnac.

M. PAUL DE CASSAGNAC. — Contre M. Gambetta, disais-je, qui, pour la première fois, descendait de sa sérénité prési-

dentielle pour aller retrouver ses électeurs de Belleville, les
solliciter en faveur du candidat opportuniste. M. Gambetta
y est allé, les journaux opportunistes, c'est-à-dire les journaux du Gouvernement, ont fait ce qu'ils ont pu, et le galérien a été nommé; j'ai le droit de dire qu'à aucune époque,
et vous le savez aussi bien que moi, et les ministres le savent aussi bien que moi, à aucune époque, dis-je, les journaux partisans de la réhabilitation de la Commune n'ont
été aussi vifs, n'ont été aussi audacieux; je vous en épargne
la lecture, vous les connaissez comme moi. Il ne s'est rien
produit de nouveau depuis, je le répète. S'il s'est produit
quelque chose de nouveau, ce quelque chose a été une
aggravation dans la révolte et non dans l'apaisement.
(*Très bien! très bien! à droite.*)

M. le ministre président du conseil vous disait tout à
l'heure qu'il avait cédé aux manifestations de l'opinion
publique. Hélas! il est toujours bon, quand on est gouvernement, de céder aux manifestations de l'opinion publique,
surtout quand elles se produisent dans un but d'humanité
ou de concorde.

Tel n'est pas le cas qui nous occupe.

Les journaux ont commis des indiscrétions, nous savons
comment la question a été réglée, où et par qui elle a été
traitée.

Plusieurs ministres ne voulaient pas de l'amnistie; le président du conseil était de ce nombre. M. Jules Ferry,
M. Varroy, étaient de ce nombre et auraient résisté jusqu'au
dernier moment.

M. LE PRÉSIDENT fait remarquer que c'est une décision du
cabinet tout entier qui est soumise à la Chambre.

M. PAUL DE CASSAGNAC dit qu'il croyait avoir le droit de
rechercher dans quelles conditions la mesure avait vu le
jour: en somme, il n'y a pas eu d'apaisement, la réhabilitation de la Commune a été poursuivie, il faut donc chercher la cause ailleurs : elle est dans l'approche des élections. On a voulu prendre la tête du mouvement pour ne
pas rester à la queue. L'orateur déclare que, parlant contre
l'amnistie, il votera pour l'amnistie. (*Bruits et rires.*) Mais,
à un autre point de vue que celui du cabinet, il n'y a pas
eu de crime plus abominable que la Commune. (*Bruit.*)

Un membre à gauche. — Et le 2 décembre?

M. Paul de Cassagnac dit que le 2 décembre a fait mourir 500 hommes et la Commune 30,000.

M. Naquet dit que le 2 décembre a assassiné la France.

M. Paul de Cassagnac répond que le 4 septembre a violé la France.

M. le président dit que l'interruption de M. Naquet n'a fait qu'exagérer le sens d'un vote rendu par l'Assemblée nationale. (Très bien! très bien!)

M. Paul de Cassagnac répond qu'il n'y a pas eu de vote à Bordeaux, mais une simple résolution. L'orateur votera l'amnistie, parce qu'il n'admet pas les catégories. On pourrait n'accorder ni amnistie ni grâce, mais du moment que sur 6,500 condamnés on en faisait revenir 500, il fallait aller jusqu'au bout; il n'y a pas de différence entre M. Humbert et M. Rochefort. Les journalistes, les écrivains qui sont à Genève ou ailleurs, sont infiniment moins coupables que beaucoup de ceux qui ont été graciés. La vérité est que le gouvernement ne voulait pas laisser rentrer ceux dont il avait peur au point de vue électoral. Aujourd'hui, il fait une cote mal taillée et il admet les hommes de la Commune au partage, de peur qu'ils ne veuillent tout prendre.

A ce point de vue, l'orateur acceptera l'amnistie, mais il ne comprend pas la capitulation politique du gouvernement; on veut la joie partout à la veille de la fête nationale; aussi rappelle-t-on les pétroleurs pour augmenter les illuminations. On se demandera pourquoi on fait rentrer des hommes flétris par tous les ministres, au moment où l'on met les congrégations dehors. (Bruits divers.) Il y aura là une cause de grand étonnement dans le pays. Il y a deux forces dans pays : la force sociale et la force antisociale. On détruit la première et on encourage la seconde. (Applaudissements à droite.)

M. le président. — D'après l'ordre des inscriptions, la parole est à M. Lenglé.

Sur divers bancs. — Il parle dans le même sens!

M. le président. — Alors la parole est à M. Gambetta.

M. Gambetta. — Messieurs, j'ai cédé à l'impérieux sentiment du devoir en demandant à la Chambre de vouloir bien m'entendre dans la question qui s'agite aujourd'hui devant elle; non pas, comme l'a dit le préopinant, parce que la grande mesure dont le Gouvernement prend aujourd'hui l'initiative, que les ministres sont venus défendre et que la majorité va ratifier, soit l'œuvre d'une personnalité quelconque. Non, Messieurs, et, dans cette question, il n'y a rien à cacher; le Gouvernement, pour répondre au sentiment du pays, qui veut être tenu au courant de ses affaires, a tout naturellement pensé que, avant de mettre la dernière main à cette grande loi d'abolition et d'absolution, il était peut-être nécessaire de connaître l'opinion, non pas d'un homme, mais de tous les hommes de la majorité de la Chambre (*Très bien! très bien! à gauche et au centre.*)

C'est à ce titre, et non à un autre, que j'ai été consulté. Et je donnerais à ce débat une tournure blessante pour ma dignité personnelle si je répondais à des attaques, à des insinuations, qui, pour s'être produites à cette tribune, n'en sont pas plus fondées. Non, je ne suis pas au-dessus du Gouvernement, pas plus que je ne suis à côté de l'honorable M. Granier de Cassagnac. (*Très bien! très bien! à gauche.*)

Je suis à mon rang et à ma place, je suis au poste où votre confiance m'a élevé. (*Applaudissements à gauche et au centre.*)

Mais ce ne serait pas en comprendre toute la responsabilité si, lorsque l'heure est venue d'examiner sérieusement, profondément, l'utilité, l'opportunité, la gravité d'une mesure d'État, je pensais que je puis, égoïste et indifférent, regarder ce que font les autres, sans venir y chercher ma part de collaboration. (*Nouveaux applaudissements à gauche et au centre.*)

Il y a mieux; on m'a donné l'occasion de dire ici devant mon pays — dont je relève toujours, quelles que puissent être les mobilités du suffrage universel, — à propos d'une élection faite hier, ce que j'en pense, parce que je crois pouvoir le dire avec quelque compétence, et parce que je devine déjà l'emploi

malfaisant que l'on peut en faire, l'exploitation anti-
politique qu'on ne manquera pas d'organiser autour
de ce scrutin municipal. local, restreint, sans portée,
sans lendemain. (*Très bien! à gauche.*)

Oui, vous avez dit que l'élection Trinquet devait
suffire à surexciter les appréhensions du pouvoir, à
augmenter les légitimes, les respectables, les patriotiques inquiétudes de nos amis du centre gauche.

Ah ! si je réponds ici, c'est parce que je ne veux pas
que cette inquiétude fasse son chemin ; c'est parce
que je suis pénétré de cette vérité, que si l'élection
restreinte de Belleville eût donné un autre résultat,
que si la majorité eût été encore plus éclatante et plus
soulignée sur le nom d'un incapable, il faudrait encore
faire l'amnistie plénière et totale. (*Nouveaux applaudissements à gauche et au centre.*)

Ah! Messieurs, il faut y regarder de très près dans
ces questions qui mettent le suffrage universel tout
entier en émoi ; je veux bien qu'on bannisse de ces
grandes discussions et le sentiment et l'humanité, et
le récit des évènements qui ont amené ces catastrophes ; mais il y a cependant un élément qu'il faut faire
figurer dans le débat : ce sont les témoins.

Eh bien, Messieurs, je le sais, je l'ai vu, je l'entends
tous les jours, ne pensez pas, ne pensez jamais qu'il
y ait un autre moyen de supprimer ces récriminations
éhontées sur la guerre civile autrement que par une
mesure d'abolition complète, absolue ; ne le pensez
pas !

Pourquoi ? Parce que vous ne referez pas l'histoire ;
parce que vous ne pourrez pas aller de quartier en
quartier dans tout ce Paris qui a mené cette vie tra-
gique et épouvantable qui va du 4 septembre au 26
mai ; parce que vous ne pourrez pas refaire la vérité
dans ces cerveaux obscurcis et dans ces âmes trou-
blées ; et, entendez-le bien ! tant que restera une question d'amnistie, vraie ou fausse, posée sur une tête

indigne ou sur une tête obscure, vous pouvez être
convaincus que, toujours et nécessairement, vous verrez une grande masse s'égarer qu'il eût fallu recueillir,
vous verrez des esprits s'enflammer et s'exaspérer qu'il
eût été fort simple de maintenir dans la ligne droite.

Et alors vous voulez que je me taise, que je ne dise
pas à mes amis, qui sont au pouvoir, sans empiéter
sur leur indépendance qui est entière, car si elle n'était
pas entière, c'est ma confiance qui ne le serait pas!...
(*Bravos et applaudissements prolongés à gauche et au
centre*), vous ne voulez pas que je leur dise : Oui, il y
a un intérêt supérieur qui s'impose; oui, il y a une
raison d'État qui ouvre et dessille les yeux les plus
obstinément fermés! C'est que, dans un pays de suffrage universel, de disputes ardentes dans les comices
électoraux, il y a un moment où, coûte que coûte, il
faut jeter le voile sur les crimes, les défaillances, les
lâchetés et les excès communs. (*Vifs applaudissements.*)

Que vient-on vous dire?

On vient vous dire que c'est une politique de capitulation et de faiblesse! Et si je regarde d'où part le
reproche...

Un membre du côté droit. — A gauche !

M. GAMBETTA. — ... je me dis : Est-ce que, au contraire, vous ne sentiriez pas, avec la clairvoyance de
l'ennemi, que cette mesure est, en réalité, une mesure de groupement et de concentration? (*Bravos et
applaudissements au centre et à gauche.*)

Est-ce que vous ne verriez pas que cette mesure, il
fallait la prendre avant les élections, et, que, du moment qu'il fallait la prendre avant les élections, il faut
la prendre le plus tôt et le plus loin possible des élections? (*Nouveaux applaudissements sur les mêmes bancs.*)

Et pourquoi? Pour vous empêcher de l'exploiter !
(*Nouveaux et plus vifs applaudissements.*)

Messieurs, j'étais dans cette Chambre, à cette tribune, il y a bientôt onze ans : on discutait sur le point

de savoir s'il fallait faire le plébiscite ; je m'expliquai
avec le respect qu'il convenait d'apporter dans un
débat de cette gravité, de cette importance, mais avec
la franchise et la pleine liberté de langage dont je
croyais devoir honorer mes adversaires, parmi lesquels
le plus illustre est ici, et me fait l'honneur de m'écouter.
Eh bien, avant cette consultation solennelle, redoutée
par les uns, appelée par les autres, et qui, quant à
moi, Messieurs, me paraissait légitime si elle se fût
développée dans d'autres circonstances et avec d'autres
règles que je demandais ici même, — je me le rappelle, et ce sont de tels enseignements qui font cette
politique mesurée, calculée, dont je ne me départirai
jamais, quelques railleries qu'on lui puisse adresser,
— je disais : Consultez le pays, interrogez-le, mais
avec certaines garanties et surtout en précisant vous-
mêmes les questions. Je craignais qu'on ne posât au
pays cette alternative terrible d'avoir à choisir tout ou
rien, de choisir entre le Gouvernement et l'anarchie,
de choisir entre la stabilité et le désordre, entre rester
sur place ou faire un saut dans les ténèbres. J'avais
raison, et non seulement on ne formulait pas les questions avec la précision et les garanties que je récla-
mais. mais, avant cette formidable épreuve qui est
venue tout ébranler comme un arrêt du destin et dont
nous subissons encore les terribles mutilations, avant
cette redoutable consultation, que s'était-il passé ?

Je ne sais qui il faut accuser, ni même si, à cette
distance, il convient d'accuser quelqu'un. Ce qui se
passa, le voici : On inventa un complot, on machina
une conspiration, on la jeta devant la France effrayée,
on lui en montra les desseins, les complices, les agents,
et l'on surprit, et l'on faussa le caractère du verdict.

Rappelez-vous, Messieurs, que si vous ajournez
l'amnistie jusqu'à la veille des élections de 1881, on
exploitera le pardon accordé aux gens de la Commune
comme un complot, comme une sédition ; on épou-

vantera la France, en lui présentant les dangers du retour d'hommes chargés de crimes, couverts de sang, altérés de vengeance; tandis que, si vous faites l'amnistie aujourd'hui, il en sera comme des prédictions sinistres qu'on faisait sur le retour des Chambres à Paris.

Je ne puis pas oublier, à ce sujet, que l'honorable préopinant qui descend de la tribune votait, contrairement à l'avis de certains de ses amis, le retour à Paris, parce que, suivant lui, ce retour devait être le point de départ d'une série de déchirements intérieurs. (*Applaudissements à gauche et au centre.*)

M. PAUL DE CASSAGNAC. — Attendez la fin! Nous verrons qui rira le dernier.

M. GAMBETTA. — L'expérience est faite; le calme et la sagesse du peuple de Paris ont répondu à ces prophéties plus ou moins intéressées.

Messieurs, l'expérience aussi répondra sur la question de l'amnistie.

Dans quinze mois, quand nous reviendrons devant nos électeurs, devant le suffrage universel, nous pourrons le prendre à témoin que, depuis le jour où vous avez voté l'amnistie, l'oubli, le pardon, le silence, se sont faits sur la guerre civile. Voilà pourquoi je trouve l'amnistie opportune; voilà pourquoi je l'ai conseillée. (*Très bien! très bien!*)

J'ajoute que je croyais qu'il n'y aurait dans cette enceinte aucune protestation. Permettez-moi de vous le dire, avec une entière sincérité: je ne prétends pas que ceux qui blâment le Gouvernement, qui trouvent la démarche hâtive, prématurée, peuvent, sans injure, être appelés des orléanistes. Non, ceux qui parlent aujourd'hui et ceux qui écrivent, qui rédigent ces motions présentées à la tribune, devant vous, et dont l'un, avec le nom qu'il porte si dignement, mérite plus que nos sympathies, mérite notre gratitude... (*Bravos sur les bancs de la gauche*)... celui-là et ses amis peu-

vent n'être pas d'accord avec nous sur divers points,
mais je sais ce que valent, en réalité, aux heures de
péril, les hommes modérés et fermes. (*Applaudissements sur les mêmes bancs.*)

Nous avons entendu, dans une interruption très
légitime, l'honorable comte de Choiseul nous dire :
Nous avons fondé la République ensemble!

Nous ne l'oublions pas, personne n'a le droit de
l'oublier; car, je le répète, ce serait une noire ingratitude. (*Très bien! très bien!*)

C'est en effet grâce à ces concours ardents, patients,
dévoués, que nous avons pu traverser le défilé des dix
années que nous avons derrière nous; mais aussi,
c'est pour cela que, arrivés de l'autre côté de la passe
sinistre, je dis à ces vaillants des bonnes et des mauvaises heures : Quittez tout souci, restez avec nous,
surtout dans cette mesure de pardon et de clémence.
Et pourquoi rester avec nous? Par cette raison très
simple que vous avez été à la peine et qu'il faut que
vous soyez à l'honneur. (*Applaudissements répétés sur
un très grand nombre de bancs.*)

Oui, il faut que vous soyez à l'honneur, — je dis
l'honneur, car c'est l'honneur du Gouvernement républicain à côté duquel je suis, d'avoir pu, en matant
les factions, fonder la République, ramener les Chambres dans Paris, décréter successivement la rentrée
sur le sol national des hommes compromis dans nos
discordes. C'est l'honneur, la force de ce Gouvernement, et il a bien le droit, au nom de la République,
au nom de la France, de vous dire : « J'ai la garantie
et le dépôt de l'ordre et des libertés nationales dans
les mains, ayez confiance en moi, marchez avec moi. »

Oui, ce gouvernement a le droit de tenir un tel langage, et permettez-moi de vous le dire, vous avez le
devoir de réfléchir, vous avez le devoir, que vous avez
exercé en bien d'autres moments, de descendre au fond
de vos consciences, de vous mettre en présence des

conséquences, des avantages de la politique de concorde qui est aujourd'hui devant vous, et de vous poser ce dilemme : Oui ou non, devons-nous consentir à faire l'amnistie?

Votre réponse est : Oui! n'est-ce pas? Personne ne se lève dans cette assemblée qui ose dire : Non! jamais nous ne ferons l'amnistie ; il faut persister dans une politique implacable, qui ne connaît que des fautes inexpiables.

Il faut donc faire l'amnistie, et, par conséquent, la seule question politique qui se pose et qui s'impose à l'attention du Parlement est celle-ci : Existe-t-il un moment plus favorable pour la faire? (*Applaudissements prolongés à gauche et au centre.*) Je dis qu'il n'en existe pas! Pourquoi?

Parce que si le pays, — et je pense avoir étudié avec soin la marche des esprits, — est résolu à ne pas se payer d'apparences, à ne jamais céder aux impatiences, aux ardeurs, même légitimes, des uns, il est résolu aussi à ne pas laisser passer les heures propices des grandes mesures. J'ai écouté le pays, je l'ai suivi, je l'ai vu dans ses diverses manifestations électorales.

Et où est donc l'opinion publique, si elle n'est pas dans ces rendez-vous, si elle n'est pas dans ces consultations, solennelles à tous les degrés, où les électeurs donnent l'opinion de la France?

Après avoir écouté, interrogé le pays, je suis arrivé à cette solution : Non, la France n'est pas passionnée pour l'amnistie, elle n'y apporte ni ardeur ni enthousiasme, elle sait ce que lui a coûté cette série de crimes; elle sait quelle a été la rançon de cette folie inoubliable! Non, elle n'est pas passionnée pour l'amnistie, et, si elle n'avait qu'à prononcer un arrêt, il serait bien vite écrit en caractères ineffaçables.

Mais, Messieurs, si la France ne subit pas d'entraînement vers l'amnistie, elle éprouve un sentiment que les hommes politiques doivent enregistrer : c'est celui de la lassitude... (*Très bien! Applaudissements à gauche*), elle est fatiguée, exaspérée d'entendre constamment se reproduire ces débats sur l'amnistie, dans toutes les questions, à propos de toutes les élections, de toutes les consultations électorales, et elle dit à ses gouvernants et à vous-mêmes : Quand me débarrasserez-vous de ce haillon de guerre civile? (*Bravos à gauche.*)

Je ne sais pas quelle pensée a agité le cœur des ministres, mais je veux ouvrir le mien, et je demande non pas à mes amis dans cette Chambre, non pas à des adversaires politiques, d'exprimer ce qui est le fond de leur sentiment, mais je demande à ceux qui, en dehors de cette enceinte, ont encore peut-être plus d'inquiétude et d'appréhension que vous-mêmes, je leur demande : Mais où est donc le bénéfice d'une résistance plus prolongée à une mesure pareille? (*Applaudissements à gauche.*)

Voulez-vous monter à cette tribune ou à une autre, et venir déclarer devant le pays que vous résisterez à cette mesure uniquement pour résister? (*Très bien! très bien!*)

Je le sais, Messieurs, il y a deux politiques, il y en a eu de tout temps, il y en aura toujours deux, parce que le mouvement de l'esprit humain est ainsi fait : il porte les uns à l'innovation, à la marche en avant, à l'affirmation toujours plus audacieuse vers le progrès, vers la conquête et vers la réforme, il retient les autres qui, par tempérament, par qualité d'esprit, — car c'est souvent une qualité, il y a plus de suite dans les esprits qui résistent, — sont au contraire pour le stationnement, pour le calcul longtemps balancé avant la résolution. J'aime ces deux esprits, et je les respecte.

Mais que voulez-vous? vous allez peut-être m'accuser d'opportunisme! je sais que le mot est odieux... (*Sourires*); pourtant je pousse encore l'audace jus-

qu'à affirmer que ce barbarisme cache une vraie politique (*Applaudissements*), que c'est en s'inspirant de la
générosité des uns et de l'esprit d'examen des autres
qu'il faut se décider. Et alors, étant face à face avec
les difficultés, je dis à ceux-ci : Vous touchez à la réalisation d'une mesure qui peut-être aurait été facilitée
si elle eût été entourée, dans les réclamations qui se
sont produites, de plus de mesure, de plus de sagesse.
Et aux autres, je dis : Le moment est venu de se
résoudre ; ne voyez-vous pas entre vous et ceux qui ne
sont pas des anarchistes de profession, qui ne sont
que de purs démagogues, que des fauteurs de désordre : ne voyez-vous pas entre eux et nous une armée
compacte de braves gens, d'électeurs honnêtes, sincères, qui, troublés et égarés, considèrent l'amnistie
comme le retour aux plus détestables doctrines?

Ne sentez-vous pas qu'il est nécessaire d'aller à
eux, de les rassurer et de leur dire : La République,
c'est le gouvernement qui est le plus fort de tous les
gouvernements connus contre la démagogie. Pourquoi? Parce qu'il ne gouverne et ne réprime ni au
nom d'une famille ni au nom d'une maison, mais au
nom de la loi et de la France. (*Bravos et applaudissements répétés à gauche et au centre.*)

Quand j'ai eu examiné l'état mental de mon pays,
quand j'ai eu constaté cette lassitude qui fait que la
question n'est pas mûre, — je vais employer un mot
vulgaire, — mais qu'elle est pourrie! (*mouvement*),
quand j'ai eu fait cet examen interne, j'ai jeté un regard au dehors, et qu'est-ce que j'ai vu?

Il y a quelques mois encore, l'Europe était inquiète ;
elle jugeait ces mesures prématurées ; elle les con-
damnait, elle disait par ses organes les plus accrédités
que l'heure n'en était pas venue.

Oh! moins que personne je suis porté à aller chercher chez l'étranger la règle de nos décisions intérieures ; mais enfin vous n'êtes pas une puissance

insulaire, vous ne vivez pas entre le Pacifique et l'Atlantique sans toucher à personne; vous êtes au milieu de monarchies séculaires, respectées, vénérées, dont votre premier devoir est de considérer les susceptibilités et les appréhensions. C'est à ce patriotisme républicain ainsi compris que vous devez déjà de voir donner son vrai rang, sa vraie place dans le concert européen à un État républicain si considérable et si nouveau, qui met la plus vieille nation de l'Europe et 40 millions d'hommes en mouvement sous la seule influence de l'opinion publique. (*Applaudissements répétés à gauche et au centre.*)

Oui, il a fallu examiner l'état de l'Europe et savoir ce qu'elle pensait. Eh bien, quand on s'est livré à cette enquête, toujours délicate, toujours un peu inquiète, et quand on rencontre devant soi des esprits courtois, ouverts, disposés, sous l'influence des leçons du malheur, sous l'influence des leçons de la fortune, à sentir que la France se refait et se restaure sagement, fortement, pacifiquement; lorsque, dis-je, on rencontre des hommes aussi avisés, solidaires d'un certain ensemble européen, et qu'on a la bonne fortune de pouvoir les interroger, il faut faire grand état de leurs réponses.

Eh bien, Messieurs, il n'est pas douteux, — cela faisait peut-être aussi partie de l'opportunisme, — il n'est pas douteux que, il y a six mois, les réponses n'étaient pas bonnes.

Aujourd'hui, vous avez rencontré le crédit et la confiance, au point de vue de vos ressources, de votre fortune matérielle ; vous êtes en train de retrouver le crédit et la confiance, au point de vue de votre puissance morale et de votre stabilité politique. (*Applaudissements.*)

Quels sont donc maintenant sur cette question les sentiments de l'Europe? Je les ai recueillis, je les ai enregistrés. L'amnistie, nous dit-on, vous pouvez la

faire ; elle n'effraye plus l'Europe et elle vous débarras-
sera beaucoup. (*Applaudissements prolongés.*)

Je crois, Messieurs, que je vous devais ces impressions, je crois que je vous devais cette clarté ; je
vous les ai apportées sincèrement et librement, avec
mon caractère personnel, avec mon caractère de
mandataire du peuple, et c'est par là que je termine.

Oui, je représente ici, et depuis tantôt douze ans,
le quartier de Paris où la démocratie la plus vaillante
et la plus ardente tient à la fois ses ateliers et ses
assises, les uns pour travailler, les autres pour penser. Elle a été très souvent, — elle l'a été encore
aujourd'hui et elle le sera demain, — calomniée, mal
comprise, mal jugée.

Ce n'est pas à moi, qui suis son fidèle représentant
et son plus vieux lutteur, qu'il faut apprendre ni ses
défaillances, ni ses entraînements. Mais il y a une
chose à laquelle je tiens, c'est à la liberté de mon
jugement. Ils savent, là-haut, que je ne les ai jamais
ni flattés, ni trompés.

Hier, ils ont fait une faute. Mais, Messieurs, est-ce
que vous voudriez mettre en balance cette faute avec
l'intérêt dont tout à l'heure j'essayais de vous faire
apprécier la force : la question de l'amnistie? Et ne
voyez-vous pas que dans cette population de Belleville
où on a répandu tous les ferments et toutes les excitations, il y a des hommes, — je les connais, — qui
se disent partisans de l'amnistie et qui veulent l'empêcher? (*Très bien! très bien! — Vifs applaudissements.*)

Eh bien! je vous le dis, l'élection de Trinquet, c'est
la dernière manœuvre d'un parti dans la main duquel
on va briser l'arme nécessaire et unique. L'élection
de Trinquet, de Trinquet qui, heureusement, a été
gracié, de Trinquet qui a payé pour beaucoup d'autres,
de Trinquet qu'on appelait tout à l'heure le galérien,
de Trinquet, — je peux bien le dire avec le sentiment
de ce que vaut ici un pareil témoignage, — de Trin-

quel qu'on eût dû faire revenir plus tôt, car il était
de ces galériens qui sont allés au bagne, non pas pour
les crimes qu'ils avaient commis, mais pour la solidarité qu'ils avaient acceptée et que d'autres, plus heureux, plus habiles, avaient déclinée par la fuite... (*Applaudissements.*)

Dans un quartier de Paris où ses amis se trouvent
encore, où sa femme, son fils tendent tous les jours
les mains vers leur époux, vers leur père, est-ce qu'il
était possible, est-ce qu'on pouvait humainement
croire que les compagnons, que les voisins, que les
amis ne prêteraient pas les mains à ceux qui venaient
leur dire que le vrai moyen de faire revenir Trinquet,
c'était de le nommer conseiller municipal? Est-ce
que vous pouviez empêcher que cette propagande
réussît? Est-ce que vous ne sentez pas que vous devez
couper court à de pareilles suggestions et à de semblables entraînements! (*Très bien! très bien!*)

Non, Messieurs, lorsqu'on voudra examiner cette
minuscule question de l'élection du Père-Lachaise, je
ne pense pas que, ni ici ni ailleurs, on puisse en faire
un argument sérieux contre la mesure nécessaire, la
mesure d'État, la loi politique qu'on vous propose.

On a dit, et on a dit avec raison, — cela saute aux
yeux, — que le 14 juillet étant une fête nationale, un
rendez-vous où, pour la première fois, l'armée, orgueil
légitime de la nation, se trouvera face à face avec le
pouvoir, où elle reprendra ces drapeaux, hélas! si
odieusement abandonnés... (*Bravos et applaudissements
prolongés*)... oh! oui, il faut que ce jour-là, devant la
patrie (*Nouveaux applaudissements*), il faut qu'à la face
du pouvoir, en face de la nation représentée par ses
mandataires fidèles, en face de cette armée, « suprême
pensée », comme disait un poète qui, lui aussi, dans
une autre enceinte, devant tout le monde, avait plaidé
la cause des vaincus (*Applaudissements*), il faut que vous
fermiez le livre de ces dix années, que vous mettiez la

pierre tumulaire de l'oubli sur les crimes et sur les vestiges de la Commune, et que vous disiez à tous, à ceux-ci dont on déplore l'absence, et à ceux-là dont on regrette quelquefois les contradictions et les désaccords, qu'il n'y a qu'une France et qu'une République. (*Acclamations et applaudissements prolongés. — Un grand nombre de membres se lèvent de leur place et s'empressent autour de l'orateur pour le féliciter lorsqu'il descend de la tribune.*)

Voix nombreuses. — La clôture! La clôture!

M. LE PRÉSIDENT. — Je mets aux voix la clôture de la discussion générale.

(La clôture est mise aux voix et prononcée.)

M. LE PRÉSIDENT. — Je consulte la Chambre sur la question de savoir si elle entend passer à la discussion de l'article unique.

(La Chambre, consultée, décide qu'elle passe à la discussion de l'article unique.)

« ARTICLE UNIQUE. — Amnistie est accordée à tous les condamnés pour crimes et délits se rattachant aux insurrections de 1870 et 1871, ainsi qu'à tous les condamnés pour crimes et délits politiques, ou pour crimes et délits de presse, commis jusqu'à la date du 19 juin 1880. »

Je mets aux voix l'article unique du projet de loi.

Il y a deux demandes de scrutin.

(Le scrutin est ouvert. — Les votes sont recueillis, puis MM. les secrétaires en opèrent le dépouillement.)

M. LE PRÉSIDENT. — Voici le résultat du dépouillement du scrutin sur le projet de loi d'amnistie :

Nombre des votants	448
Majorité absolue	225
Pour l'adoption	312
Contre	136

La Chambre a adopté. (*Applaudissements à gauche et sur plusieurs bancs au centre.*)

M. Marcel Barthe et M. Desbons proposent un article additionnel ainsi conçu :

« Sont exclus de l'amnistie les individus condamnés pour crime d'assassinat ou d'incendie. »

Plusieurs membres à gauche. — Mais le projet de loi est voté !

M. MADIER DE MONTJAU. — Le projet de loi vient d'être voté et voté d'une manière complète. On ne peut pas actuellement amoindrir la signification du vote par un article additionnel ! Nous demandons la question préalable !

Bruit confus.)

M. LE PRÉSIDENT. — M. Marcel Barthe me fait remarquer qu'il avait déposé un article additionnel ; je ne puis pas l'empêcher de le soutenir.

M. MARCEL BARTHE. — Je n'ai que deux mots à dire...

A gauche. — La loi est votée ! La loi est votée !

M. MARCEL BARTHE. — Ne m'empêchez pas de parler. Laissez-moi vous expliquer l'article additionnel que je vous propose.

Voix nombreuses. — Retirez-le !

M. MARCEL BARTHE. — Je ne le cache pas, Messieurs, c'est avec un profond chagrin que je suis en dissentiment avec mes meilleurs amis. Mais c'est ma conscience qui parle, et j'ai l'habitude de n'obéir qu'à elle.

Je n'ai à vous dire qu'un mot. J'étais à Paris lorsque l'insurrection de mars éclata. J'y étais encore au moment où mon vieil ami, mon ancien collègue à l'Assemblée constituante de 1848, le républicain le plus brave, le plus loyal, le plus dévoué que j'aie connu, le général Clément Thomas, fut assassiné ; ce jour-là, je vous le dis, j'ai été fou de douleur. Cette douleur, je la ressens encore... (*Mouvements divers et interruptions.*)

Ah ! si on se fût borné à demander la grâce, le pardon de tous les criminels de la Commune, j'aurais de grand cœur voté une mesure de clémence. Mais restituer les droits civils et politiques à ceux qui ont trempé leurs mains dans le sang de nobles et innocentes victimes...

Voix nombreuses à gauche. — Mais c'est voté.

M. MARCEL BARTHE. — ...Oh ! non, je ne le puis pas. Non, je ne consentirai jamais, en les réhabilitant, à élever de tels criminels à la hauteur morale des citoyens dont la vie a toujours été irréprochable.

Je ne le puis pas. (*Mouvement en sens divers.*)

M. le président. — L'amendement ayant été présenté au cours de la délibération ne peut être soumis qu'à la prise en considération.

Il y a une demande de scrutin.

Voix à gauche. — Lisez! lisez l'amendement!

M. le président. — J'ai déjà donné lecture de cet article additionnel : je vais recommencer.

« Sont exclus de l'amnistie les individus condamnés pour crimes d'assassinat ou d'incendie. »

Il va être procédé au scrutin.

(Le scrutin est ouvert. — Quelques membres déposent leur bulletin dans les urnes.)

Plusieurs membres. — On n'a pas entendu la lecture!

M. le garde des sceaux. — Je demande la parole.

D'autres membres. — Sur quoi vote-t-on?

M. le président. — Après le moment où les huissiers se sont dirigés, porteurs des urnes, vers les bancs de la Chambre, il a été dit qu'on n'avait pas entendu la lecture de l'article additionnel de M. Marcel Barthe.

J'ai donné lecture de cet article additionnel, mais il est entendu que l'épreuve commencée est annulée et que les bulletins ne compteront pas ; l'épreuve sera recommencée.

Dans ces conditions, je donne la parole à M. le garde des sceaux.

Plusieurs membres à droite. — Lisez! lisez l'amendement!

M. le président. — Je l'ai déjà lu deux fois. L'article additionnel de M. Marcel Barthe est ainsi conçu :

« Sont exclus de l'amnistie les individus condamnés pour crime d'assassinat ou d'incendie. »

C'est sur cet article que je donne la parole à M. le garde des sceaux.

M. Cazot, *garde des sceaux, ministre de la justice.* — Messieurs, je viens, au nom du Gouvernement, vous demander de repousser l'amendement qui vous est proposé par M. Marcel Barthe. (*Exclamations et bravos ironiques à droite. — Applaudissements à gauche.*)

M. Keller. — En souvenir de Danton!

M. Paul de Cassagnac. — Il faut qu'ils reviennent tous!

M. le président. — Vous avez voulu la discussion, Messieurs, écoutez-la.

M. le garde des sceaux. — Pour résoudre la question que

cet amendement comporte, il faut savoir dominer les sentiments de légitime réprobation que soulèvent dans toutes les consciences les crimes dont il est question. (*Très bien! très bien! à gauche.*)

A droite. — Tout le monde ne peut pas les dominer.

M. LE GARDE DES SCEAUX. — Malheureusement, Messieurs, les crimes de droit commun, les plus graves comme les autres, sont inséparables des circonstances dans lesquelles ils se sont produits. (*Très bien! très bien! à gauche.*) Oui, il y a eu des crimes d'assassinat, d'incendie commis pendant l'insurrection de Paris : ces crimes se rattachent essentiellement aux faits insurrectionnels, ils y sont connexes et à raison de cette connexité il est absolument impossible de faire la distinction. (*C'est cela! Très bien! à gauche.*)

M. LÉON CHEVREAU. — C'est encourageant pour l'avenir.

M. PAUL DE CASSAGNAC. — C'est pour cela que je voterai l'amnistie.

M. LE GARDE DES SCEAUX. — Croyez bien, Messieurs, que si cette distinction avait été possible, le Gouvernement n'aurait pas laissé à l'honorable M. Marcel Barthe le soin de l'introduire dans le projet de loi. (*Très bien! très bien! à gauche.*)

Mais voilà longtemps que le Gouvernement, que nous, que les ministres qui nous ont précédés, s'épuisent en vains efforts pour faire une distinction qu'ils ne peuvent pas établir.

Voilà, Messieurs, quel est le sentiment qui les a dominés, malgré eux, croyez-le bien, lorsqu'ils ont voulu exercer le droit de grâce. Les travaux forcés prononcés contre un grand nombre de condamnés de la Commune ont été commués en déportation ou en bannissement, c'est-à-dire qu'une peine politique a été substituée à une peine de droit commun, parce que nous avons considéré que les faits de droit commun étaient rattachés d'une façon indissoluble au fait principal, au fait politique, et que, je le répète, la distinction ne peut être faite.

Croyez-vous, Messieurs, que ce soit là une théorie imaginée pour les besoins de la cause? Voyez ce qui s'est passé en matière d'extradition. Lorsqu'une extradition est demandée pour un crime de droit commun prévu dans les conventions diplomatiques, l'extradition est refusée en vertu des stipulations formelles des traités toutes les fois que le crime de droit commun se rattache à un crime politique. (*Vive approbation à gauche. — Interruptions à droite.*)

La raison en est simple : c'est qu'en pareille matière, je
le répète, il est impossible de distinguer.

Eh bien, ce qui est vrai de l'extradition est vrai à plus
forte raison de l'amnistie, car si le refus d'extradition
n'efface pas le fait, l'amnistie, au contraire, est une mesure
essentiellement politique qui s'applique au fait.

Il ne s'agit pas ici des personnes, il ne s'agit pas de clémence, de pitié, de justice même (Interruptions à droite), et
à plus forte raison de glorification et de réhabilitation ; il
s'agit d'une mesure absolument politique, d'une invitation
adressée par les pouvoirs publics, dans un intérêt d'apaisement et de pacification; d'une invitation adressée à la conscience nationale de jeter le voile de l'oubli sur les dernières traces des discordes civiles.

Par toutes ces considérations, je vous demande de repousser l'amendement de l'honorable M. Marcel Barthe. (Oui!
très bien! très bien! à gauche.) Votez, sous peine de contredire le vote que vous venez d'émettre (Nouvelles marques
d'assentiment à gauche), votez l'amnistie plénière sans aucune
espèce de distinction, et ne craignez pas que le pays, qui
vous a donné ses suffrages et honorés de sa confiance,
puisse croire que vous accordez votre protection aux criminels de droit commun.

Non, Messieurs, il ne croira pas que vous couvrez de
votre indulgence l'assassinat et l'incendie; il pensera que si
la distinction avait été possible, le Gouvernement l'aurait
faite, réprouvant aussi énergiquement que vous les réprou-
vez vous-mêmes les crimes odieux dont il s'agit. (Très bien!
très bien! — Vifs applaudissements à gauche et sur divers
bancs au centre.)

M. LE PRÉSIDENT. — Je consulte la Chambre sur la clôture.

La clôture est mise aux voix et prononcée.)

M. LE PRÉSIDENT. — Il va être procédé au scrutin public.

(Le scrutin est ouvert, les votes sont recueillis, et MM. les
secrétaires en font le dépouillement.)

M. LE PRÉSIDENT. — Voici le résultat du scrutin public.

Nombre des votants. 421
Majorité absolue. 211

   Pour l'adoption. 181
   Contre. 240

La Chambre n'a pas pris l'amendement en considération.

M. LEPÈRE. — Je demande la parole.

M. LE PRÉSIDENT. — Vous avez la parole.

M. LEPÈRE. — Messieurs, au nom d'un grand nombre de mes collègues, et j'espère au nom de la majorité tout entière, je demande la publication et l'affichage, dans toutes les communes de la République, du discours de notre honorable collègue, M. Gambetta, qui est un commentaire si élevé, si éloquent et si patriotique de la grande mesure d'apaisement que vous venez de voter. (*Vifs applaudissements à gauche et au centre.*)

M. LE PRÉSIDENT. — Je consulte la Chambre.

(La proposition, mise aux voix, est adoptée.)

Le Sénat s'y prit à deux fois pour accepter l'amnistie plénière, et encore sous une forme détournée[1]. Il vota le 9 juillet, par 179 voix contre 78, le texte suivant qui fut adopté dès le lendemain par la Chambre, et promulgué le surlendemain :

« ARTICLE UNIQUE. — Tous les individus condamnés pour avoir pris part aux évènements insurrectionnels de 1870 et 1871, aux évènements insurrectionnels postérieurs, qui ont été ou qui seront, avant le 11 juillet 1880, l'objet d'un décret de grâce, seront considérés comme amnistiés, à l'exception des individus condamnés par jugement contradictoire à la peine de mort et aux travaux forcés pour crime d'incendie et d'assassinat.

« Cette exception, toutefois, ne sera pas applicable aux condamnés ci-dessus qui auront été jusqu'à la date du 9 juillet 1880 l'objet d'une commutation de leur peine en une peine de déportation, de détention ou de bannissement.

« Amnistie est accordée à tous les condamnés pour crimes et délits politiques ou pour crimes et délits de presse commis jusqu'à la date du 9 juillet 1880.

« Les frais de justice applicables aux condamnés ci-dessus spécifiés et qui ne sont pas encore payés ne seront pas réclamés. Ceux qui ont été payés ne seront pas restitués. »

Un décret du 10 juillet accorda la remise entière de leur peine à tous les condamnés de la Commune. La question de l'amnistie était vidée.

1. Le projet de loi suivant fut défendu au Sénat par MM. Feray (d'Essonnes), Victor Hugo, de Freycinet et Adrien Hébrard. Il fut combattu par MM. Jules Simon et de Voisins-Lavernière.

DISCOURS

Prononcé le 14 juillet 1880

A LA FÊTE NATIONALE DU XXe ARRONDISSEMENT

(PARIS)

Mes chers concitoyens,

Ce n'est pas un discours que je veux vous adresser, c'est l'expression de mes remerciments, de ma reconnaissance pour l'admirable organisation de cette fête qui clôt si dignement la série des réjouissances patriotiques de notre immortel Paris. (*Applaudissements prolongés.*)

Vous avez compris, — et vous l'avez compris tous unanimement, — qu'après les actes auxquels les pouvoirs publics ont imprimé la consécration suprême ; vous avez compris qu'après quatre-vingt-onze ans de luttes acharnées, un jour enfin devait se lever pour la patrie, un jour où, dans un unanime élan, tous les Français, ceux des villes et ceux des champs, l'armée, le peuple, tous, et même les plus indifférents aux luttes de la politique, — tous, entraînés par l'amour de la France, se réuniraient d'un bout à l'autre du territoire et acclameraient, réunis, indissolubles, la France et la République. (*Tonnerre d'applaudissements. — Cris prolongés de : Vive la République !*)

Et c'est ici, sur ces hauteurs qu'on a si souvent dénoncées à l'apathie ou à la peur de concitoyens ignorants, qu'il convenait de donner le spectacle de ces immenses assises de la population de Belleville s'abandonnant, au milieu de l'ordre et du calme les plus parfaits, à la joie qui emplit tous les cœurs.

C'est à Belleville, en effet, qu'il convenait de donner la plus éclatante réfutation à ces diatribes, à ces perfidies, dont on nous accable depuis dix ans, et qui annoncent toujours pour la fin de la semaine la chute de la France et du gouvernement que nous avons fondé; gouvernement qui, désormais établi sur le consentement du peuple français tont entier, peut défier sans colère, et même avec le dédain de la force, toutes les attaques de quelque côté qu'elles viennent, car elles sont désormais impuissantes. (*Vive adhésion et salves d'applaudissements.*)

Mais il convient aussi, au milieu de ces jours de victoire et d'allégresse publiques, de songer aux heures plus tristes, de ne pas oublier nos deuils; il convient surtout de faire, en face de l'image de la patrie, sous le drapeau aux trois couleurs que recevait, il y a trois jours, notre jeune et glorieuse armée, il convient de faire le serment de rester toujours dans la légalité, car, en dehors d'elle, il n'y aurait que périls, aventures et chute définitive. (*Salves d'applaudissements et bravos prolongés.*)

Donc, je place sous l'égide de la loi, sous l'égide de la République légale, et vos aspirations, et vos tendances, et vos félicitations.

Et croyez bien que ce que nous disons ici n'est que l'expression des sentiments de l'immense majorité du peuple français. Oui, partout où bat un cœur patriote, bat un cœur de républicain. On pourra bien assister encore aux tentatives d'états-majors épuisés, exhalant une politique de dépit: mais, soyez-en sûrs, — et les prochains comices le diront, — la France, dans son immense unanimité, dans son unité surtout, n'aura et ne comprendra plus qu'un cri: La République pour la patrie et par les républicains.

Vive la République!

(*Salves d'applaudissements. — Bravos prolongés. — Cris répétés de : Vive la République! — Vive Gambetta!*)

DISCOURS

Prononcés les 8, 9 et 10 août 1880

A CHERBOURG

--- --- ---

L'armée de terre avait reçu ses nouveaux drapeaux dans la fête nationale du 14 juillet ; la fête de la marine fut célébrée à Cherbourg les 8, 9 et 10 août. Le président de la République fut accompagné dans son voyage par les présidents du Sénat et de la Chambre.

Nous reproduisons, d'après les dépêches de l'*Agence Havas*, le compte-rendu des principaux incidents de ce voyage qui donna lieu à tant de commentaires.

Cherbourg, 8 août.

Allocution du maire de Cherbourg au président de la République.

« Monsieur le président,

« La ville de Cherbourg est heureuse de saluer en votre personne le patriote illustre, l'éminent homme d'État, le digne continuateur de l'œuvre du grand citoyen qui, le premier, porta le titre de président de la République française.

« La population est depuis longtemps attachée aux idées républicaines et démocratiques ; elle acclame avec une confiance absolue un gouvernement qui s'appuie sur la volonté réfléchie de la nation et sur les masses profondes du suffrage universel. Au nom de cette population cherbourgeoise, nous vous témoignons, Monsieur le président, la plus vive gratitude d'avoir choisi notre cité pour votre premier voyage officiel, et nous sommes ses interprètes fidèles en vous souhaitant respectueusement et du fond du cœur la bienvenue parmi nous. »

Réponse du président de la République au maire de Cherbourg.

« Monsieur le maire,

« Je vous remercie des sentiments que vous m'exprimez, je vous prie d'en remercier vos administrés. Je connais le dévouement de vos populations à la République : c'est pourquoi je suis venu visiter votre belle ville, votre port et vos arsenaux, et faire connaissance avec votre excellente municipalité. »

Cherbourg, 9 août.

Hier soir, le président de la République, accompagné par M. Wilson, le général Pittié et les officiers de sa maison militaire, est sorti à pied. Aussitôt que la foule l'a reconnu, elle l'a acclamé avec enthousiasme.

Le président de la Chambre est sorti également. La foule a entouré la voiture du président de la Chambre, l'acclamant chaleureusement et le priant de parler.

M. Gambetta a prononcé les paroles suivantes :

« Messieurs, mesdames, puisque nous sommes interrompus dans notre promenade à travers les rues, j'en profite pour vous remercier des acclamations que vous faites entendre sur le passage du chef de l'État et de ses fidèles et dévoués collaborateurs. Comment pourrait-il en être autrement dans cette ville de Cherbourg, cette cité si républicaine? Oui, vous avez raison d'acclamer le président de la République, ce citoyen intègre, ce chef vénéré; mais, quelque grande que soit la situation à divers degrés de ceux qui ont votre confiance, n'oubliez pas qu'au-dessus d'eux il y a une image sacrée, inviolable, l'image de la patrie républicaine qui fait notre joie et nous donne toutes les espérances. »

Le yacht anglais *l'Enchantress*, qui accompagne toujours le yacht de la reine d'Angleterre, est arrivé hier soir à Cherbourg, ayant à bord lord Northbrook, lord de l'Amirauté, et l'amiral Riders, commandant du port de Portsmouth, venus pour saluer le président de la République au nom de la reine Victoria.

Ce matin, à neuf heures et demie, le président de la République, accompagné par les présidents du Sénat et de la Chambre, s'est rendu à l'arsenal pour assister au lancement du navire de guerre le *Magon*.

Comme cela se pratique ordinairement les jours où on lance un navire, l'arsenal était ouvert à la foule, qui se pressait sur les quais et qui a fait une ovation très chaleureuse à M. Grévy et à M. Gambetta.

L'opération du lancement, fort bien réussie, s'est accomplie aux cris de : Vive la République! pendant que deux corps de musique, l'un d'infanterie de marine et l'autre d'infanterie de ligne, jouaient la *Marseillaise*. Un arc de triomphe, construit avec des cabestans, d'anciens cordages, des voiles, des canons, des torpilles et d'autres accessoires de marine, faisant le plus bel effet, était dressé à l'entrée de l'arsenal.

Le président de la République, M. Léon Say et M. Gambetta ont visité dans toutes ses parties la digue nommée fort central, les batteries supérieures et les batteries du ras de l'eau.

M. le ministre de la marine, l'amiral Jauréguiberry, exprime le regret que tant de millions aient été dépensés pour construire le port actuel, au lieu d'en avoir creusé un dans la vallée Quincampoix, où la position était beaucoup plus avantageuse au point de vue topographique.

« Oui, répliqua M. Gambetta, c'est l'œuvre du génie maritime. Le plan primitif de Vauban plaçait le port militaire dans la vallée de Quincampoix. Vauban y avait même acheté des terrains pour le compte du roi, mais le génie maritime s'y est opposé et il a fallu cinquante-cinq ans de résistance avant qu'on reconnût que Vauban avait eu raison. Malheureusement il est trop tard aujourd'hui; cela coûterait trop cher pour recommencer. »

A sa sortie de l'arsenal, le président de la République est allé s'embarquer pour se rendre à bord du vaisseau amiral cuirassé le *Colbert*.

Cherbourg, 10 août.

Le dîner offert hier dans les salons de l'Hôtel de Ville par le président de la République a été très brillant.

Quatre toasts ont été portés : le premier par M. Grévy, le second par le ministre de la marine, le troisième par le secrétaire de l'Amirauté anglaise, le quatrième par M. Gambetta.

Voici le toast de M. Grévy :

« Je veux, avant tout, remercier cette ville de Cherbourg, si belle, si intéressante, et qui se montre si excellente pour nous.

« Le cordial et magnifique accueil que nous y recevons m'inspire un sentiment de gratitude et d'affection qui ne périra pas.

« Cette dette de cœur, non pas acquittée, mais très reconnue, je porte un toast à la marine française.

« En revenant de visiter les deux belles escadres qui sont réunies dans ce grand port de la Manche, j'ai voulu saluer en elles la marine française et lui apporter un témoignage de vive sympathie pour le mérite et la distinction de son corps d'officiers, pour l'instruction technique et l'intrépidité de ses marins, pour le succès et l'application intelligente des merveilleux progrès que le génie moderne a réalisés dans la construction des navires et dans leur armement.

« Notre marine, je suis fier de pouvoir le dire, n'a aucune comparaison à redouter, mais elle n'est pas dotée suffisamment d'un matériel naval qui puisse assurer à la France la puissance maritime que lui assigne sa position sur les deux mers et sa place dans le monde. Des projets ont été élaborés dans ces dernières années pour renforcer notre flotte. Ils n'ont reçu qu'une exécution partielle. Peut-être, au milieu des transformations et des expériences auxquelles nous assistons, eût-il été imprudent d'aller plus vite, mais le moment venu, il faut que ces projets soient exécutés entièrement ; il faut aussi que nous consacrions une partie de nos ressources à achever les travaux que réclament nos ports, à commencer par ceux du port de Cherbourg, travaux dont l'importance, la nécessité et l'urgence ne peuvent être contestées.

« La France aime sa marine comme son armée de terre. Elle a besoin de l'une et de l'autre. Elle doit faire pour la première ce qu'elle a fait pour la seconde. Elle doit la mettre en état de supporter une vie de labeur et d'incessants dangers.

« Nos marins se sont élevés à la plus haute valeur militaire. Ils nous l'ont montré, lorsqu'au temps de nos désas-

tres ils sont venus partager avec nos braves soldats la
défense du pays, avec quel dévouement ! avec quel courage !
vous le savez.

« C'est une des belles pages de l'histoire de la marine
française, si pleine de pages héroïques ; elle est gravée en
caractères ineffaçables dans le cœur de la nation. A la marine française ! A son passé ! A son avenir ! »

Ce toast a été accueilli par des applaudissements longtemps répétés.

Le vice-amiral Jauréguiberry a remercié le président de
la République d'avoir porté la santé de la marine, et a dit
que beaucoup de marins avaient sur la poitrine la croix
d'honneur, qu'ils voulaient rester fidèles à la devise qu'elle
porte : « Honneur et Patrie. »

Le ministre a ajouté : « Nous ne nous occupons pas de
politique, mais nous nous efforçons d'allier ce double
devoir. Nous avons au milieu de nous des représentants de
la marine anglaise, contre laquelle nous avons combattu un
demi-siècle ; je suis heureux de porter un toast à nos ennemis d'autrefois, à nos amis d'aujourd'hui. » (Applaudissements.)

Le sous-secrétaire de l'Amirauté anglaise a répondu en
anglais au vice-amiral Jauréguiberry et s'est exprimé ainsi :

« Le ministre de la marine vient de rappeler que les
flottes française et anglaise combattirent longtemps ; si
autrefois un Anglais fût venu en France et eût vu ce que
nous avons vu aujourd'hui, votre magnifique escadre, votre
matériel perfectionné, vos équipages expérimentés, il se
serait hâté de repasser la Manche et se serait dit : « John
Bull, tire les écus pour préparer et armer les vaisseaux. »
Aujourd'hui, il n'en est plus de même : les Anglais appren-
dront comme une bonne nouvelle le développement que vos
escadres ont pris.

« Depuis soixante ans, nous n'avons pas fait la guerre, et
dans cette paix prolongée je vois un gage de paix permanente. Je vois aussi une autre garantie de paix dans la simi-
litude de la nature de nos gouvernements, qui, quoique
différents par la forme, reposent sur les mêmes principes
libéraux et parlementaires, et qui symbolisent l'union de
la France et de l'Angleterre pour le triomphe de la civilisation. »

Ce toast, conçu avec l'humour que les Anglais savent mettre dans ces speechs, a été couvert d'applaudissements.

M. Gambetta a pris la parole après l'amiral anglais et a dit qu'il croyait être l'interprète des sentiments de toute l'assemblée en portant un toast au président de la République :

« Depuis que M. Grévy est élevé à la plus haute magistrature du pays, son nom s'est gravé plus profondément dans les cœurs de tous les Français, et les immenses services qu'il a rendus au pays sont appréciés comme ils le méritent.

« C'est pour nous un gage de sécurité de le voir peser d'une influence plus considérable sur les affaires qui intéressent le plus la stabilité de nos institutions républicaines et le développement de nos forces nationales. Il ne faudrait pas être Français pour ne pas éprouver ces sentiments de reconnaissance auxquels n'hésitent pas à s'associer les représentants de la puissance amie qui sont ici présents.

« Messieurs, je porte un toast au président de la République ! »

Ce toast a été suivi d'applaudissements prolongés.

Après le dîner, le président de la République est rentré à la préfecture maritime et a été sur son parcours l'objet d'ovations enthousiastes.

M. Gambetta, dans la soirée, s'est rendu au Cercle du commerce et de l'industrie, dont les membres l'avaient invité à assister au punch d'honneur qu'ils offraient aux représentants de la presse républicaine.

M. Dufour, président du Cercle, porta un toast à M. Gambetta, qui a répondu en ces termes :

Messieurs et chers collaborateurs, nous sommes ici entre républicains, et pour moi il n'y a pas de nuances : je sais qu'il y en a pour d'autres, mais c'est une forme particulière de l'esprit, et il faut la respecter, car elle est l'expression de la liberté d'opinion.

Il y a cependant une chose qui nous a toujours trouvés unis, c'est celle que rappelait tout à l'heure M. Dufour. Oui, il avait raison de dire que ma présence parmi vous est la preuve de la solidarité qui doit exister entre toutes les forces de la démocratie et qui a centuplé nos efforts pendant le 16 Mai.

Nous sommes ici en famille, pour nous réjouir avec vous en dehors de tout caractère officiel pour célébrer cette fête splendide qui groupe tous les républicains autour d'un chef vénéré et incontesté : c'est pour cela que je vous remercie.

Ce n'est pas d'aujourd'hui que je connais votre dévouement à la cause républicaine ; d'autres se sont aussi prodigués pour la République et sur des théâtres plus brillants ; mais nul n'a mis plus d'esprit de suite, d'abnégation dans la propagande que vous faites, au milieu de la bataille qu'on rappelait tout à l'heure ; cette propagande a porté dans les coins les plus ignorés de la France.

Vous pouvez donc vous glorifier de la victoire. Mais, ne craignez rien, ce temps ne peut revenir : l'œuvre que vous avez fondée est désormais indestructible.

Permettez-moi, en finissant, d'adresser des remercîments à la presse républicaine, car je n'en connais pas d'autre. Je puis dire avec un sentiment, non d'orgueil, mais de satisfaction, que je suis peut-être celui sur lequel la liberté de la presse s'est le plus exercée, et je m'en félicite.

Homme de liberté et de discussion, j'appelle toutes les discussions et toutes les libertés ; aussi je soutiendrai la liberté de la presse de toutes mes forces et de mon vote au besoin.

Aujourd'hui l'expérience est faite, la presse est impuissante pour le mal et toute-puissante pour le bien.

Depuis dix ans nous nous habituons peu à peu à

la liberté, et, puisque nous sommes en face de l'Océan,
permettez-moi une comparaison : Quand le premier
homme s'est aventuré sur les abîmes de la mer, son
cœur s'est peut-être troublé ; ses forces ont peut-être
chancelé, mais peu à peu son courage s'est raffermi,
il a maîtrisé toutes les résistances de la nature, et il est
devenu le dominateur de l'Océan ; il en sera ainsi de
la liberté démocratique, qui à l'origine ne peut s'exercer
sans un grain de démagogie, mais, pour échapper aux
sautes de vent et arriver au but, il suffit de tenir ferme
le gouvernail et de barrer droit. (*Applaudissements.*)

MM. Savary et Laffineur ont pris ensuite la parole.

M. La Vieille, député, a porté la santé de M. Gambetta.
Il a rappelé qu'en 1871, Cherbourg, par une sorte de prescience, lui donna le droit de cité en le mettant en tête de
ses candidats à la députation. Il a ajouté : « Je ne voudrais
pas donner dans cette réunion aucune note dissonante, je
veux, au contraire, jeter un voile sur le passé, mais je tiens
à déclarer solennellement que la population de Cherbourg
peut être susceptible quand il s'agit de ses droits et de sa
dignité, mais qu'elle est aussi laborieuse que libérale et
dévouée à la République. » (*Applaudissements.*)

M. Gambetta, remerciant M. La Vieille, prit la parole une
seconde fois. Nous croyons, continue la dépêche de l'agence
Havas, pouvoir résumer comme suit cette allocution :

Je suis touché des paroles qui viennent d'être prononcées et surtout des adhésions qui se sont échap-
pées de vos poitrines.

M. La Vieille, mon ami, a bien voulu me dire que
j'avais su conquérir votre admiration et votre affection ;
de ces deux termes, je retiens le second, je proteste
contre le premier. Pour les hommes libres, l'admiration est un sentiment qu'ils repoussent ; laissez-moi
ne désirer et ne conserver que votre affection, car c'est
ce dont j'ai besoin, non dans l'ère des combats, car
ils sont finis, mais dans l'ère des difficultés que j'annonçais il y a deux ans. Je n'ai jamais oublié qui je

suis, d'où je sors, où je vais. Je sais que je suis sorti des rangs les plus obscurs de la démocratie des travailleurs et que je lui appartiens tout entier. (*Tonnerre d'applaudissements.*)

Pas plus aux heures sinistres que vous rappelez qu'à présent, je n'ai aspiré à la dictature ; je n'entends être qu'un serviteur de la démocratie et la servir à mon rang, à ma place (*Applaudissements prolongés*), et puisqu'on a parlé de cette époque de douleurs, quand, il y a dix ans, je venais à Cherbourg, j'y venais accomplir un devoir sacré.

La fortune tourna contre nous, et depuis dix ans il ne nous est pas échappé un mot de jactance ou de témérité. Il est des heures dans l'histoire des peuples où le droit subit des éclipses, mais, dans ces heures sinistres, c'est aux peuples de se faire les maître d'eux-mêmes, sans tourner leurs regards exclusivement vers une personnalité ; ils doivent accepter tous les concours dévoués, mais non des dominateurs (*Bravos et long mouvement*) ; ils doivent attendre dans le calme. dans la sagesse, dans la conciliation de toutes les volontés, libres de leurs mains et de leurs armes, au dedans comme au dehors.

Les grandes réparations peuvent sortir du droit : nous ou nos enfants pouvons les espérer, car l'avenir n'est interdit à personne. (*Longues acclamations.*)

Je veux, en deux mots, répondre à une critique qui a été formulée à cet égard ; on a dit, quelquefois, que nous avons un culte passionné pour l'armée, cette armée qui groupe aujourd'hui toutes les forces nationales, qui est recrutée, non plus maintenant parmi ceux dont c'était le métier d'être soldats, mais bien dans le plus pur sang du pays ; on nous reproche de consacrer trop de temps à l'examen de la progression de l'art de la guerre, qui met la patrie à l'abri du danger ; ce n'est pas un esprit belliqueux qui anime et dicte ce culte, c'est la nécessité, quand on a vu la France tombée si bas, de la relever, afin qu'elle reprenne sa place dans le monde. (*Applaudissements.*)

Si nos cœurs battent, c'est pour ce but et non pour la recherche d'un idéal sanglant; c'est pour que ce qui reste de la France nous reste entier; c'est pour que nous puissions compter sur l'avenir et savoir s'il y a dans les choses d'ici-bas une justice immanente qui vient à son jour et à son heure. (*Longs applaudissements.*)

C'est ainsi, Messieurs, qu'on mérite de se relever, qu'on gagne les véritables palmes de l'histoire; c'est à elle qu'il appartient de porter un jugement définitif sur les hommes et sur les choses; en attendant, nous sommes des vivants, et on ne nous doit qu'une égale part de soleil et d'ombre, le reste vient par surcroît. (*Longs applaudissements.*)

Messieurs, je vous remercie; je vous prie de dire à vos concitoyens dans quel esprit nous nous trouvons réunis. (*Long mouvement parmi les auditeurs; applaudissements et bravos.*)

Une foule considérable, pendant tout le discours de M. Gambetta, n'a cessé de stationner sur le large quai où est situé le Cercle du commerce et de l'industrie.

Quand M. Gambetta est sorti, tous les chapeaux se sont levés, un seul cri immense, prolongé, s'est échappé de toutes les poitrines.

Cherbourg, 10 août.

Le président de la République a assisté ce matin aux régates : il était accompagné par M. Léon Say.

M. Gambetta n'était pas revenu de son excursion aux forts.

Cherbourg, 10 août, soir.

Le banquet qui vient d'être offert par la municipalité au président de la République ainsi qu'aux présidents des deux Chambres, a été très brillant.

Cinq toasts ont été portés : le premier, par le maire à

M. Grévy; le second, par M. Grévy à la municipalité et à la population de Cherbourg; le troisième, par M. Lenoël à la marine; le quatrième, par M. Léon Say, qui a exprimé ses remerciements pour l'accueil fait aux présidents des deux Chambres; le cinquième, par M. Gambetta.

TOAST DU MAIRE

Au nom de la ville de Cherbourg, je porte un toast à nos hôtes illustres, au président de la République, dont la présence au milieu de nous est un témoignage de confiance et d'estime; au président du Sénat, à l'éminent économiste, à l'ancien collaborateur de Thiers; au président de la Chambre des députés, le grand patriote qui jadis sauva l'honneur du pays, et qui, plus récemment, lutta victorieusement pour ses libertés!

TOAST DE M. GRÉVY

Je remercie le maire de Cherbourg, dont j'apprécie infiniment le caractère, l'honorabilité et les précieuses qualités, de la réception si belle, si touchante et si chaleureuse qu'il nous a préparée.

— Transmettez aux populations que vous représentez l'expression de nos sentiments de reconnaissance. (*Applaudissements.*)

TOAST DE M. LENOEL

Je crois répondre aux sentiments de nos populations maritimes en remerciant le président de la République et MM. les présidents des deux Chambres d'avoir bien voulu visiter nos marins de la flotte, « ces chers enfants de mer », comme les appelait un des vôtres, messieurs les amiraux, à la tribune de l'Assemblée nationale, où il était notre collègue. L'armée navale n'est pas organisée comme l'armée de terre par corps et par régiments; elle n'a donc pu venir à la fête du 14 juillet et recevoir les drapeaux que vous avez remis à nos soldats comme des témoins de leur bravoure de leur fidélité au devoir et de leur dévouement à la patrie. Ils n'ont pu aller à vous, vous êtes venus à eux. Nous vous en remercions.

Ce témoignage de votre intérêt et de votre sollicitude leur était bien dû. Vous avez dit, monsieur le président de la République, dans ce noble langage dont vous avez le secret, que la nation donne à l'armée ce qu'elle a de plus cher et de plus précieux : sa jeunesse.

Le marin, lui, donne sa vie tout entière à la patrie jusqu'à l'âge du déclin. Marié et père de famille, il quitte tout pour répondre à l'appel du pays, soit qu'il faille défendre pied à pied le territoire, comme nous l'avons vu dans la dernière guerre, soit qu'il faille faire respecter sur les mers l'honneur du pavillon.

Le pavillon! Pour celui qui l'a vu flotter sur les mers lointaines, il est plus que le symbole, il est l'image même de la patrie absente. Aussi ai-je entendu regretter qu'à la fête du 14 juillet chaque vaisseau n'ait pas, comme chaque régiment, reçu de vos mains le drapeau qu'il devait porter.

Ce vœu ne pouvait être accompli.

Le régiment, lui, ne meurt jamais. Les générations s'y succèdent comme dans la vie, mais il subsiste toujours. Le vaisseau, au contraire, n'a qu'une existence limitée, comme toutes les œuvres matérielles des hommes.

Vous ne pouviez remettre un drapeau à qui n'est pas toujours vivant, pour le défendre, et le vaisseau, s'appelât-il le *Vengeur*, s'engloutit et disparaît, ne laissant que son nom impérissable, comme souvenir de sa gloire; mais le pavillon, tant qu'ils peuvent le porter, nos vaisseaux ne l'amènent jamais, et c'est aux cris de : Vive la France! Vive la République! qu'ils savent toujours le *défendre*.

TOAST DE M. LÉON SAY

Je vous remercie des termes élevés dans lesquels vous avez apprécié la présence à Cherbourg des présidents des deux Chambres aux côtés de M. le président de la République.

Vous avez raison. Nous sommes venus ici pour achever l'œuvre du 14 juillet.

Nous, qui confondons dans un même sentiment l'armée de terre et l'armée de mer, nous sommes venus saluer à Cherbourg, le pavillon de la marine, comme nous avions salué, à Paris, les drapeaux de l'armée.

J'ai lu tantôt sur l'inscription d'un des monuments de votre ville que Napoléon avait rêvé de réaliser à Cherbourg les merveilles de l'Égypte.

Nous, nous n'avons rien rêvé (*Applaudissements*), nous n'avons pas cherché de modèle dans l'antique Égypte; mais nous avons vu réaliser les merveilles de la France maritime.

Ces merveilles vivantes parlent bien plus à nos cœurs que les merveilles mortes d'une Égypte imaginaire, car elles sont le gage de l'avenir, puisqu'elles en sont la sécurité. (*Applaudissements.*) Vous représentez les habitants d'un département maritime qui nous est cher, vous êtes, Monsieur le maire, à la tête d'une population dont le cœur bat à l'unisson du nôtre.

C'est une population qui aime la France, la République et la mer : la France, qui lui donna le jour; la République, qui lui donna la liberté; et la mer, qui, lui donnant l'espace, sollicite son génie d'entreprise et lui promet les richesses du monde.

Les paroles de M. Léon Say ont été couvertes d'applaudissements enthousiastes, et la personne du président du Sénat a été l'objet d'une manifestation très significative.

TOAST DE M. GAMBETTA

Monsieur le maire, je crois que, si je n'écoutais que ma prudence, j'imiterais l'illustre académicien dont le silence est devenu légendaire, et que, comme Conrart, je me tairais.

Je n'ai rien à ajouter aux remerciements émus du citoyen le plus autorisé qui ait honoré de sa présence cette réunion et cette ville; mais permettez-moi de vous dire, avec tout le respect que je dois aux pouvoirs publics, qu'il ne serait pas conforme à la correction démocratique et constitutionnelle de mettre les trois présidents sur le même plan.

Je crois bien connaître la Constitution. La Constitution fut sage et bien inspirée lorsqu'elle mit deux Chambres auprès du pouvoir exécutif pour l'éclairer et le pondérer. Elle aurait été mal inspirée en plaçant dans des sphères inaccessibles et inviolables le chef suprême de l'État.

J'accepte vos applaudissements ; mais cette parité de réception qui tend à réunir dans une même ovation le président de la République et les présidents des deux Chambres ne saurait aller plus loin sans fausser l'opinion et sans méconnaître les devoirs de tous.

Je bois à la ville de Cherbourg dont vous êtes l'expression la plus autorisée, je bois à vos collaborateurs qui vous ont donné la preuve hier et les jours précédents de ce que peuvent, dans une société démocratique, le zèle, le goût et l'intelligence pour transformer, comme avec une baguette magique, des rues, des places et des monuments en une féerie inoubliable.

Je bois à cette population que vous servez et qui est bien digne de posséder à sa tête une administration éclairée et sympathique à laquelle elle doit de ne jamais donner l'exemple que du respect de l'autorité. Je la connais depuis de longues années, cette population, dans laquelle je salue l'alliance de l'esprit, de l'ordre et de la liberté, car il n'y a eu au milieu de l'expansion des joies publiques ni un cri, ni un désordre, ni une exagération individuelle. Je bois à l'avenir de cette ville, à son développement, à son progrès, tant au point de vue militaire, qui est le premier, qu'au point de vue économique.

Enfin, Messieurs, pour finir, je bois à ceux qui sont accourus dans cette ville attirés par cette fête qui, née de la spontanéité de tous, a revêtu un caractère général, ce qui prouve que, quand une idée s'empare de tous, malgré les divisions, l'hostilité et les malentendus, il en résulte une idée supérieure, suprême, une idée qui plane au-dessus de tout : l'idée de la patrie sous le drapeau de la République. (*Applaudissements répétés.*)

Le voyage de Cherbourg fut l'occasion première d'une série d'incidents dont nous avons relaté les principaux dans l'exposé suivant [1] :

« Ce ne seront certes pas les plus brillantes de nos récentes annales que les pages qui seront consacrées à l'agitation provoquée en ce pays, aux mois de septembre et d'octobre derniers, à l'occasion des affaires d'Orient. Le spectacle a été nouveau dans notre histoire française. Signataire d'un grand traité international approuvé par tous les parlements d'Europe, le gouvernement de la République est engagé d'honneur à ne pas laisser protester sa signature dans les eaux de l'Adriatique ou de la mer Égée ; et voilà qu'une partie de l'opinion se laisse alarmer par d'odieuses manœuvres ; elle s'imagine que la paix est menacée, elle laisse dire impunément que la France doit manquer à la parole donnée et rappeler sa flotte, elle réclame avec une insistance si singulière le retour à une politique de non-intervention que l'Europe, étonnée, se demande et demande à haute voix de quelles causes étranges peut bien provenir ce phénomène : des Français qui cherchent à faire croire que la France a peur. Tel a été le triste spectacle qui a été offert récemment au monde par des Français que nous aurions voulu moins nombreux. Ceux qui ont provoqué ces mouvements se sont dit les défenseurs de la paix ; pour nous, nous donnerons à la campagne qu'ils se disent fiers d'avoir dirigée son vrai nom : *la campagne de la peur*.

« Nous reconnaissons sans peine que l'intrigue qui est à l'origine de toute cette agitation a été fort savamment ourdie et qu'elle a été conduite avec une habileté réelle. Ce n'est pas brusquement, tout à coup, sans essai préalable, que le cri d'alarme a été poussé. Non, il y a eu tout un long travail préparatoire, travail consacré à remuer l'opinion, à la mettre sur ses gardes, à éveiller ses soupçons, à l'émouvoir, à lui donner la fièvre. On a débuté par le discours de M. Gambetta au Cercle du commerce et de l'industrie à Cherbourg. On a continué par la mission du général Thomassin à Athènes. La peur fait son chemin comme la calomnie. « Effrayez, effrayez, dit certain Basile,

---

1. *L'opinion publique en France et la politique extérieure,* dans la *Revue politique* du 11 décembre 1880.

il en restera toujours quelque chose. » Quand le télégraphe
du 10 août apporta aux lecteurs de Paris et de la province
les fortes et patriotiques paroles prononcées à Cherbourg par
le président de la Chambre, nul ne devina, entre les lignes de
ce discours, des menaces quelconques de guerre contre l'Allemagne, la Turquie ou la Russie. Mais, huit jours après,
d'aucuns ayant dit : « Vous ne savez pas lire : ce discours
est une déclaration belliqueuse ! » — comme il n'est jamais
agréable de s'entendre affirmer qu'on ne sait pas lire et
qu'on manque de perspicacité, il arriva ceci : c'est qu'un
certain nombre de braves gens ignorants et naïfs voulurent
avoir lu aussi bien que le journaliste parisien, et que, pour
ne pas démentir l'astrologue, ils jurèrent après lui qu'ils
voyaient un animal dans la lune. C'est ainsi que, prononcé
le 9 août, le discours de Cherbourg ne fut inventé que du
13 au 18 du même mois. — Et de même pour la mission du
général Thomassin. Le gouvernement grec avait demandé
à M. de Freycinet de désigner un officier supérieur et deux
ou trois ingénieurs français pour le conseiller dans la direction de sa réorganisation militaire et de ses travaux publics,
tout comme la Porte demandait au même moment à
M. de Bismarck des banquiers allemands pour mettre
un peu d'ordre dans ses finances, comme l'Égypte avait
demandé aux cabinets de Londres et de Paris des administrateurs probes et économes, comme le Maroc et le Japon
nous avaient déjà demandé des officiers, qui leur avaient
été accordés, pour introduire dans leurs bandes armées les
éléments de la discipline française. Le général Thomassin
et deux ingénieurs avaient été désignés simultanément par
M. de Freycinet. Rien n'était plus simple, plus naturel, plus
normal. Mais ceux-là mêmes qui inventèrent le discours de
Cherbourg découvrirent que l'arrivée du général Thomassin
au Pirée serait plus périlleuse pour la paix de la France
que ne l'avait été jadis le débarquement de tout le corps
d'armée du maréchal Maison en Morée. Et il se trouva
encore, pour se laisser tromper, un public aussi crédule que
timide.

« Ces exploiteurs de la crédulité publique, c'étaient les chefs
du parti intransigeant unis aux chefs des partis réactionnaires. Le vote de l'amnistie plénière avait enlevé au parti
intransigeant son drapeau de combat, sa raison d'être poli-

lique. Un parti sans drapeau se débande. On décida de
refaire l'union menacée sur la question de la paix, qui est
une des formes de la question du travail. Sans que le souci
de la patrie vint un instant arrêter ce complot, on arbora
pour drapeau la peur de l'étranger. Les réactions dynastiques et cléricales virent dans cette manœuvre un moyen
de nuire à la République : elles adoptèrent le drapeau des
meneurs intransigeants, elles entonnèrent le même can-
tique d'alarmes... Notre tolérance est large : il est peu de
folles espérances ou de regrets chimériques que nous ne
soyons disposés à excuser. Ce qu'il nous est impossible de
pardonner jamais, ce sont les atteintes qu'on cherche à
porter à l'honneur de la France. Et c'est à l'honneur de la
France, c'est à sa dignité devant l'Europe que s'est attaquée
ouvertement la coalition des partis extrêmes. Elle s'y est
attaquée sachant quelle impression ses dénonciations mensongères allaient produire à l'étranger, sachant avec quelle
joie les *reptiles* de Berlin allaient les accueillir pour les
exploiter contre nous [1], sachant quel renfort elles allaient
apporter au chancelier de l'Empire allemand non seulement

---

1. La *Gazette de l'Allemagne du Nord* publia, dans son numéro
du 24 août, un long factum contre M. Gambetta. Rappelant qu'à
la fin du XVIIIe siècle « les esprits étaient aussi irrités en Allemagne qu'ils le sont actuellement en France », la *Gazette* concluait
ainsi :

« Le peuple allemand attendit en vain la justice réparatrice
de l'histoire. Les violences de Louis XIV furent dépassées par
celles de Napoléon Ier, et la France s'étendit jusqu'aux bouches
de l'Elbe. M. Gambetta pourrait aussi bien réclamer, au nom de
la justice, Lubeck ou Hambourg. Comme l'Alsace, ces villes ont
été arrachées à l'Allemagne et lui sont revenues par la justice de
l'histoire.

« Si la France républicaine, dirigée par M. Gambetta, veut
continuer les traditions de la France monarchique et marcher sur
les traces de Louis XIV, de Louis XV, des deux Napoléon, il
faut nous résigner à ne pas compter sur une paix durable avec
la France, il faut seulement que la majorité pacifique des deux
pays sache qui vient troubler son repos.

« L'Allemagne ne cessera de prouver qu'elle veut rester en
paix et qu'elle hait toute guerre. Notre politique, nous sommes
fiers de le dire, est arrivée depuis dix ans que nous existons
comme nation unie, à rassurer pleinement l'Europe, en sorte que
personne ne croit que nous nous occupions d'idées de conquête.

« Nous regrettons que l'esprit belliqueux, qui anime nos voisins aujourd'hui comme il y a trois cents ans, nous force à nous

dans ses luttes budgétaires, mais dans tout l'ensemble de sa politique antifrançaise. Une telle conduite a été de la trahison au premier chef.

« L'histoire dira peut-être quelle a été la part de l'étranger dans les intrigues néfastes qui ont précédé cette journée du 24 mai 1873, où les droites monarchiques renversèrent du pouvoir le bon citoyen que plus d'un, de l'autre côté de la frontière, détestait et redoutait comme le réorganisateur de l'armée française et le libérateur du territoire. M. Gambetta partage depuis longtemps la haine que les ennemis de la France avaient vouée à M. Thiers. Qu'on y prenne garde! D'ores et déjà, l'histoire est en état de dire quelle est l'approbation qui a été donnée de Berlin, sans qu'on daignât s'en cacher plus que de mesure, selon une habitude connue,

garder par une armée forte et toujours prête à entrer en campagne.

« Nous ne demandons à nos soldats que notre sûreté; mais celle-ci, nous la voulons, et nous pensons l'avoir. »

La *République française* répondit en ces termes aux imputations du journal allemand :

« Il ne nous est pas possible de laisser passer sans protester de toute notre énergie cette phrase de la Gazette allemande.

« Il faut que la majorité pacifique des deux pays sache qui vient « troubler son repos. » Nous n'aurions pas besoin, pour répondre à cette insinuation, de remonter très haut dans la collection des journaux berlinois; mais nous laissons de côté les articles de journaux à quelque inspiration qu'il soit permis de les attribuer.

« Nous dirons seulement qu'aucun homme public n'a proféré en France, depuis l'exécution du traité de Francfort, quoi que ce soit qui ressemble aux paroles enflammées et autorisées dont a retenti la tribune allemande contre « la nation d'au delà des Vosges », toutes les fois qu'il s'est agi d'obtenir une aggravation des charges militaires.

« Nous ne nous sommes point prévalus de ces formes au moins âpres pour nous plaindre que notre paix fût troublée; tout au plus y aurions-nous vu un encouragement, s'il en eût été besoin, à redoubler d'efforts « pour que, selon l'expression du discours de Cherbourg, ce qui reste de la France nous reste entier ».

« Aussi bien, cette fois encore, l'article de la *Gazette de l'Allemagne du Nord* a-t-il une conclusion qui peut jeter quelques lumières sur des susceptibilités au premier abord si peu explicables; il s'agit de démontrer au peuple allemand la nécessité des armements formidables dont il supporte le fardeau; c'est pour cela que la *Gazette* s'applique à découvrir chez nous un prétendu « parti de la guerre ». Si le moyen prête gravement à la critique, la fin n'est pas de celles auxquelles nous avons qualité pour trouver à redire. »

aux manœuvres odieuses qui ont suivi le discours de Cherbourg et qui avait pour but, dans le camp des intransigeants comme dans celui des cléricaux, d'éloigner la nation effrayée de l'homme que la Prusse considère à bon droit, qu'elle craint et qu'elle déteste comme l'incarnation vivante du patriotisme français.

« Poursuivons ce triste historique. On connaît maintenant les agitateurs et les bas-fonds où ils opèrent. Disons quelles furent leurs dupes. C'est une loi élémentaire de physique. Si quelque bruit, en un endroit quelconque, ébranle fortement l'atmosphère, les vibrations s'en transmettent indéfiniment et dans tous les sens : que ces vibrations rencontrent une paroi sonore, et le phénomène de l'écho se produit. Il en est de même pour les clameurs de la presse. La paroi sonore qui fit écho aux déclamations des partis intransigeants et réactionnaires, ce fut cette fraction de notre bourgeoisie, fraction aussi honnête que timide, et qui, depuis dix ans, s'est avisée de croire que porter les yeux sur ce qui se passe au delà de nos frontières, que faire entendre la voix de la France sur le Bosphore, au Caire ou à Tunis, c'est le comble de l'imprudence, c'est une audace digne d'un fou ou d'un traître. Une triple inquiétude est au fond de cette conviction bourgeoise. On ignore quels sont les intérêts français qui se trouvent en jeu de l'autre côté de la frontière, et, précisément par ce qu'on ignore ces intérêts de premier ordre, on s'effraye au premier souffle, on prend peur pour la rente qu'une intervention active de la France dans la politique extérieure pourrait faire baisser de quelques centimes ; on craint sans rime ni raison pour cette armée qu'au bon temps du remplacement on laissait partir sans murmurer pour restaurer un Bourbon à Madrid ou pour installer un Habsbourg à Mexico ; on tremble pour soi-même, sans savoir pourquoi, mais on n'en tremble que davantage. Voilà ce que devinaient à merveille les chefs de la réaction et du parti intransigeant et ce qu'ils résolurent d'exploiter, qui contre les meilleurs des républicains, qui contre la République elle-même. Voilà pourquoi ils embouchèrent la trompette d'alarme. Voilà comment, en faisant appel aux intérêts les plus bas, aux craintes les moins fondées et aux sentiments les moins français, ils finirent par trouver un écho, — et une recette, — là où ils n'avaient récolté jusque-là que haine, dédain et mépris.

« Agitation factice que cette première agitation du mois de septembre. On l'a dit plus d'une fois et nous voudrions le croire. Mais nous n'avons jamais aimé nous payer de mots et le mal que nous dénonçons, le mal que nous voulons combattre, il est plus viril de le regarder en face, et peut-être même est-il plus habile de ne rien cacher de la vérité.

« Ce qui a été factice, cela est hors de doute, ce qui a été au premier chef artificiel et mensonger, ç'a été l'alarme des meneurs, leurs craintes pour la paix, leurs prédictions désolées de prochaines et sanglantes aventures; c'a été, en un mot, la fabrication de l'inquiétude publique par une association bizarre où M. Paul de Cassagnac travaillait d'accord avec M. Henri de Rochefort et où M. le duc de Broglie et M. Buffet se délectaient à faire reproduire dans le *Français* les articles de M. Laisant et de M. Clémenceau. Ceux qui ont signalé des menaces de guerre dans le discours de Cherbourg, ceux qui ont déclaré compromise la paix de la France parce que le général Thomassin était désigné pour se rendre à Athènes, ceux-là savaient à merveille que leurs accusations étaient sans fondement, que leurs griefs étaient vains et que pas un fait sérieux, pas un seul, ne pouvait légitimer leur manœuvre antipatriotique et leur haineuse intrigue. Mais ce qui n'a pas été factice, ce fut l'effet produit par ces cris d'alarme sur une fraction trop notable, sur une trop forte minorité de l'opinion. Ce qui a été grave, ce qui nous a affligé, plus même que nous ne voulons le dire, ce qui nous a révélé l'existence d'une maladie dangereuse et qui pourrait devenir déshonorante, c'est l'impression que ces clameurs de comédie ont finalement produite au milieu de tant d'hommes de bonne foi, bourgeois, ouvriers et paysans. Nous avions bien souvent, ici même, mis en garde contre la fâcheuse ignorance des choses de la politique étrangère où vit toute une partie du public : le fait d'admettre comme vraies les affirmations aussi saugrenues que mensongères d'une certaine coterie en fut une nouvelle preuve. Mais ce qu'il était difficile de prévoir, c'est que la frayeur ait jamais pu sortir de cette ignorance. Des insinuations aussi coupables que celles que nous venons de

rappeler auraient dû être refoulées dès la première heure
par une protestation unanime de colère et de mépris. La
protestation n'a pas été unanime.

« Ainsi, vers la fin du mois d'août, la comédie de la peur
est en bonne voie de succès et les partis extrêmes ont
si bien fait que toute une fraction de l'opinion se trouve
déjà au diapason voulu. C'est en vain que la presse nationale, celle qui a le sentiment profond du rôle historique de
la France et qui a deviné quel est le jeu coupable qui se
joue, c'est en vain que le *Journal des Débats*, la *République
française*, le *Temps*, s'efforcent de rassurer les esprits alarmés, d'expliquer que, sur l'Adriatique comme à Berlin, la
France n'accomplit que strictement son devoir de grande
nation civilisatrice et que, si le ciel d'Orient est gros de
tempêtes, l'entente européenne semble plus parfaite qu'elle
ne l'a jamais été, que la paix de la République n'a jamais
été moins menacée; c'est en vain que la grande majorité
des hommes de bon sens et de cœur prodiguent autour
d'eux les avertissements les plus empressés.

« Les germes de fièvre vont toujours se développant. Que
craint-on précisément ? Nul ne sait le dire. Le caractère
propre de la peur, c'est le vague. Bientôt, dans la presse,
les organes de la Bourse et de la bourgeoisie timorée, aux
idées étroites, donnent dans le panneau ouvert sous leurs
pas, se laissent peu à peu aller à soutenir les mêmes théories que les journaux de la réaction et du parti intransigeant.
La fièvre va se déclarer tout à fait.

« Quelle était, en ce moment précis, la situation de la
France vis-à-vis de l'Europe et en Orient? Il suffira de
quelques mots pour le rappeler. Au mois de juillet 1878,
après quelque hésitation, la France était allée prendre sa
place au congrès de Berlin : elle y avait affirmé sa conviction que la Turquie restait, après comme avant sa défaite, un
facteur indispensable de l'équilibre européen; elle s'était
montrée favorable à l'émancipation progressive des Slaves
du Sud; elle avait plaidé la cause de la Roumanie contre la
Russie envahissante, et elle avait réclamé pour la Grèce, au
nom de la civilisation et du droit, un accroissement de territoire en Thessalie et en Épire. M. Waddington, à notre
avis, aurait pu faire *plus* au congrès de Berlin; il ne pouvait faire *moins*, sous peine de laisser croire que la France

était tombée du rang de puissance de premier ordre au rang de l'Espagne. Le traité une fois signé, la France n'eut plus devant l'Europe qu'une seule politique, politique par excellence sage et modérée : poursuivre uniquement l'application pleine et entière du traité, se cantonner sur le terrain de la légalité internationale. On ne court point de dangers sur un pareil terrain : on y trouve des aspérités, mais on n'y rencontre point de précipices. Au bout de quelques mois, les plus timides auraient dû cesser de redouter ce monstre, le protocole XIII; mais, comme l'incendiaire dans le poème de Victor Hugo, ils ne savaient pas lire.

« Le traité de Berlin s'exécute sur les Balkans et sur le Danube : il ne s'exécute ni sur la mer Égée ni sur l'Adriatique. Pendant deux ans, la diplomatie épuise contre la mauvaise foi et l'obstination de la Porte toutes ses finesses et toutes ses séductions. Pas une parole de colère n'est proférée, pas une menace. L'Angleterre se lasse la première, elle réclame la réunion d'une conférence pour trancher les difficultés interminables de la Turquie, de la Grèce et du Monténégro. A l'unanimité des voix, proclamant, par cet accord tout nouveau dans l'histoire diplomatique, le grand concert pacifique des puissances européennes, la conférence se prononce contre les prétentions de la Porte ; elle accorde Dulcigno aux Monténégrins ; au lendemain du discours de Cherbourg et de la mission du général Thomassin, elle promet solennellement à la Grèce ce que la France n'a cessé de réclamer pour elle : la réunion de la Thessalie avec Larisse et de l'Épire avec Janina. A coup sûr, — pourquoi le nier? — il y avait alors à l'horizon oriental plus d'un point noir. Mais quels risques la France courait-elle d'allumer la guerre? N'était-ce pas un événement rassurant par-dessus tout que le concert européen réalisé à Berlin, que cette entente des grandes puissances s'occupant de résoudre pacifiquement des questions qui semblaient autrefois ne pouvoir être tranchées que par la guerre? Et cet arbitrage international, n'était-ce pas la France qui, par la sûreté de sa politique depuis trois années, par la sagesse de ses conseils, par la légitimité et le désintéressement de ses réclamations, avait, plus que tout autre État, contribué à le réaliser? En même temps, forte de sa réorganisation intérieure et de sa régénération démocratique, forte de sa volonté hautement ma-

nifestée de travailler par la paix de l'Orient à la paix du
monde, et à la paix de l'Orient par la défense généreuse
autant qu'habile des causes justes et de la légalité internationale, la France républicaine venait de s'affirmer sur la
scène du Levant dans toute l'ampleur de son rôle historique,
et elle s'y affirmait avec la sympathie de tous les esprits
libres et avec cette noble clientèle des Hellènes dont l'avenir
montrera tout le prix. Certes, la Turquie refusait d'exécuter
les conditions qu'elle avait commencé par accepter à Berlin,
et l'Europe, qui ne pouvait en vérité se laisser bafouer plus
longtemps par les astrologues du sérail et par les bandits
de la Ligue albanaise, était réduite à ordonner une démonstration navale dans l'Adriatique. Mais les vaisseaux français
qui allaient mettre à la voile pour les bouches de Cattaro,
est-ce qu'ils partaient seuls et à la poursuite d'un idéal
aventureux? Ils allaient entrer dans l'Adriatique pour que
force restât à la foi des traités et pour y rejoindre les flottes
alliées de l'Autriche, de l'Angleterre, de la Russie, de l'Italie et de l'Allemagne. Ils y allaient après que la République
avait déclaré à Londres et à Vienne que la démonstration
navale n'impliquait aucun fait de guerre et avait pour
seul objet d'exercer une pression morale sur la Turquie [1].
Ils y allaient non seulement pour contraindre la Porte à
céder sur Dulcigno, mais pour la déterminer, — et cela était
autant dans la logique de la situation que dans la pensée
de toutes les puissances [2], — pour la déterminer à céder sur
la question arménienne et sur cette question grecque qui
était devenue une question française. Si la République était
restée en dehors de la démonstration, quels projets ambitieux n'aurait-on pu lui supposer et que serait devenu son
prestige en Orient! Signataire du traité de Berlin, la France,
sans manquer à l'honneur, sans manquer à son rôle séculaire de protectrice des chrétiens du Levant, ne pouvait
manquer au rendez-vous de l'Adriatique. Bien plus, en
envoyant sa flotte à Dulcigno, elle donnait par sa présence
même un point d'appui à tous les scrupules pacifiques [3];

1. *Livre jaune*. Dépêche de M. de Freycinet, ministre des affaires
étrangères, à M. Challemel-Lacour, ambassadeur de la République
à Londres, le 1er août 1880.

2. Discours de M. Barthélemy Saint-Hilaire, ministre des affaires
étrangères, au Sénat dans la séance du 30 novembre 1880.

3. Même discours.

elle pouvait, par sa sagesse et par sa prudence, préserver
jusqu'à la fin le caractère originaire de la démonstration ;
elle faisait plus encore : par son concours dans l'affaire du
Montenegro, elle engageait le concours de l'Europe dans
l'affaire grecque. Le droit était tout entier du côté des puissances. Le sultan lui-même avait été le premier à proposer
naguère la cession de Dulcigno. La Ligue albanaise n'était
qu'une machine de guerre devenue une vulgaire machine de
pillage. La cause des nationalités n'avait jamais été moins
en jeu.

« Telle était la situation qu'il était du devoir de M. de
Freycinet de faire comprendre au pays. C'était à lui que
revenait, pour la plus grande part, l'honneur des décisions
récemment prises à la conférence de Berlin. Des agitateurs
de mauvaise foi dénonçaient des dangers imaginaires à des
ignorants qui s'alarmaient : mieux que tout autre, le président du conseil était en mesure de rassurer l'opinion : il
manqua à chacune des obligations de cette tâche.

« Comme si la mission du général Thomassin à Athènes
avait caché un danger réel pour la paix, le ministre fit donner contre-ordre au général, qui bouclait ses malles.

« Comme si les paroles de M. Gambetta à Cherbourg
avaient effectivement renfermé des menaces belliqueuses, le
ministre laissa dire de son propre discours de Montauban
qu'il était une réponse au discours de Cherbourg [1], réponse
destinée à rassurer l'Europe, cette Europe si inquiète sur
notre compte qu'elle venait, à l'unanimité, de ratifier à la
conférence de Berlin toutes les propositions françaises.

« Comme si sa retraite des affaires, le 19 septembre,
n'avait pas été motivée uniquement par des questions de

---

1. Le discours de Montauban était si peu, *en lui-même*, une
réponse au discours de Cherbourg, du moins pour les questions
de politique extérieure, que M. de Freycinet s'y servait des expressions mêmes de M. Gambetta au Cercle du Commerce. Ainsi
la fameuse phrase sur le maintien de la paix « sans jactance
comme sans faiblesse » (les partis ne virent que le mot *jactance*
et voulurent ignorer le mot *faiblesse*), cette phrase était directement inspirée par celle-ci : « Depuis dix ans, je ne crois pas
qu'il me soit échappé un mot qui puisse être taxé de *jactance* ou
de témérité... Quand l'infortune atteint un peuple, un grand devoir s'impose à lui : on attend dans le calme, dans la sagesse
et dans la conciliation de toutes les bonnes volontés ; on ne menace personne. »

politique intérieure (l'application du second décret contre les congrégations), M. de Freycinet permit à deux journaux officieux d'attribuer son brusque départ à des dissentiments qui auraient éclaté sur la politique extérieure entre quelques-uns de ses amis et lui [1].

« Ces trois fautes portèrent leurs fruits : l'agitation organisée par les partis extrêmes grandit au lieu de décroître. Cette conséquence était fatale. En vain le nouveau ministre des affaires étrangères s'efforça de rassurer les esprits les plus timorés par la plus réservée des circulaires. Trouvant dans les fautes qui venaient d'être commises des arguments inattendus pour leurs haines et leurs rancunes, la presse intransigeante et celle de la réaction redoublent de violence, et, soir et matin, dans le *Français* et dans le *Citoyen*, dans la *Commune* et dans le *Pays*, le gouvernement de la République est accusé de conduire la nation à une guerre sanglante et terrible. Ceux qui lancent ces accusations savent, à la vérité, combien elles sont mensongères; ils n'ignorent pas que la France, dès le mois de juillet, a pris l'engagement (bien bizarre, du reste, bien étrange, bien nouveau dans la politique), de ne tirer en aucun cas un seul coup de canon, que cette condition a été acceptée par les puissances et que M. Barthélemy Saint-Hilaire n'y tient pas moins que son

1. M. de Freycinet a, plus tard démenti formellement ces dissentiments (Sénat, séance du 30 novembre). Il aurait mieux valu que ce démenti vînt trois mois plus tôt. M. de Freycinet avait donné sa démission (le 19 septembre), parce qu'après avoir été, après le rejet du fameux article 7 par le Sénat, le principal auteur des deux décrets du 29 mars sur la dissolution des congrégations non autorisées, il était allé négocier naïvement avec le Saint-Siège, pour éviter l'exécution du second décret contre les congrégations religieuses autres que les jésuites. Ses collègues insistèrent pour l'exécution intégrale des décrets. M. de Freycinet s'inclina le 18 septembre, puis tout à coup, le 19 au matin, adressa sa démission au président de la République. Il fut remplacé à la présidence du conseil par M. Jules Ferry et au ministère des affaires étrangères par M. Barthélemy Saint-Hilaire (23 septembre). L'amiral Jauréguiberry et M. Varroy, qui suivirent M. de Freycinet dans sa retraite, furent remplacés par l'amiral Cloué et M. Sadi-Carnot. Plusieurs députés, dont M. Devès, s'étaient rendus à l'Élysée pour prier M. Grévy d'appeler M. Gambetta aux affaires. Le président de la République avait refusé. Il voulait, disait-il, *réserver* M. Gambetta. Le second décret du 29 mars fut exécuté, sans grande difficulté, dans les premiers jours de novembre.

prédécesseur [1]. Ils se rendent très bien compte que le gouvernement de la République, quelque pacifiques que soient ses résolutions, ne peut pas cependant crier par-dessus les toits que le vice-amiral Lafont n'est devant Dulcigno que pour effrayer les Turcs et que ses batteries ne sont pas chargées. Mais justement parce qu'ils savent que le ministre ne peut pas leur répondre par une déclaration qui encouragerait la Porte à la résistance et qui serait, elle, un vrai danger pour la paix; précisément parce qu'ils savent que la démonstration n'est qu'une application de la célèbre théorie : *Si vis pacem...*, pour toutes ces causes, ils se sentent encouragés dans leur haineuse intrigue, ils déblatèrent avec une mauvaise foi qui croît de jour en jour en même temps que les difficultés de la situation et qui accroît l'émotion du public. L'Angleterre, l'Autriche, l'Allemagne, la Russie, l'Italie, ont adopté dans l'Adriatique la même politique que la France, mais il n'y a de protestation, il n'y a d'agitation qu'à Paris. Là, des gens qui, la veille encore, ignoraient l'existence de Dulcigno, crient que la France se prête dans l'Adriatique à une spoliation plus odieuse que celle de l'Alsace-Lorraine! Et M. Chesnelong se joint à M. Cluseret pour réclamer le rappel de la flotte! Et MM. Laisant et Cassagnac dénoncent de concert la violation de la Constitution, l'ambition sanguinaire de M. Barthélemy Saint-Hilaire et la tyrannie de M. Gambetta! Et l'auteur de la *Vieillesse de Bridili* crie que M. de Moltke va marcher sur Paris parce que M. Tissot tient à Constantinople un langage honnête et ferme, digne de la France et de la République! Et tel autre traite de *blagueurs* ceux qui s'avisent de soutenir que la France a des intérêts politiques en Orient et qu'il serait criminel de renoncer à notre action séculaire dans le Levant! A ne lire que ces misérables déclamations, on eût dit que la République était sur le point de jeter le pays dans le gouffre de quelque nouvelle guerre de Cent ans. Mal préparé aux questions de politique étrangère, enfiévré depuis deux mois par les insinuations les plus criminelles, bouleversé chaque jour par les fausses nouvelles, un public trop nombreux, hélas! se laisse pénétrer par la frayeur que jouent les meneurs des partis coalisés. Ces

1. M. de Freycinet à M. Adams (dépêche de M. de Montebello à M. de Freycinet, en date du 4 juillet 1880, dans le *Livre jaune*.)

hommes qui proclament avec tant de cynisme que la paix est
compromise, ce sont les agioteurs du Mexique, les auteurs
de la guerre contre la Prusse, les chefs les plus criminels et
les plus lâches de la Commune, les ministres du 24 Mai et
du 16 Mai, qui faillirent, pour la cause du pape, amener une
rupture entre la France et l'Italie. N'importe : ils trouvent
créance, et ce n'est pas de trop de toutes les protestations
indignées des « honnêtes gens », comme on disait au
XVIIe siècle, des « patriotes », comme on eût dit aux jours de
la Révolution, pour que la minorité bruyante des effrayeurs
et des effrayés ne réussît à faire croire à une éclipse de ces
vertus éternellement françaises : le courage et le bon sens.
Jamais il n'avait été fait plus cynique appel aux sentiments
innés de conservation et de timidité des bourgeois et des
paysans. Et cela, à quel propos? A l'occasion de la démonstration la plus légitime et la moins périlleuse! A quel
moment? Au moment où les représentants de la République
en Orient avaient le plus besoin de se sentir soutenus
efficacement pour presser sur la Porte et pour sauvegarder la paix par des menaces énergiques d'action. Mais
qu'importait à Messieurs de la *Gazette de France* et du *Pays,*
si, dans l'oubli de tout patriotisme, ils avaient moins de
peine, au fort de cette crise, à trouver des tréteaux pour
injurier la République! à Messieurs de l'*Intransigeant* et de la
Marseillaise, si la situation incertaine leur offrait prétexte
à calomnies et à outrages contre l'*opportunisme!* Quelqu'un proposa de convoquer une grande réunion publique
pour imposer au gouvernement le rappel de la flotte.
L'idée fut accueillie. Parmi ceux qui furent désignés
pour présider cette assemblée, on remarquait le nom de
M. Félix Pyat, qui, huit jours plus tard, ouvrait une souscription pour offrir un pistolet d'honneur à Bérézowski,
comme un encouragement au régicide universel. Oh! les
défenseurs convaincus d'une paix qui n'était pas menacée,
oh! les partisans sincères et loyaux de l'entente cordiale de
la France et des grandes puissances, que les amis et complices de M. Pyat! Et comment l'histoire pourra-t-elle croire
que de telles gens aient pu créer, même pour quelques
heures, une émotion si pitoyable que les plus effrayés d'hier
rougissent aujourd'hui de leurs craintes et que, demain
peut-être, ils nieront d'avoir jamais tremblé?

« Au moment même où le gouvernement, approuvé par tout ce qu'il y avait en France de bons citoyens, interdisait la réunion projetée, la démonstration navale produisait sur la Porte l'effet d'intimidation qui avait été prévu, et le sultan renonçait à Dulcigno par un acte solennel.

« La question d'Orient n'est pas à la veille d'être définitivement réglée, et les agitateurs d'hier n'ont pas désarmé; mais ce qui n'est pas admissible pour l'honneur de la France, c'est que cette campagne de la peur puisse, à l'occasion, être rééditée avec une nouvelle apparence de succès. Il est urgent de constituer en ce pays une opinion publique, ferme et raisonnée, sur la politique extérieure et sur les conditions de cette politique... »

L'agitation des mois de septembre et d'octobre 1880 au sujet du discours de Cherbourg et de la démonstration de Dulcigno[1] ne fut, hélas! que le premier chapitre d'une triste et honteuse série. L'intrigue intransigeante et réactionnaire recommença au mois de janvier 1881 sur les évènements de Grèce (V. page 33). Elle continua pour les affaires de Tunis (V. tome X). Elle eut son explosion lors de la révolution militaire du Caire et de la crise égyptienne (V. tome XI). L'histoire dira ce que la « fausse politique de paix » a coûté à la patrie. Elle dira aussi quelle fut la fraction du parti républicain qui s'y opposa dès le premier jour avec une indomptable énergie pour rester fidèle aux traditions séculaires de la France et au véritable esprit de la République.

---

1. La démonstration de Dulcigno fut en elle-même très légitime. L'exécution seule en fut très défectueuse. L'amiral français avait reçu l'ordre de prendre le large dans le cas où les commandants des flottes assiégées décideraient le bombardement de Dulcigno. Par bonheur, le cas ne se produisit pas. Le déshonneur d'Alexandrie fut retardé de deux ans.

DISCOURS

Prononcé le 7 décembre 1880

AU CIMETIÈRE DE VERSAILLES

(OBSÈQUES D'ALBERT JOLY [1])

Messieurs,

Tout a été dit sur la vie, sur le talent d'Albert Joly [2], tout a été dit aussi sur les espérances que nous avions mises en lui, et je n'aurais rien à ajouter si je n'avais voulu, en dehors de toute représentation officielle, parler au nom des amis, présents et éloignés, de ce digne et ferme républicain, et adresser un suprême adieu à celui qui est mort si jeune et si plein de promesses, à celui que nous pleurons, mais qui laisse derrière lui toute une traînée de lumière, de la véritable lumière de l'immortalité, car, Messieurs, c'est par le souvenir qu'ils laissent au cœur de leurs amis, c'est par l'exemple des vertus pratiquées, c'est par la

---

1. Albert Joly, né le 10 novembre 1844, mort le 5 décembre 1880, à Versailles, avocat, membre du conseil municipal de Versailles, député de Seine-et-Oise au 20 février 1876 et au 14 octobre 1877, pour la première circonscription de Versailles.
2. MM. Deroisins, maire de Versailles, Langlois, député de Seine-et-Oise, Devès, président de la gauche républicaine, Spuller, président de l'Union républicaine, et Thomson, député d'Algérie, avaient pris la parole avant M. Gambetta.

immortalité que la justice réserve à ses serviteurs.
(*Applaudissements.*)

Telle était la conviction qui animait Albert Joly au
milieu des luttes de tous ordres auxquelles il a été en
proie : luttes qui ont commencé avec ses débuts dans
la vie, et qui n'ont fini qu'avec son existence, car,
cette vie si courte, elle résume les deux faces de la
démocratie contemporaine. Partir d'en bas pour
monter vers la lumière, vers le progrès, vers le bonheur, vers la justice de plus en plus élevée et de plus
en plus idéale, c'est la destinée d'Albert Joly, et c'est
pourquoi il nous présente les vrais caractères du démocrate et du républicain dans notre France nouvelle.

Sorti des dernières couches de la société, grâce à
l'intelligence que le travail suscite et féconde, il s'élevait déjà jusqu'aux plus hauts degrés de l'échelle
sociale, à tel point que, si les foudres de la nature ne
l'avaient supprimé subitement, nul horizon ne lui
était fermé, et il n'est pas de limite qu'il n'eût atteinte
et franchie. (*Applaudissements prolongés.*)

A côté de cette œuvre de travail et de progrès par
le travail, Albert Joly nous donne, du fond de son
cercueil, — de ce cercueil que la terre va tout à
l'heure recouvrir, mais d'où nous entendrons toujours
ses conseils, — il nous enseigne à bien servir la République en maintenant parmi nous l'esprit de sacrifice,
de tolérance et de concorde, ce généreux esprit qui a
fait que, dans un département qui avait été livré à
toutes les dissensions et à toutes les querelles, lui, le
libéral, lui, le républicain, lui, le démocrate, il était
devenu le lien commun qui rapprochait les opinions
et les nuances et qui mettait la force de la paix et de
l'union là où s'épuisaient dans l'impuissance la discorde et l'envie. (*Applaudissements prolongés.*)

C'est cet enseignement qu'il faut demander à sa
gratitude méritée, c'est par la reconnaissance conquise
que les hommes de bien entrent dans cette haute

mais pour atteindre le but sacré, suprême, pour lequel
Albert Joly a vécu et pour lequel il est mort : la fondation définitive en France d'un inébranlable gouvernement républicain. (*Vifs et nombreux applaudissements.*)

Messieurs, nous allons nous séparer après cette
cérémonie ; mais à la même heure, aujourd'hui, tous
les républicains de France célèbrent avec nous les
vertus, les mérites d'Albert Joly, les services rendus
par lui ; partout, à l'heure où je parle, en France, il
n'est pas un cœur républicain qui ne soit associé à
cette douloureuse cérémonie. (*Adhésion générale. —
Applaudissements.*)

Avant de nous séparer, formons tous au fond de
nos cœurs un ferme dessein, une résolution énergique. C'est aux heures difficiles de la vie que nous
devons savoir nous inspirer de l'œuvre et des exemples
d'un homme, d'un ami tel que celui que nous perdons
matériellement, mais dont nous garderons profondément, et d'une façon permanente, au fond de nos
cœurs, le souvenir. Messieurs, si nous restons fidèles
à cet enseignement de l'homme et de l'ami qui avait
pris pour devise : Tout par le travail, tout par la justice, tout pour la patrie et tout pour la République,
tout nous deviendra facile et tout nous sera donné
par surcroît. Et, parmi nous, tous ceux qui auront
fait appel à l'union des cœurs, tous ceux qui auront
poussé leurs concitoyens vers le juste, vers le progrès,
tous ceux-là jouiront, au jour de leur mort, de la
suprême récompense d'entrer dans cette véritable
immortalité dont je parlais en commençant, dans
l'immortalité que décerne le sentiment public à ceux
qui ont travaillé au bien général. (*Applaudissements
prolongés.*)

Non, je ne te dis pas adieu, à toi qui dès la première heure, t'es montré, parmi tes concitoyens de
Seine-et-Oise, l'organe du parti républicain, le plus

tombe, non pas au profit de telles ou telles personnalités qui ne doivent pas compter en de telles luttes, pur et le plus large, le plus rigoureux dans les principes, en même temps que le plus tolérant pour les personnes. — Albert Joly, non, je ne te dis pas adieu ! car ta douce et intelligente figure planera toujours sur nos mêlées et sur nos délibérations; dans nos jours de victoire, c'est encore ton souvenir qui nous réunira dans ce Versailles où tu nous as si souvent associés à ton œuvre, et c'est vers toi que s'élèveront les témoignages impérissables de notre affection et de notre reconnaissance. (*Applaudissements prolongés.*)

Les obsèques d'Albert Joly avaient réuni au cimetière de Versailles la presque unanimité des députés républicains, un grand nombre de sénateurs et de conseillers d'État, tous les conseillers généraux de Seine-et-Oise, des délégations de presque tous les conseils municipaux du département, etc. M. Henri Rochefort, dont Albert Joly avait été l'avocat devant le conseil de guerre de Versailles, s'abstint de venir rendre à son défenseur un dernier hommage. La presse républicaine s'indigna d'un pareil acte d'ingratitude, et, le lendemain, la *République française* publia les lignes suivantes :

Hier, aux obsèques de M. Albert Joly, on remarquait l'absence d'un homme politique qui doit, très probablement, au regretté député de Seine-et-Oise d'avoir évité le poteau de Satory. Cet homme politique dirige un journal qui n'a pas eu pour la fin prématurée d'Albert Joly un mot de regret.

Décidément, l'ingratitude, c'est l'intransigeance du cœur.

M. Rochefort ayant répondu à ces lignes par un article violemment calomnieux pour la mémoire de celui qui avait été son avocat, son sauveur et l'un des membres du conseil de famille de ses enfants pendant son exil, M. Joseph Reinach, qui avait été l'ami intime d'Albert Joly, jugea qu'il lui appartenait de défendre le souvenir du vaillant républicain qui venait de mourir. En conséquence, protestant contre l'attitude de M. Rochefort, il raconta dans le *Voltaire* avec quel zèle et quel dévouement Albert Joly avait obtenu autrefois de M. Thiers d'abord que le chef de complicité d'assassinat serait supprimé de l'acte de mise en accusation de M. Rochefort (ce qui rendait toute condamnation à mort impossible), et ensuite, avec l'aide de quelques amis, que M. Rochefort serait interné à Saint-Martin de Ré au lieu d'être déporté à la Nouvelle-Calédonie.

Bien que le récit publié dans le *Voltaire* fût fondé sur des documents irréfutables, M. Rochefort répliqua, dans l'*Intransigeant*, par un démenti qu'il accompagna, suivant son habitude, de grossières invectives à l'adresse de M. Gambetta. Il déclara en outre qu'il n'avait jamais chargé qui que ce soit d'intercéder en sa faveur auprès de M. Thiers. Toute affirmation contraire était une calomnie, etc.

M. Gambetta intervint alors. La mémoire de Joly lui tenait à cœur. Il lui importait de démontrer la véracité des affirmations de ses amis. — Au mois de juillet 1871, quelques semaines avant de passer devant le conseil de guerre, M. Rochefort avait écrit à M. Gambetta pour le prier d'intercéder en sa faveur auprès de M. Thiers. « Je m'engage, écrivait M. Rochefort, à débarrasser la France de moi pendant un temps illimité. » Et M. Gambetta avait fait immédiatement auprès de M. Thiers la démarche qui lui avait été demandée par M. Rochefort et qui devait lui sauver la vie (Déclaration insérée dans la *République française* du 16 décembre 1880[1]). M. Gambetta n'avait qu'un moyen de réduire à néant les accusations infamantes qui venaient d'être portées contre Albert Joly par son ancien client; il en usa. Il livra à la publicité la lettre de M. Rochefort, qui parut dans le *Voltaire*.

Le rédacteur en chef de l'*Intransigeant* répondit à cette publication par une série d'injures et d'outrages. M. Gambetta et ses amis ne pouvaient opposer que le dédain à pareilles provocations, et l'attitude de M. Rochefort fut jugée par toute la presse, à l'exception de quelques jour-

1. En réponse aux interrogations de plusieurs journaux, nous sommes autorisés à déclarer que la lettre de M. Henri Rochefort, publiée par le *Voltaire*, a été remise à M. Gambetta, rue Montaigne, 12, à la fin de juillet 1871, par M. Albert Joly. M. Gambetta fit immédiatement auprès de M. Thiers la démarche qui lui était demandée par M. Rochefort. (*République française* du 16 décembre 1880.)

naux intransigeants et bonapartistes, avec une extrême
sévérité. Il suffit de citer ici deux courts extraits. M. Émile
de Girardin s'exprima ainsi dans un article de la *France*,
intitulé *la Honte de la Presse* :

« Le Misérable », c'est celui que le condamné Rochefort appelait à son secours, en juillet 1871, en le nommant à outrance
« mon cher Gambetta, mon cher Gambetta », dans la lettre qu'il
avoue avoir écrite sous dictée ou copiée sur brouillon de M. Albert Joly, quoiqu'il la déclarât *blessante pour sa dignité et absolument inutile*, ce qui était le comble de l'inconséquence et de la
lâcheté.

« Le Misérable », c'est celui qui contribuait généreusement pour
mille francs dans la somme de vingt-cinq mille francs qu'il s'a-
gissait d'expédier à l'évadé de Nouméa afin de payer au capitaine
du navire qui l'avait pris à son bord le prix de cette évasion.

« Le Misérable », c'est celui sans la puissante parole duquel
l'amnistie, plusieurs fois repoussée par la Chambre des députés,
n'eût pas été finalement votée.

M. Eugène Ténot écrivit de son côté dans la *Gironde* :

Le cas de M. Henri Rochefort payant ses dettes de reconnaissance envers M. Gambetta par des hottées d'injures ne relève
assurément pas de la politique proprement dite. C'est affaire de
jugement moral à porter. Et la conscience publique, écœurée de
cette débauche d'ingratitude envers l'auteur du vote de l'amnistie plénière, n'hésite certes pas sur le jugement que comportent
le rôle et l'attitude de M. Henri Rochefort dans cette affaire.

Un homme, par la puissance de sa parole, par l'ascendant de
son autorité, a fait l'amnistie — on peut le dire — et depuis cinq
mois toute une bande de ceux qu'il a arrachés à l'exil et à la
déportation, M. Rochefort en tête, hurlent après lui et l'injurient
chaque matin.

Un jour il produit un document écrasant pour l'un d'eux : il se
défend, en montrant une simple lettre, contre cette meute enra-
gée, et c'est cet homme, et non les autres, qui commet une mauvaise action !

C'est trop bête...

La presse étrangère fut unanime à ratifier le jugement
des journaux républicains de Paris et de province dans
cette affaire (V. p. 26 et suiv. les extraits publiés dans la
brochure de M. Jules Laffitte).

Enfin, la *République française* publia, sur une invitation formelle de l'*Intransigeant*, l'article suivant (16 décembre) :

Nous n'avions jamais fait dans nos colonnes la plus légère allusion à une histoire connue de nous dans ses moindres détails. Puisque l'*Intransigeant* nous y convie, nous allons exposer simplement la vérité. Dans cette affaire, — et c'est ce qui nous décide à rompre le silence, — il ne s'agit pas de M. Gambetta seul, mais avec lui des hommes de cœur qui, heureux comme nous tous de voir M. Rochefort échapper à une condamnation imméritée, s'empressèrent de contribuer aux frais de son évasion et de l'aider à revenir en Europe avec ses compagnons.

Voici les faits :

Le 16 avril 1874, si nous ne nous trompons, M. Edmond Adam reçut de M. Henri Rochefort une dépêche lui annonçant son heureuse évasion et lui demandant de lui envoyer à Sydney vingt-cinq mille francs par le télégraphe. Vingt-cinq mille francs, cela ne se trouve pas commodément et en vingt-quatre heures ! M. Edmond Adam s'adressa à M. Gambetta et le pria d'organiser la souscription. M. Gambetta se mit à l'œuvre avec l'activité qu'on lui connaît et au temps voulu l'argent était fait. Les amis personnels de M. Gambetta, sans compter M. Edmond Adam, qui versa cinq mille francs, figurent sur la liste des souscripteurs pour une somme de seize mille francs. Nous n'en citerons que trois parce qu'ils sont morts : MM. Dereguaucourt, représentant du Nord, Leon Bonnel, de l'Aude, et Lefèvre, des Alpes-Maritimes. Comme plusieurs des souscripteurs n'étaient pas immédiatement en mesure, une partie des fonds fut avancée pour quelques jours par la caisse de la *République française*. L'argent, centralisé entre les mains de M. Gambetta, fut remis à M. Georges Perin, qui voulut bien se charger de porter les vingt-cinq mille francs à la maison de banque de Londres qui devait les expédier télégraphiquement à ses correspondants de Sydney.

L'*Intransigeant* affirme que ni M. Rochefort ni ses compagnons n'ont jamais su que l'argent eût été fourni par plusieurs personnes. En ce qui concerne les compagnons de M. Rochefort, nous croyons que l'*Intransigeant* s'avance un peu [1]. Quant à M. Rochefort, nous nous inclinons devant une déclaration aussi formelle. Et pourtant nous aurions cru faire injure à la mémoire d'Edmond Adam en supposant une minute que cet homme de

---

1. M. Paschal Grousset, compagnon d'évasion de M. Rochefort, avait en effet déclaré dans une lettre du 15 décembre 1880, qu'il avait su, dès le mois de mars 1873, que la somme expédiée à Sydney était le produit d'une souscription organisée par M. Gambetta.

bien ait pu laisser ignorer à M. Rochefort le nom des amis qui s'étaient associés à sa bonne œuvre.

Aucun d'eux n'a jamais songé à rien réclamer à M. Henri Rochefort. Ils ont pensé seulement — et tout le monde pensera avec eux — que lorsqu'on a été l'objet d'un acte de dévouement aussi désintéressé, lorsqu'on a reçu un pareil service, on peut combattre leurs idées et leur politique, mais qu'il est peu décent de les accabler d'injures et d'outrages.

M. Rochefort cessa de nier la dette contractée par lui envers M. Gambetta; mais il continua à l'insulter et à le calomnier.

DISCOURS

Prononcé le 12 décembre 1880

AU CINQUANTIÈME ANNIVERSAIRE DE LA FONDATION DE L'ASSOCIATION POLYTECHNIQUE

DANS LE GRAND AMPHITHÉÂTRE DE LA SORBONNE

(PARIS)

Mesdames et Messieurs,

Le premier sentiment que j'éprouve, en me levant, est celui de la reconnaissance pour le président, pour l'ami qui a bien voulu saluer ma présence au milieu de vous. Il n'avait pas besoin. — et c'est la seule réserve que je ferai, — d'attribuer à cette présence un mérite quelconque de conduite. Je suis venu ici, Messieurs, pour me trouver en votre compagnie et pour saluer avec vous votre anniversaire de cinquante ans, hélas! si rare dans les œuvres et les institutions sociales de notre pays; je suis venu pour m'associer à cette fête qui ne peut éveiller, dans tous les cœurs vraiment tournés vers l'avenir de la France, que des pensées et des sentiments de solidarité profonde. (*Vifs applaudissements.*)

Qu'est-ce, en effet, que cet institut auquel vous êtes si fiers et si légitimement heureux d'appartenir, et qui va bientôt entrer dans la seconde phase de son existence? Cet institut, je crois qu'on peut le définir et le caractériser d'un mot : c'est la meilleure création qui ait été faite, depuis un demi-siècle, au point de vue de la diffusion de la science et de la justice dans la société française. (*Très bien! très bien! — Bravos.*)

Oui, au lendemain de 1830, au souffle généreux de cette révolution qui se leva comme une aurore pleine d'espérances sur la patrie, et qui devait subir si promptement une éclipse, une pensée dominait les généreux combattants de Juillet : cette pensée, c'était de fonder une démocratie rationnelle, éprise de vérité scientifique, maitrisant ses passions par la connaissance des faits, des lois, des rapports et de la nature des choses. Cette pensée qui a donné naissance à votre institution est peut-être la seule qui ait survécu au grand mouvement de 1830; c'est celle qui, à travers tous les obstacles, toutes les difficultés et toutes les luttes, devait réapparaitre, avec un nouveau contingent de forces, sous la République de 1848; c'est celle qui luttait encore sous l'Empire et même au triste lendemain de nos désastres; mais déjà les efforts de ceux de nos concitoyens qui lui étaient restés dévoués nous la montraient plus triomphante, plus prospère et plus féconde. Et l'institution qui est née de cette pensée, c'est la vôtre, Messieurs, et je n'ai qu'un regret, c'est de n'en avoir pas fait partie plus tôt. (*Vive approbation et applaudissements répétés.*)

Mais j'en connais les origines, j'en ai étudié l'histoire, histoire qui n'a pas été écrite depuis longtemps, qui date d'hier; mais il n'en est pas de plus instructive et, permettez-moi le mot, de plus exemplaire.

Que pouvons-nous tirer, en effet, de l'histoire de votre Société? Nous pouvons en tirer cet enseignement, que des hommes, absolument placés en dehors de tout concours officiel, dénués de toute fortune, et je dirai presque de toutes relations sociales, que des hommes, animés par les seules forces de la passion et de la volonté, mais doués de toute l'énergie de l'intelligence, peuvent arriver, en sortant tous les jours un peu plus des cercles restreints qu'ils occupent, à se répandre dans tous les rangs de la société de leur pays et, s'adressant aux intelligences les plus différentes, parvenir à les grouper, à les unir, à les éclairer et à faire converger tous ces efforts si divergents et si disparates vers un but commun, en prenant pour unique moyen la vérité toute nue. (*Salve d'applaudissements.*)

Oui, la vérité dans sa clarté et dans sa majesté positive; la vérité, qui consiste à écarter de l'enseignement tout ce qui est sujet à contestation, tout ce qui est la chimère, l'hypothèse, le rêve, la fantaisie et le caprice des uns et des autres; qui consiste à avoir le respect de ceux auxquels on s'adresse; qui ne leur apporte que des observations décisives, convaincantes, que des résultats éprouvés, et à considérer comme un crime de lèse-intelligence d'essayer de faire passer dans leur cerveau une idée fausse ou inexacte. (*Explosion d'applaudissements et bravos prolongés.*)

C'est, Messieurs, cette méthode, sévère dans son principe, plus sévère encore dans son application, que traçait, au début même de votre Association, le plus grand penseur du siècle. Pourquoi ne le dirais-je pas ici même, dans cette Sorbonne longtemps vouée à un autre idéal et à d'autres doctrines, mais qui, grâce à l'effort du temps et au concours d'hommes nouveaux et d'esprit généreux, — je me permettrai cet éloge devant le représentant le plus autorisé de l'Université de Paris, — se dégage peu à peu des ombres du passé pour regarder vers l'avenir et jeter les bases d'une véritable science positive. — cette méthode sévèrement tracée, plus sévèrement pratiquée, telle a été la philosophie du plus puissant penseur du siècle, comme je le disais. celui dont les idées pénètrent aujourd'hui partout, d'Auguste Comte. (*Adhésion unanime. — Applaudissements prolongés.*)

Et à côté de ce penseur uniquement préoccupé de

débarrasser la cervelle humaine des ténèbres et des
chimères pour ne faire de la pensée qu'un pur lingot
d'or (*Applaudissements*), à côté de lui on voyait un
homme à la haute intelligence et au grand cœur, à
l'âme communicative, ce Perdonnet qui parcourait le
monde, étudiait ses merveilles, nous rapportant les
vues les plus nouvelles et les plus fécondes, et qui,
bien que né de l'autre côté de la frontière du Jura,
n'aimait et ne voulait connaître que ce grand foyer
de lumière qui rayonne sur l'humanité, et n'avait
d'autre passion que de revenir parmi nous, dans notre
France, pour nous jeter par brassées les fruits de ses
recherches, qui étaient autant de découvertes. (*Adhésion générale et applaudissements prolongés.*)

Il ne s'est jamais laissé arrêter. On l'a calomnié,
fatigué, harassé, mais il était toujours souriant, toujours gai, toujours entreprenant, et, chaque année, il
étendait le cercle de votre action. (*Nouvelle adhésion.*)

Je ne m'appesantirai pas plus longtemps sur cette
pléiade d'hommes, distingués à des titres divers, que
votre Association a comptés parmi ses fondateurs et
parmi ses membres. Il me suffit d'avoir indiqué l'aspect commun des physionomies de deux d'entre eux,
Je ne veux que rechercher le bien que vous avez fait
et qu'il vous reste à faire. Et si je ne distingue pas
entre les maîtres et les élèves, permettez-moi de dire
que je ne distingue pas davantage entre les amis qui
viennent aujourd'hui au milieu de vous.

Ce que vous avez fait? Je ne parle plus au point de
vue de cet enseignement supérieur que vous avez pu
jeter dans cette masse d'ouvriers intelligents et avides
de s'instruire qui sont l'honneur de Paris; non, je
laisse, pour le moment, cette grande moisson d'esprits que vous avez engerbée et engrangée depuis un
demi-siècle. (*Mouvement et applaudissements prolongés.*) J'arrive, vous le sentez bien, à la chose qui me
touche de plus près pour ma part; j'arrive au carac-

tère politique de votre œuvre, car la politique est dans tout, Messieurs. En effet, qu'est-ce que la politique? Ce sont les destinées mêmes du pays qu'on habite; c'est ce que lui réserve la bonne ou la mauvaise conduite des concitoyens qui le composent; c'est aussi ce que la fortune peut apporter à ce pays de sourires et de réparations. (*Longs applaudissements.*)

De bonne politique, vous en avez fait bien plus que vous ne pensez, en excluant précisément la politique de votre enseignement, en vous interdisant toutes polémiques, toutes querelles de partis et de sectes. En effet, quel a été le résultat de votre action? Il a été immense, et on ne saurait trop le proclamer, d'abord pour que votre action soit imitée, et ensuite pour que justice vous soit rendue. (*Très bien! très bien!*)

Savez-vous ce que vous avez fait? Vous avez dit, d'abord, à tous ces humbles, à tous ces travailleurs, à tous ces hommes qui vivent de leurs mains et qui ont à peine reçu les premières lumières de l'instruction primaire, — et l'on sait si cette instruction populaire est encore restreinte et parcimonieuse, — vous leur avez dit : Venez, j'ai des maîtres dévoués qui vous donneront le superflu de leur temps, ce qui est souvent le nécessaire de leur intérieur... (*Salve d'applaudissements*), et vous, ouvriers, vous donnerez le superflu de ce que la fatigue et un labeur obstiné vous laissent de loisir; et alors dans cette communication sacrée, moi, apportant ce que je sais, et toi, apportant ton attention et ta bonne conduite, tu emmagasineras les résultats de mes études et de mes travaux personnels. (*Adhésion unanime et applaudissements répétés.*)

C'est ainsi, Messieurs, qu'est sortie de ces relations, de ces rapports la vraie fraternité démocratique...(*Bravos.*) De ce concours, de ce rapprochement, il est sorti 400,000 ouvriers qui, tous, ont pu connaître, toucher, acquérir les lois de leurs procédés et de leur pratique, les rapports supérieurs de leurs gestes d'ateliers avec les lois physiques, chimiques, géologiques de tout le champ de l'intelligence humaine. Il est arrivé, par contre-coup, — et c'est ici que j'introduis la politique, — qu'avec ces habitudes de se rendre compte, de raisonner, qu'avec ce goût de la science et cette passion de s'instruire, ces ouvriers ont demandé la démonstration de ce qu'on leur disait dans la politique. Et alors la chimère, le fantôme, ont disparu devant la clarté faite dans leur intelligence. Ils avaient cessé d'être pour les déclamateurs une proie facile. Il fallait avoir raison, et comme on n'a raison que lorsqu'on est la vérité, ils étaient forts contre l'erreur, de quelque côté qu'elle vint. (*Acclamations et applaudissements prolongés.*)

Et ce sont ces ouvriers qui ont répandu ces nouvelles habitudes d'esprit; ce sont eux qui ont, pour ainsi dire, engendré cette dialectique qui s'empare des intelligences dans notre nouvelle démocratie et qui la rend réfractaire à des agitations qui peuvent bien troubler ceux qui ont intérêt à les grossir, mais qui laissent, soyez-en sûrs, la France très calme et l'ordre parfaitement assuré. (*Assentiment général. — Longs applaudissements.*)

Oui, c'est à eux que nous devons cette métamorphose de la démocratie républicaine, et quand je dis « républicaine », ce n'est pas que j'en connaisse une autre. Il n'y en a qu'une : c'est celle qui est fondée sur la souveraineté nationale et qui n'en admet ni la concession ni l'aliénation, soit à titre définitif, soit à titre viager. (*Vive adhésion.*) J'ajoute « républicaine » par habitude. Il n'y a, Messieurs, qu'une démocratie : c'est la démocratie française. (*Salve d'applaudissements.*)

Je répète, Messieurs, que c'est à votre action lente mais constante que nous devons ces résultats; car on

ne fait rien sans le temps, et ceux qui s'imaginent que
l'humanité peut se conduire comme on conduit une
expérience et que, en un jour et une nuit, comme
certains professeurs qui sont ici peuvent se le permettre sur des êtres inférieurs, on peut modifier les
rapports de la vie et de la nature tout entière, ceux
qui s'imaginent cela, l'expérience nous l'apprend,
sont des sophistes ou des trompeurs. (*Très bien! très
bien! — Approbation unanime.*)

Ce n'est pas pour ceux-là que je parle: je parle surtout pour ceux qui croient, soit par vice d'éducation,
soit par morgue, soit par un certain sentiment d'en-
flure personnelle, que c'est une imprudence, quelque
chose comme une indignité, d'approcher la coupe de
la science des lèvres du peuple. Ceux-là ne m'effrayent
plus : ils m'ont inquiété dans le passé ; ils ne m'inspirent plus que de la compassion : et quand je pense à
quelles dégradantes subtilités ils en sont tombés pour
conserver à leur doctrine une ombre d'existence, je
n'ai d'autre ressource que celle qui restait au grand
poète de Florence : Je regarde, et je passe. (*Applaudissements prolongés.*)

Eh bien, Messieurs, cette ère nouvelle que nous
vous devons, ne pensez-vous pas qu'elle constitue un
titre précieux de gratitude et de reconnaissance pour
l'Association polytechnique? Et quand vous allez
poursuivre votre œuvre en appelant tous les jours à
la science, à l'éducation, à la solidarité sociale, un
plus grand nombre d'esprits vous était-il permis de
penser que nous pouvions manquer à cette fête, à ces
noces d'or de votre Association? (*Très bien! très bien!
— Vifs applaudissements.*)

Non! et en ce moment heureux où vous célébrez
ces premières noces d'or, me pardonnerez-vous, sans
sortir du sujet, de faire des vœux en votre faveur et
de vous adresser, pour ainsi dire, un épithalame?
(*Bravos.*)

Je vous annonce, sans vouloir prendre le rôle de prophète, ce que vous ferez, — je ne dis pas ce qui vous reste à faire. Voici ce que vous ferez, dès demain : Vous susciterez, vous organiserez des sections de votre Association dans les quartiers de Paris où vous n'en avez pas encore, dans les villes de province où vous n'avez pas prolongé de ramifications. Aussi bien, pour atteindre ce but, n'hésitez pas à faire appel au concours de vos amis, au concours de tous les bons citoyens ; ce concours vous est dû, et vous l'obtiendrez si vous le réclamez au nom des services rendus.

Oui, Messieurs, étendez votre action : portez la bonne parole, portez votre apostolat scientifique, vos excellents conseils de sage conduite politique et sociale ; portez-les en province, dans d'autres agglomérations. Vous êtes, et plus certainement que ne le disait le fondateur d'une religion... rassurez-vous, Messieurs, je ne veux pas l'attaquer (*Sourires approbatifs*), — je n'attaque personne (*Vive approbation*). — vous êtes des pêcheurs d'hommes... (*Vive adhésion et applaudissements prolongés.*) Encore une fois, répandez-vous sur la surface du pays ; livrez-vous sans relâche à cette pêche miraculeuse que vous avez si bien commencée ; vos filets sont d'or, les mailles en sont solides ; pêchez, pêchez : c'est l'avenir de la France que vous rapporterez dans vos filets. (*Explosion d'applaudissements. — Long mouvement.*)

Messieurs, nous sommes entrés dans une ère nouvelle ; nous avons, — et je parle ici sans préoccupation de parti, — nous avons dépouillé le vieil homme. La France a été à une rude école : à l'école du malheur, des malheurs venus du dehors et des malheurs suscités au dedans. Mais c'est grâce à des auxiliaires tels que vous que nous avons dépouillé le vieil homme. Désormais, notre démocratie a pris conscience de son droit et de sa force. Comme vous, elle se sent dans la seconde jeunesse ; comme vous, elle sent que, maintenant, elle ne peut avoir d'autre guide qu'elle-même, d'autre passion que la passion des nobles intérêts qui constituent son patrimoine, d'autre ambition, — mais celle-là, ambition irrésistible et sentie par tous, — que de remettre la France à son véritable rang de grande nation par le travail, par la science, par la vertu, par la solidarité. (*Double salve d'applaudissements.*)

Vous êtes les ouvriers de cette œuvre. Nous tenons à nous associer à vous. Aussi, quand vous le voudrez, n'hésitez pas à réclamer notre concours; nous sommes des vôtres, et c'est avec vous que nous voulons marcher. (*Nouveaux applaudissements.*)

Je pourrais énumérer vos bienfaits individuels; je pourrais citer les hommes de talent, quelquefois de génie, qui sont sortis de vos rangs, grâce à cette diffusion des lumières de la science qui s'est faite depuis cinquante ans par vos mains; mais vous connaissez cette histoire; vous en êtes les vrais auteurs, et puis, permettez-moi de le dire, cette histoire a été faite, et bien faite, par vos présidents et vice-présidents, et je ne veux marcher sur le terrain de personne. Je préfère terminer cette courte allocution, — je dis « courte » parce que je n'ai pas dit tout ce que je pensais de vous, trop longue si j'ai forcé votre attention (*Non! non!*), — je préfère terminer en affirmant que c'est par le développement d'institutions analogues, par la pratique des vertus que vous professez et qui de jour en jour deviennent les vertus de ce grand parti républicain désormais confondu avec la nation, que nous ferons les progrès que nous désirons, Messieurs, et vous, Mesdames, — car il faut, Mesdames, vous associer à notre œuvre et, certes, ce ne sont pas celles qui sont dans cette enceinte qui peuvent être suspectes d'indifférence : leur présence ici révèle la pensée la plus gracieuse et la plus féconde de votre institution, qui est d'associer à la distribution que vous faites de la science les femmes et les filles. (*Vive adhésion et applaudissements.*)

Vous avez compris toute la portée de cette mesure : mais il y a un témoignage encore plus décisif que le vôtre en faveur de cette réunion des deux sexes dans la pratique des mêmes idées et des mêmes devoirs ; c'est le cri d'effroi et de colère tout ensemble qu'à la vue de tant d'efforts couronnés par tant de résultats, pousse l'adversaire : vous le connaissez bien l'adversaire ! (*Double salve d'applaudissements. — Bravos répétés.*)

C'est ce qui nous indique combien est sûre la voie où cette démocratie, cette Chambre, cette presse, ce gouvernement, toute cette nation se sont engagés. Oui, la démocratie est sur la grande route qui mène au but suprême ; et à ceux qui me demandent ce que c'est que le but suprême, je répondrai qu'il ne peut y avoir d'équivoque ; le but suprême, c'est le progrès, dont la définition a été donnée par le philosophe éminent qui a tracé votre première charte : Qu'est-ce que le progrès ? C'est le développement de l'ordre. (*Applaudissements prolongés.*)

Eh bien, quittons-nous sur cette grande parole. Messieurs, nous nous retrouverons, aux heures difficiles comme aux heures souriantes de la vie et quand vous le voudrez, mais n'ayant jamais qu'une volonté et qu'un but : Tout pour la patrie, et, comme disait le conventionnel qui a donné sa première devise à l'École polytechnique : Tout pour la patrie, pour la science et pour la gloire ! (*Salves d'applaudissements et acclamations prolongées. — Long mouvement, pendant lequel les applaudissements recommencent à plusieurs reprises.*)

La *République française* publia, le lendemain de ce discours, l'article suivant :

« En 1830, au lendemain de la révolution, les élèves de l'École polytechnique qui s'étaient battus vaillamment à la

tête des ouvriers, fondaient, avec l'aide de leurs aînés, une
Association destinée à continuer cette alliance démocratique, non plus dans la lutte d'un jour contre la royauté,
mais dans la lutte perpétuelle contre l'ignorance et l'erreur. Les jeunes savants ouvrirent à leurs amis des ateliers
un grand nombre de cours qui n'ont cessé jusqu'à cette
heure de croître et de se développer. Aussi l' « Association
polytechnique » a-t-elle pu célébrer hier avec une juste
fierté son cinquantième anniversaire. Elle y avait convié
une partie de ses élèves, jeunes et vieux, hommes et
femmes. Elle y avait convié aussi le président de la
Chambre des députés.

« M. Gambetta a parlé une demi-heure. Ce qu'il a dit, nos
lecteurs le trouveront sur cette page même ; mais ce qu'ils
n'y trouveront pas, ce qui ne se laisse pas décrire, ce qui a
laissé à tous les auditeurs un souvenir impérissable, c'est
la puissance de l'orateur ; c'est la communion de pensée
qui dès les premiers mots s'est établie entre lui et la foule
dont les applaudissements se mêlaient involontairement à
sa parole comme le bruit du tonnerre ; c'est l'âme d'un
grand patriote faisant passer un souffle de vie dans les
intelligences et remuant les cœurs jusque dans leurs fibres
les plus profondes. Nous ferions injure à M. Gambetta en
louant dans cette circonstance son talent, fait de force et de
souplesse, de grandeur et de familiarité, d'audace et de
douceur. Nous oublions tous l'orateur, et c'est là le
triomphe de la véritable éloquence, pour nous laisser entraîner par les magnifiques idées dont sa parole était l'interprète.

« C'est dans le grand amphithéâtre de la Sorbonne qu'on
nous avait réunis, dans cette salle affreusement laide où se
font les distributions de prix aux concours généraux et qui a
retenti d'innombrables discours pompeux, élégants et vides.
La Sorbonne ! que de souvenirs se rattachent à ce nom !
Au moyen âge et jusqu'en 1792, c'est la maison conven-
tuelle des plus savants docteurs en théologie, qui discutent
jour et nuit sur les mystères de la Trinité et de l'Incarnation, sur le pouvoir prochain et sur la grâce suffisante, et
qui, au nom de leur infaillibilité, jugent et condamnent
toute vérité nouvelle qui ose venir les importuner. Puis,
c'est l'Université fondée par Napoléon Iᵉʳ et arrivant à son

plein épanouissement sous Louis-Philippe : la science sage,
correcte, disciplinée, conservant précieusement le trésor de
la tradition, y ajoutant çà et là des aperçus ingénieux, des
vues qu'elle déclare hardies, mais dont elle s'empresse de
déclarer qu'il faut se garder d'en tirer les conséquences
pour peu qu'elles doivent inquiéter l'une des puissances
établies. La philosophie de Cousin, de Jouffroy, de Simon,
de Garnier, non moins circonspecte et gourmée qu'une religion d'État, en fut l'expression la plus complète. Elle faisait
de nous la risée de l'Europe. A-t-elle entièrement disparu ?
N'y a-t-il plus de rhéteurs à la Sorbonne ? plus de doctrine se
disant officielle ? plus d'orthodoxie philosophique, littéraire, historique, scientifique ? L'esprit des vieux docteurs
en théologie ne règne-t-il plus dans les deux Facultés sécu-
lières qui y ont leurs sièges ?

« En tout cas, c'est une science bien différente que M. Gambetta a voulu définir et glorifier, la vraie science, celle qui
ne connaît ni limites ni obstacles, celle qui ne recule devant
aucun problème ni surtout aucune solution, fût-elle en opposition manifeste avec les doctrines les plus antiques et
les plus vénérées, une science qui n'a de respect que pour
la vérité nue. C'est la science de l'avenir ; mais c'est déjà
la science du présent. A peine est-elle née, elle accomplit
chaque jour des merveilles. Il n'y a pas une seule de nos
idées sur le monde et ses éléments qu'elle n'ait transformée
totalement. Le ciel, ni la terre, ni la mer, les êtres vivants,
ni la matière inerte, ne nous apparaissent sous le même
jour qu'à nos pères. Un savant qui mourut vers 1840 regret-
tait de s'en aller parce que, disait-il, « cela commençait à
devenir drôle ». Qu'aurait-il dit en 1880 ? Et pourtant, nous
ne sommes qu'au début. Des millions de Français sont plus
âgés que le plus ancien de nos tronçons de chemin de fer.
Ah ! sans doute, des esprits précieux se détournent avec
dédain de cette science moderne qui, à les en croire, ne
s'occupe que de la vile matière. Vraiment ? elle néglige
l'esprit ? elle qui recherche avec une patience et une saga-
cité inouïes l'origine et le mécanisme de tout ce qui
constitue l'esprit humain : pensée, langage, institutions
politiques et sociales, arts et religion ! Car, ceci est merveilleux, elle a su plonger assez avant dans notre nature
pour y reconnaître la formation de ces entités surnaturelles

qui, filles de notre imagination, s'imposent à nous comme nos maîtres et nos tyrans.

« Autant la science vraie et positive, dans ses joyeuses et audacieuses investigations, diffère de la vieille science sorbonique, mâchant et remâchant éternellement les mêmes lieux communs ou les mêmes erreurs séculaires, autant elles exercent sur la société démocratique une action différente ou même opposée. La science de l'Université, aux beaux temps des Cousin et des Villemain, tenait le peuple à distance, le refoulant vers le prêtre et prétendant réserver pour un petit nombre d'esprits d'élite les lueurs de la philosophie. Tout au plus daignait-on composer à son intention un catéchisme catholique sans doute, mais saupoudré de quelques maximes de métaphysique et débarrassé, en échange, d'autant de superstitions trop grossières. On ne pouvait aller au delà ni permettre au vulgaire de se désaltérer aux sources vives de la vérité, sans compromettre l'ordre social; car ce breuvage semblait trop capiteux pour lui. A une science parquée dans une doctrine officielle correspondait une nation composée de deux castes : l'une éclairée et pouvant prendre part au gouvernement du pays; l'autre, vouée à l'ignorance presque complète et nécessairement exclue de tout droit politique.

« Avec la science moderne, tout change. N'acceptant point de bornes à ses recherches, elle n'admet non plus aucune limite à son expansion. Elle luit pour tous. A peine une vérité nouvelle est-elle conquise par les procédés les plus subtils, que cent vulgarisateurs, comme on les nomme, cent éducateurs du peuple, s'empressent de la traduire en langage courant et de la mettre à la portée de quiconque veut s'instruire. Voilà ce qu'a fait depuis cinquante ans l'Association polytechnique. Aussi M. Gambetta a-t-il pu dire que l'œuvre politique accomplie par ses membres est immense et excellente. Ils sont tous, souvent à leur insu, de puissants propagateurs de la démocratie. Ils travaillent à établir du haut en bas de l'édifice social cette communauté d'idées et de sentiments qui, depuis quatre à cinq siècles, n'existe plus dans nos pays européens et qui, si elle se reconstitue sur une base nouvelle, la base de la science et non de l'erreur et du préjugé, communiquera aux peuples démocratiques une force prodigieuse. Malheur aux nations qui resteront en dehors de ce grand mouvement de propagande scientifique! Dans le combat de la vie elles seront écrasées. »

Le discours du 12 décembre 1880 n'était pas le premier par lequel M. Gambetta faisait adhésion à la philosophie positive. Attaché depuis longtemps aux idées de M. Auguste Comte, il avait été convié au dîner offert à M. Littré à l'occasion de l'achèvement du *Dictionnaire de la langue française* (3 janvier 1873), et il avait déclaré dans un toast à l'illustre savant que la philosophie positive était la sienne.

Nous reproduisons d'après la *République française* le compte rendu de cette réunion :

Dimanche 5 janvier, un dîner a été offert à M. Émile Littré, à l'occasion de l'achèvement du *Dictionnaire de la langue française*. Cinquante personnes environ assistaient à cette fête, parmi lesquelles MM. Boysset, Albert Castelnau, Gambetta, Laurent Pichat, de Mahy, Naquet, Taberlet, représentants du peuple ; Denizot, Herold, Rigaut, membres du Conseil municipal de Paris ; Wyrouboff, de Bagnaux, Bertillon, Antonin Dubost, docteur Onimus, Petroz, rédacteurs de la *Philosophie positive*.

Une médaille commémorative en bronze a été offerte à M. Littré par les personnes présentes à la réunion. Les inscriptions gravées sur les deux faces de cette médaille rappellent les principales œuvres du savant et du philosophe : *Dictionnaire de la langue française* ; *Dictionnaire de Nysten* ; *Paroles de Philosophie positive* ; *Auguste Comte et la philosophie positive* ; *Conservation, Révolution et positivisme*, etc.

M. Charles Robin présidait la séance. Plusieurs discours ont été prononcés dans l'ordre suivant :

M. Robin :

« Monsieur Littré,

« Nous nous sommes réunis pour fêter l'ami qui s'est fait affectionner de tous, le penseur qui s'est acquis une si large place parmi les savants modernes, et pour exprimer la joie que nous avons ressentie en vous voyant terminer le *Dictionnaire de la langue française*.

« Ce qui semblait défier même les efforts réunis de plusieurs a été fait par vous seul. Grâce aux notions profondes qui vous sont familières, par l'enchaînement du savoir humain, vous êtes parvenu à établir une unité réelle dans l'œuvre entière et à donner à chaque chose la part qui lui revient. Grâce à ces notions aussi, vous avez achevé ce travail en lui conservant un caractère littéraire et scientifique, sans y laisser l'empreinte d'un système quelconque.

« Vous n'avez du reste jamais caché les sources auxquelles vous puisiez ces notions. Elles sortent de la philosophie positive, qui résume dans une science supérieure toutes les manifestations des mondes, y compris les phénomènes humains, depuis les déductions mathématiques des plus abstraites, jusqu'aux modes les plus divers des conceptions poétiques.

« Par là, et par une donnée exacte de la filiation du sens des mots, votre travail est devenu attrayant pour tous ceux qui comprennent qu'en tout état de cause, le bon langage est un puissant auxiliaire de la pensée.

« Aussi cette salle eût été bien des fois trop étroite si, ne nous bornant pas à une simple réunion en l'honneur des lettres, nous avions cédé à l'affectueux empressement de tous ceux qui voulaient vous prouver qu'ils voient dans l'apparition de votre livre un heureux évènement, tout à l'honneur de notre pays.

« Oui, un heureux évènement, parce que, désormais classique, non seulement ce livre servira de guide aux générations futures dans l'étude de notre langue, mais encore il en propagera les clartés dans les civilisations de l'Occident.

« Nous tous qui, sous des formes diverses, sommes unis par les liens d'une même doctrine philosophique et sociale, nous joignons un vœu à l'expression de notre gratitude.

« De cette doctrine vient la méthode qui vous a servi de guide dans vos profondes investigations sur les origines, le développement et les conditions actuelles des sciences en général, de notre langue en particulier : elle a pour la première fois mis entre les mains d'un homme des données que nul de longtemps ne pourra posséder.

« Leur comparaison a suscité dans votre esprit des inductions d'ordre social précieuses pour l'étude des progrès de l'humanité, et que vous seul pouvez mettre en lumière.

« Puissiez-vous bientôt les joindre à tout ce que nous vous devons d'inestimable ; car nous saluons dans votre dernière

œuvre une date nouvelle dans les annales de la pensée,
c'est-à-dire le concours inusité des sciences, de l'érudition
et des lettres coordonnées par une vigoureuse conception
d'ensemble.

« Nous saluons en votre personne le travail qui, pour le
succès d'une si vaste entreprise, a dû être poussé jusqu'à
l'héroïsme. Héroïque, en effet, fut le labeur auquel vous
avez su consacrer trente années de votre vie particulière,
sans la désintéresser de la noble préoccupation des devoirs
et des luttes de l'existence collective. »

M. Littré a répondu :

« Messieurs et amis, je vous remercie. N'attendez de moi
que quelques mots : vous me connaissez tous, et vous savez
que je suis incapable de rien dire autrement que la plume
à la main. L'occasion de ce dîner, du témoignage d'amitié
que vous me donnez, de l'honneur que vous me faites, est
l'achèvement du *Dictionnaire de la langue française*.

« Long travail, vingt-huit ans de labeur. Mais vainement
eussé-je eu assez de vie, assez de constance, si un plan bien
conçu n'avait présidé à l'exécution. Ce plan m'a été sug-
géré par les directions historiques de la philosophie positive,
avec une telle lucidité, qu'il me semblait le seul qui pût se
présenter en dehors de ces directions, mais non sans dom-
mage.

« Durant le cours d'une vie qui commence à dépasser les
bornes ordinaires, j'ai mis la main à bien des œuvres, et
toujours la philosophie positive a été pour moi une sûre,
une excellente conseillère. Je ne veux pas parler politique ;
pourtant je ne puis m'empêcher de dire que j'y puise pour
l'avenir international de l'Europe l'espérance d'autre chose
que la guerre et la conquête, et pour l'avenir républicain
de la France une confiance supérieure à l'immensité de nos
désastres et à la gravité de nos dissensions.

« Faites donc comme moi, Messieurs et amis, puisque vous
m'accordez, par le privilège de l'âge, le droit de l'exemple ;
servez-vous-en pour tout ce que vous entreprendrez, et
comme à moi, la récompense vous sera donnée.

« En conséquence, je vous propose un toast de reconnaissance à la mémoire d'Auguste Comte. »

Après ces paroles qui ont été vivement applaudies, M.
Gambetta s'est exprimé ainsi :

Messieurs et chers amis,

Permettez-moi, quoiqu'il y ait parmi vous quelques hommes que je ne connaisse pas parfaitement, de vous donner ce titre, car les idées sont faites pour rapprocher plus étroitement les hommes que les relations banales de la vie. Ce n'est pas d'aujourd'hui que j'ai reçu l'initiation à cette sévère et sûre méthode dont tout à l'heure on rappelait les titres et les services qu'elle a déjà rendus, et qu'elle est surtout appelée à rendre à la cause de la Science en général et de la civilisation française en particulier. (*Très bien! bravos.*)

M. Littré nous disait, il n'y a qu'un instant, qu'il fallait avoir une *espérance supérieure à l'immensité de nos désastres*; l'illustre penseur n'a pas attendu l'heure actuelle pour prononcer cette forte parole et pour prêcher d'exemple.

Littré, au sein même de cette invasion terrible qu'on avait attirée sur la France, était de ceux qui nous communiquaient l'espérance ; lorsque tant d'autres tombaient en défaillance, il accourut ; il quitta sa famille, ses études favorites et les nobles occupations de sa pensée pour venir auprès du gouvernement, qui était au péril, lui apporter cette énergie calme, supérieure à la véhémence de la jeunesse, et qui semble encore pour longtemps défier les années. (*Bravos! applaudissements.*)

Il nous fut donné alors de marquer la confiance que nous avions à notre tour en cet infatigable et bon citoyen, et le prix que nous attachions à répandre ses enseignements dans les jeunes esprits, pour les débarrasser des lisières des vieilles et fausses doctrines, et les conduire à la conquête de la vérité.

Comme on l'a dit, c'est par la vulgarisation de la méthode fondamentale de sa doctrine, qu'on pourra arriver à remettre la civilisation occidentale à son vrai rang, sur sa véritable base, et que nous pourrons es-

pérer d'en avoir fini avec les luttes brutales, avec les
entreprises violentes : c'est grâce à cette méthode
qu'on ne poursuivra désormais le progrès que par
l'éducation systématique et rationnelle des peuples
de notre continent, de manière à les amener à ne ré-
gler leurs rapports que par les principes communs et
par les lois de cette solidarité supérieure qui substitue
le règne du droit aux entreprises toujours ruineuses
de la force.

Ce n'est pas le but de notre vie, à nous, de la consacrer à la recherche scientifique des faits que vous
observez et analysez : nous ne sommes que les interprètes modestes, souvent incomplets, de votre pensée,
de la doctrine que vous avez mission de féconder, et
dont nous nous honorons d'être les serviteurs libres
et dévoués. (*Bravos.*) Mais il viendra certainement un
jour où la politique, ramenée à son véritable rôle,
ayant cessé d'être la ressource des habiles et des intrigants, renonçant aux manœuvres déloyales et perfides, à l'esprit de corruption, à toute cette stratégie
de dissimulations et de subterfuges, deviendra ce
qu'elle doit être, une science morale, expression de
tous les rapports des intérêts, des faits et des mœurs,
où elle s'imposera aussi bien aux consciences qu'aux
esprits, et dictera les règles du droit des sociétés humaines. Ce jour-là, votre philosophie — la nôtre — aura
vaincu, et votre nom sera honoré parmi les hommes.

Ces paroles ont été vivement applaudies.

Le banquet s'est terminé par le discours suivant de
M. Wyrouboff :

« Messieurs,

Après le discours si éloquent que vous venez d'entendre,
j'ai quelque peine à prendre la parole. Cependant la philosophie positive, que je n'ai pas la prétention de représenter, mais dont j'ai la conviction d'être un des plus fervents
disciples, a quelque chose encore à dire à M. Littré.

« Messieurs, il y a de cela vingt ans, la philosophie positive était faite, l'œuvre d'Auguste Comte achevée. Pourtant elle était ignorée du public, ignorée même des penseurs de profession. Aujourd'hui, vous le voyez, nous avons parmi nous des hommes de théorie et des hommes de pratique, des hommes de science et des hommes de lettres, et tous nous sommes réunis ici au nom de cette philosophie qui semblait être condamnée à l'indifférence et à l'oubli. Cette œuvre immense de propagande et de vulgarisation est due à un seul homme, à l'homme modeste, à l'homme illustre que nous fêtons aujourd'hui. A côté de cette œuvre, tout pâlit, et le dictionnaire lui-même, ce monument impérissable élevé à la langue française, paraît bien petit ; car les idées générales priment les idées particulières, et rien ne peut être plus général que la philosophie qui embrasse toutes les connaissances humaines, qui explique le passé des sociétés et prévoit leur avenir.

« Comme le disait tout à l'heure notre président, le caractère propre de notre réunion est celui-ci : nous ne sommes pas seulement des hommes de lettres venus pour admirer un livre qui semble presque un prodige, tant il est gigantesque, nous sommes encore des amis philosophiques venus pour rendre hommage à une vie tout entière consacrée au triomphe d'une noble et grande pensée.

« Dans un de ses livres les plus populaires, M. Littré disait ceci : « Nous sommes sans secours, sans autre récompense « que notre travail, sans autre encouragement que notre « but. » Eh bien ! nous venons aussi le remercier pour ce travail sans secours, sans récompense, sans encouragement, et qui a été malgré cela si fécond en grands résultats.

« Tout à l'heure notre illustre ami nous conseillait de faire comme lui, de prendre pour guide la philosophie que son exemple a montré être si utile, si pleine de lumineuses conséquences, et il portait un toast à la mémoire d'Auguste Comte. Ce toast, nous y avons tous applaudi, car c'était un hommage rendu à un génie sur lequel les siècles pourront passer sans l'amoindrir. Permettez-moi de porter, à mon tour, un toast que vous applaudirez aussi, j'en suis sûr, un toast au disciple d'Auguste Comte, qui a vulgarisé ses idées avec tant de persévérance, tant de succès et tant d'éclat ! »

IX.

8

DISCOURS

Prononcé le 20 janvier 1881

AU BANQUET DE LA CHAMBRE SYNDICALE DES DÉBITANTS DE VINS DU DÉPARTEMENT DE LA SEINE

A PARIS

Nous reproduisons, d'après la *République française* du 21 janvier, le compte rendu suivant :

« Hier soir, a eu lieu dans la salle du Tivoli-Vauxhall le troisième banquet de la Chambre syndicale des débitants de vins du département de la Seine, banquet dont la présidence avait été offerte à M. Gambetta.

« Au dessert, M. Laplagne, président du syndicat, donne lecture d'un discours fréquemment interrompu par les applaudissements. Puis M. Gambetta prend la parole et prononce le discours suivant :

Messieurs,

Si je me lève au milieu de vous, ce n'est pas pour vous adresser un discours ; c'est uniquement pour vous exprimer avec quel esprit de reconnaissance je suis venu assister à cette réunion qui a été si bien appelée une fête de famille. Je suis venu ici, en effet, après y avoir été invité par vos représentants dans la Chambre syndicale des débitants de vins du département de la Seine. J'attache, je l'avoue, un intérêt tout particulier au développement et à la propagation des Chambres syndicales (*Très bien! très bien!* — *Vive adhésion*), et quand l'occasion m'est donnée d'entrer en relations avec les véritables représentants du tra-

vail, du négoce, de l'échange, j'estime que c'est toujours un intérêt capital qui réclame toute mon attention et une affaire sérieuse à laquelle je ne saurais
me dérober sous aucun prétexte. (*Applaudissements.*)

Laissons donc de côté les compliments. Messieurs,
vous n'êtes pas plus honorés que je ne le suis moi-
même de me trouver au milieu de vous[1]. (*Bravos.*)
Il n'est même pas nécessaire, — je répète, Messieurs,
que je n'ai pas l'intention de prononcer ce soir un dis-

1. M. Laplagne, président du syndicat, venait de porter un toast
à M. Grévy et à M. Gambetta; il s'était exprimé en ces termes :

« Il est d'usage dans tous les banquets professionnels honorés de
la présence de convives n'appartenant pas à la profession réunie,
que le président leur souhaite la bienvenue.

« Nos banquets précédents ont, certes, eu de l'éclat, mais celui-
ci dépasse tellement ce que nous osions espérer que je suis réellement confus de l'honneur qui m'est dévolu.

« Nous avons parmi nous les plus hautes personnalités politiques,
les célébrités parlementaires les plus respectées, parmi lesquelles
l'éminent patriote en qui s'est réfugié, lors de l'épouvantable
désastre que l'Empire croulant nous a suscité, l'espoir de la
France républicaine.

« Ah! cet espoir était bien placé. A peine étions-nous débarrassés
de l'étreinte germanique que nous retombions sous le joug le plus
insupportable que la France puisse subir. Je veux parler de la
coalition des monarchistes, guidés dans leurs ténébreux desseins
par le parti clérical. Notre patrie marchait aux abîmes.

« C'est alors que nous avons vu avec bonheur l'homme qui avait
su tenir tête avec tant d'énergie à l'invasion étrangère, se dresser
contre l'ennemi de l'intérieur. Par son activité, par son éloquence,
par toutes les ressources de son génie, les réacteurs des 24 mai 1873
et 16 mai 1877 ont dû se déclarer impuissants, et la France a été
rendue à ses destinées.

« Aujourd'hui même, en récompense de son dévouement patriotique, ce grand citoyen vient d'être réélu pour la troisième fois président de la Chambre des députés. J'ai nommé M. Léon Gambetta.

« Pouvions-nous espérer, je le répète, que M. Gambetta, sur-
chargé des soucis d'intérêts généraux si divers et si haut placés,
trouverait des instants, non seulement pour s'occuper des intérêts
de notre Chambre syndicale et de notre corporation, mais encore
pour venir présider notre banquet.

« Eh bien, Messieurs, l'honorable président de la Chambre des
députés a bien voulu accorder spontanément deux audiences au
bureau de votre Chambre syndicale et à son président; il a écouté
attentivement nos réclamations; il nous a donné d'excellents conseils, et il nous a promis son appui pour l'obtention des réformes
justes et légitimes que nous demandons.

« De plus, il nous honore de sa présence. »

cours politique, — d'évoquer le passé avec ses douleurs terribles, avec ses luttes encore frémissantes,
ni même le présent qui nous sourit et nous montre
les plus belles perspectives. Je suis ici parce que j'ai
trouvé dans la cause qui m'a été apportée et soumise
par vos représentants, du bien à faire et une injustice
à réparer. (*Vifs applaudissements.*)

Messieurs, je n'en ai que pour quelques instants :
veuillez m'écouter sans m'applaudir et sans m'interrompre. (*Marque d'approbation.*)

Je dis que la cause qui m'était apportée, et sur
laquelle une presse que j'ai l'habitude de lire avec
une patience qui ne se dément pas, — car elle ne
parvient jamais à m'émouvoir, — cherche vainement
tous les jours à jeter le discrédit et le ridicule, je dis
que cette cause des débitants de vin est juste ; et je
le dis pour l'avoir examinée sérieusement. J'ai, en
effet, passé de longues heures à m'entourer de tous
les écrits, de tous les documents, de toutes les légis-
lations étrangères, et je parle avec le sentiment d'un
devoir à accomplir quand je dis qu'il y a là une confusion, un arbitraire des pénalités excessives auxquels
il faut évidemment apporter un remède. (*Vive adhésion. — Applaudissements.*)

Je sais bien qu'on dira : Mais vous prenez en main
une cause suspecte ; prenez garde ! il y a l'intérêt de
la santé et de l'hygiène publique à protéger avant tout !
C'est bien aussi mon avis ; mais, Messieurs, comme
dans tous les problèmes qui touchent à l'économie
sociale ou industrielle, nous sommes en présence
d'intérêts distincts qu'il faut examiner et concilier.

Il y a d'abord l'intérêt du producteur, du vendeur
primitif ; il y a ensuite l'intérêt de l'État pour la per-
ception des droits, intérêt puissant dans une démocratie qui ne recueille l'impôt que pour en faire des
applications utiles et fécondes, toujours conformes à
l'intérêt général. (*Très bien! très bien!*)

En troisième ligne, il y a l'intérêt du consommateur, c'est-à-dire de tout le monde, et je n'ai pas besoin d'insister sur la sollicitude qu'un pareil intérêt doit inspirer à tous ceux qui s'occupent d'économie et de finances dans un État bien ordonné.

Enfin, il y a l'intérêt de ces marchands de vin que tout à l'heure vous vengiez d'un mot contre le sans-façon, la gentilhommerie de cette presse à talons rouges qui vous poursuit de ses railleries. Messieurs, ne prenez pas trop au sérieux ces critiques; ce ne sont que des mots dont fait justice, un jour ou l'autre, votre bonne humeur. (*Vifs applaudissements.*)

Je ne sais pas s'il fut un temps où le marchand de vin était le cantinier de l'émeute; je crois qu'il faut encore reléguer cette belle épithète dans la collection des clichés habituels à la presse réactionnaire. (*Approbation.*)

Il est de mode, dans cette presse dont nous parlons. — ah! Messieurs, si l'on passait en revue l'état civil des ducs et pairs qui la rédigent, on s'apercevrait qu'il y a bien des faux frères... (*Applaudissements*), — il est de mode, dis-je, dans cette presse, de médire des marchands de vin et de considérer comme tombé au dernier degré de la dégradation quiconque a relation ou contact avec ces petites gens.

Messieurs, dans notre démocratie, sachons nous défaire de ce ton et de ces fâcheuses habitudes de mépris et de dénigrement. Sur ce sujet, je n'ai qu'un mot à dire : Le bon sens public suffit à la répression de ces écarts de plume. Pour ma part, je ne demande qu'une chose, et je le répèterai à satiété, c'est la liberté absolue de la presse, qui excelle à mettre chacun à sa place et à appliquer à chaque chose sa mesure. (*Applaudissements.*)

Eh bien, ce marchand de vin, ce débitant, cet humble commerçant, qui exerce surtout sa profession dans les quartiers populaires, et dont le comptoir

remplace pour l'ouvrier, pour le petit bourgeois, pour
le tâcheron, le cercle, le club, le salon... oui, Messieurs, ce marchand de vin est soumis à une législation exceptionnelle et vraiment trop rigoureuse. La date
de cette législation, — comme nous le montrerons
ailleurs quand nous nous expliquerons sur les principes
qui y ont présidé en 1851 et 1855, — la date de cette
législation prouve qu'on n'a pas toujours dédaigné
les marchands de vin, puisqu'on a fait pour eux des
lois spéciales et destinées à les placer sous la main et
à la discrétion de l'administration; ces modestes débitants qu'on dédaigne maintenant que l'on a perdu
toute chance de s'en servir dans la politique, ces
marchands de vin constituent une classe très importante dans une société où il y a de grandes aggloméra-
rations ouvrières, car, selon le mot d'un de nos amis
qui d'ouvrier est devenu homme public et un député
fort sérieux, selon ce brave Martin Nadaud, le travail
donne soif. (*Très bien! très bien! applaudissements*). Et
c'est pour cela, dit-il, que vous voyez plus souvent
l'ouvrier que le bourgeois au cabaret, et plus souvent
le bourgeois que le noble.

C'est ainsi, Messieurs, que lorsqu'on décrie cette
profession on fait le procès même de la démocratie
laborieuse.

J'ai confiance, sur ce point, dans l'expérience et
dans le bon sens de mon ami Nadaud. Aussi, Messieurs, je demanderai, — et c'est l'unique motif pour
lequel je suis entré en relations avec vous, Messieurs,
et qui explique ma présence à cette table, — je demanderai que l'on améliore la situation légale des marchands de vin, et je le demanderai d'accord, j'en suis
sûr, avec le concours de mes amis, de mes compagnons d'armes, qui ont blanchi, comme moi, sous le
harnois, qui sont assis ce soir à côté de moi. Avec
leur concours, j'ai la conviction que nous aurons
quelque chance de réussir. Oh! je sais bien qu'il y a

des impatients et des impatiences, et si je ne suis pas toujours avec les impatients, ce n'est pas que je ne m'explique leurs impatiences quand elles sont légitimes. Je ne dis certes pas que nous réformerons toute la législation de fond en comble; mais je crois qu'il est possible d'arriver à distinguer la simple contravention, qu'on appelle le mouillage, d'une falsification complète de la mixture qui entraîne une responsabilité plus grande, de l'intoxication frauduleuse et tout à fait criminelle parce qu'elle est nuisible à la santé publique. Je dis que nous pouvons très bien exiger une définition nette, précise, technique des délits, au lieu de les englober sous une dénomination commune qui fait qu'on peut frapper arbitrairement, gravement, tel qui est à peine coupable, tandis qu'on peut décharger à fantaisie tel autre qui est vraiment et intentionnellement coupable. (*Vifs applaudissements.*)

Peut-être, Messieurs, y a-t-il des surprises et des déceptions; dans quelques parties du vaste auditoire qui me fait l'honneur de m'écouter, peut-être certaines personnes s'attendaient-elles à ce que je fisse un discours politique. Eh bien, non; c'est un simple discours d'affaires pour mes amis les marchands de vin. (*Très bien! très bien! — Vifs applaudissements.*)

Je répète donc que lorsque nous aurons bien spécialisé, bien catégorisé, bien défini tous les genres de délits et de contraventions, nous aurons déjà beaucoup soulagé cette industrie, qui est en proie à une véritable terreur toutes les fois qu'elle est sous le coup d'un procès-verbal.

Et puis, Messieurs, nous aurons à chercher à nous entendre avec l'État et à voir s'il ne serait pas possible de trouver un procédé qui soumît les vins à des droits d'octroi divers, suivant leur valeur, leur composition, leur degré d'alcoolisation. (*Très bien! très bien!*)

Je dis, j'affirme, — et je prouverai lorsque nous arriverons aux discussions de chiffres, — que, loin de perdre à l'octroi, la ville et l'État y gagneraient, au contraire, par la multiplication des perceptions. On gagnerait surtout parce que la fraude perdrait beaucoup de son attrait; et il en serait ainsi parce que l'intérêt qui ressort de l'uniformité des perceptions et de la différence des prix de vente ne solliciterait plus le fraudeur. (*Nouvelle approbation.*)

Mais il y a plus, — il faut bien que je le dise, car je trouve, Messieurs, que c'est là un des côtés les plus graves de votre situation commerciale, — on est provoqué à la fraude, même quand on ne voudrait pas la faire, parce qu'on se trouve placé dans un état de concurrence désastreuse. (*Applaudissements.*)

Il y a là une enquête à faire, une réforme à accomplir. Et quand on aura essayé d'un autre système moins rigoureux et plus juste, on n'aura pas tout fait. Je vous parlais tout à l'heure de la définition des délits : il sera nécessaire de reviser les peines, parce qu'elles sont mal appropriées aux délits qu'il s'agit de réprimer, parce qu'elles ne sont pas échelonnées et que la loi frappe du premier coup d'une pénalité accessoire plus grave, même en cas de récidive, que la pénalité principale qui est inscrite dans la loi. Je parle de cette sorte de décret de décapitation, de cette note d'infamie morale, qui entraîne la ruine commerciale de l'homme qui a encouru une condamnation.

Oh! lorsque le délit est grave, lorsque la santé publique a été mise en péril, j'admets cette pénalité... (*Très bien! très bien!*) Mais je voudrais que la pénalité fût graduée, proportionnée, et qu'on sût si on l'appliquera dès la première faute ou si elle ne sera pas, au contraire, le châtiment d'une récidive, à la suite de méfaits intentionnels et tout à fait frauduleux. Enfin, il est une autre peine plus grave que l'affichage public et qui est spéciale, entendez-le bien, à votre genre d'industrie : c'est la privation, à perpétuité, des droits civils et politiques infligée aux délinquants. Messieurs, je comprends très bien qu'il soit juste et bon de défendre avec vigilance l'honneur et la probité du suffrage universel. (*Adhésion unanime et applaudissements.*) Mais c'est précisément parce que, dans une démocratie jalouse de sa bonne renommée, il faut être très scrupuleux sur la composition des listes électorales, qu'il faut ne pas faire de la peine de la privation des droits civiques, peine suprême et d'un caractère extraordinaire, une espèce de monnaie courante de la police correctionnelle. (*Très bien! très bien!*)

Il faut qu'il y ait véritablement la constatation d'une défaillance monstrueuse, capitale et définitive, pour rayer un citoyen de la famille des citoyens. (*C'est cela! Très bien!*) C'est pourquoi il est si nécessaire que cette partie de la loi relative aux pénalités soit révisée, graduée, et surtout limitée. Il n'est ni juste ni bon, pour un simple fait, même dolosif, et par conséquent punissable, de chasser à tout jamais un homme du forum, de la place publique. Ne faut-il pas qu'il puisse faire la preuve de son repentir, de sa réhabilitation? A quoi bon, par conséquent, frapper le coupable d'une exclusion qui est excessive parce qu'elle est disproportionnée au mobile qui l'a fait agir? (*Vive approbation et bravos.*)

Je crois que lorsque nous aurons étudié ces questions ensemble, — je veux dire avec vos représentants de la Chambre professionnelle syndicale, — lorsque nous nous serons rendu compte des tentatives et des efforts qui ont été faits dans d'autres pays et tout récemment, en 1875 et en 1877, en Angleterre, où l'on a édicté, comme on dit de l'autre côté du détroit, une loi extrèmement analytique; je crois que, puisant à ces diverses sources, leur empruntant ce qui peut être appliqué à nos mœurs propres, nous pourrons, tout en respectant les quatre intérêts qui sont aux prises dans cette question, celui du producteur, celui de l'État, celui du consommateur et celui du débitant, arriver très sérieusement et très certainement à une réforme dont votre honorable profession est véritablement digne. (*Applaudissements.*)

Tel est, Messieurs, le véritable motif qui m'a amené parmi vous. Aussi, avant de m'asseoir, je porterai très cordialement un toast : A l'avenir des Chambres syndicales ; à leur législation républicaine ; à leur développement par l'esprit de cohésion, de maturité et de sagesse ! (*Vive approbation.*)

Que les hommes de travail s'inspirent tous de cette maxime, dont la sagesse a été si souvent éprouvée, à savoir que l'on ne détruit que ce que l'on remplace. Si vous voulez, hommes de labeur, prendre légitimement dans la société démocratique française la place qui vous appartient, sachez avant tout conquérir le consentement des majorités, apprenez à recueillir l'adhésion du plus grand nombre dans ce pays. (*Vive approbation.*)

Vous êtes, à l'heure qu'il est, quant à la forme politique, des maîtres incontestés ; les libertés fondamentales, la liberté de la presse, celle du droit de réunion et d'association, vous y touchez, vous les pratiquez déjà tous les jours, et vous les faites entrer dans les mœurs. Ce sont, Messieurs, les véritables conquêtes politiques, et qui précèdent de peu les lois, que celles qui sont passées dans les mœurs. (*Très bien! très bien!*)

Mais il y a une troisième tâche qui nous sollicite et qui s'impose à nous, c'est ce que j'appelle la solution des problèmes économiques et industriels, et ce que je me refuserai toujours à appeler la question sociale ; et savez-vous pourquoi, Messieurs? C'est parce que, quand on étudie la société, plus on l'examine, plus on l'analyse, plus on la fouille, plus on étudie le passé dont nous sommes sortis, et le présent tel que le font les convoitises allumées dans la nation tout entière, tel que le font les rivalités qui menacent toujours un grand peuple, alors on constate qu'on ne peut résoudre ces problèmes qu'un à un, à force d'études et de bonne volonté, et surtout à force de connaissances et de labeurs. (*Vive approbation.*)

Messieurs, soyez convaincus que le peuple français, dans son immense majorité, entre de plus en plus dans cette conception d'une politique intellectuelle, rationnelle et scientifique, et qu'il en a donné, il y a quelques heures à peine, une preuve éclatante et décisive aussi bien aux partis adverses qui exhalent aujourd'hui leur dépit désormais impuissant, qu'au monde étonné de voir qu'une grande République puisse se gouverner librement avec quarante millions d'âmes, avec un passé de quatorze siècles de monarchie, et se montrer aussi forte, aussi brillante, aussi radieuse, aussi féconde, aussi puissante et respectée qu'aucun empire et qu'aucune dynastie. (*Acclamations et applaudissements prolongés.*)

Et à qui la France républicaine, à qui la nation démocratique, — dont nous sommes, — est-elle redevable de cette transformation? A elle-même, Messieurs; à l'expérience que lui ont apportée les plus terribles leçons de l'adversité; à la comparaison qu'elle a faite entre le bruit des vaines paroles et l'efficacité certaine des actes; à l'examen et au jugement qu'elle a appliqué aux déclamateurs de quelque côté qu'ils se présentassent.

Et c'est cette démocratie, désormais maîtresse d'elle-même, dédaigneuse des complots des partis coalisés, et qui se sent parfaitement à l'abri des dictatures ridicules dont on cherche à l'entretenir (*Mouvement*), c'est cette démocratie, Messieurs, qui, par ses votes, par ses actes dix fois, cent fois répétés depuis le 4 septembre, a fait la République, mais qui

ne la veut pas, — entendez-le bien, — plus anarchiste que stérile. (*Bravos prolongés.*)

Un grand enseignement se dégage des élections qui
viennent d'avoir lieu dans toutes les communes de
France : c'est que les nouvelles couches sociales qui
se sont installées aux affaires y ont démontré deux
choses : leur compétence d'abord, et ensuite le sentiment de la responsabilité qui pèse sur elles. (*Très
bien! très bien!*)

Mises en possession de ce gouvernement d'elles-
mêmes, elles ont résisté aux efforts et aux entreprises
du pouvoir clérical, et en même temps aux excitations
malsaines et désordonnées d'un parti sans nom. (*Vifs
applaudissements.*) Et, s'il faut dire le mot de demain, je
pense que c'est à cette démocratie qu'il faut s'adresser, car il lui a suffi, au seuil de cette année 1881, de
faire dans chaque commune, simplement et fortement,
son devoir aux élections, pour dissiper immédiatement les images noires qui pesaient sur cette longue
année de conflits, de discordes, de luttes, d'inquiétudes et de renversements. Songez donc, disait-on;
élections municipales, élections législatives, élections
sénatoriales : le peuple français va être livré à un
dévergondage électoral sans précédents. Et alors
d'exciter les inquiétudes, de susciter les appréhensions, d'alarmer l'industrie et le commerce, et de
dénoncer de plus belle à l'Europe ce qu'on lui dénonce
toutes les semaines régulièrement dans cette presse
dont je parlais, que nous sommes à la veille de tomber dans l'abomination de la désolation. (*Rire général
et applaudissements prolongés.*)

Les élections municipales ont eu lieu, vous en
connaissez les résultats.

Paix aux vaincus!

Je dirai seulement que le dépouillement de ce scrutin a rendu l'année 1881 aussi claire, aussi connue
que si elle avait déjà terminé son cours. On sait

aujourd'hui, à n'en pas douter, ce que seront les élections législatives et les élections sénatoriales. Je ne veux pas m'amuser à prophétiser, ce serait très commode, mais je peux vous avertir que ces élections seront triomphales pour la démocratie, pour la République, pour la patrie! (*Bravo! Bravo!* — *Longs applaudissements.*)

J'en ai assez dit, j'en ai même trop dit! (*Non! non!*)

Je ne terminerai pas sans porter, moi aussi, le toast de nos convives et le toast de nos visiteurs. On a dit : Aux députés, aux conseillers municipaux, à la presse! Eh bien, moi, j'ajouterai, — ce qui vous étonnera :

A toute la presse! (*Acclamations répétées.* — *Des salves d'applaudissements éclatent à plusieurs reprises.*)

La *République française* commenta ce discours dans l'article suivant :

« Nous publions le discours que M. le président de la Chambre des députés a prononcé, hier au soir, au banquet du syndicat des débitants de vin. Vous entendez bien : il s'agit des débitants, des cabaretiers, des marchands de vin du coin de rue, et non des grands négociants de Bercy dont les bureaux ne le cèdent en rien aux autres premières maisons de Paris. Quand M. Gambetta s'est rendu au milieu des voyageurs de commerce, Messieurs de l'Œil-de-Bœuf qui rédigent les feuilles bien pensantes n'ont pu réprimer un éclat de rire plein de dédain. Que sera-ce maintenant que le puissant orateur s'installe à la table des hommes qui chaque jour servent à boire à l'ouvrier! M. de Morny ne l'eût point fait assurément, ni M. Guizot, ni M. de Polignac, ni M. de Richelieu, ni M. Cambacérès. Nous qui sommes de très petites gens, nous avions notre place également à ce banquet, et sans être du monde qui fait ses délices de la presse de M. Saint-Genest ou de M. des Houx, des nobles de vieille roche, nous croyons pouvoir affirmer que si l'on réunissait au hasard onze cents abonnés de leurs feuilles bien pensantes, ou onze cents gentilshommes vendéens et bretons, ou onze cents réactionnaires quelconques, on n'ob-

tiendrait en aucun cas une réunion aussi convenable de tout
point, aussi décente d'allures et de ton, aussi intelligente,
aussi capable de suivre un discours d'affaires, aussi prompte
à saisir les allusions politiques jusque dans leurs plus fines
nuances que les onze cents débitants qui nous ont fait l'honneur de nous appeler au milieu d'eux...

« Il faut en prendre votre parti, messieurs les réactionnaires : la marée monte! Les nouvelles couches sociales arrivant à la conscience de leurs forces et de leurs droits occupent peu à peu la place que vous abandonnez moitié de dépit
parce qu'il le faut bien. Le cabaretier entrant en relations
suivies avec les sommités politiques et avec les représentants de la presse, leur exposant ses griefs, réclamant leur
concours pour en obtenir le redressement, cela marque une
date dans l'histoire de la révolution sociale qui s'opère sous
nos yeux comme une conséquence directe de 1789. Remarquez-le, en effet, le cabaretier, ce n'est pas seulement un
petit, un homme du peuple; c'est en quelque sorte une sorte
de déclassé, une sorte de paria dont on parle avec mépris,
que l'on accuse de tous les méfaits et que l'on soumet à
une législation spéciale aussi vexatoire que draconienne. Eh
bien, il ne veut plus se laisser ni écraser ni diffamer. Il
proteste devant l'opinion publique contre la calomnie, et il
réclame devant la loi les mêmes droits que tout autre commerçant, car, dit-il, la loi ne doit tenir aucun citoyen en
suspicion. Son exemple sera contagieux, croyez-le. Si le
débitant de vin voit le législateur admettre ses demandes
équitables, tous ceux qui se sentent lésés, tous ceux qui depuis [quatre-vingt-douze] ans n'ont pu encore briser les en-
traves] que leur avait imposées l'ancien régime, tous ceux
qui ont vraiment à se plaindre de la loi lèveront la tête et
crieront justice et réforme. Et peu à peu la société se trans-
formera

« Mais remarquez aussi par quels moyens ces onze cents
représentants du débit de vin essayent d'obtenir le redressement de leurs griefs. Ils commencent par s'associer, car le
bonhomme qui jadis fréquentait beaucoup leurs prédécesseurs, a démontré que l'union fait la force. Puis réunis en
syndicat, ils essayent de se rendre compte nettement du
malaise qui les travaille. Au lieu de se borner à des plaintes
vagues contre le pouvoir, ils arrivent bientôt à comprendre

au juste ce qu'il faudrait changer à la loi. Elle devait distinguer la simple contravention du délit, la faute occasionnelle
de la faute habituelle. Elle le devrait surtout pour faire
cesser l'arbitraire de la répression, qui met chacun d'eux à
la discrétion de la police. Elle devrait enfin être assez puissante pour protéger l'honnête homme contre la concurrence
ruineuse du fraudeur. Cela bien compris, les syndics vont
trouver qui? Les hommes de l'opposition? Les monarchistes
à l'affût de toute affaire pouvant embarrasser la République?
Les journalistes intransigeants et leurs rares amis de la
Chambre qui font un bruit épouvantable à propos de la
moindre calomnie inventée par leur cerveau et qui en
feraient un bien plus épouvantable encore s'ils tenaient une
fois en mains quelque bonne cause? Du tout! Les syndics
s'adressent aux hommes de la majorité, parce qu'ils savent
que c'est là qu'ils trouveront l'impartialité, la bienveillance
et l'amour du travail sans lesquels aucune question sociale,
aucun problème financier tant soit peu compliqué, ne peuvent arriver à une solution pratique.

« Ces cabaretiers demandant justice placent toute leur
confiance dans les hommes influents du parti qui gouverne. Cela, nous le répétons, offre un spectacle tout
nouveau, non pas seulement au point de vue des mœurs,
mais au point de vue politique.

« Nous savons bien que si nous avions le malheur d'être
monarchistes, ce fait nous donnerait singulièrement à
penser : la République nous paraîtrait douée d'une prodigieuse puissance de fascination. N'étant point monarchistes,
nous dirons que c'est d'une prodigieuse puissance de
conciliation qu'elle fait preuve. Elle vit, grande et sereine,
et nous la verrons croître sans cesse en force et en apaisement. »

ALLOCUTION

Prononcée le 21 janvier 1881

La quatrième session ordinaire de la Chambre des députés avait lieu le 20 janvier 1881. M. Gambetta fut réélu président par 262 voix sur 376 votants [1]. Il prononça, le 21 janvier, l'allocution suivante :

M. LE PRÉSIDENT. — Messieurs et chers collègues, en prenant possession pour la troisième fois du fauteuil où vos suffrages m'ont appelé, je ne sens que la difficulté d'exprimer dans toute sa plénitude la reconnaissance que j'éprouve pour ce nouveau témoignage de votre haute confiance. (*Très bien! très bien!*)

La session qui s'ouvre devant vous et qui doit être le couronnement de notre législature, vous permettra, Messieurs, de mener, non sans effort, à parfait achèvement, la rude tâche que vous avait imposée le pays. (*Très bien! très bien!*)

Pour aboutir complètement, comme je le disais l'an dernier, il vous reste encore beaucoup à faire, mais vous avez déjà beaucoup fait.

Vous avez, dès le lendemain de la mémorable lutte de mai à octobre 1877, inauguré l'exécution des volontés de la France, vous avez mis fin aux entreprises du pouvoir personnel et des anciens partis.

Vous avez restauré dans toute sa sincérité le gou-

---

1. Bulletins blancs et nuls : 69; voix perdues : 15; 30 voix s'étaient portées sur M. Brisson qui n'était pas candidat.

vernement du pays par le pays; vous avez rendu Paris au Parlement et le Parlement à Paris; vous avez, par un grand acte de clémence et de prévoyance politique, jeté un voile sur les restes de nos discordes civiles, et, sans faire courir aucun péril à l'ordre républicain... (*Applaudissements*), vous avez répondu aux sentiments d'humanité et de générosité, toujours si puissants dans l'âme française. (*Nouveaux applaudissements sur un grand nombre de bancs.*)

Votre effort de prédilection s'est porté surtout sur les lois d'éducation nationale; après avoir rétabli dans leur intégrité les droits et les lois de l'État trop longtemps méconnus, vous avez assuré l'instruction de tous les jeunes Français en constituant pour la première fois dans la loi le respect absolu de la liberté de conscience. (*Très bien! très bien!*)

Vous avez fortement réorganisé l'enseignement supérieur et secondaire, doté richement les trois branches de l'éducation publique et préparé par là une magnifique moisson d'hommes pour l'avenir. (*Applaudissements.*)

Les travaux publics ont reçu de vous une impulsion décisive et sans précédent; les populations qui avaient contribué de leurs deniers à la création des anciennes lignes de chemins de fer vont enfin, par une juste réciprocité, posséder de nouveaux moyens de transports et d'échanges. (*Très bien! très bien!*)

Les beaux ports que la France doit à la nature et au passé vont, grâce à votre généreux concours, prendre l'extension, la puissance qui leur permettra, de Dunkerque à Marseille, d'entrer efficacement en lutte avec les plus grands entrepôts de l'Europe. (*Applaudissements.*)

Les routes, les canaux, largement dotés, restaurés, agrandis ou créés, complèteront cet admirable ensemble de voies de communication terrestres et maritimes. (*Applaudissements.*)

A côté de l'outillage industriel et économique, vous avez, avec un soin jaloux, réformé et refondu l'outillage militaire et naval de la France; vous vous êtes montrés surtout préoccupés du personnel chargé, sur terre et sur mer, de la garde et de l'emploi de cet immense matériel; la situation d'activité et de retraite de tous les officiers et soldats a été améliorée, celle des sous-officiers a été et est encore l'objet de votre constante sollicitude; le service d'état-major a été réorganisé.

Il vous reste par le vote de projets dont vous êtes saisis, à remanier la loi de recrutement, à organiser l'administration militaire, à fixer les règles de l'avancement, et il est permis de croire que vous ne vous séparerez point sans avoir mis la dernière main au grand œuvre de la défense nationale. (*Très bien! très bien! — Applaudissements.*)

Vous avez pu accomplir un pareil programme grâce à l'admirable puissance de travail et d'épargne du pays qui, depuis cinq ans, vous a rendu et au delà en plus-values les larges dégrèvements d'impôts dont vous avez allégé chaque exercice (*Très bien! très bien!*); vous avez établi l'équilibre des budgets, doté plus largement tous les services publics et mis hors de pair le crédit de la France.

Des lois spéciales du plus haut intérêt pour les diverses branches de l'économie sociale, la refonte intégrale de nos tarifs généraux des douanes, la réforme postale et télégraphique, la fusion de ces services, et une longue série de lois d'affaires resteront comme preuve de votre activité et de votre compétence. (*Très bien! très bien!*)

Enfin, en attendant de mettre par des lois les libertés publiques hors de toute atteinte, vous en avez favorisé la pratique pour tous; vous avez déjà assuré le droit de réunion, la presse va sortir affranchie de vos plus prochaines délibérations et aussi la reconnaissance légale des associations professionnelles. (*Applaudissements.*)

Cette carrière si remplie, vous l'avez parcourue au milieu de la paix la plus profonde au dedans et au dehors; c'est surtout en ce qui touche le maintien de la paix au dehors qu'on peut dire que votre union avec le gouvernement et le pays a été inaltérable. (*Applaudissements prolongés sur un grand nombre de bancs.*)

En dépit d'assertions sans fondement, le monde entier sait que la politique extérieure de la France ne peut cacher ni desseins secrets ni aventures. (*Nouveaux applaudissements répétés et prolongés sur un grand nombre de bancs.*) C'est là une garantie qui tient à la forme même de l'État républicain où tout dépend de la souveraineté nationale (*Applaudissements*), et d'une démocratie au sein de laquelle la paix extérieure, digne et forte, est à la fois le moyen et le but du progrès démocratique à l'intérieur. (*Applaudissements et bravos répétés.*)

Cette politique qui est la vôtre, ces réformes, ces résultats, ces espérances vous permettront de vous présenter avec confiance au jugement du pays, quelque soit le procédé de consultation que vous adopterez pour interroger le suffrage universel. (*Marques d'approbation.*)

Depuis que vous siégez sur ces bancs, à plusieurs reprises et sous des modes divers, la nation a eu l'occasion de se prononcer sur vos actes. Elle a toujours vigoureusement sanctionné votre politique, et ce n'est pas au lendemain des magnifiques élections que viennent d'accomplir les communes de France qu'on peut contester votre étroite communion d'idées et de principes avec le suffrage universel. (*Très bien! très bien! — Applaudissements.*)

Je ne veux tirer qu'un enseignement de ces manifestations réitérées du pays en faveur de la République, c'est qu'il faut persévérer dans la voie où nous sommes entrés, c'est que, pour répondre aux intérêts comme aux volontés de la France, il nous faut entourer la République, que nous avons fondée, d'institutions de plus en plus libérales et démocratiques pour réunir tous les patriotes, tous les Français. (*Applaudissements répétés sur un grand nombre de bancs. — Mouvement prolongé.*)

DISCOURS

Prononcé le 21 février 1882

(Interpellation de M. Devès sur les affaires de Grèce)

A LA CHAMBRE DES DÉPUTÉS

On a vu dans les pages précédentes (75 à 86) comment le discours de Cherbourg et la démonstration de Dulcigno avaient fourni une première occasion d'agitation à la coalition des réactionnaires et des intransigeants. Renoncer à toute politique extérieure et faire accroire au suffrage universel que M. Gambetta et ses amis ne poursuivaient partout qu'une politique d'aventures et de guerre, tel était le double but de cette ligue antifrançaise. Ainsi il ne suffisait pas de dénoncer le « pouvoir occulte » et les ambitions dictatoriales de l'homme d'État à qui le président de la République n'avait pas encore consenti à offrir la direction des affaires ; il fallait encore et surtout alarmer à son sujet une démocratie encore très jeune, encore très ignorante des affaires étrangères et qui n'était pas remise de la terrible secousse de 1870. Le patriotisme français fut rarement soumis à une plus pénible épreuve.

Ce fut sur les affaires de Grèce que la coalition de la peur et de la paix à tout prix se manifesta pour la seconde fois. Si le cabinet du 16 décembre 1877 avait finalement décidé, malgré les avis contraires de M. Gambetta, de M. Challemel-Lacour et de M. Jules Favre[1], de prendre part à la conférence de Berlin, c'était avant tout pour pouvoir rap-

---

1. La lettre d'un homme d'État contre la participation de la France au futur congrès, qui a paru dans la *République française* du 14 mars 1878, est de M. Jules Favre.

peler aux puissances qu'il y avait d'autres intérêts chrétiens
dans la péninsule des Balkans que ceux des nationalités slaves. M. Waddington avait été le principal auteur du fameux
protocole XIII qui invitait la Porte à céder la Thessalie et
l'Épire à la Grèce, et ce protocole, préface de la politique
orientale la plus sage et la plus habile, avait reçu l'approbation du parlement et de la presse. M. Gambetta, alors
simple député, et M. Léon Say s'étaient tout particulièrement déclarés les partisans de l'heureuse initiative diplomatique de M. Waddington. M. de Freycinet la poursuivit non
sans énergie en faisant ratifier par la conférence de Berlin
(note collective du 25 août 1880) l'article XXIV du traité de
Berlin [1]. M. Barthélemy Saint-Hilaire l'abandonna gratuite-
ment dans les plus étranges circulaires que ministre des
affaires étrangères ait jamais signées (24 et 28 décembre
1880, 8 janvier 1881). « Les grandes puissances, disait la note
collective, ne sauraient consentir à ce que la discussion soit
neutre à l'égard de l'exécution de l'article XIII. » M. Barthélemy Saint-Hilaire proposa de rouvrir la discussion et de
soumettre à un arbitrage indéfini le conflit turco-grec.

Personne n'avait promis à la Grèce de se battre pour elle;
mais personne non plus, en dehors des nerveux personnages
que la démonstration navale devant Dulcigno faisait
tomber en pâmoison, n'avait conçu l'idée saugrenue d'une
résistance du sultan aux exigences du concert européen. La
solution pacifique de la question des frontières grecques
aurait été acquise comme l'avait été la solution de la question relative à la frontière monténégrine. Plus l'Europe aurait montré de décision et d'esprit de suite, c'est-à-dire plus
elle se serait tenue sur l'excellent terrain de la note collective
du 25 août 1880, plus elle aurait eu de force et d'autorité
pour prévenir le conflit armé. « C'est en disant à la Grèce :
La question est désormais européenne; c'est notre affaire à
nous, concert des six grandes puissances, de faire exécuter
la sentence de Berlin, et nous n'entendons pas qu'aucune
initiative se substitue à la nôtre, — c'est en tenant ce langage qu'on aurait calmé et réfréné les intempérantes ardeurs
du patriotisme hellénique et qu'on aurait abattu par la

---

1. Reconnaissance des droits de la Grèce sur l'Épire, avec Janina et Metzovo, sur la Thessalie avec Larisse.

même occasion les dernières velléités de résistance des Turcs [1]. » Ce fut à un langage absolument contraire que M. Barthélemy Saint-Hilaire s'arrêta dans une heure de pusillaminité et de crainte, pour faire pièce à M. Gambetta, alors que toutes les puissances signataires, la Russie et la Prusse, comme l'Angleterre et l'Autriche, restaient tranquillement fidèles à la note du 25 août 1880, sans faire plus d'attention aux dernières récriminations de la Porte. « Il s'agit avant tout, disait ce ministre, de dégager la France de l'affaire grecque. » M. Thiers avait dit : « Il ne suffit pas de ne pas vouloir la guerre, il ne faut pas suivre une politique qui compromette les relations du pays [2]. »

Les circulaires de M. Barthélemy Saint-Hilaire produisirent, comme il fallait s'y attendre, à Londres, une véritable stupéfaction et une légitime indignation à Athènes. En France, l'opinion se divisa. D'un côté, le parti de la paix à tout prix, les amis de l'Élysée, les intransigeants et les réactionnaires applaudirent. De l'autre, tous ceux qui avaient quelque notion de la politique orientale et quelque sentiment de la dignité de la France protestèrent. Les articles de la *République française*, du *Temps*, du *Journal des Débats* et de la *Revue politique* furent particulièrement vifs. M. Antonin Proust interpella M. Barthélemy Saint-Hilaire à la Chambre (3 février). M. Spuller prononça à Vitry-le-François, sur la nécessité pour la République de suivre une politique extérieure forte et digne, un discours qui eut un retentissement considérable (30 janvier). Les journaux de la coalition poussèrent aussitôt les hauts cris et déclarèrent que

1. Article de M. Eugène Ténot dans la *Gironde* du 4 février 1881. M. Barthélemy Saint-Hilaire, à son arrivée au quai d'Orsay, avait commencé par admettre dans toute sa plénitude ce que M. de Freycinet avait appelé « un titre irréfragable pour la Grèce ». C'est ainsi que, dans sa dépêche du 10 novembre 1880, il qualifia de *titre précieux* pour les Grecs les décisions et la conférence de Berlin, et qu'il assura que l'Europe avait pris à leur égard *un engagement moral*. Le 30 novembre suivant, il déclarait encore au Sénat que les flottes alliées s'étaient réunies dans l'Adriatique non seulement pour contraindre la Porte à céder sur Dulcigno, mais pour la déterminer, « car cela était autant dans la logique de la situation que dans la pensée de toutes les puissances », à céder sur la question arménienne et sur la question grecque.

2. Assemblée nationale, séance du 22 juillet 1871.

M. Gambetta « voulait la guerre ». La Chambre ayant
voté, sur l'interpellation de M. Proust, un ordre du jour
« approuvant la politique de paix pratiquée par le gouvernement », les polémiques redoublèrent. Ce fut une réédition, considérablement revue et augmentée, de la fameuse
campagne des mois de septembre et d'octobre au sujet de
Dulcigno. Les discours de M. Spuller et de M. Proust, ainsi
que les articles de la *République française* et de la *Revue
politique* sur la fausse politique de paix [1] furent dénoncés
avec fureur par tous les organes de la réaction, et de l'intransigeance. Le *Figaro* fit tirer à 100,000 exemplaires une
brochure intitulée : *Gambetta, c'est la guerre.*

L'agitation devint générale. Nous ne croyons pas que la
haine politique ait eu souvent recours, en aucun pays, à
d'aussi méprisables manœuvres. Et par malheur la démocratie républicaine n'en comprit tout l'odieux que bien plus
tard, après une cruelle expérience, alors que les douloureux avertissements des adversaires de la politique; de
peur et d'annihilation furent justifiés par d'irréparables
malheurs. (V. tome XI, nos commentaires sur l'affaire
d'Égypte, etc.)

Cependant le gouvernement anglais avait été vivement
irrité de se voir abandonné à l'heure décisive par le cabinet
du quai d'Orsay. C'était la France qui avait engagé à Berlin
la question grecque. C'était M. Barthélemy Saint-Hilaire qui
faussait compagnie à l'heure décisive. Il importait au
cabinet de Saint-James d'établir nettement la situation. Le
Foreign Office publia un *Blue Book* sur les affaires de Grèce
et ce *Blue Book* renferma les dépêches suivantes du ministre
de la reine à Athènes.

« *M. Corbett au comte Granville.*

(Reçue le 23 août 1880.)

« Athènes, 9 août 1880.

      « Mylord,

« J'ai l'honneur de faire savoir à Votre Excellence que

---

1. *La question d'Orient et la fausse politique de paix*, par
M. Joseph Reinach. (*Revue politique* du 12 février 1881.)

M. Tricoupi m'a informé aujourd'hui des difficultés que la France est en train de soulever à propos de la fourniture de 30,000 fusils promis par le ministre de la guerre français au gouvernement grec. Son Excellence a ajouté qu'elle avait des raisons de craindre aussi qu'un délai fût apporté au départ de France des officiers français que le gouvernement français avait consenti à laisser employer à la réorganisation de l'armée grecque.

« J'ai, etc.

« *Signé :* EDWIN CORBETT. »

« *M. Corbett au comte Granville.*

(Reçue le 20 août 1880.)

« Athènes, 19 août 1880.

« Mylord,

« Les dispositions de la France à abandonner ou tout au moins à modifier le rôle actif que le gouvernement de la République devait prendre en vue d'un règlement de la frontière grecque en conformité avec les décisions de la conférence de Berlin, dispositions manifestées par le ton de la presse française, par le retard dans l'arrivée ici des officiers chargés de réorganiser l'armée grecque, par le soudain retrait de l'escadre française et par le non-accomplissement de la promesse faite par le gouvernement français de fournir 30,000 fusils à la Grèce, a causé un sentiment de désappointement dans tout ce pays.

« L'opinion publique reste toutefois très calme dans la Grèce entière et on ne doute guère que, d'une façon ou d'une autre, les espérances du pays, en ce qui regarde la nouvelle frontière, ne finissent par se réaliser, bien qu'il y ait, à mon avis, une disposition générale de la part des Grecs à s'en reposer sur les grandes puissances plutôt que sur leurs propres efforts pour l'accomplissement de ces espérances : pour le moment, en effet, il ne paraît pas qu'il y ait aucun désir de la part du pays ni de la part du gouvernement, à ce que m'assure M. Tricoupi, de faire quoi que ce soit pour provoquer un conflit avec la Turquie.

« En attendant, l'armée est mise graduellement sur le pied de guerre, et les recrues de la classe astreinte cette année au service répondent à l'appel d'une manière satisfaisante. Selon le rapport du ministre de la guerre, le nombre des hommes sous les drapeaux en ce moment s'élève à 19,700.

« J'ai, etc.

« *Signé* : EDWIN CORBETT. »

Ces deux dépêches ne présentaient pour le gouvernement anglais qu'un intérêt rétrospectif, comme elles ne révélaient d'ailleurs que des faits absolument corrects. Elles produisirent à Paris une incroyable émotion. Ainsi, on n'avait pas seulement promis à la Grèce, pour réorganiser son armée, des officiers français! on lui avait promis des fusils! on lui avait promis des cartouches! Ce fut dans la presse coalisée une nouvelle explosion : évidemment, au mois d'août, quelqu'un avait voulu la guerre; la France était poussée à une aventure; le coupable, c'était l'homme du pouvoir occulte, c'était M. Gambetta.

Les dépêches de M. Corbett avaient été publiées à Paris, dans les journaux du 20 février. Dès le lendemain, M. Devès, président de la gauche républicaine, demanda à interpeller le cabinet sur les faits révélés par le *Blue Book*.

Nous reproduisons le compte rendu analytique de cette interpellation :

Séance du 21 février 1881.

PRÉSIDENCE DE M. GAMBETTA.

M. DEVÈS demande à interpeller les ministres de la guerre et des affaires étrangères sur les points suivants : 1° Est-il vrai que le ministre de la guerre ait promis à la Grèce de lui fournir 30,000 fusils? 2° Si cette promesse a été faite, a-t-elle donné lieu à un échange de notes diplomatiques, et dans ce cas, pourquoi n'en est-il fait aucune mention dans le Livre jaune? 3° Cette négociation ne se continue-t-elle pas par personnes interposées?

M. LE GÉNÉRAL FARRE, *ministre de la guerre*, déclare qu'il a remis toutes les pièces à M. le président du conseil, qui s'est chargé de répondre lui-même à l'interpellation.

M. JULES FERRY, *président du conseil*, déclare qu'il accepte la discussion immédiate de l'interpellation de M. Devès.

M. Devès dit que le pays, en se donnant sous la forme parlementaire le régime républicain, a entendu rester maître de ses destinées à l'extérieur comme à l'intérieur; la Chambre a récemment manifesté son sentiment en ce qui concerne les affaires de Grèce, et elle s'est hautement prononcée en faveur d'une politique de neutralité; or il semble résulter de documents diplomatiques anglais et de rumeurs accréditées dans le public que le gouvernement se serait écarté de cette politique. Il est donc nécessaire que le ministère s'explique nettement sur les trois points de l'interpellation : sur le premier point, la promesse d'une fourniture de fusils, le ministère n'a qu'à faire une déclaration précise ; on comprend l'importance de la seconde question. Quant à la troisième, il se dit que des livraisons d'armes ont déjà eu lieu et qu'elles se continuent encore; que des cartouches et des fusils sont sortis de nos arsenaux et ont été dirigés sur des navires en partance pour la Grèce. Il est possible que le ministre de la guerre ait voulu simplement se défaire d'armes hors de service; mais il y aurait quelque chose de particulièrement grave à ce que ces livraisons eussent été faites à des tiers notoirement en rapport avec la Grèce.

L'orateur attendra la réponse du gouvernement pour s'expliquer d'une façon plus étendue.

M. JULES FERRY, *président du conseil.* — Je sais gré à l'honorable préopinant d'avoir appelé dès la première heure l'attention de la Chambre sur des incidents dont la polémique de parti ne pouvait manquer d'altérer le caractère et d'exagérer ensuite l'importance. (*Rumeurs à droite.*)

Il est bon que les explications publiques devancent la polémique et que la Chambre soit dès le premier moment édifiée sur les faits qui ont été portés à cette tribune.

Le gouvernement y répondra par la plus entière franchise. Il mettra sous les yeux de la Chambre les documents peu nombreux qui sont en sa possession, et il espère que les alarmes de ses amis et les alarmes qu'aura pu ressentir par contre-coup le pays s'apaiseront devant le récit véritable des faits.

On nous demande s'il est vrai, comme sembleraient l'indiquer deux dépêches du *Livre bleu* anglais, que le ministre de la guerre français ait promis au gouvernement grec de lui céder 30,000 fusils.

Je réponds : ni M. le ministre de la guerre ni le gouvernement français n'ont jamais promis au gouvernement grec de lui fournir 30,000 fusils.

Le gouvernement grec les a sollicités en même temps qu'il demandait au gouvernement français, vers la fin de juin dernier, de mettre à sa disposition six officiers généraux pour procéder à la réorganisation de l'armée grecque. Il demandait une certaine quantité de matériel de guerre, quantité précisée dans une dépêche de la légation de Grèce, en date du 19 juillet 1880, dont je donne connaissance à la Chambre :

« Paris, 19 juillet 1880.

« Monsieur le ministre,

(C'est à M. de Freycinet, alors ministre des affaires étrangères, président du conseil, que cette dépêche est adressée.)

« Comme Votre Excellence le sait, le gouvernement hellénique, désirant réorganiser son armée, a adressé au gouvernement français la demande que quelques officiers d'armes spéciales lui fussent envoyés dans ce but sous les ordres d'un officier général.

« Encouragé par l'accueil qu'a rencontré cette première demande (*Mouvement à droite*), mon gouvernement me charge de solliciter le général Farre de vouloir bien lui faire la cession d'une petite quantité de matériel de guerre ; mon gouvernement, se basant sur le bienveillant accueil toujours fait à ses demandes, espère la prise en considération d'une nouvelle prière. »

Et en effet, Messieurs, tous les gouvernements français, depuis que le royaume de Grèce est fondé, ont accueilli favorablement les demandes de ce genre. Ces demandes ont été accueillies et par le gouvernement de Juillet, et par le gouvernement impérial lui-même. (*Interruption à droite.*)

M. DELAFOSSE. — Jamais à la veille d'une guerre.

M. PAUL GRANIER DE CASSAGNAC. — Jamais pour faire la guerre.

M. LE PRÉSIDENT DU CONSEIL. — Vous allez voir, Messieurs, que le conseil s'inspirait du sentiment des honorables interrupteurs, et, préoccupé de l'idée que les armes demandées pourraient servir à une guerre, n'a pas jugé possible de continuer aux demandes d'armes faites par la Grèce l'accueil favorable que lui avaient fait les gouvernements précédents.

Il s'agissait pourtant d'une quantité peu considérable d'armes : 2,500 fusils Gras d'infanterie (Interruptions), mousquetons, revolvers et cartouches.

La demande du gouvernement grec fut transmise par le ministre des affaires étrangères au ministre de la guerre, avec prière de répondre, si cette fourniture était possible.

Pour la ratifier, il fallait un décret du président de la République.

M. le ministre de la guerre répondit que si le gouvernement et le conseil étaient d'accord à cet égard, la livraison pouvait être faite, vu l'abondance des armes dans les arsenaux.

Voici cette réponse confidentielle, en date du 17 juillet 1880 :

« J'ai reçu la lettre par laquelle vous indiquez les conditions sous lesquelles pourrait être faite la livraison des armes demandées par le gouvernement grec.

« Mais à raison des interprétations auxquelles cette livraison pourrait donner lieu, le conseil a pensé qu'il était préférable de s'abstenir et m'a chargé de dire à votre département qu'il pouvait disposer de ces armes en vue d'une autre destination. »

M. DE CASSAGNAC. — Nous demandons formellement la lecture de la lettre de M. le ministre de la guerre. Si vous ne la lisez pas, c'est que vous avez quelque chose à cacher. (Bruit.)

M. LE PRÉSIDENT DU CONSEIL. — Voici cette lettre :

« Par dépêche du 21 juillet, vous m'avez demandé s'il serait possible à mon département de céder au gouvernement grec une certaine quantité d'armes, précisée et déterminée.

« J'ai l'honneur de vous faire connaître que les ressources de nos arsenaux permettent la cession de ce matériel ; mais à la condition que la somme de 2,243,000 fr. qu'il représente soit versée par le gouvernement grec, afin de combler le vide que laissera cette cession dans nos approvisionnements. »

Là-dessus, le conseil délibéra, décida qu'on ne céderait pas de matériel de guerre à la Grèce et en même temps qu'on n'enverrait pas la mission Thomassin. (Très bien! très bien! à gauche.)

Ainsi, dès ce jour, le terrain s'est trouvé débarrassé de

deux difficultés dont pouvait tirer parti la polémique des partis, et la question a été officiellement enterrée.

En second lieu, l'interpellation demande s'il y a eu, à l'occasion de cette affaire, une correspondance diplomatique, et pourquoi cette correspondance n'a pas trouvé place au *Livre jaune*.

Comme il n'y a eu ni échange de notes ni promesses faites, cette seconde question n'exige pas d'explications plus prolongées.

La troisième question est celle-ci : En exécution de cette promesse, des livraisons d'armes n'ont-elles pas eu lieu et ne se continuent-elles pas par personnes interposées?

Si j'avais eu connaissance du texte de l'interpellation, bien qu'on n'eût pas, je le reconnais, le devoir de me le communiquer, j'aurais certainement trouvé un peu vif, pour ne pas dire autre chose, le mot de *personnes interposées*.

S'il y avait eu des personnes interposées, ce n'est pas une interpellation qui devait être faite, c'est une mise en accusation qui devait être déposée contre le gouvernement.

Rien, en effet, ne serait plus odieux, plus digne de la juste colère de la Chambre, qu'une hypocrisie gouvernementale qui consisterait à conseiller officiellement la paix aux Grecs et à leur faire passer en secret des armes et des munitions de guerre. (*Très bien! très bien! à gauche.*)

Je pense que la Chambre a assez confiance dans la loyauté du gouvernement pour qu'un tel soupçon ne puisse naître dans son esprit. (*Interruptions à droite.*)

Je m'adresse à la majorité, sachant qu'il est dans les habitudes de la minorité de ne nous accorder ni bienveillance ni justice. (*Exclamations à droite et cris : A l'ordre!*)

M. PAUL DE CASSAGNAC. — C'est une insulte à la minorité.

M. JANVIER DE LA MOTTE. — Taisons-nous ; vous voyez bien que M. le ministre veut faire une diversion... (*Applaudissements à droite.*)

M. PAUL DE CASSAGNAC... en nous adressant une insolence! (*Exclamations.*)

M. LE PRÉSIDENT. — Monsieur de Cassagnac, je vous rappelle à l'ordre.

M. PAUL DE CASSAGNAC. — Alors vous êtes de connivence avec les auteurs de l'interpellation. (*Nouvelles exclamations à gauche.*)

M. LE PRÉSIDENT. — J'adjure la Chambre de garder le silence.

Monsieur Granier de Cassagnac, je vous assure que je ne suis pour rien dans l'interpellation ni dans la réponse.

Je vous ai rappelé à l'ordre pour avoir adressé une parole blessante à M. le président du conseil.

Je n'ai pas à sévir quand on n'a pas dépassé les bornes du langage parlementaire. Je n'ai à faire l'appréciation des paroles des orateurs que quand elles tombent sous le coup du règlement. Or, j'estime que M. le président du conseil n'a pas outrepassé son droit. (*Très bien! très bien! à gauche.*)

J'ai donc rappelé M. de Cassagnac à l'ordre pour les paroles qu'il a adressées à M. le président du conseil. Quant à celles qui me concernaient, je n'ai pas à les relever. (*Très bien! très bien! à gauche.*)

M. LE PRÉSIDENT DU CONSEIL. — L'attitude prise par le cabinet à l'égard du gouvernement hellénique a été suffisamment relevée par le *Livre jaune* et par les explications qu'a données M. le ministre des affaires étrangères.

Voici une dépêche, entre autres, car nous n'avons pu les publier toutes, qui porte la date du 17 décembre et qui marque cette attitude persistante, ces conseils si fermes et si sages qui sont l'honneur du cabinet et qui ont reçu l'approbation de la Chambre.

Il s'agit de ces achats d'armes poursuivis par le gouvernement hellénique sur le marché parisien depuis plusieurs mois.

M. le ministre des affaires étrangères écrit à M. de Mouy, notre chargé d'affaires à Athènes :

« D'après mes renseignements particuliers, le gouvernement grec continue à armer sur une vaste échelle. Je regrette que mes conseils ne l'aient pas détourné de cette voie funeste, qui le conduira non seulement à une ruine financière, mais à une catastrophe politique.

« Le gouvernement hellénique se méprend sur la portée des décisions de la conférence de Berlin, et l'interprétation du gouvernement hellénique ne peut exercer sur les cabinets européens qu'une influence défavorable. » (*Très bien! très bien! à gauche.*)

Le gouvernement grec faisait sur le marché de Paris et sur le marché des principales capitales de l'Europe des acquisitions de matériel de guerre assez considérables, et il lui a été donné d'en entamer un certain nombre avec les directions d'artillerie des arsenaux français. Mais pour apprécier ces faits, il faut que vous en connaissiez le mécanisme.

En vertu des lois et décrets, les directions locales d'artillerie sont autorisées à vendre aux particuliers le matériel de guerre hors de service. (*Bruit à droite.*)

Il n'y a pas eu de fusils Gras vendus, pas un; il n'y a eu que du matériel mis au rebut.

Le décret qui a constitué ce mécanisme particulier, nous n'avons pas à le défendre, nous l'avons trouvé établi, et la plupart d'entre nous ne l'ont connu qu'à l'occasion de cet incident.

En 1872, il y avait dans nos arsenaux un nombre considérable d'armes de toute espèce de fabrication étrangère. La commission d'enquête chargée par l'Assemblée nationale d'inventorier le matériel de guerre, frappée de cette situation de nos arsenaux, émit le vœu qu'on autorisât la vente ou l'échange de gré à gré de ces armes par lots et par masses, suivant les circonstances, et qu'on en chargeât des commissions de la guerre, le produit devant faire retour au Trésor.

Dans la règle, c'est le domaine seul qui a le droit de vendre les objets appartenant à l'État. Il aurait donc fallu remettre les objets à l'administration des domaines. On a trouvé plus pratique, — et c'est la commission d'enquête qui a l'honneur ou la responsabilité de cette combinaison, — de décentraliser les questions de vente et de les transporter à chaque direction d'arsenal, l'administration centrale n'ayant pas à donner son avis sur chaque opération.

Un décret du 14 novembre 1872 institue donc une commission dans chaque place d'artillerie, en déterminant sa composition et établit les conditions de la vente. L'article 4 du décret porte que cette commission pourra, si elle le juge nécessaire, ne pas en observer toutes les formalités prescrites. Dans ce cas, il sera rendu compte au ministre de la guerre.

L'intervention du *pouvoir central* n'a lieu que quand les formalités prescrites ne sont pas suivies, et elle n'a qu'un but : fixer pour chaque espèce d'armes un prix minimum.

Voilà comment il se fait que depuis onze ans on a livré au commerce 20 millions d'armes rebutées.

M. Escarguel. — Par qui était contre-signé le décret?

M. le ministre. — Par M. le général de Cissey.

Le décret avait un caractère provisoire. Les effets ne devaient pas s'étendre au delà de 1874. Mais, en novembre 1874, le ministre de la guerre expose à M. le maréchal de Mac-Mahon, président de la République, que les délais sont expirés, qu'il y a encore des armes rebutées à vendre, qu'il faut s'en débarrasser aux meilleures conditions possibles. Un décret décide alors la prorogation du délai au 31 décembre 1876.

Le nouveau délai expire, et un dernier acte de M. le maréchal de Mac-Mahon, daté du 17 novembre 1878, approuve la proposition de proroger le terme pour trois ans. Ce dernier délai expire donc à la fin de 1881.

Nous sommes sous ce régime, qui permet aux directions d'artillerie de vendre des armes de rebut sans que le ministre de la guerre intervienne. (*Interruptions sur quelques bancs à droite.*)

La Chambre avait besoin, je crois, de connaître ces détails. (*Très bien! très bien!*)

Il est bien entendu que cette procédure exceptionnelle ne s'applique qu'aux armes de rebut dites hors modèle.

Eh bien, qui est-ce qui déclare les armes hors modèle? C'est le ministre de la guerre.

Ici encore je trouve un acte du ministère antérieur à notre entrée aux affaires.

C'est un rapport du 23 février 1878, concluant à la vente de fusils modèle 1866, construits par l'industrie privée. Il s'agit de fusils Chassepot transformés en fusils modèle 1874. Ce sont ceux que le gouvernement hellénique a demandés et que le gouvernement français a refusés.

Le rapport constate qu'il y eut 80,000 fusils achetés à l'industrie privée, soit avant, soit pendant la dernière guerre. Ces armes n'inspiraient pas confiance aux soldats. Elles avaient amené des accidents. Le rapport conclut à leur aliénation, au prix minimum de 16 fr. Un acte ministériel du 12 janvier 1879 a abaissé ce prix à 12 fr.

Il a été vendu de ces fusils pour différentes destinations qu'il est difficile de connaître; car, s'il y a, dans les règleménts, l'obligation de n'acheter qu'à charge d'exporter et d'indiquer le bureau de douane ou le port de sortie, il n'y a pas obligation d'indiquer la destination. Il serait d'ailleurs facile de la déguiser et de faire sortir par Dunkerque des armes destinées à la Grèce. (Très bien! très bien!)

Voilà sous quelle situation légale des intermédiaires habiles se sont rendus acquéreurs de fusils modèle 1866 et de cartouches appropriées.

Il y a eu marché passé pour 50,000 fusils. Aucune arme, aucune caisse de cartouches n'est partie.

Le gouvernement, qui ignorait ces acquisitions, — elles datent de quinze jours, — qui ignorait la destination, aussitôt qu'il les a connues a arrêté sur place les wagons; il a résilié les marchés, au risque, bien entendu, des dommages-intérêts qui pourraient être réclamés. (Très bien! très bien!)

Donc, il n'y a pas de personnes interposées : il y a un gouvernement qui, aussitôt informé, a mis un terme à un trafic préjudiciable aux intérêts de la patrie. (Vifs applaudissements au centre et à gauche.)

M. PASCAL DUPRAT. — J'attendais avec une vive impatience la réponse de M. le président du conseil. Je désirais, j'aurais voulu que cette réponse fût entièrement favorable.

Je risquerais de mentir si, par excès de politesse, je disais qu'elle m'a entièrement satisfait.

La plus grande partie de cette réponse a roulé sur les ventes d'armes de rebut dans les circonstances ordinaires.

Nous savions tous que le ministère de la guerre est autorisé à vendre ces armes. C'est là une question de budget et de bonne administration.

Mais ici il ne s'agit pas d'armes achetées aux directions d'artillerie. Il s'agit de dépêches publiées en Angleterre et parlant de faits d'une autre nature.

Dans le dernier débat sur la politique extérieure, je voulais prendre la parole. Mais mon tour n'est pas venu, et d'ailleurs M. le ministre des affaires étrangères avait répondu si victorieusement à toutes les questions, que je n'avais plus à intervenir.

Mais aujourd'hui nous sommes en présence de faits nouveaux! Vous avez refusé de livrer des armes, vous avez bien fait; mais êtes-vous bien sûrs qu'il n'ait pas été fait de promesses imprudentes à côté de vous?

Personne ici n'ignore que la Grèce comptait sur notre concours; les journaux grecs affirment que la France avait promis son concours.

Ce n'est pas vous qui aviez promis, mais d'autres peut-être, et c'est là le grand danger de notre situation. Oui, l'opinion est inquiète; elle s'imagine que le gouvernement ne fait pas tout; qu'il y a, à côté de lui, des influences plus ou moins grandes. De là ces inquiétudes.

Quand nous avons, par nos votes, appuyé le ministère, on se demande au dehors si tout est bien fini, s'il n'y a pas quelque chose ailleurs. Tenez, je veux être sincère, la sincérité est l'honneur de la tribune; mais, dans cette sincérité même je serai réservé, et je ne prononcerai aucune parole de nature à blesser quelques collègues. Mais, je vous le demande, est-ce que vous n'avez jamais entendu parler de gouvernement occulte? Le mot a été prononcé, puis retiré par patriotisme; mais enfin, l'opinion publique ne peut-elle pas, dans une certaine mesure, penser qu'à côté du gouvernement il y a telle ou telle influence qui veut se produire et l'entraîner à des résolutions fatales?

Oui, on a parlé de gouvernement occulte, on a prononcé un nom; oui, il y a un homme qui, à bon droit, occupe une grande place dans la République; on lui attribue une grande prépondérance dans les résolutions du gouvernement.

Quant à moi, je ne le crois pas absolument.

Ce puissant orateur me semble avoir des ambitions trop fières pour se contenter d'agir dans l'ombre, sans mandat. C'est ma conviction.

M. LE PRÉSIDENT. — Et je vais me donner la parole pour l'établir. (*Vifs applaudissements à gauche et au centre.*)

(M. Floquet remplace au fauteuil M. le président Gambetta.)

M. PASCAL DUPRAT. — D'un autre côté, je n'estime pas les ministres qui siègent sur ces bancs assez humbles et modestes pour obéir à une volonté sans mandat et sans caractère constitutionnel.

Ainsi le gouvernement occulte n'existe pas, et le gouvernement, le voilà sur ces bancs. Mais il y a des doutes dans l'opinion publique, et ces doutes, il faut les dissiper. C'est là une des difficultés de notre politique au dehors.

Le gouvernement nous déclare qu'aucune promesse n'a

été faite à la Grèce, qu'il restera fidèle à la politique de paix, qu'il conservera la neutralité la plus absolue. C'est bien. Mais il faut que toutes les ténèbres disparaissent.

Quant à nous, nous savons quel est notre devoir, et nous n'abandonnerons pas la moindre parcelle de nos droits à quelque volonté que ce soit. Mais il faut qu'à l'étranger on le sache.

Si le gouvernement établit qu'en effet il n'a pas voulu vendre des armes à la Grèce, et qu'il est resté fidèle à la politique indiquée par le dernier débat de la Chambre, il aura mon vote, mais jusqu'à présent ses explications ne m'ont pas complètement satisfait. (*Mouvement.*)

M. LE PRÉSIDENT FLOQUET. — La parole est à M. Gambetta. (*Mouvement prolongé.*)

M. GAMBETTA. — Messieurs, je ne sais pas si je dois remercier le spirituel orateur, l'esprit si délié, qui descend de cette tribune, de m'y avoir appelé. Je n'ai pas la prétention de savoir dans quelle intention il l'a fait. Mais je sais bien que, si je ne consultais que le sentiment le plus mesquin de l'homme, l'intérêt personnel, je devrais me féliciter d'avoir été amené ici. (*Applaudissements.*)

En effet, Messieurs, voilà bien longtemps déjà qu'on accumule, au sujet du rôle de l'homme qui est devant vous les fables sur les légendes, les récits erronés sur les accusations les plus folles et les plus puériles. Je n'ai jamais cherché l'occasion de mettre à néant tout cela, parce que, permettez-moi de le dire, ces légendes touchaient presque toujours à la politique intérieure, et que je croyais qu'il n'y avait véritablement pas d'utilité à les écarter. Mais puisque qu'on porte le rôle, l'action, l'influence que l'on m'attribue sur le terrain de la politique étrangère, c'est-à-dire sur un point où l'on ne saurait toucher et blesser, même indirectement, la France sans commettre véritablement un crime de lèse-patrie, je dois des explications à mes collègues comme je dois la vérité absolue à mon pays. (*Vifs applaudissements.*)

Eh bien, Messieurs, j'affirme devant vous, en dépit
de toutes les préventions qui peuvent hanter vos
esprits après la lecture des journaux les plus divers
et les plus divergents qui m'ont prêté telle intervention, telle ingérence, telle entremise, je puis dire et
j'affirme, sans crainte d'être démenti ni par les ministres qui sont là et que vous ne croyez pas libres, ni
par ceux qui sont tombés et qui, tout au moins,
paraissent bien avoir recouvré leur liberté, que jamais,
à aucune heure, je ne suis intervenu ni de près ni de
loin, — je ne dis pas pour donner un conseil, je n'avais
pas le droit d'en donner, et le mandat que je tiens
ne m'y autorise pas, — mais pour peser, dans une
mesure quelconque, sur leurs opinions et sur leurs
résolutions... (*Applaudissements répétés sur un grand
nombre de bancs.*)

J'estime que tout le monde, ici, retrouve sa liberté
d'action. Eh bien, je défie aucun ministre, aucun
agent de la France, à l'intérieur ou à l'extérieur, pré
sent dans les bureaux ou en mission, de venir dire
qu'à un jour, qu'à une heure quelconque, je lui ai
donné des instructions ou un mandat; je les défie de
venir dire qu'il soit vrai qu'il y ait jamais eu un cabinet
occulte et une politique occulte qui serait une politique antinationale, à côté de celle du gouvernement
de la République. (*Applaudissements à gauche et au
centre.*)

Messieurs, je parle avec chaleur parce qu'il y a
longtemps que je ressens et que je comprime l'émotion de me sentir calomnié et dans toutes mes intentions et dans tous mes actes. Je suis ici pour revendiquer ma part de responsabilité comme député, soit
à mon banc, soit à cette tribune. Le jour où je serai
appelé à remplir un autre rôle, alors je réclamerai la
responsabilité de mes actes; mais jusque-là mon premier devoir est de laisser libre et intacte l'action des
autres, et c'est ce que j'ai toujours fait.

Je l'ai fait, — je n'ai pas besoin de le dire, — dans la question grecque comme dans toutes les autres. Pourquoi? parce que c'est le gouvernement qui porte le poids des affaires qui a conduit toute cette politique, qui a été à Berlin, au Congrès et à la conférence, qui a dirigé l'action de ses agents comme il l'a entendu, et si vous étiez, si on était, — car je ne veux attaquer personne ici, — si on se montrait plus juste, on verrait, en remontant dans le passé, qu'au moment où j'étais libre je disais qu'il ne fallait pas aller à Berlin. Par conséquent, je ne suis pas suspect.

Quant à la politique du gouvernement, je lui donne ma confiance; mais, permettez-moi de le dire, je la lui donne les yeux fermés.

Je n'ai pas à dire si j'ai une politique; je n'ai pas à faire connaître si cette politique différerait de celle du gouvernement; j'ai mes sentiments, mes opinions, sur les affaires extérieures; je saurai attendre.

Ah! je sais bien qu'en cherchant à la loupe à travers les phrases qui peuvent vous échapper, il est toujours facile d'en trouver qui prêtent à une double entente, — car tout peut s'interpréter, — et d'arriver ainsi à changer la pensée d'un homme public. Messieurs, quand on n'a pas l'esprit sincère et l'âme loyale, il est toujours aisé de chercher dans des discours, dans des écrits émanant de personnes qui vous touchent plus ou moins, de près ou de loin, et de dire : Voilà la politique de M. Gambetta; voilà ce qu'il promet à la France! Et on présente tout cela au pays en disant : Cette politique, c'est la guerre!

Eh bien, Messieurs, c'est là une manœuvre électorale que je dénonce au pays. (*Applaudissements prolongés à gauche et au centre.*)

Je n'en veux qu'une preuve : quand j'ai parlé à Cherbourg, pendant huit jours personne ne s'est aperçu qu'il y eût dans mon discours des menaces, des provocations ou de criminels desseins.

On a attendu que le discours fût commenté par les
passions. Et quand il est revenu commenté, il y a
eu un mot d'ordre général par delà les monts, au
delà des monts, au delà des mers, et ces accusations
injustes sont devenues une opinion générale, même
pour des gens qui n'avaient jamais lu le discours de
Cherbourg[1]. (*Marques d'assentiment.*)

Eh bien, Messieurs, le discours que j'ai prononcé
à Cherbourg n'était pas plus un discours belliqueux
que celui qui a été prononcé à la même époque et
dans les mêmes circonstances par le chef de l'État.
J'étais à ses côtés, et pour rien au monde je n'aurais
voulu altérer la haute signification pacifique de ses
paroles. Ce que j'ai dit ce jour-là, je l'ai toujours dit :
c'est qu'un pays comme le nôtre, après les terribles
désastres qu'il a essuyés, se devait à lui-même, devait
à la postérité, à l'histoire, de ne jamais désespérer
de ses destinées. Et si j'ai parlé de la nécessité de
travailler tous ensemble, sans distinction de partis,
à la reconstitution de la puissance militaire de la
France, c'est précisément afin que la France ne soit
plus exposée à des aventures, à des hasards sanglants
comme ceux où elle a failli périr : c'est afin qu'elle
soit toujours préparée et prête à protéger ce qui reste
de la patrie mutilée, mais non pas, non, jamais pour
permettre à qui que ce soit, dans une démocratie
vraiment libre, une action quelconque qui ne serait
point ratifiée par les esprits sensés et animés du véritable patriotisme. (*Très bien! très bien! et applaudissements à gauche.*)

Voilà ce que j'ai dit, et mon rôle s'est borné là ; et
c'est justement à l'heure où je tenais ce langage que
s'accomplissaient les actes du ministère dont on a
parlé à cette tribune. C'est précisément dans ce mois-là
qu'on prenait parti pour la mission Thomassin. La

1. V. page 74.

mission Thomassin! Cette mission qu'on m'a attribué
d'avoir conseillée, savez-vous comment je l'ai apprise?
De la bouche du brave et distingué général Thomassin, le jour où il me dit : Je devais aller en Grèce,
mais je sais aujourd'hui que je n'y vais plus! (*Applaudissements à gauche.*)

J'ai appris pour la première fois, ce jour-là, qu'il
avait été question d'une mission à donner au général
Thomassin! Que quelqu'un vienne ici démontrer le
contraire!

Et de même pour la démonstration navale de Dulcigno. Cette démonstration, je ne la critique pas, je
ne l'attaque pas. J'ai mon opinion à cet égard : si
vous voulez que je vous la dise, ce n'est pas devant
des pays comme ceux-là que je conseillerais d'envoyer croiser la flotte française.

Je rejette donc, comme c'est mon droit, la responsabilité d'actes dans lesquels je n'ai figuré à aucun
titre.

Je répète que j'ai une opinion là-dessus. J'ajoute,
Messieurs, que c'est mon droit et mon devoir d'avoir
une opinion, comme député, comme homme politique, sur toutes les questions extérieures; oui, je le
dis bien haut, j'ai une opinion sur la politique que la
France doit adopter avec sagesse, avec précision,
avec maturité, avec esprit de suite surtout, afin de
prendre la place légitime qui lui appartient et qui
n'est pas moins nécessaire aux autres nations qu'à
elle-même dans les conseils de l'Europe. (*Applaudissements au centre et à gauche.*) J'ai bien le droit de
l'avoir, cette opinion. Je l'exprime aujourd'hui pour
la première fois.

Est-ce que je suis monté à cette tribune, est-ce
que j'ai cherché, par les moyens légaux qui nous
appartiennent à tous, à pousser l'esprit de mes concitoyens, de mes amis politiques, de mes collègues,
vers une politique d'expansion à outrance? En aucune

façon. J'ai toujours gardé le silence ; je n'ai ni jugé
ni critiqué la politique qui a été suivie, et il faut au
moins qu'on me fasse la grâce de convenir que, pour
un gouvernement occulte, je suis un gouvernement
bien fainéant ! (*Rires et marques d'assentiment.*)

Cette réserve, Messieurs, je me l'imposerai toujours,
et je me l'imposerai jusqu'au jour où il conviendra
à mon pays de me désigner nettement pour remplir
un autre rôle.

Et si vous voulez que je déchire à mon tour les
voiles, voulez-vous que je dise toute la vérité sur les
accusations d'intervention dans la politique extérieure : c'est qu'on a épuisé tous les moyens, toutes
les ressources pour attaquer la politique du parti
républicain devant le suffrage universel. Ni l'administration, ni les finances, ni les impôts, ni les questions
d'éducation, ni la restitution à l'État de ses droits légitimes, rien n'a trouvé grâce ; mais comme toutes ces
accusations, toutes ces critiques n'ont pas empêché
cette politique d'être acclamée par la France ; comme
rien de tout cela n'a pu rendre la vie aux partis
vaincus et qu'on sait combien le pays aime la paix,
alors on a porté son effort du côté de l'extérieur, et
on vient dire au pays : Il y a quelque part un homme,
une coterie, un parti, qui, au mépris de tes intérêts,
de ta volonté, veut t'amener et t'amènera infailliblement à la politique d'aventure.

Eh bien, Messieurs, je suis tranquille ! J'ai foi dans
l'expérience que le pays a faite pendant vingt ans : je
vois ce qu'il veut, je vois à quel point il est lassé et
fatigué des déclamations ; je sais bien qui sera jugé,
qui sera choisi... (*Rires à droite.*)

Vous pouvez rire, Messieurs (*l'orateur se tourne vers
la droite*) ; rira bien qui rira le dernier. (*Applaudissements prolongés au centre et à gauche.*)

M. PAUL DE CASSAGNAC. — Tout cela était préparé,
concerté !

M. GAMBETTA. — Et je pourrai vous dire, Messieurs, puisqu'on m'y provoque, qu'il y a à cet égard un concert formé, des fonds réunis, et que pas plus tard que samedi on a déposé des brochures intitulées : *Gambetta, c'est la guerre*, tirées à cent mille exemplaires, et qui sont la collection de tous les articles ramassés, — car on n'y regarde pas de bien près, et peu importe d'où vient la main qui donne ; on va chercher bien loin, pas si loin qu'autrefois cependant, mais là où on peut les trouver, — des articles ramassés en Allemagne, en Italie, en Espagne et en France, dans des collections, trop variées pour notre malheur, tous les articles destinés à répandre cette thèse électorale ; on les imprime et on va les distribuer à profusion : il paraît que c'est un moyen infaillible! *(Rires à gauche et au centre.)*

Oui, il y a dix ans, on a réussi à surprendre la volonté du pays alors que la France faiblissait sur ses jarrets, sous le poids de l'invasion étrangère ; on lui a arraché un vote en posant la question de paix ou de guerre, et on croit pouvoir recommencer aujourd'hui.

Messieurs, ce calcul sera bafoué par la nation ; la nation saura distinguer entre ceux qui veulent la tromper et l'égarer, et ceux qui l'aiment jusqu'à la mort. *(Bravos et applaudissements prolongés à gauche et au centre. — L'orateur, en retournant à son banc, reçoit les félicitations d'un grand nombre de ses collègues.)*

M. PAUL DE CASSAGNAC dit qu'il a éprouvé quelque inquiétude en voyant M. Devès produire son interpellation, et en voyant cette interpellation mise aussi rapidement en discussion comme s'il s'agissait d'une consigne. *(Très bien! à droite. Bruit.)* Une grande partie de la Chambre ignorait encore ce matin les dépêches anglaises, le discours de M. Pascal Duprat a pu faire croire un moment qu'il sortirait quelque chose de nouveau de cette interpellation, mais en l'entendant provoquer avec une audacieuse bienveillance l'intervention de M. le président de la Chambre, on a pu

croire qu'il s'agissait tout simplement de donner un prétexte
au discours qu'on vient d'entendre. Tout était concerté
d'avance, et il n'y a là qu'une manœuvre électorale. (*Très
bien! à droite.*)

Lors des dernières élections, par la plus déloyale des
manœuvres on a présenté les candidats conservateurs comme
partisans de la guerre sans qu'ils eussent rien fait pour mériter ce reproche ; il n'en est peut-être pas de même de
toutes les personnalités du parti républicain. Qui pourrait
nier l'existence d'un gouvernement occulte au-dessus du
gouvernement nominal ? Il s'exerce à l'intérieur comme à
l'extérieur. On en sent l'action, par exemple, en ce qui concerne la question du scrutin de liste ; ce qui demeurera établi par le débat actuel, c'est qu'il y a eu une tentative de
guerre élaborée par le gouvernement, et si les choses ne
sont pas allées plus loin, c'est grâce à la résistance de l'opinion publique et de la presse. (*Applaudissements à droite.*)

M. Devès déclare qu'il ne reçoit de consignes de personne
et ne relève que de sa conscience. Il a formulé son interpellation sous le coup de l'émotion qu'aurait fait naître en lui
la lecture des dépêches anglaises, et se félicite que le débat
ait tourné à la confusion des adversaires de la République.
Le pays n'aurait pas compris que ses mandataires se présentassent devant lui avec une obscurité quelconque sur la
question de la guerre ; c'est au grand jour que doit se faire
la politique républicaine et non par des machinations ténébreuses. (*Bruit.*) Le ministre a déclaré que le gouvernement
français n'avait fait aucune promesse pour la fourniture des
30,000 fusils ; il en résulte qu'il n'y a pas eu échange de
notes diplomatiques quant aux envois d'armes par personnes
interposées ; il demeure établi que des tentatives avaient été
faites dans ce sens, mais le gouvernement s'y est opposé. La
France saura désormais qu'elle n'est exposée à aucune
aventure ; elle sera confirmée dans ce sentiment de sécurité
par le discours du grand orateur qu'a entendu la Chambre,
et il ne reste qu'à clore l'interpellation par l'ordre du jour
pur et simple. (*Très bien! — Bruit.*)

M. Paul de Cassagnac a la parole pour un fait personnel
et dit qu'il avait eu raison de parler de consigne, puisque
M. Devès est venu lui-même réfuter son interpellation. (*Aux
voix! — La clôture!*)

M. Bréolle demande que la discussion continue. Le gouvernement grec se vante d'avoir reçu une promesse que le gouvernement français déclare n'avoir pas faite; des explications sur ce point seraient nécessaires. Quant aux envois d'armes, y a-t-il eu des achats en dehors du ministère de la guerre? y a-t-il eu des fournitures faites par l'industrie privée avec des matériaux tirés de nos arsenaux ? Il serait nécessaire de s'expliquer sur tous ces points.

La clôture, mise aux voix, est prononcée.

L'ordre du jour pur et simple est mis aux voix et adopté.

La Chambre reprend la discussion sur le projet de loi relatif à l'administration de l'armée.

DISCOURS

Prononcé le 20 mars 1881

A L'ASSEMBLÉE GÉNÉRALE DE L'UNION DU COMMERCE

A PARIS

Nous reproduisons, d'après la *République française*, le compte rendu suivant :

« L'Union du commerce, l'une des plus anciennes et la plus florissante des sociétés de secours mutuels, compte près de 11,000 membres parmi les employés et les comptables des maisons fabriquant ou vendant des tissus. Elle possède un capital de 376,000 francs et, en 1880, elle a dépensé en frais médicaux près de 160,000 francs.

« Dès une heure et demie, on n'apercevait pas une seule place vide dans l'immense salle du Trocadéro ; la foule qui n'a pu trouver de sièges se tient en masses compactes dans les couloirs. L'entrée du président de la Chambre des députés, accompagné du bureau de l'Union du commerce, est saluée par une longue salve d'applaudissements. Le vice-président de la société, M. Rusconi, lit un long et très intéressant rapport sur l'exercice écoulé ; il ne se contente pas de donner des chiffres, mais il montre les lacunes de l'institution, discute les innovations proposées par l'initiative d'un certain nombre de membres, explique les réformes adoptées par les administrateurs. Après lui, le président, M. Buys, reprend quelques-unes de ces questions ; sa parole austère ne craint pas de signaler certains abus avec une sévérité qui est fort bien accueillie de ses auditeurs parce qu'il jouit évidemment auprès d'eux d'une grande autorité personnelle. Puis, l'un des conseils judiciaires de l'Union, M. Albert Liouville, qui a fait souvent des conférences devant ses intelligents clients, leur présente des considérations fort remarquables en faveur de l'assurance sur la vie et de la caisse des retraites. Il termine en ces termes : « Vous avez hâte d'entendre l'orateur incomparable, le grand citoyen (*Longs applaudissements*), l'homme d'État éminent, le patriote qui nous fait l'honneur d'être aujourd'hui des nôtres. Il a su organiser la résistance contre l'ennemi (*Applaudissements*) et il nous montre par sa présence que rien de ce qui peut contribuer à féconder la paix ne lui est indifférent. » (*Applaudissements.*)

M. Gambetta prend alors la parole et s'exprime ainsi :

Messieurs et chers concitoyens,

Au moment où je me lève devant vous, après l'invitation de votre président et après les applaudissements avec lesquels vous avez bien voulu accueillir mon nom, ne vous étonnez pas que je regarde comme le premier de mes devoirs de vous exprimer la reconnaissance et la gratitude que je ressens pour cet accueil si chaleureux, qui s'adresse, je le sais bien, et je ne saurais trop le répéter en ce moment, non à ma personne ni même à ce talent de parole qu'on exagérait tout à l'heure, mais au serviteur d'une cause qui est celle de la France. (*Salve d'applaudissements.*)

Oui, je vous remercie, Messieurs ; et veuillez croire que dans ma vie, qui n'est exempte ni d'amertumes ni de douleurs, je n'ai jamais recherché d'autre récompense que celle d'éprouver et de sentir, au jour des grandes entrevues, la reconnaissance de mes concitoyens. (*Vifs applaudissements.*) C'est ce sentiment qui m'a toujours soutenu, et qui me soutiendra toujours et qui, permettez-moi de le dire, en franchissant les murs de cette enceinte, sert à me tenir parfaitement indifférent aux questions personnelles qu'on peut susciter, mais auxquelles je regarderais comme indigne de moi d'opposer autre chose que le plus complet dédain. (*Adhésion unanime et applaudissements.*)

Je l'ai dit à l'époque de notre lutte terrible contre

l'étranger ; je l'ai répété au milieu des divisions intestines des partis à Versailles ; je le dis ici, je le redirai
sans cesse : il ne me convient pas, il ne conviendra
jamais d'accepter, quelle que soit la bouche qui les
profère, ni ces excès d'injures ni ces excès d'honneurs.
Non, Messieurs, né du peuple, lui appartenant, voulant faire triompher sa cause par les moyens rationnels,
scientifiques, légaux, ne voulant rien tenir que de la
persuasion des majorités, j'ai le temps devant moi,
j'ai l'énergie et, croyez-le bien, j'ai surtout la persévérance inébranlable. (*Double salve d'applaudissements.*)
Encore une fois, non, si je suis venu parmi vous sous
l'amicale pression de vos camarades et de vos délégués, ce n'est pas pour faire un discours, — c'est votre
faute, mon cher Liouville, si j'ai été entraîné à répondre chaleureusement aux dernières paroles de
votre allocution, — je suis venu simplement parce
que vous faites, vous et vos prédécesseurs, depuis
trente-deux ans, une bonne et grande œuvre, une
œuvre de solidarité, d'assistance et de secours fraternel dans le monde des travailleurs. Voilà pourquoi je
suis ici. (*Applaudissements unanimes.*)

Je suis venu pour vous connaître, pour vous entendre, sans aucune idée préconçue, n'ayant, je le
regrette, sur vos origines et sur les détails intérieurs
de votre existence économique et sociale que des données très incomplètes ; mais, je dois le dire, je suis
bien heureux d'être venu.

Je vous ai écouté, vous, Monsieur le secrétaire, et,
dans un rapport comme je voudrais en lire souvent
sur les affaires générales de ce pays, (*Très bien !
très bien !*), j'ai constaté que vous descendiez dans les
détails, dans l'analyse minutieuse de tout ce qui
touche à l'économie de votre œuvre, des recettes, des
dépenses, de la distribution des secours, de l'examen
des vœux de vos coassociés. Et je vous dirai tout à
l'heure mes impressions, car je ne veux faire ici que

le résumé des impressions que j'ai éprouvées au cours
de la lecture des rapports qui vous ont été présentés.

Je trouve que vous donnez un exemple qui doit
être suivi, l'exemple de la sincérité et, permettez-moi
d'ajouter, l'exemple aussi d'une chose qui est un peu
plus rare, l'exemple de la sévérité dans les jugements.

Vous avez rappelé avec beaucoup de verdeur que,
si nombreux que vous soyez, — vous êtes onze mille,
— lorsque vous vous livrez à vos opérations électorales, il n'y a guère que neuf cents d'entre vous qui
prennent part au vote. Vous vous en êtes plaint et
vous avez bien fait. Moi aussi, j'ai noté ce détail, et
je dirai à ceux qui m'écoutent : Suivez le conseil qui
vous est donné ; prenez part aux votes, donnez par là
plus de cohésion à votre contrat d'alliance, plus d'autorité à vos délégués ; resserrez ainsi plus étroitement le nœud qui vous unit ; mais, après avoir parlé
aux électeurs, j'ajouterai, en m'adressant au comité :
Peut-être n'avez-vous pas pris toutes les dispositions
voulues pour assurer les moyens pratiques de développement et d'augmenter la coopération effective de
tous les électeurs à la nomination de tous les élus.
(*Très bien! très bien! — Applaudissements.*)

Il faudra que vous examiniez cette question : il
faudra en examiner d'autres encore, — et c'est ici
qu'on trouve que la méthode expliquée par l'honorable M. Rusconi est excellente. Il vous recommande,
dans les propositions que vous adressez à votre comité, de ne point donner le pas aux idées purement
théoriques sur les questions financières. Vous avez
exprimé des vœux certainement inspirés par la plus
haute, par la plus noble générosité; mais prenez bien
garde aux déceptions qui amènent les catastrophes ;
et, dans votre ambition, mesurez bien votre vol, de
peur de tomber comme Icare.

Votre rapporteur a raison. C'est là l'excellence de
la tradition que vous pratiquez, que vous avez main-

tenue depuis quarante-neuf ans, que vous développez
tous les jours : jusqu'à présent, vous avez sagement
proportionné vos efforts à vos moyens et vos dépenses à vos ressources ; il faut continuer aujour-
d'hui surtout que, grâce à la République, vous allez
enfin entrer dans la légalité nouvelle où nous pourrons avant peu, je l'espère, avant quelques semaines,
balayer tout ce qui reste d'un passé oppresseur,
au point de vue de l'existence des sociétés professionnelles ; c'est alors que vous pourrez, ayant difficilement mais noblement soutenu votre existence, largement vous établir dans le domaine de la loi et jouir
enfin de l'existence civile. (*Vive et unanime adhésion.*
— Applaudissements prolongés.)

Ce jour-là, Messieurs, comme au lendemain de
toute victoire, il vous faudra tous redoubler de scrupules, de sagesse, d'efforts, de cotisations ; il faudra
étendre votre société et la porter plus loin que vous
ne l'avez fait jusqu'à ce jour. Je suis, quant à moi,
tranquille sur l'efficacité de vos efforts et les heureux
résultats que vous pouvez vous en promettre. Que
l'on vous donne le bénéfice d'une législation véritablement libérale, qu'on vous assure la pleine disposition de vous-mêmes, et je suis convaincu que vous
ne tarderez pas à couronner votre œuvre. (*Applaudissements.*)

C'est à ce moment, Messieurs, que, par l'intermédiaire de vos comités, vous songerez à mettre en
pratique sur plusieurs points les excellents conseils
que vous donnait mon cher ami M. Liouville. Vous
verrez, en effet, quels avantages peuvent résulter de
la pratique du contrat d'assurance, et de l'assurance
par l'État. Car, Messieurs, à coup sûr je ne crois pas
être suspect quand je parle de mon horreur pour les
chimères, pour tout ce qui ressemble aux utopies,
aux systèmes par lesquels on s'imagine qu'il est possible de refaire violemment et tout d'un coup la so-

ciété en l'asseyant sur des bases qui n'ont rien de
certain, parce qu'elles n'ont pas été suffisamment étudiées. Mais ce n'est pas une raison parce que je suis
opposé à ces théories chimériques, malsaines, irréalisables et toujours grosses de périls pour les travailleurs, qui sont toujours les victimes et jamais les
bénéficiaires de toutes les expériences sanglantes
auxquelles elles donnent lieu, ce n'est pas une raison
pour que moi, qui tiens à l'État parce qu'il porte en
lui l'idée civilisatrice par excellence, parce qu'il est
au-dessus de toutes les convoitises intéressées, parce
qu'il est la vraie puissance collective, parce qu'il
résume la vie de la nation, parce qu'il ne peut jamais
lui faire courir de danger ni la faire tomber dans
l'ornière du despotisme, parce que l'État, Messieurs,
c'est tout le monde, c'est la patrie !... (*Applaudissements
et bravos*)... ce n'est pas une raison pour que je mé-
connaisse ses devoirs envers la collectivité.

Oui, Messieurs, cet État, précisément parce qu'il
est le metteur en œuvre de toutes les richesses, de
toutes les énergies de la nation, doit, à son tour, et
au nom des grands intérêts sociaux dont il a la garde,
se retourner vers la maladie, vers la misère, vers le
chômage, vers les incertitudes d'existence qui aug-
mentent à mesure que les forces vitales d'une nation
grandissent elles-mêmes ; et il doit comprendre qu'il
a un mandat de protection, d'assistance et de prévoyance. Messieurs, vous avez, par vos efforts individuels, conquis le droit de réclamer l'organisation de
cette assistance dont parlait tout à l'heure mon ami
M. Liouville ; et vous pourrez aborder l'étude de ces
problèmes avec la méthode exacte qui vous a si bien
réussi pour votre société, au jour où vous aurez reçu
de la loi une constitution véritablement indépendante
et autonome. (*Assentiment unanime. — Applaudissements et bravos.*)

Je ne veux pas insister davantage. Je répète que je

ne suis pas venu ici pour vous faire un discours, mais
pour vous apporter le témoignage non seulement de
ma sympathie, mais de ma solidarité avec vous. Je
tenais à vous féliciter d'avoir mené à bien votre œuvre
et d'avoir si victorieusement répondu par le mouvement et le progrès parmi les travailleurs de notre
démocratie, à quelque degré qu'ils soient placés, car
je ne distingue et je ne distinguerai jamais, je n'ad-
mettrai jamais cette pensée que dans notre société
démocratique le travail ne doive pas, à tous les degrés, jouir des mêmes garanties et des mêmes libertés. (*Vifs applaudissements.*)

Oui, Messieurs, surtout des mêmes garanties. Ce
sont ces garanties qu'il faut assurer par un régime
libéral qui, plaçant face à face, non plus à l'état
d'antagonistes, de rivaux, de duellistes acharnés et
haineux, le travail et le capital, mais, au contraire,
comme deux forces destinées à se confondre, à fu-
sionner pour augmenter l'énergie même de la production de la France.

Voilà le but vers lequel nous tendons. Il faut bien
le dire en terminant, un pareil résultat, — la France
l'a bien compris, — ne pouvait être atteint que sous
la forme républicaine donnée définitivement au
gouvernement de la démocratie ; et c'est pour cela,
Messieurs, que ce n'était pas un vain mot que le mot
de nos devanciers, quand ils disaient que la question
de la forme républicaine était au-dessus de toutes les
autres questions, non pas qu'ils fussent, pour ainsi
dire, éblouis, enivrés par la personnification de la
forme républicaine, mais c'est qu'ils savaient bien
qu'avec cette forme on aurait le fond ; qu'avec cette
forme on résoudrait les problèmes compliqués du
monde social moderne. Quant à moi, j'ai toujours
dit que, par la République et avec la République, on
pouvait résoudre toutes les questions, toutes les difficultés, à une condition, c'est qu'on fût bien résolu

à ne jamais se laisser tromper soi-même, afin de ne jamais tromper les autres. (*Double salve d'applaudissements.*)

Messieurs, je vous remercie, et je remercie votre bureau de m'avoir convoqué à votre réunion. Je ne dirais pas tout le fond de ma pensée si je n'ajoutais qu'après une journée comme celle-ci je désire rester en communication avec vous, et que, le jour où vous pourrez avoir besoin du concours de ma parole pour défendre ou protéger vos intérêts, je vous dis : Au revoir! (*Acclamations et applaudissements prolongés, qui se renouvellent à plusieurs reprises.*)

La *République française* publia le 28 mars, pour expliquer un passage contesté de ce discours, l'article suivant :

« Il fallait s'y attendre. Les journaux partisans du scrutin d'arrondissement, qui, après nous avoir accablés depuis trois mois sous une grêle d'épithètes d'une bienveillance médiocre et d'une politesse douteuse, nous accusent depuis quelques jours, avec une unanimité extraordinairement spontanée, de manquer de respect à une fraction du parti républicain, triomphent en relevant une phrase du discours prononcé par le président de la Chambre des députés au banquet de l'Union des chambres syndicales. M. Gambetta a dit ces mots : « Je vous convie au prochain rendez-vous national, à ce verdict souverain que rendra la France par un procédé ou par un autre, les procédés importent peu... » Il paraît que cette phrase, dans laquelle l'éminent orateur affirmait que la France républicaine saurait toujours faire entendre sa volonté, est un désaveu de la proposition Bardoux. M. Gambetta a presque formellement engagé par ses paroles le député du Puy-de-Dôme à retirer son projet. C'est du moins ce qu'ont découvert les publicistes ingénieux qui nous font l'honneur de nous contredire. On ne saurait pousser plus loin l'art de lire entre les lignes. Malheureusement, l'éminent orateur, à la suite du passage reproduit avec amour par le *Télégraphe*, a pris soin d'indiquer la condition essentielle des consultations du suffrage universel en ajoutant : « La France sera maîtresse de choisir non seulement entre les hommes, mais entre les idées, ce qui a infiniment plus d'importance que les hommes... » Nous recommandons ces paroles aux partisans passionnés du système électoral actuel, qui néglige un peu trop souvent les idées pour les hommes.

« Oui, les idées ont infiniment plus d'importance: c'est pour cela qu'un régime républicain et démocratique doit tenir à honneur de permettre aux citoyens, lorsqu'ils sont convoqués devant les urnes d'un bout à l'autre du territoire, de se prononcer moins sur des personnalités, recommandables et respectables sans doute, que sur des principes. Il faut élargir le champ du travail du suffrage universel, abaisser autant possible les barrières, au lieu de les maintenir avec un soin jaloux. Il faut enlever aux luttes électorales leur âpreté, leur violence, leurs passions étroites, dont la trace est si lente à s'effacer, et les réduire à n'être plus que des discussions pacifiques et sereines entre des principes et des idées. Longtemps la France a été divisée en deux camps séparés par un fossé infranchissable. Maintenant que la République a conquis sur les anciens partis inconstitutionnels la presque totalité de son territoire, est-il de bonne politique de transporter les anciennes haines, les anciennes passions dans le camp national, et de soutenir un régime électoral dont le premier vice sera de perpétuer entre républicains de diverses nuances, sur de misérables questions de personnes et d'intérêts privés, les divisions autrefois excusables entre monarchistes et démocrates? Nous ne cesserons de le répéter, et en le répétant nous croyons rendre au parti dans les rangs duquel nous avons l'honneur de marcher un service signalé : il faut élever la politique nationale au-dessus des passions de clocher et des querelles de personnes. Il faut achever l'éducation de notre noble pays et lui apprendre à moins matérialiser les idées en les incarnant dans les individus. Ayons de la politique, de cette noble science dont le but est moins de gouverner les hommes que de les conduire au progrès matériel, intellectuel et moral, une idée plus juste et plus haute. Nous disions l'autre jour que le maintien d'un mode de votation repoussé jusqu'à ces jours derniers par l'unanimité des républicains pourrait nous condamner longtemps encore à la division et à l'agitation en envenimant les querelles personnelles dans la plupart des arrondissements. On a voulu voir une menace dans cette appréciation. Pourtant, qui oserait s'inscrire en faux contre elle? Et n'est-il pas, au contraire, certain que le retour à la tradition républicaine, en nous donnant des Chambres préoccupées seulement de la direction prudente, ferme, sage et éclairée de la politique générale de ce pays, lui assurera « des longs lendemains, des horizons de calme, de stabilité dans le pouvoir, la tranquilité dans le développement graduel et indéfini de la patrie? » Du scrutin uninominal, avec la liste des 363, est sortie une Chambre libératrice. Du scrutin plurinominal sortira la Chambre réformatrice qu'attend la France. »

DISCOURS

Prononcé le 25 mars 1881

AU BANQUET DES CHAMBRES SYNDICALES DE L'UNION
DU COMMERCE ET DE L'INDUSTRIE

A PARIS

Nous reproduisons, d'après la *République française*, le compte rendu suivant :

« Le banquet annuel de l'Union des chambres syndicales, qui a eu lieu au Grand-Hôtel, réunissait plus de six cents convives. A la table d'honneur, présidée par M. Gambetta, avaient pris place MM. Hiélard, président du syndicat général ; Nicole, administrateur général de l'Union nationale du commerce et de l'industrie ; Gustave Roy, président de la chambre de commerce de Paris ; Brisson, Floquet, Spuller, Allain-Targé, Lockroy, Germain Casse, Hérisson, Greppo, Farcy, Paul Bert, Lepère, Rouvier, Caze, Lebaudy, Brelay, Camille Sée, Frébault, Lecomte, députés ; Thorel, président du conseil général, Hervé-Mangon (de l'Institut) ; Castagnary, Denormandie, Bessand, président du tribunal de commerce ; Denis Poulot, maire du onzième arrondissement. Aux tables voisines, on remarquait, MM. Dehaynin, Pinet, Pontremoli, Rodanet, Piel, Chapu, Maurez, Rondeau, Capgrand, Sarrassin, Armandy, Schweitzer, Landoz, Devasse, Larcher, Gamas, Savoy, Laplagne, Beynel, Way, Carpentier, Guy, Pelpel, présidents de la chambre de commerce anglaise ; May, Savoy, Dervillé, Chonet, Lejeune, Foucher, juges au tribunal de commerce ; Jourde, Marteau, Crawford, présidents des syndicats de la presse, etc.

« A dix heures un quart, M. Hiélard a pris la parole et successivement MM. Nicole et Gustave Roy ont prononcé discours qui ont été vivement applaudis. — Puis M. Gambetta s'est levé et a prononcé le discours suivant :

Messieurs et chers concitoyens,

Votre honorable et éloquent président veut bien me donner la parole. Je lui obéis ; mais j'éprouve le besoin de me recueillir quelques instants, au moins en pensée, pour vous dire le plaisir, la gratitude, l'honneur que je ressens d'être au milieu de vous et d'y puiser les enseignements pratiques et positifs de ce monde du travail et du négoce qui, tous les jours, prend plus d'ascendant et d'influence dans la direction politique des sociétés modernes chez tous les peuples.

En effet, de tous les besoins que vous avez exposés tout à l'heure, il n'en est pas de plus impérieux à satisfaire, il n'en est pas de plus fécond que de rapprocher et mêler d'une façon plus active, plus intime et plus fréquente, les hommes d'affaires et les hommes de Parlement, ceux qui travaillent et ceux qui, à un titre quelconque, siègent dans les conseils élus de la nation. (*Vive approbation.*)

Messieurs, dans un gouvernement démocratique tout revient au travail étudié, au travail organisé, au travail fécondé. Et comment faire des lois, rédiger des règlements, déterminer des institutions, constituer des personnels, se lancer dans des entreprises fécondes d'utilité publique, si l'on n'a par devers soi que des idées qui n'ont pas été vérifiées et contrôlées par l'expérience, et si l'on se lance pour ainsi dire vers l'inconnu; soutenu, je le veux, par sa bonne volonté, mais sans rien avoir de ce lest, de ce plomb dans les semelles qui fait que, lorsqu'on pose le pied, on est sûr de ne pas chanceler? (*Vifs applaudissements. — Bravos répétés.*)

C'est précisément, Messieurs, non tout à fait pour inaugurer, permettez-moi de le dire, mais pour renouer, avec l'intention d'y persévérer, cette fréquentation et ces rapprochements entre les hommes d'affaires, que je suis ici, et que je suis heureux de n'y être pas seul, d'y être entouré de mes amis, de mes compagnons de luttes, de ceux parmi lesquels je ne suis qu'un égal, quoi qu'on en dise... (*Vifs applaudissements.*)

Oui, c'est un exemple, qu'il faut emprunter à l'Angleterre et à l'Amérique, de ne jamais faire de la politique dans la ville des oiseaux... (*On rit*), mais de faire de la politique pratique, de la politique expérimentale. N'est-il pas vrai, Messieurs, que lorsqu'on veut toucher à ces questions de traités de commerce ou de tarifs, il faut entrer en relation avec ceux qui exportent, avec ceux qui produisent, avec ceux qui font le négoce dans le monde entier? (*Très bien! très bien!*) N'est-il pas vrai que lorsqu'on veut étudier les effets économiques d'une taxe, d'un impôt sur telle ou telle matière, sur telle ou telle industrie, il faut se mettre en rapport avec ceux qui en mesurent tous les jours la portée, qui connaissent les prix de revient, qui se rendent compte des éléments les plus complexes de la production, comme de l'installation de ces bazars, de ces boutiques, de ces commerces, humbles, modestes, grands, immenses, — car peu importe le développement, la nature des choses étant toujours la même? (*Applaudissements.*)

C'est ce travail que mes collègues et moi nous avons entrepris, Messieurs, que nous poursuivrons sans esprit de parti, sans exclusivisme ; et s'il y a des absents de cette réunion, nous le déplorerons, mais nous espérerons toujours les ramener, car certainement ces absences ne peuvent reposer que sur des préjugés et des préventions sans fondement. (*Très bien ! très bien!*)

Messieurs, vous venez d'exposer vos vœux ; nous les avons entendus, nous les avons recueillis, mais per-

mettez-moi d'ajouter que ce parlement auquel tout à
l'heure vous faisiez appel, compte des membres qui
en avaient pour ainsi dire devancé l'expression. Ainsi,
je vois ici, non loin de moi, mon ami M. Lockroy, qui,
il y a quelques années déjà, avait essayé, dans un
projet bien étudié et fort bien ordonné, de doter précisément les associations syndicales et professionnelles
d'une charte véritablement libérale et autonome. Le
temps n'a pas conspiré avec lui à ce moment; mais
vous le trouverez au premier rang pour la défense de
notre projet qui, celui-là, est arrivé à parfait achèvement sous la direction et la plume de mon éminent
ami M. Allain-Targé. M. Floquet a réclamé dernièrement la mise à l'ordre du jour de ce projet; il est au
premier rang des travaux de la Chambre, et quelles
que soient les questions qui viennent se jeter à la
traverse, soyez sûrs, Messieurs, que nous ne nous en
irons pas en vacances sans l'avoir voté. (*Applaudissements.*)

Je ne dirais pas toute ma pensée, Messieurs, si, dans
cette réunion imposante et fraternelle où figure, on
peut le dire, l'élite du grand commerce parisien, soit
au point de vue de la fabrication, soit au point de vue
du négoce, je ne disais pas que vous ne serez véritablement en marche vers le progrès définitif, vers la
paix sociale, que lorsque vous aurez amené d'autres
associations, d'autres chambres syndicales, jouissant
de la même indépendance et de la même autonomie
personnelle, à entrer en communication étroite avec
vous, de façon à en faire sortir la libre discussion, la
libre délibération qui, presque toujours, est la préface
de l'entente; car, Messieurs, savez-vous pourquoi les
passions se déchaînent, pourquoi l'irritation, pourquoi
la colère et la haine embrasent la rue et font fermer
les ateliers et les boutiques? C'est surtout parce qu'on
s'est refusé, dérobé à la libre et complète discussion
des intérêts en présence, et que les idées fausses ont

pris le dessus; c'est surtout parce qu'il n'y a pas eu
cette enquête préalable et nécessaire dans laquelle on
aurait pu causer, s'entretenir et tomber d'accord;
c'est enfin parce qu'on n'a pas fait appel à la seule
force qui rapproche et civilise les hommes : à la libre
et réciproque persuasion. (*Salve d'applaudissements et
bravos.*) Mais, Messieurs, il faut se féliciter de voir les
ouvriers, eux aussi, constitués à l'état de chambres
syndicales autonomes, complètement libres. Il faut
souhaiter, de plus, de les voir se rapprocher et entrer
en contact avec vous. Aussi je prévois qu'avant peu,
grâce à la bonne volonté et aux ressources d'esprit
des contractants, il sortira de cet heureux accord des
institutions mixtes, des chambres composites dans
lesquelles les deux intérêts se trouveront également
représentés et, par conséquent, le compromis, l'arrangement, la transaction. — cette maîtresse de la vie
humaine, politique ou sociale, — finiront par s'établir,
(*Vive et unanime adhésion.*)

Et alors vous toucherez, par un des plus beaux et des
plus grands côtés, à la solution d'un grand problème
que vous indiquait tout à l'heure, avec sa perspicacité,
votre honorable président, M. Hiélard, quand il vous
disait que l'idéal de l'avenir, ce serait l'arbitrage par
les pairs dans les contestations qui s'élèvent dans le
monde du travail. C'est là, en effet, qu'il faut tendre
parce que c'est là que se trouvera la justice éclairée,
impartiale et gratuite. (*Applaudissements prolongés.*)

Messieurs, pensez-vous qu'il soit possible que nous
restions plus longtemps, — je ne parle pas seulement
pour nous tous, membres de la société française, qui
sommes, à un degré quelconque, mêlés à la vie publique, les uns occupés à la préparation et à la confection des lois; les autres, à la formation même de
l'opinion publique, — et par là je veux désigner la
presse, — pensez-vous, dis-je, qu'il nous soit possible
de ne pas entrer en communion fréquente, afin que

ces idées nous envahissent, que nous nous en pénétrions les uns les autres et que, pour le grand bien de la France, il en sorte la véritable union nationale dont vous partagez si glorieusement le titre? (*Approbation générale et applaudissements prolongés.*)

Toutes ces questions, qui nous intéressent tous à un égal degré : élections consulaires, arbitrages, conseils de prud'hommes, législation libérale sur les syndicats, création de chambres mixtes pour la solution de tous les conflits entre les ouvriers et les patrons; toutes ces questions et bien d'autres qui peuvent naître, que dis-je? qui doivent surgir, par exemple, le remaniement de la législation sur les faillites, la révision de certains chapitres du code de commerce, et ce rêve — dont la réalisation est cependant si nécessaire au double point de vue commercial et politique — la rédaction d'un code de commerce international, toutes ces questions encore une fois, vous appartiennent, elles vous appartiennent par la pratique de tous les jours; mais elles nous appartiennent aussi par le légitime souci que nous avons de leur faire une place dans la législation de la France.

Eh bien, Messieurs, ce développement, cet agrandissement de votre rôle, vous allez le tenir de la loi : cette année ne s'écoulera pas sans que cette loi qui vous a été refusée, obstinément refusée par tous les régimes antérieurs vous soit donnée.

Je ne veux pas ici faire de politique; on a dit que c'était contraire à vos statuts... (*Rires*); mais je peux bien faire de l'histoire, et il y a beaucoup de gens qui pensent que c'est absolument la même chose. (*Nouveaux rires.*)

Voyons donc s'il n'y a pas une connexion nécessaire entre votre existence commerciale, le développement de vos facultés, de vos énergies professionnelles, et la forme du gouvernement de la nation. Voyons, Messieurs, si nous interrogeons le passé, répondez-

moi : partout où la démocratie ne serait pas souveraine et maîtresse, partout où elle n'aurait pas véritablement la possession d'elle-même, où elle n'aurait
pas à sa discrétion le pouvoir, les Chambres, les
administrations diverses, serait-il possible de tolérer
dans l'État l'organisation d'associations, d'institutions
aussi étendues, aussi puissantes que les vôtres?

Évidemment non, Messieurs. Et il est tellement
difficile, dans un gouvernement qui n'est pas essentiellement libre, essentiellement démocratique, de
tolérer l'existence de ces puissantes associations,
qu'au lendemain de 1789 le législateur — qu'on ne
pouvait cependant pas taxer de timidité — a reculé
devant cette liberté qu'on va enfin vous concéder au
bout d'un siècle presque d'attente.

Oui, au lendemain de la Révolution, alors que le
pays tout entier était encore tout frémissant du joug
qu'il venait de secouer, alors qu'il avait brisé dans une
seule nuit tout ce qui restait de ces corporations, de
ces maîtrises, de ces jurandes, de ces prisons cellu-
laires où l'on enfermait à la fois la liberté du travail
et le génie de l'invention... (*Bravo! bravo!*) oui, après
avoir affranchi l'individu, après lui avoir rendu la libre
disposition de ses mains et de sa pensée, les hommes
de la Révolution reculèrent devant la concession de la
liberté collective. Imbus qu'ils étaient encore des souvenirs du passé, croyant voir dans tout essai d'association la résurrection de ces corporations abhorrées,
ils s'arrêtèrent et, se contentant d'affranchir l'individu,
barrèrent le passage à l'association. (*Applaudissements.*)

Et pourquoi, Messieurs? Ah! c'est qu'on était au
lendemain, — que dis-je, au lendemain? — c'est que
l'on était en pleine lutte pour l'existence, et qu'alors
on ne distinguait pas; on n'avait pas le temps d'analyser, de catégoriser, de classifier, de savoir quelles
seraient les associations néfastes, — que vous connaissez bien, car elles ne sont brisées que d'hier...

(Oui! oui! — Bravos!), — et les associations utiles, les associations fécondes, les associations nationales comme sont les vôtres et celles qui leur ressemblent dans ce pays. (*Vifs applaudissements.*)

Et l'on vota une loi qui fut une loi fatale, car très certainement elle entra pour beaucoup dans les divisions de classes qui succédèrent au mouvement de la Révolution. Aussi, qu'entendons-nous dire quand nous parlons d'achever la Révolution? Achever la Révolution, c'est, dans une société bien organisée, où l'ordre règne appuyé sur la liberté, où le gouvernement n'est plus contesté, donner le maximum de sa force à l'individu et, en même temps, le maximum d'énergie à l'association qui multiplie si puissamment la force de l'individu. (*Vive et unanime adhésion.*)

Et puisque vous parliez du passé, Monsieur Nicole,— vous qui êtes un combattant des premiers jours, un des plus anciens champions de l'Union des chambres syndicales, — puisque vous rappeliez, avec un légitime orgueil, de quel humble berceau était sortie cette puissante fédération que nous avons sous les yeux, puisque vous avez prononcé le nom de philosophie, de sociologie à propos de cette association féconde, permettez-moi de vous saisir au passage et de vous dire que ce qu'enseignent la science et la philosophie des sociétés, — qu'on peut décorer d'un nom plus ou moins heureux, plus ou moins bizarre, mais enfin qui est la véritable philosophie moderne et contemporaine, — c'est que la véritable sociologie cherche partout et avant tout à faire produire à l'homme son maximum de force en le plaçant dans le milieu qui lui soit le mieux adapté ; et ce milieu le mieux adapté, c'est celui qui, par des institutions convenablement appropriées, rend l'individu plus libre, plus éclairé, plus fort, mieux armé, mieux doté pour la lutte et pour le triomphe. (*Applaudissements.*)

Eh bien, ce milieu politique et social, on n'a pas pu

l'obtenir dès les premiers jours de la Révolution.
Inutile de dire que, aussitôt que le Consulat apparut,
il forgea une chaîne de plus, il resserra le carcan
dans lequel râlait déjà la liberté du travail. Puis,
quand ce fut le tour des restaurations d'ancien régime
ou de l'équivoque sans nom d'une monarchie bâtarde,
Très bien! très bien! — Bravos, il n'est point surpre-
nant que l'on retrouve les mêmes ruses, les mêmes
atermoiements, les mêmes dénis de justice. Un jour,
une heure, il y eut comme une lumière qui passa sur
le peuple de Paris, et le 24 février 1848 on vit renaître, mais, hélas! pour un jour seulement, la liberté
d'association. et alors, pendant un instant, avec une
énergie presque spontanée, non seulement à Paris,
mais partout où l'on voyait une agglomération humaine pour la production, le travail et l'échange,
l'association a surgi; — c'était une floraison et, s'il y
avait eu quelque sentiment de prévoyance parmi ceux
qui dirigeaient alors les destinées de la patrie française, — non, je m'arrête! — s'ils ne s'étaient pas
laissé surprendre par d'habiles réactions, l'association
aurait couvert la France, et non seulement elle eût
fondé la prospérité nationale, mais à coup sûr, par le
triomphe d'une liberté véritablement républicaine,
elle eût protégé la France contre le retour des despotismes sanglants... (*Applaudissements et acclamations.*)
Ah! oui, Messieurs, il en eût été ainsi, car, il faut
bien le croire, il n'y a de protection pour la liberté,
dans une démocratie, que par l'étroite union des
classes et par une égale clairvoyance de chacune d'elles
du côté de ce qui est le péril commun : la peur exci-
tée d'une part, et les envies chimériques allumées de
l'autre. (*C'est cela! Très bien! — Applaudissements unanimes.*)

Messieurs, je ne m'étendrai pas sur les circonstances douloureuses de cette rapide histoire; mais il
suffit de voir renaître l'empire pour que, immédiate-

ment, comme par l'effet de la froide et terrible nuit
de Décembre, toutes ces frêles plantes d'associations
fussent, dès le lendemain, trouvées crispées et gelées.
(*Vive sensation. — Applaudissements et bravos.*) Et il a
fallu du temps, des efforts et du dévouement — les
efforts et le dévouement de chacun, — car tout le
monde a sa part dans cette rédemption nationale, et
personne, à moins d'impiété, n'en pourrait réclamer
le mérite ou le privilège, — il a fallu, dis-je, les efforts
et le dévouement de tous pour ramener la France à la
libre possession d'elle-même. Elle la tient, elle l'a
reconquise, cette souveraineté; il lui faut maintenant
la garder; mais elle ne la gardera qu'à une condition,
c'est de faire sentir à ceux qui la dirigent, à ceux qui
servent le gouvernement à quelque degré que ce soit,
qu'ils doivent se pénétrer de la nécessité de l'étude,
de la solution successive, patiente, légale, rationnelle, des problèmes qu'elle porte dans ses flancs.
(*Bravos et applaudissements prolongés.*)

On a dit tout à l'heure qu'il y avait un moyen; vous
avez indiqué le vrai moyen, et il n'y en a pas d'autre:
c'est celui qui porte ce nom auguste et toujours
acclamé: la Liberté! (*Bravos prolongés.*)

Oui, la liberté pour tous et la liberté pour chacun,
car, entendez-le bien, Messieurs, il nous faut une
liberté qui respecte le droit d'autrui... (*Très bien! très
bien!*), une liberté qui, en même temps qu'elle assure
à chacun la disposition de ses mains pour le travail,
nous amène à en considérer les fruits comme aussi
sacrés que le principe même qui les a produits.
(*Applaudissements.*)

Cette liberté-là, Messieurs, elle vous sera largement
et pleinement assurée par les représentants du pays
dans les deux Chambres: j'en ai la conviction profonde. L'an prochain, si vous le voulez, plus tôt si
vous le voulez encore, non plus dans des banquets
d'apparat, mais dans des réunions pratiques, nous

nous verrons, nous étudierons ensemble tous ces problèmes, et nous les résoudrons comme on les résout
véritablement, au tableau, la craie à la main; dans
ces entretiens, nous examinerons dans un commun
esprit ce qu'il y a de pratique, de réalisable dans vos
vœux; nous en écarterons résolument ce qui ne nous
semblera ni mûr ni praticable, laissant à d'autres
plus heureux, plus savants, mieux doués le soin de
réaliser le complément de votre programme. Car enfin,
Messieurs, est-ce sérieusement qu'on aurait la prétention, un jour, à une heure donnée, de dire : Nous
allons tout trancher, tout résoudre par ce mot bizarre :
Il nous faut le programme le plus avancé, afin que
nous en finissions tout de suite! (*Vive sensation.*)

Comment! il y a quelque part un esprit assez audacieux pour croire et pour dire qu'il va trouver la solution définitive et qu'il tient l'absolu dans les mains?
Messieurs, ce sont là des prétentions qui doivent vous
laisser froids, indifférents, comme elles font de la
masse générale du pays; ce sont là amusettes bonnes
tout au plus pour faire passer le temps. Elles servent
à nourrir la crédulité d'un certain public, mais elles
sont parfaitement indignes de l'attention d'hommes
sérieux. (*Vive approbation.*)

Tout autre est l'esprit qui nous a guidés, qui nous a
amenés au point où nous en sommes, et que nous
apportons ici. C'est dans cet esprit que nous y reviendrons : c'est notre collaboration, notre coopération
que nous sommes venus tous apporter, à vous et à
ceux qui, au dehors, font œuvre semblable. Vous nous
trouverez toujours prêts à donner le faible, modeste,
mais très sincère concours dont nous pouvons disposer. Nous aimerons à vous suivre, aujourd'hui comme
demain, — car vous avez besoin de lendemains. Messieurs, il y a trop longtemps que je suis mêlé à la vie
publique, pour ne pas savoir que dans ce grand monde
du négoce, du commerce parisien, il y a des diver-

gences politiques, et qu'il subsiste encore des regrets
parce qu'il y a eu à un moment donné certains entraînements; je connaîtrais bien peu mon temps, mes
concitoyens, mes amis, si je faisais abstraction du
passé; mais c'est parce que je connais ce passé, et,
pour ainsi dire, vos biographies personnelles, Messieurs, que je m'adresse, plein d'espoir, à ceux qui,
dissidents de la veille, sont aujourd'hui les ouvriers
dévoués de notre œuvre, et que je leur dis : Oui, il
vous faut les longs lendemains pour vos intérêts, pour
vos familles, pour assurer l'avenir de vos maisons
dont l'honneur vous importe plus que votre vie; oui,
il vous faut de longs lendemains... (Applaudissements
et acclamations), des horizons de calme, de stabilité,
de stabilité dans le pouvoir, la tranquillité dans le
développement graduel et indéfini de la patrie. Vous
êtes en droit d'y compter, mes chers concitoyens.
Examinez loyalement la situation de l'Europe, et
quand vous aurez fait cette enquête, repliez-vous sur
votre pays et demandez-vous s'il y a quelque part
plus d'éléments d'ordre, plus d'éléments de contrôle,
plus d'éléments de force, de santé morale et politique.
(Applaudissements prolongés.)

C'est là, Messieurs, ce qui fait que j'ai confiance,
car je sais qu'avant tout ce qui vous inspire, c'est
l'amour de la patrie. Après cet examen de conscience
accompli face à face avec vous-mêmes, je vous convie
au prochain rendez-vous national, à ce verdict souverain que rendra la France, par un procédé ou par un
autre, les procédés importent peu, quand la France
prendra prochainement la parole... (Applaudissements.)
Et alors, parfaitement maîtresse de choisir non seulement entre les hommes, mais entre les idées, ce
qui a infiniment plus d'importance que les hommes...
(Applaudissements)... elle dira ce qu'elle a déjà dit
depuis dix ans, depuis vingt-quatre ans; elle dira
qu'il faut en finir, qu'il faut clore à jamais cet état

incessant de tergiversations, de bonds en avant et de
reculs en arrière, et qu'il faut couronner la démocratie ; or, qu'est-ce que la couronne de la démocratie ?
Messieurs, ce sont les libertés publiques ! (*Nouveaux
applaudissements.*)

A ce grand jour des assises nationales, vous verrez se dissiper toutes ces rumeurs, toutes ces nouvelles, — je les appelle ainsi malgré le luxe de répé-
tition avec lequel on les a semées (*On rit*) ; vous verrez
disparaître comme par enchantement tous les artisans,
je ne dirai pas de désordre, mais de discorde ; il ne
sera plus question, je l'espère bien, d'ébranler à
coups de plumes et à coups de langue le pouvoir de
l'homme vénéré et vénérable qui résume en lui l'autorité constitutionnelle de la loi, que nous avons été trop
heureux de rencontrer aux jours de l'incertitude et
qui, pour moi, ne m'inspire qu'un vœu, Messieurs,
c'est que ses jours soient aussi longs que nos désirs !
(*Bravos et applaudissements.*)

Et alors, quand nous reviendrons, — je peux le dire,
je ne parle pas pour moi, je parle pour mes amis et
mes collègues présents et absents, mais je parle seulement de ceux de la majorité (*On rit!*), — quand nous
reviendrons, eh bien, Messieurs, nous nous remet-
trons encore une fois résolument à l'œuvre, et, après
avoir été une Chambre libératrice, nous tâcherons
d'être une Chambre réformatrice ! (*Applaudissements
prolongés.*)

En finissant, Messieurs, je porte un toast aux associations syndicales, à leur esprit d'union et de rapprochement et au concours que, les uns et les autres,
nous sommes prêts à nous donner pour l'œuvre commune : la République et la patrie ! (*Acclamations et
bravos. — Applaudissements répétés et prolongés. —
Une agitation extraordinaire succède à ce discours : tous
les assistants se lèvent et s'approchent de l'orateur pour
l'applaudir, le saluer et le féliciter.*)

DISCOURS

Prononcé le 27 mars 1881

AU BANQUET DE LA CHAMBRE SYNDICALE DE LA DRAPERIE ET DES TISSUS

A PARIS

Nous reproduisons, d'après la *République française*, le compte-rendu suivant:

« Hier soir a eu lieu, à l'hôtel Continental, un banquet des membres de l'Association syndicale parisienne de la draperie et des tissus, sous la présidence de M. Gambetta. Un grand nombre de négociants et de chefs d'industrie venus des départements figuraient parmi les invités, ainsi que beaucoup de notabilités politiques.

« Après une courte allocution de M. Leclerc, président de la chambre syndicale, qui a remercié M. le président de la Chambre et les députés qui avaient accepté de se rendre à cette cordiale réunion, la parole a été donnée à M. Labadié, député de Marseille, qui, dans un discours plein d'humour, après avoir raconté qu'il était le doyen des drapiers, a rappelé l'origine de l'association, qui commença au quatorzième siècle à Marseille : le rôle d'Étienne Marcel, un drapier aussi, et celui de Colbert, fils d'un drapier de Reims. Après s'être félicité d'avoir été le rapporteur de la loi sur les patentes, loi d'allègement pour le moyen commerce, l'orateur a porté la santé de M. le président de la République au milieu des applaudissements.

« On a successivement entendu M. Halet, vice-président de la chambre syndicale, et M. Henappe, secrétaire, qui a fort spirituellement rappelé que, dans la chambre syndicale si florissante, les élections se font au scrutin de liste.

« Puis, M. Gambetta a prononcé le discours suivant :

Messieurs,

Et moi non plus je ne voulais pas faire de discours ; il faut pourtant répondre aux paroles si sympathiques prononcées par les divers orateurs qui m'ont précédé. Je veux surtout remercier mon honorable collègue et ami, qui est aussi quelque peu mon compatriote, au moins par les liens de la députation des Bouches-du-Rhône, M. Labadié. Quand il a, usant certainement de la figure de rhétorique qu'on appelle l'hyperbole, évoqué le grand nom de Mirabeau, je pensais qu'il y aurait un moyen d'amener Mirabeau dans notre réunion ; c'était de rappeler un trait de la vie de ce révolté de l'aristocratie, de cet audacieux homme d'État qui donna le signal décisif de rompre les attaches qui retenaient la France au vieux monde pour la lancer dans cette carrière de justice et de liberté où elle est définitivement entrée en déployant tout l'essor de son génie, et qui fait d'elle à jamais la plus glorieuse des nations, malgré des défaillances imméritées et dont elle se relève tous les jours. (*Vifs applaudissements.*)

Oui, je voulais rappeler que ce Mirabeau, posant, lui aussi, sa candidature, — non pas dans les Bouches-du-Rhône, mais dans cette Provence qui n'est pas aussi variable et aussi changeante que vous paraissez le croire, et qui vous reviendrait, à supposer qu'elle eût manifesté de loin un certain froissement à votre égard, qui vous restituerait ce qui vous appartient, l'estime, la considération et les suffrages que vous n'avez cessé de mériter (*Très bien! très bien!*, — je voulais rappeler que ce Mirabeau, à la veille des États généraux, décidé à briser complètement avec un passé qui l'étreignait encore, au milieu des siens qui le reniaient, mais qui, sentant quelle force ils allaient perdre, voulaient cependant le retenir, se proposant aux suffrages de ce tiers état, de cette bourgeoisie qui, la veille, n'était rien et qui allait être tout, selon le mot de Sieyès auquel vous pensiez tout à l'heure, ouvrait boutique « à l'enseigne du marchand drapier ». (*Vive sensation.*)

Voilà par quels liens Mirabeau vous est uni, Messieurs ; et je crois que ce n'est pas un hors-d'œuvre de vous le rendre, car il a été des vôtres à l'époque décisive de sa vie. (*Applaudissements.*)

Messieurs, sous l'aspect léger d'une anecdote, ce fait prouve que de tout temps, sans remonter à Étienne Marcel ni même à Colbert, dans ce pays de production, d'épargne, de travail, les hommes qui ont eu la véritable clairvoyance des destinées de la France n'ont jamais hésité à chercher le lien qui devait rattacher la politique générale de l'État à la conduite même des affaires particulières, des négoces, des industries nationales. Ce fait prouve, — vous en êtes un exemple manifeste, — que la place que vous prenez tous les jours dans la société, — je parle non seulement pour les drapiers, mais pour toutes les industries, pour tous les commerces, — devient prépondérante.

On l'a bien vu dans un passé tout récent, que vous n'avez pas évoqué tout à l'heure, mais qui reste à votre honneur, le passé du 16 mai! Ce passé, il est encore là, à peine refroidi. Eh bien, quel est le concours le plus efficace, la manifestation la plus décisive qui ait pesé dans cette lutte du pays contre les retours de la réaction coalisée à tous les partis d'ancien régime? Messieurs, c'est la manifestation des affaires! Le jour où l'on a vu que les hommes de négoce, les hommes d'industrie, les hommes d'affaires, étaient du côté de la République, c'est-à-dire de l'ordre assuré, de la sécurité intérieure, ce jour-là le 16 mai a été vaincu.

Messieurs, je pourrais nommer ceux de nos convives de ce soir qui furent les champions du pays à

cette heure solennelle; ils se levèrent et, prenant en
main la défense des intérêts de tous, allèrent frapper
à l'Élysée et, comme Étienne Marcel, mais dans des
circonstances à coup sûr moins tragiques, portèrent
la volonté du monde du travail de n'être plus assailli
par les inquiétudes et par les oppressions qu'on préparait dans cette révolte contre la volonté nationale.
(*Vifs applaudissements.*)

Vous savez bien à qui je fais allusion : ceux-là sont à
côté de moi et au milieu de vous. (*Très bien! très bien!*)
Mais, Messieurs, s'il est vrai que ce jour-là ces hommes
de circonspection et de prévoyance politiques, investis d'une véritable autorité sociale dans leur pays,
aient accompli cette démarche qui a pesé d'un pareil
poids dans le succès final de la cause de la liberté,
croyez-vous que ce soit là un fait sans conséquence
et qu'on doive laisser de côté, oublier, renier, une fois
ce service rendu? Non, Messieurs, de semblables
actes commandent la politique; ce jour-là la République, le parti républicain tout entier, ont contracté
à l'égard de ces mêmes gens d'affaires, de ces défenseurs du travail national, l'engagement de faire une
République légale, ordonnée, sage, exempte d'agitations et de soubresauts, parfaitement régulière, respectueuse de tous les intérêts légitimes, protectrice
de la paix sociale au dedans et, en même temps, du
bon renom de la France au dehors. (*Explosion d'applaudissements et acclamations. — Sensation prolongée.*)

Car enfin, Messieurs, il ne suffit pas d'évoquer le
16 mai uniquement pour célébrer la victoire obtenue;
il faut aussi se souvenir et des concours, et des appuis,
et des mérites divers que l'on a rencontrés et qui ont
été engagés dans cette lutte redoutable. Il ne faut pas
oublier, il ne faut pas perdre de vue que c'est précisément à ce moment-là qu'à la face du pays et, on peut
le dire, à la face du monde, ayant triomphé par la
légalité et avec le concours de la nation, on s'est

engagé à ne plus jamais sortir de la légalité et à faire une politique nationale fondée sur la paix et la concorde. (*Applaudissements prolongés.*)

Et s'il y en a qui oublient, si même il y en a qui ne l'ont jamais su, il faut, Messieurs, plaindre ou leur ingratitude ou leur ignorance, et compter sur le bon sens de tous pour les remettre à leur place si jamais ils s'avisaient d'en sortir. (*Très bien! très bien!*)

Quant à moi, je sais, pour l'avoir bien observé, quel est le tempérament de ce pays; je sais combien il est ennemi des extrêmes et de la chimère. Je dis que dans aucune consultation, quel que soit le mode que l'on emploie, et qui importe peu, — mais ici, Messieurs, entendez-moi bien, ce n'est pas que je n'aie pas une préférence marquée et justifiée pour le mode particulier du scrutin de liste, et cette préférence, je la marque aujourd'hui, car je veux expliquer une pensée qui paraît avoir été mal comprise [1], — je dis que quel que soit le procédé à l'aide duquel on consulte la France, la France sait trop bien ce qu'elle veut, elle est trop sûre d'elle-même, pour que la réponse ne soit pas toujours bonne. (*Applaudissements.*)

Mais cela dit, Messieurs, est-ce une raison pour rejeter un moyen de consultation meilleur, plus précis, plus parfait, plus élevé? A coup sûr, non, la question des divers modes de scrutin constitue un grave problème politique que nous discuterons ailleurs sans passion, sans aigreur, non pas comme on traite les questions de parti à parti, mais comme on les débat entre gens de la même doctrine, qui ont le même idéal, résolus à se persuader les uns les autres,

1. Allusion aux paroles prononcées le 25 mars 1881, au banquet des chambres syndicales de l'union du commerce et de l'industrie : « ce verdict souverain que rendra la France, par un procédé ou par un autre, les procédés importent peu, » et qui avaient été présentées par quelques journaux comme un recul dans la question de la réforme électorale.

à se convaincre, et décidés à obéir à la majorité,
quand la majorité aura prononcé. (*Très bien! très
bien! — Bravos!*)

Oui, souvenons-nous des concours dévoués que
nous avons trouvés lors du 16 mai; ils nous enseignent la conduite que nous avons à suivre. Depuis
dix ans, dans ce pays, nous pratiquons une certaine
politique, — vous l'avez appelée tout à l'heure opportuniste. — Laissons ce mot de côté : c'est un mot
qui ne convient pas; car quel est l'homme public,
dites-le-moi, qui consentirait à reconnaître et à dire
qu'il fait de la politique inopportuniste? Nous faisons une politique de transactions, car en politique
les transactions seules peuvent amener des résultats.
Nous faisons de la politique avec le bon sens moyen
de la France. (*Vive et unanime adhésion. — Applaudissements répétés.*)

Nous faisons de la politique non seulement pour
un point du territoire, mais pour l'ensemble du pays;
et je le demande, à vous, Messieurs, qui, — comme
on le rappelait tout à l'heure, — êtes venus de vos
provinces : de Lille, de Rouen, de Roubaix, de Sedan,
d'Elbeuf; je vous le demande : est-il vrai, oui ou non,
que pour avoir un gouvernement en possession de
l'affection et de la confiance publiques, il faut que ce
gouvernement s'inspire des intérêts, des besoins, des
vœux, des doléances, des aspirations, des exigences
de toutes les parties de la France? (*Oui! oui! — Très
bien! — Applaudissements prolongés.*)

Il faut que ce gouvernement, placé, pour ainsi dire,
au-dessus de la mêlée des partis, ne s'inspire ni des
intérêts d'un arrondissement pris çà et là, quelque
respectable que soit dans sa fragmentation cette partie du territoire, mais qu'il s'inspire, au contraire, de
la généralité des intérêts du pays et qu'il dise : Ou
vous restez trop en arrière, ou vous allez trop vite;
vous nous rejoindrez, ou vous nous attendrez; quant

à moi, je m'applique à marcher du pas que veut la
France, à la fois calme et ferme, jamais en arrière,
toujours en avant, mais ne mettant jamais le pied dans
une fondrière ni dans une ornière. (*Salves d'applaudissements et bravos répétés.*)

Cette politique-là, dix ans d'ordre, de tranquillité,
de progrès incessants, de prospérité sans précédents
et — je le dis avec orgueil — sans rivale dans le
monde, l'ont consacrée ; elle a subi l'épreuve du
temps ; elle a reçu la consécration de l'expérience. La
France la connaît ; on l'attaquera : nous la défendrons,
Messieurs ! (*Applaudissements.*)

Quant à moi, j'ai confiance dans la démocratie
républicaine de ce pays. Je dis « démocratie républicaine », car j'en ai connu une autre, mais avertie,
éclairée à la lueur de nos désastres, cette fausse
démocratie s'égrène tous les jours. Laissons faire le
temps : il travaille pour nous. Et, pour ma part, je
n'exprime qu'un vœu : c'est qu'après le verdict solennel que rendra bientôt la France dans quelques
mois, Messieurs, on puisse dire qu'il n'y a plus dans
ce pays que la démocratie sous le drapeau de la République ! (*Salves répétées d'applaudissements. — Acclamations prolongées. — Une vive émotion succède à ce discours ; les assistants se pressent autour de l'orateur pour
le saluer et le féliciter.*)

DISCOURS

Prononcé le 21 avril 1881

AU CONGRÈS DE LA LIGUE DE L'ENSEIGNEMENT

A PARIS

(SALLE DU TROCADÉRO)

————————

Nous reproduisons, d'après la *République française*, le compte-rendu suivant:

« Hier, à deux heures, a eu lieu, dans la grande salle du Trocadéro, la réunion générale du congrès de la Ligue de l'enseignement, sous la présidence d'honneur de M. Gambetta. M. Jean Macé était assis à la droite du président de la Chambre. Au bureau avaient pris place MM. Charles Buls, président de la Ligue belge, M. Raveaud, président du Cercle girondin de Bordeaux, et plusieurs membres du comité du Cercle parisien.

« Notre cher et éminent ami M. Jean Macé prend la parole et prononce le discours suivant qui est accueilli par d'unanimes applaudissements :

« Mesdames et Messieurs,

« La Ligue française de l'enseignement qui vous a convoqués aujourd'hui dans notre grand palais national pour assister à son inauguration solennelle, a eu, il y a quinze ans, le plus modeste des débuts. Elle a commencé par un sergent de ville, un conducteur de trains et un tailleur de pierres qui ont envoyé leurs noms dans un village d'Alsace.

« Il est juste que je vous les dise. Le sergent de ville s'appelait Larnier; le conducteur de trains, Antoine Mamy ; le tailleur de pierres, Jean Petit.

« Pourquoi ne vous nommerais-je pas aussi le village ? On

n'a pas pu lui ôter sa place dans l'histoire de la Ligue française de l'enseignement : il s'appelait Beblenheim.

« C'était à la suite d'un appel fait, d'un désir exprimé
plutôt, en invoquant l'exemple de la Ligue belge de l'enseignement fondée deux ans auparavant, « dans un pays,
était-il dit, qui en avait moins besoin que nous. puisqu'il
n'avait pas encore le suffrage universel ».

« Et de fait. la condition nécessaire du suffrage universel,
c'est l'instruction universelle. Cela saute aux yeux. Quand
un peuple a laissé venir le premier avant l'autre, il demeure
en perdition jusqu'à ce qu'il lui ait donné son complément,
— nous ne le savons que trop, — et c'est un devoir absolu
pour tous ceux qui ont une patrie d'y travailler de leur
personne, comme on court de soi-même aux digues après
un débordement. Une ligue de l'enseignement dans un pays
envahi par le suffrage universel, du jour au lendemain, sans
préparation, c'était dès le premier jour une question de
salut public. Pour se présenter tard, elle n'en demandait
que plus impérieusement à être acclamée.

« C'est ce qu'avaient compris d'instinct les trois hommes
dont je viens de vous dire les noms. Ces braves cœurs avaient
trouvé la chose si naturelle, qu'ils s'en étaient mis de confiance. comme d'une chose faite, et qu'ils envoyaient chacun
5 francs pour la faire marcher.

« Il n'y avait plus à reculer. Un appel en quelques lignes,
sérieux cette fois, fut lancé, et les lettres commencèrent à
pleuvoir sur le petit village alsacien de tous les points de
la France, témoignant toutes d'une sympathie si vive, je
pourrais dire si fébrile, pour l'œuvre annoncée, que, se
laissant emporter par le courant qui se produisait, l'initia-
teur n'attendit pas plus longtemps pour planter le drapeau
de la Ligue; mais avec quelles précautions! Il fallait partir
sans être empêché par un gouvernement qui pouvait tout
et sans lui en demander la permission : il ne l'aurait donnée,
c'était à peu près certain, qu'à des conditions inacceptables.

« Si nous étions en Amérique, disait le manifeste d'entrée
« en campagne, qui est à la date du 15 novembre 1866, —
« le vrai jour de naissance de notre Ligue, — si nous étions
« en Amérique ou en Suisse, ou en Angleterre, ou en Bel-
« gique, ou même dans la Prusse de M. de Bismarck, la
« mise à exécution de l'idée serait bien simple. On convo-

« querait quelque part les partisans du projet sans rien de-
« mander à personne ; chacun dirait son mot ; on nommerait
« un comité quelconque chargé d'exécuter les résolutions
« prises, et l'agitation gagnant de proche en proche, notre
« Ligue se trouverait bientôt organisée, sa raison d'être
« étant donnée dans un besoin public.

« Nous sommes dans un pays qui a eu cette liberté-là et
« qui en a eu peur. Parmi ceux qui la réclament à grands
« cris maintenant, j'en sais qui parleraient moins haut s'ils
« avaient de la mémoire. Mais les récriminations n'avan-
« cent à rien, non plus que les regrets. On prend son pays
« comme il est quand on veut travailler pour lui, on ne
« va pas regarder chez le voisin, quand on ne peut pas
« l'imiter. »

« Et plus loin :

« Je ne puis me charger provisoirement que de centraliser
« les adhésions qu'on recueillera à l'idée pure et simple de
« l'établissement d'une Ligue nationale de l'enseignement.
« De programme, il ne m'appartient pas d'en dresser ; de sta-
« tuts, je n'en ai pas à proposer : d'autorisation, je en suis pas
« compétent pour en demander ; de cotisations, je ne puis en
« recevoir pour une société qui demeure à l'état de projet.

« On avisera, quand il y aura lieu, aux moyens de réunir
« une première assemblée générale où l'on conviendra des
« statuts de la Ligue et du plan d'organisation à présenter
« à l'assentiment du gouvernement. »

« Et le mouvement commença ainsi, par des signatures
recueillies pour cette formule :

« Les soussignés, désireux de contribuer personnellement
« au développement de l'instruction dans leur pays, décla-
« rent adhérer au projet d'établissement en France d'une
« ligue de l'enseignement au sein de laquelle on ne servira
« les intérêts particuliers d'aucune opinion religieuse ou
« politique.

« Ils s'engagent à en faire partie quand elle sera con-
« stituée, et à souscrire annuellement chacun pour la somme
« portée à la suite de son nom. »

« Cela échappait à toute intervention avouable de l'autorité qui laissa passer. Elle ne pouvait guère faire autrement, et le manifeste du 15 novembre en avait donné la
raison.

« Nous sommes mal placés en Alsace pour endurer pa-
« tiemment le sommeil de l'initiative individuelle dans
« notre pays. Nous y recevons de première main les mépris,
« parfois inintelligents de nos voisins, qui ne se rendent
« pas encore bien compte de la partie qui se joue en
« France depuis dix-huit ans. Il est temps de leur appren-
« dre, s'ils ne le voient pas déjà, qu'un gouvernement dont
« la force principale est dans le peuple, n'empêchera jamais
« personne de travailler pour le peuple, quand il n'y verra
« pas un sujet d'inquiétude personnelle; qu'il ne saurait
« l'empêcher, de gaieté de cœur sans se diminuer, forcé
« qu'il est de donner lui-même l'exemple, et qu'on aura
« toujours le pouvoir de faire ce qui est utile quand on
« cessera de s'occuper de lui, ce qui n'est pas bien difficile,
« après tout, quand on s'est donné quelque chose d'utile à
« faire. Je sais bien quel sera l'ennemi de notre Ligue de
« l'enseignement là où elle cherchera à s'organiser; ce ne
« sera pas le gouvernement. »

« La prédiction s'est trouvée juste. Quand, au mois de juin
suivant, un professeur du lycée de Metz fonda, de son chef,
le premier cercle de la Ligue, le préfet l'autorisa, et l'évêque
l'excommunia. Il faut dire que le fondateur du cercle messin
était à la tête de la loge maçonnique de la ville, dont le
concours l'avait puissamment aidé, et que les foudres épi-
scopales visaient à la fois la Ligue et la maçonnerie, confon-
dues dans une même réprobation.

« Qu'il soit permis au F. Jean Macé, auquel les ennemis de
la Ligue font encore, à l'occasion, l'innocente plaisanterie
des trois points symboliques accolés à son nom, de profiter
de cette occasion solennelle pour accepter tout haut une
solidarité qui existe en effet. Les deux institutions sont certainement indépendantes l'une de l'autre; mais elles sont
sœurs aussi très certainement, leur principe étant le même :
la guerre à l'ignorance et à l'intolérance. Les nombreux
délégués envoyés par les loges à notre congrès sont là pour
attester que l'œuvre de la Ligue est une œuvre maçonnique
aussi bien que patriotique. Quand une loge se trouve derrière une société d'instruction qui se fonde, elle est dans
son rôle, et ce n'est pas seulement à Metz que la chose est
arrivée.

« Le jour de la fondation du Cercle messin, 21 juin 1867,

est une date capitale dans l'histoire de la Ligue française.
Jusque-là elle demeurait à l'état de projet inattaquée
parce qu'elle était impalpable; elle n'avait pas encore son
droit de cité.

« L'homme qui le lui a conquis, le professeur du lycée de
Metz, M. Vacca, mérite une place à part dans ce résumé que
je suis forcé de faire trop incomplet. C'est lui dont l'initiative, aussi sage que résolue, a donné un corps pour la première fois à ce qui n'était auparavant qu'une idée. C'est lui
qui s'est attaqué le premier à cette grosse difficulté de l'autorisation administrative qu'un refus essuyé au début pouvait rendre infranchissable, et c'est par la brèche qu'il a
ouverte que les autres ont passé.

« J'ai tenu, Mesdames et Messieurs, à vous faire assister à
la phase d'enfantement de notre Ligue, parce que rien ne
pouvait vous donner une idée plus juste de l'esprit qui a
présidé à sa création et des conditions dans lesquelles elle
a fonctionné. Le reste demanderait un volume qui sera
fait bientôt. J'attendais pour le faire qu'elle eût atteint le
but vers lequel ses ouvriers marchent depuis quinze ans,
son organisation définitive en une vaste confédération nationale sur laquelle personne ne pourrait jamais mettre la
main, parce que les groupes qui la composent demeurent
tous absolument indépendants dans leur action, et qu'elle
n'a qu'un article dans son programme philosophique :
faire des hommes qui pensent, pour penser ensuite comme
ils l'entendront; qu'un article dans son programme politique : faire des concitoyens, faire des électeurs, ce qui est
plus important mille fois que de faire des élections.

« Il faut pourtant vous donner quelques chiffres qui vous
permettront de juger de sa marche progressive.

« Au 1er novembre 1867, les signatures apposées au bas de
la formule dont je vous donnais lecture tout à l'heure,
s'élevaient au nombre de 4,792, recueillis dans 77 départements.

Au 15 février 1870, la Ligue comptait déjà 59 cercles,
réunissant entre eux tous un budget de 78,445 fr. 05, sous-
crit par 17,856 membres. Elle envahissait tranquillement la
France, portée par le courant irrésistible qui nous emme-
nait à d'autres institutions, et dont peuvent se souvenir
ceux qui luttaient alors pour la liberté.

« Vous savez tous à quelle diversion l'empire aux abois a eu recours, et quelle autre invasion elle nous a valu.

« Il y eut à ce moment fatal un arrêt forcé dans le mouvement pacifique de la Ligue, et de Beblenheim il ne pouvait plus être question. Heureusement qu'au lendemain de la guerre, le Cercle parisien se trouva là, organisé déjà depuis deux ans, pour remplacer dans des conditions supérieures ce point central que la Ligue française de l'enseignement avait eu jusqu'alors dans un village de la frontière.

« Ici commence dans son histoire le rôle prépondérant de l'homme qui, à force d'énergie, de sens pratique et de vouloir, est parvenu à remuer, en son nom, le pays tout entier, de M. Emmanuel Vauchez, le fondateur et l'âme du Cercle parisien, le vaillant entrepreneur des deux campagnes du pétitionnement et de l'enquête ouverte au sein des conseils municipaux en faveur de l'enseignement obligatoire, gratuit et laïque, lesquelles ont abouti, le premier à un chiffre de plus de 1,260,000 signatures, le plus fort connu, de mémoire de pétition ; la seconde, à un ralliement de municipalités ayant derrière elles plus de la moitié de la population de la France, résultats d'autant plus merveilleux, qu'ils ont été obtenus sous cette fausse République, plus défiante encore que l'Empire de l'instruction populaire, que nous avait donnée l'Assemblée de Bordeaux.

« Le mouvement de la Ligue arrêté dans les départements pendant cette période néfaste où la République était aux mains de ses ennemis, recommença plus actif que jamais, en se transformant, disons mieux, en déployant son drapeau, quand la volonté nationale eut fait justice des insurgés du 16 mai, et que le suffrage universel, rentré enfin en possession de lui-même, eut acclamé définitivement les institutions vers lesquelles la France est entraînée fatalement depuis 89.

« Les cercles de la Ligue qui se sont formés depuis ont pris le nom de sociétés républicaines d'instruction, et c'est maintenant le nom réglementaire, si je puis m'exprimer ainsi, de toutes les créations nouvelles.

« La Société fait appel au concours de tous les républi-
« cains, est-il dit dans les statuts, qui ont servi de type jus-
« qu'à présent pour travailler par tous les moyens légaux
« au développement de l'instruction. »

« Disant cela, nous ne croyons pas sortir de notre programme primitif de neutralité politique, qui avait, je puis bien le dire, un sous-entendu forcé. Nos cercles de la Ligue s'imposaient la loi de ne servir les intérêts particuliers d'aucune opinion religieuse ou politique; mais il n'y est jamais entré, — c'était prévu d'avance, — que des républicains, des hommes de progrès, si vous voulez, — c'est la même chose, — et par une raison bien simple.

« Pour ceux qui veulent la République, la vraie, celle de la liberté, il est bien évident que notre peuple n'en sait pas assez, et que le premier besoin de ce pays est d'être couvert de sociétés d'instruction.

« Pour ceux qui rêvent le retour en arrière, notre peuple en sait trop, c'est bien clair maintenant, et ce qu'il y aurait à faire ici, si c'était possible, ce serait des sociétés de désinstruction.

« C'est impossible, malheureusement pour eux; mais je savais de reste, en commençant, que nous ne les aurions jamais. Nous n'avons donc perdu personne dans la Ligue en nous proclamant républicains; mais cette neutralité politique, notre loi du commencement, le reste encore aujourd'hui, et je viens vous en donner la vraie formule. Nous avons à faire des électeurs et non pas des élections.

« Quand on a pris position dans la politique suprême fondamentale, on échappe facilement au besoin de descendre dans la politique de détail, dans les luttes intestines entre ceux qui veulent la même chose et qui ne s'entendent pas sur le meilleur chemin à suivre pour y arriver.

« Notre chemin à tous, gens de la Ligue, est forcément le même : faire penser ceux qui ne pensent pas; faire agir ceux qui n'agissent pas; faire des hommes et des citoyens. C'est de la neutralité politique assurément, mais comme l'absolu est neutre parce qu'il domine tout.

« J'en dirai autant de notre neutralité religieuse, qui nous a valu tant d'injures imméritées. Dernièrement encore, la Ligue de l'enseignement et son fondateur n'ont-ils pas été voués, en plein Sénat, à l'exécration des âmes pieuses, comme notoirement athées. Je ne me savais pas athée, pour mon compte, et l'on ne peut pourtant pas l'être malgré soi. L'imputation est partie d'assez haut pour que vous me permettiez de lui opposer ici une déclaration de principes qui ne l'avait pas attendue : elle est datée du 13 février 1870.

« Il y a deux manières d'échapper à la controverse : en
« se plaçant au-dessous : c'est celle des indifférents et des
« sceptiques ; en se plaçant au-dessus : c'est celle des vrais
« croyants, c'est la nôtre, je ne crains pas de le dire. La
« Ligue, en imposant à ses membres le sacrifice des satis-
« factions personnelles de polémique, a mis si peu son
« œuvre en dehors du terrain religieux et politique, le
« seul sur lequel on puisse bâtir en grand, qu'elle ne pou-
« vait compter et ne compte en effet d'adhérents sérieux,
« de travailleurs utiles, que parmi les citoyens actifs, je veux
« dire : agissants, et les hommes sincèrement religieux.

« Je m'explique.

« Si la répartition plus équitable, entre tous les membres
« de la grande famille humaine, du trésor des connais-
« sances, le patrimoine commun, est posée comme une
« œuvre de justice sociale et de fraternité, elle devient par
« cela même une œuvre éminemment religieuse, dans le
« sens pratique et universel du mot.

« Les religions ont leurs dogmes, leur culte, leur sacer-
« doce, par lesquels elles diffèrent et au nom desquelles
« elles se combattent ; mais au fond de l'enseignement de
« toutes, celles du moins auxquelles nous pouvons avoir
« affaire, se retrouve la loi du sacrifice volontaire aux
« idées de justice et de fraternité humaine. Cette loi, ca-
« tholiques, protestants, juifs, mahométans, la reconnais-
« sent également. C'est pour tous un commandement divin
« dans lequel ils peuvent tous communier, et ceux-là même
« qui, ne voulant ni dogmes, ni culte, ni sacerdoce, se font
« une sorte de point d'honneur de renier le mot de « reli-
« gion », ceux-là acceptent comme les autres le comman-
« dement divin de toutes les religions. Je ne sais pas d'école
« au soleil qui l'ait rayé de son programme. Quelle que
« soit l'épithète qu'ils lui aient trouvée, la sanction qu'ils
« lui conçoivent, ils peuvent se donner la main avec les
« autres quand ils viennent lui rendre l'hommage véritable,
« celui de la pratique, et je les crois alors plus religieux.
« ne leur en déplaise, que ceux qui l'enveloppent de for-
« mules sacrées pour le fouler ensuite aux pieds par les
« actes. »

« C'est l'acte en effet qui fait l'homme religieux, ce n'est

pas la formule ; c'est l'obéissance à la voix du devoir, et
non pas sa conception métaphysique, et la controverse ne
peut pas suivre ceux qui montent ensemble du même cœur
à l'accomplissement du devoir universel d'amour et de
justice. Sa place est plus bas, dans la région tourmentée
où l'on se maudit pour des affirmations et des cérémonies.

« Que l'on nous fasse une société d'athées se réclamant
de ces principes-là, qui sera tenté de s'en plaindre, si ce
n'est ceux qui vivent des malédictions de la région tourmentée?

« Un mot encore aux soldats de la Ligue rassemblés ici,
à ces intrépides champions de l'instruction populaire qui
n'ont pas désespéré de la patrie dans les mauvais jours,
que les obstacles n'ont pas fait reculer, non plus que le
danger, quand il y en avait, auxquels la liberté rendue enfin à ce pays, après tant de luttes et d'angoisses, vient de
permettre de se réunir pour la première fois de tous les
points de la France.

« Cette consécration solennelle de notre œuvre, sanctionnée en ce moment par la présence au milieu de nous, en
qualité de président d'honneur, du grand patriote qui, lui
aussi, n'a pas désespéré dans les mauvais jours, et que notre
représentation nationale a justement mis à sa tête parce
qu'il a su faire le représentant le plus autorisé du sentiment
national, cette consécration éclatante de notre œuvre, si
longtemps réduite à se faire petite pour avoir le droit de
vivre, doit nous donner plus d'ardeur en nous donnant plus
de force. On peut nous insulter encore : on nous insultera
peut-être davantage, et pour cause. On ne peut plus nous
entraver : cela seul est important. Si nous avons pu travailler pour le bien de notre pays sans la liberté, nous le
ferons bien mieux encore avec elle, au mépris des outrages,
sûrs que nous sommes d'être dans la justice et la vérité.

« Un sceptique, — je ne sais plus lequel, — a dit un jour
que le monde appartenait aux phlegmatiques. Autant vaudrait dire que les grands séducteurs ce sont les eunuques.
Le monde appartient aux croyants qui voient clair, aux
passionnés qui ont raison. »

« M. Raveaud donne lecture d'un rapport sommaire sur

les travaux du congrès [1]; puis, M. Gambetta se lève au milieu des applaudissements et prononce le discours suivant :

Mesdames, Messieurs et chers concitoyens,

En écoutant, tout à l'heure, cette parole si ferme, si spirituelle, si française, de Jean Macé vous racontant les origines, les développements et les conquêtes de l'œuvre si éminemment nationale qu'il a fondée, je me demandais à quel moment il parlerait enfin de lui-même et de la part qu'il y a prise; il n'en a rien dit, donnant ainsi la mesure de la modestie et de la

1. Nous reproduisons le texte des statuts de la Ligue :
Art. 1er. La Ligue de l'enseignement, fondée par Jean Macé, s'organise en fédération sous le titre de Ligue française de l'enseignement. — Art. 2. Une liste est ouverte sur laquelle seront inscrites toutes les sociétés d'instruction populaires, sous quelque titre que ce soit, y compris les sociétés de femmes qui voudront en faire partie. — Art. 3. La Ligue française de l'enseignement a pour but de provoquer par toute la France l'initiative individuelle au profit du développement de l'instruction populaire par tous les moyens possibles. La Ligue publiera un bulletin spécial dont le prix est fixé à 6 francs. — Art. 4. Toute société adhérant à la Ligue sera tenue de prendre un abonnement à ce bulletin. — Art. 5. Chaque société fixera elle-même sa contribution d'après ses ressources. — Art. 6. Chaque société, étant indépendante, sera libre de se retirer quand elle le désirera. — Art. 7. Un congrès composé des délégués des sociétés de la Ligue se réunira chaque année dans le lieu désigné par le conseil général de la Ligue. Le premier congrès se tiendra à Paris. — Art. 8. Chaque société enverra un délégué au congrès annuel. Un même délégué pourra représenter plusieurs sociétés, mais il n'aura jamais qu'une seule voix. — Art. 9. La Ligue est administrée par un conseil général de trente membres nommés par le congrès pour trois ans et renouvelable par tiers chaque année. Le sort déterminera les membres qui font partie des premier et deuxième tiers. — Art. 10. Les attributions du conseil général sont : 1º de propager l'œuvre; 2º de publier le bulletin de la Ligue; 3º d'organiser des conférences publiques et les congrès annuels; 4º d'administrer les finances de la Ligue. — Art. 11. Le conseil général rendra compte dans le bulletin de sa gestion et publiera l'état détaillé de ses recettes et de ses dépenses. — Art. 12. Nulle modification aux présents statuts ne pourra être discutée en assemblée générale sans avoir été au préalable communiquée au conseil général et portée par lui, deux mois avant la réunion du congrès, à la connaissance de toutes les sociétés dont se compose la Ligue française de l'enseignement.

grandeur de son caractère, qui fait que, dans cette œuvre dont il a fait le récit et qui lui appartient tout entière, il n'a su trouver de paroles de remerciements et d'éloges que pour ses collaborateurs et ses alliés. (*Très bien! très bien! — Adhésion générale.*)

Messieurs, c'est cette haute vertu morale qui se trahissait dans les derniers mots de son allocution lorsqu'il disait : Non, le monde n'appartient pas aux flegmatiques ; il appartient aux croyants, à ceux qui sont passionnés pour la raison et la justice. En s'exprimant ainsi, il livrait le secret de sa nature et de sa propre action, et c'est le seul instant où, sans s'en apercevoir, il s'est décrit lui-même. (*Vifs applaudissements.*)

Aussi faut-il lui rendre ici un public hommage d'admiration, — oui, d'admiration, car ce mot, trop souvent prodigué au spectacle de la force triomphante, n'est utilement, légitimement employé qu'à l'adresse de ces bienfaiteurs obscurs, passionnés, infatigables, qui, à force de volonté, à force de ténacité, finissent par apporter à tout un peuple une dot magnifique d'intelligence et de lumière que la plupart des conquérants, que beaucoup de gouvernements et d'hommes d'État ont été impuissants à lui procurer. (*Nouveaux applaudissements.*)

C'est pour cette raison, Messieurs, que j'ai accepté avec empressement de venir au milieu des membres de cette Ligue de l'enseignement, qui tiennent ici leurs premières assises, non pas pour donner sur l'historique et l'organisation de leurs travaux et de leurs conquêtes des détails, des renseignements que vous possédez tous, mais pour caractériser cette œuvre à mon tour, comme un ami, comme un collaborateur dévoué de la première heure, pour lui reconnaître la marque politique et nationale. (*Oui! — Très bien! — Adhésion unanime.*)

Quand vous avez débuté, — vous qui datez encore

vos premiers jours de votre patrie de Beblenheim
(*Mouvement*, — vous étiez, comme nous, courbés sous
le joug commun, et vous deviez compter avec un pouvoir dont le despotisme ne permettait pas à la sincérité de votre âme d'éclater au grand jour ; et c'est
pourquoi vous fondiez la Ligue de l'enseignement du
peuple parce que l'enseignement n'a rien de politique.
Oh! laissez-moi le dire pour vous et en votre nom,
c'était faire de la politique, et de la meilleure, et de
la plus efficace, que d'aller vers les esprits qui ne
sont pas encore éveillés, que d'aller vers les âmes qui
dorment encore dans les ténèbres, que de s'adresser
aux ignorants qui se cherchent, et de leur apporter
la lumière, et l'intelligence, et la connaissance de leurs
droits et aussi de leurs devoirs. C'est de la véritable
politique que vous faites depuis quinze ans ; et cette
politique, c'est celle de la démocratie, de la seule
démocratie, celle qui ne peut atteindre tout son développement et prendre tout son essor que sous le
drapeau de la République. (*Assentiment général et applaudissements.*)

Vous avez donné son vrai nom à votre Ligue en
l'appelant la Ligue française de l'enseignement. Vous
comptez, dites-vous, quatre à cinq cents Sociétés qui
se groupent autour de vous ; mais j'espère bien que
ce nombre va s'accroître, maintenant que vous déco-
rez les Sociétés qui adhèrent à vos statuts du beau
nom de Sociétés républicaines d'enseignement. Et
pourquoi parlez-vous maintenant de la République
dans la Ligue française de l'enseignement? C'est parce
que, désormais, entre la France et la République il y a
une indissolubilité dont vous êtes le témoin, — témoin
blessé, et d'autant plus éloquent: — c'est parce que
vous êtes convaincu qu'il n'y a de retour possible à la
patrie française que sous cette auguste forme républicaine que la France a définitivement adoptée. (*Sensation.*)

Et qu'on ne cherche rien autre chose dans mes paroles que le sentiment du droit et de la justice, rien que ce qui doit nous revenir par l'ascendant supérieur de l'esprit, par la force toute-puissante des conquêtes morales et intellectuelles, et non point par la force matérielle et brutale, toujours capricieuse et changeante. (*Salve d'applaudissements.*)

Par conséquent, quand vous êtes venu vous fixer parmi nous et que vous avez placé les couleurs nationales au sommet de votre glorieux édifice, vous avez voulu dire que tous les Français y étaient appelés et devaient y prendre place, car, désormais, on ne peut plus être patriote et Français que sous les nobles couleurs du drapeau républicain.

C'est aujourd'hui pour ces hommes vaillants qui, dès les premiers jours, ont été vos collaborateurs, pour M. Emmanuel Vauchez, qui s'est dérobé tout à l'heure à l'acclamation légitime de ses concitoyens; pour M. Vacca, le Messin qui a organisé la première de vos Sociétés ; pour vous tous qui prodiguez vos efforts et votre obole, — vous venez encore d'en donner la preuve, — c'est le jour du triomphe. Quant à nous, Messieurs, c'est un devoir que nous remplissons aujourd'hui, un devoir digne de vous, de nous retourner vers ceux qui ont assuré le succès de cette grande œuvre et de leur dire : Oui, vous avez bien mérité de la patrie française. (*Adhésion unanime et salve d'applaudissements.*)

Mais il y a un mot dans votre discours, Monsieur Macé, que je vous demande la permission de reprendre. Vous avez dit que la pensée première de votre œuvre vous avait été suggérée dès 1866, par l'existence du suffrage universel parmi nous, et par le spectacle de ses défaillances et de ses chutes. C'est alors, disiez-vous, que vous aviez réclamé l'instruction universelle comme un antidote du suffrage universel. Eh bien, permettez-moi de dire qu'en vous entendant il me

semblait que vous alliez peut-être dépasser la légitime
mesure, car le suffrage universel est un droit avant
d'être l'exercice légal et régulier de la raison cultivée.
(*C'est vrai! — Très bien! très bien!*)

Sans doute, le suffrage universel a pu fléchir, et
même succomber; il a pu être entraîné, surpris; il a
pu même être sophistiqué; sans doute, comme l'humanité elle-même dans sa marche incessante vers le
progrès, il a pu avoir ses éclipses et ses défaillances;
mais il a eu aussi ses grandeurs, et n'oublions jamais
que ce n'est qu'en s'éprouvant lui-même à la pierre
de touche de l'expérience qu'il peut prendre complètement et toute sa compétence et toute son autorité.
Oui, le suffrage universel est le droit; il est le droit
en exercice et il ne faudrait pas laisser dire un seul
instant que son principe ou sa valeur peuvent dépendre
de l'état intellectuel de tout un peuple, car cet état
intellectuel, nul n'est en possession de le mesurer. Ce
qu'il faut dire aux âmes passionnées, aux ardeurs infatigables comme la vôtre, ce qu'il faut leur demander,
c'est de fonder des écoles, d'ouvrir des cours et des
conférences, de rapprocher les hommes par l'instruction afin d'éclairer chaque jour davantage le suffrage
universel. Ah! mes chers concitoyens, enseignons-nous les uns les autres, — cette formule vaut peut-être mieux que l'autre, — enseignons-nous et, surtout,
allons à ceux dont le poids se fait sentir de la façon
la plus décisive dans la balance des destinées françaises. (*Vive et unanime adhésion.*)

C'est là ce que vous avez si bien compris, vous,
Monsieur Vauchez. Oui, comme vous l'avez dit : Sortons des villes, franchissons leurs clôtures et répandons-nous dans les campagnes, dans les villages;
supprimons les distances qui nous séparent des hameaux les plus reculés, et portons-y, avec la bibliothèque, avec le cours, avec la leçon de choses, avec
le livre, avec la brochure, avec le journal, portons-y

les mille formes de propagande, de prosélytisme et d'illumination intellectuelle qui sont en notre pouvoir. (*Applaudissements et acclamations.*)

Oui, enseignons-nous mutuellement; instruisons-nous les uns les autres; car c'est là, précisément, la tâche, le devoir, le fond et la nature d'un gouvernement et d'une société démocratiques. A ce propos, un mot me revient. Proudhon, qui a dit tant de choses et, parmi toutes celles qu'il a dites, tant de choses contestables ou même erronées, mais qui avait, par moments, des lueurs si vives, si pénétrantes sur la constitution interne de notre société, qui sentait si profondément ce qui était dans l'intimité même de la conscience du peuple, Proudhon a dit : Démocratie c'est démopédie, c'est-à-dire instruction et enseignement de tous les jours et à tous les degrés.

Messieurs, cette parole de tournure et d'aspect un peu barbares, contient véritablement le secret de votre action. Ce que vous avez voulu, c'est précisément mettre l'instruction à la portée des plus humbles; à la portée de ceux qui, en naissant, vont à l'école, comme de ceux qui n'y sont jamais allés; à la portée de ceux qui n'ont fait que traverser l'école comme de ceux qui ont passé la limite après laquelle on n'y peut plus revenir.

C'est là votre œuvre, œuvre variée, multiple dans ses aspects et dans ses moyens, comme dans les besoins de tous genres auxquels elle devait satisfaire. Et c'est pour cela que vous avez admirablement organisé la liberté pratique dans toutes les parties de votre institution. Quel a été votre système en effet? Vous vous êtes bien gardés d'imposer un pouvoir central d'où tout rayonnerait, et qui aurait donné à toutes les sociétés, à tous les cercles, les mêmes formules, les mêmes statuts, les mêmes programmes. Non! non! vous avez laissé surgir sur tous les points du territoire, avec leur allure propre, toutes les sociétés qui voulaient

concourir au but commun. Reconnaissant leur indépendance, leur liberté, leur autonomie, vous vous
êtes mis à leur service, vous êtes devenu leur procu-
rateur, leur interprète, leur serviteur, et jamais leur
maître. (*Applaudissements prolongés.*)

C'est cette organisation libérale dont vous avez reconnu les bienfaits que vous venez de vérifier, de
consacrer, et qui sort victorieuse des derniers débats
auxquels vous venez de vous livrer dans votre congrès.
Et vous ferez bien de la maintenir, car elle est, soyez-
en convaincus, le gage d'une multiplication infinie ;
car, Messieurs, entendez-moi, il ne servirait de rien
de nous réunir, de nous rapprocher, si tous, en sortant de cette enceinte, nous n'avions le ferme dessein,
la volonté arrêtée de favoriser, de provoquer sur tous
les points du territoire des sociétés analogues à celles
qui sont déjà fondées et qui inscriront ces mots
sur leur drapeau : Guerre à l'ignorance et guerre à
l'intolérance. (*Adhésion unanime et applaudissements
répétés.*)

En poursuivant votre œuvre, vous ne poursuivez
pas, — et vous avez raison de le dire, — le triomphe
de telle ou telle nuance du parti républicain... Messieurs, j'éprouve quelque honte d'employer encore ce
mot de « parti républicain », car ce parti c'est désormais toute la France. (*Applaudissements.*) Vous l'avez
dit à merveille : ce que vous cherchez à faire, ce ne
sont pas des élections, ce sont des électeurs (*Bravos
répétés*), des électeurs, c'est-à-dire des juges, des jurés,
des hommes libres, probes, indépendants, éclairés :
encore une fois, vous voulez faire des électeurs et non
des élections : admirable formule qu'il faut retenir et
surtout pratiquer. Oui, Messieurs, il ne faut à aucun
prix que votre admirable institution soit exposée au
soupçon de n'être qu'une entreprise, sur un point ou
sur un autre, destinée à servir certaines ambitions
personnelles ou certaines coteries particulières. Heu-

reusement, nous vous garderons longtemps, Monsieur
Macé. Aussi longtemps que l'on saura que c'est vous
qui gardez sur la Ligue cette sorte d'hégémonie morale
que vous assurent votre passé et vos vertus, l'ombre
d'un pareil soupçon ne pourra certainement ni vous
effleurer ni vous atteindre, vous, ni aucun de vos
collaborateurs. (*Très bien! très bien! — Vifs applaudissements.*)

Vous avez rappelé, avec non moins de force et d'à-
propos que votre œuvre était née de l'inspiration des
plus humbles et des plus faibles. Vous avez rappelé
que c'était un simple sergent de ville, un humble tailleur de pierres, un modeste entrepreneur qui n'était
peut-être que tâcheron, qui étaient venus les premiers
vous apporter leur idée et leur obole ; par là vous avez
défini le caractère démocratique de votre institution ;
vous avez montré l'intérêt des travailleurs à se rapprocher incessamment des sources vivifiantes de l'instruction ; vous révéliez ainsi également un des plus
augustes caractères de votre œuvre ; vous la montriez
obéissant à ce qui est une loi de l'histoire, en rappelant que les grandes créations, les grandes institutions
sont nées, comme la vôtre, dans les couches les plus
humbles et les plus souffrantes de la société, comme
si ces entreprises, appelées à un si grand avenir, avaient
besoin de partir de si bas pour pouvoir s'élever aussi
haut! (*Applaudissements et acclamations prolongées.*)

Oui, mes concitoyens, ce sont ces hommes du peuple qui ont eu l'instinct, la prescience à la fois de la
conservation et du progrès également nécessaires,
lorsque, à votre appel, ils sont venus vous apporter
leur bonne volonté et leurs efforts. Et cela se passait
avant l'année terrible, avant 1870 ! Mais que dire après
nos désastres ? Ce n'est pas devant vous que je voudrais insister sur cette effroyable période de notre
histoire ; non ! ces souvenirs ne plaisent guère à ré-
veiller en un tel jour ; mais je veux rappeler qu'au

lendemain de cette chute, qui a failli être mortelle, partout le même cri se fit entendre.

De quelque bouche qu'il sortit, soit que ceux qui le poussaient eussent la vision de l'avenir, soit qu'ils fussent seulement les témoins attristés de notre catastrophe, il n'y eut qu'un mot : Il faut instruire ce pays, afin de lui rendre sa véritable sève intellectuelle et morale : il faut ouvrir des écoles, remanier les programmes et les méthodes, engendrer des maîtres. Et, chose admirable ! à travers toutes les difficultés, à travers les desseins parfois criminels d'un pouvoir réacteur, cette pensée fondamentale ne fut jamais perdue de vue. Et l'on peut dire que c'est sur ce terrain de l'éducation et de l'instruction populaire que toutes les municipalités de France se sont donné un mot d'ordre latent, intime et commun, et que pas un effort, pas une énergie, n'ont été épargnés pour arriver à forcer les citoyens et l'État lui-même à concourir à l'épanouissement complet d'une éducation vraiment nationale. (*Vive approbation et applaudissements prolongés.*)

Ces efforts ne datent que d'hier, et cependant l'on voit déjà s'élever sur toute la France comme une riche moisson d'écoliers, comme une sorte de germination de maîtres. On dirait, — passez-moi ce souvenir, — que, de même qu'après l'an mil, quand l'Europe, échappant aux angoisses de la peur et affaissée sous le joug sacerdotal, se couvrait d'églises, de même, après nos désastres, nous avons voulu, nous, couvrir notre terre d'écoles. (*Salve d'applaudissements et acclamations.*)

Car, vous l'avez dit, voilà notre religion : nous n'avons ni dogmes, ni symboles, ni catéchisme à connaître ou à répandre. Nous n'avons qu'une religion : c'est la culture intellectuelle de tous les Français ; c'est la charge imposée à l'État comme aux citoyens de ne laisser en friche aucune intelligence. Et qui donc aurait le droit de tenir à l'écart de ce banquet social un seul citoyen, un seul être humain? En écartant cet enfant de l'école, c'est peut-être le talent, c'est peut-être le génie, le succès, c'est peut-être le réparateur que vous allez empêcher d'entrer dans l'arène de la vie publique; c'est peut-être un ingénieur, un savant, un chimiste, un physiologiste, un grand artiste que vous empêchez d'éclore. Messieurs, toutes les fois qu'on néglige une intelligence, on vole le pays peut-être d'un trésor. (*Salve d'applaudissements et acclamations répétées — Longue adhésion.*)

Ah! Messieurs, ne craignons pas de nous confier à ce suffrage universel ainsi cultivé, ainsi armé, car c'est là la véritable signification de cette appellation profonde et juste : l'instituteur! L'instituteur! c'est-à-dire celui qui nous arme pour la bataille de la vie, qui nous constitue à la fois à l'état d'intelligence libre et de producteur capable, — l'instituteur! Il y en a parmi vous, Messieurs, qui ont l'honneur de porter ce beau nom. Qu'ils en soient légitimement fiers : il n'y a pas de titre plus auguste; il n'y a pas de charge plus glorieuse à porter, avec tous les dons que comporte cette profession; il n'y a pas de fonction sociale plus éminemment utile pour la France ! (*Nombreux applaudissements.*)

C'est pourquoi vous avez voulu multiplier les instituteurs; vous avez voulu en créer avec ceux qui ne l'étaient pas. Messieurs, sous quelque aspect qu'on l'envisage, votre œuvre est bonne : mais elle ne serait pas parfaite, elle n'atteindrait pas complètement son but si elle n'allait pas jusqu'au bout de ses prémisses, car, en effet, il faudra bien, malgré ce que vous disiez en rappelant le programme de votre berceau, — le berceau de Beblenheim, — il faudra bien qu'un jour ou l'autre vous ou quelqu'une des 415 sociétés qui relèvent de la vôtre, ou des mille, des dix mille, que nous finirons bien par faire éclore sur toute la surface

de ce pays-ci, qu'une de ces sociétés ou une autre
aborde la question des programmes : il faudra bien,
du moment où vous voulez instruire le suffrage universel et faire des hommes éclairés pour faire des
électeurs intelligents et libres, il faudra bien que vous
leur donniez une éducation positive, c'est-à-dire une
éducation qui bannisse la chimère, l'absolu et le sophisme, une éducation qui ne soit faite que de la
moelle des lions : et la moelle des lions, qu'est-ce dans
notre siècle ? C'est le résultat des découvertes de toutes les sciences pures. (*Longs applaudissements.*)

Mais quand vous aurez formulé un pareil programme
pédagogique, oh ! la route sera pleinement ouverte,
et la carrière sera rendue possible pour tous, et pourquoi ? Parce que rien n'est plus simple, avec un enseignement positif, que de donner un enseignement
universel. Mais vous me comprenez ; je n'entends pas
dire que tout le monde apprendra les mêmes choses ;
j'entends dire qu'on donnera à chacun le même enseignement dans son essence et non dans ses développements, mais qu'on lui donnera aussi les connaissances
spéciales dans l'art ou l'industrie à laquelle il voudra
se consacrer, et sans restriction, sans limites. Je ne
fais qu'effleurer ce côté de la question ; car je m'oublie — et je vous en demande pardon : — je n'étais
pas venu ici pour faire un si long discours ; mais que
voulez-vous ? La faute est aux paroles vivantes de ce
vrai et franc Gaulois qui m'ont remué jusqu'au fond
du cœur. (*Vifs et unanimes applaudissements.*)

J'ai dit qu'à ce programme positif seul pouvait cor-
respondre une instruction vraiment universelle. Toutefois il y faudra ajouter quelque chose qui ne soit
pas la science pure, mais qui soit plus doux, plus
tendre, plus artistique, plus fin, car une nation qui
ne compterait que des savants serait une nation bien
rude... (*On rit*), il y faudra introduire un élément auquel vous faisiez appel tout à l'heure, et, malgré la

galanterie que vous avez montrée en saluant avec
raison l'initiatrice Mme Rosen-Dufaure, je suis désolé
de voir que sa place n'ait pas été prise par une Française. Eh bien, cette éducation morale, fine, polie,
pleine d'urbanité et de grâce, qui affine les caractères
sans rien leur enlever de leur fermeté, il n'y a que la
femme qui puisse la donner à l'enfant et à l'homme.
(*Longue adhésion et applaudissements prolongés.*)

Il y a là un point important d'éducation publique
et privée auquel il faudra toucher en faisant appel à
toutes les bonnes volontés, et je m'imagine que, malgré les répugnances de la mode, malgré ce qu'on dit
et ce qu'on écrit surtout, lorsqu'il s'agira de concourir à accroître l'éclat de la civilisation française,
les femmes ne voudront pas se tenir à l'écart. Il
suffira pour cela de leur en donner les moyens et
de leur assurer le respect qui leur est dû dans une
société élevée à un 'degré supérieur. (*Approbation
générale.*)

Sans tomber dans les chimères ni dans les exagérations, il est certain, Messieurs, — ce n'est pas aux
dam esque je m'adresse, — il est certain qu'à ce point
de vue des réformes doivent être introduites dans
notre droit public, dans notre législation, réformes
qui, une fois accomplies, donneraient à la femme,
non seulement tout son prestige, toute son autorité,
toute sa compétence, mais le besoin de les faire valoir.
(*Vifs applaudissements.*)

Telle est votre œuvre, Messieurs. Vos efforts vous
préparent un avenir glorieux et fécond en proportion
de votre présent. Il me reste à vous remercier de m'a-
voir écouté avec tant de bienveillance, et cependant
il me semble que je n'ai pas dit encore tout le fond
de ma pensée.

Je n'ai pas dit comment et pourquoi j'apportais avec
passion mon concours à votre entreprise, — et ici je
parle comme homme politique, mais non pas comme

électeur, rassurez-vous... (*Rires*), ni comme candidat.
Nouveaux rires.)

Je parle en homme qui a vu son pays de près, qui
l'a observé dans la bonne et la mauvaise fortune, qui
tient à dire, au milieu de ses amis, de ses collaborateurs de tous les jours et de ses concitoyens, quelles
ressources, quels trésors inépuisables de bonne volonté et de génie on trouve dans ce pays, mais qui
sait aussi avec quelle facilité on a pu l'égarer, le tromper et le surprendre, et qui alors, examinant toutes
les questions, en revient toujours à cette observation
fondamentale et décisive; c'est qu'il n'y a pas de problème politique ou social qu'on puisse résoudre par
d'autres moyens que l'éducation et l'instruction de
tous, qui seules forment les majorités conscientes.
(*Applaudissements*.)

Oui, Messieurs, entendez-moi, on a beau tourner,
retourner, sonder et toucher à fond tous les problèmes, si les esprits ne sont pas mûrs; si la majorité
n'est pas inclinée vers la réforme; si les intérêts ne
sont pas éclairés et édifiés sur les conséquences de
cette réforme; s'il n'y a pas comme une sorte de
conspiration du bien public en faveur du progrès à
atteindre, il importe peu que vous ayez raison : on n'a
jamais raison contre tout le monde. (*Très bien! très
bien! — Adhésion générale*.)

Instruisons-nous donc, mes chers concitoyens, enseignons-nous les uns les autres. Répandons les trésors
de la science à pleines mains. De la lumière, encore
plus de lumière! comme disait le vieux Gœthe expirant.
J'appelle aussi la lumière à grands cris : pour mon
pays, pour son repos, pour sa force, pour sa grandeur.
Je le dis pour les démocrates ardents comme pour les
rétrogrades obstinés : c'est seulement dans la culture
des intelligences de ce pays qu'on trouvera l'équilibre dans la paix sociale et un gouvernement à la fois
ordonné et progressif. C'est pour cela que je suis un

champion infatigable de la véritable liberté d'enseignement, non pas de certaine liberté : je la connais, celle-là : c'est un sophisme à l'aide duquel on éteint toutes les lumières, et je ne pourrais vous en donner de meilleure démonstration qu'en vous engageant à lire et relire sur ce point les discours de mon éminent ami qui se cache là-bas, derrière les premiers rangs, — M. Paul Bert... (*Salve d'applaudissements et acclamations...*) qui joint à une dialectique incisive la science d'un bénédictin, à telles enseignes qu'on ne discute même plus avec lui dans les rangs du clergé régulier. (*Rires et applaudissements unanimes.*)

Voilà la passion qui m'anime et, m'inspirant de votre mot, je dirai à mon tour : Voilà ma foi, mon *Credo*. Je n'en ai pas d'autre, et j'en reviens toujours à l'admirable et profonde formule qui ne reparaît si souvent dans mes discours que parce qu'elle est véritablement la clef de toute notre politique : Ce que nous voulons, dans une République nationale et passionnément nationale, c'est le développement de l'ordre dans le progrès. (*Salves répétées d'applaudissements. — Bravos et acclamations prolongés.*)

DISCOURS

Prononcé le 5 mai 1881

AU BANQUET COMMÉMORATIF DE L'ABOLITION DE L'ESCLAVAGE

A PARIS

Nous reproduisons, d'après la *République française,* le compte-rendu suivant :

« Le banquet anniversaire de l'abolition de l'esclavage dans les colonies françaises a eu lieu hier soir, à sept heures, sous la présidence de M. Schœlcher, sénateur, dans la salle de Fêtes du Grand-Orient de France.

« M. Victor Schœlcher, avant de se mettre à table, a prononcé ces paroles :

« Messieurs et chers concitoyens,

« En prenant le fauteuil de la présidence où vous vous attendiez naturellement à voir M. Gambetta, j'ai besoin de dire que s'il ne l'occupe pas, c'est que, par une déférence toute gracieuse pour mon âge, il a résisté aux instances que j'ai mises à le lui offrir. Permettez-moi de lui exprimer combien je suis sensible à la marque de considération et d'amitié qu'il m'a donnée par son refus.

« Puisque je suis à cette place, je me réserve, Messieurs, de vous adresser quelques mots à la fin de notre repas fraternel. Mais je ne veux pas attendre jusque-là, Monsieur l'amiral, sans vous remercier, au nom du comité, d'avoir bien voulu accepter notre invitation. Personne ne l'ignore ici, vous avez pris rang parmi les abolitionistes ; grâce à vous, Monsieur le ministre, l'abolition de l'esclavage est devenue une vérité au Sénégal où il se cachait sous de mensongères raisons d'État. Je n'hésite pas à exprimer ma profonde conviction que la France vous remercie d'avoir restauré par là dans notre colonie africaine le culte de la loi, le respect de notre vieux droit public et l'honneur du drapeau national. (*Applaudissements*.) »

« M. Gambetta a répondu :

« Messieurs,

« Je ne puis pas laisser dire à M. Schœlcher que le fauteuil de la présidence me revenait. Dans une réunion de républicains, et surtout d'anti-esclavagistes, la présidence revient à M. Victor Schœlcher. »

« Ces paroles sont vivement applaudies.

« Vers neuf heures, le président donne la parole à M. Gerville-Réache, l'un des organisateurs du banquet. M. Gerville-Réache donne lecture de différentes lettres d'excuses adressées par MM. Louis Blanc, Faustin-Hélie, Arago et qui regrettent de ne pouvoir assister à la fête commémorative.

« Puis, M. Victor Schœlcher prononce le discours qui suit :

« Messieurs et chers concitoyens,

« Le gouvernement provisoire de 1848, ce gouvernement dont les décrets forment un livre de morale admirable, en même temps qu'il proclamait la République et l'abolition de la peine de mort, en même temps qu'il émancipait la France en lui donnant le suffrage universel, émancipa les esclaves de nos colonies. Il n'hésita pas à leur conférer avec la liberté le titre et les prérogatives de citoyens français, y compris le suffrage universel. La manière dont eux et les hommes de leur race en font usage depuis trente ans prouve qu'ils étaient dignes d'entrer dans la grande famille française.

« Quelle merveilleuse puissance est celle de la fidélité aux principes éternels de justice ! Ils font le bonheur quand ils triomphent de ceux-là mêmes qui s'efforcent de les entraver. La prédominance de l'intérêt moral tourne toujours finalement au bénéfice des intérêts matériels. Les possesseurs d'esclaves repoussaient avec passion l'émancipation. A les entendre, elle était grosse de catastrophes ; l'esclavage était inséparable de l'existence des colonies ; le détruire serait leur

ruine à bref délai. Il est détruit, et la grande délivrance
s'est accomplie avec une facilité qui a dépassé ce que ses
promoteurs mêmes pouvaient espérer, et les colonies, tran-
quilles depuis le premier jour de leur affranchissement,
sont mieux cultivées que jamais; il est détruit, et demandez
aux anciens maîtres encore vivants ou à leurs héritiers s'ils
voudraient y revenir. Pas un, pas un seul qui ne vous ré-
ponde non, je dirais avec la plus entière sincérité s'il y
avait des degrés dans la sincérité.

« J'insiste sur ce point, Messieurs : je suis dans la vérité
historique la plus absolue. Les affreux désastres de Saint-
Domingue, que l'on attribue trop souvent à l'émancipation
des esclaves, ne lui sont pas dus. Lorsqu'elle fut prononcée,
l'île était mise à feu et à sang depuis deux années par les
guerres intestines des partis qui la dévoraient.

« La République de 1848, lorsqu'elle refusa d'écouter les
prophètes de malheurs, lorsqu'elle prit avec tant de succès
la responsabilité de l'émancipation immédiate des esclaves,
leur restituait simplement, du reste, la liberté que leur
avait accordée la République de 1792 et que leur avait en-
levée l'exécrable traître du 18 brumaire. Oui, il n'est pas
inutile de le rappeler, car nous l'oublions trop nous-mêmes,
la France au milieu de ses gloires compte celle d'être la
première nation qui ait réparé l'outrage que faisait à la race
humaine tout entière l'asservissement de la race noire. En
effet, quand l'Angleterre, grâce aux persévérants efforts des
Sharp, des Allen, des Clarkson, des Wilberforce, des Buxton,
prononça l'abolition de l'esclavage, en 1837, dans ses possessions d'outre-mer, elle ne faisait qu'imiter l'exemple que
lui avait donné en 1792 la Convention, cette Assemblée de
géants qui eut tous les courages, toutes les mâles énergies
du cœur et de l'esprit, et qui renouvela la face du monde.

« L'ardent républicanisme de l'immense majorité des
créoles français s'expliquerait par la reconnaissance, à défaut de tout autre sentiment noble, car c'est aux gouvernements de 1792 et de 1848, qu'ils doivent d'être libres.
Pour eux, monarchie et empire veulent dire esclavage ; République veut dire libération. On ne pourrait pas plus comprendre qu'ils ne fussent pas républicains, qu'on ne peut
comprendre qu'un fils ne respecte pas sa mère.

« Messieurs et chers concitoyens, une commémoration

comme celle qui nous rassemble aujourd'hui n'est pas seulement un hommage rendu à un grand acte libérateur ; elle
excite, en tenant l'attention publique éveillée sur la question de l'émancipation, elle excite l'émulation des abolitionistes, qui en Espagne et au Brésil poursuivent l'œuvre
humanitaire accomplie chez nous. Il reste, hélas! des chaînes
à briser dans ces deux pays. Les Cortès, par leur décret
trop tardif d'affranchissement du 13 février 1880, ont imposé aux affranchis un apprentissage de sept années, comme
un moyen de les préparer à faire bon usage de l'indépendance. Or, cet apprentissage n'est et ne saurait être qu'une
prolongation de bail accordée à la servitude. Il n'y a
d'émancipation honnète, sincère, efficace, pouvant avoir de
bons résultats, qu'une émancipation immédiate, sans transition, telle qu'elle a été pratiquée en France et aux États-
Unis. On ne peut pas plus apprendre la liberté à un esclave
sans le mettre en liberté, qu'on ne peut apprendre à nager
à un homme sans le mettre dans l'eau.

« La société espagnole d'abolition ne s'y est pas trompée,
et dans sa séance du 25 mars dernier elle a adopté les deux
résolutions suivantes : « La loi du 13 février 1880 est con-
« traire aux principes du droit et aux expériences abolitio-
« nistes de tous les peuples modernes. Notre société
« persévérera dans ses efforts et sa propagande aussi long-
« temps que la servitude déshonorera un territoire espagnol
« sous quelque forme et quelque prétexte que ce soit. »

« Quoi qu'il arrive, vous le voyez, Messieurs, les jours de
l'esclavage à Cuba sont comptés.

« Pour ce qui est du Brésil, son acte d'abolition, daté de 1871,
est une déviation plus grave de la vérité du principe. Il prononce ce qu'on appelle l'affranchissement par le ventre,
c'est-à-dire que l'enfant né de toute femme esclave est déclaré libre et encore à la condition de demeurer dans la
dépendance absolue du maître de la mère jusqu'à l'âge
de 21 ans. On voit que si l'on s'en tenait là, ce pays où il y
a encore 1,500,000 ilotes ne serait pas purifié avant la durée
d'une génération, 25 ou 30 ans. En effet, la servitude n'y
prendrait fin qu'à la mort du dernier esclave né la veille
de 1871.

« L'empereur du Brésil, que l'on dit être un homme libéral, doit éprouver une cruelle humiliation d'être le seul

souverain du monde civilisé qui règne sur des esclaves.
Heureusement, la société d'abolition fondée à Rio-Janeiro
veille, et son président, M. Nobuco, qui vient de traverser
Paris en regrettant de ne pouvoir y rester jusqu'aujourd'hui,
m'a dit qu'elle était pleine d'ardeur, de confiance et bien
décidée à ne pas prendre de repos jusqu'à ce qu'elle ait
abattu le monstre. Comme elle, ayons bon espoir.

« Ici, Messieurs, permettez-moi de m'interrompre pour
proposer à votre assentiment la motion suivante :

« L'assemblée, réunie le 5 mai 1881 à Paris pour célébrer
« l'anniversaire de l'extinction de l'esclavage dans les colonies
« françaises, envoie aux sociétés abolitionnistes d'Espagne
« et du Brésil l'expression de sa plus cordiale sympathie. »

« Trouvez-vous bon que je mette cette proposition aux
voix? (Oui, oui.)

« (La proposition est adoptée à l'unanimité.)

« Messieurs, je constate votre unanimité; le comité sera
heureux de transmettre à qui de droit votre décision.

« Continuons, Messieurs, à poursuivre ainsi l'œuvre de
l'émancipation universelle; ne cessons d'être les champions
des pauvres ilotes noirs, des Africains qui sont encore dans
la souffrance, non pas seulement en Europe, mais en Asie
et en Afrique. Que les esclavagistes, où qu'ils soient, nous
trouvent toujours sur la brèche, tout à la fois pour les
éclairer et pour les combattre. C'est surtout en pareille question qu'il faut dire : Rien n'est fait lorsqu'il y a encore à
faire. Quelle que soit la couleur de leur épiderme, tous les
membres de la grande famille humaine, que les heureux le
veuillent ou non, sont solidaires les uns des autres. Tant
qu'il existera sur la terre un esclave, la dignité de l'espèce
humaine sera compromise. (Longs applaudissements.)

« Je voudrais maintenant, Messieurs, dire quelques mots
sur l'état actuel de nos colonies. Ne vous effrayez pas : je
ne serai pas long. Grâce à l'émancipation, au concours
libéral de l'administration centrale et à l'esprit du temps,
leur législation se rapproche de plus en plus de celle de la
mère patrie. Depuis qu'elles sont affranchies, chaque jour
on a pu y promulguer quelque loi fondamentale de la métropole; elles viennent encore, il y a un an, d'être dotées de
l'institution du jury, la meilleure sauvegarde d'une bonne
administration de la justice criminelle. Elles ont la liberté

de la presse et le droit de réunion comme en France, ce qui, à la vérité, selon moi, n'est pas beaucoup dire; à cette heure, le Sénat est saisi d'un projet déjà voté par la Chambre des députés qui leur applique la loi du service militaire. Avant peu cessera le reproche qu'elles méritaient de ne pas payer l'impôt du sang. Glorieux de leur titre de citoyens français et en ayant toutes les prérogatives, il est juste que les colons en partagent toutes les charges. Ainsi, bientôt on ne pourra plus appeler les colonies des pays d'exception. Faisant d'année en année un nouveau pas vers l'assimilation de leur régime à celui de la métropole, cette assimilation permettrait dès aujourd'hui de changer leur nom en celui de départements français d'outre-mer. (Bravos.)

« Aucun département métropolitain ne s'impose plus qu'elles de sacrifices pour l'instruction. Leur budget scolaire est considérable, leurs écoles sont nombreuses et assidûment fréquentées; tout récemment, les conseils généraux de la Martinique, de la Guadeloupe et de la Guyane ont voté les fonds nécessaires pour avoir un lycée laïque qui leur manquait. La Réunion, elle, a le sien depuis de longues années. Elles marchent, elles marchent au pas de la mère patrie, et le progrès y entraîne dans son ascension continue le petit nombre des résistants, comme on le voit en France, pour affermir la République désormais impérissable.

« L'assimilation législative, administrative, judiciaire et militaire des colonies à la métropole, dont je parlais tout à l'heure, a un autre avantage considérable : c'est qu'en rapprochant les diverses classes de leur population, en les mettant en contact perpétuel, elle amène naturellement, sans contrainte, par la seule force des choses, la destruction du préjugé de couleur, de ce dernier vestige de l'esclavage qui trouble encore la société coloniale, le seul, l'unique obstacle qui empêche tous ses membres de mettre en commun leur activité, leurs forces intellectuelles pour développer sa prospérité sous la bienfaisante influence des idées d'estime réciproque et de fusion sociale. (Très bien! très bien!)

« À ce point de vue, chacun de nous se réjouit particulièrement, Monsieur l'amiral, que vous soyez des nôtres. La présence du ministre de la marine et des colonies à ce banquet de la liberté aura une portée d'une valeur politique

extrême aux colonies. Elle y apprendra aux retardataires
qu'il faut définitivement renoncer aux vaines distinctions
de caste, que le gouvernement n'y reconnaît d'autre supériorité que celles du mérite, du talent, de l'honorabilité
et de la vertu. (*Bravos.*)

« Dans une pensée du même ordre, nous ne nous réjouis-
sons pas moins, mon cher Gambetta, de vous voir à cette
table, car vous n'êtes pas seulement le plus sympathique,
le plus admirable orateur de la démocratie française, vous
êtes le président élu de la Chambre des députés, une très
grande autorité politique. (*Applaudissements.*)

« Ne nous est-il pas permis dès lors, Messieurs, de dire
avec, d'ailleurs, toute la réserve convenable et sans les
engager au delà de ce qu'ils veulent l'être, que le Parlement et le gouvernement sont avec nous ce soir?

« Plus que jamais paraît infailliblement assuré de la sorte
le triomphe du droit, de la justice, de l'égalité et de la
concorde de toutes les races dans la France d'outre-mer,
pour le bonheur de tous ses habitants. Plus aussi, mon
cher Gambetta, les amis de l'humanité seront heureux
d'entendre à cette occasion votre voix si puissante dire :
Guerre à l'esclavage! liberté, liberté aux esclaves dans le
monde entier! » (*Salve d'applaudissements.*)

« MM. Gerville-Réache, Paul Soleillet, Garcin-Ladevèze et
Servatius, prennent la parole pour porter des toasts à la
République, à la Révolution de 1848, à M. Ruis Zorilla et
à M. Victor Schœlcher.

« M. Châtelier porte un toast à M. Gambetta et à M. le
vice-amiral Cloué, ministre de la marine.

« M. Gambetta répond en ces termes :

Messieurs,

M. Châtelier vient de porter ma santé, et il ne fallait pas moins que cette provocation pour me faire
sortir du silence que j'étais résolu à garder. Au sujet
d'un vœu auquel tout le monde ici a adhéré, on a
associé mon nom à celui de M. le ministre de la
marine et des colonies. Je ne réponds pas pour M. le

ministre; il s'acquittera de sa dette personnelle (*Très
bien! très bien!*); mais je ne puis refuser quelques
mots de réponse. Je vous avoue pourtant, Messieurs,
que la menace contenue dans chaque discours que
j'entendais, que cette assertion répétée que vous
étiez animés de l'impatience de m'entendre, je vous
avoue que ces paroles me mettaient dans une situation bien embarrassante. En effet, je voulais m'asseoir
simplement à votre table en invité, sans être obligé
de prononcer régulièrement un discours à la fin du
banquet.

Je suis venu ici d'abord pour honorer avec vous
une grande cause, une date mémorable, une victoire
de cette Révolution de février 48 tant calomniée et
que l'histoire fait tous les jours plus triomphante.
(*Très bien! très bien! — Applaudissements.*)

Je suis venu ici pour mettre ma main dans la main
de notre aîné, de ce guide autorisé du parti républicain dans les deux mondes. (*Vifs applaudissements.*)

Je ne suis pas venu pour faire un discours; je ne
suis pas venu pour vous entretenir d'un sujet qui ne
laisse plus rien à dire à personne après ce qu'en a
dit et écrit celui qui nous préside (M. Schœlcher). Je
suis venu pour m'associer à tous mes amis en faveur
d'une cause embrassée par trop d'esprits généreux,
soit en Espagne, soit en Angleterre, soit en Amérique,
— dans l'Amérique du Nord comme dans l'Amérique
du Sud, — pour ne pas rallier bientôt l'unanimité sur
tout le globe habité. (*Très bien! très bien!*)

Mais il ne faut pas que la manifestation de ces
sympathies vous inflige un discours de ma part; je
n'ai qu'une intention, c'est de répondre à l'ensemble
des paroles qui ont été prononcées à ce banquet, aux
sentiments qui s'y sont fait jour, par un toast qu'à
mon tour je porte aux Français d'outre-mer. (*Applaudissements.*)

La France ne sera jamais assez grande ni assez

peuplée. (*Très bien!*) Lorsqu'on a augmenté le nombre de ses citoyens, que ce fût aux portes mêmes de la patrie ou dans ses prolongements au delà des mers, on agrandissait la France; et il suffit, Messieurs, qu'au jour dont vous fêtez la mémoire on ait fait des Français, pour que ce souvenir soit entre tous joyeux et réparateur. (*Très bien! très bien!*)

Je bois donc aux Français d'outre-mer, sans distinction de couleurs, de classes ou de castes; la Déclaration des Droits de l'homme, — et c'est notre Évangile, — n'a pas distingué entre les hommes suivant la couleur, le rang où le sort les a placés dans l'échelle sociale. (*Applaudissements.*) C'est là ce qui en faisait le caractère auguste, souverain, élargissant même la portée de la régénération nationale : au lieu de dire « les droits du Français et du citoyen », elle disait « les droits de l'homme et du citoyen », marquant par là que quiconque se réclamerait de la famille humaine par son organisme, sa conformation, dans l'étroit enchaînement de la série des êtres, devait, par droit de naissance et de ressemblance, être admis à la participation de la liberté et de la dignité humaines. (*Bravos et applaudissements.*)

Les droits de l'homme et du citoyen! Il fallut la Révolution de 92 pour les proclamer, comme on vous l'a rappelé, et quand l'astre de la Révolution s'éclipse momentanément, vos principes en reçoivent le contre-coup, et il faut le retour de la forme républicaine pour amener le retour et la restauration de ces principes. (*Très bien! très bien!*)

Après 92, nous arrivons à 48, et vous, Schœlcher, vous tracez dans une langue lapidaire ce décret immortel qui n'a que deux lignes : La République française n'admet pas d'esclaves sur la terre française. (*Approbation unanime.*) Puis bientôt après, on vous conteste les conséquences légitimes, naturelles, de ce décret libérateur, et il faut cette tant calomniée révolution du 4 septembre pour restituer l'exercice des droits politiques, le suffrage universel aux Français d'outre-mer. Ce décret a survécu, et il nous a même peut-être valu de ne pas voir se compliquer nos dissensions intestines de guerre civile à l'intérieur, car, avec le droit, nous avons eu le nombre à l'Assemblée nationale. (*Vive adhésion et applaudissements.*)

Après les épreuves subies, — je passe rapidement, — nous sommes revenus à un gouvernement plus libéral, plus soucieux de la dignité humaine, plus intéressé à donner à la manifestation de l'opinion publique, à la voix de la majorité légale du pays les satisfactions qu'elles réclamaient. Alors, à côté de l'exercice régulier du droit de suffrage, on a vu introduire, par assimilation avec la mère patrie, les lois sur les organisations administrative, judiciaire et militaire, cette dette du sang que les colonies ambitionnaient de payer, car on peut regarder dans leur histoire, dans leur passé, on constate qu'il n'y a pas de plus vaillants Français que les Français d'outremer. (*Applaudissements prolongés.*)

Et aujourd'hui, Messieurs, — je le dis devant vous tous, les représentants des colonies, — je crois que ce que vous avez à réclamer, c'est l'assimilation de plus en plus étroite à la mère patrie, assimilation qui ne vous sera pas longtemps disputée.

Je suis convaincu qu'il y a là des œuvres qui réclament une mise en train immédiate, que vous saurez bien travailler vous-mêmes à définir et à fonder. Vous êtes en possession des mêmes libertés que la France; vous estimez peut-être qu'elles ne sont pas assez complètes, je crois qu'elles suffisent pour le moment à préparer le reste, et elles recevront leur complément nécessaire avant peu.

Cette assimilation que vous avez réclamée, vous en avez obtenu la majeure partie; encore un effort,

encore un vote, encore une représentation, et je
pense qu'entre la France d'outre-mer et la France
continentale il n'y aura plus de dissemblances ; il n'y
aura qu'une France, la vraie, la seule France. et il
n'y aura qu'un drapeau, celui auquel je bois, Messieurs, le drapeau national. (*Vive approbation et applaudissements prolongés.*)

C'est à ces Français que j'ai pensé en vous écoutant tous. Ce que je voudrais, c'est que dans une circonstance moins solennelle, réunis entre nous, nous
examinions les abus dont parlait M. Gerville-Réache,
les réformes à faire dont nous entretenait en glissant
notre honorable président. et qu'avec le concours du
gouvernement et des Chambres nous arrivions à faire
une œuvre pratique et positive. Vous savez comment
elles se font, les œuvres pratiques ; vous savez comment on mène à bien une longue et difficile expédition ; soyez convaincus que vous avez fait le plus fort.
le plus difficile. et que vous laissez à vos successeurs,
à vos héritiers, une tâche relativement aisée : ils pourront se dire. quand ils toucheront le terme : C'est à
M. Schœlcher que nous devons tout, c'est lui qui nous
a ouvert la voie... (*Vive approbation.*)

Je porte, pour terminer, la santé de notre honorable président : A Victor Schœlcher, au plus ferme,
au plus digne républicain de France ! (*Adhésion unanime. -- Applaudissements et bravos répétés.*)

DISCOURS

LA PROPOSITION DE LOI DE M. BARDOUX

TENDANT AU RÉTABLISSEMENT DU SCRUTIN DE LISTE

Prononcé le 19 mai 1881

A LA CHAMBRE DES DÉPUTÉS

———————

Nous avons raconté (tome IV, pages 391 à 452) comment l'Assemblée nationale avait rejeté l'article 4 du projet de loi électorale préparé par la Commission des Trente et voté l'amendement de M. Antonin Lefèvre-Pontalis, portant que les membres de la Chambre des députés seraient élus au scrutin individuel, par arrondissement (séances du 11 et du 26 novembre 1875). M. Gambetta avait défendu dans ces deux séances la cause du scrutin de liste. Mais le cabinet, présidé par M. Buffet, s'était prononcé avec énergie pour le scrutin d'arrondissement et comme la pratique de la candidature officielle restait le seul espoir de la réaction, l'amendement de M. Antonin Lefèvre-Pontalis avait été adopté par 357 voix contre 376, au scrutin secret. Il avait réuni contre lui la presque unanimité du parti républicain[1] dont tous les membres devaient se pro-

---

1. MM. Thiers, Jules Favre, Grévy, Crémieux, Madier de Montjau, Louis Blanc, Peyrat, Henri Brisson, Challemel-Lacour, Duclerc, Henri Martin, Martel, Jules Ferry, Léon Say, Ricard, Barthélemy Saint-Hilaire, Casimir Perier, Ernest Picard, Wolowski, Humbert, Le Royer, Jaurès, Pothuau, Calmon, Jules Simon, Oscar de Lafayette, Paul de Rémusat, Carnot, Littré, Schérer, Adam, Rameau, Testelin, Scheurer-Kestner, Schœlcher, Arago, Cazot, Paul Bert, Billot, Lockroy, Gent, Laurent Pichat, Lepère, Bardoux, Horace de Choiseul, Boysset, Rouvier, Albert Grévy, Magnin, Tirard, Journault, Leblond, Millaud, Tolain, etc.

noncer de nouveau, le 26 novembre, en votant, cette fois
au scrutin public, l'amendement de M. Gambetta.

Il n'y avait point alors, — et il n'y eut pas jusqu'à 1880, —
de question politique sur laquelle le parti républicain fût
plus d'accord que celle-là. Le scrutin de liste semblait à tous
ce qu'il est en réalité, le véritable mode d'expression du suffrage universel, le seul qui puisse donner une représentation
politique, et, par conséquent, un gouvernement homogène
et stable[1]. Aussi, quand M. Bardoux déposa le 13 juillet 1880
sa proposition pour le rétablissement du scrutin de liste,
on put croire d'abord qu'il continuerait à en être de même.
Si la candidature officielle avait pu se produire, aussi détestable qu'aux plus mauvais jours de l'Empire, lors des
élections de février 1876 et d'octobre 1877, c'était le scrutin d'arrondissement qui en était responsable. Si la Chambre
élue le 14 octobre n'avait pas répondu à toutes les espérances conçues par la démocratie, c'était encore le scrutin
d'arrondissement qui était en cause. M. Bardoux, en demandant au parti républicain de revenir à une tradition presque
séculaire, répondait à une attente générale. Le président de
la République, au cours de sa longue carrière parlementaire, s'était prononcé par trois fois pour le scrutin de liste
contre le scrutin d'arrondissement, et il venait encore,
dans des conversations répétées, d'approuver la proposition
de M. Bardoux, qui lui avait été soumise par son auteur,
avant d'être communiquée à M. Gambetta. Tous les ministres, à l'exception de M. de Freycinet qui n'avait pas fait
partie de l'Assemblée nationale, avaient voté en 1875 le
scrutin de liste. La presse républicaine, à l'exception de
deux ou trois feuilles intransigeantes, paraissait unanime.
On s'attendait à peine à une joute académique au sein du
Parlement... Ce fut cependant une véritable bataille qu'il
fallut livrer, la plus rude qui ait été donné depuis cinq
années, et le rejet final du scrutin de liste par une coalition sénatoriale formée sous les auspices de M. Grévy fut
un véritable désastre pour le progrès de la démocratie et
la consolidation de la République.

1. Voir l'historique de la question dans l'étude intitulée : *le
Scrutin d'arrondissement et le scrutin de liste* (Paris, à la librai-
rie Nouvelle, 1881), et dans notre brochure sur le *Rétablissement
du scrutin de liste* (Paris, G. Charpentier, 1880).

La proposition de M. Bardoux avait été déposée sur le bureau de la Chambre à la veille des vacances de 1880, au lendemain du vote de l'amnistie. Le voyage du président de la
République à Cherbourg, le discours de M. de Freycinet
à Montauban, la démission de ce ministre remplacé le 27
septembre à la présidence du conseil par M. Jules Ferry, et
au ministère des affaires étrangères par M. Barthélemy
Saint-Hilaire, la démonstration navale de Dulcigno, furent
les principaux incidents qui marquèrent les vacances parlementaires et qui réussirent, grâce à une habile exploitation, à agiter, puis à inquiéter l'opinion publique. Dès les
mois de septembre et d'octobre 1880, le président de la
République commença à se prononcer contre la réforme
électorale qu'il avait naguère si vivement soutenue, et ce
changement d'opinion, rapidement connu, produisit une
vive impression. Les amis personnels du chef de l'État,
son futur gendre (alors sous-secrétaire d'État au ministère
des finances), le journal *la Paix*, qui passait pour l'organe
officieux de l'Élysée, se déclarèrent avec passion contre le
scrutin de liste. La plupart des journaux intransigeants et
réactionnaires se joignirent à eux. On découvrit alors que la
proposition de M. Bardoux était l'œuvre personnelle de
M. Gambetta, que l'adoption du scrutin de liste serait la
préface d'une prochaine dictature. « M. Gambetta, disait-
on couramment, n'a pas cessé depuis trois ans de se dérober aux responsabilités du pouvoir. Il préfère exercer
le *pouvoir occulte*. M. Waddington, M. Lepère, M. de Freycinet, n'ont été que ses instruments; il les a brisés quand il
ne les a plus trouvés assez dociles. Avec le scrutin de liste, il
se fera nommer dans tous les départements par des amis
dévoués, inféodés; il se fera plébisciter lui-même; la liberté
périra... » Ce fut pendant six mois une campagne acharnée
non pas contre un principe, mais contre un homme[1]. Ceux
qui attaquaient M. Gambetta avec le plus de violence savaient
à merveille qu'il était incapable, — tout son passé répondait
pour lui, — d'avoir formé pendant une seule minute un seul
des projets insensés qu'ils lui prêtaient. Ils savaient également que le président de la Chambre s'était constamment ap-

1. Voir le chapitre II de notre histoire du *Ministère du 14 novembre*, et les commentaires du tome X des *Discours*.

pliqué à ne gêner en rien la pleine liberté d'action des ministres. Ils savaient enfin qu'il n'avait jamais refusé la direction
des affaires, pour cette bonne raison que le président de la
République ne l'avait jamais fait appeler, pas plus à son
avènement, après la démission de M. Dufaure, que plus tard,
après les démissions de M. Waddington et de M. de Freycinet.
Mais peu importait. Tous les moyens semblèrent bons à la
coalition pour combattre l'homme d'État républicain dont
les services et la renommée étaient trop grands. Tous les intérêts de clocher, toutes les cupidités, toutes les rancunes
et toutes les jalousies personnelles se liguèrent. On divisa la
majorité de la Chambre, la presse, l'opinion. Sauf pour un
petit nombre de théoriciens, la question du scrutin de liste
devint la question Gambetta. « M. Gambetta est partisan
du scrutin de liste, disait le *Figaro*, cela suffit : nous en
sommes les adversaires. » Les neuf dixièmes des avocats du
scrutin d'arrondissement n'eurent pas d'autre mobile que
celui-là. Il se pouvait comprendre, à la rigueur, chez les
réactionnaires et les intransigeants. Il était sans excuse chez
des républicains.

La question en effet se posait très claire, très nette. Le
scrutin de liste rétabli, ce n'était pas seulement le retour
aux vrais principes vivifiants du suffrage universel. Ce
n'était pas seulement le parti républicain marchant uni
aux élections générales, pour triompher dans tous les départements, sauf peut-être trois ou quatre, de la réaction
et de l'intransigeance. Ce n'était pas seulement, soit à la
veille, soit au lendemain de ces élections, la constitution
du ministère Gambetta dans les meilleures conditions pour
réparer les erreurs du passé et assurer le progrès dans
l'avenir. Tout cela était, certes, bien important. Ce n'était
pas tout. Le scrutin de liste voté c'était la République
franchissant gaiement et sans difficultés les trois ou quatre
années qui sont, chez nous, l'âge critique de tous les régimes qui s'établissent ; c'était un véritable gouvernement,
sortant de l'accord presque unanime d'un grand parti,
véritable image du pays, pour faire la République invin-
cible en France et la France puissante devant le monde :
c'était toute la politique républicaine si noblement épurée
et fortifiée que la démocratie n'eût plus connu d'obstacle
ni de péril. Voilà ce que M. Bardoux, en déposant sa propo-

sition, ce que M. Gambetta et ses amis, en l'appuyant, avaient lu clairement dans l'avenir, sans que l'ombre d'un souci personnel ait jamais passé dans leur préoccupation. Voilà pourquoi ils combattirent avec tant d'ardeur pour le scrutin de liste, faisant de cette réforme leur pensée dominante, défiant par elle les accusations les plus dangereuses et les outrages les plus perfides, prodiguant la logique et l'éloquence pour convaincre leurs adversaires, sentant bien que de la solution adoptée dépendrait pour longtemps l'avenir, glorieux ou triste, de la République, comprenant encore qu'il y avait là un moment presque unique à saisir...

Quant au cabinet, il n'était pas moins divisé que la Chambre et que la presse. MM. Cazot, Constans et le général Farre étaient résolument partisans du scrutin de liste. MM. Barthélemy Saint-Hilaire et Sadi Carnot tenaient avec M. Jules Ferry pour le scrutin d'arrondissement. Les autres ministres étaient hésitants, mais plutôt favorables à la réforme électorale. On décida en fin de compte que le ministère resterait neutre, et le président du conseil en fit la déclaration formelle à la commission chargée d'examiner la proposition de M. Bardoux (23 mars). « Le président du conseil, dit M. Jules Ferry, voudrait pouvoir remplir le rôle de médiateur avant et après. C'est pourquoi il ne prend pas parti. Il veut l'apaisement, il veut ne pas aggraver le conflit. Il a donc pour devoir de ne pas se prononcer. » C'était assurément comprendre d'une façon nouvelle le rôle du gouvernement, comme c'était aussi frapper d'un coup décisif la légende de l'aveugle obéissance du cabinet au pouvoir occulte. Du reste, la neutralité fut mal observée ; MM. Barthélemy Saint-Hilaire et Wilson, l'un sous-secrétaire d'État aux finances, l'autre ministre des affaires étrangères, continuèrent à faire dans les couloirs de la Chambre la propagande la plus active contre la proposition de réforme électorale.

Le 16 mai, M. Boysset, rapporteur de la commission[1], déposa sur la tribune de la Chambre le pamphlet suivant :

« Messieurs,

« Une loi électorale a été votée en 1875, presque immédia-

[1]. La commission nommée dans les bureaux comptait huit adversaires contre trois partisans de la proposition Bardoux.

tement après la Constitution : quelles que soient ses origines, cette loi fonctionne depuis six années. Le pays la
connaît. Il a su s'en servir, notamment après le 16 mai, sous
un régime de violence. Et les résultats qu'il en a tirés ont
été incontestablement précieux à la France républicaine.

« Dans de telles circonstances, on se demande s'il était
opportun de proposer les modifications graves qui soulèvent
aujourd'hui les discordances de ceux dont les efforts ont
été si longtemps unis, si étroitement liés, dans l'intérêt de
la patrie. On se demande quelles nécessités impérieuses se
sont produites, de substituer à la méthode électorale victorieusement pratiquée contre les complots et les factions,
une méthode différente : celle-là même qui avait installé
aux premiers postes, en 1871, les chefs de ces factions et
de ces complots.

« Les luttes récentes auxquelles nous faisons allusion ont
été marquées par un caractère indéniable de fermeté, de
dignité, de fierté civique et de calme énergie. La grandeur
et la force du pays ont éclaté dans ces conjonctures mémo-
rables. Nul ne peut l'oublier, nul ne peut y contredire.
Nous osons affirmer que les députés, eux aussi, se sont
élevés à la hauteur de leurs devoirs, avant comme après le
grand conflit soulevé par la dissolution de la Chambre.

« Et c'est à cette heure, c'est sous l'impression tout ardente
encore de ces souvenirs que l'honorable M. Bardoux et ses
puissants amis proposent de rejeter comme un instrument
défectueux et mesquin le scrutin dont les masses populaires se sont fait, par deux fois, une arme d'honneur et de
triomphe !

« L'honorable M. Bardoux demande que les membres de
la Chambre des députés soient élus, non plus par circonscription, mais par département : de telle sorte que chaque
département élise, sur une seule et même liste, autant de
députés qu'il y a de multiples de 70,000 habitants, chaque
fraction de plus de 35,000 habitants donnant droit à un
représentant en plus.

« Une première objection grave s'élève contre l'adoption
et même contre les modifications proposées.

« La loi électorale n'est-elle point une dépendance intime
et nécessaire de l'acte constitutionnel ? Le fonctionnement
du suffrage national ne doit-il pas être considéré comme

formant la base politique de notre société républicaine ?
Les modifications que peut subir ce mécanisme essentiel
et fondamental ne touchent-elles pas à l'exercice de la souveraineté nationale ? Et dès lors, la Chambre a-t-elle compétence pour y porter la main sans un mandat spécial de
la nation ? Issue du scrutin uninominal, peut-elle, sans dépasser ses pouvoirs, instituer un nouveau mode électoral,
c'est-à-dire altérer dans une mesure quelconque le jeu des
énergies électives tel qu'il a été déterminé par les formules
constitutionnelles, ou tout au moins organiques du 30 novembre 1875 ?

« Votre commission signale à la conscience de la Chambre
ces hautes objections comme essentiellement graves. Elles
seront, d'ailleurs, développées dans le cours du débat. Et
ce n'est qu'autant qu'elles seraient écartées que la discussion pourrait s'établir sur les modifications proposées, con-
sidérées directement en elles-mêmes.

« Quoi qu'il en soit, voici les principaux arguments des
partisans de la réforme proposée :

« Ils exposent que, pour assurer, pour développer au mieux
les grands intérêts de la nation, il faut une haute Assemblée
politique composée d'hommes d'État dignes de ce nom ; que
l'arrondissement n'est qu'un théâtre étroit où les vues supérieures sont étouffées par les appétits purement locaux, par
les tendances mesquines, par les sentiments misérables.

« L'électeur s'y confine dans la considération des faveurs,
des bienfaits, des épaves personnelles, ou communales, ou
régionales tout au plus. Il compte sur son député comme
sur un homme lige. Il lui demande fonctions et promotions.
Il exige de lui mille démarches, mille menues obligeances
et complaisances. Il néglige ainsi les grands horizons politiques pour le profit de ces visées méprisables.

« Élu dans de telles conditions, le député se plie à cette
servilité et à ces abaissements. Et la Chambre, dès lors, est
fatalement réduite à n'être qu'une juxtaposition incohé-
rente d'esprits médiocres, hantés incessamment par le cau-
chemar de leurs fonctions aviles. Elle n'équivaut plus qu'à
un grand conseil général, dépourvu de toute ampleur
comme conceptions politiques et comme résolutions parlementaires.

« Ainsi, suivant cette thèse, il s'agit de l'essence même et

de la dignité du suffrage universel, qui se trouvent aujour-
d'hui compromises, les influences vulgaires, égoïstes et
malsaines s'étant substituées, par le scrutin uninominal,
aux grandes et légitimes influences d'ordre général.

« A ces éléments démoralisateurs il faut encore ajouter
l'intrigue, la vénalité, la pression, la corruption sous toutes
ses formes, les contrats honteux qui, avec 30,000 électeurs,
peuvent se produire, comme ils se sont produits aux temps
de l'Empire, mais qui, avec 100,000, deviennent imprati-
cables.

« Le remède à ces abaissements et à ces perversions du suffrage universel, c'est le scrutin multiple étendu à toute une
région, c'est l'établissement d'une liste unique, pour chaque
département, avec dix noms, douze noms, trente noms, suivant l'importance de la population départementale.

« A l'aide de cette méthode rénovatrice se formeront les
grands courants salutaires. C'est la voix même du pays qui
parlera, dégagée des impuretés de l'égoïsme. Et la Chambre,
puissante et grandiose, cohérente et compétente cette fois,
abordera fermement, dans leur généreuse amplitude, les
problèmes sociaux et les résoudra de haut pour le bonheur
de la patrie.

« Et les « sectateurs du scrutin de liste » ne craignent point
d'ajouter, à titre d'impérieuse péroraison :

« Les traditions républicaines sont là. Tout républicain
doit être avec nous, à peine de trahison et de forfaiture. »

« Tel est l'exact sommaire de cette thèse.

« Elle se résume en trois propositions principales :

« Moralisation du scrutin ;

« Élévation des conceptions et des résolutions de la représentation nationale ;

« Cohérence et discipline parlementaires, engendrant la
force du gouvernement.

« Voici nos réponses :

« En ce qui touche ce qu'on appelle les principes, nous
affirmons qu'aucun principe n'est engagé. Il s'agit d'une
question de méthode qui peut varier suivant les temps et
les milieux. Il s'agit de choisir entre deux procédures politiques : celle qui doit assurer la plus sincère, la plus loyale,
la plus intelligente manifestation des volontés du pays.

Et quant aux traditions dont on se réclame, — un peu à

l'aventure, — nous devons les rappeler en termes sommaires.

« L'élection mémorable qui produisit les États généraux de 1789, — transformés bientôt le 17 juin en Assemblée nationale constituante, — ne fut point strictement *uninominale*; mais il serait absolument inexact de soutenir qu'elle s'effectua au scrutin de liste, dans l'ampleur du sens qui s'attache aujourd'hui à l'expression.

« Ce fut par bailliages ou sénéchaussées que s'effectuèrent les opérations électorales, — suivant ordonnances minutieuses et lettres détaillées du roi, sous la présidence des lieutenants généraux de ces sénéchaussées et bailliages. Et ces cantonnements, ces centres judiciaires, adoptés comme centres électoraux, étaient alors, on le sait, constitués en grand nombre.

« On ne compta pas moins de cent soixante-dix circonscriptions électorales, ainsi déterminées pour une population totale, moitié moindre de celle de la France actuelle.

« L'élection de 1789 fut donc essentiellement dispersive. Elle fut, en beaucoup de localités, absolument uninominale pour la noblesse et le clergé, tout en comprenant alors deux noms pour le tiers état, par suite des résolutions royales de 1788, qui attribuaient au tiers les bénéfices de la double représentation numérique.

« Est-ce le mécanisme bizarre imaginé par la Constitution de 1791 qu'on entend prendre pour modèle?

« La représentation nationale était composée de 745 députés, dont 249 attachés à la population, 248 attachés au territoire, et 248 attachés à la contribution directe.

« En d'autres termes, il y avait trois catégories de députés suivant cet ingénieux système. D'une part, on divisait la population en 249 fractions égales, et chaque département nommait autant de mandataires du peuple qu'il avait de fractions à son compte. De même on partageait le sol en 248 fractions égales, et, de ce chef, chaque département nommait autant de députés qu'il avait de fractions territoriales. Enfin, on traduisait également en 248 fractions le total de la contribution directe, et le droit départemental, au point de vue de cette troisième catégorie des députés à élire, se déterminait par le nombre des fractions afférentes à la contribution directe payée par le département.

« C'était bien le scrutin de liste départemental qui floris-
sait alors. Il se pratiquait en outre par l'élection à deux
degrés. Les citoyens actifs nommaient un certain nombre
d'électeurs, et les électeurs choisissaient, dans ces élections
étranges, les députés.

« Tout cela sous l'égide du cens électoral !

« Car, pour être citoyen actif, il fallait payer une contribution directe au moins égale à la valeur de trois journées de
travail ; et pour être électeur il fallait être propriétaire ou
usufruitier d'un bien représentant, sur les rôles de la contribution, un revenu de 200 journées de travail dans les
villes, de 150 dans les campagnes, où être au moins loca-
taire ou fermier de biens considérables.

« Un an plus tard parut la Convention.

« Elle abolit le suffrage à deux degrés comme instituant
entre les citoyens une offensante inégalité civique.

« Elle abolit tout cens électoral.

« Elle déclara qu'il y aurait un député par quarante mille
habitants, et que chacun de ces groupes de quarante mille
habitants élirait directement un représentant du peuple.
(Constitution de 1793.)

« C'était, dans toute sa rigueur et dans toute sa précision,
le scrutin uninominal tel qu'il se pratique aujourd'hui, avec
cette seule différence que le député actuel correspond à
cent mille habitants au lieu de quarante mille. — Supériorité évidente pour la loi de 1875, au point de vue des
étranglements dont on l'accuse.

« Qu'importe que la Constitution de 1793 soit restée lettre
morte ! Il s'agit de la pensée de la Convention nationale,
solennellement sanctionnée par le peuple. Soutiendra-t-on
que la grande Assemblée vivait de conceptions mesquines
et misérables ?

« Il est vrai qu'après le 9 thermidor, en pleine réaction, la
Constitution de l'an III rétablit le scrutin de liste, avec son
corrélatif nécessaire, le suffrage à deux degrés, avec le
cens électoral, même pour les membres des assemblées primaires.

« Si, pour compléter ces rapides citations de l'histoire,
nous jetons un coup d'œil sur les évènements contemporains, nous apercevons, à partir de 1815, un corps électoral
privilégié, restreint à 200,000 censitaires, morcelé en col-

lèges minuscules de 150 électeurs et produisant les Chambres de la Restauration, avec leurs éclatants débats, avec leurs élans généreux, avec leurs courageuses résistances, avec l'énergique conflit final qui aboutit à cet admirable mouvement de 1830, dont M. Guizot disait à la tribune, quelques mois plus tard : « C'est la plus nécessaire, c'est la plus légitime, à coup sûr, des révolutions qui se soient accomplies dans le monde. »

« Nous trouvons les Chambres du gouvernement de Juillet conservant leur grandeur et leur dignité, malgré les corruptions systématiques, préparant le suffrage universel, et aboutissant à l'acte d'accusation des ministres, qui fut la préface du 24 février.

« En regard de tout cela, trois Assemblées issues du scrutin de liste, sous l'influence d'une fausse imitation révolutionnaire.

« Celle de 1848, médiocre d'esprit et de cœur, malgré les ardeurs enthousiastes qui présidèrent à sa naissance ;

« Celle de 1849, qui mutila le suffrage universel et qui conduisit la France au Deux-Décembre.

« Celle de 1871, dont nous n'avons pas eu le temps d'oublier l'histoire.

« Ainsi, de notre part, il n'y a ni principes violés ni traditions méconnues, et tous les faits *sans exception* justifient nos préférences.

« Il nous faut maintenant considérer en elles-mêmes les raisons de nos adversaires et leur opposer brièvement nos réfutations.

« Cette intimité de l'électeur et de l'élu qui choque nos contradicteurs comme un phénomène malsain et pitoyable, nous paraît à nous, au contraire, la garantie rationnelle et morale par excellence.

« Il s'agit d'un mandat, — le plus important de tous, — et le mandant ne choisirait pas en pleine connaissance de cause son mandataire! Il l'accepterait les yeux fermés, par approximation, sur la foi des comités! C'est ce qui nous paraît souverainement dangereux et absolument inadmissible.

« Entre l'électeur et l'élu il doit exister en permanence des liens aussi étroits que possible. Il faut qu'ils se connaissent et s'estiment. Il faut que le député soit le fidèle organe de ceux qui l'ont délégué à la Chambre et qu'il en exprime exactement les vues, les sentiments et les tendances. Hors de là, que devient la souveraineté populaire?

« On signale, — avec toutes les complaisances de l'exagération, — les prétentions individuelles des électeurs, leurs basses convoitises, leurs éternelles obsessions, l'oubli des intérêts supérieurs, et l'égoïsme substitué grossièrement au sentiment de la patrie. On met à l'index les influences malsaines, les corruptions, la vénalité du suffrage civique, pratiquées jusqu'à la ruine du candidat. On en déduit l'abaissement du scrutin, c'est-à-dire du pays et, par voie de conséquence, l'amoindrissement, l'avilissement fatal des caractères, et dans le peuple et dans les rangs mêmes de la représentation nationale.

« En admettant par hypothèse cet outrageant tableau de la France républicaine, pense-t-on que le scrutin multiple, par l'effet de sa seule vertu, opérerait ce miracle subit d'extirper tous les abus et de nous installer en plein idéal de dignité et de grandeur politiques? Ce serait une singulière illusion. On ne façonne point ainsi, par un décret d'en haut, les hommes et les choses.

« On affirme que le scrutin départemental produirait infailliblement une Chambre plus haute d'intelligence et de cœur, plus politique, plus cohérente, plus homogène, plus disciplinée, prête à résoudre résolument et sagement tous les grands problèmes.

« Ce sont là de pures hypothèses.

« Pourquoi plus intelligente et plus hautement politique, si les hommes et les choses demeurent les mêmes, comme il est certain?

« Il s'établira, dit-on, de grands courants qui balayeront toutes les personnalités médiocres et toutes les conceptions mesquines.

« Que pourront être ces grands courants qui nous sont prophétisés?

« S'il s'agit de l'animation électorale, de la passion du bien public, circulant à larges ondes autour des urnes; s'il s'agit des ardentes discussions sur l'enseignement national, sur l'impôt, sur les franchises communales, sur les rapports de l'Église avec l'État, sur les réunions, sur les associations, sur la presse, on peut être certain que la France saura se manifester par un mouvement profond, intense, universel, quelle que soit la forme sous laquelle elle dictera ses volontés souveraines.

« Hors de là les *grands courants* ne se peuvent concevoir que comme des entraînements plus ou moins irréfléchis, plus ou moins artificiels, sur un nom ou sur une chose, comme au 10 décembre 1848, par exemple lorsque Louis-Napoléon Bonaparte fut porté à la présidence de la République par l'affolement populaire.

« Pourquoi *plus cohérente et plus homogène ?*

« Dans cette hypothèse du relèvement politique de la représentation nationale, — qu'on juge aujourd'hui tellement abaissée ! — rêve-t-on un programme officiel, une sorte de synthèse orthodoxe autour de laquelle se grouperaient les nouveaux représentants du peuple comme autour d'un dogme ? Mais alors que devient la conciliation sur les listes départementales ? que deviennent les dissidences individuelles ? que deviennent les vues et les sentiments particuliers de telle région, de tel arrondissement, ou plus timoré, ou plus ardent, ou intransigeant, ou centre gauche ? Les minorités en sont réduites à être fatalement absorbées ou brisées par ces grands courants de cohérence.

« Et si aucun programme ne se montre, au contraire, ou si le programme commun s'enveloppe d'ingénieuses réticences, de généralités vagues, de déclarations obliques, destinées à masquer les contradictions et les discordances, on arrive immanquablement à ce double résultat, que nul n'est satisfait parmi les électeurs, et que cet esprit politique, ces conceptions supérieures, cette cohérence, préconisées et cherchées, font absolument défaut aux nouveaux mandataires de la France.

« Pourquoi *plus disciplinée ?*

« La Chambre actuelle ne s'est-elle donc point montrée suffisamment déférente et docile ? Toute spontanée, toute ardente à ses débuts, elle s'est tempérée peu à peu ; elle a sacrifié ses ardeurs à la discipline et à la cohérence. Loin d'entraver l'action gouvernementale par d'incessants écarts, elle s'est perpétuellement soumise, dans toutes les conjonctures graves, avec une abnégation et parfois avec une humilité dont le pays ne l'a pas toujours applaudie. Elle a fait échec à certains ministres ; mais elle a respecté jusqu'à la superstition tous les ministères. Ni le cabinet Dufaure, ni le cabinet Waddington, ni le cabinet Freycinet, ne sont tombés sous les coups de son irrévérence.

« Qu'on se rappelle l'émotion singulière qui accueillit, au mois de novembre dernier, la perspective de la retraite du cabinet actuel, sur un malentendu parlementaire, et le soulagement universel à la suite de l'interpellation de M. Devès qui produisit la réconciliation.

« Chaque fois qu'il a plu à l'illustre orateur qui nous préside de descendre de son siège pour paraître à la tribune, il a entraîné à son gré le Parlement dans le sillage de son éloquence.

« Et maintenant on nous parle de cohérence plus intime et de plus forte discipline. À quel degré prétend-on déterminer cette discipline et cette cohérence indispensables à l'action gouvernementale? C'est ce qu'il est difficile de saisir.

« Le scrutin de liste, nous l'avons dit, correspond nécessairement au suffrage à deux degrés.

« Lorsque l'électeur élit un seul mandataire, dans le périmètre restreint de sa circonscription, il se renseigne, il écoute, il lit; il se forme sur le candidat une opinion motivée. Il tient à le voir, à l'entendre. Puis il fait lui-même son choix, à peine dirigé ou corrigé par ses amis, ses voisins, ses coreligionnaires politiques, qui s'en vont dans la ville voisine statuer définitivement sur les détails de l'élection.

« Mais lorsque l'électeur doit inscrire sur ses bulletins dix noms, par exemple, le temps lui manque, et surtout les notions précises, pour composer à bon escient cette longue et délicate nomenclature.

« Les lois de 1791 et de l'an III avaient pourvu à cette difficulté grave en prescrivant l'*élection à deux degrés*.

« Nous avons déjà rappelé que les citoyens actifs se réunissaient en assemblées primaires. Ils nommaient un certain nombre d'électeurs, et les électeurs, se réunissant à leur tour, choisissaient les députés.

« C'est instituer officiellement deux catégories de citoyens investis sans doute de droits égaux, mais appelés, en fait, à remplir des fonctions inégales, les uns dirigeant, les autres dirigés.

« Nous avons rappelé que la Convention nationale avait

aboli, par la Constitution de 1793, le scrutin départemental, et fait ainsi logiquement disparaître le suffrage à deux degrés.

« Mais enfin il y avait là un mécanisme légal, quoique défectueux; il y avait là une organisation précise. Des délégués étaient désignés régulièrement par la masse électorale; et ils s'en allaient, nantis de pouvoirs authentiques, nommer, au scrutin supérieur, les députés.

« Or le projet actuel offre tous les inconvénients du suffrage à deux degrés, mais élevés à leur plus haute puissance, parce qu'ici la correction légale fait défaut.

« Il est absolument nécessaire, en effet, qu'un comité se forme dans chaque département, qu'il centralise les opérations, qu'il examine, discute, avise, et qu'il établisse enfin, du haut de son autorité, les noms de la liste départementale.

« Cependant, cette autorité, d'où lui vient-elle? Comment ses pouvoirs considérables lui ont-ils été conférés? Où est la régularité de ce mandat de haute confiance?

« Les plus ardents, les plus remuants, les plus bruyants, les plus ambitieux, les plus inoccupés, se feront déléguer, certes, ou se délégueront eux-mêmes.

« Tous ou presque tous appartiendront aux villes, les campagnes n'ayant ni l'ardeur ni la faconde voulues. Ils se réuniront en congrès, et là ils tailleront, trancheront, décideront, sans qu'aucun redressement ultérieur soit possible, sans qu'aucune responsabilité effective leur incombe, quelles que soient les aberrations.

« Serait-il téméraire de dire que dans ce congrès de 100, de 150 citoyens au plus, les compétitions personnelles et locales qu'on prétend éviter surgiront à plaisir? Serait-il téméraire d'ajouter que ce congrès, par le petit nombre de ses membres, est bien autrement susceptible d'influences de toutes sortes qu'un corps de 30,000 électeurs, jugé essentiellement corruptible par les adversaires de l'état actuel des choses? On signale l'arrondissement comme un centre trop étroit pour échapper aux infamies des marchés personnels, et puis on proclame que dans les mêmes régions, ce suprême concile d'une poignée de délégués sans mandat serait à l'abri de toute suspicion, de toute intrigue, de toute coterie, de toute défaillance! Nous ne pouvons que mettre à l'index des inconséquences d'une telle amplitude.

« Voici donc la liste arrêtée dans ces conditions au moins suspectes. Elle circule à travers le pays : plus d'intimité entre les électeurs et les élus. Chaque citoyen connaît un nom, deux noms au plus par lui-même. Le plus local des candidats lui devient presque étranger; car c'est au département tout entier que tous les candidats appartiennent; il leur faut se manifester un instant dans chaque bourgade importante, puis disparaître, emportés par les nuages des grands courants politiques.

« Alors la masse électorale, aveugle et soumise, donne son vote; à moins qu'elle ne soit saisie par l'indifférence ou par l'hostilité même, en face de noms inconnus, équivoques ou répulsifs, dont on prétend lui imposer l'acceptation.

« Et tout est dit, tout est fini. Le député paraît à la Chambre, tout imprégné, dit-on, de pensées supérieures, mais pénétré surtout, à coup sûr, de reconnaissance envers les membres du congrès, grands électeurs et grands dispensateurs du mandat politique.

« Des considérations d'un autre ordre ont frappé votre commission.

« Le scrutin de liste, tel qu'on le propose, a pour résultat nécessaire l'écrasement des minorités départementales. Dans tout département où la majorité départementale est républicaine, il est clair que pas un siège ne saurait être conquis par les adversaires de nos institutions. Et réciproquement, là où les majorités départementales sont encore liées à la monarchie ou à l'empire, pas un républicain ne peut sortir de l'élection.

« Comme conséquence générale, les forces respectives, dans cette hypothèse, restent à peu près identiques, les divers partis retrouvant dans les départements qui leur appartiennent la compensation des pertes subies ailleurs.

« Mais il y a telles régions hésitantes et attardées qui ne viennent à la République qu'avec une lenteur défiante. Il faut prévoir, pour ces régions, l'éventualité d'une défaite absolue des candidatures républicaines. Et alors quelle serait la situation ?

« Toutes les influences, toute l'autorité, toute l'action, resteraient aux mains des adversaires du gouvernement actuel. Vingt départements peut-être, quinze au moins, seraient, à l'instant même, comme fermés à la France républicaine.

C'est alors que pourraient apparaître ces grands courants
de passion dont on invoque la puissance et qu'à cette heure
même les tribunes de l'agitation royaliste s'efforcent de
déchaîner au cœur de la Bretagne.

« Et dans ces graves conjonctures, au sein de régions rebelles et séditieuses, l'administration n'aurait qu'à choisir
entre l'un des termes de cette alternative : ou la complicité
plus ou moins latente, ou l'énergie répressive, — en admettant, pour cette dernière hypothèse, le ferme concours de
la magistrature.

« La méthode électorale actuelle nous préserve des périls
de cette scission. Elle permet à chaque département les
dissidences partielles, les divergences d'arrondissement à
arrondissement, mais non l'étouffement total, impérieux,
absolu, d'une opinion ou d'un parti. A ce titre encore, elle a
nos préférences, parce qu'elle est plus nettement et plus
hautement la gardienne de l'ordre, de la paix et de la
liberté.

« Les partisans du scrutin de liste ont bruyamment soulevé la question de la proportionnalité électorale.

« Ils ont montré, d'une part, que des fractions électorales
fort inégales en importance numérique étaient cependant
appelées au même droit, la loi actuelle leur réservant à
l'une et à l'autre, malgré les disproportions, la nomination
d'un mandataire, ce qui constitue un manquement à l'équité
et à la logique tout ensemble. En outre, groupant avec art
un certain nombre de départements arbitrairement choisis,
pour les placer en face d'autres départements réunis en
nombre égal, ils ont fait voir, par la comparaison des chiffres, que les uns sont beaucoup plus représentés que les
autres; et ils ont protesté avec indignation contre cet état
de choses, en déclarant qu'il y avait là un attentat contre
la souveraineté nationale et une usurpation des pouvoirs
publics.

« Il faut remarquer, tout d'abord, que ce point de vue de
la proportionnalité numérique ne constitue pas l'objet réel
de nos délibérations.

« La méthode électorale multiple, proposée par l'honorable M. Bardoux, doit être considérée en elle-même et
nous avons à nous demander si elle est supérieure à la
méthode uninominale, si elle doit donner des résultats plus

sûrs, plus sincères, plus élevés, plus dignes. Telle est la
question unique qui se pose dans sa netteté précise.

« En d'autres termes, si la proportionnalité la plus mathé-
matiquement exacte présidait aujourd'hui au scrutin, sous
le régime de la loi de 1875, il n'en resterait pas moins à
étudier le problème soulevé par la proposition Bardoux,
problème qui consiste à déterminer les règles les plus sûres,
le mode le plus heureusement combiné pour imprimer aux
opérations électorales le plus haut caractère possible de
loyauté, de grandeur et de force au profit de la patrie.

« Nous ne nions point l'importance des considérations tirées
de la disproportion ; mais nous les rangeons logiquement à
part, au-dessous de la grande question, — question principale ou, pour mieux dire, question unique, — qui nous a
été soumise.

« Or, que, dans les conditions actuelles, la proportionnalité soit parfois blessée, cela est certain ; mais les prescriptions et les calculs de la loi du 31 décembre 1875, — qui
n'est pas même ici directement en litige, peuvent être modi-
fiées dans le sens de l'égalité proportionnelle que réclament
justement nos adversaires, et nous demandons formellement que le gouvernement prépare sans tarder les rema-
niements et les corrections nécessaires.

« Mais, en vérité, supposerait-on que le scrutin de liste, par
l'effet de sa seule magie, nous garantirait de toute impro-
portionnalité, de toute défectuosité dans cet ordre d'idées
purement numérique. Ce serait là, certes, une chimère de
plus.

« En jetant un coup d'œil sur le tableau annexé à la proposition de l'honorable M. Bardoux, et dans lequel le nombre
des députés est assigné à chaque département à raison d'un
député par 70,000 âmes ; et en partageant sans aucun calcul
préalable, sans aucune altération de l'ordre alphabétique,
sans aucune combinaison artificielle, les départements de
France en trois séries de 29 départements chacune, on
trouve :

« Que la première série, commençant au département de
l'Ain et comprenant comme terme extrême le département
d'Eure-et-Loir, représente une population de 9,842,836 habitants ; et que ces 9,842,836 habitants nomment ensemble
139 députés ;

« Que la seconde série, commençant au Finistère et se terminant à la Nièvre, — qui est comprise, — représente une
population de 11,717,807 habitants, nommant 171 députés;

« Que la troisième série, commençant au Nord et finissant
par l'Yonne, représente 15,245,349 habitants, nommant
ensemble 211 députés.

« Or l'équité proportionnelle fait ici défaut.

« En comparant le premier groupe de 9,842,836 habitants
au second groupe de 11,717,807, on trouve que le premier
groupe nommant 139 députés, le second devrait en élire 165,
tandis qu'il en élit en fait 171.

« En comparant ce premier groupe de 9,842,836 habitants
au troisième groupe de 15,245,349, on trouve que le premier, nommant 139 députés, le troisième devrait en élire
199, tandis qu'il en a 211, c'est-à-dire douze de plus que ne
le permet la proportionnalité rigoureuse.

« Dira-t-on que les disproportions sont moindres? Nous
nous empressons de le reconnaître, bien qu'il ne fût point
malaisé, à l'aide de combinaisons et de rapprochements
cherchés, tels que les ont institués nos adversaires, de produire des écarts importants, fort rapprochés de ceux qu'ils
signalent eux-mêmes.

« Mais il y a beaucoup plus encore. L'égalité civique, qui
préoccupe si passionnément les sectateurs de la réforme,
se trouve nettement et ouvertement violée par les nécessités mêmes de leur méthode électorale.

« A l'heure où un électeur des Hautes-Alpes ou des Basses-
Alpes inscrirait deux noms sur son bulletin départemental,
le citoyen de Saône-et-Loire en inscrirait neuf et le Parisien
trente-quatre.

« A ceux qui parlent des droits égaux inhérents à l'exercice de la souveraineté nationale, nous demandons : Est-ce
là l'équité? est-ce là la justice? est-ce là l'ingérence égale
de tous dans les affaires communes? N'est-il pas d'une matérielle évidence que, sous un tel régime, la répartition des
pouvoirs électoraux s'effectuerait avec la plus suprême injustice, puisque les citoyens des grands départements, puissants
et populeux, exerceraient, en fait, une action double, décuple
ou vingtuple de celle réservée aux départements faibles?...

« Il faut conclure.

« Ce n'est pas de proportion et de nombre qu'il s'agit dans

ce débat, quelle que soit l'importance qui s'y rattache; c'est de méthode générale, de méthode politique supérieure, en vue de dégager l'exacte expression de la souveraineté nationale.

« La rigoureuse proportionnalité demeure inaccessible, quelle que puisse être la sagesse des calculs. C'est à l'approximation la plus rapprochée que doivent tendre les efforts.

« L'appareil du scrutin d'arrondissement, organisé à la hâte en 1875, sous une direction politique qui prétendait s'en faire un instrument de triomphe contre la République, peut être aisément remanié, et les écarts justement signalés peuvent disparaître. Un projet de loi devra être, à bref délai, déposé en ce sens par le gouvernement, en vue des élections prochaines.

« Mais le scrutin départemental porte en lui-même ses abus, ses inégalités choquantes et irrémédiables; car les circonscriptions départementales demeurent forcément debout avec leurs diversités nécessaires, avec leurs forces numériques respectives, impliquant les plus blessantes et les plus dangereuses inégalités civiques.

« L'électeur du département de la Seine nommerait *un seizième* de la représentation nationale. L'électeur des Hautes-Alpes et celui des Basses-Alpes n'y interviendraient que pour *un deux cent soixante et dixième*. Et cependant, en droit, leurs pensées politiques, leurs conceptions, leurs sentiments, leurs volontés, sont également dignes et souveraines. Est-ce là l'ordre et la justice ? »

La lecture du rapport de M. Boysset contre M. Bardoux et « ses puissants amis » fut accueillie par de nombreuses protestations. La Chambre fixa au surlendemain 19 mai la discussion de la proposition de réforme électorale.

Séance du 19 mai.

PRÉSIDENCE DE M. HENRI BRISSON, VICE-PRÉSIDENT.

M. LE PRÉSIDENT. — La discussion générale est ouverte sur la proposition de M. Bardoux [1].

[1]. L'urgence, sur cette proposition, avait été votée au commencement de la séance.

Je donne la parole à M. Bardoux.

M. BARDOUX. — Messieurs, les débats et les critiques auxquels a donné lieu la proposition de loi que j'ai eu l'honneur de déposer à la tribune, ont déjà lassé votre attention. Et ce serait presque une faute, une faute de goût, tout au moins, que de venir faire devant vous un exposé historique de la question à l'ordre du jour. Que vous dirais-je, du reste, que vous ne sachiez déjà? L'essentiel est donc de laisser dans votre esprit l'impression de quelques idées simples, nettes et claires.

Nous n'en attendions pas moins, mes amis et moi, avec impatience, l'heure de cette discussion, puisqu'elle permet à ceux qui croient que la législation électorale actuelle doit être revisée, de dire à quels mobiles élevés nous avons obéi et quel but nous voulons atteindre.

Ai-je besoin d'ajouter que l'intérêt personnel, ni de près, ni de loin, n'a motivé le dépôt de cette proposition, et que, comme vous, nous avons obéi aux seuls intérêts supérieurs, ceux de la République, de la liberté et du pays? (*Très bien! sur divers bancs.*)

Pour résumer en une phrase ma pensée, je dirai que le scrutin de liste est le scrutin par excellence d'une République et surtout d'une République dans laquelle le Parlement est tout-puissant, et, pour employer l'expression d'un de ceux qu'on a bien voulu appeler un de mes « puissants amis », je dirai que le scrutin de liste a pour effet de concentrer les forces que le scrutin uninominal éparpille et désagrège. (*Très bien! très bien! sur divers bancs à gauche et au centre.*)

Combien ma tâche eût été diminuée s'il avait été donné à un plus grand nombre d'entre vous d'assister comme moi aux luttes éloquentes de l'Assemblée nationale, d'applaudir aux efforts qui furent faits pour empêcher l'adoption d'un système qui favorise plus que tout autre les vices inhérents à toute démocratie.

Nous étions alors, Messieurs, tous debout, serrés les uns contre les autres, marchant, sous le même drapeau, à la conquête de ce que nous croyions et de ce que nous croyons encore être la vérité politique.

Que s'est-il donc passé depuis six ans pour qu'un pareil changement se soit produit dans les idées? La République

est-elle menacée ? Les partis qui lui sont hostiles ont-ils
accru leurs efforts, ou bien est-ce que l'ère des réformes est
close, et, comme disait un illustre orateur dans une circonstance solennelle, est-ce que nous touchons enfin à la
terre promise, oui, promise, aux longs efforts et aux volontés persévérantes ? Non, Messieurs, la République est indis-
cutée, ses ennemis ne peuvent la renverser, ils attendent
nos fautes ou notre impuissance, et ils espèrent tout d'elles.
Le pays est riche, prospère, il travaille, désireux de la paix,
et s'instruit ; il s'éclaire, se confiant de plus en plus dans
ses instincts démocratiques et dans notre patriotisme.

Les réformes, Messieurs, qui ose dire que le plan en a
été tracé et que les solutions en sont toutes prêtes?

Est-ce que nous touchons enfin à l'accomplissement de ce
rêve de toutes les âmes élevées et françaises, c'est-à-dire de
voir la liberté régnant dans une démocratie forte, juste,
humaine, en pleine possession d'elle-même et ayant résolu
tous les problèmes qui s'imposent à vos esprits? Non, encore.
Vous aviez cru jusqu'alors avec nous que le meilleur instrument pour être une Chambre ayant ces idées politiques
était une loi électorale d'un cadre large, développant l'horizon des électeurs et des élus, pouvant se prêter moins que
tout autre système à la vulgarité et à la vénalité, ces deux
vices de la démocratie, à la demande des fonctions publiques et aux recommandations. (*Très bien! à gauche.*) Vous
l'aviez cru. Pourquoi ne le croyez-vous plus aujourd'hui?
Pour un simple motif : c'est que le scrutin uninominal a
fait entrer dans cette Chambre une grande majorité républicaine et que vous avez pensé qu'il est le plus sûr moyen,
aux prochaines élections, pour la réélire.

Messieurs, rien ne s'oublie aussi vite que l'histoire contemporaine : faut-il vous la rappeler en quelques mots?

Faut-il vous dire que ce fut le scrutin de liste qui, au mois
de juillet 1871, renouvela en grande partie l'Assemblée
nationale ? Faut-il vous rappeler qu'au milieu de ces luttes
où triomphèrent les hommes d'État éminents dont nous
gardons les noms dans nos cœurs, ce fut un programme
commun beaucoup plus qu'une question de personnes qui
groupa toutes les forces républicaines? (*Très bien! à gauche.*)

Faut-il vous rappeler enfin que les 363, qui sortirent tout
entiers de l'urne électorale, n'étaient en réalité qu'une lon-

gue liste qui avait été acceptée sans discussion par le pays? (*Très bien! très bien! sur les mêmes bancs.*) Était-ce là ce qu'on appelle véritablement un scrutin uninominal? Et pourtant, c'est le seul argument que j'ai rencontré devant moi.

A défaut d'exemple, Messieurs, est-ce du moins la doctrine qui a permis à l'honorable rapporteur de vous demander de rejeter ma proposition? Vous me permettrez bien de dire mon opinion sur le rapport de M. Boysset. Je la dirai, Messieurs, sans aucune aigreur et sans amertume, parce que je crois que toute question gagne à être traitée de haut... (*Très bien! très bien!*) Je ne m'arrêterai pas aux études historiques, aux appréciations du passé parlementaire que je trouve dans le rapport.

Mon honorable collègue me permettra d'être en complète dissidence avec lui. Dans son désir de chercher pour le scrutin uninominal les traditions républicaines, il a, à mon sens, mal compris l'histoire du passé; mais, sur ce point, la lumière est faite, et je ne me pardonnerais pas d'apporter ici une discussion historique. Je me permettrai seulement de m'étonner que M. Boysset, ayant à apprécier l'Assemblée constituante de 1848, dans laquelle étaient entrées toutes les illustrations politiques, scientifiques, philosophiques et littéraires de la France...

Un membre. — Et même religieuses!

M. BARDOUX —... ait pu l'accuser d'avoir péché, au moins par le cœur.

Je le comprends d'autant moins que, plus que personne, l'année qui vint après, il a pu comparer et juger. C'est la seule observation que je veuille lui présenter. (*Très bien! à gauche.*)

Messieurs, il n'y a pas dans l'histoire de situations absolument identiques, et vouloir chercher dans le passé même de la Révolution française des arguments pour ou contre le scrutin de liste, vouloir remonter jusqu'aux élections des bailliages, aller même jusqu'à l'élection de l'Assemblée législative et jusqu'à la Convention, c'est faire fausse route. Je laisse donc de côté toutes ces comparaisons, et je me place en présence de la réalité des faits.

Messieurs, il est impossible qu'on puisse constituer un gouvernement républicain dans lequel la Chambre des dé-

putés a l'autorité et l'importance qu'a celle-ci, sans avoir
recours au scrutin de liste. Je vous le démontrerai.

Mais tout d'abord une observation, — je ne dirai pas une
fin de non-recevoir, — a été présentée par l'honorable rapporteur : il a cru utile d'indiquer que la loi électorale ne
pouvait être modifiée sans une revision de la Constitution.
Il ne vous oppose pas, — pardon, Messieurs, si je m'exprime
comme un légiste, — il ne vous oppose pas une exception,
mais il s'adresse, — c'est là son expression, — à la conscience de la Chambre pour la prier de réfléchir à la gravité
de la proposition.

Messieurs, s'il s'agissait d'une fin de non-recevoir, j'exami-
nerais avec vous la Constitution; mais il ne me paraît pas
utile de compliquer le débat; d'autant mieux que l'honorable rapporteur n'insiste pas lui-même, et il me suffit de
déclarer que si la Constitution avait, d'une façon définitive,
arrêté la forme, le nombre même de la députation...

Un membre à gauche. — C'est ce qu'elle aurait dû faire.

M. BARDOUX —... on n'aurait pas pu, même en 1875, substituer au scrutin de liste le scrutin uninominal. Il n'y a pas
de difficulté sérieuse sur ce point; et si un amendement
était déposé dans le cours de cette discussion, vous me
permettriez d'y faire une juridique et complète réponse.

Revenons, Messieurs, aux arguments de fond.

Quels qu'ils soient, il y a des principes qui leur sont supérieurs, principes qui n'ont point été combattus ni discutés
et que je me permettrai de placer devant vous comme une
lumière.

Ces principes, les voici : la démocratie française, par son
origine, par sa longue histoire, par ses luttes, a un caractère
particulier, caractère auquel ne ressemble celui d'aucune
autre démocratie. Par suite des habitudes d'éducation de
la monarchie, la notion de l'État risque de s'altérer. On voit
plus dans l'État le dispensateur des grâces, le dispensateur
des fonctions publiques, que le représentant du juste et du
droit pour chacun et de l'honneur pour tous. (*Très bien!*)
C'est un danger que l'éducation publique réforme tous les
jours et qu'elle devra définitivement réformer.

Mais ce n'est pas tout; dans cette démocratie, le gouvernement représentatif a un caractère particulier. Notre constitution a limité les droits du pouvoir exécutif; il a une force

plus négative qu'impulsive, et c'est dans le Parlement, et particulièrement dans la Chambre des députés que réside toute la puissance d'action politique. La Chambre des députés représente plus spécialement l'opinion ; c'est avec l'opinion qu'elle est en contact, c'est l'opinion qu'elle dirige, c'est l'opinion dont elle est surtout la représentation. S'il en est ainsi, il ne peut y avoir de politique d'intérêt d'arrondissement, il ne peut y avoir qu'une politique de la nation, et les députés ne peuvent être que des représentants de la nation. Ils doivent être envoyés par elle, par des votes se rapprochant le plus possible du suffrage universel et non pas du tout par des votes émiettés. (*Très bien! sur divers bancs à gauche.*)

Du reste, lorsque le gouvernement représentatif s'établit en France, toutes les fortes intelligences politiques s'efforcèrent de créer des masses électorales, parce qu'elles savaient que les masses électorales seules résistent, parce qu'elles savaient que les masses électorales ne peuvent pas être corrompues et qu'elles ont seules le vif sentiment des intérêts généraux, sans lesquels il n'y a pas de gouvernement représentatif. Sans vouloir faire un abus des citations, je me permettrai pourtant de vous lire quelques lignes d'un homme dont l'opinion n'a pas été invoquée et qui, en quelques mots, lors de la discussion de la loi électorale de 1817, a précisé la véritable pensée politique.

Je veux parler de M. Cuvier, qui était commissaire du roi à la Chambre des députés. Il disait :

« Un député d'un département tout entier aurait une mission plus respectable que le député d'une ville, et s'il était possible de faire intervenir dans le choix de chaque individu la nation tout entière, ce serait alors qu'on serait arrivé au maximum de la perfection. »

Voilà l'idée juste, l'idée féconde de l'avenir qui se dégage. A plus forte raison, avec le suffrage universel, quand le choix doit être exclusivement politique, la consultation nationale doit-elle être faite selon le mode le plus large.

A coup sûr, et vous me permettrez ce souvenir pour le grand polémiste qui manque aujourd'hui sur les bancs de cette Chambre et dont vous gardez la mémoire, — à coup sûr il n'est pas question d'examiner ici l'unité de collège : je puis dire pourtant que plus on se rapproche du suffrage universel, plus on peut consulter une grande portion du pays, — et je ne veux pas dire que l'unité de collège soit praticable, — plus on se rapproche de la sincérité des vœux et des désirs de la nation. (*Très bien! très bien!*)

Si nous proposons le scrutin de liste, c'est que le scrutin de liste est le moyen le plus pratique, le plus sensé qui nous permette de nous rendre compte des volontés du suffrage universel.

Et, d'ailleurs, l'arrondissement n'a jamais été qu'une fiction ; il n'a ni propriétés, ni personnalité, ni droits ; il n'a pas, comme le canton ou la commune, sa raison d'être et n'a pas besoin de représentation spéciale... (*C'est vrai! à gauche.*) ·

Le député d'arrondissement ne représente pas les intérêts distincts. Ces principes ne me paraissent pas avoir été combattus par M. le rapporteur, et ceux qu'il a combattus ne me semblent pas moins se bien porter.

Le scrutin d'arrondissement viole une loi fondamentale dans la démocratie : la proportion nécessaire entre l'élu et l'électeur, entre le chiffre de la population et la représentation.

Je n'ai pas besoin d'insister sur ce point : tous les chiffres qui ont été fournis, tous ceux qui furent discutés à la tribune de l'Assemblée nationale sont encore présents à vos esprits. Il me suffira de dire que si vous examinez une statistique qui vous a été distribuée, vous verrez qu'il y a deux espèces de circonscriptions : les circonscriptions privilégiées et les circonscriptions sacrifiées.

Les circonscriptions privilégiées sont au nombre de 171, élisant 171 députés, et ayant une population de 8,725,000 habitants ; les autres, au nombre de 147 élisent 147 députés, et représentant le chiffre énorme de 13,635,000 âmes.

Toutes les améliorations que l'on pourra introduire dans le scrutin uninominal ne pourront modifier ce défaut de proportionnalité ; à moins qu'on n'arrive, ce qui est impossible, à créer, coûte que coûte et quand même, des circonscriptions arbitraires et égales, prenant alors un chiffre diviseur tellement bas que l'on aurait une Chambre considérable comme nombre sans qu'elle représente les véritables besoins du pays. Personne, d'ailleurs, ne le demande.

Quels reproches alors peut-on nous faire ? C'est en vain que M. Boysset a cherché à établir que « l'amplitude blesse l'égalité civile », — ce sont ses expressions, — parce que, dans un grand département, un électeur a plus de députés à nommer que dans les petits. Personne ne se laissera prendre à l'argument. Il me suffira de dire qu'il n'y a pas d'avantages ; que s'il y a un plus grand nombre de députés à nommer dans certains départements, c'est que les électeurs y sont en plus grand nombre. Par conséquent la proportionnalité n'est pas violée. Ce n'est pas parce que dans un département il y a plus de députés à nommer qu'il y a inégalité ; il y a inégalité lorsqu'il n'y a pas de proportion entre le nombre des électeurs et le nombre des députés à élire. (*Très bien! très bien!*)

Mais il faut, Messieurs, s'élever plus haut et laisser de côté tous ces calculs mathématiques. Certes nous n'avons jamais imaginé que le scrutin de liste pût faire éclore une légion d'intelligences et de rares talents ; mais nous avons toujours dit que le niveau s'élevait, par cette raison que, pour être élu sur une liste, il faudrait désormais une plus grande notoriété.

S'il faut une plus grande notoriété, en revanche celui qui est nommé est indépendant de tous les mesquins intérêts et de tous les agents électoraux. Ce scrutin, que nous recommandons à votre patriotisme, est le remède unique à un mal qui va grandissant, le relâchement des ressorts gouvernementaux et l'ingérence continue du député dans l'administration. Vous n'avez qu'à vous adresser aux préfets ; je suis convaincu que leur opinion sur ce point est unanime. Ce qu'il faut avant tout éviter, disent-ils, c'est cette continuelle immixtion dans les plus petites affaires, qui a pour contre-coup la diminution de l'autorité. L'élection par département, en vous élevant au-dessus des coteries, vous permettra de ne vous occuper que des intérêts généraux ; elle substituera à l'influence de clocher l'influence des intérêts généraux, et ces grands souffles qui seuls désormais peuvent influencer la politique. (*Très bien! très bien! et applaudissements à gauche.*)

Que voulons-nous ?... (*Rumeurs et interruption.*)

M. LAROCHE-JOUBERT. — Les petites affaires méritent bien aussi qu'on s'y intéresse !

M. LE PRÉSIDENT. — Je vous prie, Messieurs, de mettre un terme à vos conversations particulières.

M. BARDOUX. — Qu'est-ce qui vous arrête ? Est-ce la peur de l'inconnu et l'effroi des plébiscites ? Ce serait faire injure à votre bon sens que de réfuter de pareilles chimères qui hantent les imaginations, mais qui ne peuvent pas trouver place dans les esprits sérieux et qui certainement ne pourraient pas s'étaler à la tribune. Est-ce, au contraire, la crainte de voir diminuer cette majorité républicaine ? Messieurs, fiez-vous, — et j'emploie un mot que M. le rapporteur a relevé, — fiez-vous à l'opinion publique et à ses courants ; fiez-vous au sentiment qu'a le pays de la nécessité de la République ; fiez-vous aux services que vous avez rendus ; fiez-vous à vos convictions, à votre probité et à votre droiture ; c'est le sûr moyen de revenir ici. (*Approbation à gauche.*) Croire que le scrutin uninominal disparaissant ferait disparaître d'ici cette majorité, ce serait douter du bon sens et de l'intelligence politique du pays. Car, enfin, quel est notre but ? Nous voulons créer ici un grand parti de gouvernement ; nous voulons créer des mœurs politiques qui puissent permettre l'éducation du suffrage universel.

L'heure est venue d'ouvrir les rangs et d'appeler à nous tous ceux qui veulent servir la démocratie et la République : tous ceux sans exception, qui comprennent les nécessités de leur temps, les besoins de la liberté et du progrès. Ce que nous voulons, c'est faire disparaître ces luttes âpres, ces rancunes invétérées qui subsistent après les luttes d'arrondissement et risquent de modifier le caractère généreux de notre pays : ce que nous voulons, Messieurs, c'est que la démocratie ne s'épuise pas dans de mesquines préoccupations, ne s'acharne pas dans la poursuite des places ou des fonctions publiques. Ce que nous voulons, c'est plus d'air et de lumière ; ce que nous voulons, c'est que tout homme qui sent en lui le besoin de servir son pays, qui se sent la volonté et l'intelligence nécessaires, ne soit pas arrêté, à moins de sacrifier sa dignité, par des besoins d'argent, pour se présenter devant les électeurs. (*Très bien ! à gauche.*)

Ce que nous voulons, c'est que la France fasse mieux entendre sa grande voix, quand elle veut parler.

C'est par toutes ces raisons que le scrutin de liste nous paraît le seul mode d'élection qui soit conforme aux besoins et aux aspirations d'une République libérale.

Vous allez, Messieurs, dans peu de temps, vous présenter

devant vos électeurs ; jamais élections politiques n'auront
été plus importantes. La forme du gouvernement n'est plus
maintenant discutée ; l'heure est venue de dresser un programme, d'y inscrire les réformes que la démocratie attend
de tous ceux qui, avec des nuances d'opinion, ont le sentiment élevé des besoins du pays et du temps où ils vivent.
Pour le tracer, ce programme, il n'y a qu'un seul moyen :
c'est d'élargir le cadre électoral, c'est d'employer le mode
de consultation qui se rapproche le plus de l'opinion de la
nation ; ne laissons plus debout une législation électorale
qui a pu répondre à des nécessités transitoires, mais qui
maintenant, j'en suis sûr, ne serait plus à la hauteur des
vœux et des besoins nouveaux de la France. J'adresse un
suprême appel à votre sagesse et à votre patriotisme. (*Très
bien ! très bien ! — Vifs applaudissements sur plusieurs bancs
à gauche et au centre.*)

M. LE PRÉSIDENT. — La parole est à M. Roger.

M. ROGER. — Messieurs, je n'ai pas l'intention d'établir,
au point de vue purement théorique, un parallèle entre les
deux systèmes électoraux qui se partagent les préférences
de la Chambre, pas plus que je n'ai conçu le dessein de suivre l'honorable préopinant dans les régions élevées où il a
su porter et maintenir constamment la discussion. J'ai une
tâche plus modeste : je veux simplement rechercher si, dans
les circonstances actuelles, étant donné les résultats qu'a
produits le scrutin d'arrondissement, il y a lieu de le remplacer par un autre mode de votation.

Je suis d'autant plus autorisé à négliger les considérations
théoriques que, de l'avis général, le débat qui s'engage en
ce moment ne met en jeu aucune question de principes.
(*Très bien ! très bien !*)

M. MADIER DE MONTJAU. — Mais si ! Je vous le démontrerai
tout à l'heure.

M. ROGER. — La souveraineté du peuple, le suffrage universel qui en est l'expression logique et nécessaire, voilà
le principe ; mais quant au mode de consulter le corps électoral, ce n'est là qu'une affaire de méthode qui n'a pas une
importance absolue et qui emprunte sa valeur relative aux
circonstances de temps et de milieu dans lesquelles le vote
se produit. (*Très bien ! très bien !*)

Voilà pourquoi il me semble que mon argumentation,

quoi que puissent en penser quelques-uns de nos collègues, va se placer sur le véritable terrain de la discussion. Vous pouvez être assurés au surplus que j'examinerai la question qui vous est soumise sans amertume et sans passion, car je n'oublie pas et nous ne pouvons pas oublier que si, dans la majorité, sur ce sujet important, nous avons pris momentanément des positions différentes, nous nous retrouverons demain unis comme la veille, chaque fois qu'il s'agira de prendre quelque mesure utile à la République et au pays. (*Applaudissements sur plusieurs bancs.*)

Je tiens à constater tout d'abord un point qui, dans le débat, a son importance. La question entre le scrutin de liste et le scrutin d'arrondissement ne me paraît plus entière. En 1875, comme le rappelait tout à l'heure l'honorable M. Bardoux, a eu lieu une controverse solennelle à laquelle ont pris part les orateurs les plus autorisés de l'ancienne Assemblée : et après un examen sérieux, approfondi, le scrutin d'arrondissement a pris place dans notre droit public... (*Interruptions sur divers bancs à gauche.*)

Un membre à gauche. — Oui, grâce aux voix des royalistes !

M. ROGER. — Permettez-moi d'ajouter que depuis il a reçu par deux fois la consécration populaire. Eh bien, j'estime que lorsqu'une loi organique existe, — qu'elle a pour elle la possession d'état, — et qu'on veut la remplacer par une autre, il ne suffit pas de venir dire que celle-ci est meilleure que l'ancienne ; il faut encore, en se plaçant sur le terrain pratique des faits, démontrer l'insuffisance de la disposition législative qu'on prétend condamner. (*Marques d'approbation sur divers bancs.*) Car autrement, Messieurs, prenez-y bien garde, avec ce besoin de progrès qui distingue notre époque, — et je suis loin de m'en plaindre, — il arriverait que les discussions théoriques ne seraient jamais closes, et que constamment les assemblées, sous prétexte de mieux faire, seraient invitées à renverser le lendemain ce qu'elles auraient édifié la veille.(*Marques d'adhésion sur divers bancs.*)

Il y a quelque temps, aux applaudissements de la majorité, l'honorable sous-secrétaire d'État aux travaux publics disait: Il y a pour la République un danger, c'est l'immobilité. Je vous demande la permission d'ajouter que pour nos institutions, je connais un péril plus grand encore, c'est l'instabilité. (*Très bien ! très bien ! au centre.*)

Oui, l'instabilité, surtout dans notre système électoral.
Or, prenez-y bien garde : depuis 1869, voici deux fois déjà
qu'on change le mode de votation ; et si la proposition de
l'honorable M. Bardoux était accueillie par cette Chambre,
dans l'espace de dix ans il aurait été changé trois fois. (*Mouvements divers.*)

Un membre à gauche. — C'est l'Assemblée nationale qui l'a
changé.

M. ROGER. — Eh bien, je trouve que le pays ne s'expliquerait pas toutes ces modifications et toutes ces tergiversations. Après avoir pratiqué, comme il l'a fait, en toute liberté
et en toute sincérité, un mode de scrutin qui paraît avoir
ses sympathies, il se refuserait à comprendre comment
l'Assemblée qui en est sortie a consenti à le supprimer.

Mais cette condition qui consiste à démontrer sur le terrain pratique des faits, les inconvénients de la loi qu'on
vous propose aujourd'hui d'abroger n'est pas la seule que
je voudrais imposer aux partisans du scrutin plurinominal.
Il faut encore qu'ils puissent invoquer en faveur de leur
thèse l'assentiment du pays.

Il est évident que les deux systèmes de vote ne se ressemblent pas. Avec le scrutin de liste, comme le disait très
bien l'honorable M. Bardoux, les relations qui existent entre
le député et l'électeur sont bien lointaines ; ils ne se connaissent pas ; ils se rattachent l'un à l'autre par des idées,
c'est-à-dire par des abstractions. (*Mouvement en sens divers.*)

Plusieurs membres. — Il n'a pas dit cela.

M. ROGER. — Avec le scrutin d'arrondissement, les relations, au contraire, sont étroites, elles sont empreintes
d'une confiance et d'une estime réciproques. Eh bien, je ne
crois pas, pour mon compte, que vous puissiez ainsi, sans
vous être assurés de l'assentiment du corps électoral, changer la nature et le caractère des rapports qui, jusqu'à présent, vous ont liés à vos électeurs ? Cet assentiment du pays
à la réforme proposée existe-t-il ? Je le nie : car je ne vois
pas que l'on ait entrepris de vous démontrer que cette
adhésion existât.

Il y a deux façons pour le pays de faire parvenir jusqu'au
Parlement l'expression de ses volontés : il y a d'abord le
pétitionnement. Avez-vous eu une pétition en faveur du
scrutin de liste ? (*Interruptions.*)

Il y a aussi les corps électifs, qui, hors session, émettent des vœux ; les conseils munipaux, les conseils généreux ont-ils délibéré sur la question pendante ? Oui, quelques conseils généraux se sont prononcés.

Mais, si je suis bien renseigné, leur opinion n'a pas été favorable à la proposition de l'honorable M. Bardoux. (*Interruptions.*) Cette condition essentielle, l'adhésion du pays fait donc défaut aux adversaires du scrutin d'arrondissement. Recherchons maintenant s'ils ont pu justifier les graves inconvénients qu'ils attribuent à notre système électoral et qu'ils sont mis en demeure de préciser.

Quand on veut juger un instrument politique, il est nécessaire de l'apprécier dans ce qu'il donne, c'est-à-dire dans ses résultats. Il faut donc rechercher ce que le scrutin d'arrondissement, au point de vue républicain, nous a donné dans les dernières élections. C'est là le côté essentiel à considérer.

En 1876, — et c'est de l'histoire trop contemporaine pour qu'on ait besoin d'insister bien longtemps sur ce point, — la situation n'était pas facile pour les républicains. La République venait d'être proclamée, c'est vrai, mais les hommes qui étaient au pouvoir déguisaient à peine leurs antipathies pour cette nouvelle forme de gouvernement. En outre, les fonctionnaires étaient absolument hostiles ; et quant aux députés que les candidats républicains avaient à combattre, ils jouissaient du prestige qui s'attache à la fonction acquise et aux services rendus.

Et cependant ce scrutin d'arrondissement, qui, dit-on, s'inféode aux personnes et qui dédaigne l'idée, assura le triomphe des 363 !

M. Gambetta. — *Je demande la parole.* (*Mouvement.*)

M. Roger. — Et pour mieux marquer encore la défaite que les partis hostiles à la République venaient de subir, il infligea un quadruple échec à l'homme le plus considérable parmi nos adversaires, c'est-à-dire au président du conseil lui-même !

Voilà ce qu'a fait, en 1876, le scrutin d'arrondissement.

En 1877, lorsque les partis hostiles firent un dernier retour offensif contre la République, que se passa-t-il ? et comment se comporta, dans cette seconde et plus redoutable épreuve, ce même scrutin d'arrondissement, qui, d'après l'honorable M. Bardoux, est tout prêt à subir le joug des candidatures officielles? Malgré les promesses du pouvoir, malgré les menaces et les intimidations, malgré les abus d'autorité et, comme pour justifier une prédiction célèbre, au lieu de 363 républicains, il en envoya 400 sur ces bancs.

Voilà les états de services du scrutin d'arrondissement, et je me demande si le scrutin de liste en pourrait présenter de pareils.

Plusieurs membres. — Très bien! très bien!

M. Roger. — Je ne voudrais pas, je l'ai dit, apporter trop d'amertume dans cette discussion, d'autant plus que je ne suis pas d'une façon absolue l'adversaire du scrutin de liste, (*Ah! ah!*) Mais il me sera bien permis de faire remarquer que si le scrutin d'arrondissement a, par deux fois, sauvé la République, le scrutin de liste la perdit en nommant l'Assemblée de 1849 et la compromit gravement en désignant celle de 1871. (*Très bien! très bien! sur plusieurs bancs.*)

Je ne crois pas que ce soit dans le fonctionnement électoral du scrutin d'arrondissement que vous puissiez trouver des griefs sérieux, qu'il faut cependant bien nous montrer, pour que nous puissions admettre la substitution d'une autre mode de vote.

Voyons maintenant comment ont fonctionné les Chambres qui sont sorties de notre système électoral.

On a formulé divers reproches; quelle en est l'importance? Voilà ce que je vous demande la permission d'examiner très sommairement.

Je parle devant une Chambre qui est forcément en jeu dans ces questions, je dois m'exprimer par conséquent avec une entière liberté. (*Parlez! parlez!*)

On a prétendu que dans les Chambres issues du scrutin d'arrondissement les majorités manquaient d'homogénéité; que les députés qui en font partie n'étant pas nommés sur un programme politique commun, les députés sont en dissidence sur bien des questions; que, dès lors, la majorité se fractionne, qu'elle manque de l'esprit gouvernemental, et qu'alors les ministres ne trouvent plus dans leurs appuis naturels le concours qui leur est indispensable pour donner une bonne direction aux affaires du pays.

Enfin, l'honorable M. Bardoux disait tout à l'heure que le

scrutin d'arrondissement présentait encore le grand inconvénient de faire surtout apparaître des célébrités de clocher qui, une fois arrivées au Parlement, se préoccupaient bien plus des affaires locales que des affaires générales du pays.

Voilà bien, si je ne m'abuse, condensés en quelques phrases, les reproches qu'on a formulés contre les Chambres issues du scrutin d'arrondissement.

Voyons ce que valent ces divers griefs.

On prétend que les élections au scrutin d'arrondissement se font sans que les candidats aient à se préoccuper d'un programme général. Quand donc une élection s'est-elle faite sans que les partis eussent les uns et les autres leur programme ? Est-ce qu'en 1876 comme en 1877, le parti républicain n'avait pas des désidérata qui devenaient nécessairement le programme de tous les candidats ? Prenez toutes les professions de foi qui ont été publiées à cette époque, vous y trouverez indiquées toutes les réformes que réclamait à ce moment le parti républicain et qui constituaient son programme. On vous demandait d'affermir et de consolider la République, de donner enfin à la France la liberté de la presse, le droit de réunion et des lois démocratiques sur l'enseignement. Toutes ces réformes, vous avez pris l'engagement de les réaliser et — c'est votre honneur — vous êtes restés fidèles aux engagements que vous avez pris.

Donc, qu'on ne vienne donc pas nous dire que lorsque les élections ont lieu au scrutin d'arrondissement, elles se font sans programme !

Il est vrai qu'une fois l'Assemblée nommée on voit se former des groupes divers, ce qui prouve qu'il n'y a pas une absolue conformité d'idées entre les membres de la majorité. Mais est-ce que vous croyez que le scrutin de liste modifiera cette situation ? Évidemment non, car s'il y a entre nous des divergences sur des questions de détails, sur des règles de conduite politique, ces dissidences existent dans le parti républicain lui-même, dont la majorité doit être l'image.

Mais si nous sommes divisés sur certaines questions, si des nuances nous séparent, est-ce que lorsqu'il s'est agi d'affirmer ces grands principes qui intéressent la République et la démocratie, la majorité ne s'est pas montrée compacte ? Lorsqu'il a fallu voter les projets de loi dont je parlais tout à l'heure, quelqu'un d'entre nous s'est-il dérobé ? Et si, à ce moment-là, vous avez eu l'homogénéité nécessaire, comment pourrait-on reprocher aux Chambres sorties du scrutin d'arrondissement de manquer de cohésion (*Très bien ! très bien ! sur quelques bancs.*)

On nous a parlé d'esprit gouvernemental, d'esprit politique qui ferait défaut. Sur ce point je suis fort à l'aise pour discuter. Qu'on me cite un cas dans lequel le Gouvernement ait fait appel à cette Chambre et où il n'ait pas été écouté.

M. BALLUE. — Bien entendu.

M. ROGER. — Je demande à vous rappeler une circonstance qui est bien caractéristique. Je veux parler de l'amnistie.

Certainement l'amnistie n'était pas voulue au même degré par tous les députés de la gauche. Il y en avait qui la considéraient comme prématurée, qui n'avaient pas confiance dans cette grande mesure d'apaisement qu'on leur proposait ; et cependant, lorsque le Gouvernement est venu dire : J'ai besoin de cette loi d'amnistie, la majorité n'a pas refusé son concours. Elle l'a donné, parce qu'aucun de nous, dans le fond de sa conscience, ne s'est cru le droit de repousser une mesure gouvernementale dont les ministres déclaraient avoir besoin. (*Très bien ! très bien !*)

Et maintenant voulez-vous me permettre d'ajouter que ce n'est pas toujours avec le scrutin de liste que l'on obtiendra cette concordance d'opinion, cette unanimité de sentiments qui, d'après ses défenseurs, sont indispensables pour produire des assemblées merveilleusement homogènes. Le scrutin de liste, nous l'avons vu fonctionner, et il est assez curieux d'examiner, au point de vue de l'homogénéité des opinions, les noms des candidats qu'il honorait de ses suffrages dans certains départements et à Paris en particulier. Je ne veux pas prendre les choix qu'il a faits en 1848, aux premières élections : on me dirait peut-être qu'il était encore bien inexpérimenté et que, par conséquent, j'ai trop beau jeu dans mes critiques. Mais au mois de mai 1849, que s'est-il passé dans ce département de la Seine, c'est-à-dire dans la partie du pays où l'éducation politique est la plus avancée et où, par conséquent, les électeurs sont le mieux à même d'être fixés sur les opinions de leurs candidats ?

J'ai sous les yeux la liste des élus, voici les noms que j'y trouve : en tête le prince Murat et Ledru-Rollin ; plus loin, le sergent Boichot et le général Bedeau ; enfin, l'un à côté de l'autre, Considérant et le général Cavaignac.

Voix à gauche. — Qu'y a-t-il d'étonnant ?

M. Roger. — Je dis que le scrutin de liste procède comme le scrutin d'arrondissement et que l'opinion dominante, tout en cherchant à faire prévaloir ses idées, porte néanmoins sur ses listes des hommes qui, quoique appartenant au même parti ou étant censés lui appartenir, sont séparés cependant par des divergences considérables.

Le même résultat s'est produit aux élections de 1871, où on voit figurer sur la liste des députés M. Delescluze à côté de M. Jules Favre, M. Thiers à côté de M. Millière.

Voici, au point de vue politique, des rapprochements qui ne sont pas de nature encore à favoriser cette thèse que portait tout à l'heure à la tribune l'honorable M. Bardoux. *(Applaudissements sur plusieurs bancs.)*

Mais ces assemblées sorties du scrutin de liste étaient-elles aussi homogènes qu'on a bien voulu le dire, et leur esprit politique doit-il vous être cité comme un exemple ? Voyons-les à l'œuvre. L'Assemblée de 1848, qui était républicaine, inséra dans la Constitution un article qui eut pour résultat, quelques mois après, l'élection du prince Louis-Napoléon. L'Assemblée de 1849 était en majorité favorable à la restauration des d'Orléans, ce qui ne l'a pas empêchée d'aboutir au rétablissement de l'Empire. *(Très bien ! très bien !)*

De pareils exemples ne permettent pas aux partisans du scrutin de liste d'affirmer que seul leur système électoral doit donner des assemblées homogènes et animées d'un esprit véritablement gouvernemental. *(Applaudissements.)*

Il y a enfin un reproche d'un autre ordre, sur lequel je n'insisterai pas, du reste, et qui consiste à dire que le scrutin d'arrondissement a pour conséquence, à raison du cercle étroit dans lequel il se meut, de fermer la porte à toutes les notabilités politiques du pays pour ne laisser arriver que ce qu'on est convenu d'appeler « les célébrités de clocher ».

Ce reproche, Messieurs, je ne l'admets pas plus que les autres.

Qu'on me signale donc les hommes considérables, les personnalités politiques connues que le scrutin d'arrondissement empêche de pénétrer dans le Parlement. Ce reproche, vous auriez pu le formuler contre le régime censitaire, mais je nie que vous ayez le droit de l'adresser au scrutin d'arrondissement.

Tous les hommes politiques ayant une valeur réelle ont trouvé, à un moment donné, leur place dans le Parlement.

Et quant à cet autre grief que le député nommé au scrutin d'arrondissement s'occupe des intérêts locaux, je n'en admets pas la convenance. La raison en est bien simple, c'est que dans un pays comme la France tous les intérêts sont solidaires.

J'affirme donc qu'en aidant nos communes à construire des maisons d'écoles, en dotant nos arrondissements de chemins de fer, nous travaillons au développement intellectuel du pays tout entier comme à sa prospérité matérielle. (*Très bien ! très bien !*) Je ne suis donc pas touché de ce reproche banal, permettez-moi cette expression, qui consiste à dire que les Chambres issues du scrutin d'arrondissement s'occupent des intérêts locaux. Vous êtes dans votre rôle en agissant ainsi ; à une condition pourtant, — et vous l'avez remplie, — c'est de ne pas négliger les grands intérêts du pays chaque fois que vous êtes appelés à vous en occuper. (*Applaudissements sur divers bancs à gauche et au centre.*)

Ces considérations, Messieurs, doivent vous déterminer à repousser la proposition de l'honorable M. Bardoux, car aucun des griefs formulés contre notre système électoral actuel n'est justifié. Est-ce à dire que dans mon système on ne devra jamais faire l'expérience de ce scrutin de liste si cher à quelques-uns de nos collègues? Quand l'éducation politique du pays sera plus complète... (*Exclamations ironiques sur plusieurs bancs à gauche et au centre. — Applaudissements sur d'autres*)... vous pourrez essayer du scrutin de liste, et je n'y verrai pour mon compte aucun inconvénient. Mais, provisoirement, laissons les choses dans l'état actuel.

On a dit que les députés d'arrondissement sont les instituteurs politiques de leur circonscription. Eh bien, abandonnez-leur encore ce rôle pendant quelques années, la République ne pourra qu'y gagner. (*Interruption sur divers bancs. — Applaudissements sur d'autres.*)

Vous me dites qu'avec le scrutin de liste vous élèveriez

un édifice plus grandiose, que vous aurez des lignes plus
harmoniques. Je le veux bien. Mais j'affirme que les assises
n'auront pas la même solidarité.

Un membre au centre. —Très bien!

M. ROGER. — Eh bien, laissez-les telles qu'elles sont ; il est
bien de faire grand ; il est mieux encore de faire solide.

Si je n'ai pas trop fatigué l'attention de la Chambre...
(*Non! non! Parlez! parlez!*), je voudrais lui présenter une dernière considération.

J'ai sous les yeux une carte qui est l'œuvre d'un jeune
avocat de mérite, momentanément attaché au ministère de
l'intérieur, si je ne me trompe. (*L'orateur déploie une petite
carte coloriée.*) Cette carte, quelques-uns peut-être d'entre
vous la connaissent. (*On rit sur divers bancs.*) Elle donne
des teintes différentes à nos départements, suivant que la
majorité des électeurs, majorité accusée par les dernières
élections, appartient à l'opinion républicaine ou à l'opinion
monarchiste.

M. JANVIER DE LA MOTTE (Eure). — On ne nous l'a pas distribuée!

M. ROGER.— L'auteur de cette carte, qui est accompagnée
d'une statistique fort instructive, ne prend pas parti dans
la grave discussion qui nous divise, mais il fournit des éléments qui, en ce qui me concerne, m'ont beaucoup im-
pressionné.

Il existe en ce moment-ci, dans la partie ouest de la
France, 27 départements dans lesquels les dernières élections législatives n'ont pas donné une majorité favorable à
la République.

Il y a, il est vrai, des distinctions à faire. Dans certains
départements, par exemple, la majorité monarchique n'est
que de 5,000 voix ; dans d'autres, la majorité est de 5,000
à 10,000 voix ; et enfin il y a un troisième groupe de départements où la majorité est supérieure à 10,000 voix.

J'admets, — et je parle ici dans un sens républicain, —
que nous gagnerons facilement les départements dans lesquels il s'agit uniquement de déplacer 5,000 voix. Ce qui
réduirait à 20 les départements hostiles. J'espère, mais sans
en avoir la certitude, que nous arriverons aussi à conquérir
les départements dans lesquels la majorité est de 1 à 10,000
voix. Ceux-là sont au nombre de 5.

Mais je crois faire preuve de prudence en disant que dans les départements où nous sommes en minorité de plus de 10,000 voix, il n'y a pas chance de changer la majorité. Eh bien, dans tous ces départements, qui sont au nombre de plus de quinze, il y a partout des sièges gagnés par les républicains.

Ainsi, dans la Vienne, où la majorité antirépublicaine est de 17,000 voix, nous avons déjà deux collèges sur six. Dans Maine-et-Loire, où la majorité est beaucoup plus considérable encore, nous avons trois députés sur sept.

Voix à gauche. — C'est inexact!

M. ROGER. — Il me semble que cette situation est de nature à mériter l'attention des partisans les plus décidés du scrutin de liste.

Si la Chambre se prononce contre le scrutin d'arrondissement, voici tout un groupe de départements, presque une province, qui échappe à l'action républicaine.

Tout le terrain gagné par dix années d'efforts persistants peut être perdu.

Nos honorables collègues de la droite n'auraient même pas à se réjouir de ce résultat, car les sièges qu'ils gagneront dans ces départements teintés en bleu, ils les perdront dans ceux qui sont teintés en rouge et où ils possédaient quelques circonscriptions.

D'une façon générale, je crois que ces grandes absorptions sont mauvaises.

Si une opinion politique a droit d'être représentée dans un département, ne fût-ce que par un seul collège, il me paraît bon qu'elle le garde.

C'est dans ces conditions seulement que les minorités ont leurs intérêts respectés.

Voilà pourquoi on a pu dire, avec raison, du scrutin d'arrondissement qu'il est la sauvegarde des minorités.

Je termine, Messieurs, par cette considération.

Je le répète, le débat qui vous est soumis est très grave, mais je crois qu'il faut surtout l'examiner au point de vue pratique. C'est sur ce terrain que, simplement et sans phrases, j'ai voulu placer ma discussion. Je vous ai indiqué les raisons qui m'ont déterminé à repousser la proposition de mon honorable ami M. Bardoux; je vous affirme à mon tour que, dans les observations que je vous ai présentées,

Je n'ai été dominé que par une seule préoccupation; l'intérêt de la République. (*Applaudissements sur plusieurs bancs dans diverses parties de l'Assemblée.* — (*L'orateur, de retour à sa place, reçoit les félicitations de ses amis.*)

M. LE PRÉSIDENT. — La parole est à M. de Valfons.

M. LE MARQUIS DE VALFONS. — Je cède mon tour de parole à M. Gambetta.

M. LE PRÉSIDENT. — La parole est à M. Gambetta. (*Mouvement général d'attention.*)

M. GAMBETTA. — Messieurs, permettez-moi d'abord de remercier mon excellent collègue M. de Valfons d'avoir bien voulu me céder son tour de parole pour répondre à l'orateur distingué qui descend de cette tribune.

Messieurs, si j'entre dans ce débat, croyez bien que ce n'est pour répondre ni à des allusions, ni à des insinuations personnelles. Je pense que je n'ai à me défendre ni devant la Chambre, sans distinction de partis, ni devant le pays, des visées qui seraient criminelles, si elles n'étaient ridicules, qu'on s'est plu à me prêter dans cette grave question du régime électoral de la démocratie républicaine. Je parle ainsi pour couper court à des propos indignes de républicains. Quel que soit le mode de scrutin que vous adoptiez, que vous mainteniez la législation existante, si vous la croyez bonne et profitable pour le pays, ou que, revenant, au contraire, à la tradition de vos devanciers, vous rameniez le scrutin de liste, si la délibération vous éclaire, soyez convaincu que l'homme qui est devant vous se gardera de chercher dans des compétitions électorales ou dans les brigues du suffrage universel je ne sais quels conflits, quel antagonisme indignes de son parti et indignes de lui-même. (*Applaudissements.*)

J'ai pris à la Constitution de 1875, à l'heure difficile où elle était arrachée au patriotisme de tous, mais aux regrets de quelques-uns et aux généreuses ardeurs

des autres, j'ai pris, dis-je, une part trop grande, pour
ne pas être le plus soucieux et le plus respectueux
serviteur de cette Constitution que je crois, pour le
bien du pays, devoir défendre, dans toutes ses parties,
même contre des revisions que je considère comme
prématurées. (*Très bien! très bien!*)

Par conséquent, loin de moi, Messieurs, la pensée
de chercher, par des élections qu'on a osé qualifier de
plébiscitaires, à mettre en échec, à atténuer dans une
mesure quelconque l'autorité et le prestige du pouvoir
exécutif qui est le représentant du pays tout entier et
qui, jusqu'à l'heure marquée par la loi, doit pouvoir
s'épanouir dans tout son prestige et dans toute son
autorité. (*Applaudissements.*)

Cela dit, je n'entre pas dans le débat pour faire un
discours d'apparat : je demande à mes collègues de
me permettre d'y intervenir au fur et à mesure que
les nécessités s'imposeront à ma conscience.

Je viens, en ce moment, répondre aux arguments
que développait tout à l'heure mon ami et mon collègue M. Roger, un collègue que nous avons recruté
récemment, et qui prouve par lui-même, je le dis en
passant, qu'en effet le scrutin d'arrondissement peut
avoir souvent la main heureuse.

Mais qu'il me permette de lui dire que peut-être
les exemples qu'il a empruntés, soit au passé de 1848,
soit au passé plus récent de l'Assemblée nationale de
Versailles, ne lui sont pas aussi familiers qu'à moi-
même, et qu'il se pourrait bien que, précisément en
invoquant ces précédents, il eût fourni l'argument décisif pour le rétablissement du scrutin de liste.

Je laisse de côté 1848 ; l'Assemblée constituante de
cette époque est au-dessus de toutes les attaques et de
toutes les critiques, qu'il s'agisse de son esprit ou de
son cœur. Le cœur des assemblées, tout le monde en
est juge, mais l'éclat du talent, le prestige des caractères!... Quel était donc le talent, le génie, l'homme

politique illustre qui ne siégeait pas dans l'Assemblée de 1848, à part M. Guizot?... Je les y vois tous. (*Très bien! très bien!*)

Leur politique appartient aux disputes des hommes, mais non l'ascendant de leur esprit, de leur autorité. Je crois que, depuis la Convention, l'Assemblée de 1848 est la plus grande assemblée qu'ait eue la France.

Quant à celle de 1849, il ne faut pas oublier qu'elle est sortie d'un scrutin de liste tout à fait spécial, d'un scrutin de liste sans majorité absolue, qui n'imposait pas même la nécessité de réunir le quart des électeurs inscrits, d'un scrutin de liste, par conséquent, qui n'a rien de commun avec celui que nous vous proposons. (*C'est vrai! c'est vrai!*)

Au milieu des ardeurs et aussi des malheurs qui avaient signalé le retour de la République parmi nous, il y avait eu, Messieurs, — et malheureusement, on en voit encore aujourd'hui, mais à des degrés moindres, — des divisions douloureuses dans le parti républicain, et comme il y avait deux listes, d'une part, une liste modérée, ou dite telle, et qu'on n'exigeait pas la majorité absolue au premier tour de scrutin, d'autres plus avisés glissaient des listes intermédiaires de candidats, qui ont été élus représentants et qui ont conduit le pays, par une série de votes et de fautes, à la dictature.

Mais, Messieurs, nous ne vous proposons pas ce genre de scrutin de liste; au contraire; et si vous vouliez rétablir le scrutin de liste de 1849, je dirais : Je préfère le *statu quo.* Ce que nous demandons aujourd'hui, c'est ce que, mettant à profit l'expérience, nous avons demandé de tout temps, depuis cette époque déjà lointaine.

Quand je suis entré dans la vie publique, à la première réunion que nous avons eue avec les membres du parti républicain qui siégeaient dans le Corps législatif, on a discuté la possibilité de solliciter de

cette Assemblée législative de l'Empire une modification au régime électoral, et nous avons, après
de longues discussions, qui se tenaient sous la présidence de l'honorable chef actuel de l'État. M. Jules
Grévy, nous avons déposé une proposition tendant au
rétablissement du scrutin de liste, proposition parfaitement inconstitutionnelle, je le reconnais... (*Rires à
droite*), car elle allait directement, — c'est là ce qu'on
nous a opposé, fort légalement d'ailleurs, — contre un
des cinq points fondamentaux de la déclaration césa-
rienne du mois de décembre 1851, qui prit plus tard
rang dans les textes constitutionnels.

Mais nous considérions que ce scrutin de liste était
une nécessité traditionnelle de notre parti. Il n'y eut
pas de contestation sur ce point, ni parmi nous, ni
dans l'opinion.

Lorsque les évènements amenèrent au pouvoir ou
les signataires de la proposition, ou les amis des
hommes qui formaient à ce moment-là l'opposition,
et qu'on pensa à convoquer le peuple pour l'élection
d'une assemblée, on n'hésita pas, il n'y eut pas l'ombre
d'une discussion : ce fut le scrutin de liste qui fut dé-
crété. (*Très bien! très bien!*)

Je le dis en passant, mais vous imaginez-vous ce
qu'aurait été une consultation du pays au mois de février 1871 sous les pas de l'invasion, au milieu du
désarroi général des esprits et des caractères, si on
ne l'avait pas consulté par le scrutin de liste ? Que
serait-il arrivé? (*Très bien! très bien!*)

Mais voyez ce qui se passa dans l'Assemblée de
Versailles. S'il est certain que l'Assemblée de Versailles n'était pas faite pour faire admirer le régime
électoral d'où elle était issue, je n'en pense pas moins
qu'il faut accepter les résultats des consultations du
suffrage universel ; c'est au pays à réagir contre ses
propres défaillances, contre ses propres chutes, quand
il en a commis et qu'il s'est laissé tomber. Et, en effet,

la réaction ne se fit pas attendre. Heureuse et bienfaisante réaction! Dès le mois de juillet, après ces
magnifiques élections municipales, faites au scrutin
de liste, elles aussi qui furent la reprise de possession
de la France par elle-même, au lendemain de la guerre
civile, alors que l'on voyait encore les lueurs de l'incendie s'élever au-dessus de la capitale embrasée, la
France conserva son sang-froid; et, de même qu'elle
avait installé dans ses municipalités des républicains
et des patriotes, de même elle envoya, à la grande
joie du pays tout entier, plus de 114 députés, entendez-le bien, parmi lesquels ne figuraient que sept monarchistes.

Vous imaginez-vous, Messieurs, que si, ce jour-là,
on avait consulté la France par la voie du scrutin
d'arrondissement, l'autorité du verdict eût été aussi
décisive qu'elle l'a été, qu'elle eût eu l'immense influence qu'elle a eue sur le chef du pouvoir exécutif et
sur les partis?

Non, Messieurs, détrompez-vous, on eût considéré
le scrutin par arrondissement comme une sorte de
miroir brisé où la France n'aurait pas reconnu sa
propre image. (Applaudissements.)

Et alors, Messieurs, que s'est-il passé? Le voici:
Pendant cinq ans, de 1871 à 1875, jusqu'au 31 décembre, toutes les fois qu'on a consulté le pays pour
pourvoir à une vacance causée par une mort ou par
une démission, ou par toute autre cause, bénéfice immense le lendemain, quand, à la place d'un monarchiste, un républicain entrait dans l'Assemblée de
Versailles, et l'élection de ce républicain avait la puissance de toute la voix du pays et non pas celle d'un
simple arrondissement (Applaudissements); la leçon
était telle, la puissance de cette démonstration était
si irréfragable que la Constitution de 1875 en est sortie,
et que si vous avez la République, c'est à l'autorité du
scrutin de liste que vous la devez.

J'y étais, je l'ai vu. Aussi permettez-moi, mon cher collègue, vous qui êtes un dernier venu parmi nous, et certes un des meilleurs, permettez-moi de vous dire que j'ai assisté à l'évolution de certains élus du scrutin de liste vers le scrutin d'arrondissement.

C'est une histoire instructive et qui mérite, je crois, de vous être racontée.

Un jour, alors qu'on avait renversé l'illustre M. Thiers, qui, lui aussi, avait été autrefois partisan du scrutin d'arrondissement, mais qui, vaincu par l'évidence et rallié à la nécessité de faire une Constitution, s'était, à son tour, rallié au scrutin de liste, — demandez-le à M. de Marcère! — eh bien, ce jour-là, il arriva qu'on inscrivit le scrutin de liste dans un projet de loi préparé par M. Thiers. — M. Cochery est là, il peut vous le dire, car il le sait bien! Et qu'est-ce qu'on apprit? On apprit qu'il serait nécessaire de lutter contre une certaine fraction de la droite de l'Assemblée, qui, changeant d'avis, proposait de substituer le scrutin d'arrondissement au scrutin de liste inscrit dans le projet de loi, et voici à la suite de quels évènements :

On avait eu l'ordre moral, on avait changé, révoqué, — je ne m'en plains pas, c'est l'exercice légitime d'un pouvoir qui veut être sincère, — tout ce qui, de près ou de loin, représentait dans l'administration une idée libérale, démocratique, républicaine. On était donc en possession de cet instrument merveilleux de centralisation qui peut devenir un instrument de pression, quand on est résolu à en user, et qu'on le fait avec une certaine habileté, et on n'avait pas reculé devant l'emprunt à faire aux hommes expérimentés que l'Empire avait légués à l'ordre moral : on avait, dans certains départements, que je ne veux pas nommer, — mais que je nommerai si l'on m'y force, — on avait, de la façon la plus ouverte, la plus déclarée, la plus nette, essayé de la candidature officielle; malgré tout, elle n'avait pas réussi, et le rapporteur, — que je ne nommerai pas à moins qu'on n'y tienne absolument (*Sourires*), — avouait ingénument et confessait que décidément le scrutin de liste et la candidature officielle ne pouvaient pas coexister. (*Rires et marques d'assentiment sur divers bancs à gauche et au centre.*)

Alors la droite avait trouvé son chemin de Damas, et il fallait au plus vite se débarrasser du scrutin de liste. Oh! je ne parle pas de toute la droite, je dis une fraction de la droite, et je la ferai suffisamment connaître en rappelant qu'elle envoya un des deux frères Lefèvre-Pontalis, M. Antonin Lefèvre-Pontalis, à la tribune. (*Rires à gauche.*)

C'est l'amendement de M. Antonin Lefèvre-Pontalis qui a établi le scrutin d'arrondissement, qui l'a établi dans le but que je viens d'indiquer, pour parer au péril où était la candidature officielle, dont on méditait de se servir.

Et ce jour-là, que vit-on? On vit, d'un côté, tout le parti républicain sans exception, sans une abstention, sans une défection, les vieux comme les jeunes, les ardents comme les modérés, et on vit de l'autre tous les autres... les non républicains! (*Nouveaux rires.*)

Eh bien, nous avons lutté, nous avons été vaincus. Et qu'est-ce qui a triomphé? Ah! ce qui a triomphé, c'est la candidature officielle, c'est la politique de M. Buffet, c'est le septennat avec toutes les épreuves par lesquelles vous avez passé. (*Très bien! très bien! au centre et à gauche.*)

Mais qu'arrivera-t-il dès les mois de janvier et de février 1876? Alors on avait le scrutin d'arrondissement, le petit champ clos, la vigne du Seigneur, qu'on allait cultiver, biner, arrachant les mauvaises plantes: — c'est-à-dire vous, Messieurs! — on avait toute la force de pression de la machine administrative; on allait livrer bataille : dans quel intérêt, dans quel but? Était-

ce pour affermir la Constitution, pour affermir la
République, pour augmenter la majorité républicaine
qui était née des difficultés de la veille?

Oh! non, on nous l'avait déclaré sans ambages, avec
un abandon de paroles que certains trouvaient sar-
castiques et que, moi, je trouvais cyniques. (*Très bien!
très bien! à gauche et au centre.*)

On nous disait simplement : Votre majorité, c'est
très bien! Vous nous avez servi un jour, mais désormais je ne vous connais plus; votre majorité, je n'en
veux pas, et je suis là pour la défaire! — M. Ricard,
de regrettable mémoire, le rappelait dans son discours
sur le scrutin de liste. — Nous avons le scrutin d'arrondissement, nous allons nous en servir.

Et on s'en servit. Mais la France, encore tout im-
prégnée des luttes du scrutin de liste, à l'aide duquel
elle avait voulu faire triompher sa volonté... (*Protestations à droite. — Applaudissements à gauche et au centre*), la France n'hésita pas; elle envoya, à travers les
mailles serrées du filet administratif, elle envoya siéger dans cette enceinte cette forte majorité que vous
constituez. (*Très bien! très bien! au centre.*)

Eh bien, croyez-vous que le pouvoir s'avoua vaincu
par le pays? Oh! non; il ne dit qu'une chose dont
nous avons retrouvé la trace partout, et dont du reste
sa pratique officielle donne une preuve éclatante : il
dit que le pays s'était trompé, qu'on n'avait pas nettement posé la question, qu'on n'avait pas osé déclarer
la candidature officielle ouvertement, publiquement,
et qu'il fallait recommencer. Et alors, comptant précisément sur les ressources de ce scrutin d'arrondissement, on fit la dissolution, pour essayer si la candidature officielle, pratiquée largement et d'une façon
éhontée, ne pourrait pas avoir raison des volontés du
pays. (*Applaudissements. — Bruit à droite.*)

Écoutez, Messieurs, écoutez! C'est ici que j'arrête
mon honorable contradicteur. Il nous dit, en effet :

Le scrutin d'arrondissement n'est-il pas le scrutin sauveur, le scrutin libérateur? N'est-ce pas à lui que vous devez le succès?

Voilà l'objection; je ne l'affaiblis pas. Voici ma réponse.

Non, ce n'est pas le scrutin d'arrondissement qui nous a ramenés ici; ce n'est pas le scrutin d'arrondissement, c'est le scrutin de liste, élevé à sa plus haute pression : l'unité de liste. (*Vif assentiment sur un grand nombre de bancs à gauche et au centre.*)

Et c'est tellement l'unité de liste, — Messieurs, je crois que je peux en parler en témoin autorisé...(*Oui! oui! — Très bien!*), — qu'on ne demanda à personne ni son opinion intime sur tel ou tel sujet, qu'on ne demanda compte à aucun de vous des votes qu'il avait rendus antérieurement, ni de ceux qu'il s'apprêtait à rendre. On lui demandait : Faites-vous partie de cette phalange de résistance, de cette phalange des dissous et des expulsés? Êtes-vous un 363? Si oui, vous figurerez sur la liste! (*Applaudissements.*)

Et, chose grave, c'était tellement un scrutin de liste que, permettez-moi de vous le rappeler, il s'est trouvé un Bonaparte pour réclamer le droit d'y être inscrit, et il l'a été! (*Nouveaux applaudissements.*)

Eh bien, Messieurs, je vous demande si, ce jour-là, vous êtes rentrés par le scrutin d'arrondissement? Non! vous êtes rentrés par l'unité du collège, par l'unité de liste! C'est la première et peut-être la dernière fois qu'on assistera à un si magnifique spectacle de concorde, d'union et de concentration républicaine. (*Nouveaux applaudissements.*)

Mais, Messieurs, c'est précisément ce verdict électoral qui prouve l'efficacité, la supériorité du scrutin de liste : car est-ce qu'alors on a discuté les hommes? Est-ce qu'on a pénétré dans la vie privée — j'entends entre concurrents? Non! on a pris l'idée politique, le principe qui planait au-dessus de cette liste et qui était l'anéantissement du pouvoir personnel, et cela a suffi. (*Vive approbation.*)

Je ne veux faire allusion à personne, mais il en est, — ils sont nombreux dans cette Chambre, — qui savent bien que leur candidature eût été longuement discutée et peut-être même mise en péril s'ils n'avaient pu revendiquer ce titre de 363. (*C'est vrai! c'est vrai!* — *Applaudissements.*)

Messieurs, voilà pour la valeur de l'exemple, voilà pour l'autorité du précédent. Vous pourrez décider ce qu'il vous plaira, mais ce que vous ne pourrez pas faire, c'est changer la valeur d'un argument et le rendre détestable alors qu'il est réellement supérieur.

Mais je retiens cet exemple, car je veux l'examiner sous une autre face, et montrer que, malgré cette unité d'action, malgré cette unité de liste, la candidature officielle a porté ses fruits. Il y a eu bien des victoires partielles qui ont presque touché au succès décisif.

A droite. — Qui y ont même tout à fait touché!

M. GAMBETTA. — Messieurs, permettez-moi d'interroger les faits!

Ce qui le prouve, c'est que la candidature officielle a comparu devant la majorité triomphante. Et qu'en est-il résulté? C'est que vous avez été acculés à soixante-douze invalidations nécessaires, j'y consens, légitimes, je le proclame. (*Vives protestations à droite.*)

M. DE LA ROCHEFOUCALD, DUC DE BISACCIA. — Vous avez le droit de le dire, mais vous ne pouvez pas vous en vanter!

M. GAMBETTA. — Messieurs, c'est mon opinion que j'exprime, ce n'est pas la vôtre. Ces invalidations, je les ai votées, et vous me ferez bien la grâce de penser que si je les croyais légitimes...(*Nouvelles protestations à droite.*)

Vous pensez le contraire, Messieurs, c'est votre droit et peut-être y a-t-il pour vous un devoir de solidarité;

mais vous ne pouvez pas m'empêcher de citer des faits et d'en déduire les raisons.

M. DE LA ROCHEFOUCAULD, DUC DE BISACCIA. — Il y a beaucoup d'invalidés qui sont revenus !

M. GAMBETTA. — Eh bien, je dis à la majorité : Vous avez été acculés à ces nombreuses invalidations nécessaires. Pourquoi ? Parce que vous aviez affaire au scrutin d'arrondissement. Cela est certain, car, si vous aviez eu affaire au scrutin de liste, vous auriez validé toutes les élections. (*Dénégations à droite.*)

M. BOURGEOIS. — Pas davantage !

M. GAMBETTA. — Messieurs, je vous prie de me laisser exprimer ma pensée ; je puis me tromper, et, dans ce cas, je ne demande qu'à être rectifié...

M. PAUL DE CASSAGNAC. — Non, vous avez raison !

M. GAMBETTA. — ... ce que je demande à mes collègues de vouloir bien m'accorder, c'est la liberté de développer ma pensée.

Je disais donc que vous n'auriez pas annulé ces élections si elles avaient eu lieu au scrutin de liste ; vous les auriez validées, et cela pour deux raisons : la première, parce que la candidature officielle n'aurait pas pu s'exercer... (*Très bien! à gauche. Exclamations à droite.*)

Non, elle n'aurait pas pu s'exercer, car il n'est pas possible de presser, d'intimider, de corrompre cent mille ou cent cinquante mille électeurs ! Vous le savez bien tous, et l'idée même n'en serait pas venue. Et vous trouvez là une preuve que le scrutin de liste assure ces deux conditions aussi bien au point de vue du Gouvernement qu'au point de vue des populations : d'abord, qu'il tue jusqu'à la pensée de la candidature officielle, et, ensuite, qu'il la rend vaine lorsqu'elle est entreprise. (*Applaudissements.*)

Voilà les précédents, Messieurs, voilà d'où vous êtes sortis, voilà votre berceau ; et, quand je viens vous dire, moi : Le scrutin d'arrondissement est une arme forgée par vos ennemis, c'est une arme qu'on a a employée pour vous perdre et perdre avec vous la République, c'est moi qui vous ramène à vos origines, et ce sont vos adversaires qui vous en écartent.(*Applaudissements sur divers bancs. — Rumeurs sur d'autres.*)

Mais, Messieurs, je défends vos intérêts. (*Interruptions.*)

M. LE PRÉSIDENT. — Je prie la Chambre de vouloir bien écouter l'orateur en silence.

M. GAMBETTA. — Je sais par expérience combien il est difficile d'entretenir une Assemblée des conditions de sa naissance et des conditions de sa renaissance... (*Sourires et mouvements divers.*)

M. PAUL DE CASSAGNAC. — Le mot est joli!

M. GAMBETTA. — ... mais si épineuse que soit cette tâche, comme je n'ai pas en vue la satisfaction d'intérêts personnels, que je ne suis préoccupé que d'une question d'État, que j'ai la conviction profonde qu'il n'y a pas de possibilité, dans ce pays-ci, de fonder un gouvernement républicain à la hauteur de sa mission, à la hauteur de ses devoirs, sans convoquer le pays dans ses assises les plus étendues, sans faire reposer le suffrage universel, la consultation du pays sur la base la plus large et la plus unitaire...

Plusieurs membres à droite. — Très bien! très bien!

M. GAMBETTA. — ... je combattrai jusqu'au bout pour cette solution. (*Marques ironiques d'approbation à droite.*)

Messieurs, je ne suis pas intimidé par les applaudissements d'une certaine partie de cette Chambre. Je crois qu'en effet, quelque malice qui puisse s'y cacher, il s'y cache encore une pensée supérieure. Oui, quand je dis : la base la plus large, la plus unitaire, ces messieurs entendent le plébiscite. Eh bien, je réponds que si quelque chose fait défaut aux institutions actuelles quant au mode de nomination de la représentation nationale, c'est précisément de ne pas pré-

senter une surface électorale aussi large, aussi étendue que le plébiscite lui-même. (*Applaudissements
ironiques à droite.* — *Agitation à gauche et au centre.*)

Messieurs, je vous prie de vous souvenir qu'à la
dernière lutte électorale du 14 octobre 1877, vous avez
compté dans les arrondissements 180 élections hostiles et que vous avez en ce moment sur ces bancs une
opposition de 130 membres qui ne votent pas le
budget. (*Vives exclamations à droite.*)

Ce n'est pas pour vous le reprocher...

M. DE LA ROCHEFOUCAULD, DUC DE BISACCIA. — On ne
nous admet même pas dans la commission du budget!

M. BAUDRY D'ASSON. — On nous en met, en quelque sorte, à la porte. Cependant, nous avons demandé à en faire partie, et on nous avait promis de
nous y faire entrer lorsque le règlement a porté à
trente-trois le nombre des membres de cette commission.

M. DE LA ROCHEFOUCAULD, DUC DE BISACCIA. — Nous
ne votons pas le budget, pour qu'on ne puisse pas
dire que nous donnons des votes de confiance au Gouvernement; nous avons exprimé notre opinion en faveur des six millions demandés dernièrement pour
l'expédition contre les Khroumirs.

Plusieurs membres à droite. — C'est vrai! c'est vrai!

M. GAMBETTA. — Messieurs, quand vous aurez exhalé
vos regrets et vos plaintes, il n'en restera pas moins
vrai que ce que j'allègue n'a rien à faire avec vos
protestations. (*Très bien! à gauche.*)

Je dis que, dans aucun pays, dans aucun temps,
sous un régime de libre discussion, un pouvoir, un
gouvernement ne s'est trouvé en présence d'un effectif
d'opposition aussi redoutable. C'est là la question qui
doit vous préoccuper, c'est une question d'État, car
à chaque instant vos ministères, vos cabinets sont à
la discrétion d'une coalition. (*Très bien! et applaudissements à gauche.* — *Réclamations à droite.*)

M. LE COMTE DE COLBERT-LAPLACE. — Le Gouvernement est-il pour vous ?

M. GAMBETTA. — Je vous en conjure, soyez cléments pour moi, laissez-moi aller jusqu'au bout ; je ne vous interromprai pas si vous me répondez, j'en prends l'engagement.

M. LE COMTE DE COLBERT-LAPLACE. — Parlez-vous au nom du Gouvernement ? (*Exclamations et rires à gauche et au centre.*)

M. GAMBETTA. — Messieurs, je dis que dans un débat de cette gravité, ce qui importe, ce ne sont pas les renseignements plus ou moins historiques, ce ne sont pas les appréciations plus ou moins hypothétiques sur les cartes dressées par les jeunes gens du ministère de l'intérieur... (*On rit*), je dis que ce qui importe, c'est la politique. Eh bien, que doit donc être la politique d'un gouvernement républicain ? Et faites-moi la grâce de penser que je ne suis ni l'avocat, ni l'inspirateur de celui qui siège sur ces bancs ; je parle librement, comme je parlerais dans une autre assemblée, si j'avais l'honneur d'y siéger.. (*Très bien ! à gauche.*)

Messieurs, je dis que lorsqu'il existe dans un pays à régime représentatif et parlementaire une opposition qui est presque analogue à celle que je faisais à l'Empire, une opposition irréconciliable...

M. DE LA ROCHEFOUCAULD, DUC DE BISACCIA. — Vous venez nous demander nos voix... (*Interruptions et réclamations à gauche et au centre.*)

M. GAMBETTA. — Monsieur de la Rochefoucauld, je vous en prie, ne m'interrompez pas. Vous dites que j'ai demandé vos voix ; mais certainement je les demande...

M. DE LA ROCHEFOUCAULD, DUC DE BISACCIA. — Certainement, vous ne les aurez pas !

M. GAMBETTA. — Je serais très fier de les obtenir.

M. LE PRÉSIDENT. — Monsieur de la Rochefoucauld,

je vous rappelle à l'ordre, à cause de votre persistance à interrompre.

M. GAMBETTA. — Il me semble que je défends ici une thèse qui a eu les plus illustres tenants de la monarchie pour interprètes : Lainé, Royer-Collard, et même Berryer, dont la mémoire ne peut être citée devant nous sans émotion, ont été les protagonistes du scrutin de liste, et vous devriez me faire la grâce de souffrir au moins que je marche à leur suite ! (*Applaudissements à gauche et au centre. — Rumeurs à droite.*)

Je ne demande individuellement la voix de personne ; mais je parle devant une assemblée d'hommes politiques, qui ont d'autres intérêts, grâce au ciel, que l'intérêt de leur candidature personnelle, qui ont d'autres ambitions électorales... (*Très bien ! très bien ! à gauche*)... qui ont avant tout souci de l'honneur, de la grandeur de la France et qui, par conséquent, dans le fond de leur conscience, ne doivent considérer qu'une chose : s'il est vrai que nous sommes en route pour le relèvement ou pour la décadence. (*Vifs applaudissements.*)

Vous imaginez-vous que, devant vous, je lutte contre des amis, je froisse des convictions et des amitiés, pour l'unique plaisir de conquérir des voix et un succès parlementaire ? Oh ! il y a longtemps que j'ai passé cette ligne. (*Applaudissements sur les mêmes bancs.*)

Je parle ici au nom des intérêts supérieurs de la démocratie française. Oui, je pense que dans un pays où les intérêts locaux ont des organes attitrés qui fonctionnent admirablement, qui peuvent se faire jour à tous les degrés de l'échelle administrative ; je pense que lorsque dans ce pays on représente la France, c'est-à-dire la plus haute personne morale qui soit dans le monde, je pense que l'on peut bien se demander si on fera surgir les représentants des idées, de la tradition historique qui ont fait cette gloire universelle, si on les fera surgir de cent mille électeurs ou de six mille. (*Mouvement prolongé.*)

Voilà ce que je pense, et je viens ici vous dire qu'il n'y a pas seulement que des considérations d'honneur, de moralité, de probité supérieure engagés dans ce débat, qu'il y a autre chose, c'est-à-dire une question de gouvernement, une question de progrès, une question d'avenir démocratique pour ce grand pays.

Vous savez tous sur quelles questions je pourrais faire porter le débat ; vous savez que lorsque vous avez touché aux réformes primordiales, entendez-le bien, sans lesquelles vous ne ferez rien, c'est-à-dire au remaniement des compartiments administratifs de ce pays, qu'il s'agisse de la magistrature, de l'administration, de l'impôt, de la guerre et de ses cadres, qu'il s'agisse de ses arsenaux, vous savez bien...

A gauche. — Oui ! oui ! — Très bien !

M. GAMBETTA. — ...vous savez bien, et c'est votre devoir, que vous êtes les prisonniers de votre origine... (*Vifs applaudissements sur un grand nombre de bancs à gauche. — Protestations sur d'autres bancs.*)

M. ACHARD, *et plusieurs autres membres.* — Pas du tout ! Nous sommes libres !

M. GATINEAU. — Nous montrerons que nous le sommes !

M. GAMBETTA. — Monsieur, je ne vous interromps pas quand vous parlez. Veuillez m'écouter.

Vous savez bien, Messieurs, que lorsqu'il faut toucher à cette immense classification des compartiments administratifs, judiciaires, militaires, économiques, vous savez bien que votre devoir, qu'un engagement intime, quand il n'est pas apparent, vous lie à la petite région qui vous a élus. (*Dénégations sur divers bancs au centre. — Marques d'approbation à gauche.*)

Je dis, Messieurs, que vous ne faites qu'accomplir strictement votre devoir d'honnêtes gens, quand vous prenez ainsi la défense des intérêts auxquels j'ai fait allusion, et que vous défendez contre ce gouvernement, à qui vous disiez tout à l'heure que vous n'aviez rien à refuser, l'existence de tribunaux jugeant jusqu'à quatorze affaires par an. (*Rumeurs sur divers bancs.*)

Ce sont des faits, et si vous ne voulez pas les enregistrer, ce n'est pas ma faute ; le pays en a pris acte.

Eh bien, Messieurs, je pourrais en dire autant, — et ne m'y poussez pas, — en ce qui touche un certain nombre de questions ! Je dis que c'est là précisément le vice fondamental, essentiel du scrutin d'arrondissement, et qu'il faut vous y soustraire, et que ce sera pour aller au scrutin de l'émancipation et de l'affranchissement que vous voterez le scrutin de liste.

Je sais bien ce qu'on dit : Vous voulez nous faire voter le scrutin de liste, vous voulez donc rompre tous les liens qui nous rattachent et nous unissent à chacun de nos électeurs ?

N'exagérons rien. Ne me dites pas que vous connaissez tous vos électeurs, et je ne demanderai pas que vous n'en connaissiez aucun. Non ; je pense que le jour où vous ferez une liste pour le département, vous n'aurez pas plus de difficultés électorales que vous n'en éprouvez dans un comité cantonal ou dans un comité d'arrondissement. Si vous voulez même me le permettre, — non pas que je possède des documents émanant des jeunes gens de l'intérieur (*Sourires*), — je suis en mesure de vous affirmer que je me tiens assez au courant de la géographie électorale de ce pays, car le suffrage universel est ce qu'il y a de plus intéressant dans la vie sociale de la France, pour avoir, moi aussi, quelques données sur le mouvement électoral qui peut s'accomplir.

Eh bien, rassurez-vous. Non, je ne crois pas que vous soyez exposés à être placés sous la pression d'une sainte vehme démocratique et démagogique, siégeant à Paris et vous expédiant des journalistes sans ouvrage, pour remplacer vos personnalités dans le culte des électeurs. Ce sont là des fantômes qui feraient bien rire les électeurs si on les en entretenait sérieusement. (*Très bien ! très bien !*)

Mais de quoi et de qui parlez-vous ? On a fait, pendant longtemps, des élections au scrutin de liste dans ce pays ; elles se sont toujours passées, au point de vue de la liberté et de l'indépendance des électeurs et des élus, dans des conditions parfaites. Personne ne s'en est plaint, ni les élus, ni même, chose singulière ! les concurrents évincés, ce qui n'arrive pas toujours avec le scrutin d'arrondissement. (*Très bien ! très bien !*)

Et ce ne serait pas là un des moindres avantages, au point de vue de la paix sociale, de la disparition du scrutin d'arrondissement. Évoquez vos souvenirs, Messieurs : est-ce qu'il n'est pas vrai que dans ce champ clos, dans cette arène restreinte de l'arrondissement, lorsque les candidats sont aux prises, ils se dénigrent, se diffament, se jettent toute espèce d'injures et de calomnies à la face ? (*Oui ! oui ! — C'est vrai !*) Et l'ardeur de la lutte gagne à ce point, je ne dirai pas leurs sectateurs, mais leurs sectaires, leurs séides, qu'il arrive que, le lendemain de l'élection, au lieu de voir renaître la courtoisie et les bonnes relations, on laisse derrière soi des ressentiments et des rancunes inoubliables.

Et vous divisez tous nos villages, toutes nos petites villes de province, pour faire triompher quoi ? Un détestable régime, qui est impuissant à fonder la République à la fois sur la liberté et sur la réforme. (*Très bien ! très bien ! et applaudissements à gauche.*)

M. Gatineau. — Vous avez dit le contraire !

M. Gambetta. — Je n'ai pas dit le contraire ; et quand vous voudrez, je discuterai mes paroles. S'il y a une thèse sur laquelle je n'ai jamais varié, c'est le scrutin de liste ; non pas que je ne reconnaisse pas le droit de varier sur les problèmes sociaux, mais plus je vais, plus j'examine, plus je trouve le scrutin de liste non pas parfait, — il n'y a rien de parfait, — mais certainement supérieur à tous les régimes électoraux qui l'ont précédé ou suivi. (*Très bien! très bien!*)

Je dis que ce n'est pas un médiocre avantage d'avoir un scrutin de paix sociale. Mais ce n'est pas là le seul but de mes observations. Il y a un point qui est beaucoup plus douloureux, qui est beaucoup plus alarmant. Ce serait au sein de notre démocratie, si généreuse et loyale, la création d'un régime d'élections qui nous ramènerait à quelque chose de plus détestable encore que le bourg pourri d'Angleterre avant la réforme de 1832.

Oui, timidement, clandestinement d'abord, on a acheté des voix... (*Interruptions sur divers bancs. — C'est vrai! très bien! à gauche*)... on a versé la corruption et le vin aux masses électorales. (*Nouvelles interruptions.*)

N'interrompez pas, Messieurs, je citerais des faits. (*Applaudissements à gauche.*)

On a mis à l'enchère des candidatures, et il se trouve maintenant qu'il va surgir une industrie de placement électoral politico-financière dans certains arrondissements. (*Sourires à gauche.*) Oui, il y a des arrondissements sur lesquels certains Turcarets jettent leur dévolu, calculant le chiffre qu'ils devront inscrire au total des frais généraux. (*Dénégations à droite. — Oui! oui! Très bien! très bien! à gauche.*)

M. DE COLBERT-LAPLACE. — Citez des faits précis! N'incriminez pas sans preuves et sur de simples allégations!

M. LE PRÉSIDENT. — Monsieur de Colbert-Laplace, vous êtes le premier inscrit pour parler; attendez votre tour!

M. GAMBETTA. — Je dis que ce sont des mœurs qui commencent, mais que, si vous maintenez le régime parcellaire appliqué au régime universel, elles vont se développer ; et vous auriez cette responsabilité devant l'histoire d'avoir inoculé la gangrène de l'argent à la démocratie française. (*Vifs applaudissements.*)

Pensez-y, Messieurs ! Et cette considération de l'électeur qu'on achète n'est pas la seule ; mais si on se met sur ce pied que l'argent va être une puissance électorale, que c'est l'argent qui va prendre la place des idées...

M. LOUIS LEGRAND. — Mais non !

A gauche. — Si ! si !

M. GAMBETTA. — Laissez-moi parler, Messieurs. Si on se met, dis-je, à remplacer les idées, les principes qu'on appelle des abstractions par des sacs d'écus ou par des liasses de billets de banque, honte sur mon pays ! (*Mouvement.*)

Non, Messieurs, nous ne verrons pas ces choses ; nous ne les verrons pas, parce que la conscience française, indignée, n'en tolérera pas même l'apparence. (*Très bien! très bien !*) Mais ce n'est pas tout : il n'y a pas que les élections qui s'achètent : il y a le candidat qu'on refoule. Oui, dans notre démocratie, la fortune ne marche pas toujours d'accord avec le caractère et le mérite. Voulez-vous aussi exiger, dans une forme particulière le rétablissement du cens sur l'intelligence ? Voulez-vous barrer l'entrée de la vie publique à ce travailleur modeste... (*Rumeurs sur quelques bancs.*)

Messieurs, je dis la vérité, et vous le savez bien... (*Applaudissements à gauche et au centre.*) Vous savez bien que je ne suis pas suspect au point de vue de ce qu'on appelle les questions sociales ; vous connaissez la réserve et la rigueur que j'apporte dans mon langage quand il s'agit de ce côté de la politique démocratique. Mais en même temps je trouve qu'il est bon, nécessaire d'aller à ces esprits en travail et de leur dire : A vous aussi, votre place est marquée; vous aussi, vous siégerez dans les conseils de la nation; vous aussi, vous prendrez part aux délibérations qui porteront sur les destinées de la France.

Ceux-là, les ferez-vous entrer dans le Parlement par le scrutin d'arrondissement ou par le scrutin de liste? (*Applaudissements.*)

Ah! Messieurs, c'est une grave question...

M. LAROCHE-JOUBERT. — Vous les avez joliment soutenues, les candidatures ouvrières!

M. GAMBETTA. — Monsieur Laroche-Joubert, je peux vous répondre que moi, personnellement, j'ai toujours défendu les candidatures ouvrières, et la preuve, c'est que j'ai contribué à faire entrer au Sénat deux ouvriers, M. Corbon et M. Tolain. Faites-en autant! (*Rires approbatifs à gauche et au centre.*)

J'ai toujours réclamé l'entrée des travailleurs dans les Chambres, non pas parce qu'ils n'étaient qu'ouvriers, mais parce qu'ils étaient ouvriers instruits, républicains dévoués et capables de tenir leur place partout avec talent; avec éclat et, quand j'ai eu le pouvoir, j'ai cru m'honorer en envoyant au milieu des travailleurs de la Creuse un travailleur comme eux pour en faire le chef de l'administration préfectorale : j'ai nommé Martin Nadaud. (*Très bien! très bien! et applaudissements.*)

M. LAROCHE-JOUBERT. — Vous n'avez pas à revendiquer M. Nadaud; c'est un ouvrier qui appartient à la Révolution de 1848!

M. GAMBETTA. — Monsieur Laroche-Joubert, je vous rappelle au silence... (*Exclamations et rires*)... en ma qualité d'orateur.

M. LAROCHE-JOUBERT. — De quel droit me rappelez-vous au silence? Vous oubliez que vous n'êtes pas au fauteuil!

M. LE PRÉSIDENT. — Monsieur Laroche-Joubert, si j'avais pris la parole, j'aurais été obligé de vous rappeler à l'ordre; vous le voyez, vous n'y perdrez rien! (*On rit.*)

M. GAMBETTA. — C'est comme orateur parlant à la

tribune, et non en vertu des fonctions dont je suis investi, que j'ai prié M. Laroche-Joubert de ne pas m'interrompre.

Je dis, Messieurs, qu'il y a là un intérêt social...

M. LAROCHE-JOUBERT. — Dans tous les cas, je demande la parole! (*Exclamations.*) Comment! lorsqu'il s'agit de la question ouvrière, vous trouvez étrange que je demande la parole?

Un membre. — Vous interrompez constamment!

M. GAMBETTA. — Je dis qu'il y a un intérêt social de premier ordre auquel il est absolument impossible de satisfaire dans une mesure quelconque sans rétablir le scrutin de liste.

Et, Messieurs, je pense que vous réfléchirez à la gravité et à l'importance de cette considération avant de vous enfermer dans les conclusions négatives de votre commission.

Je n'insiste pas.

Dans ce pays-ci, on a combattu, depuis la Révolution française, sous une forme ou sous une autre, pour introduire la démocratie dans le Parlement.

Les luttes et même les révolutions qui ont eu lieu sur la réforme électorale n'avaient pas d'autre mobile et d'autre but que de résoudre le problème suivant : La Révolution avait donné la propriété, et la propriété ne pouvait pas se développer au point de vue conservateur ou progressif, si le droit politique ne suivait pas la concession civile et économique.

La classe dirigeante a lutté sous toutes les formes pendant soixante-quatorze ans pour se dérober aux conséquences de cette rénovation de 1789. Elle avait bien été obligée de consentir l'égalité devant la propriété, l'égalité devant la succession; mais elle voulait retenir par devers elle le gouvernement, et alors on inventait le cens de l'électeur, le cens de l'éligible, on multipliait de toutes les manières les entraves et les obstacles, pour qu'on ne pût pas en même temps, dans ce pays-ci, être du peuple et de la classe dirigeante.

Eh bien, moi, pour me servir d'une formule très simple, je ne peux pas comprendre qu'il y ait en France un citoyen qui ne soit pas de la classe dirigeante. (*Très bien! très bien! Mouvements divers sur plusieurs bancs.*)

Écoutez, Messieurs, je vous défie d'assurer cette égalité de représentation en dehors du scrutin de liste. (*Nouvelle approbation à gauche.*)

Et voici pourquoi : c'est que vous prenez pour base de la population, non pas le nombre, non pas la population, non pas les Français, mais une formule administrative, la plus fictive des créations.

Et moi, au contraire, je dis que si on pouvait n'avoir qu'un collège, qu'un vote, ou une expression, ce jour-là nous serions dans la réalité de la souveraineté nationale.

Si la France pouvait entrer dans cette enceinte, voilà ce qui serait l'idéal, la perfection dans l'expression de sa manifestation. En dehors de cet idéal...

Un membre à droite. — C'est la théorie de M. de Girardin.

M. GAMBETTA... — je dis que, sous peine de ne point répondre à la grandeur de vos principes, à la sincérité de vos consciences, il faut prendre le système qui s'en rapproche le plus. (*Très bien! à gauche.*)

Maintenant, pouvez-vous mettre en balance l'autorité, l'action d'un corps électoral composé de 150, de 200, de 300,000 citoyens, d'un million ou même de deux millions, avec un corps électoral brisé, fragmenté, où il s'agit quelquefois de déplacer 80 ou 100 voix sur 5,000 électeurs inscrits, pour avoir le droit de participer à la gestion des intérêts du pays ? (*Applaudissements sur un grand nombre de bancs.*)

Non, je ne le pense pas, et c'est pourquoi je dis qu'il faudrait nous apporter ici autre chose que ces considérations sur l'intimité de l'électeur et de l'élu, pour renier ainsi tous les précédents, tous les intérêts, tous les principes, toute les traditions du parti républicain. Car enfin, qu'est-ce qu'elle vaut, cette intimité? qu'est-ce qui se cache derrière elle? quelles en sont les conséquences politiques, gouvernementales, administratives, sociales?

Eh bien, Messieurs, mon honorable collègue disait, avant de descendre de la tribune : « Voyez-vous! les électeurs, ils tiennent surtout à connaître leurs députés, à savoir s'ils s'occupent bien exactement de tous leurs intérêts : ce qui n'empêche pas, d'ailleurs, de donner de temps à autre un certain loisir d'esprit aux considérations générales de la politique de leur pays. »

Messieurs, il faut dire la vérité, et la vérité, la voici!...

Un membre au centre. — M. Roger n'a pas dit cela!

M. GAMBETTA. — Oh! cela a été beaucoup mieux dit, je le reconnais. Mais comme je réponds au vol et de mémoire, vous me permettrez de citer inexactement.

Eh bien, je dis, Messieurs, que cette intimité, elle est de deux ordres. Elle peut quelquefois produire d'excellents résultats, quand l'électeur lui-même est un homme indépendant, un homme désintéressé, absolument étranger à toutes les ambitions domestiques, dédaigneux des faveurs administratives, étranger à l'obtention d'aucune manne préfectorale ou sous-préfectorale. Oh! alors, quand on affaire à l'un de ces électeurs incorruptibles...

Un membre à droite. — Un merle blanc!

M. GAMBETTA. — ...et surtout soucieux de ne pas corrompre leur élu, alors cette intimité, c'est la société des saints, et, par conséquent, c'est la voie de la perfection. (*On rit.*)

Mais il y a d'autres électeurs. Mon Dieu! il n'est

pas défendu de songer à sa famille, à son fils, qui est
au service : on demande un congé pour lui. (*Nouveaux
rires.*)

Qu'est-ce que vous voulez, Messieurs, ce n'est pas
moi qui ai abordé cet ordre de considérations, mais
je tiens à ne laisser rien sans réponse.

Eh bien, l'électeur de cette espèce, il a des besoins,
il a des visées d'ambition, — je suis incapable de dire
qu'il a des convoitises, vous ne me croiriez pas
(*Nouvelle hilarité*), — et alors, au lieu d'avoir affaire à
un représentant du peuple qui ne lui doit compte
que de sa conduite politique, il l'assiège par correspondance et souvent de sa présence réelle ; il le har-
cèle, et le député cherche à s'en débarrasser. Il s'en
décharge quelquefois sur son voisin, quelquefois sur
le sous-préfet, quelquefois sur le brigadier de gen-
darmerie ou sur le juge de paix; mais si l'électeur
pousse la curiosité jusqu'à venir au centre, le député
s'en décharge sur les ministres. Mon Dieu! ce n'est
pas que je sois au courant des sollicitations que les
ministres peuvent recevoir, non (*Hilarité*), mais j'en
ai entendu parler : à coup sûr !

Eh bien, permettez-moi de croire que, même avec
l'application très large du sous-secrétaire d'État et
même des chefs de cabinet, l'outillage administratif
n'est pas suffisant pour faire face à toutes ces demandes et à toutes ces sollicitations.

Plusieurs membres. — C'est vrai !

M. GAMBETTA. — Je crois qu'on accomplirait la plus
utile, la plus féconde, la plus efficace des réformes si
on trouvait un régime électoral qui pût soustraire
l'élu à l'intimité par trop pressante de l'électeur (*Rires
approbatifs*), et je pense que les plus soulagés, comme
on dit, ne seraient pas ceux qu'on pense.

Eh bien, est-ce que cela est reprochable ? Est-ce
que c'est la faute des électeurs, est-ce que c'est la
faute des élus? Nullement, Messieurs, c'est la faute

du régime; et la nature humaine est ainsi faite que, placée dans les conditions de la tentation, elle faillit.

Comme on dit dans le style théologique, elle est toujours en état peccamineux. (*Nouveaux rires.*)

Quelle est, en effet, la raison de cette perversion des fonctions, de cette perversion administrative et parlementaire? La raison, la voici d'un mot : c'est que le collège où l'on naît, d'où l'on dépend, est tellement restreint que les mécontentements y sont mortels. Alors, on est dans cette situation que, même au hasard, même sans distinguer entre les électeurs qui ont voté pour vous, et les électeurs qui n'ont pas voté pour vous, afin de ne pas laisser entamer et ébranler une situation qu'un concurrent cantonal est toujours là pour surveiller et miner, on est conduit forcément à la démarche et à la brigue. Voilà la vérité. (*Applaudissements.*)

Et, Messieurs, la conséquence d'un pareil état de choses, quelle est-elle? Je vais vous le dire, car je ne me suis pas attardé sur ces misères pour le plaisir d'en tracer le désolant tableau, mais parce que je veux en faire sortir un argument politique: la conséquence, elle est très simple : c'est que les majorités ainsi incitées, ainsi cernées, sont des majorités de soutien, des majorités dévouées aux institutions, c'est vrai; mais qu'elles sont en même temps des majorités qui présentent ce double inconvénient ou de ne pas soutenir résolument le pouvoir quand il marche, ou de ne pas savoir suffisamment l'éperonner quand il ne marche pas. (*Très bien!*)

Et alors on est dans cette singulière situation, par dévouement à la chose publique, —et vous savez si je suis avec vous contre les crises gouvernementales, —d'être obligé, pour éviter ce danger, de supporter les conditions détestables d'un régime qui vous condamne. je ne dirai pas à la stérilité, mais du moins à une impuissance intermittente. (*Applaudissements.*)

Je dis que si on avait un scrutin général, d'où sortirait, avec un principe politique, une collection d'hommes voulant résolument un programme restreint, très restreint, sachant où ils veulent aller et disant hautement où ils ne veulent pas aller ; je dis qu'alors on donnerait à l'État républicain sa véritable autorité sur toute la population ; et qu'alors on ne nous entretiendrait pas longtemps des cartes teintées que se plaisent à dresser les jeunes gens du ministère de l'intérieur... (*Mouvements divers.*)

Oui, Messieurs, et je le dis précisément pour répondre à une allusion de M. Roger ! M. Roger, nous mettant au courant de cette statistique tout à fait inquiétante, prenait deux exemples. Il nous disait : Voyez la Vienne ! Dans la Vienne, tout serait perdu ! on sauverait à peine quelques épaves. Voyez le Maine-et-Loire ! N'y touchez pas, vous compromettriez la représentation dans deux ou trois arrondissements. Je crains bien que ce ne soit de très fraîche date que vous avez fait ce cours de géographie électorale, car vous me donnez un argument terrible contre vous. C'est justement, en effet, depuis que vous avez le scrutin d'arrondissement que vous avez perdu la Vienne et le Maine-et-Loire.

Dans la Vienne, quand on votait au scrutin de liste, sous M. Thiers, on nommait M. Lepetit ; je veux bien que ce fût un peu parce qu'il était derrière M. Thiers (*Rires d'adhésion*), mais c'était aussi beaucoup parce que c'était le scrutin de liste.

Attendons... (*Mouvement d'adhésion.*) Dans ce département de Maine-et-Loire, dis-je, M. Maillé, mon ami Maillé, un homme du peuple, battait galamment tous ses adversaires les plus héraldiques, et il était nommé.

Et depuis, dans Maine-et-Loire, même sous le maréchal de Mac-Mahon, du temps de l'homme à la circulaire confidentielle, — et l'on n'était pas tendre alors, — au scrutin de liste, dans ce beau et grand

département de Maine-et-Loire, qui est la tête de pont
des départements de l'Ouest, que nous enlèverons
bien, j'espère...

Un membre à droite. — Non pas!

M. FREPPEL. — Il a été battu depuis.

M. GAMBETTA. — Oh! je suis sincère, il a été battu
depuis, comme vous le dites parfaitement, mais au
scrutin d'arrondissement.

Eh bien, je prie M. Roger de vouloir bien réfléchir
à ces deux situations, de consulter, je ne dirai pas
nos deux collègues, mais ceux d'entre nous qui ont
conservé leur souvenir, car l'un d'eux malheureusement est mort, et de dire s'il ne valait pas mieux alors
interroger ces deux départements au scrutin de liste
qu'au scrutin d'arrondissement.

M. LE COMTE DE DOUVILLE-MAILLEFEU *et plusieurs
autres membres.* — C'est vrai! Très bien! très bien!

M. GAMBETTA. — Mais ce n'est là qu'un accident. Je
crois qu'il me reste à répondre à l'honorable M. Roger
sur un seul point.

Il a dit ou du moins a laissé entendre que le scrutin
de liste égorgeait les minorités, et il vous a cité des
exemples. Eh bien, Messieurs, savez-vous ce que je
trouve véritablement d'intéressant et d'utile dans le
scrutin de liste? C'est que ce scrutin donne à la fois
la plus grande force à la majorité légale dans le pays,
et cependant qu'il permet l'introduction des minorités
qui ont une consistance suffisante pour être repré-
sentées et pour avoir le droit de parler ; c'est que, par
ce mode de consultation, il y a possibilité pour le
pays, pour l'électeur, entendez-le bien, et non par
pour le comité, de faire sa liste, de la doser...

Quelques membres au centre. — Oh! oh!

M. GAMBETTA. — Vous niez, Messieurs? Eh bien,
laissez-moi vous citer un exemple, et vous me direz
si avec le scrutin d'arrondissement vous obtiendriez
un meilleur résultat.

C'était au mois de juillet 1871; Paris était sous
l'état de siège; il n'y avait debout que quelques journaux républicains; le comité conservateur de la presse
avait fait une liste; il parlait tout seul; il y a pourtant
eu un comité républicain qui a présenté aussi sa liste.

Qu'est-il arrivé au milieu de cette terreur? Il est
arrivé que sur 90 ou 100 candidats, — vous en étiez,
Monsieur Freppel, — l'électeur a fait, lui aussi, après
le comité, sa liste et qu'il est passé 4 conservateurs
et 5 républicains et, parmi ceux-ci, l'homme qui est
devant vous, qui n'avait pour lui ni comité ni journaux et qui, — j'ai quelque fierté et quelque regret à
le dire, — a remplacé M. Freppel sur la liste.

M. FREPPEL. — Par qui vous êtes-vous fait nommer?
Par vos amis!

M. GAMBETTA. — Je n'y étais pas!

M. FREPPEL. — Je n'y étais pas plus que vous. Je le
répète, c'est par les soins de vos amis que vous vous
êtes fait nommer.

M. GAMBETTA. — Non, Monsieur, par les électeurs.
Évidemment ce sont les électeurs qui ont tout fait.
En voulez-vous la preuve? C'est qu'ils ne se sont
jamais trompés et que c'est toujours votre nom qu'ils
ont rayé. (*Hilarité. — Applaudissements.*)

M. FREPPEL. — Voilà pourquoi j'ai eu 95,000 voix.

M. GAMBETTA. — C'est comme dans le ciel : Beaucoup d'appelés et peu d'élus! (*Nouveaux rires.*)

M. FREPPEL. — Il n'y avait ni beaucoup d'appelés, ni
beaucoup d'élus. Du reste, il est vrai de dire que vous
étiez à Saint-Sébastien.

M. GAMBETTA. — Ce qu'il y a justement de notable,
c'est que j'étais à Saint-Sébastien et que j'ai été élu!

M. FREPPEL. — Par l'entremise de vos amis.

M. GAMBETTA. — Évidemment, ce n'est pas par les
vôtres!

Je suis désolé d'avoir manqué à la charité et d'avoir
pu provoquer la susceptibilité de notre collègue; mais

je citais un fait, et je crois que je l'ai cité avec toute la modération possible. (*Interruptions à droite.*)

Je disais donc que le scrutin de liste est le scrutin politique, parce qu'il est le plus souple des instruments électoraux; parce qu'il permet, quand on a dressé la liste, de la soumettre au contrôle de l'opinion adverse, parce qu'il permet à l'électeur lui-même d'opérer sur la liste, ce que je le défie bien de faire quand il est enfermé dans un champ clos où il n'a qu'à choisir entre M. Pierre et M. Paul, et qu'il peut très bien se faire que ces deux noms lui déplaisent souverainement, auquel cas il se renferme dans l'abstention. C'est donc l'élection politique, parce qu'elle admet l'esprit de conciliation, la transaction, parce qu'elle ne laisse en dehors d'elle aucune espèce de situation importante sans l'accueillir. Voilà ce qui fait qu'à toutes les époques et à quelque parti qu'ils apparaissent, les grands parlementaires ont toujours considéré le scrutin de liste comme étant à la fois la plus haute expression de la volonté nationale et la plus large garantie des minorités légitimes.

Eh bien, Messieurs, je vous soumets ces considérations. Si le besoin s'en fait sentir, je vous demanderai de remonter à cette tribune; mais, avant d'en descendre, permettez-moi de vous dire que c'est dans ce pays-ci surtout qu'il faut que le régime électoral ne laisse prise à aucune revendication, ni de la part des minorités, ni de la part des déshérités : qu'il faut qu'un gouvernement d'opinion, lorsqu'il est fondé, s'inspire et se retrempe incessamment à la plus grande source de l'esprit public, et je dis qu'en dehors du suffrage universel consulté par le scrutin de liste, ce ne sont que des ruisseaux qui se perdent dans le sable avant d'arriver au pied de cette tribune. L'avenir est dans vos mains, car il dépend du régime que vous choisirez.

Il dépend de vous que la République soit féconde

et progressive, ou bien qu'elle soit vacillante et chancelante entre les partis ; il dépend de vous qu'il surgisse ici un véritable parti de gouvernement, compact et sérieux, pour mener la France jusqu'au bout de ses glorieuses destinées. Vous êtes les maîtres.

Oui, vous prononcerez. A votre tour, vous direz : *Beati possidentes*, où vous reviendrez à la tradition vraie, à la tradition républicaine. Je vous y adjure. Pensez au pays. Passez en revue les vices, les abus, l'impuissance du régime auquel nous sommes condamnés, et considérez, de l'autre côté, ce torrent de forces, de puissance, d'énergies que vous pouvez recueillir à même dans le plein courant de la souveraineté nationale ; et alors vous n'hésiterez pas à porter résolument la main sur un régime qui ne peut donner aucune vitalité. Vous voudrez échapper à cet amer reproche par lequel je finis ; vous ne voudrez pas encourir la sentence du poète romain : Pour sauver leur vie, ils ont perdu les sources de la vie même,

Propter vitam vivendi perdere causas!

(*Applaudissements répétés à gauche et au centre. — L'orateur, en retournant à son banc, reçoit les vives félicitations d'un très grand nombre de ses collègues.*)

Voix nombreuses. — La clôture ! — Aux voix !

M. LE PRÉSIDENT. — La clôture est demandée.

M. LE COMTE DE COLBERT-LAPLACE, premier orateur inscrit, demande la parole contre la clôture. Je ne veux pas entrer dans les on-dit des journaux... (*Bruit prolongé. — Aux voix!*)

J'ai le droit de parler contre la clôture.

Messieurs, je vous déclare que je ne voudrais pour rien au monde entrer dans les on-dit des journaux ; mais si vous prononciez la clôture après le discours du puissant orateur qui m'a précédé, certainement on dirait : *Magister dixit;* la Chambre a cessé de parler. Ce serait la plus néfaste des journées parlementaires.

Quelle que soit l'autorité de l'orateur qui descend de

cette tribune, il y a certainement des objections à présenter, et vous ne pouvez pas clore le débat. (*Aux voix! aux voix!*)

M. ACHARD. — Je demande la parole contre la clôture.

M. LE PRÉSIDENT. — On a déjà parlé contre la clôture, je ne puis vous donner la parole.

Je mets aux voix la clôture de la discussion générale.

M. GIRAUD (*Cher*). — On n'insiste pas sur la clôture! (*Si! si!*)

M. LE PRÉSIDENT. — Pardon, on insiste. Je dois mettre aux voix la clôture demandée par un grand nombre de nos collègues, et qui a été combattue par M. de Colbert-Laplace.

(*La clôture de la discussion générale, mise aux voix, est prononcée.*)

M. LE PRÉSIDENT. — Vous savez de quelle façon, suivant les précédents, la question doit être posée en ce moment. Votre commission en réalité ne conclut pas, ou plutôt, par tous les termes de son rapport, conclut au rejet pur et simple de la proposition de M. Bardoux; c'est donc celle-ci qui est en discussion.

Je vais consulter la Chambre sur la question de savoir si elle entend passer à la discussion des articles.

M. DE CLERCQ. — Quel est l'avis du Gouvernement?

M. PAUL DE CASSAGNAC. — Il n'en a pas!

M. LE PRÉSIDENT. — J'ai reçu une demande de scrutin secret.

Voix nombreuses à gauche. — Les noms! les noms!

M. LE PRÉSIDENT. — Je lirai les noms.

M. JANVIER DE LA MOTTE (*Eure*). — Ils seront au *Journal officiel.*

M. LE PRÉSIDENT, *lisant.* — « Les soussignés demandent le scrutin secret et l'appel nominal sur le passage à la discussion des articles sur la proposition de loi de M. Bardoux sur les modifications à introduire dans la loi électorale. »

Ont signé : MM. Gusman Serph, le comte de Colbert-Laplace, Bergerot, Godelle, de Cossé-Brissac, Bianchi, Cesbron, Léon Chevreau, Sarrette, Berger, Laroche-Joubert, Roissard de Bellet, Keller, Huon de Penanster, le marquis d'Havrincourt, Haentjens, le baron de Septenville, le comte de Maillé, Ferdinand Boyer, Georges Brame, Thelliez-Bethune, Debuchy, Blachère, des Rotours, d'Aremberg, d'Ariste, de Lagrange, Benazet, de Beauchamp, le général de Vendeuvre, le baron de Mackau, de Saint-Martin, le marquis d'Aulan, le marquis de Perrochel, Émile Lanauve,

Bouquet, Labadié, Mention, le baron Larrey, Blin de Bourdon, Rollet, Michaut, Chavoix, Thoinnet de la Turmelière, La Rochefoucauld-Bisaccia, Plichon, A. Leconte, Combes, Niel, le comte Le Gonidec de Traissan, le vicomte de Kermenguy, Girault (*Cher*), de Soland, Freppel, le duc de Feltre, Mingasson.

Lorsque le scrutin secret est demandé par 50 de nos collègues, — et c'est le cas, — il est de droit; mais l'appel nominal n'est pas de droit; il faut, pour qu'il y soit procédé, une décision de la Chambre, sans débats, par assis et levé.

Je consulte donc la Chambre.

(*La Chambre consultée, décide, par assis et levé, que le vote aura lieu par appel nominal. Bruits et rumeurs.*)

M. LE PRÉSIDENT. — Messieurs, vous allez voter par appel nominal et par scrutin secret... (*Le bruit couvre la voix de M. le président.*)

Messieurs, en nommant vos présidents et vos vice-présidents, vous ne les avez pas doués de la force suffisante pour lutter de voix avec toute une assemblée. Au moment où vous allez émettre un vote sur une question aussi maîtresse que celle-ci, il me semble que vous devez permettre à celui qui a l'honneur de présider vos débats de poser la question, afin que vous puissiez voter en pleine connaissance de cause. Je vous supplie de m'écouter un moment. (*Le silence se rétablit.*)

Vous allez voter, Messieurs, par appel nominal et par scrutin secret sur la question de savoir si la Chambre entend passer à la discussion des articles de la proposition de M. Bardoux. Une urne va être placée sur la tribune. Ceux qui voudront voter pour le passage à la discussion des articles de la proposition de M. Bardoux mettront dans cette urne une boule blanche; ceux qui voudront voter contre mettront une boule noire. Les uns et les autres déposeront ensuite une boule de contrôle dans une urne qui va être placée à droite, sur le bureau.

Il va être procédé d'abord, par la voie du sort, à la désignation de la lettre par laquelle commencera l'appel nominal.

(*Le sort désigne la lettre N.*)

M. LE PRÉSIDENT. — Le scrutin est ouvert.

(Le scrutin est ouvert à cinq heures moins un quart. — Le vote a eu lieu dans les conditions indiquées par M. le président et sur appel et contre-appel des membres de la Chambre.)

M. LE PRÉSIDENT. — Suivant la demande qui m'a été faite par plusieurs de nos collègues, il va être procédé à un deuxième contre-appel, après lequel le scrutin sera clos.

(Le deuxième contre-appel est terminé à six heures et un quart.)

M. LE PRÉSIDENT. — Personne ne demandant plus à voter, le scrutin est clos.

J'invite MM. les secrétaires à procéder au dépouillement des votes.

(L'opération a lieu immédiatement et le résultat en est remis à M. le président.)

M. LE PRÉSIDENT. — Voici le résultat du dépouillement du scrutin secret sur le passage à la discussion des articles de la proposition de M. Bardoux :

Nombre des votants.	478
Majorité absolue	240
Pour l'adoption	243
Contre	235

La Chambre des députés passe à la discussion des articles.

(Une assez vive agitation succède à la proclamation du scrutin. — Des applaudissements éclatent dans diverses parties de l'Assemblée.)

M. LE PRÉSIDENT. — La Chambre ayant décidé qu'elle passait à la dieussion des articles, voici la situation dans laquelle elle se trouve. Ainsi que j'ai eu l'honneur de le rappeler, la commission semble ne pas présenter de conclusions directes ; la Chambre est donc en présence de la proposition de M. Bardoux et d'une série de contre-projets et d'amendements.

M. LE COMTE DE DOUVILLE-MAILLEFEU. — Je retire les deux miens.

M. LE PRÉSIDENT. — Le règlement, entendu très strictement, semblerait peut-être indiquer qu'il faudrait commencer par discuter ces amendements ; mais d'un autre côté, les usages parlementaires commandent de mettre d'abord aux voix la proposition qui s'écarte le plus des conclusions de la commission.

Or, la commission, par tous les termes de son rapport, conclut au maintien de la loi électorale actuelle, au *statu quo*; et je remarque, après avoir lu tous les amendements et tous les contre-projets, que c'est la proposition de M. Bardoux qui précisément s'éloigne le plus des conclusions de la commission.

Je me demande, en conséquence, si ce n'est pas par elle qu'il conviendrait de commencer. (*Oui! oui!*)

Au surplus, c'est la manière la plus nette de trancher la question pendante. Si donc la Chambre n'y met pas d'opposition, je l'appellerai d'abord à délibérer sur l'article 1er de la nouvelle rédaction de la proposition de M. Bardoux, lequel est ainsi conçu : « Les membres de la Chambre des députés sont élus au scrutin de liste. »

Quelqu'un demande-t-il la parole ?

M. BERNARD-LAVERGNE. — Je la demande.

Voix diverses. — A demain ! — Non ! tout de suite !

M. BERNARD-LAVERGNE. — Messieurs, toute la loi est contenue dans l'article 1er de la nouvelle rédaction de la proposition de M. Bardoux. Ce sera une occasion excellente de répondre au discours de M. Gambetta.

Je vous demande de renvoyer la discussion à demain.

M. BOURGEOIS. — Il fallait répondre dans la discussion générale.

Sur divers bancs. — A demain ! — Non! non! Tout de suite.

M. LE PRÉSIDENT. — Messieurs, vous allez trancher la question.

M. Bernard-Lavergne demande le renvoi à demain de la discussion sur l'article 1er de la proposition de M. Bardoux.

Je consulte la Chambre.

(Une première épreuve a lieu par mains levées et est déclarée douteuse.)

M. LE PRÉSIDENT. — Je consulte la Chambre par assis et levé.

. Messieurs, le bureau est divisé : il va être procédé au scrutin.

(Le scrutin a lieu. — MM. les secrétaires procèdent au dépouillement des votes.)

M. LE PRÉSIDENT. — Les votes se partageant à peu près également, le bureau est d'avis qu'un pointage est nécessaire... (*Exclamations et rires.*) En conséquence, il va être effectué.

(Les bulletins de vote sont emportés dans une salle voisine de celle des séances, où le pointage est opéré par les soins de MM. les secrétaires.)

M. LE PRÉSIDENT. — Voici le résultat du dépouillement du scrutin :

Nombre des votants	452
Majorité absolue	226
Pour l'adoption 205	
Contre. 247	

La Chambre des députés n'a pas adopté.

En conséquence, la discussion continue, M. de Gasté a la parole sur l'article 1er. (*Exclamations.*)

Plusieurs membres à droite. — Nous demandons le renvoi à neuf heures.

M. LAROCHE-JOUBERT. — Nous demandons qu'il y ait une suspension de séance.

M. LE PRÉSIDENT. — La Chambre vient de décider le contraire.

M. DE GASTÉ développe un contre-projet ainsi conçu :

« ARTICLE PREMIER. — La représentation de la France au Sénat et à la Chambre des députés sera partout proportionnelle à la population.

« ART. 2. — En ce qui concerne la Chambre des députés, chaque département sera représenté à raison d'un député pour 35,000 électeurs, et en tenant compte de toute fraction supérieure à 17,500 électeurs.

« Si un département ou un territoire avait un nombre d'électeurs inférieur à ce dernier chiffre, il ne pourrait voter que réuni à un autre département. Cette disposition est applicable à l'Algérie et aux colonies. »

. . . .

M. LE PRÉSIDENT. — La parole est à M. Bernard-Lavergne. (*Aux voix ! aux voix ! — La clôture !*)

M. BERNARD-LAVERGNE. — Messieurs, il s'agit d'un amendement.

Voix diverses. — Aux voix ! — La clôture ! — A neuf heures ! (*Bruit.*)

M. LE PRÉSIDENT. — Messieurs, croyez-vous donc abréger la séance en empêchant les orateurs de parler et le président de présider ? (*Le silence se rétablit.*)

La parole est à M. Bernard-Lavergne.

M. BERNARD-LAVERGNE. — Messieurs, j'ai demandé la parole pour déposer un simple amendement à l'article 1er de la proposition de loi de M. Bardoux, qui est ainsi conçu :

« Les membres de la Chambre des députés sont élus au scrutin de liste. »

Je propose d'ajouter ces mots : « par arrondissement. » (*Bruyantes exclamations sur un grand nombre de bancs.*)

M. LE PRÉSIDENT. — Il a été déposé trois demandes de scrutin sur l'article 1er de la proposition de M. Bardoux.

Il va être procédé au scrutin.

(Le scrutin est ouvert, les votes sont recueillis, puis MM. les secrétaires procèdent au dépouillement.)

M. LE PRÉSIDENT. — Voici le résultat du dépouillement du scrutin sur l'article 1er du projet de M. Bardoux :

<pre>
Nombre des votants   469
Majorité absolue.   235
       Pour l'adoption.   267
       Contre.   202
</pre>

La Chambre des députés a adopté. (*Exclamations diverses.*)

Vient maintenant la disposition additionnelle proposée par M. Bernard-Lavergne.

M. BERNARD-LAVERGNE. — Je retire cette disposition additionnelle.

M. LE PRÉSIDENT. — Cette disposition étant retirée, il reste l'amendement de M. de Gasté qui est ainsi conçu :

« Les membres de la Chambre des députés sont nommés proportionnellement à la population à raison de 35,000 électeurs pour un député, et en tenant compte de toute fraction supérieure à 35,000 âmes.

« Le scrutin sera uninominal. »

Je consulte la Chambre sur la prise en considération de cet amendement.

(La Chambre, consultée, ne prend pas l'amendement en considération.)

M. LE PRÉSIDENT. — Nous passons à l'article 2, dont voici les termes :

« Chaque département élit le nombre de députés qui lui est attribué par le tableau annexé à la présente loi, à raison d'un député par 70,000 habitants.

« Néanmoins, il sera tenu compte de toute fraction inférieure à 70,000. »

(Après une nouvelle intervention de M. de Gasté, et le retrait d'un amendement de M. Chaix, l'article 2 est mis aux voix et adopté.)

M. LE PRÉSIDENT. — « Art. 3. — Le département forme une seule circonscription. »

M. de la Rochefoucauld a proposé de substituer à cet article 3 une rédaction ainsi conçue :

« Les circonscriptions seront organisées de manière à ce que, sur une même liste, il n'y ait jamais plus de neuf noms. »

Plusieurs membres à droite. — Retirez-le !

M. DE LA ROCHEFOUCAULD, DUC DE BISACCIA. — Monsieur le président, la Chambre me paraît dans un état tellement nerveux... (*Bruyantes réclamations à gauche et au centre*) qu'il ne lui permet guère de délibérer. Je retire mon amendement.

M. PAUL BERT. — Il vaut mieux qu'elle soit nerveuse que lymphatique !

M. LE PRÉSIDENT. — La Chambre a voté la suite de la discussion ; j'ai donné la parole à tous les orateurs qui l'ont demandée ; je maintiendrai le droit de parler, et je ne peux laisser dire que la Chambre est dans un état où elle ne serait pas apte à délibérer. (*Vives marques d'approbation à gauche et au centre.*)

Je mets aux voix l'article 3.

(L'article 3, mis aux voix, est adopté.)

« Art. 4. — Nul n'est élu au premier tour de scrutin s'il n'a pas réuni la majorité absolue et si le nombre des suffrages n'est pas égal au quart des électeurs inscrits. »

M. LE PRÉSIDENT. — Il y avait sur cet article un amendement de M. de Douville-Maillefeu ; cet amendement est retiré par son auteur.

Quelqu'un demande-t-il la parole ?...

Je mets aux voix l'article 4.

(L'article 4, mis aux voix, est adopté.)

M. LE PRÉSIDENT. — M. Bardoux a déclaré qu'il retirait l'article 5.

A droite. — Quel est le texte de l'article 5 ?

M. LE PRÉSIDENT. — L'article 5 était ainsi conçu :

« Art. 5. — En cas de vacance par option, décès, démission ou autrement, le collège électoral ne sera réuni dans les départements nommant plus de dix députés qu'autant que deux vacances se seront produites dans le département. »

Entre l'article 5 et l'article 6 qui devient le nouvel article 5, MM. Jacques et Gastu proposaient d'intercaler la rédaction suivante :

« Chaque département de l'Algérie élit trois députés. »

M. DE MAHY. — Je demande la parole.

M. LE PRÉSIDENT. — La parole est à M. de Mahy. (Aux voix! aux voix!)

M. DE MAHY. — Messieurs, vous savez que je n'ai pas l'habitude d'occuper longtemps la tribune. Je ne vous demande que deux minutes d'attention. Les députés de l'Algérie et des colonies modifient leur amendement de la manière suivante :

« Chaque département de l'Algérie nomme deux députés.

« Chacune des colonies de la Martinique, de la Guadeloupe et de la Réunion nomme deux députés. » Nous en avions demandé trois.

M. LEVERT. — Combien y a-t-il d'électeurs ?

M. DE MAHY. — Il y en a 33,000 à la Réunion, et à peu près le même nombre à la Guadeloupe et à la Martinique.

Nous demandons simplement qu'on nous restitue ce que nous avions autrefois.

Je recommande cet amendement à la justice de la Chambre.

M. PAUL DE CASSAGNAC. — Combien y a-t-il d'électeurs à la Guyane ? Il n'y en a, je crois, qu'un infiniment petit nombre.

M. DE MAHY. — La Guyane conserve un député.

M. LABUZE. — La commission accepte l'amendement.

M. GAMBETTA. — Retirez votre amendement, vous allez entraver le vote de la loi. Vous en ferez l'objet d'une proposition spéciale !

M. LE PRÉSIDENT. — La commission déclare accepter l'amendement de M. de Mahy.

M. LE COMTE DE MAILLÉ. — Il s'agit d'une prise en considération !

M. GAMBETTA. — Je demande la parole.

M. LE PRÉSIDENT. — La parole est à M. Gambetta.

M. GAMBETTA. — Messieurs, permettez-moi de vous dire, que quelque intérêt que nous puissions porter aux colonies et à nos départements français d'Algérie, il ne me paraît pas possible d'altérer la situation actuelle. (Très bien !) Il y a des raisons de transition, de passage d'un état à un autre qui légitiment le maintien du *statu quo ;* l'article final du projet propose de ne pas toucher à la représentation existante. (*Très bien ! très bien !*)

A mon grand regret, et avec le sentiment que c'est là la vérité de l'œuvre législative que vous faites, je prie la Chambre de se prononcer contre la prise en considération. (*Très bien ! très bien !*)

M. JACQUES. — Je demande la parole. (*Exclamations diverses.*)

M. LE PRÉSIDENT. — Messieurs, ce que vous économiseriez de temps si vous laissiez la parole à votre président est incalculable. Je dois vous dire que je ne puis pas donner la parole à M. Jacques, car nous sommes dans une discussion d'urgence, et l'article 74 du règlement dispose :

« Tout amendement, tout article additionnel, proposé dans le cours de la discussion, est motivé sommairement à la tribune. Il est envoyé de droit à l'examen de la commission si un ministre ou le rapporteur le demande, etc... »

Nous avons entendu l'auteur de l'amendement, car il s'agit en ce moment de l'amendement de M. de Mahy et non pas des autres, qui ont été retirés par nos honorables collègues de l'Algérie et des colonies...

M. JACQUES. — Jamais !

M. LE PRÉSIDENT. — Vous l'avez laissé dire à la tribune !

M. JACQUES. — Mais je n'ai jamais rien dit ! Comment ! j'ai déposé un amendement, et ce serait un autre qui la retirerait ! (*On rit.*)

M. LE PRÉSIDENT. — M. Jacques déclare que l'amendement relatif à l'Algérie, qui était déposé avant l'ouverture de la délibération, n'a pas été retiré. En conséquence, je lui donne la parole pour le développer. (*Bruit.*)

Plusieurs membres. — On n'a pas statué sur l'amendement de M. de Mahy.

M. GAMBETTA. — Je demande la parole pour un rappel au règlement.

M. LE PRÉSIDENT. — Vous avez la parole.

M. GAMBETTA. — Je n'ai pas à apprécier la valeur des autres amendements, mais je demande que l'amendement qui a été défendu par M. de Mahy sommairement, et auquel j'ai répondu sommairement, soit soumis au vote. Le règlement l'exige. (*Très bien! très bien! — Aux voix!*)

M. LE PRÉSIDENT. — L'amendement présenté par M. de Mahy, au cours de la délibération, ne peut être soumis qu'à une prise en considération. La Chambre va en délibérer sur-le-champ. Mais M. Jacques ayant déclaré qu'il n'avait jamais retiré son amendement, lequel ne tombe pas sous le coup de la disposition de l'article 74 du règlement, je vais mettre cet amendement en discussion.

Je consulte la Chambre sur la prise en considération de l'amendement de M. de Mahy.

M. DE MAHY. — Je n'ai fait que modifier le texte.

(L'amendement est mis aux voix et n'est pas pris en considération.)

M. LE PRÉSIDENT. — Nous arrivons à l'amendement de M. Jacques.

M. LE COMTE DE MAILLÉ. — Je demande la remise à demain. (*Non! non!*)

M. LE PRÉSIDENT. — La remise à demain est demandée. (*Non! non! — Si!*)

Je consulte la Chambre.

(La Chambre, consultée, décide que la discussion continue.)

M. LE PRÉSIDENT. — La parole est à M. Jacques.

Plusieurs voix. — Nous demandons la lecture de l'amendement.

M. CUNÉO D'ORNANO. — Quelle différence y a-t-il entre l'amendement de M. Jacques et celui qui vient d'être repoussé?

M. JACQUES. — On n'a rien repoussé en ce qui me concerne ; on a refusé de prendre un amendement en considération : les autres subsistent.

M. LE PRÉSIDENT. — Il y a une différence au point de vue du fond et au point de vue de la procédure.

M. GAMBETTA. — On ne peut pas mettre un amendement en délibération sans en faire connaître le texte.

M. LE PRÉSIDENT. — J'en ai déjà donné connaissance à la Chambre. Je le relis de nouveau : « Intercaler entre les articles 5 et 6 un article ainsi conçu, qui deviendra l'article 6 : Chaque département de l'Algérie nommera trois députés. » M. Jacques a la parole pour soutenir cet amendement.

M. LEPÈRE. — Mais M. de Mahy a déclaré, au nom de tous les députés de l'Algérie et des colonies, qu'il le retirait !

M. JACQUES. — Messieurs, je me présente au nom de l'Algérie, et je viens soutenir l'amendement dans lequel M. Gastu et moi nous avons proposé de décider que chacun de ces départements nommera trois députés. (Exclamations sur divers bancs.)

Plusieurs membres à droite. — Pourquoi pas six ?

M. RÉCIPON. — Tout à l'heure on vous en a refusé deux et maintenant vous en demandez trois !

M. JACQUES. — Messieurs, j'ai commencé par rappeler mon amendement demandant trois députés. Si vous m'aviez laissé terminer ma phrase, vous auriez su que, d'accord avec mes collègues de l'Algérie, j'avais l'intention, et c'est ce à quoi je me restreins, de vous demander que le nombre des députés soit de deux pour chacun des départements de l'Algérie.

Un membre. — Mais c'est voté.

M. JACQUES. — Non ! Vous n'avez pas voté cela. M. le président m'a donné la parole, écoutez-moi et laissez-moi discuter mon amendement.

Messieurs, ce que nous demandons, c'est le rétablissement de ce qui existait avant la loi de 1875. En effet, à l'Assemblée nationale chaque département de l'Algérie était représenté par deux députés.

Un membre à droite. — Il n'y avait pas de sénateurs.

Un membre au centre. — Il y avait 750 membres à l'Assemblée.

M. JACQUES. — Et si l'Assemblée nationale a retranché un des députés à chacun des départements algériens, c'est

à cause de la ligne politique que nous suivions. Je vais vous
le démontrer (*Exclamations*), si vous voulez bien me le permettre, Messieurs. (*A demain! aux voix! la clôture!*)

Je vous ferai remarquer que, réduit à ce nombre, ce que
nous demandons n'est pas autre chose que l'application de
la loi que vous venez de voter tout à l'heure. Quand nous
en demandions trois, nous allions un peu au delà ; vous allez
voir, par les chiffres de la population que je vais vous indiquer, que nous ne faisons maintenant qu'appliquer la loi.

Un membre à gauche. — Mais c'est rejeté.

Voici ce que dit le projet de loi de M. Bardoux :

« Chaque département élit le nombre de députés qui lui
est attribué par le tableau annexé à la présente loi, à raison
d'un député par 70,000 habitants. »

Voilà ce que vous avez voté, et je vous demande que cette
disposition soit appliquée à l'Algérie.

Voix nombreuses. — Non! non!

M. JACQUES. — Non! non! Pourquoi? dites-le-nous donc!

M. NOEL-PARFAIT. — Combien y a-t-il d'électeurs?

M. DE MAHY. — Il y en a 33,000 à l'île de la Réunion!

M. JACQUES. — Voici quel est le chiffre de la population...

Un membre à droite. — Française?

M. LE PRÉSIDENT. — Messieurs, veuillez écouter l'orateur.
Vous ne pourrez abréger la discussion qu'en lui prêtant attention.

M. JACQUES. — Messieurs, voici les chiffres de la population en Algérie : il y a 344,000 Européens dans les trois
départements. (*Exclamations à gauche et au centre.*)

Un membre à droite. — Combien de Français?

M. JACQUES. — Je vous le dirai ; je ne peux pas tout dire
à la fois.

M. GAMBETTA. — Combien nous donnerez-vous de députés
à Paris, alors? Nous en aurons 300.

M. JACQUES. — Voulez-vous ou ne voulez-vous pas m'é-
couter?

M. DE MAHY, *de sa place.* — Puisqu'on ne veut pas vous
écouter, annoncez que nous présenterons un projet de loi
spécial.

M. JACQUES. — Si vous voulez retrancher de la loi les articles relatifs à l'Algérie et aux colonies, je pourrai accepter
cette proposition et présenter un projet de loi spécial.

Plusieurs membres. — C'est cela ! très bien !

M. LE PRÉSIDENT. — Dans ces conditions, l'amendement de M. Jacques est retiré.

M. JACQUES. — Si on retranche l'article relatif à l'Algérie et aux colonies.

M. DE MAHY. — Nous ferons un projet de loi spécial.

M. LE PRÉSIDENT. — Monsieur Bardoux, consentez-vous à retirer l'article 6 ?

M. BARDOUX. — Oui, Monsieur le président.

M. LE PRÉSIDENT. — L'article 6 étant retiré, nous passons à la disposition exceptionnelle et transitoire :

« Chaque département conservera au minimum, pour la prochaine législature, le même nombre de représentants. »

Il n'y a pas d'opposition ? Je mets aux voix cet article.

L'article additionnel est adopté.

La Chambre prononce la question préalable sur un amendement anti-constitutionnel de M. de Colbert-Laplace portant que la présente loi sera soumise à l'acceptation directe du corps électoral.

Le président met aux voix l'ensemble du projet de loi ainsi conçu :

« ARTICLE PREMIER. — Les membres de la Chambre des députés sont élus au scrutin de liste.

« ART. 2. — Chaque département élit le nombre de députés qui lui est attribué par le tableau annexé à la présente loi, à raison d'un député par 70,000 habitants.

« Néanmoins, il sera tenu compte de toute fraction inférieure à 70,000.

« ART. 3. — Le département forme une seule circonscription.

« ART. 4. — Nul n'est élu au premier tour de scrutin, s'il n'a pas réuni la majorité absolue et si le nombre des suffrages n'est pas égal au quart des électeurs inscrits.

« *Disposition exceptionnelle et transitoire.*

« Chaque département conservera au minimum, pour la prochaine législature, le même nombre de représentants. »

L'ensemble du projet est adopté.

Nous reproduisons, d'après le *Temps*, le tableau comparatif des votes de chacun des groupes de la Chambre sur l'article 1er du projet de M. Bardoux :

	Pour le scrutin de liste.	Pour le scrutin d'arrondissement.
Extrême gauche	21	16
Union républicaine	96	44
Gauche	69	61
Centre gauche	16	15
Bonapartistes	44	32
Légitimistes	21	34
Total	267	202

DISCOURS

Prononcé le 27 mai 1881

A L'INAUGURATION DU MONUMENT DES MOBILES DU LOT

A CAHORS

Nous avons raconté dans la notice précédente que la Chambre des députés avait adopté, dans la séance du 19 mai, la proposition de réforme électorale présentée par M. Bardoux. La proposition fut immédiatement portée au Sénat dont le vote confirmatif semblait généralement acquis. Les journaux qui s'étaient constitués les avocats les plus acharnés du scrutin d'arrondissement (la *Paix*, le *Télégraphe*, etc.), paraissaient résignés. On n'accorda aucune créance au bruit qui courait que les amis personnels du président de la République allaient prendre, dans les couloirs du Sénat, la guerre contre le scrutin de liste.

M. Gambetta quitta Paris le 24 mai pour se rendre dans sa ville natale de Cahors, où il avait promis depuis longtemps d'assister à l'inauguration du monument des mobiles du Lot. Nous reproduisons, d'après les dépêches de la *République française*, le compte-rendu de ce voyage que les journaux intransigeants et réactionnaires, adroitement coalisés, eurent l'art de transformer par la suite en un insolent triomphe [1].

> Cahors, 25 mai.

Durant tout le trajet de Paris à Cahors, on remarquait dans les gares un grand empressement de la part du public,

---

1. Voir plus loin (page 341) et notre *Histoire du ministère Gambetta*, livre I, ch. II.

mais le voyage a conservé un caractère absolument privé. Il n'y a eu aucune réception, aucun discours.

La première démonstration a eu lieu à la gare de Belvès, où le train est arrivé à 6 heures 45 du matin, et a été accueilli par les cris de : Vive la République! Vive Gambetta!

Les gares de Buisson, de Villefranche et de Sauveterre étaient pavoisées.

A l'embranchement de Monsempron-Libos, le train s'arrêta quelques minutes.

La population se pressait sur le quai de la gare.

Au départ et à l'arrivée du train, des cris très chaleureux de : Vive Gambetta! Vive la République! se sont fait entendre.

M. Victor Corne, ancien sous-préfet de 1848, a souhaité la bienvenue à M. le président de la Chambre, auquel un magnifique bouquet a été offert.

M. Belhomme, industriel, ancien camarade d'études de M. Gambetta, a lu un discours dans lequel il a déclaré être l'interprète de la sincère reconnaissance des populations pour l'organisateur de la défense nationale, qui sauva l'honneur du drapeau français, pour le travailleur infatigable qui n'a eu qu'un but : le bien public; pour celui dont la confiance de la Chambre a fait le représentant le plus autorisé de la démocratie française.

M. Belhomme a ajouté :

« On parle de votre ambition; on vous a reproché de vouloir usurper la dictature. Votre ambition n'a pas d'autre objet que la grandeur et la prospérité de la France; votre dictature est celle du génie, de la raison et de l'éloquence, et celle-là, vous avez le droit de l'exercer, et vos ennemis pas plus que vos amis ne peuvent s'y soustraire. »

M. Belhomme a terminé en présentant à M. le président de la Chambre une demande des électeurs portant sur une question d'intérêt communal.

M. Gambetta a répondu : « Je suis touché de l'accueil que vous venez de me faire, et je vous en remercie. En ce qui concerne les intérêts sur lesquels vous avez appelé mon attention, je ne manquerai pas de les étudier, et si votre demande est réellement conforme au droit et aux intérêts de votre pays, vous pouvez compter sur moi.

« Je vous remercie encore une fois de votre accueil. »

Au départ du train, et jusqu'à son arrivée à Fumel, la population rangée le long de la voie agitait des drapeaux et acclamait M. Gambetta.

A son arrivée à Cahors, M. Gambetta embrassa son père et remercia chaleureusement les amis qui étaient venus à sa rencontre. Il dit au maire de Cahors, qui lui avait souhaité la bienvenue :

« Mon cher ami, ce qui fait ma joie en ce moment, ce n'est pas de trouver ici des concitoyens, c'est d'y retrouver des compatriotes et des amis, des amis de première enfance. Vous voyez quelle émotion je ressens au milieu de vous ; je suis profondément reconnaissant de la sympathie et de l'affection même que je lis dans tous les yeux, et je ne puis autrement vous exprimer ma gratitude. »

M. Gambetta a dit à M. Cambres, qui lui a souhaité également la bienvenue :

« Mon cher Cambres, mon cher ami, il y a longtemps que je me disposais à me rendre parmi vous. Je l'aurais fait plutôt si j'avais pu ; mais je ne m'en repens pas parce que nous sommes tous aujourd'hui plus nombreux, plus unis, plus attachés les uns aux autres que jamais. Merci ! »

Une compagnie d'infanterie rendait les honneurs militaires.

En sortant de la gare, M. Gambetta, son père, le préfet et le maire prirent place dans les premières voitures. Pendant le trajet jusqu'à l'hôtel, M. Gambetta échangeait des poignées de mains avec la foule qui l'entourait de tous côtés e se pressait jusque sous les pieds des chevaux.

La foule faisait entendre des acclamations enthousiastes : Vive la République! Vive Gambetta!

Ce qui a frappé dans l'arrivée de M. Gambetta, ce n'est pas le caractère officiel, mais la spontanéité, la joie et l'enthousiasme de la ville, heureuse de retrouver un de ses enfants qui l'honore et qu'elle aime.

Cahors, 26 mai.

Hier soir, à cinq heures, M. Gambetta a visité le lycée. Il a été reçu par le proviseur, qui lui a présenté les professeurs et le personnel. C'est avec une vive émotion que M. Gambetta a reconnu ses anciens professeurs, MM. Perier, Anglares,

Brugie et Pech. Un élève de rhétorique, M. Maratuech, au nom de ses condisciples, a lu l'allocution suivante :

« Monsieur le président,

« Votre visite nous rend heureux et fiers. Nous ne comptions pas sur tant d'honneur. Au nom de tous, je vous remercie de vous être souvenu de notre vieux lycée, témoin de vos premiers succès. Tous les jours on nous cite en exemple la brillante carrière de l'enfant de Cahors, du grand citoyen, du patriote ardent qui remplit aujourd'hui d'un si légitime orgueil ses concitoyens et ses jeunes condisciples. Citoyens de l'avenir, nous vous promettons de vous suivre plus tard dans la voie du progrès et de la liberté. Nous vous jurons d'aimer la République ! »

M. Gambetta a répondu :

Messieurs, je ne savais pas, je vous prie de le croire, que j'étais attendu au lycée ; si j'avais pu m'en douter, vous ne m'auriez pas attendu longtemps. Quand j'ai appris que si je ne vous voyais pas aujourd'hui, je m'exposais au regret de ne plus vous revoir avant mon départ, je me suis empressé d'accourir au milieu de vous. Vous ne doutez pas que les paroles que vient de m'adresser votre camarade me soient allées tout naturellement droit au cœur. Je n'entre pas ici au milieu de vous dans cette vieille maison, sans éprouver une émotion tout à fait profonde. Je sens, pour ainsi dire, mon esprit retourné vers la première aurore de ma vie. (*Mouvement.*) Je dois le reconnaître, je n'ai pas mérité tous les jours d'être donné en exemple à mes jeunes successeurs. J'ai souvent failli à la règle, et je m'en repens aujourd'hui, croyez-le bien. Laissez-moi profiter de cette confession, absolument désintéressée, pour vous dire à tous, Messieurs, combien le temps qu'on passe ici est précieux et combien la perte en est irréparable. Vous ne saurez jamais, au cours de votre vie, ce qu'on éprouve souvent d'amers regrets d'avoir négligé une heure d'étude, une heure de travail, ou de n'avoir pas déployé, quand il en était temps, toute l'activité, toute l'énergie pour acquérir cette semence intellectuelle que l'État distribue si libéralement aujourd'hui et qu'il sera heureux de pouvoir distribuer avec plus de prodigalité encore dans un avenir prochain.

Je voudrais, puisque vous avez prononcé ce mot toujours grave de serment, puisque vous avez fait un serment à la Patrie, à la République, je voudrais à ce moment vous en voir joindre un autre : le serment de prendre ici le goût, l'habitude du devoir, de la règle accomplie tous les jours, patiemment, sans fausses espérances, mais aussi sans lâches défaillances. Dans notre société moderne, on peut et on doit arriver à gagner, à conquérir, par le mérite, par la patience, par l'effort, toutes les places auxquelles un cœur droit et intelligent peut et doit aspirer, car, Messieurs, soyez-en bien convaincus, plus nous irons, plus les mœurs de la démocratie s'imposeront, plus elles deviendront rares, les places données au seul privilège de la fortune, de la naissance ou du hasard. (*Vifs applaudissements.*)

Vous êtes jeunes, Messieurs, mais la jeunesse passe vite malheureusement. Aussi, depuis votre jeune camarade, qui est là, devant moi, jusqu'à celui que vous avez chargé de m'adresser la parole, tous vous devez faire votre profit des quelques paroles que je viens de prononcer du fond du cœur, sous l'empire du sentiment de vif plaisir que j'ai éprouvé de me retrouver ici pour un moment votre condisciple. (*Applaudissements unanimes. — Cris répétés de : Vive la République! Vive Gambetta!*)

Cahors, 27 mai.

Hier jeudi, à sept heures, M. Gambetta prenait part à un dîner intime, rue Fénelon, chez M. le docteur Relhié, maire de Cahors. Vers neuf heures, une foule nombreuse se présentait devant la grille de la maison et pénétrait dans la cour, faisant entendre de nombreuses acclamations, chantant la *Marseillaise*, dont les strophes alternaient avec les cris de « Vive la République! Vive Gambetta! Vive le scrutin de liste! »

M. Gambetta dont la présence était vivement réclamée, s'est avancé et a prononcé les paroles suivantes :

Mes enfants, je vous remercie d'être venus, je vous remercie des chants que vous avez fait entendre. J'ai beau être éloigné de vous, croyez-le bien, j'ai beau être attaché par les affaires publiques loin de cette

le qui est mon berceau et qui reste la personnification de la petite patrie dans la grande, celle qu'on aime le plus, celle pour laquelle on éprouve toujours le plus de tendresse, sans cependant négliger les soins qu'on doit à l'autre, à la grande! on a beau, dis-je, être éloigné de cette petite patrie, on n'y revient pas sans émotion, surtout quand on sent, comme je l'éprouve depuis deux jours, qu'il n'y a dans cette vieille cité qu'un cœur, qu'une âme, qu'une pensée pour acclamer, non pas un homme, mais la République et la France dans un de leurs serviteurs. (*Vives acclamations.— Cris prolongés de: Vive la République! Vive Gambetta! Vive le scrutin de liste!*)

Vous faites bien de crier : Vive la République! c'est le vrai cri qu'il faut pousser : c'est ce vrai mot dont il faut se servir. Il y a parmi vous beaucoup de têtes jeunes : il faut qu'elles se pénètrent de cette idée que les hommes ne sont rien et que les principes sont tout.

Messieurs, au lieu de se livrer tout entier à l'amour d'un homme, il faut se donner tout entier à l'amour d'un principe, et notre principe, c'est la République, car aujourd'hui la France et la République ne font qu'une seule et même chose. (*Applaudissements prolongés.*) Et maintenant, mes amis, je vous prie de rentrer tout doucement chez vous, satisfaits d'avoir cédé à ce qui est l'impulsion de votre cœur et persuadés que vous laissez dans le mien un souvenir ineffaçable. (*Applaudissements. — Cris nombreux de : Vive la République! Vive Gambetta ! Vive le scrutin de liste !*)

La foule s'est ensuite retirée dans le plus grand ordre à travers la ville entièrement illuminée et que venait de traverser une magnifique retraite aux flambeaux organisée par les troupes de la garnison. Les illuminations de la préfecture, de l'hôtel de ville, de la recette générale, du cercle de Cahors, de l'hôtel des Ambassadeurs et de la maison natale de M. Gambetta ont été particulièrement remarquées.

Ce matin, M. Gambetta a visité les travaux de la ligne de Brive à Montauban; il a été reçu par M. Lauteirs, ingénieur en chef des ponts et chaussées, à l'entrée du tunnel de Pouzergues. Ce tunnel, long de 800 mètres, est très beau; il était éclairé par des torches; tous les ouvriers qui ont pris part aux travaux de percement, près de trois mille, accompagnaient en l'acclamant M. Gambetta. Après avoir parcouru à pied le tunnel dans toute sa longueur, M. Gambetta a félicité M. Lauteirs de l'activité et de l'intelligence déployées pour l'exécution des travaux. A dix heures, il est revenu à Cahors, salué sur son passage par les cris de : Vive la République! Vive Gambetta!

A Cahors, M. Gambetta a reçu les professeurs du lycée, ayant à leur tête le recteur d'académie, qui a tenu à donner l'assurance du ferme dévouement de tous les professeurs à la politique républicaine. M. Gambetta a répondu par de vifs remerciements; il a rappelé les grands services qui ont été rendus à la cause de l'instruction républicaine en France par M. Jules Ferry, le ministre le plus actif et le plus zélé pour les grands intérêts nationaux et le plus laborieux que l'Université ait eu à sa tête ; le ministre, enfin, qui, — chose rare en ce pays, — n'a jamais cessé de grandir au pouvoir.

Cahors, 27 mai.

L'inauguration du monument érigé à la mémoire des mobiles du Lot a eu lieu à quatre heures, par un très beau temps : l'affluence était énorme et enthousiaste.

Le monument est en granit; il se compose d'une base quadrangulaire surmontée d'une pyramide tronquée affec-

tant la forme d'une tour crénelée ; aux angles, des statues
de soldats de ligne, d'artillerie et de cavalerie ; à la façade,
la statue en marbre du commandant des mobiles du Lot,
Fouilhade, qui fut tué près d'Orléans pendant la défense
nationale. Cette œuvre, d'un caractère simple et imposant,
a pour auteur M. Calmon, sculpteur à Cahors. La place
Lafayette, où s'élève le monument, domine la vallée du Lot
et s'étend entre la tour du pape Jean XXII et la caserne d'infanterie. Dès trois heures, elle était couverte par la foule
venue de tous les points des départements ; on y a distingué
des hommes connus pour leur hostilité au régime actuel,
qui avaient tenu à honneur de prendre part à cette cérémonie nationale, et nous devons dire tout de suite qu'ils
n'ont pas paru moins profondément remués que la foule par
les paroles patriotiques qu'ils ont entendues. La haie sur
la place et sur le parcours du cortège était faite par les soldats du 23e d'artillerie, du 7e de ligne et du 131e régiment
territorial, correspondant au 70e régiment de mobiles.

Le cortège prend place sur l'estrade à quatre heures précises. M. Gambetta préside. Autour de lui on remarque
MM. Bargeton, préfet du département ; les généraux Appert,
Lewal, Colomb, Minot ; Calmon, Foucher de Careil, sénateurs ; Spuller, Lasserre, Bastid, Jean David, députés ; les
préfets de la Gironde, du Gers, de la Corrèze, de la Haute-
Garonne et de la Creuse ; MM. Gambetta père ; Relbié, maire
de Cahors ; l'intendant Richard, tout le conseil municipal
de Cahors et presque tout le conseil général du Lot ;
MM. Hervé Mangon, membre de l'Institut, de Lagorse,
secrétaire général de la Société d'encouragement à l'agriculture, et quarante membres de la délégation du jury des
comices, un grand nombre d'officiers en uniforme et des
sous-préfets de la région.

La cérémonie commence par un chœur très brillamment
enlevé par l'excellent orphéon de Cahors ; puis, au milieu
de l'émotion générale, les voiles du monument sont enlevés.
La musique du 7e de ligne joue la *Marseillaise ;* toutes les
têtes se découvrent ; beaucoup d'anciens mobiles pleurent.
Une acclamation immense s'élève : Vive la République!
Vive l'armée! Vive Gambetta!

M. Guiraudies-Capdeville, capitaine au 131e de ligne de
l'armée territoriale, prend le premier la parole et fait un

récit très sobre et très ému de la campagne des mobiles du
Lot pendant la défense nationale.

Voici le texte de ce discours :

« Monsieur le président, Messieurs,

« L'Empire venait de crouler à Sedan; la dernière armée
française, armée héroïque, acculée par la trahison sous les
murs de Metz, allait bientôt succomber. Des hommes au
cœur fort, animés du plus ardent patriotisme, acceptèrent
alors la périlleuse mission de défendre le sol national. A
leur appel, le pays frémissant se leva tout entier, des armées
furent improvisées, la lutte recommença; la garde mobile
du Lot, formant le 70ᵉ régiment, fort de 3,600 hommes, fut
appelée, dans le mois de septembre 1870, à l'armée de la
Loire, où elle ne tarda pas à se faire une renommée de
vaillance. Après avoir reçu le baptême du feu à Patay, le
70ᵉ régiment de mobiles enlevait, le 8 décembre, le village
de Layes-sous-Cravant.

« Dans cette affaire, cinq officiers, dont le lieutenant-colonel et un chef de bataillon, étaient blessés; cent hommes
environ étaient mis hors de combat. Le 9 décembre, la journée moins meurtrière coûtait cependant à la mobile une
trentaine d'hommes. Le 10 décembre, au matin, sept compagnies, sous les ordres du commandant Fouilhade, s'empa-
raient du village d'Origny et faisaient deux cents prisonniers,
dont un chef de bataillon et plusieurs officiers. Encouragé
par ce succès, le commandant Fouilhade attaquait, quelques heures après le village de Villejouan fortement occupé
par l'ennemi. Criblés de projectiles, les mobiles hésitent.
« En avant! » s'écrie le brave Fouilhade, et aussitôt la
colonne reprend sa marche. Bientôt deux coups de feu attei-
gnent le chef intrépide. Fouilhade avance toujours; une troisième balle le frappe à la tête; il tombe; mais, en mourant,
de son geste il menace encore l'ennemi. En même temps,
le capitaine Ischer, le lieutenant Guyot, tous deux de
Cahors; le lieutenant Bouygues, de Betaille, tombent mor-
tellement frappés à côté de leur commandant. Deux autres
officiers sont blessés. Voulant venger la mort de Fouilhade,
les mobiles s'élancent sur les retranchements de l'ennemi.
Abordés à la baïonnette, les Allemands évacuent le village,
abandonnant leurs morts, de nombreux blessés et 40 pri-

sonniers. A Courcelles, dans la même journée, le reste du régiment combattait non moins énergiquement. Le capitaine Ayot, de Cahors, était aussi frappé à mort. Trois autres officiers, dont un chef de bataillon, étaient blessés. Dans l'affaire du 10 décembre, les pertes s'élevaient à 200 hommes tués ou blessés. Après la retraite de l'armée de la Loire, la mobile du Lot se portait avec la colonne du général de Jouffroy dans la vallée du Loir. Le 27 décembre, le régiment coopérait à la prise de Montoire, et il avait la bonne fortune d'enlever un convoi à l'ennemi. Le 31 décembre, le général de Jouffroy, poursuivant ses succès, tentait de s'emparer de Vendôme. Après un engagement près du hameau de Briard, le 2e bataillon culbute l'ennemi, qu'il poursuit vigoureusement. Ce combat fournit au capitaine Vergne de Puybran l'occasion de se distinguer.

« Ce brillant officier a succombé plus tard, épuisé par les fatigues de la campagne. Des reconnaissances offensives, exécutées avec un plein succès par le 70e de mobiles, dans les journées des 4 et 5 janvier, lui firent perdre une douzaine d'hommes.

« Le 6 janvier, le régiment défendit énergiquement jusqu'à la nuit le Gué de Loir et le plateau de Villiers contre la 5e division du 3e corps allemand.

« Les Prussiens ont accusé pour ce combat une perte de 35 officiers et de 493 hommes. De son côté, la mobile du Lot laissait sur le terrain 130 tués ou blessés. Le capitaine Lafon de Gramat avait été mis hors de combat.

« Le 9 janvier, le 1er bataillon, attaqué à Saint-Frimbault, se maintenait énergiquement et infligeait à l'ennemi une perte d'une trentaine d'hommes; mais, le 10, le combat de Parigue-l'Évêque devait être fatal au régiment. Les Prussiens, accentuant leur marche concentrique sur le Mans, attaquaient avec toute une division le malheureux village de Parigue-l'Évêque, défendu par la brigade Pereira et le 70e de mobiles réduit à un millier d'hommes.

« Cinq batteries allemandes préparent l'attaque; trois batteries françaises, dont une de mitrailleuses, ripostent vigoureusement, et, après une lutte corps à corps, l'ennemi bien supérieur en nombre se rend maître de la position.

Les pertes de la mobile sont énormes.

Les lieutenants Linol, de Concores, et Beauregard, de

Cahors, sont tués. Un chef de bataillon et deux capitaines
sont blessés, treize officiers sont faits prisonniers, six cents
hommes sont tués, blessés ou emmenés en captivité. (*Mouvement.*) Obligé de battre en retraite, le régiment décimé,
dans un suprême effort, reprend cependant trois pièces d'artillerie et deux mitrailleuses, dont l'ennemi s'était un instant
emparé.

« Ici, Messieurs, qu'il me soit permis de raconter la mort
du lieutenant Linol, de ce vieux soldat décoré de la médaille militaire, de Linol qui, simple sous-officier dans la
mobile du Lot, sut conquérir à la pointe de son épée les
grades d'adjudant, de sous-lieutenant et de lieutenant. au
combat de Parigne. Linol veut sauver trois pièces de 4, qui
vont tomber au pouvoir de l'ennemi; un groupe de ses mobiles du Lot, toujours prêts au sacrifice, se range à ses côtés :
« Il ne sera pas dit que les Prussiens ont fait reculer la mobile du Lot! s'écrie le brave Linol. A la baïonnette, suivez-moi! » Et les mobiles le suivent; mais Linol tombe,
atteint de plusieurs coups de feu. Presque tous ses mobiles
sont aussi blessés. Les Allemands entourent ce petit groupe.
Linol, avant de mourir, veut frapper encore un ennemi.
Dégageant un pistolet qu'il porte à la ceinture, il va faire
feu; mais un dernier coup l'étend raide mort. L'ennemi,
sans respect pour cette mort glorieuse, arrache de la poitrine de Linol la médaille militaire. Lui palpite encore, et
ses lèvres déjà froides semblent jeter au vainqueur un dernier défi. (*Salves d'applaudissements.*)

« Le 70e de mobiles, qui n'existait plus que de nom, paraissait désormais incapable de soutenir une action sérieuse. Réduit à quatre cents hommes, le régiment devait cependant
prendre part à la bataille du Mans. Le 11 janvier, avec la
division de Jouffroy, il se maintenait énergiquement sur ses
positions de combat. Le 12, cette poignée d'hommes, reste
d'un régiment de 3,600 combattants, était chargée de défendre le château des Noyers ; mais l'ordre de la retraite sur
la Mayenne venait empêcher l'écrasement de cette vaillante
troupe, qui put franchir la Sarthe sans nouvelles pertes.

« Durant cette rude campagne, la mobile du Lot a assisté
à quatorze combats ou batailles ; dix officiers, dont un chef
de bataillon, ont trouvé la mort dans ses rangs ; quinze officiers, dont un lieutenant-colonel et deux chefs de bataillon,

ont été blessés. Le feu de l'ennemi, les privations et les maladies ont coûté la vie au quart de l'effectif, c'est-à-dire à 900 hommes.

« Telles sont les victimes que le département a voulu honorer. Tels sont les héros dont les noms ne sauraient tomber dans l'oubli. (*Bravos.*) Non, chers amis, ne craignez pas que l'on vous oublie, vous vivrez éternellement dans l'histoire de notre pays, et cette page de votre mort glorieuse sera transmise à nos descendants comme un dépôt sacré. Le temps impitoyable peut effacer un jour vos noms inscrits sur ce monument, mais le souvenir de votre héroïsme restera gravé désormais dans le cœur des enfants du Quercy. Pour eux, dans l'avenir, les noms de Fouilhade et de Linol signifieront toujours : courage, honneur, patriotisme. (*Applaudissements.*)

« En reproduisant avec tant de talent les derniers moments d'un chef regretté, M. Calmon, l'artiste aussi distingué que modeste, a fait une œuvre impérissable; nous l'en remercions. Nous remercions aussi cette foule sympathique qui nous a donné son obole et qui vient aujourd'hui rendre un pieux et solennel hommage aux glorieuses victimes de la guerre de 1870. (*Bravos.*)

« Merci surtout à l'enfant de Cahors, au grand patriote dont l'indomptable énergie, si bien secondée par le courage de nos soldats, a sauvé l'honneur de nos armes. Pour nous, chers camarades, dans cette imposante manifestation nous puiserons de nobles enseignements. Si la France envahie avait encore besoin de nos bras, que la vue de ce monument élevé par vos soins vous rappelle que nos frères d'armes n'ont point hésité à faire le sacrifice de leur existence pour défendre le sol sacré de la patrie. Jaloux d'assurer l'indépendance de notre pays, nous nous serrerions une fois de plus autour de son drapeau, si malheureux et si cher, et ce serait pour nous le plus grand des devoirs, le suprême honneur de verser notre sang jusqu'à la dernière goutte pour repousser l'étranger. » (*Applaudissements répétés. — Cris de : Vive la République!*)

Ce discours a été plusieurs fois interrompu par des acclamations, qui redoublent à la fin, quand M. Gambetta, très ému, serre la main au commandant et le félicite. Il ne man-

que, en effet, à l'historique tracé par M. Guiraudies des faits
héroïques des mobiles du Lot qu'un trait pour être complet;
c'est le témoignage de sa propre conduite, admirable pendant toute la campagne, où il fut blessé grièvement et n'en
demeura pas moins à son poste.

Après le *Chant des Girondins*, exécuté par la musique du
23ᵉ d'artillerie, M. le général Appert prend la parole en ces
termes :

« Messieurs,

« C'est avec une grande satisfaction que je prends la parole
au milieu de cette foule sympathique, venue de tous les
points de la contrée pour honorer la mémoire des enfants
du Lot morts glorieusement pour la défense de la patrie.

« Cet hommage, qui pourrait aujourd'hui sembler tardif,
reçoit, au contraire, une consécration plus grande, parce
qu'il est rendu sous le patronage du ministre de la guerre
de la Défense nationale, qui a su, après nos désastres
sans nom, ne pas désespérer de la patrie et appeler à son
aide tous ceux qui, dans nos provinces, pouvaient encore
porter les armes, a maintenu haut et ferme le drapeau
national, alors que tous les moyens de résistance semblaient
anéantis, et a imprimé une activité patriotique à tous ces
défenseurs improvisés, jusqu'au jour où Paris, n'ayant plus
de pain, dut déposer les armes.

« Ce sera, dans l'histoire, son plus grand honneur; mais
honneur aussi à ceux qui ont répondu à son appel et qui
sont morts dans la lutte !

« Leur souvenir vivra dans nos cœurs reconnaissants ; et ce
monument dira aux générations nouvelles leur dévouement,
qui, ne pouvant nous sauver matériellement, a, du moins,
sauvé l'honneur de la France et montré que nous étions capables de nous relever de nos désastres.

« Vos enfants, leurs camarades, partis récemment pour
l'Afrique, conduisent leurs jeunes drapeaux contre les tribus
sauvages du nord de la Tunisie et leur font donner par elles
ce que nous appelons le baptême du feu, et aussi le baptême du sang. Nos troupes déploient dans cette guerre pénible des qualités sérieuses et solides qui m'autorisent à
vous affirmer ici que la France peut toujours compter sur
son armée.

« L'armée sait, d'ailleurs, que le gouvernement de la République ne reculera devant aucun sacrifice pour augmenter sa force et sa confiance.

« Aussi elle est prête partout et toujours à faire son devoir avec fidélité et dévouement.

« Messieurs,

« C'est s'honorer que d'honorer la mémoire de ceux qui ont fait le sacrifice de leur vie pour leur pays; et, à ce titre, nous vous devons, au nom de l'armée, des remerciements pour la part que vous avez prise à la création de ce monument. »

Ce discours est salué par des cris répétés de : Vive la République! vive l'armée!

M. Gambetta se lève alors et prononce le discours suivant :

Mes chers compatriotes,

Les peuples qui veulent rester libres et indépendants ont pour devoir de placer sous les yeux des jeunes générations les exemples et les souvenirs qui fortifient les âmes, qui forment les caractères, qui trempent de bonne heure les courages et qui, par conséquent, constituent ce qu'il y a de plus élevé dans l'éducation nationale. Tous les peuples qui ont compté dans l'histoire, tous ceux qui ont pris leur vraie place et qui surtout l'ont gardée, ont eu par-dessus tout le culte du sacrifice et de l'abnégation militaires. (*Applaudissements.*) Mais aujourd'hui plus que jamais, Messieurs, nous pouvons nous applaudir, sans courir le risque de tomber dans l'excès de l'esprit militaire, d'assister à de pareilles cérémonies, car désormais dans notre pays l'armée est identifiée avec la nation. (*Applaudissements unanimes.*) Il n'y en a pas de preuve plus éclatante que celle qui nous est donnée à cette heure même où vous voyez l'ancienne armée, si valeureuse et qui a laissé tant de traces admirables dans le développement de notre grandeur nationale, accounir et prendre pour ainsi dire par la main cette armée encore frêle et jeune, née d'hier, dans un sentiment de réparation et de fierté nationales. (*Applaudissements enthousiastes.*)

Oui, Messieurs, une grande nation doit honorer ses morts, et je dirai volontiers que ceux qu'il faut honorer surtout, ce sont ceux qui sont morts dans le désastre, ceux qui sont morts dans la défaite, ceux qui sont morts sans espoir, mais ayant fait d'autant plus leur devoir jusqu'au bout, parce qu'ils le faisaient avec le sentiment qu'il n'y avait plus à donner à la France que leur sang et leur vie. (*Émotion profonde. — Longs applaudissements.*) Mais s'il y a dix ans que ces évènements se sont accomplis, il n'est pas tardif, cet hommage, comme on le disait tout à l'heure ; il vient à son heure, comme la justice, et il restera permanent comme le granit dans lequel vous avez taillé la figure de vos héros.

Oh ! rassurez-vous, l'exemple que vous faites sortir de cette pierre sculptée, pour les générations qui viennent, ce n'est pas un exemple de politique d'agression, d'aventures ni de conquêtes. (*Très bien! très bien! — Applaudissements.*) Si ce monument parle aux âmes avec une puissance irrésistible, c'est qu'il dit à vous tous qui m'entendez, comme à ceux qui le verront plus tard, que ceux-là ne sont tombés que parce que notre nation, à une heure lugubre, s'était abandonnée tout entière aux mains d'un seul homme. (*Adhésion générale. — Applaudissements prolongés.*) Mais je ne veux pas récriminer, ni surtout introduire dans cette solennité rien qui ressemblerait à une parole de parti ; comment pourrais-je oublier devant ce monument qu'aux jours qu'il rappelle tous les partis se sont trouvés unis et que, quelles que fussent leurs préférences particulières, ils ont marché d'un même élan et d'un même cœur sous les couleurs nationales ? (*Applaudissements répétés. — Vive adhésion.*)

Ah! que ne nous a-t-il été donné, au lendemain même de cette terrible leçon de la fortune, de voir poursuivre sur le champ de bataille pacifique de la discussion, dans la recherche des progrès à accomplir, dans l'éducation, dans la question de la forme politique du gouvernement, que ne nous a-t-il été donné de voir se poursuivre le même concours, la même communauté d'efforts et d'énergie! Ah! que la France serait grande, Messieurs! (*Longue adhésion et applaudissements prolongés.*) Mais ce qui ne s'est pas fait au lendemain de nos désastres se fait maintenant tous les jours, en dépit des résistances d'états-majors épuisés. La France, la vraie France, celle qui peine et travaille, celle qui veut rester libre et indépendante, demeure toujours semblable à elle-même, toujours fidèle à la résolution qu'elle a prise de fonder la République. Encore un coup de collier du suffrage universel, et nous tiendrons cette communauté d'efforts et de volontés sous un gouvernement libre et définitif. (*Bravos et applaudissements.*) Oui, rappelons-nous, souvenons-nous, surtout soyons indulgents les uns pour les autres, parce qu'il est certain que des catastrophes pareilles à celles dont nous avons été les victimes ne fondent pas sur un grand peuple sans qu'il y ait eu de la faute commune. Les uns ont péché par excès de faiblesse, les autres par excès d'arrogance et de despotisme, le plus grand nombre par indifférence coupable. Mais tout se paye dans l'histoire, et à l'indifférence c'est le désastre qui répond. (*Assentiment unanime et applaudissements.*) Aujourd'hui, vous avez deux garanties contre le retour de ces excès : la première, c'est que désormais l'épée de la France ne peut plus servir, dans les mains d'un aventurier, à un acte d'oppression au dedans ou illégitime au dehors ; elle ne peut être employée qu'à assurer sa sécurité. L'autre garantie, c'est que rien de ce qui touche à la paix ou à la guerre ne peut être désormais décidé que

par la volonté du peuple. (*Adhésion générale et applaudissements.*) C'est sous l'évocation de ces deux idées
que je veux vous laisser. Il ne convient pas, en une
pareille cérémonie, de multiplier les mots et de tirer
des prétextes à phrases d'une situation aussi grande
dans sa simplicité et aussi douloureuse par les souvenirs qu'elle rappelle.

Mes chers concitoyens, quittons cette patriotique
solennité avec la conviction profonde que la France
n'a qu'un souci, qu'une volonté : le maintien de sa
dignité et d'une paix qui la lui assure. Ne vous laissez
pas prendre aux paroles de ceux qui vous diront qu'il
y a danger permanent pour la paix dans la constitution d'une forte et puissante armée, dans le développement de nos nouvelles institutions militaires. Non.
Les paix durables, celles qui assurent les longs avenirs
aux peuples, ce sont celles qui reposent sur l'organisation d'une armée vraiment nationale, avec toutes
les forces jeunes, vives et actives du pays. Cette organisation, vous l'avez, et quelque bruit qu'on puisse
faire retentir à vos oreilles, soyez-en sûrs, vous êtes
les maîtres : rien ne se décide plus sans la volonté de
la nation ; et qui pourrait lutter contre la volonté de
la France? (*Approbation unanime.*)

Ce que la France réclame, ce que les républicains
veulent, c'est l'ordre et la paix dans la liberté et le
progrès, pour assurer le développement du génie
français. (*Applaudissements et acclamations.*)

Voilà les pensées que m'inspire cette cérémonie.
Je n'ajouterai qu'un mot, sans m'arrêter aux paroles
élogieuses qui m'ont été adressées ; je ne suis ici qu'un
témoin. Aux jours du péril, comme le plus humble
serviteur de la France, j'ai fait mon devoir avec le
concours énergique et non contesté de tous les Français dignes de ce nom. Déjà la Défense nationale, si
longtemps calomniée, reprend son droit et son rang
dans la justice des hommes. Elle les reprendra bien

plus dans la justice de l'histoire, et cela suffit à ceux qui ont fait leur devoir. (*Oui! oui! — Applaudissements enthousiastes. — Cris répétés de : Vive la République! Vive Gambetta!*)

Le *Temps* du 28 mai apprécia dans l'article suivant le discours prononcé la veille par M. Gambetta :

« Ainsi que notre correspondant de Cahors nous l'avait annoncé, le discours qu'a prononcé hier M. Gambetta, à l'inauguration du monument érigé à la mémoire des mobiles du Lot, ne touche que très indirectement à la politique intérieure. Le président de la Chambre s'est exclusivement attaché à mettre en relief les enseignements qui résultent des événements douloureux que rappelait nécessairement la patriotique cérémonie du jour. Il a indiqué, à grands traits et avec cette ampleur d'élocution qui caractérise sa manière oratoire, les raisons de la catastrophe de 1870. Il a fait la part de tous les partis dans cette sombre histoire : si les uns, a-t-il dit, ont péché par excès d'arrogance et de despotisme, les autres ont péché par excès de faiblesse, le plus grand nombre par indifférence. Rien de plus exact. Pendant la période impériale, la France a trop oublié qu'un peuple qui se désintéresse de l'action politique se trouve à la merci de tous les caprices de l'homme auquel il a laissé prendre la direction absolue de ses destinées. Heureusement ces temps néfastes ne sont plus, et nous avons, dans nos institutions, des garanties formelles contre un retour à ces excès de faiblesse d'une part et de despotisme de l'autre. D'ailleurs l'union politique de la France se fait, chaque jour, de plus en plus, en dépit de résistances d'états-majors épuisés : « Encore un coup de collier du suffrage universel, a dit l'orateur, et nous tiendrons cette communauté d'efforts et de volontés sous un *gouvernement libre et définitif.* »

« M. Gambetta ne pouvait laisser échapper l'occasion qui lui était offerte par une cérémonie qui se rattachait à des souvenirs de guerre de dire quelques mots de notre politique internationale. Cette politique, le président de la Chambre l'a résumée en ces mots : « La France n'a qu'un souci, qu'une volonté : le maintien de sa dignité et d'une paix qui la lui assure. » Il sera difficile de voir dans ces paroles la manifestation de la moindre intention belliqueuse, d'autant

plus que M. Gambetta a mis une insistance particulière à
revenir sur cette même affirmation d'une politique pacifique : « Ce que la France réclame, a-t-il dit en terminant
son discours, ce que les républicains veulent, c'est l'ordre et
la paix dans la liberté et le progrès. » Ce langage tenu en
présence des représentants de l'armée, en face du monument élevé à ces braves mobiles du Lot morts pour la patrie,
ne laissera subsister aucun doute sur les vues du chef de la
majorité touchant la politique extérieure et l'action internationale du gouvernement de la République.

« Ce discours ou plutôt cette allocution, dont nous venons
de signaler les principales données, indique tout ce qu'il y
a d'exagéré dans ces airs alarmés qu'affectent de prendre
certains journaux et certaines personnes à propos du voyage
de M. Gambetta à Cahors. Il est indubitable que ce voyage
s'est accompli dans des conditions exceptionnelles. Le chef
incontesté du parti républicain a reçu de ses concitoyens
du Lot un accueil plus que chaleureux; mais ceux qui s'é-
tonnent ou s'alarment de ce fait sont véritablement par trop
ignorants des choses humaines. Comment! voilà un homme
qui a, depuis plus de douze ans, joué un rôle considérable,
et comme orateur, et comme chef de parti, et comme
homme d'État; il a rempli le monde de l'éclat de sa puissante parole; il a été le lutteur infatigable qui a tant aidé
au triomphe définitif de la République, et on voudrait que
lorsqu'un tel homme revient, après dix ans d'absence, dans
la ville où il est né, où s'est écoulée son enfance, où vivent
ses condisciples de collège, les amis de sa jeunesse, il ne
fût pas fait à cet enfant du pays un accueil enthousiaste.
Ce qui serait étonnant, c'est qu'il en fût autrement, surtout
lorsqu'il s'agit de ces populations si exubérantes, si en dehors, du midi de la France. Qu'il y ait eu dans les manifestations de sympathie, d'admiration ou même de curiosité,
dont l'illustre enfant de Cahors a été l'objet dans sa ville
natale, des naïvetés ou même, si l'on veut, des enfantillages,
nul n'en disconviendra; mais quand a-t-on vu les foules,
lorsque quelque incident les met en mouvement, se tenir
dans une exacte mesure et ne pas dépasser la limite d'une
démonstration parfaitement pondérée? Il n'est pas advenu
pour M. Gambetta autre chose que ce qui s'est constamment
produit et ce qui se produira toujours chaque fois qu'un

personnage illustre se retrouvera au milieu de ses compatriotes, et il est ridicule de prendre texte de la réception
faite à Cahors au président de la Chambre pour parler de
dictature et d'asservissement. Ce sont là de gros mots qui
ne peuvent être pris au sérieux par aucune personne sensée.

« D'ailleurs ceux mêmes qu'effarouche l'accueil fait par les
populations du Lot au président de la Chambre peuvent se
dire qu'ils ont contribué à rendre cet accueil plus éclatant.
Leurs attaques réitérées et violentes contre M. Gambetta,
les accusations souvent mesquines et plus souvent encore
calomnieuses dirigées contre lui, ont eu pour unique résultat, on peut s'en apercevoir aujourd'hui, de grandir sa personnalité. Les acclamations des Cadurciens sont une réponse
au flot d'injures déversé chaque jour par les feuilles d'extrême droite comme par les feuilles intransigeantes contre
le puissant orateur. M. Gambetta, moins outragé, eût été
moins fêté. Les insultes et les calomnies de ses adversaires
lui ont fait un piédestal et l'ont élevé d'autant au-dessus des
foules. S'il en est ainsi, comme nous le croyons, ce ne serait
pas la première fois que des ennemis politiques auraient
servi, par la violence et l'injustice de leurs attaques, la fortune de celui qui était l'objet de leurs agressions passionnées.
Aussi fera-t-on bien de profiter de la leçon et de renoncer
à ces procédés grossiers de polémique, lesquels tendent trop
à devenir la règle dans une certaine presse, et dont les incidents du voyage de Cahors démontrent la complète ineffi-
cacité. »

DISCOURS

Prononcé le 21 mai 1881

AU BANQUET PATRIOTIQUE

A CAHORS

Cahors, 28 mai.
(Dépêches de la *République française*.)

Le banquet patriotique a eu lieu ce soir, à sept heures, dans la cour du lycée. La table d'honneur était établie sur une estrade couverte, et dix grandes tables étaient disposées dans le préau planté d'arbres. Le nombre des souscripteurs atteignait onze cents, dont trois ou quatre cents cultivateurs. On remarquait un grand nombre d'officiers en uniforme. L'arrivée de M. Gambetta a été saluée par des acclamations répétées et par les cris de : Vive la République! Vive Gambetta! Ont pris place sur l'estrade : le maire de Cahors, M. Relhié; le président du conseil général, M. Cambres; les généraux Appert, Colomb, Villain, Lewal, Minot; MM. Calmon et Foucher de Careil, sénateurs: Spuller, Corneau, Lasserre, Bastid, députés; Gambetta père ; les préfets du Lot, de la Gironde, de Tarn-et-Garonne, du Gers, de l'Aveyron, de la Haute-Garonne; de nombreux sous-préfets de la région; MM. Hervé Mangon, membre de l'Institut ; le trésorier-payeur général, le directeur des postes et télégraphes, le recteur de l'académie, le proviseur du lycée, etc.

A neuf heures, M. Cambres, président du conseil général, a porté au milieu d'acclamations répétées le premier toast au président de la République.

Il s'est exprimé ainsi :

« Messieurs, quelque vif que soit votre désir, quelque légitime que soit votre impatience d'entendre notre illustre compatriote, dont le talent oratoire, déjà si élevé et si puis-

sant, va toujours grandissant et n'a d'égal que l'ardent patriotisme qui l'inspire, permettez-moi de porter un toast
à l'homme probe dont la politique a pour base l'honnête et
le juste, à l'homme éminent dont M. Gambetta, lui, le défenseur le plus énergique et le plus convaincu de nos institutions républicaines, a dit l'an dernier, à Cherbourg, que
depuis qu'il est élevé à la magistrature la plus haute du
pays, son nom se grave chaque jour plus profondément
dans le cœur de tous les Français, à raison des éminents
services qu'il ne cesse de rendre à la patrie : A M. Jules
Grévy, président de la République française! » (*Adhésion
unanime. — Applaudissements répétés.*)

M. Relhié, maire de Cahors, a prononcé ensuite le discours suivant :

« Messieurs,

« Vous avez bien voulu répondre à notre invitation ; vous
vous êtes empressés d'accourir de tous les points de la
France pour assister à nos fêtes et vous associer à l'hommage que son pays natal a voulu rendre au président de la
Chambre des députés.

« Mon premier devoir, en me levant devant cette imposante
assemblée, est de vous remercier et de vous dire combien
nous ressentons vivement l'honneur que vous nous faites
aujourd'hui.

« La ville de Cahors vous exprime par ma voix sa profonde
reconnaissance. Elle gardera longtemps le souvenir de cette
journée, et elle ose espérer que vous tous, amis connus ou
inconnus, vous voudrez bien faire grâce à son hospitalité
modeste, dont la cordialité fait tout le prix.

« Dois-je remercier aussi M. le président de la Chambre des
députés d'avoir abandonné la direction des travaux parlementaires pour venir prendre place au milieu de nous et
combler par sa présence les vœux les plus ardents de notre
population ?

« Il me semble, Messieurs, que les marques éclatantes de
sympathie et les témoignages de dévouement que ses compatriotes lui prodiguent arriveront plus sûrement au cœur
de M. Gambetta que ne le pourrait faire ma parole : l'émotion qu'il a dû ressentir en mettant le pied dans cette ville
après une absence de dix ans, et qui a été si heureuse d'ou-

vrir ses portes pour le recevoir, cette réunion même dans
la maison où s'est écoulée une partie de sa jeunesse, pro-
duiront sur son esprit une impression que je veux respecter,
sans risquer de l'affaiblir par d'inutiles développements.

« Mais ce dont il est juste de remercier hautement M. Gambetta, c'est d'avoir choisi le département du Lot et la ville
de Cahors comme un terrain favorable à une de ces grandes
manifestations auxquelles sa parole a le privilège de donner
un retentissement universel et qui marquent comme les
étapes successives de sa glorieuse carrière.

« C'est d'avoir pensé à notre département, enfin délivré des
influences dynastiques et désormais acquis aux idées républicaines, qui, ainsi que de récents exemples l'ont surabon-
damment démontré, était prêt à recevoir les conseils que
son expérience et sa sagesse ont si utilement répandus dans
d'autres contrées.

« Voilà, si je ne me trompe, le remerciement qu'il nous
convient d'adresser au président de la Chambre des députés; car, si M. Gambetta reste toujours notre compatriote,
ce titre, bien précieux pour nous, doit pourtant s'effacer ici
et ne pas nous faire oublier que les acclamations qui l'entourent s'adressent surtout à l'homme d'État, à l'illustre orateur qui depuis son entrée dans la vie publique, est toujours
sur la brèche à tenir haut et ferme le drapeau de la démocratie républicaine.

« C'est dans cette pensée que j'ai l'honneur de vous proposer un toast qui rencontrera, j'en suis sûr, votre assentiment unanime.

« Je vous propose, Messieurs, de boire à la grandeur, à la
prospérité de la France républicaine, à l'union de tous les
bons citoyens sur le terrain de la République légale et progressive; au représentant de cette politique aussi sage que
ferme, qui, à force d'énergie et de persévérance, a su triompher de tous les obstacles et réduire à l'impuissance la coalition des partis, et qui, acclamé par le pays, assurera, avec
la durée des institutions républicaines, la puissance et la
liberté de la patrie : à Gambetta! »

Lorsque les applaudissements eurent cessé, M. Gambetta
s'est levé: mais les convives et les assistants cherchant à
s'approcher le plus près possible de l'estrade, le bruit a pen-

dant quelques instants rendu la parole impossible. Enfin
M. Gambetta a prononcé le discours suivant :

Messieurs et chers compatriotes,

Permettez-moi de porter un toast au département
du Lot et à la ville de Cahors. Vous m'avez comblé,
ravi et fatigué. Quelques-uns ont pu penser que j'étais
venu ici avec l'intention de vous entretenir des intérêts de la démocratie de notre département et de
tracer avant l'heure devant vous le tableau des futures
élections. Ce n'est pas pour remplir ce programme
que je suis à cette table ; j'y suis pour fêter avec vous
la pensée qui a inspiré la municipalité de Cahors et
qui se retrouve dans tous les détails de l'organisation
de cette belle fête à laquelle la nuit, sans doute, a mis
fin trop vite et trop tôt, ce qui est certainement la
cause des rumeurs indistinctes qui partent du fond de
cette cour. Par conséquent, je me bornerai purement
et simplement à remercier les deux orateurs qui ont
précédé, M. le président du conseil général et M. le
maire : l'un et l'autre, dans l'exagération de leur amitié, m'ont adressé des paroles trop flatteuses pour
que je puisse les accepter dans leur plénitude. Ils ont
tous les deux prononcé, avec la hauteur et la gravité
de langage qui leur appartiennent, des paroles que je
veux relever et qui, si vous le voulez bien, préciseront
le sens et la portée de mon toast.

M. Cambres a dit qu'avant toute chose il fallait porter la santé du chef de l'État ; il a bien voulu rappeler
en me les empruntant, — et je suis heureux de cet
emprunt, — quelques mots que je prononçais l'année
dernière dans une situation assez analogue à celle-ci,
au banquet de Cherbourg.

Messieurs, ces paroles expriment le sentiment
unanime de tous les bons Français ; telle est du moins
ma conviction. Aussi, quelles que soient les tentatives

que des esprits hostiles, séditieux, pervers ou simplement abusés ont pu faire dans ces derniers temps, à propos de toutes les questions, les plus futiles comme les plus sérieuses, pour créer je ne sais quel antagonisme secret ou déclaré, je ne cesserai, toutes les fois que je serai devant mes concitoyens, devant mes compatriotes républicains, devant mon pays qui m'écoute, de dire et de répéter que, dans toutes les Républiques, le premier de tous les devoirs est de saluer et d'honorer le chef de l'État. (*Applaudissements unanimes.*) Mais, Messieurs, si c'est là un devoir dans toutes les Républiques, dans la nôtre c'est mieux qu'un devoir, c'est un acte qu'il nous est doux d'accomplir, car celui qui préside aux destinées de la patrie, nous l'avons connu à d'autres époques; nous avons pu juger de la solidité de son caractère, de la sagesse de ses intentions et de ses idées; nous ne sommes pas suspects en affirmant devant le pays que son passé est le gage de son présent et fait la sécurité de l'avenir. (*Vifs et unanimes applaudissemnts. — Vive Grévy! vive Gambetta!*)

J'arrive maintenant aux paroles prononcées par le chef de cette municipalité dont je suis heureux de saluer la présence parmi nous et qui tient si dignement sa place à la tête de cette cité que j'aime tant, — car je l'aime, je vous le dirai sans phrases, je l'aime comme ma mère nourricière. (*Bravos et applaudissements.*) Il disait que dans ce département, trop longtemps ou indifférent ou asservi, la République allait enfin triompher, la République par la Constitution et la légalité républicaines. Eh bien, c'est cette parole que je lui emprunte à mon tour, et je dis : Oui, messieurs, ce beau, ce fier département qui a été entraîné à d'autres époques dans une voie fatale, avait ses excuses, ses raisons, ses origines pour ainsi dire héréditaires, qui expliquent comment et pourquoi il a pu si longtemps se tromper. En effet, au lendemain

de la Révolution française, ce pays-ci, cette contrée
du Lot, ce vieux Quercy, cette terre de paysans laborieux et jaloux de leur égalité, après avoir pris la plus
large part au mouvement national et régénérateur de
1789, saluait la force triomphante. Trompé comme
bien d'autres, il croyait voir passer la Révolution couronnée sur le char de Bonaparte. (*Vive adhésion et
applaudissements.*) Il était arrivé à ces paysans, partis
conscrits pour la frontière d'Italie et du Rhin, de revenir, les uns scintillants des étoiles du commandement; les autres, plus comblés, plus enivrés encore
par la fortune, ayant gravi les degrés des trônes de
l'Europe. Et tous rentraient au pays, jetant autour
d'eux le rayonnement de leur gloire militaire et sus-
citant des soldats qui devenaient à leur tour des légionnaires : car, Messieurs, on a remarqué qu'il y
avait eu dans le Lot plus de légionnaires que dans
aucun autre département de France. Et alors, comment vouliez-vous que, tant que cette légende a duré,
en présence de ces nombreuses familles militaires
unies et compactes, ce pays se débarrassât de ces
chaînes dorées par la gloire? Il ne le pouvait pas.
(*Applaudissements prolongés.*)

Mais la légende a péri et a disparu dans le désastre,
je ne dis pas dans la honte, mais dans un désastre
comme la France n'en avait jamais connu. C'est alors
qu'on a dit à ces paysans du Lot, comme aux trente
millions de paysans qui sont en France — et dont certainement le paysan du Lot est une représentation
et un type fidèle, dur au labeur, toujours soucieux de
son pécule, tout dévoué aux besoins de sa famille, peu
mêlé aux bruits extérieurs, toujours replié sur lui-
même, faisant œuvre de ses doigts, gagnant son pain
et celui des siens à la sueur de son front, — c'est alors
qu'on leur a fait croire que le gouvernement républicain mettait toutes choses en péril, et ils se sont écar-
tés de nous. Eh bien, Messieurs, il y a dix ans que

l'épreuve se poursuit; il y a dix ans que ce gouvernement républicain, garant de l'ordre dans la rue et de la paix dans les esprits, grandit toujours, en même temps que le crédit, la fortune, le bien-être matériel et le développement intellectuel de la France. Les prophètes de malheur répétaient tous les jours que le cataclysme était pour la fin de la semaine; à la fin ils se sont trouvés devant le robuste bon sens du paysan français, qui les a bafoués et conspués. (*Salves répétées d'applaudissements.*) Ce jour-là, qu'est-il arrivé? Il est arrivé, Messieurs, que cet homme de labeur, qui ne se rend que devant les démonstrations palpables et tangibles qui sortent des faits, s'est ébranlé à son tour, et c'est vers nous qu'il s'est dirigé.

Vous en avez eu la preuve éclatante dans la dernière manifestation du suffrage départemental. Messieurs, je le dis hautement, pour moi, ce jour-là, le voile s'est déchiré, et j'ai aperçu mon pays prêt à entrer dans la vraie voie de la liberté. (*Nouveaux applaudissements unanimes.*) C'est ce jour-là que je me suis dit : Moi aussi je retournerai vers eux, je les verrai. (*Applaudissements.*) Je savais l'accueil que vous me feriez. Car, Messieurs, je peux avoir des adversaires ici, je n'y ai pas d'ennemis. (*Adhésion générale et applaudissements prolongés.*) Mais je voulais, je ne vous le cache pas, que cette sorte de retour au berceau, que cette rencontre de nos regards et de nos âmes eussent plus de portée et de signification qu'un simple témoignage de fraternité et de compatriotisme. Je voulais que cette rencontre reçût, le lendemain, une plus haute sanction. Je serais bien fier si, grâce à mes efforts, tous pénétrés d'une pensée commune, nous disions dans quelques mois d'ici que ce département du Lot qu'on avait marqué de cette suprême injure — vous savez bien ce que je veux dire... (*Oui! oui! — Bravos prolongés.*) si nous pouvions dire que ce département est à la tête des départements républicains. (*Nouveaux applaudis-*

sements.) J'en ai l'espoir; j'ai aperçu bien des signes précurseurs de la victoire, d'une victoire pacifique et féconde, celle-là : mais pour l'atteindre, je ne saurais trop répéter ici, afin que mes paroles soient entendues même ailleurs, que c'est à la méthode tout à fait calme, progressive, constitutionnelle, que l'on doit d'avoir assisté à ce ralliement des populations rurales au régime républicain, et que c'est cette méthode si heureusement éprouvée qu'il faut continuer d'appliquer; pour tout dire, Messieurs, c'est parce que vous avez une Constitution, c'est parce qu'autour de ce pivot toutes les forces politiques et sociales de la nation se sont pour ainsi dire donné rendez-vous, s'appuyant, se solidarisant pour constituer la forme même de la République.

Cette Constitution, Messieurs, oh! je la connais bien, elle n'est pas parfaite, j'y ai trop participé pour ignorer ses défauts. (*Rires approbatifs.*) Mes chers concitoyens, les Constitutions parfaites, celles qui naissent tout entières du cerveau d'un penseur politique, je les admire, mais je ne trouve guère dans l'histoire personne qui les respecte et les appuie sincèrement. (*Très bien! très bien! — Applaudissements.*)

Les Constitutions, permettez-moi de le dire, naissent surtout de la nécessité des mœurs et, pour ainsi dire, des circonstances qu'une grande nation traverse. Les Américains ont eu une Constitution dès 1788 et, s'ils l'ont gardée, c'est qu'ils l'ont lentement corrigée et difficilement modifiée. (*Vive approbation.*) Ils considéraient que c'était l'abri tutélaire et qu'il n'y fallait pas porter une main téméraire. Ils ont exigé les plus grandes précautions, les plus grandes réunions de voix, une sorte d'irrésistible concours, pour y apporter le moindre amendement.

Messieurs, je vous le dis avec une entière conviction : il y a cinq ans que ce pays a une Constitution; certainement, elle n'est pas immuable; elle doit être perfectionnée ; elle le sera, et dans un sens démocratique (*Applaudissements prolongés*), dans un sens de plus en plus libéral ; mais ne nous hâtons pas, et, avant que l'édifice soit véritablement consolidé, ait subi le tassement nécessaire, n'ébranlons pas l'une quelconque de ses assises. Non, Messieurs ; nous sommes à la veille d'un grand rendez-vous devant le suffrage universel ; nous allons le consulter, j'en ai le ferme espoir, bien que le Sénat ne se soit pas encore prononcé, par la voie la plus large, la plus franche, la plus haute et la plus concluante. (*Applaudissements unanimes et cris répétés de : Vive le scrutin de liste !*)

Mais ne nous égarons pas, ne mettons pas à la fois tout en question et ne disons pas que cette Constitution qui nous a sauvés et qui nous abrite, que cette Constitution autour de laquelle toute la France républicaine s'est réunie et groupée, ne disons pas qu'elle a besoin d'être remaniée dès maintenant ; ne le disons pas, parce que nous l'ébranlerions et que nous n'avons pas le droit de le faire [1]. (*Nouveaux applaudissements.*)

Je demande qu'on attende, — et ici permettez-moi d'emprunter un mot à la science astronomique, — je demande qu'on attende que les pouvoirs établis par cette Constitution aient accompli leur révolution. (*Mouvement général. — Applaudissements.*) Le Sénat, fondé en 1876, doit être renouvelé trois fois en neuf ans ; déjà il est visible, je l'avais annoncé, qu'à chaque renouvellement le Sénat grandit en force démocrati-

---

1. La commission d'initiative parlementaire de la Chambre des députés venait de proposer la prise en considération de la proposition de M. Barodet et de 64 de ses collègues, ayant pour objet la révision de la Constitution. Cette proposition avait été inscrite à l'ordre du jour de la Chambre. Elle portait la suppression du droit de dissolution et de l'égalité des droits législatifs entre les Chambres, le rétablissement de la permanence des assemblées, la modification de la loi électorale du Sénat, la convocation d'une Assemblée constituante et l'inscription de la loi électorale des députés dans la Constitution.

que et libérale. (*Assentiment et bravos.*) Attendez le troisième renouvellement, et vous verrez les critiques adressées à cette institution s'atténuer chaque jour davantage. Et peut-être s'habituera-t-on à y voir une suprême ressource que vous serez heureux d'avoir un jour ou l'autre. J'estime donc qu'il serait souverainement contraire aux nécessités d'un bon gouvernement de mettre avant l'heure une partie quelconque de votre Constitution en suspicion devant le pays. Quelles que soient les difficultés que puisse soulever cette déclaration, quels que soient les doutes de certains esprits à l'heure qu'il est, je n'hésite pas à le dire, on ne doit, on ne peut toucher, sans imprudence, à la Constitution qui nous régit. (*Vive approbation.*)

Voilà ce que je voulais vous dire, mes chers concitoyens. Je vous ai parlé en résumant, parce que mes forces physiques ne me permettaient pas de plus longs développements. Mais je crois avoir dit la vérité. J'ai parlé au point de vue de l'intérêt du parti républicain. Mes chers compatriotes, en servant le parti républicain, c'est la France tout entière dans ses gloires passées, dans ses grandeurs futures, dans son développement historique, que j'ai l'intention et la volonté de servir, avec tous ceux qui sont assis dans cette enceinte. (*Oui! oui! — Très bien! — Applaudissements et acclamations prolongés. — Cris répétés de : Vive la République! vive Gambetta!*)

Après quelques minutes, M. Gambetta se lève de nouveau au milieu des applaudissements et se retire après avoir prononcé les paroles suivantes :

« Mes amis, je vous demande la permission de me retirer, vu l'état d'extrême fatigue où je me trouve. (*Marques d'assentiment.*)

« Je vous remercie de l'accueil que tous m'ont fait, de l'ordre qui a régné dans cette fête, et j'adresse mes remerciements sincères à ceux qui y ont assisté, et surtout à ceux qui l'ont organisée. » (*Vive la République! Vive Gambetta!*)

DISCOURS

Prononcé le 29 mai 1881

A LA DISTRIBUTION DES RÉCOMPENSES AUX LAURÉATS DU CONCOURS AGRICOLE

A CAHORS

———————

Cahors, 29 mai, 5 heures.
(Dépêches de la *République française*.)

La distribution des récompenses aux lauréats du concours agricole a eu lieu aujourd'hui avec une grande solennité. M. Bargeton, préfet du Lot, a pris le premier la parole. Il a éloquemment rappelé que le développement de l'agriculture et de la fortune publique a suivi l'affermissement des institutions républicaines. Actuellement les populations des campagnes, éclairées, s'intéressent aux problèmes les plus divers et sont l'appui le plus précieux de la concorde et de l'unité nationale. En terminant, M. Bargeton a fait un magnifique éloge du premier magistrat de la République, M. Jules Grévy.

M. Couvert, professeur à l'École d'agriculture de Montpellier, a lu un très remarquable rapport au nom de la commission chargée de la visite des expositions rurales.

M. Foucher de Careil, sénateur, président de la Société d'encouragement à l'agriculture, a prononcé un bref discours qui a soulevé de chaleureux applaudissements.

Enfin, M. Gambetta, prenant la parole, s'est exprimé ainsi :

Mesdames, messieurs et chers compatriotes,

Nous allons nous séparer. Ces fêtes, nées de la collaboration de l'administration et de la libre initiative de mes compatriotes, vont, dans quelques heures, se

terminer. Je ne puis pas, je ne dois pas, malgré l'état
de fatigue où je me trouve, résister plus longtemps
aux désirs de mon cœur, qui me porte à vous exprimer toute ma reconnaissance. Il faut que je vous dise
aussi que rien n'est plus vrai que les paroles que
faisait entendre tout à l'heure le président de ce concours, l'administrateur actif et éclairé de ce département, et que reprenait à son tour le président de la
Société nationale d'agriculture de France. Oui, le
souci principal de tous ceux qui dans ce pays veulent
assurer, veulent fonder sur des assises inébranlables
le gouvernement de la démocratie moderne, c'est
d'avoir constamment les regards dirigés sur les intérêts des populations agricoles. A toutes les époques,
dans tous les pays, tous les hommes d'État, tous ceux
qu'on a honorés de ce nom, ont trouvé dans le travail
des champs la source première de la fortune publique
et en ont fait la préoccupation dominante de leurs
méditations. (*Bravos et applaudissements.*) Et ce n'est
pas dans un pays comme la France, qui compte vingt-
quatre millions d'agriculteurs et de paysans, la réserve
de la nation, le lest même du vaisseau qui porte la
fortune nationale, que l'on pourrait comprendre un
citoyen, un démocrate, un homme public ne considérant pas comme l'essence même de la politique
appliquée à la République, à la démocratie, le souci,
le culte, l'amour inébranlable de tous ceux qui peinent,
qui geignent, qui suent, qui épargnent, qui payent,
et qui font en somme la patrie. (*Applaudissements
prolongés.*)

Aussi, c'est bien parce qu'il s'agissait dans ce département d'une fête agricole que je suis venu, et non
pas attiré par des intérêts personnels; j'y suis venu
parce que, bien qu'éloigné de vous depuis de trop
longues années, je sais ce qu'il y a dans l'âme du
paysan quercinois, de valeur, d'énergie, de modestie,
de force pour l'économie, et aussi de passion pour

cette terre qu'il soigne comme une maîtresse chérie, qu'il couve, qu'il caresse, qu'il pare même les jours fériés, c'est là son plaisir et son repos; et c'est ce qui le rend dur à la peine, infatigable dans sa rude besogne. (*Salves d'applaudissements.*) En ces temps-ci, ce paysan a éprouvé un chagrin mortel : la désolation est entré dans sa maison, car sa vigne a été frappée par le fléau qui désole tout le midi de la France et qui prolonge déjà ses atteintes vers nos coteaux si riants et si prospères de la Bourgogne. Le phylloxera a paru, et tous les moyens qu'on a employés pour le combattre sont restés, quoi qu'on en ait dit, bien impuissants devant les désastres sans nom qu'il a causés. Vous avez cherché et vous cherchez encore, espérant que la science et la patience triompheront, et peut-être aussi ce jeu secret de la nature qui fait qu'à chaque fléau qui apparaît naît subitement un antidote du sein même de la végétation. Qui sait? peut-être même avant que les savants aient trouvé la solution si ardemment désirée, serons-nous débarrassés de ce fléau par une simple métamorphose naturelle; mais jusque-là il faut lutter, il faut chercher, il faut remplacer. Je le dis avec une entière satisfaction : un concours comme celui d'aujourd'hui est la meilleure preuve que personne ne s'est abandonné dans cette région, et tout à l'heure, c'est avec une fière émotion, permettez-moi de le dire, c'est avec l'émotion toute personnelle d'un ami heureux des succès de son ami, que je joignais mes applaudissements aux vôtres en saluant la victoire du docteur Rey, victoire qui prouve que les hommes de science, quand ils le veulent, peuvent devenir véritablement des hommes des champs. (*Applaudissements.*) Il a fait un essai heureux qui démontre l'utilité de ces réunions entre agriculteurs; elles ont précisément pour but de pousser à l'imitation, à l'expansion et à la diffusion de l'enseignement agricole; les exemples qui sont donnés seront suivis par tous ceux qui sont ici et qui m'écoutent, par ceux mêmes qui n'ont pas pu pénétrer dans cette enceinte, car il paraît qu'il est resté beaucoup de monde au dehors. Lorsqu'ils seront de retour chez eux, ils réfléchiront sur les méthodes, sur les résultats qu'ils ont eus sous les yeux, et tous sortiront meilleurs, un peu plus forts, un peu plus vigoureux, de cette rencontre. (*Vifs applaudissements.*)

Non, il n'y a pas de politique, si absorbante et si ardente que vous la supposiez, qui puisse, comme on l'insinuait, nous distraire jamais de cet intérêt capital de l'agriculture française.

A ce propos, avant de terminer, je crois qu'il est bon de dire qu'il n'y a pas eu de régime avant le nôtre qui ait donné, au point de vue du développement de l'agriculture, non pas plus de promesses, mais plus de réalisations de promesses. (*Applaudissements.*) En effet, tout en allégeant autant que possible le fardeau de la dette publique, ce régime républicain, le nôtre, a jeté sur le pays un immense réseau de voies de communications, aussi bien des voies de fer que toutes ces mille veines qui, traversant les campagnes et des exploitations, sont destinées à faire converger vers un point central, pour les y écouler, les mille produits de l'activité nationale. Ce régime a multiplié les chemins vicinaux, chemins de grande communication, routes; il a augmenté le crédit des grandes voies nationales, et vous savez à n'en pas douter quelle impulsion il donne, grâce aux auxiliaires que je ne saurais trop louer que lui fournit le corps des ponts et chaussées des départements, au réseau des voies ferrées. (*Vive adhésion et applaudissements prolongés.*) Et l'on ne s'arrêtera pas là; tous cherchent, dans le monde politique sans acception de partis, avec un égal souci des intérêts de l'agriculture, — car l'agriculture est notre grande industrie vraiment nationale, — à rendre l'agriculture productive. Il faut la mettre à la hauteur grandissante de tous les besoins; il faut qu'elle devienne une industrie avec de sérieux bénéfices. Pour atteindre ce but, il lui faut, avec les transports économiques, le crédit et, mieux que cela, le dégrèvement. (*Vifs applaudissements.*) Ce dégrèvement, on l'a cherché dans des voies diverses qui ne sont peut-être pas toutes excellentes; quant à moi, si j'ai hasardé un mot sur cette question, c'est pour déclarer que lorsque l'on s'occupera de la réduction de l'impôt foncier, — et je n'y suis pas hostile, — mon désir est que le dégrèvement qui sera opéré profite véritablement à celui qui en a besoin, et qu'il ne soit pas seulement une prime d'une valeur tout à fait inappréciable pour ceux qui n'en ont que faire. (*Très bien! très bien! — Applaudissements.*)

Je demanderais que, dans cette immense population de travailleurs qui compte vingt-quatre millions d'âmes on discerne, on analyse la cote de chaque contribuable travaillant directement, afin qu'il bénéficie personnellement de la décharge; et si, à l'aide de cette distinction, on veut dégrever, mon concours est acquis. (*Mouvement. — Applaudissements.*)

Peut-être ferait-on bien aussi de compléter ces mesures en se servant de deux instruments qui existent déjà dans notre budget d'État, que vous connaissez bien parce que tout ce qui touche dans le budget aux communes, au département, vous intéresse assez pour que vous en soyez instruits; je parle, en effet, au milieu de membres de conseils municipaux, de conseils d'arrondissement, de conseils généraux, d'administrateurs à tous les degrés, qui savent à merveille ce que c'est que le fonds de dotation des chemins vicinaux et le fonds de répartition pour venir en aide aux communes et aux départements obérés. Je pense qu'en portant la dotation de ces deux services à une échelle suffisante pour que véritablement, au point de vue des chemins vicinaux, on touchât dans l'année, dans l'exercice, le produit de la subvention de l'État, et qu'en second lieu, au point de vue de la répartition du fonds de secours pour venir en aide aux communes et aux départements obérés, on augmentât, on doublât, on triplât, s'il le fallait, cette dernière dotation (*Très bien!*), je pense que ce jour-là on n'aurait pas grevé les finances générales du pays; mais, à coup sûr, on aurait assuré quelque chose qu'il faut donner au paysan, au travailleur premier du sol; on lui aurait donné un bordereau sur lequel il verrait décroître, au lieu de la voir augmenter, la somme totale à payer par lui; car il ne faut pas oublier que le paysan ne distingue pas entre les sommes dues à l'État et celles dues à la commune; il ne distingue pas ce qui est le résultat des centimes additionnels qu'il s'est imposés à lui-même : il ne voit que le total à payer. Eh bien, il faut attaquer ce total et le faire décroître dans la partie qui appartient à l'État. (*Vifs applaudissements.*) Vous sentez bien, mes chers concitoyens, que je me suis laissé entraîner; mais j'ai voulu montrer que vos préoccupations sont les nôtres et que vous pouvez compter qu'après notre séparation je n'oublierai rien de ce que j'ai vu et entendu; vous pouvez compter aussi que je ne tarderai pas, si je le puis et dans la mesure qui est à ma portée, à vous en donner des preuves.

En vous disant au revoir, — car nous nous retrouverons probablement dans des fêtes pacifiques comme celle-ci, — je souhaite que les exemples des vainqueurs d'aujourd'hui servent à susciter de nouveaux rivaux qui viendront cueillir de nouvelles palmes, et je m'en vais le cœur confiant dans l'avenir et dans le relèvement agricole de ce beau département et de ceux qui l'entourent. Je pars en vous disant un seul mot, ce qui est le fond de mon âme : Merci! (*Applaudissements plusieurs fois répétés. — Cris de : Vive la République! Vive Gambetta!*)

DISCOURS

Prononcé le 19 juin 1881

AU BANQUET CORPORATIF DES TABLETIERS EN PEIGNE

A SAINT-MANDÉ

On a vu plus haut (page 333) en quels termes M. Gambetta s'était prononcé à Cahors, dans le discours du 28 mai, pour l'ajournement de la proposition de révision qui avait été présentée à la Chambre par M. Barodet. — Si vous votez la réforme électorale, avait-il dit au Sénat, vous donnerez à l'établissement républicain la force politique qui lui manque et qu'on cherche à tort dans une rénovation constitutionnelle. Votre vote peut seul arrêter ce mouvement révisionniste qui apparaît dès aujourd'hui, en province, comme beaucoup plus étendu et plus réfléchi que ne le faisait croire, au premier abord, la manœuvre de l'extrême gauche. — La déclaration était formelle. Le vote du scrutin de liste par le Sénat, c'était, par la force même des choses, la rançon de la proposition Barodet.

Les sénateurs qui assistaient au banquet de Cahors le comprirent ainsi et ne cachèrent pas leur vif contentement. Quand ils revinrent à Paris avec M. Gambetta, le surlendemain matin, ils furent stupéfaits : huit jours d'absence avaient suffi pour tout gâter. Le voyage de Cahors avait été habilement transformé par quelques gazetiers en un insolent triomphe. Doués évidemment d'une ouïe particulièrement délicate, les reporters de l'intransigeance et de la réaction avaient entendu des salves d'artillerie et des volées de cloches qui avaient échappé à tous les autres assistants. De même, ils avaient vu des populations immenses, rangées comme des troupeaux dociles, aux deux côtés de la voie ferrée. A Cahors, où quelques moralistes, amis de M. Gambetta, avaient constaté à plusieurs reprises combien est profond le mot de l'apôtre sur ceux qui ne sont pas prophètes en leur pays, les reporters n'avaient toujours aperçu qu'une suite ininterrompue de démonstrations césariennes. Quant au nouveau panégyrique de M. Grévy, aux avis si sages que M. Gambetta avait donnés tant au Sénat qu'au parti républicain dans son ensemble, point n'en était question. M. Gambetta, se croyant déjà maître de la France, s'était fait proclamer *imperator* par le préfet du Lot.

Tout grossier que fût le procédé, le succès en fut étonnant et dépassa toutes les espérances. Depuis quelque temps, les inventions saugrenues de la basse presse sur les forfaits du pouvoir occulte avaient été acceptées comme parole d'Évangile par un nombre considérable de badauds. L'envie des uns et la jalousie des autres avaient rencontré de l'écho. On commençait à s'ennuyer, sur les boulevards et dans quelques cabarets, d'entendre toujours proclamer Aristide le *juste*. L'ostracisme est au fond de toutes les démocraties... Et la légende de Cahors fit, en quelques jours, un chemin prodigieux. Beaucoup de braves gens s'alarmèrent et se fâchèrent réellement. Le vent se mit à tourner. Il y eut, dans une fraction de l'opinion, un remous très sensible. Les partisans du petit scrutin s'en aperçurent du haut de leurs clochers et, tout de suite, complices ou dupes de la nouvelle machination, ils repartirent en guerre. La *Paix*, le *Télégraphe* et la *France* relevèrent leur drapeau pendant que la presse intransigeante aboyait de plus belle. M. Wilson ne quitta plus le Petit Luxembourg. M. Jules Simon négocia avec M. le duc de Broglie. Le général Paul Grévy causa beaucoup. On ne vit jamais tant de sénateurs à l'Élysée. L'intrigue fut montée avec une habileté vraiment remarquable, et elle réussit à merveille. La commission nommée par la haute Assemblée pour examiner la proposition de M. Bardoux sur le rétablissement du scrutin de liste se prononça *contre* à l'unanimité moins une voix, celle de M. Millaud. Le président du conseil oublia qu'il était du devoir du cabinet de se considérer, après la décision de la Chambre des députés, comme le représentant autorisé de la majorité du 19 mai. MM. Cherpin et Oudet alléguèrent hautement, dans la première séance de la commission, la nouvelle opinion du président de la République *contre le* scrutin de liste. La cause de la réforme électorale fut perdue [1].

Le 19 juin, sur le rapport de M. Waddington et malgré deux remarquables discours de MM. Millaud et Dauphin, le Sénat refusa par 148 voix contre 114, au scrutin secret, de passer à la discussion des articles de la proposition Bardoux.

C'était la révision de la Constitution qui l'emportait. Le 31 mai, la prise en considération de la proposition Barodet avait été rejetée à la Chambre des députés par 245 voix contre 181. Dès le 10 juin la majorité de la presse républicaine, tant à Paris qu'en province, était gagnée à la cause de la révision. Ce fut bientôt, malgré les efforts des minis-

[1]. « C'est une vérité vieille comme le sens commun qu'un parti fait de la mauvaise politique quand les mesures qu'il préconise et les votes qu'il émet ont pour résultat de réjouir ses pires ennemis. Cette pierre de touche est sûre. Lorsque vos adversaires sont en liesse, il est évident que vous venez de commettre quelque sottise et de porter préjudice à votre propre cause.

« C'est de ce criterium, infaillible autant que simple, que le Sénat vient de provoquer une application qui ne servira pas sa popularité. Son vote, désormais fameux, du 9 juin a mis en joie tous les adversaires, réactionnaires et intransigeants, de la République, et cette joie a suffi pour former le jugement de tout homme de bon sens et de bonne foi. Un de nos amis assistait à cette séance en compagnie d'un Anglais qui ne comprenait pas grand'chose au fond même du débat. Lorsque le président du Sénat eut proclamé les chiffres du scrutin secret et qu'on vit aussitôt s'illuminer les figures du duc de Broglie et de M. Jules Simon : « Ah! fit cet Anglais qui était un homme pratique, ah! je comprends maintenant la question. Les républicains viennent d'être battus. »

« Depuis huit jours, on a pu constater sans peine que le pays en a jugé comme cet Anglais. La réforme électorale, toute capitale qu'elle fût, ne l'avait point passionné, et, comme la proposition de M. Bardoux avait scindé les réactionnaires de la Chambre des députés en deux fractions absolument égales, beaucoup de républicains réservaient encore leur opinion. Aujourd'hui toute hésitation a disparu. Le rejet de la loi ayant transporté d'aise tous les ennemis de la république, on en a déduit logiquement que la loi était bonne et que les sénateurs qui ont triomphé le 9 juin par le concours des droites n'ont pas fait ce jour-là de la politique républicaine.

« C'est qu'en effet, si de ce premier criterium — le contentement bruyant de nos adversaires — on veut bien descendre à une analyse plus raisonnée de la politique du 9 juin, on ne rencontre partout, avec les preuves d'une imprévoyance sans nom, que les mobiles et les arguments les moins dignes d'un régime républicain. Cette politique n'est pas seulement condamnable parce

tériels purs, un cri général. Le discours de Cahors exprimait la pensée que bien des réformes pouvaient et devaient précéder celle du Sénat. Le vote du Sénat intervertit les facteurs du programme. Le premier résultat de l'intrigue ourdie par l'Élysée avec les droites du Sénat et le centre gauche dissident fut ainsi le triomphe, bientôt irrésistible, de la motion de l'extrême gauche. Les uns après les autres, M. Henri Brisson, M. Gambetta, M. Jules Ferry, M. Léon Renault, M. de Freycinet, M. Léon Say, M. Teisserenc de Bort se déclarèrent en faveur de la révision. La politique de Cahors

qu'elle s'est traduite par le rejet d'une mesure que notre parti avait toujours défendue et dont l'adoption aurait doublé aux prochaines élections les forces de la République; elle l'est encore par les circonstances où elle s'est produite, par les tristes motifs qu'on a fait valoir et par les très mesquines passions qui étaient en jeu. Elle l'est surtout par la crise qui en est la conséquence inévitable et contre laquelle on avait été mis en garde par tous ceux dont le judiciaire n'était pas entièrement faussée, voire par quelques réactionnaires qui avaient tenu à s'affirmer, dans leur souci de la paix publique, comme les ennemis de la politique de casse-cou et de la politique de conflit.

« Laissons de côté la théorie même du scrutin de liste. On s'est expliqué ailleurs sur ce point, et, du reste, dans ce qu'elle peut avoir de bon ou de mauvais, cette réforme a été le moindre des soucis de la coalition du 9 juin. En effet, si le Sénat était appelé à statuer sur une grande question de principe, c'est contre un homme qu'il a voté, et c'est le caractère de ce vote, tout autant que ce vote lui-même, qui nous afflige pour ceux qui l'ont émis. Certes, on n'avait jamais soupçonné le Sénat actuel d'être fortement pénétré du vivace esprit démocratique qui anime aujourd'hui le pays et qui le préservera dans l'avenir, comme il l'a préservé dans un récent passé, contre toute tentative de dictature ou de pouvoir personnel. Mais on n'imaginait pas que cet esprit pût être aussi totalement étranger à 148 de ses membres. L'homme d'État qu'on a visé au palais du Luxembourg occuperait-il devant la nation une place cent fois plus importante, qu'on diminuait le débat en transformant à propos de lui une question de principe en une question de personne, et qu'on manquait ainsi, et très gravement encore, à toute dignité républicaine. Le Sénat aurait adopté la réforme électorale au lieu de la repousser, que nous n'aurions pas moins protesté, — nous l'avions fait à l'avance, — contre le caractère qui a été infligé au vote du 9 juin par une centaine de monarchistes fidèles à leur tradition et par une quarantaine de républicains infidèles à la leur.

« Aussi bien, ce n'est pas nos amis qui ont été les premiers à constater cette transformation. Lisez tous les journaux intransigeants et réactionnaires du 10 juin. Tous tant qu'ils sont, ils ne

ayant été vaincue par la coalition sénatoriale, le programme
de Tours devint une inéluctable nécessité. C'était M. Grévy
qui l'avait voulu ainsi.

Le 19 juin, M. Gambetta prononça, à Saint-Mandé, au
banquet corporatif des tabletiers en peigne le discours
suivant :

Mesdames et Messieurs,

Je n'ai nullement l'intention de faire un discours.
Je me bornerai, cette année, comme l'année dernière,
à porter un toast au développement, aux progrès de
votre chambre corporative. Si j'ai accepté l'invitation
si cordiale qui m'a été adressée, c'est que j'attache,
vous le savez depuis longtemps, un intérêt tout particulier à ces réunions démocratiques entre personnes qui sont courbées sous le même labeur,

saluent dans le vote de la veille qu'un vote de haine, de crainte
ou de méfiance contre un homme. Des vertus du scrutin d'arrondissement et des vices du scrutin de liste, point n'est question
dans ces feuilles. Pas un qui se félicite de voir triompher les
arguments plus ou moins spécieux que M. Boysset, dans son rapport, et M. Roger, dans son discours, avaient développés devant
la Chambre des députés. C'est bien de cela, en vérité, qu'il
s'agit ! Si l'on triomphe et si l'on est joyeux, c'est qu'on a voté
sur M. Gambetta, qu'on a voté contre M. Gambetta, qu'on a
rejeté un projet dont M. Gambetta s'était constitué le défenseur...
On ne l'a même rejeté que pour cela. Un membre du centre
gauche dissident qui s'était prononcé pour le scrutin de liste en
1875, disait, pendant la séance, dans la galerie des Bustes : « Si
M. Gambetta était mort ce matin, j'aurais voté le projet Bardoux. »
On n'avoue pas avec plus de cynisme qu'on vient d'abaisser au
misérable niveau d'une intrigue de couloir la question politique
la plus haute. Il y a trois mois, quand le *Figaro* avait déclaré
qu'il lui suffisait de savoir que le président de la Chambre était
partisan du scrutin de liste pour se prononcer contre la réforme
électorale, tous les hommes sérieux avaient haussé les épaules.
Ces hommes sérieux n'étaient pas des hommes perspicaces. C'est
la politique du *Figaro* qui est devenue la politique du Sénat, et
c'est ce journal qui est le véritable vainqueur du 9 juin. Aux beaux
jours du second ordre moral il avait été le moniteur officiel de
M. de Fourtou. Nous ne disons pas que c'est le *Figaro* qui a
déchu. » (*Le Sénat et le scrutin de liste*, dans la *Revue politique et
littéraire* du 18 juin.)

qui ont les mêmes intérêts, les mêmes besoins, les mêmes affinités et qui ne sauraient trop, par conséquent, mettre en commun ce qu'elles peuvent avoir d'esprit de solidarité et de sacrifice, afin de s'élever peu à peu à une condition meilleure. J'ai été véritablement touché non seulement de la sympathie avec laquelle vous m'avez accueilli dans cette fête de famille, mais encore du soin tout à fait gracieux avec lequel l'un d'entre vous, M. Pierrat, a bien voulu rappeler les paroles que j'ai prononcées, dans d'autres circonstances et dans une autre enceinte où étaient réunis les représentants les plus autorisés des chambres syndicales de patrons. M. Pierrat s'est attaché à faire ressortir une idée qui est mienne depuis fort longtemps et qui fait son chemin tous les jours davantage dans notre pays : c'est que la France, désormais assurée contre le retour de la mauvaise fortune politique, se repose dans la libre possession et la libre disposition d'elle-même. (*Vive adhésion et applaudissements.*)

Et s'il est quelque chose qui vous touche quand on parcourt la France depuis deux ou trois ans, ce n'est pas, croyez-le bien, le spectacle de l'impuissance des partis rivaux et ennemis de la République, non, c'est précisément cette cordialité qui règne dans toutes les réunions républicaines. On sent qu'il y a là un côté de la France nouvelle, que je confie à l'attention des esprits chagrins. On sent que des mœurs républicaines se fondent. On ne peut pas assister à la moindre fête locale sans sentir que ce peuple est heureux, qu'il est à l'aise, qu'il est libre et qu'il se donne à lui-même, avec beaucoup de simplicité et d'entrain, les plus belles fêtes qu'il ait jamais connues. (*Applaudissements unanimes.*)

C'est ce développement de la solidarité démocratique qui me touche, parce que, quoi qu'on en ait dit, quelques railleries qu'on ait essayées, je crois, du

fond de mon âme, qu'une République française ne
ressemblera jamais à aucune autre République...
(*Très bien! très bien! — Assentiment général et applaudissements*) et qu'il y aura toujours chez nous, grâce
à une sorte de don du caractère national, une gaieté,
une douceur de mœurs, une ouverture de cœur, un
bon goût qui font, — croyez-le bien, mon cher Nadaud,
— que c'est là ce qu'on nous envie plutôt que ce dont
vous parliez tout à l'heure. (*Rires d'approbation et
bravos.*)

C'est pour cela que je suis au milieu de vous, que
j'y reviendrai toutes les fois que vous m'appellerez,
laissant avec plaisir à la porte les soucis de la politique
et de ce que des amis, peut-être trop sensibles, peuvent appeler des embarras de situation parlementaire.
(*Rires et applaudissements.*)

Il faut avouer que ceux qui parlent ainsi nous connaissent médiocrement. Je vous connais, et vous me
connaissez. (*Oui! oui!*) Nous sommes partis ensemble
pour un long et beau voyage, il y a tantôt douze ans.
Nous avons traversé des heures difficiles ; nous avons
essuyé bravement la tempête ensemble, et ce n'est
pas aujourd'hui, où tout sourit à la fortune de la
République, que de misérables querelles pourraient
entrer en balance avec la joie publique. (*Applaudissements prolongés. — Vive et unanime adhésion.*)

A chaque jour suffit sa peine, et quand la peine n'a
pas été compensée par le succès, eh bien! on s'y remet
avec plus d'ardeur. (*Oui! — C'est cela! — Nouveaux
applaudissements.*)

Mais je touche là à un sujet que je veux réserver.
(*Mouvement.*) Nous nous retrouverons, vous savez
quand et, quoi qu'on en ait dit, quelque multiplicité
de candidatures et d'ambitions qu'on m'ait prêté, je
ne me connais qu'un arrondissement. (*Salve d'applaudissements. — Bravos répétés.*) Il pourra m'être disputé,
sérieusement disputé. Mais je ne veux pas ouvrir une

campagne politique avant l'heure. Nous sommes ici
en famille. Je vous remercie, les uns et les autres,
d'avoir amené vos femmes, vos filles et même vos
bébés. (*On rit.*) On n'est jamais trop nombreux quand
on est entre amis. (*Vifs applaudissements.*)

Je ne ralentirai pas davantage le cours de vos plai-
sirs. Avant de nous quitter, permettez-moi de vous
remercier franchement, loyalement, du plaisir que
vous m'avez causé. Je vous remercie, et au revoir!
(*Applaudissements prolongés. — Cris répétés de : Vive la
République! Vive Gambetta!*)

DISCOURS

Prononcé le 29 juillet 1881

(Séance de clôture)

A LA CHAMBRE DES DÉPUTÉS

———

Les pouvoirs de la Chambre élue le 14 octobre 1877 expiraient le 14 octobre 1881. Le gouvernement décida, après quelques hésitations, de fixer aux dimanches 21 août et 4 septembre les élections législatives [1]: la Chambre des députés tint sa dernière séance le 29 juillet.

Nous reproduisons, d'après le *Journal officiel*, le compte-rendu de la dernière partie de cette séance.

M. LE PRÉSIDENT. — Messieurs, j'ai reçu de M. le président du conseil le décret suivant :

« Le Président de la République française,

« Vu l'art. 2 de la loi constitutionnelle sur les rapports publics,

« Décrète :

« Article premier. — La session ordinaire du Sénat et de la Chambre des députés est et demeure close.

« Art. 2. — Le présent décret sera porté au Sénat par M. le ministre des affaires étrangères, et à la Chambre des

———

1. Le 26 juillet, la Chambre avait discuté une question, transformée en interpellation par M. Clémenceau, sur la date des élections. Elle avait voté par 218 voix contre 201 l'ordre du jour pur et simple réclamé par le président du conseil. M. Clémenceau avait proposé un ordre jour portant que « la fixation inattendue des élections générales à une date aussi rapprochée, alors que la convocation des réservistes indiquait une date ultérieure, aurait le caractère d'une surprise et constituerait une manœuvre électorale ». — L'ensemble du budget avait été voté dans la séance du 29.

députés par M. le président du conseil, ministre de l'instruction publique et des beaux-arts.

« Fait à Paris, le 29 juillet 1881.

« JULES GRÉVY.

« Par le Président de la République,

« *Le président du conseil,*
ministre de l'instruction publique et des beaux-arts,

« JULES FERRY. »

Acte est donné de ce décret, qui figurera au procès-verbal
de la séance et sera déposé aux archives.

M. LE PRÉSIDENT. — Messieurs... (*Mouvement d'attention*). nous allons nous séparer, et je ne voudrais manquer ni à des précédents hautement établis ni aux
sentiments de gratitude et de reconnaissance qui
m'animent, en négligeant de rendre à la Chambre
tout entière, sans distinction de nuances et de partis.
le témoignage du concours toujours fidèle qu'elle m'a
prêté et qui m'a fortement soutenu dans la tâche si
difficile et si nouvelle pour moi, comme on a pu le
reconnaître quelquefois, qui m'était imposée.

Si j'ai pu, pendant ces trois années, être de quelque
utilité dans vos délibérations, je ne m'illusionne pas,
messieurs ; je sais que je le dois autant au concours
de mes collègues qu'à l'assiduité, à la bonne volonté.
à l'énergie persévérante que j'ai apportées dans l'exercice de mes fonctions.

Il ne me conviendrait pas, et il ne conviendrait pas
à cette Assemblée que je la retinsse plus longtemps.
et que, sortant de la réserve que je dois garder, j'en-
trasse dans le domaine de la politique future.

Le suffrage universel tiendra prochainement ses
grandes assises. C'est à lui qu'il appartiendra, dans la
plénitude de sa puissance et de sa liberté, de juger
votre œuvre, Messieurs, qui, comme celles de toutes

les Assemblées, aura été l'objet, de la part des contemporains, de critiques plus vives que celles que pourra lui réserver l'histoire.

Avec son instinct infaillible, avec sa générosité native, le pays saura distinguer, dans tout ce que vous avez fait, le mieux du bien, et, dans le bien lui-même, faire la part des quelques écarts et des quelques omissions qui ont pu se produire. C'est à ce jugement souverain qu'il faut nous en remettre, Messieurs, convaincus que tous, dans le pays, nous accepterons ce jugement et que tous, nous nous inclinerons devant ce verdict; car le pays seul est le maître. (*Très bien! très bien! — Vifs applaudissements.*)

Quant à nous, Messieurs, je le souhaite et je le désire ardemment pour ceux qui siègent ici, comme pour ceux qui y siègeront demain; je souhaite que la politique dans cette enceinte n'ait jamais qu'une inspiration : le service de la patrie et le salut de la République. (*Très bien! très bien! — Nouveaux applaudissements et cris répétés de : Vive la République!*)

DISCOURS

Prononcé le 4 août 1881

A LA DISTRIBUTION DES RÉCOMPENSES
DE L'EXPOSITION ARTISTIQUE

A TOURS

Nous reproduisons, d'après les dépêches de la *République française*, le compte rendu du voyage de M. Gambetta à Tours :

Tours, 4 août.

M. Gambetta, à son arrivée à la gare, a été reçu par une foule considérable le saluant des cris de : « Vive la République ! vive Gambetta ! » La musique municipale a joué la *Marseillaise*.

M. Rivière, député et maire de Tours; a conduit le président de la Chambre dans le salon de la gare où se tenaient les corps électifs et les représentants du conseil municipal. Il lui a adressé les paroles suivantes:

« Monsieur le président, lorsqu'en octobre 1878 vous êtes venu à Tours par une autre voie, cette ville était dans les angoisses de la guerre, de la défaite et de l'invasion. De votre séjour vous nous avez laissé un souvenir impérissable. (*Applaudissements unanimes.*) Aussi le maire et le conseil municipal républicain sont-ils heureux aujourd'hui de vous souhaiter la bienvenue au nom de la cité républicaine de Tours, au nom d'une population en fête qui va saluer et acclamer le vaillant ministre de la Défense nationale et l'un des plus fermes et ardents champions de la République. »

M. Gambetta a répondu en ces termes:

Monsieur le maire, mon ami Rivière, Messieurs et chers concitoyens, en me retrouvant au milieu de vous et en entendant cette évocation d'un passé qu'il n'appartient à personne d'empêcher d'être douloureuse et cruelle, toutes les émotions de mon premier séjour parmi vous me reviennent, et c'est avec difficulté que je les comprime pour me donner tout entier au bienveillant, au si touchant accueil que vous voulez bien me faire.

Messieurs, je sens moi-même qu'il ne peut y avoir personne d'indifférent, ici, à un pareil retour, parce que les temps marquent par eux-mêmes la signification des progrès accomplis et parce que, si nous souffrons encore des souvenirs de la défaite, au moins aujourd'hui c'est en plein triomphe de la République, et devant un avenir illimité de réparation et de prospérité nationales, que nous nous retrouvons face à face (*Vifs applaudissements*), avec les mêmes sentiments, la même confraternité et le même dévouement à la France et à la République. (*Salve d'applaudissements. — Cris répétés de: Vive la République! Vive Gambetta!*)

A trois heures, M. Gambetta s'est rendu à l'exposition artistique où il a été reçu par M. le comte Clary, président de la section rétrospective, ancien chambellan de l'empereur, qui lui a dit qu'étant avant tout patriote, il estimait beaucoup le patriotisme du président de la Chambre et lui souhaitait sincèrement de réussir dans toutes ses entreprises.

La distribution des récompenses a été présidée par M. Gambetta, assisté de MM. Guinot, sénateur, Wilson, Rivière, Belle et Tassin, députés, etc.

M. Rivière, maire de Tours, député, a prononcé le discours suivant :

« Mesdames et Messieurs,

« Lorsque la ville de Tours préparait son exposition nationale et ses fêtes, et donnait rendez-vous aux beaux-arts et à l'industrie, elle espérait bien que les artistes et les industriels répondraient à son invitation. Mais leur empressement a dépassé toutes nos espérances et, grâce à leur concours, nous avons pu réunir et classer les richesses de l'art et du travail intelligent qu'ont admirées nos nombreux visiteurs.

IX. 23

Si de presque toute la France, et de la ville de Paris qui résume et centralise les merveilles du génie national, il nous est venu des exposants dont les œuvres et les produits ornent et rehaussent notre exposition, qu'il nous soit permis de le dire avec une légitime fierté, la Touraine n'est pas restée en arrière, et non seulement ses belles collections d'art rétrospectif, mais les produits fort goûtés de sa viticulture et les œuvres de ses travailleurs, dont quelques-uns ont été même pour leurs compatriotes de véritables révélations, attestent que notre belle province marche à grands pas dans la voie du progrès et que ses industries ne sont pas indignes de rivaliser avec celles auxquelles elle offrait une si large et si cordiale hospitalité. (*Vif assentiment.*)

« Le goût et l'amour de l'art n'ont pas disparu du pays de Jehan Fouquet et de Mychel Colombe. Le fécond terroir tourangeau enfante aussi des artistes, et si une mort prématurée vient de nous enlever le jeune Gros qui avait mérité un premier prix de Rome, c'est un élève de l'École municipale de dessin de la ville de Tours, le jeune Roulleau, qui a récemment obtenu le premier prix dans un concours où il avait à lutter contre de nombreux et habiles rivaux, et qui aura l'insigne honneur de faire la statue de ce grand patriote républicain, Carnot, que la Convention avait chargé d'organiser la victoire. (*Salve d'applaudissements.*)

« Tours n'était pas un milieu trop mal choisi pour y élever un palais ouvert aux beaux-arts et à l'industrie, et ce n'est pas seulement le nombre des visiteurs y affluant des villes et des campagnes qui témoigne du succès incontestable et éclatant de notre exposition. C'est par-dessus tout le sincère éloge qu'en ont fait les artistes éminents et les hommes compétents chargés de décerner les récompenses. Ces témoignages oraux et écrits que j'ai recueillis et qui nous sont si précieux, ils confirment les jugements de l'opinion publique, j'oserais presque dire de l'opinion unanime des Tourangeaux et des nombreux visiteurs que notre exposition et nos brillantes fêtes attirent dans notre ville. Ce succès, la ville de Tours et la Touraine le doivent au concours intelligent et dévoué du comité d'organisation et au ministère des beaux-arts, qui nous a donné M. Louis Prelet, notre commissaire général, dont le zèle, l'activité et le goût nous ont été d'un si puissant secours. (*Applaudissements.*)

« Nous avons donc atteint le but que nous nous étions proposé ; c'était non pas de faire ce que prétentieusement on a appelé de la décentralisation artistique et industrielle, mais de démontrer que la province, imitant Paris sans avoir la ridicule ambition de faire mieux ni même aussi grand, n'est ni étrangère, ni indifférente au progrès de l'art et de l'industrie.

« Et puis, voulez-vous que je vous dise bien franchement le fond de notre pensée?

« En mettant sous les yeux de nos concitoyens des campagnes et des villes ces leçons de choses, comme on dit à l'école, nous espérions leur prouver que, sous le régime républicain, le goût du beau ne s'est ni perdu ni altéré et que pour aimer la République avec passion, les républicains n'en conservent pas moins l'amour des arts et de tout ce qui fait l'honneur et la gloire de la France.

« Mesdames et Messieurs, déjà à l'ouverture de notre exposition nous avons entendu un ministre de la République encourager nos efforts et louer notre entreprise. Aujourd'hui Gambetta, l'illustre orateur dont la chaude et éloquente parole remue toutes les fibres patriotiques de la nation, est venu présider la fête de la distribution des récompenses et, par sa présence, consacrer notre succès. (*Applaudissements et acclamations.*)

« Lorsque la première fois nous l'avons vu à Tours, c'était durant les jours sombres de l'année terrible, alors que pour ranimer les courages et pour fonder la République il avait vaillamment entrepris la rude et noble tâche de défendre et de relever la patrie abattue. Ce souvenir est resté vivant dans nos cœurs comme dans le sien. (*Oui! oui! — Nouveaux applaudissements.*)

« Maintenant que la République est fondée et qu'elle a relevé la France, c'est une ville républicaine en fête qui l'accueille une seconde fois avec un bonheur que rien ne trouble, une ville heureuse et fière de lui montrer qu'elle aussi a travaillé dans la paix au relèvement de la patrie et à la prospérité de la République. » (*Bravos répétés.*)

M. Gambetta a répondu:

Mesdames, Messieurs,

Chers concitoyens, que je retrouve et que je revois

avec une émotion que je me permettrai d'appeler
filiale, je ne suis venu ici que pour une seule chose
qui est bien simple, c'est pour me retremper au milieu
de vous dans la douce et vivifiante émotion d'une fête
de famille. (*Applaudissements.*) Je ne suis pas venu,
comme vous le disait tout à l'heure votre ami, votre
compatriote et votre mandataire M. Rivière, pour consacrer un succès. Je suis venu pour m'y associer, non
dans un intérêt quelconque, mais simplement parce
qu'il y avait bien longtemps, — et vous le compren-
drez tous, quelles que soient vos dissidences d'opinion
et vos préférences personnelles, — parce qu'il y avait
bien longtemps que j'avais envie de revoir cette terre
de Touraine qui a été le théâtre d'émotions si douloureuses et si terribles. Mais vous le savez bien, quand
le cœur s'est donné tout entier, quand il a éprouvé
des commotions tragiques, c'est un besoin pour lui
de revenir à l'endroit même où il les a ressenties, et
de revoir et d'embrasser, dans la patrie, des parcelles
de patrie qui semblent plus sacrées que d'autres.
(*Vive émotion. — Salve d'applaudissements.*)

Voilà pourquoi je suis venu. Aussi je vous le dirai
sans discours et sans phrases, je suis le plus heureux
des hommes d'être au milieu de vous. Je sens bien,
à l'accueil qui m'est fait, que ce n'est point ici une
fête ordinaire, que ce n'est point une rencontre comme
la politique en offre, comme l'esprit de parti en produit : pas du tout. C'est pour ainsi dire un lien d'intimité qui se renoue, et je n'en veux d'autre preuve
que ce fait :

C'est qu'il se trouve ici des hommes qui ont appartenu à d'autres partis, à d'autres nuances, à d'autres
affections, à d'autres intérêts; et quand nous nous
sommes vus, nous nous sommes pris les mains et
nous nous sommes trouvés tous égaux, tous unanimes
dans la même pensée; nous sommes à une fête tou-
angelle, mais française. (*Bravos et vifs applaudisse-*

ments.) Eh bien, j'ai parcouru votre exposition. Elle
ne m'a pas surpris quant à moi, quelles que soient
ses richesses, la variété de ses produits, la distinction
des œuvres que l'on y rencontre; quelle que soit
l'affluence, — car c'est une affluence dont vous devez
être quelque peu fiers, — des produits de l'art et de
l'industrie, la plus sûre, la plus élégante, la plus française.

Je n'en ai éprouvé aucune espèce d'étonnement.
Pourquoi? Ah! pourquoi? c'est parce que vous êtes
pour ainsi dire le cœur de la France; vous êtes sous
l'ombre de Paris, et vous n'êtes pas encore la province. Vous êtes le jardin même de cette France que
l'on aime tant. Alors, tout naturellement, quand vous
les convoquez autour de vous dans cette ville si ado-
rablement placée, si caressée par la nature et si gâtée
par tous les dons, les artistes affluent, les producteurs
arrivent; vous faites une fête comme les autres font
purement et simplement une foire; seulement, c'est
une fête! (*Applaudissements unanimes.*) Vous avez pu,
ce qui est étonnant, la prolonger au delà de toute
habitude; vous pourrez la prolonger encore, et vous
êtes sûrs de voir le succès aller toujours grandissant,
parce que tout le monde en France vient à Tours
comme chez soi et ne se lasse jamais d'y revenir.

Quant à moi, je n'ai qu'un souhait à faire, mes
chers compatriotes : c'est que vous mainteniez ce bon
et doux renom de la terre tourangelle. Car, privilé-
giés entre tous dans cette France qui a une même
figure, mais qui, cependant, permet à tous ses enfants
d'avoir un caractère distinct et pour ainsi dire une
physionomie particulière sans rompre son unité, vous
êtes, il faut bien le dire, le point d'équilibre du génie
français. (*Assentiment général et applaudissements.*)

Et c'est pour cela que l'on a toujours vu, toujours
salué entre Loir et Cher ce qu'il y a de plus français
de plus génial, de plus national dans notre race, et

qu'on peut à la fois saluer ici la raison et la logique
dans Descartes, la suprême philosophie et le rire vengeur dans Rabelais, et l'observation implacable et terrible dans Balzac. (*Double salve d'applaudissements.* —
Bravos répétés.) Et voilà pourquoi non seulement par
vos belles pêches et vos fleurs merveilleuses, vous
êtes le jardin de la France; vous l'êtes aussi parce
que la France dans son jardin, le long de son espalier
de la Loire, produit autre chose que des fruits appé-
tissants; elle a toujours produit de vrais hommes, des
hommes qui dans toutes les directions ont élevé le
drapeau autour duquel la nation s'est rangée. (*Vifs
applaudissements.*)

Un mot encore, Mesdames et Messieurs, et c'est le
dernier que je veux dire au cours de ces observations
et de ces paroles qui jaillissent de mon cœur et de
mon âme comme au milieu d'une joie trop vivement
ressentie peut-être, mais sans apprêt, sans ambition.
Eh bien, le dernier mot que je veux dire, c'est que
ce n'est pas en vain que le jour où la capitale était
fermée, on lui fit ici une sœur, et ce jour-là, vous
vous êtes montrés, en dépit des insulteurs de la vieille
race gauloise, à la hauteur de votre devoir et de votre
civisme national. Et je sais bien, moi qui vous parle
au milieu de vos représentants, de vos fidèles mandataires, de vos amis, je sais bien que si jamais, — ce
que j'écarte de ma pensée, car nous sommes bien
résolus à ne jamais marcher dans cette voie fatale où
les peuples manquent de périr, — je sais bien que si
vous aviez jamais à faire une fois de plus la preuve de
votre dévouement à la patrie, c'est encore ici qu'on
trouverait à la fois le berceau et le rempart de la
défense nationale! (*Applaudissements et acclamations
prolongés.* — *Cris de : Vive la République! Vive Gambetta!*)

DISCOURS

Prononcé le 4 août 1881

AU BANQUET DE TOURS

Messieurs et chers concitoyens,

Les dernières paroles que vient de prononcer mon ami, le vôtre, M. Armand Rivière[1], sont de celles qui méritent une réponse et qui doivent être relevées, non seulement dans une réunion comme celle-ci, mais, permettez-moi de l'ajouter, dans des circonstances comme celles que nous traversons.

Oui, il y a dix ans, la France envahie et presque mourante payait, comme vous le disiez tout à l'heure, d'une façon imméritée et bien cruelle la faute de s'être abandonnée aux mains d'un seul homme ! (*Bravos et applaudissements.*) Oui, Messieurs, à la lueur de l'incendie, dans cette ville de Tours, tous, paysans, ouvriers, bourgeois, purent comprendre, de manière à ne l'oublier jamais, que le châtiment d'un peuple qui s'abandonne c'est presque toujours l'anéantissement de sa grandeur militaire au dehors, presque toujours le désordre et l'anarchie au dedans ; et il faut que notre peuple soit privilégié entre tous pour n'avoir pas péri dans de si effroyables aventures !

---

1. M. Rivière, en portant le premier toast, y avait associé les deux présidents, M. Jules Grévy et M. Gambetta, en disant qu'il appartenait « à la génération qui avait vu l'épanouissement de leur double talent »; il avait terminé en faisant aux réformes nécessaires une allusion qui servit d'entrée en matière à M. Gambetta.

(*Nouveaux applaudissements.*) Mais la France, Messieurs, — je ne dis pas tels ou tels hommes, je dis la France, — la France s'est ressaisie elle-même ; elle s'est retrouvée à temps au bord de l'abîme où elle menaçait de s'engloutir, et elle n'a eu pour se sauver, pour se régénérer, pour se refaire, pour reprendre son rang dans le monde, qu'à faire appel à son génie propre, à déclarer qu'elle ne reconnaissait qu'une souveraineté et qu'une action : la sienne propre. Depuis dix ans, la France, après ce subit réveil du peuple tout entier, à travers la guerre étrangère et la guerre civile, à travers les ruses et les intrigues des partis vaincus mais toujours acharnés et ralliés par le plus habile, le plus persistant, le plus redoutable d'entre eux, à travers tous ces obstacles et toutes ces difficultés, la France a trouvé sa voie, grâce à quoi?... grâce à la République, qui est la véritable formule du salut social. Et cela est si vrai, que ses ruines sont réparées, ses finances refaites ; que sa grandeur militaire est restaurée, quoi qu'on en dise, et nous nous expliquerons plus tard dans une autre occasion sur toutes les criailleries qu'élèvent à ce sujet les partis vaincus. De plus, tout ce prodigieux essor de la vitalité a rendu à la France la sympathie et l'admiration du monde et a même réveillé la jalousie de quelques-uns. Nous pouvons donc le dire tout haut : la France, en dix ans, a refait sa fortune matérielle et morale! (*Vive approbation.*)

Elle l'a refaite, sous le drapeau de la République, par la vertu du principe républicain, au nom d'une démocratie souveraine, c'est-à-dire définitivement installée aux affaires du pays, qui sont les affaires de tous et de chacun! Et tout cela est si évident, tout cela crève si bien les yeux, que de tous côtés, en France, ceux qui résistaient, ceux qui étaient hostiles, ceux qui étaient indifférents, commencent à reconnaître qu'il n'y a plus ni avenir, ni espérance, ni possibilité d'action et de développement que sous les lois, sous le drapeau de la République. (*Bravos et acclamations prolongées.*) Est-ce que vous ne voyez pas les anciens partis s'égrener? est-ce que vous ne voyez pas le chemin jonché des vieilles ruines monarchiques? Ceux qui comptaient encore par l'éclat du talent, par le prestige de leur carrière passée, laissent à des débutants sans vergogne et sans force le soin de promener encore les haillons et les loques des drapeaux vaincus. (*Double salve d'applaudissements.*) Donc, la République est fondée! Oui, l'ordre républicain est fondé; oui, la force nationale est retrouvée! On pourra encore, dans quelques collèges électoraux, disputer la victoire à nos amis, à vos fidèles représentants; mais je vous le dis, Messieurs, au lendemain de l'action vous compterez les contingents et les effectifs des partis hostiles, et vous verrez qu'il pourra bien rester quelques officiers à la suite des états-majors usés et dispersés, mais que les troupes seront passées dans nos rangs. (*Vifs applaudissements.*)

Eh quoi! quand la République est telle, quand elle a fait ces choses en les imposant aux plus rebelles, on pourrait douter qu'elle veuille tenir ses promesses, qu'elle hésite à gagner véritablement le cœur même de toute la nation, en ne réalisant pas les promesses faites autrefois, en ne faisant pas de ce gouvernement un gouvernement d'émancipation sociale, de liberté plénière en politique et, en même temps, un gouvernement de progrès incessant? Et qui donc comprend autrement l'ordre que comme le développement du progrès dans l'infini du temps?

Ah! vous aviez raison de dire qu'il fallait ces réformes, mais qu'on ne les épuiserait pas. Après nous, d'autres, plus heureux, plus habiles et plus forts, en feront encore à coup sûr, et la démocratie, se donnant libre carrière, a devant elle un avenir indéfini de réformes et de progrès incessants. (*Vive approbation.*)

Mais, songeons-y, c'est précisément parce que la voie est désormais sûre, c'est parce qu'on peut s'y engager sans crainte et sans peur, qu'on doit rendre justice à ceux qui nous ont précédés, à ces lutteurs de 1848, qui étaient à la peine, à la bataille, et dont trop peu sont restés pour être à l'honneur. (*Applaudissements.*) Et c'est pour cela que je salue avec vous et que je saluerai toujours avec la sincérité la plus entière l'homme intègre, le citoyen, le premier des citoyens de France, placé à la tête de l'État. J'ai nommé Jules Grévy. (*Salve d'applaudissements. — Acclamations.*) Et que n'essaye-t-on pas de faire encore à ce propos? Mais je vous assure que je suis tout à fait blasé sur les fausses nouvelles, sur les interprétations équivoques. Je les lis avec plaisir, comme une preuve de l'imagination de nos contemporains; mais je n'en suis jamais blessé. (*Rires approbatifs.*)

Eh bien, on dira, on répétera que ces manifestations d'une pensée sincère et loyale sont des artifices de langage. Tant pis pour ceux à qui cela suffit! Mais quant à moi, j'ai le sentiment de satisfaire à un besoin de ma conscience toutes les fois que je m'exprime comme je viens de le faire en parlant du premier magistrat de la République. Est-ce qu'en République il est permis, honnêtement, est-ce qu'il est loisible à un homme vraiment épris du bien public de transformer des nuances d'opinion en dissentiments, un désaccord sur des questions d'heures en dissensions implacables? Oh! sous un gouvernement qui vous refusait la liberté, sous un gouvernement sorti du crime et du parjure, oui! l'opposition devait être irréconciliable. Mais, sous la République, une pareille opposition serait une agitation criminelle. (*Vif assentiment.*) Messieurs, on peut échouer un jour sur une question, — et cela nous arrivera plus d'une fois, très souvent même, si la nature nous continue la force;—mais le lendemain nous reprendrons la question qui n'avait pas été suffisamment mûrie. Messieurs, quand une solution n'a pas été ratifiée par le pays ou par les Chambres, surtout par la Chambre issue du suffrage universel, il faut savoir reconnaître qu'on s'y est peut-être mal pris et que la question posée n'a pas été bien comprise. (*Rires et applaudissements.*)

On rencontre des gens qui disent : Vous allez vous poser en agitateur, vous allez entrer en rébellion. Eh bien! non, Messieurs; en République, c'est là un rôle que je décline. Je suis le serviteur de mon pays, et quand je suis vaincu, — oh! je sais bien par quels hommes : c'est toujours par les mêmes, c'est toujours la droite que je rencontre devant moi et qui me combat (*Salves d'applaudissements. — Vive adhésion*), — il est possible, je le sais aussi, que du côté de ces constants adversaires se trouvent, par suite d'inexpérience ou d'entraînement, le concours et l'appoint de braves gens, de quelques amis égarés; mais, Messieurs, il faut savoir analyser les causes de la défaite, et, nous le proclamons bien haut, il faut savoir prendre la revanche en tout. (*Salve d'applaudissements.*)

Messieurs, puisque nous sommes en train de le chercher pour nous-mêmes, disons tout haut, pour que nos amis et nos adversaires du dehors le sachent aussi, disons ce que nous pensons de la situation actuelle.

Permettez-moi de remarquer tout d'abord, — et je crois parler avec quelque vérité, — que depuis que la période électorale est ouverte on méconnaît singulièrement l'esprit de la démocratie française. J'estime, Messieurs, que les injures, les outrages, les diatribes qu'on dirige contre cette majorité des 363, qui vient de terminer sa tâche, sont profondément injustes et inqualifiables. Eh! Messieurs! il faut être absolument au courant des situations telles qu'elles se sont créées depuis la défaite du pouvoir personnel. S'il faut tenir compte des faits accomplis, il faut se souvenir aussi des tentatives de résistance. Si vous faites cette balance, je le dis hautement, les 363, qui sont devenus les 386, ont bien mérité du pays. (*Marques unanimes d'approbation.*)

Voulez-vous que je vous le démontre? Est-il possible de nier que cette Assemblée ait incarné en elle à la fois la passion de la légalité et la résistance au 16 Mai? Elle a vaincu; c'est sans aucun doute parce qu'elle était appuyée sur le pays, certainement! mais elle a vaincu aussi parce qu'elle a eu la clairvoyance des sentiments du pays, parce qu'elle avait la sagesse dans le choix des moyens à employer, la fermeté et la décision dans les résolutions à prendre. De cette Assemblée savez-vous ce qu'on dira? Ce que pense déjà toute la France, la postérité le dira : que c'est à dater de son triomphe que le régime personnel a pris fin dans ce pays. (*Vifs applaudissements.*)

Aussi, Messieurs, j'ai confiance, pourquoi ne le dirais-je pas? J'affirme, au nom de mes anciens collègues, que le pays est plein de gratitude pour ses représentants, et il vous en donnera une preuve manifeste dans quelques semaines. (*Applaudissements.*)

Messieurs, promenez vos regards sur votre belle Touraine et les départements qui l'environnent! il y a encore quelques taches, peut-être ; elles disparaîtront ; mais, soyez-en sûrs, toujours quatre fois sur cinq, neuf fois sur dix, les mêmes mandataires seront élus, non par indifférence, — le pays n'est plus indifférent à ses affaires, — mais très consciemment et par reconnaissance des services rendus. Je tiens ce langage devant les représentants des pouvoirs publics qui ne sont pas ici à titre de candidats, mais à titre d'amis. Vous le savez bien, je dis avec conviction que la France reconstituera cette Assemblée, en gagnant cent voix toutefois sur les partis hostiles. Voilà où nous en sommes, Messieurs, malgré un système électoral que je suis loin de trouver parfait, ainsi

que je m'en étais expliqué, et après avoir pris soin de
dire à tous que, quel que fût le mode qu'on emploie-
rait, le résultat ne serait pas changé au point de vue
de la force du parti républicain.

Messieurs, nous allons expérimenter de nouveau un
système auquel je n'attribue point toutes les vertus
qu'on lui prête, car j'ai proposé de revenir à ce qui
était la vieille tradition du parti républicain. Je regrette vivement qu'on ait pu, dans une mesure quelconque, croire que j'agissais dans cette affaire,
entraîné par un intérêt personnel mal compris, et cela
nous a peut-être porté malheur. Non, mes chers concitoyens, je n'avais d'autre but, d'autre pensée que
celle-ci : Plus les couches politiques et sociales qui
seront consultées seront larges, profondes, étendues,
et plus la volonté souveraine du suffrage universel en
sortira irrésistible... (Marques unanimes d'approbation.)

Messieurs, il faut continuer l'expérience ; il faut la
continuer avec le désir sincère de la voir réussir ; il
faut la continuer sans aucune pensée de préoccupations personnelles ni d'amour-propre ; il faut la continuer avec sincérité, comme des gens qui placent les
intérêts du pays au-dessus des ressentiments et des
intérêts individuels. (Applaudissements.)

Maintenant, que faut-il dire à ce suffrage universel
que l'on va consulter ? que faut-il lui demander ? quels
besoins doit-on satisfaire ? quelles doléances doit-on
lui faire entendre ? quelles conclusions électorales
faut-il solliciter de lui ?

Il faut dire et répéter tout d'abord au pays que
cette Chambre, dont les pouvoirs expirent, l'a doté en
quelques années de plus de lois réformatrices, de
plus de mesures économiques, militaires, financières,
commerciales, de plus de bienfaits de tout ordre
qu'aucune des Chambres qui l'ont précédée. Je défie
de faire la preuve contraire ! Et si vous demandez à
nos ouvriers, à nos paysans, ce à quoi ils tiennent,

ils vous répondront toujours, — car c'est le fond de l'âme de la démocratie française, — qu'ils tiennent surtout à deux choses : l'instruction du peuple et le respect extérieur de la France. (*Salves d'applaudissements.*) Et alors vous pouvez juger l'œuvre de la Chambre qui vient de finir, vous demander si, pour servir ces deux intérêts primordiaux et suprêmes, elle a fait tout ce qu'il y avait à faire. J'affirme, Messieurs, qu'elle a beaucoup fait. Elle a tout fait pour le premier. Elle a créé un développement sans précédent dans l'éducation et l'instruction nationales à tous les degrés, depuis l'école primaire du plus petit hameau jusqu'à la Sorbonne et au Collège de France; elle a prodigué les ressources du Trésor; elle a porté le budget de l'instruction publique de 40 à 106 millions; elle a fait mieux que cela : elle a assuré la véritable gratuité, c'est-à-dire la véritable égalité dans l'école : elle a supprimé la rétribution scolaire. Partout la gratuité est absolue, entière, sans réserve. Il n'y aura pas désormais une commune de France où ne se trouveront sur les mêmes bancs tous ceux qui seront forcés d'aller puiser l'éducation à la même source. (*Approbation.*) Ah! je sais bien qu'à côté de cette réforme importante reste la réforme des programmes; je sais aussi qu'à la dernière heure, au dernier moment, nous avons été arrêtés en chemin par le Sénat. Je vais m'expliquer sur ce point. Le Sénat, en effet, Messieurs, s'est laissé aller, obéissant à des inspirations bien périlleuses et, permettez-moi de le dire, bien peu conservatrices. Il a provoqué comme à plaisir tous les ressentiments les plus légitimes de la démocratie. Il a ainsi commis une grosse faute qu'il sera encore temps de réparer prochainement, et j'espère bien que le verdict que va rendre la nation aura assez de poids et de force pour briser ces résistances et pour faire entrer dans notre législation républicaine, de par l'autorité du suffrage universel, cette grande loi de la laïcité et

de l'obligation que l'on fait attendre à la porte ! (*Bravos
répétés.*)

Messieurs, il faut raisonner sur ces choses en hommes politiques et ne rien sacrifier à la passion ni à la
colère. Aussi bien que les détracteurs les plus acharnés du Sénat, je sais les fautes qu'il a commises et je
connais les arguments qu'on peut faire valoir contre
d'aussi folles entreprises ; mais je sais aussi qu'on ne
doit pas juger de la valeur des institutions à la lumière
de quelques faits, de quelques votes regrettables ; qu'on
ne doit pas les condamner sur une expérience de quelques semaines ou de quelques années. Je le dis hautement, Messieurs, partisan convaincu et déclaré du
système des deux Chambres, ce ne seront point les tentatives plus ou moins coupables, les résistances plus
ou moins aveugles d'une majorité de hasard, très vacillante, très chancelante et qu'il vous appartient de
modifier, qui peuvent me faire changer d'avis sur la
nécessité de maintenir intacte la constitution de deux
Chambres dans ce pays. J'ai, en effet, la conviction
que, là comme ailleurs, le suffrage universel forcera
la porte de la citadelle et y mettra garnison. Ce que
je souhaite, parce que c'est le fondement de la stabilité et de la grandeur de la République, c'est de voir
deux Chambres animées du même esprit démocratique
et maintenant raisonnablement, équitablement, l'éla-
boration des lois ainsi que le règne de la discussion
dans nos affaires. (*Bravos et applaudissements.*)

Et pourquoi le Sénat n'a-t-il pas compris et saisi
son rôle? On dirait qu'à certains moments il y a
comme un vent de vertige qui passe sur lui. Ah! Messieurs, je suis sûr qu'il y a dans son sein des hommes
que le dépit ronge et égare. (*Nouveaux applaudissements.*)

Ces hommes ne craignent pas d'abuser de cette
institution. Cherchant dans l'excès du mal je ne sais
quel retour de la fortune adverse, ils mettent autant

de talent et déploient autant d'art et de science pour
compromettre le Sénat, qu'il en faudrait pour l'affermir. Je pense, Messieurs, et je dis bien haut que nous
ne devons pas être les dupes de cette tactique téné-
breuse et perfide ; je dis qu'il faut aller franchement
devant le pays défendre, comme une garantie tutélaire, l'existence de cette haute Assemblée. Seulement, comme il y a eu des fautes commises et qu'il
s'agit aujourd'hui d'en subir les conséquences, j'a-
joute qu'il est devenu nécessaire de modifier les attributions et le recrutement du Sénat. (*Oui! oui ! —
Bravos et applaudissements.*)

On parle beaucoup de révision, et, dans l'esprit de
certains hommes politiques, révision veut dire « suppression », révision veut dire « abolition », révision
veut dire « radiation ». Messieurs, je dis que, sans
troubler la confiance du pays dans la stabilité des
institutions qu'il s'est données, — pour les sauvegarder, au contraire, pour les arracher des mains caute-
leuses, ténébreuses ou téméraires qui peuvent les
compromettre et les perdre, — il est nécessaire d'introduire dans le régime électoral du Sénat et dans
ses attributions supérieures, des modifications qui le
fortifient et qui précisément lui donnent l'autorité et
le prestige que de récentes mesures ont peut-être
ébranlés [1].

Voilà, quant à moi, ce que j'entends par la révision
partielle ; voilà le sens que j'y attache. A coup sûr, si
le Sénat avait adopté le mode de consultation électorale qui avait été voté par la Chambre ; s'il avait adopté
la loi sur l'obligation et la laïcité ; s'il avait voté l'article 7 et bien d'autres mesures, à coup sûr on aurait
pu attendre ce que j'appelais moi-même « la période
astronomique ». Mais les fautes qu'on a accumulées

---

1. Voir l'historique de la révision dans les commentaires du
tome suivant des *Discours et plaidoyers politiques.*

ont soulevé la question avant le troisième renouvellement du Sénat, et aujourd'hui l'opinion est saisie...
(*Oui! oui! — Très bien! — Applaudissements*)... saisie
de la question de changer le mode de recrutement
par l'égalité proportionnelle des communes (*Nouveaux
applaudissements*), et surtout de limiter et de changer
ses attributions ; car il n'est pas possible de donner
exactement les mêmes attributions aux deux Assemblées. Vous vous rappelez qu'à une époque, qui paraît
déjà bien éloignée, j'ai revendiqué pour la Chambre
du suffrage universel l'autorité exclusive en matière
d'impôt ; j'ai voulu placer en dehors de toute atteinte
le pouvoir financier de la Chambre. On a eu grand
tort, à cette époque, de ne pas suivre cette indication,
car, qui sait? bien des aventures ultérieures qui sont
sorties de ce défaut de clairvoyance ne se seraient
peut-être pas produites. (*Très bien! très bien!*)

Il faudra examiner aussi la question des inamovibles. (*Applaudissements.*)

Voici ce que j'entends, Messieurs, par cette question... (*Mouvement d'attention.*)

Quand on a créé le Sénat, on a décidé qu'un quart
de ses membres serait nommé par l'Assemblée nationale. Si vous vous en souvenez, nous avons été assez
heureux pour faire de cette première élection la pierre
angulaire de nos succès ultérieurs. Les choix ont été
bons : ils auraient pu être meilleurs, non pas quant
aux hommes, mais quant au nombre des hommes :
on s'est arrêté à un certain moment. Quelques-uns
ont cru qu'on triomphait trop, et ils ont consenti à
des sacrifices pour les derniers membres du Sénat à
élire. Mais je n'insiste pas sur ce point; c'est là de
l'histoire rétrospective. Toujours est-il que ces premières élections ont été bonnes et qu'elles ont rempli d'espérance le parti républicain et préparé les
élections sénatoriales qui se firent plus tard dans le
pays. A propos des inamovibles, je me suis souvent

demandé si l'inamovibilité était vraiment correcte ;
si au point de vue démocratique, si au point de vue
de la part prise dans la délibération et la confection
des lois, le caractère d'inamovibilité était parfaitement en harmonie avec le principe supérieur de la
souveraineté nationale, avec le principe de la responsabilité des mandataires, qui est la véritable base de
notre droit public républicain. Je ne résous pas la
question. Je signale la difficulté. Mais il est un autre
point qui m'a beaucoup plus frappé : c'est qu'au
début les inamovibles étaient nommés par l'Assemblée nationale tout entière. Il y avait là une grande,
une puissante garantie. Aujourd'hui ils ne sont ou
n'ont été nommés que par une branche du pouvoir
législatif ; les sénateurs se recrutent eux-mêmes. C'est
la cooptation qui opère, et non l'élection. N'est-il
pas choquant de voir dénaturer le mandat à l'origine ?
n'est-il pas choquant de voir dans la même Assemblée
des inamovibles nommés pour une durée qui n'est pas
définie puisqu'elle se mesure à la durée de leur vie,
fort longue parfois (*Rires*), et de voir qu'il y a deux
classes d'inamovibles : ceux qui tiennent leurs pouvoirs de l'Assemblée nationale tout entière et ceux
qui ne tiennent les leurs que d'une fraction de cette
Assemblée nationale ? Est-ce qu'il ne vous semble pas
qu'il y aurait à prendre une mesure pratique, immédiatement réalisable, contre laquelle on ne pourrait
pas élever un argument bien probant et qui consisterait à égaliser les titres et à dire, par exemple : Tous
ceux qui n'auront pas été nommés par l'Assemblée
nationale seront nommés par le Congrès, qui est
l'Assemblée nationale (*Applaudissements*) ; de telle
sorte, — je ne dissimule rien, — que l'on pourrait,
d'ici au mois de février, en même temps que le pays
votera pour le deuxième tiers, on pourrait, dis-je, dans
le Sénat, à l'aide de cette réélection d'inamovibles,
donner à cette majorité chancelante le lest et la

stabilité qui lui font défaut? (*Marques d'approbation.*)

Messieurs, il y a des révisions que l'on demande comme si l'on tenait à ne pas les obtenir; que l'on réclame sachant que ceux qui y sont les plus intéressés n'y consentiront jamais. Quant à moi, je voudrais réclamer une révision à laquelle le Sénat lui-même serait intéressé et qui aurait pour conséquence de le fortifier; je dirais à cette majorité inconsistante qui est dans le Sénat, qui est républicaine mais instable, je le répète, je lui dirais : Il y a un moyen de vous consolider, de vous affermir, moyen parfaitement légal et correct puisqu'il consiste à rentrer dans le véritable esprit de la Constitution de 1875, c'est de faire nommer les inamovibles par l'Assemblée nationale tout entière, tant qu'on les maintiendra, en soumettant à une réélection ceux qui n'ont pas reçu cette investiture. On ferait ainsi disparaître un dualisme parfaitement choquant.

Dans ces conditions, ne vous semble-t-il pas que l'on rencontrerait dans le Sénat lui-même une majorité pour déclarer qu'il y a lieu à révision? Alors, Messieurs, je crois que nous aurions fait un grand pas vers la disparition du conflit à l'état permanent, chronique, entre la Chambre et le Sénat; mais ce dont je suis sûr, c'est que nous aurions définitivement constitué au sein du Sénat une majorité fermement, loyalement républicaine. Voilà, Messieurs, ce que je pense et ce que, à mon sens, la majorité du parti républicain peut penser sur les modifications dont est susceptible à l'heure qu'il est l'institution d'une deuxième Chambre, dont je suis toujours le zélé défenseur.

Voilà pour le point de vue constitutionnel.

Nous pourrions maintenant aborder le point de vue politique.

Sur ce point, Messieurs, je n'ai que très peu à dire, mais il y a cependant une réflexion que je veux faire en passant. On dit volontiers qu'il faut un cri pour

faire des élections; qu'il faut apporter une nouveauté;
qu'il faut passionner les esprits par un grand programme. Ce n'est pas mon opinion, Messieurs. Je
crois qu'il ne doit ni ne peut y avoir de cri, par cette
excellente raison que le pays est absolument tranquille sur ses destinées. Quand on luttait contre le
pouvoir personnel, contre les complots du 16 et du
24 Mai, oh! alors, le cri était facile à trouver.

Aujourd'hui, il n'y a pas à le chercher; que faut-
il? Il s'agit de faire les affaires de la République : c'est
une œuvre de travail, de maturité, de patriotisme, de
fermeté, et nullement d'agitation militante. (*Bravos.*)

Au point de vue politique donc, qu'est-ce que le
pays me paraît demander? Il me paraît demander que
l'on constitue par voie électorale, et ensuite par voie
parlementaire, une majorité qui renonce à la section,
à la bisection, à la trisection qui font qu'il n'y a pas
moyen de compter pendant un laps de temps quelconque sur la cohésion d'une majorité de gouvernement.
(*Bravos et applaudissements.*)

Messieurs, c'est une idée très vieille chez votre serviteur. Dès l'origine, dès 1876 et 1877, j'ai réclamé
cette fusion. Je ne demande pas qu'un groupe gagne
au détriment d'un autre groupe : c'est la division sous
sa plus mauvaise forme. Je demande que les groupes
abdiquent leur personnalité et qu'ils se fondent dans
une majorité que j'appelle de son vrai nom, — comme
dans les pays de régime vraiment parlementaire, —
que j'appelle une majorité ministérielle; non pas une
majorité asservie à un ministre, mais une majorité
maîtresse d'elle-même, sachant où elle va, ce qu'elle
veut, mettant à sa tète des hommes en état d'exécuter
ses vœux et de suivre fidèlement sa ligne de conduite,
ou les remplaçant quand elle les juge insuffisants.
Voilà ce que je pense sur la politique. Je crois à la
nécessité d'une majorité ministérielle, d'une majorité
qu'on ne fera pas sortir de petites sources, de petits

ruisseaux qu'on verse pour ainsi dire avec peine d'une urne penchante (*Rires*). Non ; j'ai dit et répété, à Versailles comme à Paris, au lendemain de la crise dont nous sortions, qu'il fallait faire une majorité. On ne l'a pas voulu : j'avais peut-être tort, et c'était sans doute prématuré. Mais je ne sais qu'une chose, c'est que, lorsqu'il y avait crise, cette union se faisait et qu'aussitôt surgissait cette majorité de gouvernement. Quand il n'y avait pas crise, l'éparpillement et pour ainsi dire l'épuisement se manifestaient instantanément. Messieurs, je suis convaincu que la France a cela en horreur ; je crois qu'elle n'entre pas dans nos querelles de couloirs ; je crois qu'elle ne sait même pas qui est de tel ou de tel autre groupe. Ce qu'elle veut d'une façon énergique, ce qu'elle réclamera par la voie du scrutin, que ce soit le scrutin d'arrondissement, le scrutin de liste ou le scrutin mixte, le voici : Elle dira qu'elle veut une majorité une et unie, comme elle est elle-même une et unie sur tous les points du territoire. (*Bravos et vifs applaudissements.*)

Messieurs, au point de vue politique, il reste encore une autre question qui a son importance. Mais n'allez pas m'accuser d'être trop épris de centralisation et trop ami de l'autorité du gouvernement ; je ne crois pas mériter ces accusations. Je suis profondément convaincu que l'État doit garder sa véritable place, et le gouvernement ses véritables attributions. Eh bien, je le dis avec la sincérité que je vous dois, que je dois à mes compatriotes : l'administration de l'État, le régime gouvernemental de l'État n'est pas assez indépendant ni assez libre. Il est sujet, il est soumis à un tel mélange de compétitions, de pressions, d'influences, de sollicitations de toute nature, que l'on assiste, — je le constate tous les jours avec chagrin, — à un dépérissement de ce que j'appelle les rouages de l'État et de l'administration générale. (*Marques d'assentiment.*) Je crois qu'en étant très respectueux de la

liberté des individus et des attributions des corps
électifs; en laissant absolument les communes se mouvoir dans la sphère d'action qui leur a été tracée par
la loi et que, pour ma part, je suis prêt à étendre, —
entendez-le bien, — je crois qu'en laissant chacun
dans sa véritable sphère d'action, il y a une restitution nécessaire à opérer, parce qu'elle est dans l'intérêt de tout le monde; je crois qu'il faut restituer à
l'État et à ses agents leurs véritables prérogatives. Il
ne convient pas, — ce qui se voit malheureusement
trop souvent, vous le savez mieux encore que les gens
qui habitent Paris, — que les représentants du pouvoir central apprennent par les journaux les mesures
qui les touchent le plus, sur lesquelles on les a con-
sultés ou non, mais où leur avis n'a pas autant pesé
qu'une influence locale qui est sortie, celle-là, de sa
véritable sphère d'action.

Je suis persuadé que c'était là l'un des avantages du
scrutin de liste; nous aurions délivré le pouvoir central de l'oppression que font peser sur lui les intérêts locaux. Cet admirable instrument qu'on appelle
l'administration française, dont on a tant médit, à
l'occasion duquel on a tant déclamé, cet admirable
instrument est mis en péril par ceux-là mêmes qui
ont intérêt à le conserver; et pourquoi? Parce que dans
un régime de suffrage universel, où la démocratie est
maîtresse d'elle-même, où elle est sûre d'avoir toujours le dernier mot dans les affaires publiques, l'administration est l'intendant de la démocratie, et lors-.
qu'on touche aux prérogatives de l'administration,
c'est la maison qu'on ruine et qu'on détruit. (*Très
bien! — Applaudissements.*)

Il y a également un autre point de vue dont le suffrage universel est au moins aussi préoccupé que de
ceux dont je viens de parler : c'est ce que j'appellerai
le point de vue économique, le point de vue d'émancipation individuelle et sociale. A cet égard, je pense

qu'on a beaucoup fait, car l'instrument d'émancipation par excellence, — tout le monde le sait bien et la preuve en éclate à tous les yeux, — c'est l'instruction, mais non pas l'instruction qu'on limite, qu'on mesure et qu'on arrête dans son développement, non ; mais une instruction graduée et graduelle, qui permette à chacun de ceux qui sont nés dans ce que j'ai appelé les nouvelles couches sociales, dont l'avènement à la vie publique est devenu un triomphe qu'il faut affermir, qui permette à chacun de devenir l'égal de tous à condition de faire preuve d'intelligence et d'honnêteté, de vertu et de talent. (*Applaudissements.*)

Il faut prendre ce système d'éducation à sa base et le mener, par des degrés accessibles et que tout le monde puisse franchir par son travail pour arriver jusqu'aux plus hauts échelons de la hiérarchie sociale. Eh bien, je dis que c'est encore l'État, et l'État seul, qui peut accomplir cette œuvre, car il faut prendre un pays avec son caractère, ses mœurs et son génie. Eh bien, ce serait une vaine tentative que de vouloir tirer de cette démocratie tous les trésors qu'elle recèle dans ses flancs, sans le concours obstiné de l'État qui, dans une démocratie, est le serviteur de tous. Je voudrais que l'État, s'adressant à chaque jeune Français, après lui avoir assuré le premier capital intellectuel par l'école primaire, l'invitât à monter aux degrés supérieurs en le faisant passer par des épreuves, des constatations et des concours. Messieurs, partout où s'allume l'intelligence, il faut qu'elle trouve le support de l'État pour qu'elle brille de tout son éclat au profit de la France. (*Longs applaudissements.*)

Il y a un moment décisif, immédiat, sur lequel vous pouvez mettre la main. Vous savez ce que sont certaines écoles rivales qu'on a formées ou peut-être seulement à moitié formées. (*Très bien! très bien et rires.*) Vous savez par quel moyen ces écoles attirent et racolent les élèves ; ceux qui les dirigent font des

emprunts dans nos couches populaires parce qu'ils
ont organisé l'assistance, la gratuité, le patronage, et
parce qu'ils suivent leurs élèves jusqu'à la fin de leur
carrière. Vous devez faire comme ces gens habiles :
il faut résolument ouvrir les cours de nos collèges et
de nos lycées au mérite, — et soyez sûrs que le mérite
ne vous fera pas défaut. Je dis : Abaissez le prix de
l'enseignement dans votre université; tranchez en
grand de ce côté; ne craignez rien : la France ne trouvera jamais que vous payez trop cher la culture intellectuelle de ses enfants. (*Adhésion unanime.*)

Messieurs, ce sera là un moyen véritablement pacifique et puissant de dénouer la guerre des classes, de
mettre un terme à l'antagonisme des intérêts; car personne ne s'attarde dans la colère et dans la haine, que
provoque nécessairement la misère, plus que l'homme
déshérité qui souffre sans connaître et sans savoir.
(*Vives marques d'approbation.*)

Ici encore, l'État protecteur des intérêts de tous doit
veiller pour fonder sans péril la liberté féconde qui
permettra à ceux qui ont des bras et des outils d'associer leurs bras et leurs outils en vue de la conquête du
bien-être, si nécessaire, si profitable; car le bien-être
ne vient jamais seul, et toutes les fois qu'un pécule
est assuré, soyez convaincus que la moralité et l'intelligence s'éveillent. (*C'est vrai! — Bravos et applaudissements.*) En vous parlant ainsi, je pense à une loi,
celle des syndicats professionnels votée par la majorité
des 363 et que le Sénat a arrêtée. Mais j'espère que ce
n'est que pour un temps.

Regardez encore ce qui s'est passé pour la réforme
à introduire dans l'assiette de nos impôts.

J'ai été accusé, il y a bientôt cinq ans, d'être un
esprit chimérique, parce que j'ai proposé d'établir
l'impôt sur le revenu. Je reste fidèle à cette idée, et je
me permets de penser qu'il vaudrait peut-être un peu
mieux s'occuper de cette grande réforme que de perdre

son temps à chercher si tel globule du centre gauche
passera dans la gauche et de la gauche dans l'Union
républicaine. (*Rires.* — *Applaudissements.*)

On peut, on doit accomplir ces réformes, et bien
d'autres encore. C'est ainsi qu'il conviendra d'étudier
le rôle du contrat d'assurances contre toutes espèces
de risques : risques d'incendie, de grêle ou de mort.
et ces risques que vous connaissez si bien, qui vous
enlèvent quelquefois l'espoir de la moisson au moment
où vous étendiez la main pour la cueillir. Ces questions, déjà fort élaborées, n'ont rien de commun avec
les utopies et les chimères. (*Applaudissements.*)

Je formule ma pensée, et pour ne pas vous retenir
plus longtemps je la résume dans ces trois mots : Au
point de vue constitutionnel, réforme partielle, limitée,
telle que je l'ai indiquée ; au point de vue politique.
constitution de cette majorité où la France pourra se
reconnaître sans qu'il n'y ait rien de disparate, de
brisé, de rapetissé dans cette image, et reconstitution
du respect et de l'indépendance des pouvoirs administratifs. En ce qui concerne le troisième point, la question économique et sociale, vous trouverez le complément des données que je n'ai fait qu'indiquer et
que nous débattrons plus longuement à une autre
occasion; vous le trouverez dans votre cœur, car,
sachez-le bien, on ne sert pas la démocratie longtemps quand on ne l'a que dans la tête : il faut aussi
l'avoir dans les entrailles, et c'est ce qui me permet,—
je le dis hautement, — c'est ce qui me permet, à travers les calomnies et les diffamations, de passer la tête
haute et le cœur confiant, car je sais, et je le sens, il
ne peut être dit en ce pays que dans cette poitrine ne
bat pas le cœur d'un républicain, le cœur d'un démocrate. (*Bravos et applaudissements prolongés.*)

Messieurs, la consultation qui va avoir lieu nous
donnera-t-elle la réalisation de toutes ces espérances?
Je le crois, mais je n'affirme rien : un voile couvre

encore les décisions du pays. Vous n'ignorez pas que
j'avais pensé qu'un meilleur système pouvait être
substitué à celui qui va fonctionner; mais la France
est maîtresse : elle dira ce qu'elle veut; elle le dira
non seulement à haute voix, mais en chargeant ses
délégués de traduire sa pensée et de la porter en son
nom à la tribune du haut de laquelle on dicte sa conduite au pouvoir. Ce jour-là, Messieurs, soyez bien
convaincus qu'il n'entrera dans la pensée d'aucun de
mes collègues ou de mes amis ni un sentiment
d'amour-propre blessé ni un sentiment de convoitise
individuelle, et que s'il règne entre nous tous une division, ce ne sera pas de celles que la France ne tolère-
rait point. S'il y a rivalité, ce sera la rivalité du bien
et du devoir, et non la rivalité pour l'influence, pour
le pouvoir.

Vive la République!

(*Acclamations et applaudissements répétés. — Cris nombreux de : Vive la République! Vive Gambetta!*)

Le *Temps* apprécia dans l'article suivant le discours de
M. Gambetta :

« Dans son discours au banquet de Tours, M. Gambetta a
touché,avec son ampleur et sa netteté habituelles,aux principales questions engagées dans les élections législatives de
1881 : question constitutionnelle, question politique, question
économique et sociale. Il est visible, toutefois, que c'est la
question politique, la question du fonctionnement régulier
et fécond du régime parlementaire par la formation d'une
solide majorité de gouvernement, qui a particulièrement
préoccupé l'éminent orateur et qui a constitué la partie
dominante de son discours. M. Gambetta a montré ici, une
fois de plus, combien il a, en général, la notion exacte des
aspirations du pays et des intérêts de son parti à un moment
donné. On peut être assuré, avec M. Gambetta, qu'il sera
toujours dans le vif des préoccupations, même instinctives,
du pays et qu'il saura, au besoin, négliger tous les points
secondaires pour aller droit à ce qui est l'intérêt capital de

l'heure présente. Son discours d'hier est une nouvelle preuve de cette lucidité de vues.

« Aux dernières élections générales, en 1877, quelles étaient la pensée, la volonté du pays? en finir à tout jamais avec le pouvoir personnel. On sait quelle mémorable ardeur, quelle énergie et quel talent M. Gambetta a mis en cette occasion au service de la volonté nationale. On sait aussi avec quelle fidélité et quelle vigueur la Chambre a rempli le mandat spécial que lui avaient donné les électeurs. Mais, une fois ce mandat accompli, il est arrivé ce qui était, pour ainsi dire, dans la force des choses : la Chambre, sortie d'une pensée de résistance à l'action gouvernementale, qui se trouvait être alors l'action de ce pouvoir personnel dont le pays ne voulait pas, a incliné, et il ne pouvait guère en être autrement, dans le sens de la négation de toute force gouvernementale. La majorité, qui s'était montrée si compacte et si ferme pour abattre un gouvernement qui voulait s'imposer au pays, s'est trouvée impuissante à devenir une véritable et sérieuse majorité de gouvernement. De là ces divisions de la majorité en groupes multiples allant chacun de son côté, ces incertitudes dans la conduite générale de la politique, ces hésitations et ces fluctuations dont le spectacle a été trop souvent donné, cette instabilité des ministères, cette possibilité des coalitions hybrides, cette ingérence personnelle des députés dans l'action administrative. Cet état de choses ne saurait, comme l'a si justement indiqué M. Gambetta, faire méconnaître les grands et réels services rendus par la Chambre de 1877 à la cause de la République et du progrès libéral et démocratique, et nous ne sommes certes point de ceux qui lui jetteront la pierre; mais il est incontestable que l'esprit antigouvernemental, — on comprendra dans quel sens nous employons ce mot, — qui a présidé aux élections de 1877 n'est pas aujourd'hui celui qui règne dans la grande majorité de la nation. Le pays est tout aussi éloigné qu'il y a quatre ans de tout ce qui pourrait ressembler au pouvoir personnel ; mais, éclairé par l'expérience de ces temps derniers, il se rend compte des dangers que ferait courir à nos institutions et aux intérêts vitaux de la France une perpétuelle instabilité gouvernementale. Les élections de 1881 se distinguent donc de celles de 1877 en ce que, dans ces derniers temps, il s'agissait de faire opposition à un gouvernement hostile à la République et à la nation elle-même, tandis qu'aujourd'hui il s'agit, au contraire, de rendre possible la formation d'un gouvernement assez sûr de la majorité parlementaire qui lui aura donné naissance pour pouvoir se dégager des pressions individuelles et véritablement gouverner.

« M. Gambetta a donc eu, il nous semble, la notion très exacte des aspirations actuelles du pays, en faisant porter la partie essentielle de son discours sur la nécessité de constituer une majorité pouvant donner la force et la durée à un ministère. Il a aussi répondu à un sentiment général très accusé, en signalant l'état de subordination où se trouve le pouvoir central en matière d'administration. Nous avons eu nous-mêmes occasion d'indiquer à diverses reprises les graves inconvénients qui résultent de la confusion qui s'est établie trop souvent entre les attributions du pouvoir exécutif et celles du pouvoir législatif. L'administration doit rester l'affaire du gouvernement, sous sa responsabilité devant les Chambres. On ne s'en est pas assez souvenu dans ces dernières années, et M. Gambetta a tracé un tableau malheureusement trop vrai de la situation dans ce passage de son discours :

« Le régime gouvernemental de l'État n'est pas assez indépendant ni assez libre. Il est sujet, il est soumis à un tel mélange de compétitions, de pressions, d'influences, de sollicitations de toute nature que l'on assiste, je le constate tous les jours avec chagrin, au dépérissement de ce que j'appelle les rouages de l'État et de l'administration générale. »

« Le remède à cet état de choses, M. Gambetta estime, et à juste raison, qu'on ne saurait le trouver ailleurs que dans la formation d'une majorité ministérielle, qui ne puisse pas se disloquer au moindre incident.

« Il faut faire une majorité; voilà ce qu'on pourrait appeler la quintessence du discours de M. Gambetta, du moins dans ce qui en constitue la partie politique. Mais les majorités parlementaires ne se forment et ne durent, — l'expérience de tous les temps est, sur ce point, décisive, — qu'autant qu'elles acceptent la direction d'un chef qu'elles-mêmes ont placé à leur tête. Il n'y a pas, il n'y a jamais eu de majorité sans chef et, par conséquent, lorsque M. Gambetta constate l'im-

périeuse nécessité de la constitution d'une majorité ministérielle, il reconnaît par cela même la nécessité que cette majorité soit représentée au pouvoir par son véritable chef.
Le langage de l'éminent *leader* offre, à ce point de vue, un
intérêt spécial, car il permet d'espérer que les élections auront pour effet de nous faire rentrer dans la vérité du régime parlementaire.

« M. Gambetta a traité, avec non moins de clarté et d'élévation, la question constitutionnelle, la question de la révision. Nous nous en tiendrons pour aujourd'hui à remarquer
qu'il s'est prononcé nettement, ainsi qu'il l'a toujours fait,
d'ailleurs, pour le maintien du système des deux Chambres.
Il ne saurait donc être question dans sa pensée de la suppression du Sénat, ni dans le présent, ni dans l'avenir. M. Gambetta croit toutefois à l'utilité d'une modification dans le
mode de formation et dans les attributions de la Chambre
haute. Nous aurons à revenir sur ces divers points qui ne
présentent pas un caractère d'urgence, puisque la question
de la révision ainsi limitée se représentera plus utilement
devant le pays lors des élections sénatoriales de janvier 1882.

« Le discours de Tours produira une impression profonde
sur la masse du corps électoral. Ce discours nous paraît
répondre aux véritables aspirations du pays, et il aura, nous
n'en doutons point, une influence décisive sur les résultats
du scrutin du 21 août. »

Six jours après le discours de M. Gambetta à Tours,
M. Jules Ferry, président du conseil, prononça à Nancy un
discours où il acceptait également, en son nom personnel,
la révision de la Constitution. Voici les principaux passages
de ce discours qui corrigeait un précédent discours (Épinal, 19 juin) où le ministre s'était prononcé contre toute
révision :

Messieurs, je crois que les élections seront, comme je le
disais à Épinal, modérées, c'est-à-dire dégagées de toute passion
violente, soit contre la majorité qui va se soumettre au jugement
des électeurs, soit contre la Constitution même qui nous régit.

Je touche ici à un point délicat. Si je le passais sous silence,
on dirait que j'ai peur de m'en expliquer, ce serait plus commode,
mais ce ne serait pas brave et, de plus, ce serait inutile parce
qu'en politique il n'y a d'utile que la franchise. (*Très bien! très
bien!*) Eh bien, avec beaucoup de franchise, voulez-vous me permettre de vous dire ce que je pense de cet élément nouveau qui,

sous la forme et sous le nom d'une certaine révision de la Constitution semble troubler les esprits sensés ?

Il y a deux mois, avant l'ouverture de la période électorale, il m'a été donné sur ce sujet, par un grand nombre d'écrivains, par des journalistes autorisés dont j'ai l'habitude de faire le plus grand cas et qui me montrent le plus souvent une affectueuse sympathie, il m'a été donné des conseils divers, tous bien intentionnés, tous offrant assurément certains avantages, mais si contradictoires entre eux, qu'il m'est impossible de les suivre tous (Rires approbatifs) et que je me trouve forcé d'en revenir à ce qui est le fond de ma diplomatie. Je vais vous en parler avec sincérité, avec franchise, non seulement comme à des citoyens, mais comme à des amis. Eh bien, Messieurs, si la cause d'une certaine révision du pacte constitutionnel paraît avoir fait quelque chemin dans les esprits, si dans un bon nombre de circonscriptions électorales qui ne sont pas des plus échauffées ni des plus irréfléchies, mais bien des pays sages, posés, ayant compris la leçon des événements, ayant acquis leur expérience et fait leur éducation politique, cette cause de la révision tempérée, partielle et mitigée, semble en progrès, je tiens à bien faire remarquer, et il faut que cela soit soigneusement noté par tous les serviteurs désintéressés de la République, afin que nous ne tombions pas dans une étrange confusion, — entre cette révision partielle, mitigée, consentie par l'Assemblée dont il s'agit de modifier le recrutement, révision amiable et de gré à gré, celle qu'un grand orateur a exposée à Tours, celle qui peut être conçue sous des formes très diverses, — car les solutions sont ici très nombreuses, et depuis le jour que cette question est née elles n'ont pas été, on en conviendra, suffisamment étudiées, — entre cette révision et la révision absolue, impérative, violente, radicale, qui est la thèse favorite des partis intransigeants, il n'y a pas seulement une nuance, il y a un abîme. (Bravos et applaudissements.) Voilà ce qu'il faut qu'on sache. Il ne faut pas qu'il soit permis à des partis extrêmes, dont la minorité, — je me suis permis de le prédire au plus habile et au plus éloquent d'entre eux, — va s'accuser par des chiffres bien modestes, de déguiser sous un nom commun des idées, des principes et des visées absolument différentes. (Bravos et applaudissements.)

Les uns en veulent à la Constitution elle-même; ce sont les ennemis passionnés, résolus de l'institution des deux Chambres et de la présidence de la République; ce sont des unitaires, ce sont des simplistes. Ils rêvent une Assemblée unique, sans contrepoids, sans règle, faisant tout ce qu'elle veut au monde.

Ceux-là, Messieurs, n'ont rien de commun avec les amis clairvoyants de la Constitution républicaine, qui, en ouvrant le débat en quelque sorte devant la nation, sur un des articles de cette Constitution, se proposent non de la miner ou de l'amoindrir, mais de la fortifier. (Vifs applaudissements.)

Telle est du moins leur intention; telle est leur pensée. Je ne dis pas que ma pensée soit conforme à la leur, j'ai là-dessus le sentiment que je vous ai fait connaître déjà; je n'en ai pas changé malgré des déceptions qui ont dû être plus cruelles pour le ministre qui a présenté au Sénat la loi sur l'obligation et la laïcité, que pour toute autre personne en France. Ces déceptions n'ont pas changé mon sentiment, je le répète; que voulez-vous? C'est sans doute une façon d'être qui m'est particulière, mais je suis, jusqu'à la manie, partisan de la stabilité de la République. (*Nouveaux applaudissements et bravos répétés.*) Je vois qu'après avoir fait beaucoup de Constitutions à leur guise suivant leurs théories, suivant leurs visées propres, toutes Constitutions qui n'ont pas réussi, qui ont abouti à la dictature, à la monarchie, à la ruine du pays, les républicains ont eu la singulière fortune, la chance inattendue de rencontrer un édifice républicain dressé contre eux et qui leur a servi d'abri (*Vives marques d'approbation*): une Constitution, faite contre la République, qui a sauvé la République (*Applaudissements*); une organisation du Sénat, bizarre et insoutenable en théorie, d'où est sorti en fait le salut de la démocratie. Ainsi, depuis dix ans surtout, se retournent contre nos adversaires tous les engins si savamment construits par eux, telle que la loi des conseils généraux dont ils semblaient faire une forteresse contre la République et qui est devenue notre principal instrument de victoire, car c'est elle qui a commencé la défaite et la ruine des partis monarchistes; de même la Constitution de 1875, faite par des monarchistes contre les républicains, se trouve avoir rendu à la République les plus éminents services, tant il est vrai que là où le suffrage universel règne et où il a le dernier mot, peu importe la forme gouvernementale, peu importe le tissu plus ou moins bien serré, la toile d'araignée plus ou moins bien ourdie, dans laquelle on cherche à envelopper ce maître souverain, il sait s'en dégager; bien vite, il brise la toile d'araignée et se fait des batteries dressées contre lui un appui pour sa grandeur et pour son avenir. Voilà pourquoi je suis, à un degré si excessif peut-être aux yeux de quelques-uns d'entre vous, partisan très décidé de la stabilité constitutionnelle. Non, Messieurs, je n'ai pas la prétention d'imposer mon sentiment à la masse de mes concitoyens. Je n'ai surtout pas la prétention d'apaiser d'un mot les esprits et de demander que, sur parole, on fasse taire des inquiétudes légitimes, des préoccupations qui naissent tout naturellement dans l'opinion publique en face de certains votes, de certaines surprises, de certaine attitude de la part d'une Assemblée dont on pouvait attendre mieux. Je conçois donc à merveille que la question soit posée; mais je trouve que les uns en triomphent trop aisément et que les autres s'en alarment avec excès. Ce que j'y vois, ce n'est pas un péril; ce serait un péril si les hommes auxquels je fais allusion, et qui sont des sages entre les sages, voulaient faire de cette question un instrument de conflit, un projectile violemment jeté dès les premiers jours de la rentrée à travers le Sénat, Assemblée rivale, et si l'on avait affaire à des révolutionnaires imprudents ne rêvant l'avenir et la consolidation de la République que dans la lutte des deux Assemblées. Mais je sais qu'il s'agit d'autres choses et qu'on a d'autres visées. Je sais qu'on considère le problème dans toute sa gravité; qu'on veut le traiter avec toute la prudence désirable: je sais que, si c'est là une question toujours posée devant le pays (le pays a toujours, et personne ne peut l'empêcher, le droit de poser des questions), il reste à en étudier les détails, il reste surtout à en fixer l'opportunité. (*Approbation générale.*)

Dans ces conditions, je le répète, je n'y vois pas un péril, j'y vois un avertissement, que peut-être on saura entendre en haut lieu, car voyant combien peu il a fallu de votes impopulaires pour rouvrir une question qu'on croyait fermée, j'aime à croire que quelques votes sensés, populaires, raisonnables, qui semblent d'ailleurs dans la logique des votes déjà rendus, pourront permettre aux préoccupations de l'esprit public de reculer encore pendant quelque temps l'investigation sur ce grand problème politique. (*Vifs applaudissements.*)

DISCOURS

Prononcé le 12 août 1881

A LA RÉUNION ÉLECTORALE DU XX⁰ ARRONDISSEMENT

A L'ÉLYSÉE-MÉNILMONTANT

PARIS

Nous avons raconté plus haut (page 349) que le cabinet présidé par M. Jules Ferry avait fixé au 21 août et au 4 septembre les élections pour le renouvellement de la Chambre des députés. Le décret convoquant les électeurs parut le 29 juillet au *Journal officiel* et la période électorale commença aussitôt.

Un comité républicain fut formé à Paris, sous la présidence de M. Gambetta. La *République française* publia la liste des candidats républicains patronnés par le comité. Cette liste, très éclectique, portait à Paris MM. Tirard, Brelay, Spuller, Barodet, Louis Blanc, Hérisson, Frébault, Frédéric Passy, de la Forge, Ranc, Brisson, Floquet, Lockroy, Greppo, Cantagrel, Germain Casse, Farcy, Marmottan, de Hérédia, Clémenceau, Allain-Targé et Gambetta, qui furent élus, et MM. Colin, Hattat, Villard et Vauthier, qui furent battus par des candidats intransigeants ou d'extrême gauche. Elle portait en province la plupart des députés sortants, tous les membres du cabinet, MM. Jules Ferry, Constans, Martin-Feuillée, Fallières, Turquet, Horace de Choiseul, Cyprien Girerd, Wilson, des adversaires connus et des partisans du scrutin de liste, MM. Boysset, Bernard-Lavergne et Roger, en même temps que MM. Bardoux, Casimir-Perier et Raynal, M. Naquet et M. Ribot, M. Rouvier et M. Richard Waddington, etc.

Le 10 aout, le comité républicain radical du XXᵉ arrondissement de Paris communiqua à la presse, avec l'acceptation de M. Gambetta, le manifeste-programme suivant :

MANIFESTE.

Citoyens,

Nous sommes aujourd'hui ce que nous étions hier. En 1881, comme en 1876 et en 1869, nous sommes des républicains et des patriotes.

Nous revendiquons cette double qualification au moment où des gens qui se croient républicains déclarent que la patrie est un préjugé bourgeois.

Notre conception républicaine s'adapte exactement à la patrie française, et si nous ne pouvons ni ne voulons, sans renier toutes nos traditions, être indifférents au sort des autres peuples, nous déclarons hautement que nous aimons la France d'un amour d'autant plus exclusif, qu'à l'heure douloureuse de la défaite et de l'invasion elle n'a rencontré dans le monde, comme prix de ses luttes désintéressées et chevaleresques pour la liberté des peuples, que l'ingratitude et l'abandon.

Le caractère français, — certains diront peut-être chauvin, de cette politique, mais peu nous en chaut, — explique que des esprits superficiels, pour laisser de côté des gens de mauvaise foi, s'efforcent de trouver et de démontrer des contradictions là où il n'y a que des modifications impérieusement exigées par les évènements, des temps d'arrêt imposés par la prudence, mais sans que jamais nous ayons perdu de vue l'objectif qui donne à la politique républicaine son caractère spécial, à savoir : l'émancipation intellectuelle et sociale, le relèvement moral de la nation par la liberté.

Est-ce à dire pourtant que nous prétendions qu'en 1871 ou 1876 nous avons demandé à notre député la réalisation immédiate et intégrale du programme de 1869?

Telle n'a jamais été notre pensée.

Il s'était passé, dans l'intervalle, des évènements qui avaient éclairé d'un jour tout nouveau ce qu'il pouvait y avoir de dangereux dans certains de ses articles.

La France, qui, se berçant de beaux rêves de paix universelle, réclamait le désarmement général, l'abolition des

armées permanentes et leur remplacement par des milices
nationales, a bien le droit de faire un retour en arrière et
de s'en tenir à la lutte pour l'existence, après cette horrible
aventure de 1870-1871 où elle a failli périr, et de se dire que,
longtemps encore, — nous souhaitons que ce ne soit pas
toujours, — la meilleure sauvegarde de l'honneur, de la
dignité, de la vie même du pays, ce sera un corps robuste et
bien armé au service d'un cœur vaillant.

Toutes les modifications au programme de 1869 découlent
du même esprit et ont été le résultat de la même expérience.

Il y a eu, cela est incontestable, chez tous ceux qu'anime
l'amour de la patrie une sensation d'effroi et un mouvement
de recul à la vue de l'abîme où nous avons failli nous
engloutir.

Nous avions, avec les libéraux de toutes nuances, partagé
dans une certaine mesure l'engouement pour les doctrines
de l'école anglaise et les principes de la décentralisation à
outrance.

La France, forte et respectée parce que, depuis longtemps,
elle était invaincue, pouvait bien se permettre la fantaisie de
quelques expériences sans danger alors, bien que hasardées.

Mais depuis, nous avons touché du doigt le péril de ces
théories dans un pays dont la Révolution a cimenté toutes
les parties, pour le faire plus fort.

N'avons-nous pas vu combien ces liens, que nous croyions
si serrés, pouvaient se relâcher sous le coup de la folie
enfantée par les désastres?

Est-ce si loin de nous le temps où l'on parlait couramment
de Ligue du Midi, de Ligue de l'Ouest? Et ne sentez-vous
pas, citoyens, qu'il faut pousser l'amour de la doctrine jusqu'au délire pour ne pas se sentir ébranlés par une pareille
expérience?

Ce fanatisme des principes abstraits, nous ne l'avons pas:
et, à la lueur lugubre des évènements, nous sommes bien
vite redevenus ce que nous étions auparavant : des républicains unitaires et indivisibles.

Aussi, le mandat de 1869 a-t-il été, non pas déserté par le
député, comme se plaisent à le dire des gens qui n'en croient
pas un mot, mais modifié de consentement mutuel par
l'électeur et l'élu.

En 1876, le comité républicain du vingtième arrondissement a, en effet, formulé la déclaration suivante, accepté par le citoyen Gambetta et ratifiée, à la majorité que vous savez, par le corps électoral :

« Le mandat, disions-nous, tel qu'il s'est transformé sous l'action impérieuse des évènements et des circonstances, tient toujours et plus que jamais. »

Au point de vue des indications actuelles, nous les résumons.

La constitution de 1875 comme point de départ ;

Sa pratique loyale et sincère jusqu'en 1880 ;

Le développement pacifique et régulier des améliorations qu'elle-même a prévues et qu'elle contient en germe pour arriver à constituer progressivement la République démocratique.

Nous le faisons ainsi en connaissance de cause et avec préméditation.

Nous indiquons et vous acceptez le but : la République définitive, progressive et largement démocratique.

Des voies et moyens, ni les uns ni les autres nous ne sommes maîtres.

Ce mandat est, comme nous le disions plus haut, si peu défini, que c'est à proprement parler un mandat en blanc.

Il a été donné comme un témoignage éclatant de la confiance de l'électeur dans le candidat, et il les honore tous deux : celui-ci pour avoir su inspirer de pareils sentiments, ceux-là parce qu'ils ont su apprécier le patriotisme, le sens politique et la hauteur des vues de l'homme à qui ils donnaient un pareil blanc-seing.

Cette indépendance si complète laissée par le mandant au mandataire, cette faculté que nous lui reconnaissions de se mouvoir en toute liberté sur le terrain de la République démocratique et d'agir, comme on dit, au mieux des intérêts de la patrie, peuvent sembler étranges, et le seraient en effet dans l'immense majorité des cas. Elles se comprennent cependant, si l'on se souvient de l'histoire des douze dernières années ; des rapports fréquents, suivis, du député avec ses électeurs ; de l'identité de leurs idées, non pas seulement à propos du but à atteindre, mais encore sur les moyens à employer et la méthode à pratiquer.

Est-ce, en effet, l'électeur, ou bien serait-ce le candidat qui parle dans ce passage du manifeste de 1876?

Eh bien, ce qui a été ébauché, il faut l'achever. Il faut, s'éclairant des principes comme d'un flambeau, les yeux fixés sur l'idéal pour ne pas perdre de vue le but élevé à atteindre, marcher en avant avec autant de prudence que de résolution, en tenant compte du terrain, des milieux, des impulsions trop énergiques mais légitimes de l'esprit de progrès, aussi bien que des résistances de l'esprit de conservation.

Il faut procéder par parties plutôt que par masse; décomposer les problèmes et chercher successivement les solutions partielles; résoudre les questions quand et comme elles se présentent, au jour le jour; n'entamer une opération, une agitation, comme on dit si heureusement dans les pays libres, qu'après avoir terminé l'agitation précédente et consolidé la conquête qui en a été le résultat.

Cette identité de vues, cette pénétration intellectuelle réciproque expliquent ou, mieux encore, légitiment absolument l'octroi du blanc-seing.

Le citoyen Gambetta incarne à ce point la pensée du vingtième arrondissement, qu'il en est comme l'émanation naturelle et le représentant nécessaire.

En résumé, citoyens, vous aurez non pas un programme nouveau à formuler et un candidat à choisir, mais bien une politique à juger, la vôtre, celle que vous avez inaugurée il y a douze ans et que vous avez depuis pratiquée avec la persistance que l'on met à suivre les desseins mûrement réfléchis.

Il s'agit de déclarer si les résultats obtenus doivent vous engager à persévérer.

En ce qui le concerne, votre comité n'hésite pas. Il vous connaît trop bien pour avoir besoin de vous adjurer, au nom de la patrie républicaine, de donner la consécration d'un nouveau vote à cette politique et à l'homme qui en est la plus haute expression.

La République, disions-nous en 1876, est fondée. Mais pour s'être amoindries, les difficultés n'ont pas complètement disparu; on pourrait même, sans exagération, dire que la tâche la plus ardue reste à accomplir, à savoir : montrer à la France et au monde qu'elle n'est pas seulement la seule forme du gouvernement qui donne satisfaction aux aspirations les plus élevées de l'esprit humain, qui

affranchisse l'homme et le mette en pleine possession de
lui-même, mais encore la seule qui présente des garanties
efficaces de liberté et d'ordre, de paix sociale et d'amélioration matérielle.

La seule qui, par l'introduction, dans une proportion de
plus en plus considérable, de la justice dans les rapports
sociaux, puisse diminuer les antagonismes, apaiser les
haines et conduire la France, par un progrès continu et
sans secousses, à une prospérité que les monarchies lui ont
toutes promise mais sans la réaliser jamais, et que les
catastrophes qui marquent leur fin ont toujours ajournée.

La solution de ce problème, tant et si justement cherchée,
est dans nos mains à tous.

Si nous savons persévérer dans la méthode expérimentée
depuis cinq ans et qui a conduit à de si grands résultats, nous
ferons la démonstration si impatiemment attendue.

Eh bien, citoyens, nous avons persévéré, et la démonstration est faite.

Jamais une monarchie n'a associé dans d'aussi larges
proportions la liberté et l'ordre.

Jamais la paix sociale n'a été aussi complètement assurée.

Jamais la situation matérielle du pays n'a été aussi florissante.

Le philosophe à qui on demandait la démonstration du
mouvement s'est mis à marcher.

La République, pour montrer sa supériorité, s'est mise à
agir.

Avant de se faire réformatrice, il lui fallait assurer son
existence et déloger le pouvoir personnel des dernières positions qu'il occupait.

La tâche était d'autant plus difficile qu'il importait de
vaincre sans avoir recours à la force.

Eh bien, dans une campagne de cinq mois, conduite avec
un entrain, une énergie et un tact dont vous n'avez pas
perdu le souvenir, le pouvoir personnel, soutenu furieuse-
ment par la coalition de tous les partis antirépublicains qui
sentaient que c'était là leur dernier espoir, le pouvoir personnel a capitulé.

Avons-nous besoin de dire que votre député a été l'âme
de cette victorieuse résistance?

Immédiatement après, on s'est mis à l'œuvre :

315 millions ont été annuellement consacrés aux travaux publics, et particulièrement à rendre nos ports de mer plus accessibles et plus sûrs; à compléter notre réseau de voies navigables et de chemins de fer.

Puis il s'est produit un fait économique sans précédent : un gouvernement qui dégrève sérieusement; 300 millions ont été rendus aux contribuables, et cela en même temps que l'on amortissait la dette publique d'un milliard.

Paul-Louis Courier, ayant remarqué que l'argent des contribuables s'en allait comme entraîné par les lois de la pesanteur vers la cour, — on dirait aujourd'hui l'État, — sans que jamais il en revînt rien aux citoyens, en avait conclu que la cour est un bas-fond.

Aujourd'hui, ou bien le gouvernement est à un niveau plus élevé, ou bien la pesanteur a des lois nouvelles, puisqu'il nous revient, grâce à la République, 300 millions de notre argent.

Dans le même temps, nous reconstituons notre matériel de guerre et nous y consacrons 559 millions par an.

Nous nous en tenons à ces trois grands faits de l'ordre matériel.

Au point de vue intellectuel et moral, le bilan non plus n'est pas à dédaigner.

La République est rentrée dans la tradition de la Révolution française en assurant la liberté de conscience par la laïcisation de l'instruction publique, en attendant la séparation de l'Église et de l'État.

La presse, libre de fait, plus qu'elle ne l'a jamais été dans aucun temps, vient de voir voter une loi qui, si elle n'est pas parfaite, est plus libérale cependant qu'aucune de celles qui l'ont précédée.

L'instruction publique, cette préoccupation dominante du présent parce qu'elle est la force de l'avenir, a reçu une dotation qui s'accroîtra encore, mais qui, telle qu'elle est, sera l'éternel honneur des pouvoirs publics qui l'ont proposée et votée.

Entendez plutôt l'éloquence des chiffres :

Le dernier budget de l'Empire, celui de 1871, se soldait en dépenses par la somme de 26,795,000 francs.

Cinq ans plus tard, en 1876, il s'élevait à 38 millions.

Aujourd'hui nous payons, pour faire de nos enfants des

hommes éclairés et des citoyens dévoués, la somme relativement énorme de 106 millions.

C'est-à-dire que le budget auquel se mesure la valeur morale d'un gouvernement, celui de l'enseignement, est aujourd'hui quatre fois mieux doté que sous l'Empire, et que depuis 1876, c'est-à-dire depuis que le mouvement républicain s'est accéléré, il s'est accru dans la proportion des deux tiers.

Ce sont là, il semble, des résultats dont une politique a le droit de s'honorer en montrant aux impatients que le temps n'a pas été tout à fait perdu depuis 1876.

Est-ce à dire cependant qu'il faille se décerner des couronnes et monter au Capitole? Nous n'avons pas de pareilles prétentions. Nous nous contentons de signaler le bien qui a été fait, les progrès qui ont été accomplis et d'en reporter le mérite à la politique que nous défendons, à la méthode que nous préconisons, mais sans nous dissimuler qu'il reste beaucoup à faire.

Nous savons d'ailleurs que le progrès, comme tous les faits sociaux, se soustrait aux lois de l'absolu; qu'il est indéfini;

Que le but à atteindre ressemble à un mirage;

Qu'après avoir marché longtemps à sa poursuite, on est tout étonné de s'en trouver aussi peu rapproché.

Assurément, il reste beaucoup à faire, au double point de vue politique et social.

La Constitution de 1875 ne nous a jamais semblé un chef-d'œuvre de mécanique politique, et, tout en la respectant, comme nous respectons toujours la loi, émanation de la souveraineté, nous ne nous en dissimulons pas les défauts.

Le mode de recrutement des pouvoirs publics, leurs attributions et les lois qui règlent leurs rapports nous paraissent devoir être modifiés.

Il nous semble, pour préciser, que la Chambre des députés aurait plus d'homogénéité et d'indépendance si elle émanait du scrutin de liste;

Que le Sénat gagnerait en autorité si sa base était plus large;

Qu'il y a inconvénient à ce qu'il soit une Chambre faite à l'image de la première et avec les mêmes attributions qu'elle;

Que le droit de dissolution dont il est investi de compte à demi avec le pouvoir exécutif lui constitue une situation assez haute pour qu'il renonce à certaines attributions qui, en créant des conflits entre la Chambre des députés et lui, l'affaiblissent en le dépopularisant.

Au point de vue judiciaire, nous désirons une réforme de la magistrature sur la base de la sélection combinée avec l'inamovibilité.

Au point de vue militaire, nous sommes partisans du service obligatoire pour tous, d'une durée égale.

Nous le voulons aussi court que le comporte la sécurité nationale.

Nous le voulons de trois ans, si cette période de temps est compatible avec la solidité de l'armée, en permettant la formation des cadres.

C'est là, pour nous, une condition absolue. Nous voulons être forts pour être libres et respectés.

Il est superflu de dire que nous voulons l'instruction gratuite, libre et laïque.

Nous voulons la décentralisation administrative et la centralisation politique.

Sur ce point, en particulier, nous ne transigeons pas. En laissant la commune indépendante sur le terrain des intérêts locaux, nous la voulons fortement rattachée au pouvoir central. C'est pour nous mieux qu'une question de force pour le gouvernement, c'est une question de vie ou de mort pour le pays.

Cette force du pays, que nous voulons sauvegarder par les institutions civiles et militaires, nous voulons qu'elle soit une garantie de paix intérieure et extérieure.

Nous voulons qu'elle soit employée au développement intellectuel de la nation, à son relèvement moral et au développement de ses richesses matérielles.

Quant à celles-ci, nous estimons que la justice ne préside pas à leur répartition.

C'est là une question brûlante et qui préoccupe à bon droit les esprits qui pensent que l'homme ne vit pas seulement de beau langage.

Nous accordons toutes nos sympathies à ceux que la générosité de leurs sentiments pousse à creuser le problème ardu de l'inégalité des conditions économiques et à chercher les moyens d'y porter remède; mais nous nous gardons des déclamations creuses et des systèmes préconçus, et nous pensons que les relations du travail et du capital se modifieront, progressivement en faveur de celui-là, sous l'influence des progrès politiques, de la liberté d'association, du groupement des corps syndiqués et de la fondation de caisses de retraite pour la vieillesse. Nous désirons, en outre, dans l'intérêt des mœurs publiques et de leur épuration, que les repris de justice soient envoyés, par mesure administrative, dans une colonie pénitentiaire.

Telles sont, si nous ne nous trompons, les questions principales dont se préoccupe l'opinion publique, et qui devront aboutir dans le cours de la prochaine législature.

Nous les résolvons toutes, aussi bien que les questions secondaires sur lesquelles il serait trop long de s'étendre, en républicains progressistes et aussi, comme nous l'avons dit en commençant, en patriotes.

Nous sommes les adversaires des théoriciens de l'absolu et des doctrinaires de toutes les écoles.

Nous croyons au progrès par l'évolution, la liberté et la paix.

Nous pensons que la France se reconstituera sûrement, en tenant compte de ces éléments, aussi bien au point de vue de sa grandeur morale et matérielle qu'au point de vue de son intégrité territoriale, et qu'elle devra à la République une longue période de paix, de prospérité et d'honneur.

Vive la République !

Pour le comité :

A. MÉTIVIER, président; LÉON GARNIER et H. PASSÉ, vice-présidents; H. BUREAU, secrétaire.

M. Gambetta a répondu :

« Mes chers amis,

« Je viens de lire votre excellent manifeste ; j'approuve et j'adopte toutes les idées qui y sont contenues.

« Merci et bien à vous.

« LÉON GAMBETTA. »

Nous reproduisons, d'après la *République française*, le compte rendu de la réunion électorale qui fut tenue le 12 août à l'Élysée-Ménilmontant :

« La réunion tenue à l'Élysée-Ménilmontant, rue Julien-Lacroix, avait attiré une foule considérable dont une faible partie seulement a pu pénétrer dans la salle. Deux mille cinq cents électeurs environ étaient présents.

« La séance a été ouverte à huit heures trente-cinq.

« Aussitôt après l'entrée de M. Gambetta, saluée par les cris de : *Vive la République !* il est procédé à la formation du bureau.

     « Sont élus :

« M. Métivier président ;
« MM. Sick et Mourens assesseurs.

« M. MÉTIVIER. — Citoyens, les comités républicains radicaux du vingtième arrondissement, le comité central et le comité spécial indépendant du Père-Lachaise, sont tombés d'accord pour recommander la politique que vous avez inaugurée ; la politique de la sagesse, la politique des progrès républicains qu'elle poursuit par les voies légales, constitutionnelles et pacifiques.

« En conséquence, ces comités proposent à vos suffrages l'homme qui en est à la fois l'expression la plus élevée et la plus éloquente, le citoyen Gambetta. (*Applaudissements.* — *Cris répétés de : Vive Gambetta!*)

« Le citoyen Gambetta, invité à se rendre au milieu de vous, a bien voulu accepter ; il est venu ici pour vous exposer une fois de plus les raisons pour lesquelles il est le protagoniste le plus ardent de cette politique à laquelle nous devons la fondation de la République et à laquelle nous devons d'une façon certaine et progressive la réforme des institutions républicaines. (*Applaudissements.*)

« *Une voix :* — Pourquoi n'est-il pas venu il y a deux ans ? (*Bruit.*)

« M. MÉTIVIER. — Ne vous laissez pas exciter par les interruptions, sans quoi nous ne pourrions pas raisonner avec le calme nécessaire. (*Très bien ! très bien !*)

« M. Gambetta se lève et prend la parole :

Je commencerai par répondre à la question qui vient d'être faite : « Pourquoi n'est-il pas venu il y a deux ans ? » et je dirai que je n'ai jamais été convoqué sans venir parmi vous. (*Applaudissements.*) Qu'il se soit agi d'un mandat, d'un compte rendu, d'une de vos fêtes, toutes les fois que vous avez fait appel à mon concours, je suis venu, et pas plus qu'aujourd'hui je ne suis venu dans des vues d'intérêt personnel; je suis venu vous expliquer ce que je crois être la vérité politique et l'intérêt de la patrie. (*Applaudissements.*)

Aujourd'hui, mes chers concitoyens, il faut que nous nous mettions bien en présence les uns des autres; et pour cela, — la carrière que j'ai à fournir devant être longue, — il faut que vous me prêtiez votre attention : je tâcherai de la mériter et d'y répondre par la franchise et la sincérité absolue des explications que je vous dois. (*Applaudissements.*)

Je suis devant vous aujourd'hui, à la veille des élections législatives de 1881... (*Bruit dans le fond de la salle.*) Tout le monde n'est donc pas entré? Alors il faut attendre que la salle soit pleine.

(*La séance est suspendue pendant une demi-heure. La salle se remplit complètement.*)

M. GAMBETTA. — Mes chers concitoyens, je suis venu à Belleville, dans le vingtième arrondissement, demander, pour la cinquième fois, la consécration de mon mandat de député à la plupart de ceux qui m'ont ouvert la vie politique et à ceux que l'âge a fait entrer depuis dans la carrière civique.

Je suis venu à Belleville de préférence à tout autre collège électoral, pour deux motifs : le premier est que je considère que ce quartier, où je suis né à la vie parlementaire, doit rester la source de mon autorité politique dans la démocratie. (*Très bien! très bien!*)

Il y a une seconde raison pour laquelle je suis venu ici et pas ailleurs, — et je puis dire sans fausse modestie que j'eusse peut-être rencontré d'autres collèges; je n'en ai pas voulu, j'ai refusé avec déférence et gratitude ceux qui m'étaient offerts, — c'est que je voulais une bonne foi mettre un terme à ces bruits calomnieux de plébiscite, de candidature multiple et de je ne sais quelle aspiration à une dictature qui serait aussi ridicule dans son projet que criminelle dans son exécution. (*Longs applaudissements.*)

J'avais dit à la Chambre, au commencement de la discussion sur le scrutin de liste, que je prenais l'engagement d'être à mon rang et à ma place dans la démocratie; que je considérais que, sous la République, en face d'un pouvoir loyal et respecté, toutes ces candidatures multiples n'auraient pour effet que d'agiter le pays, de réjouir nos adversaires, d'entraver et d'ébranler le pouvoir. (*Vive approbation.*)

Eh bien, mes paroles n'ont pas suffi : il fallait un acte. Cet acte, je viens l'accomplir devant vous, et je dis : Je suis candidat dans le vingtième arrondissement. C'est ma candidature unique, et cette élection unique, je la sollicite de vous.

Vous me direz peut-être que je pose deux fois ma candidature dans le vingtième arrondissement. C'est vrai; et si ce n'avait pas été pour éviter un soupçon, — car personne plus que moi n'est environné de soupçons, — je me serais présenté dans une seule circonscription; mais on n'aurait pas manqué de dire que nous avions fait de la cartomanie électorale. Aussi je ne choisis pas, je joue cartes sur table. Je connais mes amis et je dédaigne mes adversaires. (*Très bien! très bien!* — *Applaudissements.*)

Est-ce que vous pensez que je m'arrêterai longtemps à repousser ces bruits de dictature? Car, aujourd'hui, ouvrez les journaux, ceux de la pire réaction comme ceux qui sacrifient à je ne sais quels desseins inavouables et malsains, vous y verrez qu'il n'y est question que de la dictature d'un simple citoyen. Je connais cet outrage pour l'avoir subi pendant la guerre et après la guerre. Oui, en raison de l'énergie que j'avais déployée dans la défense nationale, la réaction m'a

jeté cette injure à la face : « C'est le dictateur de
Tours et de Bordeaux. » J'ai pu répondre à cette injure
quand elle sortait du bourbier de la presse immonde.
Mais aujourd'hui, quand il y a des gens malheureusement assez abandonnés pour me la jeter à la face,
tout en appartenant au parti républicain, je passe et
je dédaigne, car je veux être sérieux devant des hommes
sérieux. (*Applaudissements prolongés.*)

C'est à moi, à moi sorti du peuple, à moi lui appartenant par toutes mes fibres, que cette injure a été
faite ! Mais, quelles que soient les insanités méprisables dont on m'a couvert, je sers le peuple à ma manière, et j'ai la conviction qu'après vingt ans d'efforts
et d'études, sa cause entre mes mains est entre bonnes
mains. Je vous le prouverai. (*Vive adhésion et applaudissements.*)

Repoussons donc du pied ces attaques sans scrupules et sans loyauté !

J'ai pu et j'ai dû prendre, parce que personne ne
la disputait, la direction du parti républicain au
24 Mai et au 16 Mai, en ces jours de l'ordre moral où
il fallait lutter contre une dictature qui rappelait l'Empire. On ne parlait pas de ma dictature alors ! Aujour-
d'hui, c'est vraiment outrager votre bon sens et
déshonorer le suffrage universel que de se servir de
ce mot de « dictateur » en face d'un serviteur aussi
sincère de la démocratie tel que moi. (*Applaudissements.*)

Et pourquoi cette injure ? Je vais vous le dire. On
peut attaquer l'homme : il appartient à la discussion,
et je crois que j'ai donné dans ma vie des preuves
non équivoques de la manière dont je la supporte,
car on est encore à attendre de moi une rectification
aux calomnies et une réponse aux outrages. Mais je
sais que ce qu'on attaque en moi, ce n'est pas la personne, — d'aucuns même disent que la personne n'est
pas déplaisante (*On rit*), — ce qu'on attaque en moi

c'est la politique, c'est le système, c'est la méthode
de défense et de protection des intérêts de la démocratie française.

C'est cette politique que je viens défendre, non
parce qu'elle est attaquée, mais parce que j'ai un souci
qui domine tous les autres : c'est d'empêcher les intelligences loyales, les cœurs honnêtes que certaines
difficultés de la vie sociale et politique excitent et
passionnent, de grossir le troupeau que veulent mener
des sophistes et des démagogues sans vergogne. Voilà
pourquoi je veux m'expliquer encore une fois ici, et
pourquoi je tiens à ce que ce soit à Belleville que
cette politique reçoive encore une fois sa sanction et
sa consécration. (*Applaudissements.*)

Cette politique, on l'a appelée d'un nom mal fait,
d'un véritable barbarisme. Pour une chose mal conçue, il fallait un mot mal conçu : on l'a appelée « opportunisme ». Si ce barbarisme signifie politique
avisée, ne laissant jamais passer l'heure propice,
les circonstances favorables, mais ne sacrifiant rien
ni au hasard, ni à l'esprit de violence, on pourra
tant que l'on voudra appliquer à cette politique une
épithète mal sonnante et même inintelligible, mais
je dirai que je n'en connais pas d'autre, car c'est la
politique de la raison, et j'ajouterai que c'est la politique du succès. (*Applaudissements prolongés.*)

En effet, quand je suis entré dans la vie politique,
et depuis, je ne me suis pas contenté d'étudier l'histoire générale de ce grand et malheureux pays qu'on
appelle la France; j'ai étudié aussi l'histoire de notre
parti, et non pas seulement à partir de 1789, mais
dans la nuit des temps historiques de notre France,
à l'époque où notre démocratie ne faisait que balbutier.
J'ai suivi pour ainsi dire à la trace de son sang ses
progrès, ses défaillances, ses témérités suivies de
réactions; c'est alors que je me suis fait un serment :
le serment de dire, après l'avoir appris, pourquoi cette

admirable cause de la démocratie républicaine avait
eu, dans le cours de notre histoire, en avant ses pous-
sées chroniques et aussi ses défaillances et ses retours
en arrière, également chroniques, et il m'est apparu
avec la clarté solaire que ce qui avait fait autrefois la
triste gloire de l'héroïsme démocratique, en même
temps que sa perpétuelle confusion dans les affaires,
c'est que notre parti sacrifiait trop, d'un côté, à l'esprit de chimère, d'aventure et de violences, et que,
d'un autre côté, du côté des classes dirigeantes, le
reste de la France avait cédé à la plus basse, à la pire
des passions sociales, à la peur : la peur, mal terri-
blement français en politique, la peur, le pire des
conseillers d'une nation; la peur, qui a fait souvent,
avant l'adoption de la politique que je défends devant
ceux qu'on a appelés les dirigeants, que les bourgeois
ont été obstinément opposés, aveuglement fermés à
toutes les idées de revendication politique; la peur,
qui faisait qu'à la moindre rumeur publique la rue
s'emplissait de bruit et de force militaire et que tout
se liquidait par la mort et la misère des uns — toujours les mêmes — et par la victoire abjecte des
cynismes et des apostasies accouplés pour le triomphe
de la réaction. (*Double salve d'applaudissements.*)

Voilà ce qui m'a inspiré de rompre avec ce passé
et de me dire : Tu consacreras ta vie à soutirer l'esprit
de violence qui a tant de fois égaré la démocratie, à
lui interdire le culte de l'absolu, à la diriger vers l'étude
des faits, des réalités concrètes, à lui apprendre à tenir
compte des traditions, des mœurs, des préjugés, — car
les préjugés sont une force, on ne les brise pas : il faut
les dissiper par la persuasion et la raison. (*Applaudissements.*) Tu apprendras à ton parti à abdiquer, à
détester l'esprit de violence. Tu t'efforceras d'arracher
l'aiguillon de la peur qui pousse à prendre des mesures
de réaction. Tu te présenteras, — et c'est par là que
nous avons vu le succès couronner nos premiers

efforts, — tu te présenteras comme une sorte de
conciliateur entre les intérêts des uns et des autres;
et si tu pouvais arriver à réaliser cette alliance du
peuple et de la bourgeoisie, tu aurais fondé sur une
assise inébranlable l'ordre républicain. (Très bien!
très bien! — Applaudissements unanimes.)

Et alors, qu'est-ce que nous avons fait? qu'avons-
nous fait dans les Chambres, dans le pays? qu'avons-
nous fait dans la presse? Nous avons fait cette double
propagande, ce double prosélytisme; nous avons
parlé à la fois aux prolétaires et aux bourgeois,
essayant de les convaincre de part et d'autre, et nous
avons réussi. Car, Messieurs, ne l'oubliez pas, c'est
grâce au triomphe de cette politique que nous avons
vu d'abord l'adoption du régime républicain par le
pays dans son immense majorité; c'est grâce à cette
politique pratique, à cette politique expérimentale,
ayant ce caractère vraiment moderne et contemporain,
que la bourgeoisie a laissé de côté ses frayeurs, ses
aversions, ses antipathies; c'est grâce à cette politique
que l'on a pu installer dans les communes, dans les
conseils généraux, dans les départements, et faire
monter jusqu'aux grands pouvoirs publics, quoi?...
L'expression des vœux de cette partie de la nation
française que j'ai appelée les nouvelles couches sociales, qui sont aujourd'hui aux affaires et qui les
gèrent à la grande confusion, au dépit et à la rage des
partis vaincus, et pour la plus grande prospérité de
la France. (Applaudissements répétés.)

Cette politique, qui est véritablement nationale, car
elle s'adresse à tous les membres de la famille française, à l'ouvrier des champs, comme à l'ouvrier des
villes, à l'homme de labeur et d'étude dans son cabinet, comme à celui qui sert sa patrie sur les champs
de bataille, cette politique est celle qui dit à tous :
Désormais vous pouvez être absolument convaincus
que cette démocratie, par les exemples de sagesse

qu'elle a donnés, a assuré la sécurité de vos intérêts,
l'ordre dans la rue ; elle a fait qu'un grand peuple de
36 millions d'âmes peut vivre, que dis-je : peut vivre ?
peut se développer et grandir sous la forme républicaine, si bien qu'aujourd'hui, Messieurs, il ne s'agit
plus que d'une chose, et cette chose, nous l'aurions eue
si le scrutin de liste avait triomphé ; il ne s'agit que
d'en finir avec toutes les compétitions, avec toutes les
résistances, et de n'avoir plus qu'un peuple, comme
nous n'avons qu'un drapeau. (*Salve d'applaudissements.*)

De cette politique-là. Messieurs, j'ai le droit de dire
qu'elle a été couronnée de succès. Dès le lendemain
de nos désastres, elle a mis la France en état d'affirmer qu'elle avait sauvé son honneur, et depuis elle a
mis la France en état d'éblouir le monde de la richesse
de son crédit, en état de refaire à la fois sa sécurité
intérieure et son outillage matériel et économique,
en même temps qu'elle la mettait à même de refon-
dre cette immense coulée de bronze militaire que
l'Empire avait enfoui et perdu dans le désastre de
Metz et dans le gouffre de Sedan. (*Sensation. — Applaudissements.*)

Aussi, Messieurs, la France ainsi refaite, de qui se
réclame-t-elle aujourd'hui ? De la République, et rien
que de la République. Et, quant à moi, j'ignore les
nuances, et je ne veux pas chercher les distinctions
et les qualifications. Je l'ai dit une fois pour toutes :
Que me font à moi vos querelles personnelles, vos divisions en groupes et en sous-groupes ? que me font
les noms et les surnoms ? Tout cela ne m'intéresse
pas et n'intéresse pas la France. Elle ne reconnaît,
elle n'adore qu'une idée devant laquelle elle s'incline :
la République ! (*Double salve d'applaudissements.*)

Comment a-t-on obtenu ces merveilles ? Par la sagesse ; en démontrant à la majorité de ce pays-ci
l'excellence du régime républicain. Il n'aurait pas
suffi de faire la preuve, ce n'était là qu'une affaire de

dialectique et de passion de logicien, mais il fallait faire toucher du doigt les résultats matériels et moraux aux plus aveugles, aux plus résistants, aux plus passionnés, comme aux plus inutiles. Or, il est arrivé qu'un jour on a voulu mettre cette République en péril. Ce jour-là, le pays s'est levé tout entier, et rien que d'un coup d'épaule il a envoyé depuis le maréchal jusqu'au dernier des curés de France..... (*Vives acclamations.* — *Applaudissements plusieurs fois répétés.*)

Et dès le lendemain, que faisait-on? On installait sur le premier degré du pouvoir social l'homme que vous savez, l'homme qu'une vie sans tache avait désigné aux suffrages du pays, et j'ajoute : du monde civilisé. On ne se contentait pas de grandir la République en confiant ce dépôt précieux aux mains les plus pures et les plus sûres, on ramenait l'Assemblée à Paris, on rendait Paris à la France et la France à Paris, et, plus tard, quelques mois après, on rendait à leurs foyers et à leurs familles les vaincus de la guerre civile, on transformait l'administration générale du pays jusque-là confiée à des mains suspectes et criminelles, et on imprimait une impulsion inouïe à toutes les idées de développement et de progrès dans les écoles; on amassait les millions pour les répandre sur les déshérités de la fortune, et en moins de trois ans on faisait monter de 28 millions à 106 millions la dotation de l'émancipation intellectuelle du pays. (*Bravos et applaudissements.*)

Je n'en finirais pas si je vous entretenais de tout ce qui est sorti de l'œuvre de cette Assemblée qu'il est de mode de conspuer aujourd'hui, parce qu'elle n'a pas tout fait, parce qu'en quatre ans et en cinq cents séances elle n'a pas tout réformé, tout bouleversé, mis dessous ce qui était dessus, et dessus ce qui était dessous. (*Rires et applaudissements.*) Ce n'était pas là sa tâche; elle en avait une plus limitée et plus pure : elle avait la tâche d'en finir avec le pouvoir person-

nel, d'assurer le respect de la République, de relever
le crédit de la France au dedans et au dehors; et cette
tâche, je ne sais pas ce que les individus peuvent en
dire, je n'en dirai rien, quant à moi, car l'orgueil inspire de vaines et funestes pensées, mais le pays, mais
l'histoire diront que de toutes les Assemblées qui se
sont succédé en France, il peut y en avoir qui ont été
plus mouvementées et plus dramatiques, mais qu'il
n'y en a pas eu de plus foncièrement honnête et de
plus féconde.

Elle nous a rendu la liberté de la presse, — j'imagine qu'on en jouit aujourd'hui (*Sourires*); — elle
nous a rendu le droit de réunion que l'on nous mesu-
rait si parcimonieusement il n'y a pas dix ans, sous
l'Empire, par exemple, mais il y a seulement quatre
ans, car il m'a été interdit, en province, de me trouver
à table avec plus de sept personnes. (*Rires.*) Il est de
mode de dire aujourd'hui que la liberté de la presse
n'existe pas. Eh bien, je crois que dans aucun pays de
l'Europe, — entendez-le bien, — il n'existe une législation aussi libérale que celle dont vous a dotés la majorité des 363.

Elle a porté la main sur les autres problèmes politiques et sociaux. Elle a rendu d'abord à l'État ses
prérogatives légitimes en matière d'enseignement;
elle a sécularisé l'école et elle a entendu séculariser
aussi l'administration. Elle y a réussi, malgré les cris
de persécution et de martyre poussés par les capu-
cins de toute nature, de toute robe, de toute couleur
dont vous avez entendu suffisamment parler. (*Vive
hilarité. — Applaudissements.*)

Mais je ne veux pas prolonger cette partie de mon
discours qui appartient au passé. J'ai hâte d'arriver
au présent et de soulever, si je le puis, un coin du
voile qui nous cache l'avenir. (*Mouvement marqué d'attention.*)

Messieurs, je le répète, cette Chambre a laissé des

matériaux que celle qui lui succèdera devra mettre en
œuvre. Le pays, peut-être, renouvellera le mandat de
la Chambre qui vient de finir ; dans tous les cas il dira
dans sa souveraineté, d'ici à quelques jours, ce qu'il
en pense. Je l'ai déjà annoncé dans une autre enceinte
et dans un autre département : vous reverrez à peu de
chose près la même Assemblée. Je dois dire que, malheureusement pour nous, cette Chambre nouvelle ne
sera pas nommée au scrutin de liste. Mais nommée
avec ce mode de votation, la nouvelle Chambre eût été
à peu près la même que l'ancienne. Car il ne s'agissait pas tant de changer les hommes que de les éman-
ciper, de les grandir, de les élever au-dessus de ce
milieu trop restreint qui comprime les intelligences
les plus fortes, les esprits les plus indépendants. (*Bravos.*) Mais les hommes, vous les reverrez en grande
majorité. J'espère que notre pays, si vigoureux, si
avisé, si maître de ses volontés, même avec cet instrument défectueux du scrutin d'arrondissement, nous
enverra une Chambre nouvelle qui voudra être et qui
sera une Assemblée puissamment, — je souligne le
mot, — puissamment et efficacement réformatrice.
J'ai dit dans une autre enceinte, — et je n'y reviendrai
pas, — quelles étaient les conditions constitutionnelles
à l'aide desquelles on pouvait introduire plus d'harmonie dans les tendances et dans les vues des grands
pouvoirs publics. Cette question est une des principales préoccupations du pays. On n'a eu qu'à mettre,
pour ainsi dire, le doigt sur le pouls de la France : il
battait, on l'a senti battre, et immédiatement l'accord
s'est fait à peu près dans toutes les fractions du parti
républicain, sur la nécessité d'une réforme plus ou
moins étendue, mais nécessaire. (*Vive adhésion.*)

Mais à côté de cette réforme partielle il y a tout un
ensemble de réformes politiques et sociales qu'il faut
accomplir. Seulement, vous connaissez la méthode que
j'ai toujours préconisée devant vous : elle ne consiste

pas à tout aborder de front, à toucher à la fois à toutes les questions, à se mettre pour ainsi dire tous les matériaux de la maison à construire sur les bras, sauf à rester épuisé sous le fardeau, la maison ne se construisant pas. Non, ma méthode consiste à sérier les questions, à leur donner pour ainsi dire des numéros d'ordre et d'urgence.

Eh bien, je pense, j'estime que l'on peut envisager, — parce qu'il ne faut pas donner à la prochaine Chambre tout à faire, je crois qu'il serait beaucoup mieux de tracer un cadre, de faire un plan, de donner une mission, — je pense, dis-je, que l'on peut envisager et poser un certain nombre de questions sur la magistrature, sur la justice, par exemple.

UNE VOIX. — Et le divorce?...

M. GAMBETTA. — Le divorce? Eh bien, c'est une question qui rentrera, si vous le voulez, dans la réforme de la justice ou du code. Nous y viendrons tout à l'heure, je n'y fais aucune objection! (Rires et applaudissements.)

Je dis donc que nous avons à nous occuper avant toutes choses de la magistrature et de la justice, de l'école, de l'armée, de l'Église, de l'administration, de l'impôt et de la politique extérieure. (Mouvement d'attention dans toutes les parties de la salle.)

Sur la magistrature, je considère qu'il y a urgence immédiate. Si j'avais le droit d'élever une critique sur le passé, je regretterais, mais très haut, que l'on n'ait pas commencé l'ensemble des mesures réparatrices par une réforme radicale de la magistrature. (Bravos et applaudissements prolongés.)

En effet, je tiens que c'est surtout dans un État démocratique que la question de la justice et de la magistrature est la première de toutes les questions, car rien n'y est plus essentiel que la justice et le respect des lois. Or ces deux questions se tiennent, et l'on ne peut pas maintenir longtemps dans un pays le respect de la loi quand on ne maintient pas sévèrement le respect de ceux qui l'interprètent. (*Vifs applaudissements.*)

J'ai dit quelquefois, Messieurs, familièrement, — cette idée me revient, et comme je n'ai aucune espèce de vanité littéraire, je la reproduis sous la même forme. — j'ai donc dit souvent que je considérais que, dans un organisme, dans un mécanisme, pour parler plus clairement, que dans un mécanisme politique, dans un mécanisme démocratique, la justice et la magistrature étaient comme l'arbre de couche qui met en mouvement tout l'appareil. Quand cet arbre de couche, s'il est en bois, est véreux, qu'il est mangé aux insectes, et, s'il est en fer, quand il est rouillé, quand il est vacillant, quand il achoppe, quand il se heurte, tout s'arrête dans la mécanique, tous les ressorts sont faussés, et l'on peut dire que l'on est en présence d'une véritable calamité sociale. Eh bien, je dis que la magistrature dans notre société est cet arbre de couche; mais, Messieurs, la magistrature n'est pas un problème que l'on puisse réduire d'un mot; il ne suffit pas de dire : La magistrature sera réformée, et les juges seront nommés à l'élection ; il ne suffit pas de dire qu'on supprimera l'inamovibilité de la magistrature ou bien que l'on adoptera un système différent de nomination et d'avancement..... Non, ce n'est pas là, à mon sens, ce que l'on peut regarder comme la solution du problème de nos institutions judiciaires. Je crois que cette réforme, dans l'état actuel de nos mœurs et avec les difficultés ambiantes, pour être conduite promptement à bonne fin doit être envisagée de plus haut. Pour toucher à la magistrature, c'est-à-dire aux magistrats, il faut commencer par toucher à l'organisation judiciaire elle-même. (*Vive sensation.*)

Je m'explique :

Je désirerais, par exemple, que le juge de paix devînt un magistrat d'une compétence de plus en plus grande; que sa judiriction devînt très étendue, ce qui enlèverait autant aux tribunaux de première instance. (*Très bien!*) Je voudrais que cette magistrature de paix, une des plus merveilleuses inventions de 1790 et de 1791, devînt pour ainsi dire la préoccupation dominante du gouvernement, et que l'on s'attachât surtout à élever, à grandir en considération et en influence, en autorité et en crédit, le juge de paix qui vit au milieu de nos populations démocratiques.

Et puis, quand on aurait étendu la compétence de ce magistrat, je pense qu'il conviendrait de porter résolument la main sur l'existence des tribunaux de première instance ; il faudrait les réduire dans une proportion, — permettez-moi de le dire, — incalculable : il faudrait que l'on en laissât le moins possible ! (*Rires.*) Je voudrais, si cela était possible, si l'on pouvait surmonter les scrupules qui tiennent un peu au scrutin d'arrondissement, si l'on voulait prendre son parti de l'abandon de certaines habitudes, de certaines situations, de certaines influences locales, je voudrais, dis-je, réduire — je dirai presque qu'il faudrait supprimer tous les tribunaux d'arrondissement... (*Nouveaux rires et applaudissements répétés*)... et n'en avoir qu'un au chef-lieu.

Puis, au tribunal du chef-lieu, il faudrait réduire les chambres. Pour cela, il y a deux moyens :

Le premier, c'est la compétence étendue du juge de paix, dont je viens de vous parler.

Le second, c'est qu'au lieu de suivre la coutume, adoptée depuis soixante-quinze ans, de correctionnaliser les délits et les crimes, il serait bon de les décorrectionnaliser et de renvoyer au jury tout ce qui peut être soustrait aux juges correctionnels. (*Vifs applaudissements.*) Alors, vous auriez une économie considérable d'affaires et, par conséquent, de magistrats, ce qui est une vraie, une bonne économie. (*Rires approbatifs.*)

Ce n'est pas tout : je souhaiterais que les juges

fussent moins nombreux dans chaque chambre, et
voici pourquoi : c'est que j'ai bien vu comment on
juge, bien que je ne sois pas resté longtemps avocat...
C'est un peu votre faute... (*Rires.*) Mais enfin je crois
que, presque toujours, il n'y a qu'un ou deux juges
qui font la besogne pour les autres..... (*Sourires.*) Oh !
ce n'est peut-être pas la plus mauvaise manière de
faire la besogne, au contraire !.... car ce sont toujours
les plus laborieux, les plus habiles, les plus savants,
qui s'en chargent, et les choses n'en marchent que
mieux. Mais alors il vient tout de suite à l'esprit qu'il
serait bien plus simple de rendre à la vie privée ceux
qui ne prennent aucune part à la tâche commune.
(*Hilarité générale et applaudissements prolongés.*)

Continuons. Quand on aura ainsi restreint, dans de
fortes proportions, comme vous le voyez, le personnel et le matériel des tribunaux, on arrivera aux cours
d'appel.

Ici, Messieurs, je demanderais également que l'on
opérât une amputation extrêmement sérieuse. Il y a
27 cours en France : elles correspondent à de vieilles
situations, à de vieilles coutumes locales, je le veux
bien. Elles se sont illustrées par des générations, par
des familles de magistrats... Je n'ai rien à objecter
contre le lustre de ce passé, mais enfin, nous avons
singulièrement, depuis un siècle, rapproché les distances. Nous avons singulièrement aussi, je ne dis pas
facilité la procédure, car c'est encore un grief auquel
il faudra donner satisfaction à la prochaine législature ; nous avons, dis-je, simplifié les questions de
droit et de jurisprudence. Il n'y a guère aujourd'hui,
en effet, de questions juridiques qui n'aient été agi-
tées et tranchées. Je crois donc que l'on pourrait réduire le nombre des cours en raison de la facilité des
communications ; quand on se rend à un tribunal ou
à une cour, peu importe que la cour à laquelle on se
rend soit à trois ou quatre heures de voiture, ou à

cinq heures de chemin de fer, car la multiplicité et
la rapidité des communications ont facilité les rapports des juges avec les justiciables.

Supposez donc que l'on réduise le nombre des
cours ; que, dans chaque cour on réduise le nombre
des chambres, et que, dans chaque chambre on réduise le personnel... Ah ! alors, nous sommes en présence d'une réforme réellement pratique et réalisable !
Voilà comment je comprendrais que l'on posât la question, et j'en reviens alors, inévitablement, à ce procédé
que j'appelle la sélection. Vous aurez peu de juges,
peu de magistrats, et vous pourrez mieux les payer.
C'est là une grosse question, Messieurs, car soyez
sûrs que si l'esprit démocratique n'a pas fait plus de
chemin dans la magistrature depuis de longues années, cela vient de ce que les membres de familles
appartenant aux classes dirigeantes pouvaient se faire
une position dans l'ordre judiciaire quel que fût l'exi-
guïté du traitement. Mais je trouve que, dans une démocratie organisée, tout travail mérite un salaire rai-
sonnable ! (*Marques d'approbation.*)

Dès lors, je ne comprendrais pas que l'on touchât
à la magistrature sans faire trois choses à la fois :
prendre les juges parmi les hommes vraiment éclairés
et savants ; par conséquent, les choisir au concours,
à la suite d'épreuves, et leur faire une situation honorable et honorée afin que la question de fortune préalable ne se posât pas comme un obstacle en face du
candidat. (*Bravos et applaudissements.*) Enfin, en troisième lieu, ce que je voudrais, c'est qu'il n'y eût plus
d'avancement pour les magistrats et que leur situation fût tellement honorée et rentée, qu'ils n'eussent
plus aucune espèce d'intérêt à ce que l'on appelle
une promotion. Ils ne donneraient pas ainsi ce spectacle, qu'étant ce que l'on nomme inamovibles en
droit, ils sont, en réalité, tout ce qu'il y a de plus
amovible et de plus mobile.(*Rires et applaudissements.*)

Messieurs, ces réformes sont pratiques, possibles, raisonnables. Posée ainsi, la question n'est pas difficile à résoudre ; on ne peut pas lui opposer l'objection des droits acquis, puisque c'est une réforme qui porte sur l'organisation judiciaire, et qu'elle entraîne, comme conséquence de l'entreprise, la réforme du personnel. C'est donc ainsi que je comprendrais cette partie de la question ; mais je voudrais que cette réforme fût immédiatement suivie d'une autre, également importante pour les justiciables, qui consisterait à introduire dans la procédure une extrême simplification, afin de donner au petit, à celui qui n'a pas la possibilité de risquer sa bourse et d'engager la lutte du pot d'argile contre le pot de fer ; la facilité de plaider, d'ester en justice sans être obligé de s'arrêter parce que, comme dit le bon sens populaire, mieux vaut un mauvais arrangement qu'un bon procès. (*Vive approbation.*)

Je crois qu'il y a assez de lumières au sein des deux Chambres, au sein du gouvernement surtout, pour mener à bien très promptement cette réforme de la procédure.

Voilà donc, je le répète, ce que je crois réalisable et immédiatement applicable ; quand on aura fait ces réformes on pourra plus tard en faire d'autres et entrer dans une voie encore plus démocratique. Mais je me borne, selon mon habitude, à demander ce qui est possible et pratique, ne voulant pas faire ce que l'on a fait depuis cinq ans sous prétexte de mieux et d'absolu, — nous condamner à l'inanition. (*Vifs applaudissements.*)

Ainsi, Messieurs, vous ne verriez plus se produire des scandales comme ceux dont vous avez été témoins à l'occasion de certains procès, de certains décrets, de certaines poursuites, de certains magistrats, de certains journalistes. Nous avons vu, en effet, la magistrature française, dans une partie de ses membres, entrer en lutte avec le pouvoir, fouler aux pieds la loi

des lois, la Constitution, et ne rencontrer que l'impu-
nité ou des mercuriales que l'on accueillait le sourire
aux lèvres, puisqu'il ne s'agissait que de mercuriales.
(*Rires et salve d'applaudissements.*)

Je dis, Messieurs, que c'est là un scandale auquel
on mettra fin, et je pense, — car je parle ici pour
être entendu, — je pense que le scrutin du 21 août
sera de taille à nous donner satisfaction sur cet important chapitre. (*Bravos.*)

J'ai parlé ensuite de l'armée.

Messieurs, c'est là une question délicate qui tient
au cœur de tous les Français et sur laquelle, — on
peut le dire à l'honneur de notre temps, — il n'y a pas eu
de parti dans ce pays, depuis nos défaites; car lorsqu'il s'est agi de l'armée, de sa reconstitution, de sa
vitalité, de son honneur, tous les partis ont été réunis.
On ne comprendrait pas, en effet, — et je ne voudrais
pas croire qu'il pût en exister, — on ne comprendrait
pas qu'il y ait un parti qui persistât à se dire français
et qui osât porter la main sur ce qui est, surtout dans
le malheur, la suprême consolation et la suprême espérance : l'armée française. (*Longs applaudissements.*)

C'est donc d'une manière extrêmement prudente,
et pour ainsi dire inquiète, qu'il faut toucher à l'armée.
En lui distribuant ses drapeaux, on lui a donné de nouveaux chefs; et, je veux le dire en passant, ces nouveaux chefs ont su faire courir dans ses veines le respect de la République. (*Applaudissements.*)

La question qui s'est posée et qui se pose encore
pour l'armée, c'est celle de savoir quelle doit être la
durée du service.

Quand on a établi en principe, — malheureusement
trop tard, — le service obligatoire pour tous les Français, cette réforme impliquait, au nom de la moralité
et de la justice, non seulement le service obligatoire,
mais le service égal pour tous. (*Bravos.*)

On a manqué ce but, qui était celui qu'il fallait atteindre, et vous savez bien pourquoi, puisque c'est l'esprit politique de l'Assemblée de Versailles qui a présidé à la confection de la loi de 1872. J'ai résisté alors ; j'ai parlé contre ces dispositions exceptionnelles et exorbitantes ; mais là, comme ailleurs, il m'est arrivé d'être vaincu. Nous poursuivrons notre tâche, et nous travaillerons à remettre dans la loi cette égalité complète et parfaite qu'exige le respect de chaque Français pour le sang français. (*Bravos répétés.*) Oui, tout le monde, sans exception, passera sous les drapeaux ; ni les instituteurs, ni les congréganistes, ni les ecclésiastiques n'en seront exempts : il faut que tout le monde paye la même dette pendant le même temps. (*Double salve d'applaudissements. — Oui! oui!*)

Maintenant on dit : Le service devra être réduit à trois ans. Je le pense ; je l'ai toujours pensé, Messieurs. Je crois qu'en trois ans on peut faire, avec un Français surtout, non seulement un bon soldat, mais encore un excellent troupier, ce qui n'est pas la même chose. Seulement il faut, — qu'on retienne bien ceci, — il faut que ce soit trois ans effectifs, sans congés, trois ans consécutifs, car si ces trois années étaient fractionnées, brisées par des congés, des repos, ce serait le désordre et le désarroi. (*Applaudissements.*)

Mais il faut que ce service de trois ans, qui est, je l'ai déjà dit, la vérité militaire, soit précédé d'une constitution des cadres inférieurs, à l'abri de toute espèce de défaillance comme de toute espèce de lacune. (*Très bien! très bien!*)

Si, par malheur, on donnait le service de trois ans avant d'avoir assuré l'ossature de l'armée, c'est-à-dire ce qui en constitue la solidité et la résistance en temps de paix et le nerf et la vigueur en temps de guerre, vous auriez des troupeaux, vous n'auriez pas une armée. (*Adhésion générale et bravos.*)

Messieurs, on est déjà entré dans cette voie : on a examiné ce problème délicat et difficile, mais pour la

solution duquel aucun sacrifice ne nous a coûté et ne
nous coûtera; on est, dis-je, entré dans cette voie de
la création d'un corps solide de sous-officiers. On a
fait des lois que je trouve incomplètes, mais que je
considère comme excellentes dans les dispositions
qu'elles prescrivent. Ces lois, je le répète, ne sont pas
complètes. On a donné des primes d'engagement et
de rengagement; on a assuré des retraites; on a assuré, mais pas assez sérieusement et pas assez solidement, des positions civiles à nos sous-officiers : ce
n'est pas suffisant.

Il faut, de toute nécessité, — c'est une question de
vie ou de mort pour l'armée, et voilà de ces questions
sur lesquelles il ne faut pas transiger, — il faut que
le recrutement des sous-officiers soit assuré et qu'il se
fasse dans toutes les couches de la société. C'est pour
cela que je honnis, que je maudis le volontariat d'un
an, qui nous enlève la fleur de la jeunesse. Il faudra
donc supprimer le volontariat d'un an, non seulement
le volontariat à 1,500 francs qui n'était qu'une mesure
louche et équivoque, une restitution de l'ancien remplacement à prix d'argent, — celui-là personne ne le
défend parce qu'il n'est pas défendable dans une société démocratique fondée sur l'égalité, — mais encore l'autre volontariat que j'appellerai, permettez-
moi le mot, le volontariat d'agrément, de fantaisie.
Non! il ne faut pas de volontariat. Il est nécessaire
que tout le monde passe sous le même niveau; non
pas pour établir un service d'égalité à outrance, non;
mais parce que c'est dans ce réservoir de jeunes gens,
alimenté par toutes les artères de la France, que nous
trouverons l'intelligence, la fermeté, l'esprit d'obéissance et de bravoure qui nous sont nécessaires pour
pouvoir encadrer les masses que nous donnera la patrie! (Applaudissements prolongés.)

Voilà ce que je prends la liberté de soumettre à vos
réflexions. Comme vous et avec tous les esprits démo-

cratiques de ce pays, je suis partisan du service de trois ans ; mais je demande qu'au préalable on assure la constitution d'un cadre toujours neuf, toujours renouvelé, toujours solide de sous-officiers dans l'armée. (*Nouveaux applaudissements.*)

Messieurs, ce n'est pas tout ce que j'ai à dire sur ce point.

Non seulement je voudrais qu'on employât tous les moyens de recruter les sous-officiers, mais je ne reculerais pas devant la disposition législative suivante.

Je voudrais que l'on fît une loi qui n'aurait qu'un article et qui dirait : « A l'avenir, nul ne pourra être employé des finances s'il n'a été au moins un an sous-officier dans l'armée. » (*Très bien! très bien! — Bravos.*)

Et alors vous seriez sûrs, absolument sûrs que, par une disposition aussi simple, aussi facile, aussi légitime, on assurerait le recrutement non seulement actuel, mais indéfini de nos sous-officiers. (*Très bien! très bien!*) Telles sont les conditions préalables que j'exigerais, et c'est là, Messieurs, ce que j'avais à dire sur l'armée. Je ne voudrais pas aller plus loin, parce que les autres questions ne sont pas mûres. Celle-ci suffit largement à doter le pays d'une armée solide et à honorer le législateur qui l'aurait prise. (*Applaudissements.*)

Il y a maintenant l'école. Oh! sur ce point, on ne peut pas dire qu'il y ait beaucoup à faire. Il y a peu d'obstacles à surmonter; tout le monde est d'accord dans les rangs du parti républicain : majorité, minorité, centre gauche, gauche... — Je m'arrête, parce que je ne terminerais pas l'énumération. (*Sourires.*) Tout le monde, dis-je, est d'accord pour doter magnifiquement l'école. On ne fait, du reste, en cela, qu'exécuter le vœu unanime et impérieux du pays, qui sent bien que l'école est véritablement le séminaire de l'avenir (*Très bien! très bien!*), notre séminaire à nous, celui d'où sortiront des citoyens mûrs pour les difficultés de la vie intérieure et prêts aussi pour le service extérieur de la France : le séminaire républicain (*Vive approbation*) qui implique, à mon sens, cette triple nécessité : l'obligation, la gratuité, la laïcité. On a bataillé quelque temps sur le dernier terme ; on a équivoqué sur la laïcité : on a demandé à transiger, à modifier ; on a lutté pendant un jour, deux jours, trois jours ; on a marchandé. Messieurs, à toutes ces demandes, il faut répondre : Non, nous voulons l'Église chez elle et l'école chez elle ; l'instituteur absolument maître du lieu où il donne ses leçons et ne laissant franchir le seuil de sa demeure que par les représentants autorisés de l'État. (*Applaudissements répétés.*)

Et quand vous aurez pratiqué ce régime pendant une génération, quand vous aurez ensemencé de germes toute cette jeune France qui s'éveille à la vie, ah ! Messieurs, soyez-en sûrs, nos enfants et nos neveux se demanderont ce que nous pouvions bien vouloir dire en parlant sans cesse du spectre de l'ancien régime, de l'ordre moral ou de la réaction. (*Sourires.*) Ils ne comprendront rien à ces vieilleries, parce qu'ils n'auront pas eu à se faire à eux-mêmes leur libre examen et leur libre pensée, parce qu'ils l'auront sucée avec le lait de leur mère et avec la parole de leur maître d'école. Il leur semblera aussi naturel d'être éclairé dans leur intelligence que de l'être dans leurs yeux par la lumière du soleil. (*Très bien ! très bien. — Vifs applaudissements.*)

Vous aurez alors une France unie, partout semblable à elle-même, une France qui pourra véritablement, dans son repos et dans sa force, recueillir et réunir tous ses enfants. (*Vive approbation et applaudissements.*)

Mais ce n'est pas sur l'école que j'ai besoin de m'appesantir ; cette cause est gagnée, la victoire est assurée.

Il ne faudra purement et simplement, pour réussir, que frapper un peu fort à la porte du Sénat et dire : Ouvrez! c'est la France de l'avenir qui frappe et qui demande à entrer. (*Sensation. — Bravos et rires approbatifs.*)

Après l'école il y a l'Église. (*Mouvement.*) Je ne dis pas les Églises, parce qu'il est bien certain que si le sentiment public est préoccupé, que si la France a été inquiète après avoir été asservie, ce ne sont pas les Églises qui l'ont troublée; s'il y a eu une question cléricale, c'est qu'il y avait entre toutes les confessions religieuses et par excellence une Église qui avait pris à tâche de combattre l'esprit humain dans toutes ses libertés, dans toutes ses franchises, de ramener violemment la France aux pires traditions du passé et de s'opposer aussi bien à son expansion extérieure, — Messieurs, plus d'un gouvernement est tombé pour avoir contrarié l'Église sur ce chapitre, — qu'à son libre développement à l'intérieur; c'est que, comme on l'a dit, cette Église était une faction politique dans l'État, et c'est pourquoi l'on était sûr de frapper le véritable adversaire en plein visage en disant : Le cléricalisme, voilà l'ennemi ! (*Longs applaudissements.*)

On ne s'y est pas trompé ! Aussi vous pouvez voir, vous pouvez lire et entendre contre qui tout ce parti aux abois dirige ses diffamations et ses calomnies, et quels adversaires il a choisis entre tous. S'il y a quelque chose qui me surprend sans m'indigner, c'est de voir quels collaborateurs le cléricalisme rencontre sur son chemin. (*Bravos unanimes.*)

Le cléricalisme a été vaincu et abattu, mais il n'est pas mort. (*Mouvement.*) Et je pense qu'il y a mieux à faire qu'à le traiter selon des formules plus ou moins creuses. Il faut s'enquérir de ce qu'il détient encore de puissance administrative et publique; il faut se livrer à un travail minutieux d'enquêtes et d'investigations sur les forces de son influence et de son crédit; lui

couper foute espèce de communication avec l'administration laïque et politique; rayer ces privilèges, ces
prérogatives que lui confère le décret de messidor et
dont il tire si grande vanité; examiner son budget, le
réduire et le maintenir dans les limites de la législation concordataire; regarder de près à cette immense
fortune de mainmorte qui est un scandale dans ce pays
des Gaules, composé de paysans et de petits propriétaires; savoir enfin si l'impôt fonctionne sur tous ces
biens, acquis par des moyens plus ou moins légitimes;
or, il se trouve que précisément il ne fonctionne pas!
(*Rires approbatifs.*)

J'ai fait dresser une carte que je distribuerai à vos
comités; elle comprend tous les départements de
France où se trouve indiqué, par un système gra-
phique, l'état des biens d'Église touchés par l'impôt.
Je ferai distribuer aussi quelques exemplaires de cette
carte instructive à la presse *ad usum Delphini*. (*Rires.*)
Vous verrez que l'enquête qu'on a faite sur les biens
des congrégations religieuses est, permettez-moi de le
dire, une enquête d'amateurs, une enquête pour en
avoir fait une, mais une enquête à laquelle il manque
tout et le reste. (*Rires et applaudissements.*)

C'est mon opinion qu'il convient de regarder de près
tous ces biens de mainmorte, et que nous avons besoin
d'une législation qui les reprenne, les supprime, les
abolisse. (*Oui! oui! — Très bien! très bien!*)

Il n'y aura sur ce point qu'à s'inspirer des admirables travaux de la première Constituante, et ils le
savent bien! (*Rires.*)

Une voix. — Nous aussi.

M. GAMBETTA. — Alors, nous le savons tous, et ainsi
nous serons d'accord pour l'exécution. (*On rit.*)

Il conviendra en outre de regarder de près à une
chose extrêmement importante, je veux dire d'examiner le traitement qu'on alloue aux curés, aux desservants, aux vicaires, et qui s'élève chaque année à

45 millions. Messieurs, ce n'est pas là un traitement comme les autres, quand on examine un peu soigneusement la législation qu'on invoque, et que j'invoque tout le premier, le Concordat et les articles organiques. On doit ce traitement aux curés, mais on ne le doit pas aux desservants; on leur doit une indemnité; je dis que vous avez là, avant de passer à l'abolition du budget des cultes, à laquelle je ne me rallie pas, un moyen de gouvernement du clergé, et que vous avez de plus non seulement dans le Concordat, mais dans le simple Code pénal, toute une législation extrêmement tutélaire et protectrice, et des droits de l'État, et des droits des simples citoyens trop souvent livrés aux caprices des cléricaux. Avant qu'on porte la main sur le budget des cultes, je demande qu'on se rende compte, par des dispositions transitoires, de la série des moyens et des forces dont on dispose, pour empêcher cette hostilité du clergé et pour le forcer à être, lui aussi, le respectueux serviteur du régime que la France s'est librement donné. (*Mouvement prolongé.*)

Parlons maintenant de l'impôt.

Nous avons, — et c'est là ce qui pousse à la dernière limite du paroxysme le dépit et la rage de nos adversaires, — nous avons les finances les plus prospères que la France et même qu'aucun pays du monde ait jamais connues. Grâce à son habitude de l'épargne, grâce à son labeur incessant, grâce surtout à l'ordre que la République a maintenu, le pays a supporté avec une résignation et une magnanimité admirables les charges les plus lourdes de la guerre, et il a permis à son gouvernement de faire 300 millions de dégrèvements en moins de quatre ans.

A ce sujet, je crois qu'il serait bon non pas seulement d'étudier l'emploi de ces dégrèvements pour en faire bénéficier tour à tour les divers genres d'industries du pays, je crois qu'il faudrait encore pousser plus loin les recherches et se demander une bonne fois et résolument si le moment n'est pas venu de tenter l'essai de l'impôt le plus juste, le plus équitable, le plus moral de tous : je veux parler de l'impôt sur le revenu, de celui qui a pour but de mesurer la charge de l'impôt à la faculté du contribuable. (*Mouvement d'attention.*)

Cet impôt sur le revenu, je l'ai proposé, et je dois dire que j'ai été repoussé avec perte. (*Rires.*) Mais je maintiens ma proposition, je la reprendrai, je la crois excellente ; je crois que cet impôt, en dehors de l'avantage que j'indiquais tout à l'heure, et qui était inscrit dans la *Déclaration des droits de l'homme :* « Nul ne doit contribuer à l'impôt que proportionnellement à ses facultés » ; je crois, dis-je, que cet impôt a un immense avantage qui devrait le faire adopter ; je trouve qu'il est un frein pour le pouvoir. En effet, s'il y avait un impôt sur le revenu, le gouvernement serait obligé de calculer, non seulement à chaque année, mais à chaque entreprise qu'il voudrait faire, quelle en serait l'influence sur l'impôt sur le revenu. C'est une pompe aspirante et foulante qui porte sur la matière contribuable ; s'il y a un coup de pompe trop fort, le pays crie, et le gouvernement est jugé. (*Vive et générale sensation.*) Est-ce que vous ne pensez pas qu'il y a là un moyen de resserrer l'action du gouvernement, de l'obliger à compter avec les difficultés et de ne l'autoriser à se lancer dans une dépense qu'après avoir mûrement réfléchi et après s'être assuré les ressources nécessaires ? Car s'il faut que le gouvernement prenne un ou deux centimes de plus, il est à l'instant mis en défiance. (*Sensation.*)

J'ajoute que cet impôt est moralisateur, en ce sens que ceux qui se soustraient à l'impôt aujourd'hui seront obligés d'y contribuer proportionnellement à leurs ressources, et nous ne verrions plus ce scandale de gens logeant en garni, ayant 100,000 livres de

rentes et ne payant rien. (*Approbation.*) Il y a là une
réforme conservatrice de l'ordre. Il faut que ceux qui
payent l'impôt ne soient pas disposés à dire qu'il est
injuste, mal réparti.

Il y a une dernière considération. Avec ce genre
d'impôt, les générations qui se succèdent font réellement les frais de leurs entreprises. Aujourd'hui, les
générations contemporaines en lèguent la majeure
partie à celles qui viendront après elles; avec le système de l'impôt sur le revenu, elles en supporteraient
la plus grande partie : il y aurait là une condition de
justice et de moralité publique, qui ne saurait vous
échapper. (*Applaudissements.*)

On dit : Comment! vous voulez établir cet impôt?
Ce sera de l'inquisition, ce sera un impôt d'une vérification intolérable.

Je réponds deux choses : D'abord, cet impôt existe
dans beaucoup de pays, et n'y a pas donné lieu aux
récriminations et aux plaintes dont on nous menace
d'avance. En second lieu, je connais, dans notre beau
pays de France, beaucoup d'impôts qui occasionnent
infiniment plus de tracasseries aux contribuables:
l'impôt sur les boissons, sur la circulation, l'exercice
chez le distillateur et chez le fabricant. C'est là une
objection qui ne doit pas nous arrêter.

Il y aura des dissimulations, c'est possible, quoique
je croie que dans ce pays le caractère national soit
plus franc qu'ailleurs et que nous soyons moins hypo-
crites, moins dissimulés que beaucoup de nos voisins
qui se donnent des brevets de vertu parce qu'ils se les
décernent eux-mêmes. (*Rires approbatifs.*) C'est là un
petit inconvénient qui serait probablement compensé
par un défaut de caractère national que j'appellerai
tout court la vanité; il y a des gens qui seraient tentés
de faire une déclaration supérieure au chiffre de leurs
revenus. (*On rit.*) Ce serait autant de gagné pour le
fisc. Or le fisc c'est tout le monde.

Reste enfin l'administration. Là je pense aussi qu'il y a de grandes réformes à faire, surtout au point de vue des mœurs administratives. Je m'en suis expliqué : j'ai déploré que l'administration ne fût pas maîtresse chez elle ; j'ai regretté sincèrement que le pouvoir exécutif ne fût pas suffisamment le chef unique de ses agents, et que ses agents ne fussent pas suffisamment les maîtres dans leurs fonctions. On en a pris texte pour dire que j'étais un autoritaire. Il faut entendre ces choses comme je les ai dites. Mon sort serait, après tout, acceptable si on voulait ne m'imputer que ce que je dis et ce que je fais, et non ce que m'attribuent les journaux et mes adversaires. Il ne se fait rien dans une administration sans qu'on en fasse retomber la responsabilité, la faute, sur votre serviteur, qui n'y peut rien. J'ai réclamé l'indépendance de l'administration : j'ai dit que les administrations étaient les intendants de la fortune de la France, qu'elles étaient les serviteurs du suffrage universel.

Le suffrage universel ayant parlé, à partir de ce moment, le gouvernement qu'il s'est donné doit être libre dans la sphère de ses pouvoirs, libre de toutes les sollicitations, de toutes les coalitions, de toutes les tentatives que l'on fait pour entreprendre sur ses prérogatives. Nous sommes dans une démocratie, et non dans un régime de faveur ; nous avons une démocratie élective, et non le gouvernement d'une maison privilégiée qui voit pulluler les créatures autour d'elle.

Quand je défends l'administration à ce point de vue, je dis que je suis plus libéral, plus démocrate que ceux qui prétendent qu'on doit tout livrer aux pratiques, aux compétitions et aux influences parlementaires. (*Bravos et applaudissements.*)

Maintenant, au point de vue des relations de cette administration générale de l'État avec les corps électifs et avec les individus, voici ce que je pense. Je

pense que la centralisation politique, c'est-à-dire le
lien qui rattache toutes les parcelles du territoire
français au centre du pays, c'est-à-dire à l'État qui
est tout le monde, je pense que ces liens doivent être
maintenus au-dessus de toute atteinte, de tout relâchement, car je n'oublie pas que si la France a été
dans tous les temps une puissance unitaire, elle a
besoin de le redevenir. (*Vifs applaudissements.*) Eh
bien, je dis que ce lien de centralisation politique doit
être maintenu intact au nom des intérêts supérieurs
de la France. Est-ce à dire que je sois partisan de
l'asservissement des corps électifs? Est-ce à dire que
je voudrais voir exercer une tutelle exagérée sur les
affaires locales? Non, loin de là! Je pense, au contraire,
que chacun des corps électifs doit avoir sa sphère
d'action parfaitement libre; je pense que nos communes de France, que je trouve trop petites, devraient
être groupées de manière à porter leur existence et
leur développement au canton. Le canton, voilà pour
moi le point de départ d'une réorganisation administrative du pays. Je voudrais que ces communes,
grosses ou petites, de quelque nom que vous voudrez
les nommer, eussent chacune leur force propre, que
chaque commune eût le droit de gérer ses biens, d'emprunter, d'hypothéquer à ses risques et périls et d'être
véritablement propriétaire dans le domaine de ses
intérêts purement locaux.

Mais, dans tout ce qui a rapport à la sécurité de
l'État, à l'impôt, à l'armée, à l'exécution uniforme
des lois, oh! là-dessus, il m'est impossible de conférer
à une commune, ni petite, ni grande, rien qui puisse
ressembler à une mutilation de la patrie. (*Vive approbation.*) Voilà ce que je pense de la réforme de l'administration.

Une voix. — Et les maires?

M. Gambetta. — Oh! quant aux maires, vous savez
mon opinion. J'ai défendu contre le ministère actuel,

lorsque la loi a été présentée, le droit à la nomination
des maires. Par conséquent, je n'insiste pas.

Il reste une grosse question : c'est la question de
la liberté d'association. Il est urgent, il est nécessaire
d'aborder résolument cette question, et tout de suite.
Il faut que le droit d'association appartienne à tous
indistinctement. Je m'explique : à tous les citoyens,
à tous ceux qui se réuniront, non pour abdiquer leur
individualité, mais pour la multiplier dans le travail
et dans l'association des énergies, à tous ceux qui se
réuniront pour un intérêt vraiment moderne et national à un degré quelconque pour se faire à eux-mêmes
une charte et des statuts, et non pour les recevoir
d'un étranger qui du dehors leur dicte des lois. (*Vive
approbation.*) Je veux que ce droit soit véritablement
compris comme la mise en œuvre de la liberté du travail, comme la mise en œuvre de l'association des
épargnes pour la production, pour toutes les œuvres
qui intéressent l'économie sociale et politique de ce
pays. Mais permettez-moi, au risque d'être appelé
illibéral ou autoritaire, de dire qu'il y a des associations, autorisées ou non, que je ne reconnaîtrai
jamais, pour ma part, comme investies du droit d'association, parce que leur but, leurs principes, leurs
tendances, répugnent à tout ce que nous aimons et à
ce qui constitue la nature même de la France. (*Bravos et applaudissements.*)

Par conséquent, liberté d'association pour le monde
des travailleurs, pour les associations professionnelles,
pour les syndicats, pour les groupes de toute espèce;
mais quant aux autres, permettez-moi le mot, pour
les moines, non. (*Nouveaux applaudissements.*)

Messieurs, je crois que la tâche est suffisamment
large; je crois que, bien remplie, elle servirait puissamment à augmenter la prospérité du pays et ferait
un grand honneur à tous ceux qui y auraient pris
part.

Je m'arrête là. Vous connaissez maintenant toute
ma pensée. Je pourrais ajouter un mot sur ce qu'on
appelle la politique extérieure de la France, plutôt
pour répondre d'ici à des accusations sans portée et
sans valeur que pour vous édifier sur la politique du
gouvernement de la République et sur l'esprit qui
anime ses Assemblées. A la politique extérieure, je
ne demande qu'une chose : c'est d'être digne et ferme ;
c'est de se maintenir les mains libres et les mains
nettes (*Vifs applaudissements*) ; c'est de ne choisir personne dans le concert européen et d'y être bien également avec tout le monde ; c'est de ne chercher dans
les négociations et dans les tractations commerciales
que les points de contact qui, par les intérêts simi-
laires des nations qui vivent sur la vieille Europe,
peuvent présenter l'occasion de rapports internatio-
naux, d'entente et de concours ; c'est de se considérer
dans le monde, non pas comme isolée, mais comme
parfaitement détachée des sollicitations téméraires ou
jalouses (*Applaudissements unanimes*) ; c'est de considérer que le gouvernement de la République est, avant
tout, un gouvernement de volonté nationale, et que
le pays, au lendemain de ses désastres immérités, a
trop bien vu vers quelle fondrière on entraînait sa
fortune quand on changeait tous les jours de politique
extérieure, d'amitiés, d'alliances, d'entreprises et de
visées ; c'est de dire : Désormais la France n'appartient
qu'à elle-même, elle ne favorisera les desseins ni des
ambitieux du dehors ni des dynastiques du dedans ;
elle pense à se ramasser, à se concentrer sur elle-
même, à se créer une telle puissance, un tel prestige,
un tel essor, qu'à la fin, à force de patience, elle
pourra bien recevoir la récompense de sa bonne et
sage conduite. (*Vive et profonde sensation. — Longs
applaudissements.*)

Chers concitoyens, il me semble, quant à moi, que
lorsque je vois la société française progresser dans le

calme, dans la liberté, dans le travail, il viendra bien
un jour où les problèmes posés se résoudront peut-
être par le progrès du droit des gens et par le triomphe de l'esprit pacifique. Il n'y a pas que l'épée pour
délier les nœuds gordiens; il n'y a pas que la force
pour résoudre les problèmes extérieurs; l'esprit de
droit et de justice est bien aussi quelque chose. Et
qui donc oserait dire qu'il ne viendra pas un jour de
consentement mutuel pour la justice dans cette vieille
Europe dont nous sommes les aînés? Qui donc oserait
dire que c'est là un espoir chimérique? Je ne crois
pas dépasser la mesure de la sagesse et de la prudence
politiques en désirant que mon gouvernement, que
ma République, la République démocratique que vous
savez, soit attentive, vigilante, prudente, toujours
mêlée avec courtoisie aux affaires qui la touchent dans
le monde mais toujours éloignée de l'esprit de confla-
gration, de conspiration et d'agression. Et alors je
pense, j'espère que je verrai ce jour où, par la majesté
du droit, de la vérité et de la justice, nous retrouverons, nous rassemblerons les frères séparés. (*Émotion
générale. —Applaudissements et acclamations répétés. —
Cris : Vive la République! Vive Gambetta!*)

M. GAMBETTA. — Ne criez pas : Vive Gambetta! On
dirait encore que c'est la dictature! (*Rires. —Hilarité
générale. — Très bien! très bien!*)

Voilà, Messieurs et chers concitoyens, vous mes
parrains de Belleville, voilà ce que je voulais vous
dire, voilà ce qui constitue, au milieu de vos préoccupations locales, les inspirations de la politique générale, que je m'efforce de ne jamais perdre de vue, pour
le maintien et l'affermissement dans le pays tout entier de la République à laquelle j'ai dévoué tout ce
que j'ai de force et de vie. (*Triple salve d'applaudisse-
sements. — Mouvement unanime. — Bravos et acclamations prolongés. — Cris répétés de : Vive la République!
Vive Gambetta!*)

« M. Monlas demande et obtient la parole. Dans un discours qui est interrompu fréquemment par les exclamations et les rires de la réunion, il reproche à M. Gambetta de n'avoir rien fait pour le peuple. Si les 363 étaient réélus, si Paris avait le malheur de voter comme aux dernières élections législatives, il faudrait craindre que l'étranger envahît la France.

M. GAMBETTA. — Le citoyen qui descend de la tribune vient de me déclarer déchu de mon mandat au nom du peuple et en son nom...

Une voix. — Pas lui tout seul!

M. GAMBETTA. — Eh bien, Messieurs, vous vous compterez. Je vous connais. Le suffrage universel parlera le 21 août et nous saurons combien vous êtes. (*C'est cela!* — *Très bien! très bien!* — *Applaudissements.* — *Vive la République! Vive Gambetta!*)

Citoyens, nous aurons une nouvelle réunion le 16 août. Je ne vous demande qu'une chose, c'est de vouloir bien, ce jour-là. me continuer la patience et l'attention dont vous m'avez honoré ce soir, et dont je vous remercie. Je vous dis : Au revoir! »

DISCOURS

Prononcé le 16 août 1881

A LA SECONDE RÉUNION ÉLECTORALE DU XX° ARRONDISSEMENT

A CHARONNE

(PARIS)

Après avoir traité des réformes politiques dans le discours de Ménilmontant, M. Gambetta se proposait d'étudier dans la seconde réunion, à Charonne, les réformes sociales. La coalition des intransigeants et des bonapartistes l'en empêcha.

Nous reproduisons, d'après la *République française* du 17 août, le compte rendu de la réunion de la rue Saint-Blaise :

RÉUNION ÉLECTORALE DU XX° ARRONDISSEMENT

(Compte rendu sténographique *in extenso.*)

« La séance est ouverte à huit heures et demie.

« L'entrée de M. Gambetta est saluée par les cris de : Vive la République ! Vive Gambetta ! En même temps des sifflets se font entendre dans une partie de l'assemblée.

« Il est procédé à la constitution du bureau :

« Sont élus :

« MM. le docteur Métivier, président ;
   Garnier, premier assesseur ;
   Rabagny, deuxième assesseur ;
   Bureau, secrétaire.

« Plusieurs membres réclament la nomination de M. Réties comme assesseur.

« M. Métivier, président. — La parole est donnée au citoyen Gambetta pour développer son programme.

M. GAMBETTA. — Citoyens... (*Réclamations et bruit.
— Interruptions diverses.*)

Plusieurs membres. — Réties! Réties! (*Nouveau bruit.*)

M. GAMBETTA. — Citoyens, il est impossible... (*Nouvelles interruptions et bruit.*)

Citoyens, est-ce que vous êtes le peuple de Paris?
Comment! dans Belleville, dans Paris, la démocratie
républicaine est réunie, et voilà le spectacle qu'elle
donne! Et vous vous prétendez dignes de la liberté!

Je vous rappelle au respect de vos concitoyens; je
vous rappelle au respect de vous-mêmes! (*Très bien!
très bien! — Applaudissements et acclamations prolongées.*)

Comment! vous êtes ici dix mille citoyens, et vous
seriez dix mille condamnés à l'impuissance par une
poignée d'énergumènes? Croyez-vous que ce soit ainsi
qu'on fonde les mœurs d'une démocratie véritablement maîtresse d'elle-même? (*Nouveaux applaudissements. — Un coup de sifflet se fait entendre.*)

Citoyens, celui qui siffle est un lâche. — (*Oui! oui!
— Vive adhésion. — Mouvement.*)

Voix nombreuses. — Parlez! parlez!

M. GAMBETTA. — Je ne demande qu'à parler; je ne
demande qu'à vous dire la vérité. (*Tumulte.*)

Silence aux braillards! silence aux gueulards!
silence à ceux qui n'ont ni pudeur ni conscience!
(*Oui! oui! Bravos et acclamations. — Cris répétés de :
Vive Gambetta!*)

Comment! je viens ici!... Comment! vous seriez
impuissants à rétablir l'ordre et à assurer la liberté
de la tribune? Et vous voulez que demain, quand Paris
lira le compte rendu de cette réunion, que la France
vous jugera, vous voulez qu'on dise que vous n'avez
pas les mœurs de la liberté, que vous n'avez que celles

de la servitude par la violence! (*Nombreux applaudissements.*)

Vous savez bien que si vous m'écoutiez, je suis
homme à soutenir la contradiction. (*Bruyantes dénégations dans une partie de la salle.*)

Ah! il est plus facile de crier : Non! sans savoir ce
qu'on dit, parce qu'on a peut-être été payé pour dire :
Non! (*C'est cela! Très bien! très bien! et applaudissements. — Tumulte continu.*)

Mais, entendez-le bien, il ne dépendra pas d'une
minorité de braillards d'étouffer la vérité; il ne dépendra pas des énergumènes qui les ont poussés ici
que la vérité et la justice aient leur jour et leur
triomphe, surtout ici, dans ce vingtième arrondissement que vous pouvez bien troubler, mais que vous
serez impuissants à déshonorer et à pervertir. (*Applaudissements et vive adhésion.*)

Quant à moi, il y a longtemps, vous le savez, que
je vous connais, il y a longtemps que je vous démasque
et que je vous juge; et ce n'est pas un tumulte encore
plus ridicule qu'il n'est odieux qui pourra jamais
arrêter ni ma parole ni ma pensée. (*Applaudissements
et acclamations. — Nouvelles interruptions et bruit.*)

Vous ne voulez pas me laisser parler?... Eh bien,
j'ai dit assez de choses dans ma vie; mes sentiments
et ma politique sont assez connus pour qu'il soit
nécessaire de les développer une fois de plus.

Mais écoutez bien ces mots par lesquels je me
résume : Vous qui criez, vous qui hurlez, jamais je
ne vous confondrai avec le peuple, avec le vrai peuple.
Vous accusez l'homme qui est ici d'être un dictateur;
savez-vous ce que vous êtes? (*Mouvement. Cris redoublés.*) Le savez-vous?... Vous êtes des esclaves ivres et
par conséquent irresponsables. (*Salves d'applaudissements.*)

Je n'ai qu'un mot, un seul à mot ajouter, c'est celui-
ci : Le 21 août, le scrutin des vrais et loyaux citoyens

me vengera de cette infamie... (*Nouvelles salves d'applaudissements. — Interruptions et bruit.*) Quant à vous, le lendemain du scrutin, vous reviendrez, poignée de braillards, à vos vieilles habitudes. Mais, sachez-le bien, je saurai vous trouver jusqu'au fond de vos repaires... (*Applaudissements répétés. Le tumulte continue.*)

Je n'en ajouterai pas davantage. Je suis ici, et je tiens à y être parce que je suis le mandataire fidèle, constant, permanent, des républicains du vingtième arrondissement ; quant aux autres, je les méprise et je les condamne comme les condamnera le verdict populaire. (*Longues acclamations. — Applaudissements et bravos. — Cris répétés de : Vive la République ! Vive Gambetta !*)

« M. Métivier, président. La séance est levée.

« Il est neuf heures moins cinq minutes. »

La *République française* ajoute à ce compte-rendu les renseignements complémentaires suivants :

« Huit à dix mille personnes emplissaient le vaste enclos de la rue Saint-Blaise, enclos couvert en petite partie seulement par un toit sous lequel est élevée l'estrade. Ce hangar, clos d'un côté par des toiles, est éclairé par des globes électriques qui laissent dans l'ombre presque toute la partie non couverte ; cette circonstance est excellente pour les fauteurs de tapage, détestable pour l'orateur qui parlera littéralement en plein air et dont la voix ne pourra dominer le tumulte.

« La foule, qui se presse à étouffer sous le hangar et en dehors, malgré la pluie, est assez calme jusqu'au moment où l'on procède à la constitution du bureau. Mais alors le bruit commence, pour ne plus s'arrêter. Les obstructionnistes intransigeants auxquels se mêlent un certain nombre de bonapartistes bien connus dans l'arrondissement, ont mieux pris leurs mesures que les organisateurs de la réunion. Ils se sont répandus par petits groupes dans l'assistance ; un certain nombre d'entre eux, forçant les portes de derrière après l'entrée de M. Gambetta, ont envahi le fond de l'estrade au nombre de trois cents environ ; ils parviennent à réduire à l'impuissance huit ou dix mille citoyens paisibles.

Il faut rendre cette justice aux meneurs « qu'ils avaient bien choisi leur personnel. Jamais on n'entendit un tapage plus persistant ; et si, comme le disaient tout haut beaucoup de braves gens, les braillards étaient payés, ils ont honnêtement gagné leur argent.

« L'immense majorité s'est retirée, emportant de cette triste séance une impression qui ne répond certainement pas à ce qu'espéraient les intransigeants et qui peut se résumer dans ce mot, entendu à la sortie : « Il faut qu'ils aient bien peur de Gambetta pour l'empêcher de parler ! »

Le *Temps* du lendemain (17 août) donne dans les termes suivants un récit très exact de la fin de la réunion de Charonne :

« M. Métivier ayant déclaré la séance levée, M. Gambetta prend son chapeau, salue et disparaît. Son départ a causé une immense déception. Songez que, pour les gens de bonne foi qui étaient venus là de tous les coins de Belleville, à travers la boue et le mauvais temps, entendre le célèbre orateur était une fête dont une misérable cabale les privait. Il y en avait qui, depuis trois heures, se tenaient dans la cour sous la pluie qui n'a cessé de tomber, sans parapluie, car on les avait fait fermer pour découvrir l'estrade. Leur irritation contre les tapageurs s'est manifestée en une ou deux occasions d'une façon un peu vive, et il y a eu quelques coups de poing distribués. Pendant près de dix minutes, la foule est restée serrée autour de l'estrade, visiblement stupéfaite de l'issue de la scène à laquelle elle venait d'assister et quelque peu honteuse de n'avoir pu l'empêcher. On semblait ne pouvoir croire que cela fût terminé ainsi. Personne ne sortait.

« Le citoyen Réties a alors pris possession d'une tribune que personne ne lui disputait plus. Il a essayé de parler, mais chaque fois des huées, des sifflets et des cris de : Vive Gambetta ! lui ont couvert la voix. A la fin il est parvenu à crier :

— Citoyens, voilà une belle journée pour la République.

« Ce qui, malgré la tristesse que la soirée causait à la plupart des assistants, n'a pas laissé que de provoquer des éclats de rire.

« Voyant que la foule ne se dispersait pas, le propriétaire de l'enclos a fait éteindre les lampes électriques et le public

s'est enfin dispersé. Au dehors des groupes échangeaient à
haute voix leurs impressions en se retirant. Les uns, tout à
leur émotion, s'indignaient de ce qu'on ait pu refuser la
parole au plus grand orateur de notre temps ; les autres,
s'occupant du jugement des électeurs, disaient : Les intransigeants viennent de faire une bêtise. L'avis général était
que l'intransigeance venait de donner de sa façon d'entendre
la liberté une idée qui ne la recommandait guère.

« Deux arrestations ont été opérées dans cette soirée. Un
porteur d'affiches du comité révolutionnnaire ayant voulu
rompre la ligne d'agents qui barrait la rue Saint-Blaise, a
été arrêté pour avoir insulté les agents. Un de ses camarades, qui était allé le réclamer au poste, s'est mis à injurier
l'officier de paix et a été également consigné. »

« Le comité républicain radical de Belleville adressa aussitôt aux électeurs la protestation suivante :

« Citoyens,

« Les comités républicains radicaux du vingtième arrondissement s'associent énergiquement à la protestation de leur
candidat. Il ne dépend pas d'une poignée de drôles, venus
on ne sait d'où, de déshonorer le suffrage universel, d'at-
tenter aux droits des citoyens, de remplacer la discussion
par des tumultes de sauvages. Il nous reste la liberté du
vote, et il ne se trouvera pas dans le vingtième un républicain digne de ce nom qui ne voudra venger, au 21 août, par
son suffrage porté sur le citoyen Gambetta, le droit de
réunion violé et la liberté de la parole opprimée.

« Concitoyens,

« Notre vingtième arrondissement n'a pas figuré jusqu'ici à
l'avant-garde de la démocratie pour subir sans protestation
les lâches attentats d'une tourbe sans honneur et sans patrie.

« Vive la France !

« Vive la République !

« La commission exécutive :

« BUREAU, BOUVET, GALLAND, LEBÈGUE, MUGNIER,
JOLY, NOURRY, LECESNE, POMMIER, DÉSENFANT,
LECLER (Edme), H. PALUT. »

Cette déclaration fut affichée dans les deux circonscriptions du XXᵉ arrondissement, en même temps que le compte-rendu sténographique de la réunion de Charonne.

De nombreuses protestations furent adressées à M. Gambetta de tous les côtés de la France par les comités républicains, les associations syndicales, le cercle des Alsaciens-Lorraine, etc. Presque tous les journaux républicains de Paris et de province s'élevèrent avec indignation contre les scènes scandaleuses de Charonne. (Le *Temps*, le *Journal des Débats*, l'*Union républicaine*, le *Rappel*, le *XIXᵉ Siècle*, le *Petit XIXᵉ Siècle*, le *Soir*, le *Globe*, le *National*, le *Siècle*, le *Parlement*, l'*Estafette*, l'*Évènement*, la *Presse*, la *Liberté*, *Paris*, le *Mont-Aventin*, le *Télégraphe*, le *Gaulois*, l'*Indépendant*, la *Ville de Paris*, le *Mot d'Ordre*). Les journaux de la réaction et de l'intransigeance s'unirent dans une parfaite satisfaction le *Figaro*, la *Défense*, le *Napoléon*, le *Pays*, le *Triboulet*, le *Citoyen*, l'*Intransigeant*, la *Justice*, l'*Univers*, le *Monde*, l'*Ordre*, le *Petit Parisien*, la *Gazette de France*, l'*Union*, le *Français* et la *Civilisation*). La *Lanterne*, la *France* (dirigée par M. Genty) et la *Paix* (journal officieux de l'Élysée) plaidèrent les circonstances atténuantes.

Le 17, le scandale de Charonne eut sa réédition dans le XIᵉ arrondissement où la meute intransigeante envahit la tribune et empêcha MM. Édouard Lockroy et Floquet de prendre la parole. Les deux candidats républicains, après avoir essayé de lutter contre le vacarme et le désordre, durent se retirer. M. Floquet fut frappé violemment à plusieurs reprises.

En même temps, les meneurs intransigeants essayèrent contre M. Gambetta d'une nouvelle manœuvre dont nous reproduisons le récit d'après la *République française* du 19 août :

« 18 août. — Les intransigeants ne devaient reculer devant aucune infamie. Aujourd'hui, le journal de M. Rochefort annonce que M. Gambetta, doutant de sa réélection à Belleville, a posé sa candidature dans l'arrondissement de Vouziers (Ardennes), et qu'il a manqué ainsi à la parole qu'il avait donnée de ne pas solliciter d'autres suffrages que ceux du vingtième arrondissement de Paris. L'*Intransigeant* ajoute qu'il tient à la disposition de ses lecteurs un bulletin de vote imprimé à Paris et certainement expédié par les soins du comité de la rue de Surène. Il reproduit même un *fac-similé* de ce bulletin ainsi conçu :

Élections législatives du 21 août 1881.

ARRONDISSEMENT DE VOUZIERS.

LÉON GAMBETTA

Paris, imprimerie E. Maitre, 5, rue Vivienne.

« Eh bien, nous n'hésitons pas à répondre à M. Rochefort que si quelqu'un a menti en cette circonstance comme en beaucoup d'autres, c'est lui, et qu'il a menti sciemment, car il sait par qui ces bulletins, qui existent en effet, ont été commandés, par qui ils ont été expédiés, et dans quelle intention misérable et honteuse. Le seul candidat républicain (nuance Union républicaine) de l'arrondissement de Vouziers est l'honorable M. Péronne, député sortant. Les journaux des Ardennes pendant toute la durée de la période électorale, n'ont fait aucune allusion à la candidature de M. Gambetta, et la *République française* a porté le nom de M. Péronne sur la liste générale des candidats républicains qu'elle a publiée dans son numéro du 17 août.

« Cela suffirait pour démontrer l'ignominie de la nouvelle machination inventée par le journal officiel de l'intransigeance. Mais ici la lumière est aussi complète que possible : on sait, on a la preuve que les bulletins au nom de M. Gambetta ont été commandés à M. Maitre, imprimeur, rue Vivienne, par un agent de la faction et adressés au meneur de l'intransigeance à Vouziers. Cette indigne manœuvre avait pour but de faire échec au député républicain et, par une diversion, de servir la candidature réactionnaire et cléricale du baron Ladoucette.

« M. Gambetta, informé de l'abus que des gens sans scrupules voulaient faire de son nom, avait immédiatement répondu par une dépêche indignée, dans laquelle il exprimait à nos amis de Vouziers les vœux qu'il forme pour le succès de la candidature de M. Péronne.

« Telle est la vérité. Nous la livrons sans autre commentaire aux réflexions de nos concitoyens. Ils y trouveront la

mesure de l'honnêteté des intransigeants. Cette dernière
fourberie achève de les dévoiler.

« M. Gambetta n'a accepté et n'acceptera aucune autre
candidature que celle de Belleville. »

L'affiche suivante fut immédiatement apposée dans le
XX⁰ arrondissement :

MANŒUVRE ÉLECTORALE.

« Citoyens,

« La violence ne suffit pas.

« Les calomnies accumulées depuis plusieurs années par
la coalition monarchico-intransigeante contre le député du
vingtième arrondissement ne suffisent pas.

« L'heure de l'élection approche.

« Des manœuvres électorales à la hauteur de la moralité
de nos adversaires, commencent.

« Voici la première :

« Le citoyen Gambetta a reçu la dépêche télégraphique
suivante :

« Vouziers, 17 août, 9 heures 45 matin.

« De Voncq partent des bulletins imprimés portant votre nom;
évidemment, cela a pour but de nuire à Péronne et de favoriser
Ladoucette. — Indignation générale. *Signé :* HENRIONNET.

(L'affiche reproduit ensuite l'article que le journal *l'Intransigeant* a publié sous le titre de : *M. Gambetta a menti*, et
continue ainsi :)

« C'est un mensonge !

« Voici la réponse du citoyen Gambetta :

« Henrionnet à Vouziers (Ardennes).

« Cette manœuvre honteuse de distribuer des bulletins de vote
à mon nom ne trompera personne, je l'espère bien. Je profite de
cette occasion pour vous envoyer tous mes vœux pour le succès
de la candidature républicaine de M. Péronne.

Signé : GAMBETTA.

« Et maintenant, citoyens, appréciez et jugez !

Les délégués des comités radicaux du XX⁰ arrondissement :

P. LEBÈGUE, MUGNIER, ROUVET, H. BUREAU, LECLER (E.),
NOURRY, DÉSENFANT, LECESNE, POMMIER, JOLY, JOUS-
SAUD, PALUT, GALLAND.

Vu : LÉON GAMBETTA.

Les affiches suivantes furent encore apposées le 19 et le 20 août dans le XX° arrondissement :

Les délégués des chambres syndicales et des diverses associations ouvrières de Paris ont, dans une réunion tenue le 19 août, décidé d'adresser l'appel suivant aux ouvriers du vingtième arrondissement :

AUX OUVRIERS DU XX° ARRONDISSEMENT.

« Nous, membres de chambres syndicales et d'associations ouvrières de Paris, venons protester contre l'attentat fait à la liberté par une faction anarchiste et révolutionnaire s'intitulant *parti ouvrier.*

« Les ouvriers républicains doivent repousser toute solidarité avec ces hommes, qui se cachaient au moment du danger et qui relèvent aujourd'hui le drapeau de la révolte.

« Ouvriers, céderez-vous devant cette minorité factieuse qui n'a pour but de tout détruire sans avoir rien de pratique à mettre à la place ?

« Céderez-vous devant ces meneurs qui n'ont pour eux que l'insulte et le tapage ? devons-nous laisser donner à la France un tel exemple de désordre ? Non, nous le devons pas.

« Que demandons-nous ? des réformes ; et nous croyons fermement que l'heure est venue de les réaliser.

« Nous voulons l'ordre qui assure le travail.

« Nous voulons le bien-être pour tous les travailleurs.

« Nous voulons une République qui nous assure des solutions sociales.

« En conséquence, nous vous engageons, pour obtenir ces résultats, à continuer votre confiance au vaillant patriote, à l'homme de progrès partisan et défenseur de toutes les libertés.

« Pour le travail,

« Pour le progrès,

« Pour la République,

« Votez tous pour le citoyen Gambetta.

« Vive la France !

« Vive la République !

(Suivent les signatures de deux cents ouvriers appartenant à tous les corps de métiers et domiciliés dans les divers quartiers de Paris.)

« Citoyens électeurs,

« Le 21 août, vous aurez à choisir

« Entre :

« Le tribun courageux qui, dans l'affaire Baudin, osa faire le procès de l'Empire et précipita sa chute ;

« Le patriote ardent qui organisa la défense nationale devant l'invasion et sauva l'honneur de la France ;

« Le républicain sincère qui, par son talent politique, obligea l'Assemblée réactionnaire de Versailles à voter la République ;

« Le citoyen dévoué qui, au 24 Mai et au 16 Mai, a, par son indomptable énergie, terrassé la coalition monarchique et sauvé la République ;

« L'homme d'État, honnête et convaincu, que la France et l'Europe admirent, dont la conduite ferme et prudente a rallié au gouvernement républicain la majorité du pays.

« Citoyens !

« Vous aurez à choisir

« Entre le citoyen Gambetta,

« Ayant pour lui l'autorité des services rendus à la France et à la République, dont le passé répond de l'avenir,

« Et les candidats de la révolution et de la réaction de toutes couleurs, réunis dans une haine commune et poursuivant un seul et même but :

« Le renversement de la République. »

(Suivent les signatures des membres du comité républicain radical des quartiers de Belleville, de Saint-Fargeau, du Père-Lachaise et de Charonne, ainsi que celles des membres du comité radical indépendant du Père-Lachaise.)

MANIFESTE DE M. GAMBETTA

Électeurs du XX⁰ arrondissement !

C'est avec confiance que je viens demander à vos libres suffrages la sanction de la politique suivie depuis douze ans par votre mandataire pour le service de la démocratie et de la République.

Vous me connaissez tous; je vous appartiens tout entier et pour toujours.

C'est de vous seuls que je veux tenir le mandat législatif, pour poursuivre, avec l'autorité que me donnent vos votes, la politique de fondation républicaine, de progrès démocratique, de relèvement national, qui est dans vos volontés et dans vos cœurs.

Toujours en avant, sans secousses, sans violences. Jamais en arrière! Telle est votre devise et la mienne. Persévérons pour la République et la Patrie!

Signé : LÉON GAMBETTA.

PROCLAMATION DU COMITÉ RÉPUBLICAIN RADICAL

« Citoyens !

« Pour la cinquième fois le citoyen Gambetta se présente à vos suffrages.

Nous comptons que le vingtième arrondissement restera fidèle à cette politique de progrès pacifique, constitutionnel et légal, à laquelle nous devons la République inaugurée il y a douze ans, de compte à demi avec son député ;

« Qu'il conservera, dans la période de réformation, la sagesse, la fermeté, la mesure, l'esprit politique, en un mot, dont il a fait preuve pendant les années de lutte ;

« Qu'il ratifiera par ses suffrages les propositions de son comité et qu'il votera pour le représentant le plus éminent ed cette politique féconde, pour Léon Gambetta.

« Vive la République ! »

(Suivent les signatures d'environ trois cents membres du comité central républicain du vingtième arrondissement pour les quartiers de Belleville et Saint-Fargeau, du Père-Lachaise et de Charonne, et des membres du comité radical indépendant du Père-Lachaise.)

Le scrutin du 21 août donna, dans le XXᵉ arrondissement, les résultats suivants :

PREMIÈRE CIRCONSCRIPTION.

Inscrits : 11,419.
Votants : 8,889

Suffrages exprimés : 8,668

M. Gambetta a obtenu . . . .   4,510 voix (Élu).
M. Sigismond Kryzanowski, dit Lacroix.   3,536
M. Jance.   605
         Divers.   157
         Blancs ou nuls. . .   231

DEUXIÈME CIRCONSCRIPTION.

Inscrits : 13,143
Votants : 10,003

Suffrages exprimés : 9,906
Majorité absolue : 4,954

M. Gambetta a obtenu   4,960 voix.
M. Tony Révillon. . .   4,116
M. Jance   605
     Divers   157
     Blancs ou nuls .   231

(Ballottage.)

M. Gambetta adressa la lettre suivante à ses électeurs :

Paris, 25 août 1881.

*Aux électeurs et aux membres des comités du vingtième
arrondissement de Paris.*

Messieurs et chers concitoyens,

Au scrutin législatif du 21 août, j'avais considéré
comme un devoir de ne pas distinguer entre les deux
circonscriptions du vingtième arrondissement.

Je voulais soumettre nettement, sans ambages, le
jugement sur ma politique à tous les électeurs du
vingtième, à l'exclusion de tout autre collège électoral
dans le pays. Ce jugement est rendu, et la majorité
de l'arrondissement a ratifié ma politique.

Élu dans la première circonscription de Belleville, à la majorité absolue, j'apprends ce matin que la deuxième circonscription ne m'a donné que la majorité relative.

Ma résolution est prise. Je sais ce que je voulais savoir. Aujourd'hui, il me paraît oiseux et peu respectueux du suffrage universel (dont il ne faut jamais faire un jeu) de tenter une nouvelle démonstration électorale sans but pratique, puisque l'option entre les deux circonscriptions s'imposerait dans quelques semaines.

Cette option, je crois plus digne de la proclamer dès à présent.

Je suis et je reste député de la première circonscription du vingtième arrondissement, le député de Belleville.

Il suffit. Cette élection, en dépit de la bassesse et de la violence des efforts réunis de tous nos ennemis ligués contre nous, est décisive ; elle prouve que, dans le milieu le plus passionné, le plus inflammable de Paris, à côté d'une minorité, hélas! trop prompte à s'égarer, il reste toujours une majorité de républicains résolus et fidèles à la saine raison politique.

La preuve est faite ici comme dans le reste de la France ; et ce ne sont pas les commentaires d'une presse exaspérée, les criailleries furibondes des démagogues, les sarcasmes démodés des vaincus de la réaction, qui pourront en affaiblir le caractère et la portée.

La politique réformatrice, ferme, sage, loyale, méthodique et forte, que nous poursuivons ensemble, ne sera jamais à la merci des coalitions éhontées.

Nous persévérerons dans la politique de progrès réguliers, successifs, par étapes, attendant tout de la volonté du pays, rien de la force, toujours prêts à repousser utopistes et rétrogrades, toujours résolus à maintenir sur la même ligne l'ordre et le progrès républicains.

Il ne vous sera pas difficile de trouver dans vos rangs,

pour la deuxième circonscription du vingtième, un
serviteur de la République éprouvé et dévoué, dont le
passé et l'honneur soient à la hauteur de vos suffrages.

Je n'ajoute qu'un mot :

A vous tous qui n'avez pas faibli, qui avez confiance
dans votre mandataire, merci, et à bientôt.

Le député de la première circonscription de Belleville,

LÉON GAMBETTA.

Les scrutins du 21 août et du 4 septembre (ballottage)
donnèrent les résultats suivants qu'il est intéressant de rapprocher des scrutins du 20 février 1876 et du 14 octobre 1877.

	SCRUTIN du 20 FÉV. 1876.	SCRUTIN du 14 OCT. 1877.	SCRUTIN du 21 AOUT 1881.
Électeurs inscrits. . .	9.733.734	9.948.449	10.779.343
Votants	7.388.234	8.087.323	7.181.443
Abstentions.	2.345.500	1.861.426	2.497.902
	(24.09 p. 100)	(18.70 p. 100)	(29.43 p. 100)
Suffrag. républicains.	4.028.153	4.367.202	5.128.442
Suffrag. monarchistes	3.202.333	3.577.882	1.784.767
Voix perdues	157.748	142.240	263.234

Les républicains prenaient 65 sièges et en perdaient 12,
(total : 157), soit un gain définitif de 53 sièges, dont 42 sur
les bonapartistes. La nouvelle majorité comprenait, si on
se reportait aux anciennes divisions de partis parlementaires : pour le centre gauche, 34 députés; pour la gauche
républicaine, 68; pour l'union républicaine, 204, et pour
l'extrême gauche, 46 [1].

---

1. La droite perdait les plus importants de ses membres avec
MM. Keller, Anisson-Duperron, d'Harcourt, de Valfons, Niel,
Ganivet, Haussmann, Breteuil, Gaslonde, etc. M. Rouher s'était
retiré avant le vote. Parmi les anciens 363, MM. Léon Renault,

La *Revue politique et littéraire* du 27 août publia l'article
suivant où nous cherchions à exposer « *ce que les élections
auraient été avec le scrutin de liste :* »

« Eh bien, oui! elles ont été bonnes pour la République,
ces élections législatives du 21 août; elles ont été désas-
treuses pour les réactions toujours et partout coalisées avec
l'intransigeance, elles doivent être fécondes en résultats!
Mais à voir ce que le scrutin d'arrondissement a donné,
comprenez-vous maintenant ce que ces élections eussent
été avec le scrutin de liste? Est-ce que cette victoire restée
incomplète ne vous révèle pas le magnifique triomphe qui
eût été la conséquence et la récompense du rétablissement
du suffrage universel dans toute sa vérité et dans toute sa
puissance? Pour nous, nous n'avons jamais plus amère-
ment regretté que depuis huit jours le vote sénatorial du
9 juin; jamais nous n'avons condamné plus sévèrement
tous ces faux modérés, tous ces prétendus hommes d'État
conservateurs dont l'aveugle politique vient de permettre
à l'intransigeance et à la réaction de faire encore quelque
figure sur le champ de bataille électoral. La responsabilité
de nos cent défaites partielles pèse tout entière sur leurs
têtes. Certes, ils ont été éloquents, les orateurs qui ont
plaidé dans la Chambre et devant le Sénat la thèse de la
réforme électorale. Mais combien leur éloquence pâlit
devant le simple tableau des scrutins du 21 août!

« Car voici ce que démontre ce tableau. Sur les trente-huit
départements où la victoire de la République n'a pas été
générale [1], il y en a d'abord dix-neuf où la réaction bona-

Bardoux, Crozet-Fourneyron, Senard, Cyprien Girerd, Pascal
Duprat. Camille Sée, Charpentier, n'étaient pas réélus. D'autre
part, on remarquait parmi les nouveaux élus républicains,
MM. Ranc, Mézières, Eugène Ténot, Frédéric Passy, Francis
Charmes, Joseph Fabre, Félix Faure, Charles Ferry, Albert
Ferry, Étienne, de Hérédia, Villeneuve, Compayré, Dieu, Lenient,
Dusollier, Chavannes, Delattre, Courmeaux, Demarçay, Robert,
Edmond Henry, Camescasse, Rousseau, Fourcand, Cazauvielh,
Hervé Mangon, Fanien, Letellier, Magnier, Blancsubé, Gerville-
Réache, Bartoli, Viox, Steeg, Caduc, Salis, Even, Saint-Romme,
appartenant au centre gauche, à la gauche et à l'Union républi-
caine, et MM. Jules Roche, Camille Pelletan, de Lanessan, Tony
Révillon, Henry Maret, Clovis Hugues, membres de l'extrême
gauche ou intransigeants.

1. Aucun candidat réactionnaire n'a passé dans les cinquante

partiste et cléricale n'a conservé qu'*un seul* siège. Avec le
scrutin de liste, il est clair comme le jour que la République reprenait tout entiers ces dix-neuf départements
(Ardennes, Aveyron, Corse, Dordogne, Gard, Gironde,
Landes, Loiret, Lot-et-Garonne, Mayenne, Oise, Orne,
Basses-Pyrénées, Hautes-Pyrénées, Seine-Inférieure, Deux-
Sèvres, Somme, Tarn, et Tarn-et-Garonne). Il y a ensuite
neuf départements où la réaction n'a conservé que deux
sièges sur quatre, cinq, six, sept ou dix circonscriptions.
Additionnez, dans ces départements, d'une part les voix
obtenues par les républicains et de l'autre les voix réactionnaires, abstraction faite de quelques influences d'arrondissement, et vous constaterez aussitôt que la République l'emportait également sur toute la ligne de bataille
dans le Calvados, l'Eure, le Gers, Ille-et-Vilaine, la Haute-
Loire, la Manche, la Nièvre, le Pas-de-Calais et la Sarthe.
Mêmes résultats pour la Vienne où nous avons la moitié des
sièges ; pour le Finistère, qui donne sept républicains sur
dix députés ; pour le Lot où nous avons une majorité d'un
quart environ ; pour la Charente-Inférieure, où quatre républicains ont été élus contre trois bonapartistes, et pour
le Nord, où nous avons treize députés contre cinq. Même
résultat enfin pour la Charente, où deux républicains sont
élus contre quatre bonapartistes, mais où nous avons près
de mille voix de majorité relative dans tout le département
et où il faut tenir un compte sérieux de certaines grandes
influences locales et traditionnelles que la liste eût terrible-
ment amoindries.

« Restent donc pour la réaction les Côtes-du-Nord, le
Maine-et-Loire, la Loire-Inférieure, le Morbihan et la
Vendée. Nous ne chicanerons pas sur le succès remporté
dans ces cinq départements par le parti clérical. Nous ferons observer seulement que les villes principales de cette

---

départements suivants : Ain, Aisne, Allier, Basses-Alpes, Hautes-
Alpes, Alpes-Maritimes, Ardèche, Ariège, Aube, Aude, Belfort,
Bouches-du-Rhône, Cantal, Cher, Corrèze, Côte-d'Or, Creuse,
Doubs, Drôme, Eure-et-Loir, Haute-Garonne, Hérault, Indre-et-
Loire, Isère, Jura, Loir-et-Cher, Loire, Lozère, Marne, Haute-
Marne, Meurthe-et-Moselle, Meuse, Puy-de-Dôme, Pyrénées-
Orientales, Rhône, Haute-Saône, Saône-et-Loire, Savoie, Haute-
Savoie, Seine, Seine-et-Marne, Seine-et-Oise, Var, Vaucluse,
Haute-Vienne, Vosges, Yonne, Alger, Constantine, Oran.

terre classique de la chouannerie sont, d'ores et déjà, pleinement acquises à la République. Dans les Côtes-du-Nord, Saint-Brieuc et Lannion ont nommé des députés républicains, et nous ne sommes battus à Loudéac, à Dinan et à Guingamp que par une centaine de voix. Dans la Loire-Inférieure, Nantes et Saint-Nazaire sont républicains. Dans Maine-et-Loire, nous tenons Saumur, Angers (2ᵉ circonscription) et Beaugé, la ville de Segré et celle de Cholet, et l'on n'a pas oublié que le scrutin de liste, dès 1874, avait su déplacer en notre faveur les quelques voix qui nous manquent aujourd'hui[1]. Dans notre intime conviction, le scrutin de liste pouvait gagner ces départements. Seuls, le Morbihan et la Vendée seraient restés momentanément inféodés à la bannière et à la croix : puis quatre années de bonne administration et d'instruction obligatoire les eussent ramenés, nous ne disons pas seulement à la République, mais à la France.

« Et ce n'est pas tout, car si le scrutin de liste n'eût laissé à la droite que cinq départements au *maximum*, il enlevait à l'intransigeance tous ses sièges sans une seule exception. Non seulement, les voix intransigeantes de Belley, de Saint-Étienne et de Perpignan eussent disparu dans les grandes majorités républicaines de l'Ain, de la Loire, et des Pyrénées-Orientales ; mais la Seine, le Rhône, les Bouches-du-Rhône et la Haute-Garonne eussent frappé d'une condamnation éclatante la coalition honteuse que le scrutin d'arrondissement a partout favorisée entre les partis extrêmes. Il suffit, pour en être convaincu, d'étudier de près les scrutins de Paris[2], de Lyon, de Marseille et de Toulouse. Avec le scrutin d'arrondissement, nos amis étaient à demi désarmés, et cependant ils ont triomphé dans les trois quarts des circonscriptions.

« Tel est le gain *matériel* que le scrutin de liste eût apporté à la République, car nous ne supposons pas qu'on veuille nous opposer sérieusement la fameuse théorie orléaniste de la représentation des minorités. Quant au profit *moral*, il n'eût pas été moindre. La majorité républicaine n'eût pas

1. Élection Maillé contre Bruas.
2. Dans le département de la Seine, sur 354,911 votants, on compte 202,124 suffrages républicains, 105,342 radicaux, intransigeants, etc., 27,805 réactionnaires et 19,640 socialistes.

seulement été plus nombreuse : il n'est pas contestable
qu'elle eût été encore plus compacte, plus franche, plus
sérieusement progressive, pour tout dire en un mot : plus
politique. Elle eût été élue partout sur des programmes
plus loyalement consentis. Nous n'aurions pas, comme aujourd'hui, trente ou quarante députés qui ne doivent leurs
élections qu'à des promesses de réformes qu'ils savent eux-
mêmes irréalisables, mais qu'ils ont faites pourtant, au
grand détriment de leur honneur politique et de la moralité du corps électoral. La lutte électorale eût été partout
une lutte de principes. Elle n'eût été nulle part, ce qu'elle
a été dans tant de circonscriptions transformées, suivant
une sévère comparaison, en loges de portières, une lutte
de personnes. On nous eût épargné les hontes et les misères
qui seront dévoilées par la vérification des pouvoirs. Nous
n'aurions pas été les spectateurs des scènes odieuses de
Charonne et du Cirque d'Hiver. Nous n'aurions pas eu à
tenir compte, dans cette grande bataille républicaine, des
injures et des calomnies de la presse immonde. J'imagine
peut-être que cela eût mieux valu pour la bonne réputation
de notre jeune démocratie.

« Donc, si nous devons être fiers et heureux de la grande
victoire du 21 août, si nous pouvons avoir confiance dans
l'esprit républicain de la nouvelle Assemblée législative que
nous allons prochainement voir à l'œuvre, il convient dès
maintenant de le dire très haut. De toutes les espérances
légitimes que cette belle journée nous a fait concevoir, il
n'en est pas une qui doive nous être plus chère que celle
qui nous fait entrevoir, comme conséquence directe de ce
vote, le rétablissement du scrutin de liste. Nous estimons
que les faits ont parlé assez haut. Que certains hommes
d'État soient restés sourds, il y a deux mois, à la voix per-
suasive de nos orateurs les plus éloquents, cela peut s'expliquer à la rigueur. Il serait inexplicable aujourd'hui qu'ils
restassent aussi aveugles aux faits qu'ils ont été sourds aux
raisons. On nous a dit que la rue Saint-Blaise avait été le
chemin de Damas des derniers avocats du scrutin uninominal et nous en sommes enchanté. Mais, à notre sens, il est
un enseignement bien plus probant que celui qui se dégage
de quelques tumultes dignes d'un autre régime ; c'est celui
qui est donné par le tableau électoral que nous venons de

résumer. Quant à la nation, sa conviction est faite. Dans les campagnes les plus reculées comme dans les villes, le scrutin de liste a été imposé à ceux-là même, parmi les députés d'hier, qui avaient rejeté le projet Bardoux. On a justement remarqué que partout où l'on a crié : Vive le suffrage universel ! on a crié en même temps : A bas le scrutin d'arrondissement !

« Nous ignorons quel sera le cabinet que la haute confiance du président de la République appellera aux affaires à la rentrée des Chambres. Mais nous affirmons que ce cabinet n'aura la confiance du pays que s'il inscrit sur son programme : pour fortifier le Sénat, la révision de sa loi électorale ; — *pour mettre le suffrage universel au-dessus de toute atteinte, le rétablissement du scrutin de liste comme partie intégrante de la Constitution.* »

DISCOURS

Prononcé le 25 août 1881

AU CIRQUE D'HIVER

(Conférence de M. Paul Bert, député, au profit de l'école laïque libre
et de la bibliothèque du XXe arrondissement de Paris)

SOUS LA PRÉSIDENCE DE M. GAMBETTA

Nous reproduisons, d'après la *République française*, le
compte rendu de la conférence du 25 août :

« M. Paul Bert a fait, dimanche, une conférence au Cirque
d'Hiver, sous la présidence de M. Gambetta, au profit de
l'école laïque libre et de la bibliothèque du vingtième arrondissement.

« On ne peut estimer la foule des auditeurs à moins de
quatre mille, parmi lesquels on apercevait un grand nombre
de dames.

« L'entrée de MM. Gambetta et Paul Bert, à deux heures
précises, est saluée de plusieurs salves d'applaudissements.
Une voix crie : Vive le député de Belleville ! et immédiatement les applaudissements recommencent. Après qu'ils ont
cessé et que la musique de la garde républicaine a joué
l'air national, M. Gambetta se lève et s'exprime ainsi :

Mes chers concitoyens, et vous, Mesdames, je veux
tout d'abord remercier cette nombreuse assistance de
l'empressement qu'elle a mis à se rendre à la convocation que nous lui avons adressée dans l'intérêt que
nous mettons au-dessus de tout, dans l'intérêt du
développement de l'instruction à tous les degrés.

Vous savez, — et il n'y a vraiment pas ici nécessité
de le rappeler, — que quelles que puissent être les

difficultés, les ennuis inévitables de la vie publique, il existe par-dessus les querelles personnelles une cause à laquelle vous êtes toujours restés fidèles et à laquelle, moi aussi (je puis le dire avec quelque orgueil), je suis toujours resté inviolablement attaché. (*Applaudissements prolongés.*)

C'est la cause du progrès démocratique ; non de ce progrès chimérique qu'on formule en deux mots comme si le monde entier n'était pas la preuve qu'on n'arrive à constituer et à créer qu'à force d'efforts continus et soutenus, en ayant pour soi l'assentiment de ses concitoyens et en ayant aussi la ferme volonté de ne jamais se rebuter devant un obstacle, pas plus que de se laisser enivrer par les faveurs de la fortune ou de la victoire. (*Vive approbation et applaudissements.*)

Et de tous les efforts que peuvent tenter les penseurs, les tribuns, les hommes d'État, il n'en est qu'un seul, entendez-le bien, qui soit véritablement efficace et fécond, c'est le développement de ce capital premier que nous avons reçu de la nature et qui s'appelle la raison. (*Adhésion unanime et bravos.*)

Oui, notre tâche la plus élevée consiste à développer chez tout homme qui vient au monde, — et par ce mot j'embrasse l'espèce entière, — à développer l'intelligence qui s'éveille, ce capital à l'aide duquel on peut conquérir tous les autres et par conséquent réaliser la paix sociale sur la terre sans force ni violence, sans guerre civile, rien que par la victoire du droit et de la justice. (*Salve d'applaudissements.*)

Voilà notre religion, mes amis, la religion de la culture intellectuelle. Ce mot sublime de « religion » ne veut pas dire autre chose, en effet, que le lien qui rattache l'homme à l'homme et qui fait que chacun, égal à celui qu'il rencontre en face, salue sa propre dignité dans la dignité d'autrui et fonde le droit sur le respect réciproque de la liberté. (*Applaudissements unanimes et prolongés.*)

C'est pour un acte de cette religion que nous sommes ici tous rassemblés dans un esprit de solidarité commune. Nous venons apporter, vous votre obole, nous notre parole, à cette communion que l'on peut et doit nommer les Pâques républicaines de la démocratie. (*Nouveaux applaudissements.*)

Je ne vous retiendrai pas plus longtemps. J'ai hâte de donner la parole à mon éminent ami, à cet homme bon et fort entre tous qui a su momentanément s'abstraire des recherches les plus ardues de la science pour consacrer au peuple les trésors de son intelligence et qui, depuis qu'il est entré dans la carrière publique, a fait de la diffusion des lumières et de la solution du problème d'une éducation nationale à tous les degrés la passion de sa vie. J'ai nommé Paul Bert. (*Salve d'applaudissements et acclamations.*)

M. Gambetta donne la parole à M. Paul Bert, qui commence sa conférence par les paroles suivantes :

« Mesdames, Messieurs, je manquerais à mon devoir, au plus doux des devoirs, si je ne commençais par vous remercier de vos applaudissements, et je mentirais si je ne vous disais que ce bon accueil m'a rendu profondément heureux. C'est notre récompense, la seule qu'ambitionne un homme public digne du nom de républicain, c'est notre récompense que cet accueil amical de ceux devant lesquels nous comparaissons et qui sont réellement nos juges ; c'est notre récompense du devoir accompli, et si quelqu'un ici mérite cette récompense suprême, ce n'est pas moi, dont le devoir a toujours été si simple et si facile, c'est bien plutôt ce grand citoyen que vous avez applaudi tout à l'heure et à qui, successivement, la patrie a dû, dans les jours terribles de 1870, la défense de son honneur devant l'ennemi du dehors, et la République, dans des jours moins douloureux mais pénibles aussi, la défense de son existence devant les ennemis du dedans. (*Double salve d'applaudissements. — Cris répétés de : Vive Gambetta!*)

« Oui, c'est lui qu'il faut applaudir, et vous avez raison de le faire. Oui, c'est lui qu'il faut défendre et qu'il faut venger

ici... (Oui! oui! — Salve d'applaudissements. — Cris prolongés
de : Vive Gambetta!)... contre je ne sais quelles attaques
qui, si elles n'ont pas les basses jalousies pour raison, ne
s'expliquent que par la plus noire des ingratitudes, contre
des attaques qui n'ont dû trouver d'écho que sur les bords
du Tibre ou de l'autre côté du Rhin. » (Adhésion unanime et
bravos.)

Après la conférence de M. Paul Bert, qui est accueillie
par des applaudissements répétés, M. Gambetta prononce
l'allocution suivante :

Mesdames et Messieurs, avais-je raison, tout à
l'heure, quand je vous annonçais qu'après avoir
entendu l'orateur qui allait parler nous nous sen-
tirions tous un peu plus forts et un peu meilleurs?
(Oui! oui! — Bravos et applaudissements.)

Oui, l'homme dont la pensée résonne dans vos âmes
et qui entraîne vos mains à des applaudissements si
sincères et si légitimes, cet homme non seulement
peut faire triompher la vérité ici, par le talent indis-
cutable dont il arme la raison et la science, mais il
est de ceux qui peuvent la faire triompher partout.
C'est pour cela que vos applaudissements font mieux
que couronner son passé : l'ovation que vous lui faites
illumine son avenir. (Vifs et unanimes applaudissements.)

Nous n'ajouterons rien à ce qui a été dit. Il nous
convient de sortir d'ici l'âme fortifiée et le cœur joyeux
de nous être vus et compris. (Bravos.)

Mais il n'y a pas de bonnes paroles si des actes ne
les suivent. Au risque d'abuser de votre générosité
(Non! non!)... je vous rappelle, en finissant, que c'est
pour une école laïque et pour la bibliothèque qui en
est le développement naturel, que nous nous sommes
réunis ici.

Mesdames et Messieurs, complétez votre bonne
action et, en sortant, laissez tomber un peu de ces

oboles, un peu de cette monnaie nécessaire à tous les
cultes, mais qui, du moins ici, n'i.a qu'à des enfants
dont on veut faire des citoyens libres et généreux
comme vous-mêmes! (*Longs applaudissements.*)

Je vous remercie au nom des organisateurs de cette
réunion et des membres du comité des écoles du vingtième arrondissement de Paris. Il y a dans cette
enceinte bien des personnes qui appartiennent à
d'autres arrondissements; je me félicite de pouvoir
saluer en elles les apôtres de la solidarité de tout
Paris. (*Applaudissements plusieurs fois répétés. — Bravos et acclamations. —Cris de : Vive la République! Vive
Gambetta! Vive Paul Bert!*)

DISCOURS

Prononcé le 4 septembre 1881

A L'INAUGURATION DE LA STATUE DE DUPONT (DE L'EURE)

AU NEUBOURG

———

Nous reproduisons, d'après la *République française*, le compte-rendu du voyage de M. Gambetta en Normandie à la suite des élections législatives :

Le Neubourg, 4 septembre.

Le train qui amenait les principaux invités des fêtes du Neubourg est entré en gare de Louviers à dix heures du matin. Le wagon-salon était occupé par MM. Gambetta, Cazot, les généraux Lecointe et Borel; Spuller, d'Osmoy, Develle, Papon, Dréo, députés ; le lieutenant-colonel Brugère, représentant le président de la République, et le préfet de l'Eure.

Le cortège s'est rendu à pied à l'hôtel de ville. Une foule considérable se pressait dans l'avenue de la Gare et se hissait aux murs et aux arbres et couvrait les toits des maisons. Cet immense concours de citoyens a accueilli le cortège par de longs cris de : « Vive la République ! vive Gambetta ! »

BANQUET DE LOUVIERS.

Au déjeuner qui a été offert dans les salons de l'hôtel de ville, le maire porte le toast suivant :

« Messieurs,

« Mon embarras est grand pour prendre la parole, surtout en présence de l'illustre orateur qui est parmi nous, et je vous prie de me permettre de ne dire que quelques paroles. Je porte un toast à M. le président de la République, qui est si honorablement représenté par M. le colonel Brugère ; à M. Gambetta, président de la Chambre des députés, dont le nom, grâce aux services qu'il a rendus à la cause de la démocratie, se trouve déjà placé à côté de ceux des Dupont de l'Eure, des Thiers et des Grévy. (*Applaudissements.*)

« Je porte un toast à M. le garde des sceaux, qui représente ici un ministère qui soutient d'une façon si ferme et si droite les intérêts de la France. Je bois aux généraux qui sont présents à cette fête et qui représentent notre noble armée, la sauvegarde de notre indépendance nationale et de nos libertés politiques. (*Très bien! très bien!*) Je ne puis énumérer toutes les illustrations, tous les fonctionnaires éminents, tous les magistrats distingués qui ont bien voulu s'asseoir à cette table, et je me résume en portant un toast à tous en les remerciant du fond du cœur d'avoir bien voulu accepter la modeste invitation de la ville de Louviers. » (*Vifs applaudissements.*)

M. Cazot, ministre de justice, a répondu :

« Au nom de mes collègues et au mien, je remercie M. le maire de Louviers du souhait qu'il vient de former pour la santé de M. le président de la République, santé qui est chère et précieuse à la France. (*Bravos et applaudissements.*)

« Je me ferai un honneur en même temps qu'un devoir de lui apporter le témoignage de la sympathie de ces patriotiques populations, si profondément dévouées à sa personne et aux institutions républicaines.

« Quant au garde des sceaux, M. le maire lui permettra d'être bref dans l'expression de sa gratitude... J'ai hâte, en effet, de lui annoncer que M. le président de la République a bien voulu lui conférer le grade de chevalier de la Légion d'honneur. (*Bravos prolongés. Double salve d'applaudissements.*)

« M. le président de la République a conféré le grade de chevalier de la Légion d'honneur à M. le maire de Louviers, voulant ainsi reconnaître les services qu'a rendus à cette cité le neveu de l'homme dont nous venons aujourd'hui honorer la mémoire. » (*Nouveaux et vifs applaudissements.*)

M. Léon Mordret a répondu :

« Je ne puis que vous remercier, Monsieur le garde des
sceaux, de cette distinction qui honore en même temps que
moi la ville de Louviers et mes honorables collègues du
conseil municipal. Je remercie donc sincèrement M. le président de la République et son délégué M. le ministre de
la justice, de l'honneur qu'ils veulent bien me faire. » (*Très
bien! très bien! — Bravos.*)

M. Gambetta a pris la parole en ces termes :

Messieurs, permettez-moi de vous retenir à mon
tour quelques instants et de porter aussi un toast. Je
ne le porterai d'une façon spéciale ni au chevalier que
nous venons de saluer et que vous acclamez, ni au
conseil municipal. Je le porterai d'une façon générale
et complète à cette loyale, sympathique population de
la ville de Louviers. (*Adhésion générale.*)

Moi aussi, je bois à Louviers-le-Franc, à cette
ville qui, dès l'origine de notre renaissance, a choisi
le poste de la vigilance républicaine dans cette contrée qui, dès le 4 septembre 1870, — on me permettra bien de rappeler aujourd'hui cette date, — s'est
signalée comme le foyer... (le mot est peut-être ardent) (*On rit*) d'un républicanisme que je connais
bien parce qu'il est ferme, aussi dévoué aux heures
périlleuses qu'il est calme, rationnel et maître de lui-
même quand il est en face des faits et des choses à
réaliser. (*Vifs applaudissements.*)

Je suis donc très heureux de pouvoir porter le toast
de cette population tout entière. C'est le sentiment
de la gratitude et aussi d'une joie civique complète
qui nous anime tous ici, et s'il y a non pas des absents,
mais des non présents, ceux qui sont parmi nous leur
diront que notre cœur était avec eux et que nous
étions bien heureux de pouvoir confondre ces deux
faits : la célébration du 4 septembre et la mémoire
d'un grand citoyen.

A la santé de la bonne ville de Louviers! Monsieur

le maire, c'est dire que je bois à la santé de tous vos collaborateurs qui en sont les directeurs aussi éclairés que républicains. (*Bravos et applaudissements.*)

INAUGURATION DE LA STATUE DE DUPONT DE L'EURE.

Dans la grande rue, la foule est énorme et déborde souvent la haie de pompiers chargée de protéger le cortège. Les acclamations se succèdent sans interruption : « Vive la République ! vive Gambetta ! »

L'estrade dressée en face de la statue, encore recouverte de voiles tricolores, est déjà envahie. Pour prendre place on se presse, on se foule et cette accumulation de personnes causera plus tard un accident qui heureusement n'a pas eu de suites graves.

Le maire prend le premier la parole pour souhaiter la bienvenue à ses invités. M. Spuller s'avance pour parler à son tour. A ce moment, les voiles qui recouvrent la statue sont enlevés, et l'apparition du bronze qui représente Dupont assis, la tête pensive, est saluée par des cris répétés de : « Vive Dupont de l'Eure ! vive la République ! » Les musiques jouent la *Marseillaise*.

Enfin le bruit cesse, et M. Spuller prononce un discours chaleureusement applaudi, mais brusquement interrompu par un craquement de l'estrade, dont une partie plie sous le poids. L'orateur disparaît, ainsi que M. Gambetta et toutes les personnes placées près de lui. Heureusement, le plancher mobile n'est pas très élevé au-dessus du sol. Il n'y a sur la partie effondrée que des hommes qui gardent tout leur sang-froid, et aucun accident n'est à regretter.

Lorsque M. Gambetta reparaît, de longs vivats l'accueillent :

« Mes chers concitoyens, dit-il, il ne faut pas qu'un léger accident, qui ne peut plus se reproduire, car le plancher a touché le sol (*Rire général*), interrompe et trouble notre fête. En conséquence j'invite M. Spuller à poursuivre son discours. » (*Applaudissements prolongés et cris de : Vive Gambetta !*)

Accueilli par de chaleureux applaudissements, M. Spuller termine son discours.

Après le discours de M. Cazot, ministre de la justice, qui

est accueilli par de vives acclamations, M. Gambetta prend la parole :

Mes chers concitoyens,

Nous allons nous retirer; nous emporterons tous au fond de nos cœurs le souvenir et la leçon de cette fête, car ce n'est pas pour le vain plaisir d'élever des statues et de se livrer à la fraternité des réunions populaires que nous sommes ici; c'est aussi pour faire sortir de ces concours de la reconnaissance nationale non seulement un enseignement, mais le devoir impérieux de modeler notre conduite sur la conduite et l'exemple des hommes que nous prenons pour guides. (*Applaudissements unanimes.*)

Les statues que l'on élèverait à ceux qui ne les auraient méritées ni par la hauteur d'âme ni par les services rendus, ne seraient que le signe de la décadence d'un grand peuple qui se donnerait le stérile plaisir d'avoir des grands hommes sans avoir de grands fastes. (*Vive adhésion et applaudissements.*)

Aussi, entre tous les hommages, il n'en est pas de plus haut, de plus vivifiant que celui qui s'adresse au plus vertueux parmi ces concitoyens. (*Applaudissements.*)

Et nous pouvons bien dire aujourd'hui à cet anniversaire toujours cruel du 4 septembre qui, bien qu'il ait été le libérateur à l'intérieur, a été aussi le signe de la chute militaire de la France, nous pouvons bien dire que si le pays ce jour-là a sombré, c'est que la vertu civique lui avait fait défaut au jour de la nécessité historique. (*Mouvement. — Bravos et applaudissements prolongés. — Cris de : Vive Gambetta!*) Oui, citoyens, et vous, femmes, qui assistez à cette cérémonie et qui êtes la meilleure part de la nation, car vous tenez dans vos mains l'avenir même de la patrie... (*Longs applaudissements et acclamations*), songez devant ce bronze à l'enseignement qui en sort! S'ils avaient été plus nombreux les cœurs fermes, si elles avaient été plus nombreuses les consciences droites, si la vertu et l'amour de la patrie, le goût de l'indépendance, le culte de la raison, le dédain des jouissances matérielles, avaient été véritablement en possession de la race française; si de tels hommes avaient eu de nombreux pareils, ah! je l'atteste devant l'histoire, nous rayerons la date du 4 septembre, et nous n'aurions jamais connu que celle du 14 juillet 1789. (*Bravos répétés et longs applaudissements.*)

C'est pour cela qu'il est bon d'élever des statues à ceux qui n'ont jamais failli dans leur conduite, jamais failli dans leur raison, qui n'ont rien cédé ni aux emportements ni aux exagérations de la foule, pas plus qu'au despotisme d'un seul, et qui, toujours suivant la voie droite et rigoureuse qu'ils s'étaient tracée, ont, à travers les impopularités passagères comme les acclamations enthousiastes, marché toujours d'un pas égal vers la conquête de l'idéal, de la justice et du droit. (*Bravos et applaudissements prolongés.*)

Oui, voilà ce que signifie ce bronze et ce qu'il doit vous redire.

Et savez-vous ce qui m'enfle le cœur d'espérance? C'est de penser que moins de dix ans après cette sombre catastrophe il se trouve en France un simple chef-lieu de canton où il y a assez de cœurs généreux pour élever une statue à un noble fils de la France, et qu'il existe un gouvernement assez libre, assez soucieux de la moralité publique pour s'honorer en envoyant ici le représentant de la justice au pied de la statue d'un garde des sceaux. (*Applaudissements prolongés. — Adhésion unanime.*)

Qu'est-ce que cela veut dire, Messieurs? Cela veut dire qu'il faut persévérer dans la voie droite; qu'il faut tenir compte de tout dans la vie publique; que la France n'est pas un canton ni un faubourg; que la

France a derrière elle une histoire et devant elle un
avenir (*Mouvement*), et qu'il lui faut des citoyens qui
soient véritablement fermes et résolus pour accomplir
ses destinées. Ces destinées, ne l'oublions pas, sont
dans la main des hommes, non des individus ; je veux
dire qu'elles sont dans les mains du peuple, du suffrage universel. S'il s'abandonne, tout est perdu :
mais s'il reste véritablement en possession de lui-
même, tout est possible, et le possible, quand il s'agit
de la France, n'a pas de bornes. L'histoire ne peut
pas s'arrêter. (*Vive la République! — Mouvement prolongé. — Applaudissements et acclamations. — Cris répétés de : Vive la République! Vive Gambetta!*)

DISCOURS

Prononcé le 4 septembre 1881

AU BANQUET DU NEUBOURG

Le Neubourg, 4 septembre.

(Compte rendu de la *République française*.)

Quatorze cents convives ont pris part au banquet sous la présidence de M. Gambetta.

Au dessert, le préfet porte un toast à M. Grévy. M. Picard, conseiller général, boit au gouvernement et à son représentant M. Cazot.

Le garde des sceaux, répondant à M. Picard, parle de la réorganisation de la magistrature et de l'extension à donner à la compétence des juges de paix. Il boit à la justice, à la justice souveraine, à celle qui est la servante héroïque du droit et la pierre angulaire de l'édifice républicain. (*Applaudissements répétés.*)

M. Papon porte un toast à l'armée, accueilli par des bravos répétés et les cris de : Vive l'armée !

Le général Borel et le général Lecointe affirment en quelques paroles éloquentes le dévouement de l'armée au pays et à ses institutions.

M. Dréo rappelle les anciens combattants de la cause républicaine.

M. Develle boit au président de la Chambre.

M. Gambetta se lève et prend la parole.

Mes chers concitoyens,

En me levant à mon tour devant vous pour répondre non seulement au toast fraternel qui vient de

m'être porté, mais aussi aux sentiments que vous avez
bien voulu m'exprimer dans cette journée, je suis
surtout dominé par la pensée de répondre à ce que je
crois être la préoccupation de vos esprits. Je voudrais,
en quelques paroles très brèves et aussi claires que je
pourrai le faire, traduire ce qui me paraît être le résultat de ce grand travail électoral et de la décision
suprême que la France vient de rendre il y a quinze
jours, et qui se complète ce soir. Non pas que j'aie la
prétention ni l'impertinence de vouloir, avant que
cette Chambre soit réunie, avant qu'elle ait reformé
ses cadres et son homogénéité, de vouloir tracer l'es-
quisse d'un programme ministériel. J'engagerai même
mes compatriotes, mes collaborateurs, à s'inspirer de
ces réserves et à ne pas empiéter plus longtemps sur
les attributions du pouvoir exécutif.

Non, ce n'est pas la préoccupation qui doit vous
agiter ; et ce ne serait pas, d'ailleurs, celle que je voudrais satisfaire. Je voudrais savoir et expliquer à mon
tour quelle a été la pensée dominante du pays dans
ces dernières assises du suffrage universel. Je crois
qu'on pourrait la résumer d'un mot : La République,
inaugurée au mois de février 1875, d'une façon légale
et parlementaire, a accompli la première partie de sa
tâche, qui était de rendre incontestée son autorité sur
toute la surface du territoire. Si la République, après
s'être affermie à l'intérieur, s'est fait reconnaître et
respecter au dehors, elle a aujourd'hui une autre
tâche que le pays a marquée d'une façon nette et précise : il faut qu'elle fasse pour ceux qui ont eu confiance en elle sur toute l'étendue du pays, il faut
qu'elle fasse honneur à ses engagements ; il faut qu'elle
apporte dans le cercle des pouvoirs publics, aussi bien
que dans les diverses branches de l'administration
générale de l'État, la moyenne des réformes qui sont
réclamées par l'opinion. (*Vive adhésion. — Applaudissements.*)

Le pays a fait un pas; la France a parlé : les pouvoirs doivent obéir; mais, Messieurs, c'est surtout dans l'ordre, dans la marche à suivre, que résidera la difficulté. J'ai dit, il y a quelque quatre ans, que l'ère des périls était fermée, que celle des difficultés s'ouvrait. Messieurs, l'ère des difficultés n'est pas close. Les difficultés se déplacent; ces difficultés, dont nous avons eu raison et dont nous avons triomphé, c'était le renversement du pouvoir personnel, c'était l'épuration de l'administration, c'était la reprise de l'autorité légitime du pouvoir séculier et civil sur les empiètements de l'esprit ecclésiastique (*Longs applaudissements et bravos*); c'était la refonte et le remaniement complet d'une législation séculière. Ces choses sont faites maintenant : il faut aller plus loin ; il faut marquer encore un pas en avant; il faut fournir une seconde étape sur la route du progrès républicain. (*Adhésion générale et bravos.*) Mais il faut aussi bien se garder de vouloir tenter tout à la fois. Oh! je sais bien qu'on a fait des programmes très étendus, très complexes, très variés. Si l'on prenait ces programmes et qu'on les mît à la suite les uns des autres et qu'on voulût les appliquer, je demanderais ce qu'on laisserait à faire au vingt et unième siècle. (*Rires et marques d'approbation.*) Je ne crois pas, Messieurs, que ce soit là le sentiment de la France. Elle ne demande pas que toutes ces questions posées soient résolues : elle demande qu'on prenne une question, qu'on s'y attelle, qu'on l'étudie, qu'on la formule en projet de loi et qu'on la résolve enfin dans la législation. (*C'est cela! Très bien! très bien! Applaudissements.*) Quand une question sera résolue, la suivante se posera et, par les mêmes procédés d'examen, de volonté et de ténacité, on résoudra la seconde; puis on passera à la troisième. (*Nouveaux applaudissements.*)

Si l'on veut aborder toutes les questions à résoudre et si l'on veut que le programme à réaliser en un certain temps comprenne toutes les questions, on aboutira à l'impuissance, à la division, à la confusion et, prenez-y garde! à la lassitude du pays. (*Vive approbation et applaudissements.*) Je ne reviens pas sur ces questions; je n'ai pas à les reproduire ici. Le pays en a été saisi, et il appartiendra à la Chambre de faire le départ et de dire par laquelle il faut commencer.

Mais je m'abstiendrai aujourd'hui sévèrement, complètement, d'aborder aucune de ces questions, parce que l'heure n'y est pas propice. Ce que je recommande à mes amis, c'est de ne pas faillir à la méthode que nous avons suivie jusqu'ici et qui est une méthode de véritable intelligence politique.

Elle consiste à bien se préoccuper de ce que veut réellement le pays dans sa grande majorité, à faire de la politique pour le pays tout entier, à chercher le véritable point d'appui de la démocratie en elle-même, à renoncer soit à vouloir lui faire marquer le pas sur place, soit à vouloir la faire reculer, soit à vouloir l'emporter trop rapidement sans avoir bien assuré le sol sur lequel elle doit poser le pied. (*Applaudissements et acclamations. — Vive et unanime adhésion.*) Je sais bien que cette méthode rencontre des adversaires, soulève des critiques; mais elle est faite pour être livrée à la dispute des hommes. La critique, nous l'appelons; la discussion, nous la réclamons; mais ce que nous tenons à constater, c'est que lorsqu'on consulte la France dans sa généralité sur cette méthode et sur cette politique, sa réponse est triomphante et victorieuse. Vous la connaissez. Eh bien, quand la France a parlé de cette manière, il faut persévérer. car la persévérance, en ce cas, c'est la discipline, l'obéissance envers la souveraineté nationale. Je dis « la France », Messieurs. Oh! il y a bien des intérêts rivaux dans ce pays, bien des variétés de mœurs depuis le nord jusqu'aux rives de la Méditerranée, et de l'est à l'ouest. Nous venons de voir sur

cette carte électorale si découpée, si tronçonnée,
nous venons de voir, dis-je, bien des contradictions
qui ne s'expliqueraient pas si on ne connaissait par
le détail, par le menu, les mœurs, les traditions de
certaines provinces de la France. Vous savez bien
de quoi je veux parler! Vous avez bien vu que pendant que la France était transportée du même mouvement pour assurer le triomphe et le succès de
l'idée la plus complète, la plus rationnelle, il y avait
des points dans cette même France qui, au contraire,
semblaient résister à ce mouvement et prendre pour
porte-drapeau, pour expression de leur opinion, les
fauteurs les plus avérés de l'esprit de l'ancien régime! (*Adhésion et applaudissements.*) Eh bien, je dis
qu'il y a là une indication; il ne s'agit pas de ne pas
marcher; mais il faut marcher d'une manière pondérée et mesurée. Je dis qu'il faut, quand on accomplit un acte, lorsqu'on touche au vieil échafaudage
qui est encore debout, il faut savoir d'avance quelle
sera dans les faits la conséquence des réformes partielles que l'on accomplit, ou des réformes totales,
si on peut les faire totales.

Et il faut bien se garder d'imposer contre la volonté
manifeste du pays, en dehors de sa préparation, de
son adhésion, des réformes qui pourraient être admirables sur le papier, mais qui seraient tout simplement
un point d'appui donné à la réaction. La France s'ha-
bitue depuis tantôt cinq ans aux mœurs de la liberté ;
et ce n'était pas chose facile dans un pays aussi nerveux, aussi susceptible, aussi habitué à l'impression,
pour ainsi dire, du vent qui passe, que de lui faire
supporter ce régime de la liberté complète, de la discussion et de la critique. (*Très bien! très bien!*) Eh
bien, elle y est faite, à ces mœurs. Rien ne l'épou-
vante plus, rien ne l'émeut. Et quant à moi, je crois
que l'expérience de la liberté de discussion est concluante pour ceux qui la réclament même illimitée !

(*Applaudissements.*) Vous voyez qu'il est nécessaire de
faire cette éducation successivement sur tous les points
du fameux programme républicain, et que ce n'est
que peu à peu, quand on a démontré l'injustice des
attaques et l'innocuité de la liberté, que l'on peut,
véritablement d'accord avec les mœurs, modifier la
législation. Croyez bien qu'il y aurait grand péril à se
porter trop en avant de l'opinion ; on serait à la merci
de je ne sais quel mouvement de réaction, de je ne
sais quelles émotions extérieures qui pourraient parfaitement, à un moment donné, causer de bien profondes et de bien douloureuses surprises. Je crois,
Messieurs, que la sagesse consiste à faire tous les
jours quelque chose, mais surtout à s'abstenir de
vouloir tout faire à la fois. (*Marques nombreuses d'approbation et bravos.*) Vous me direz que cette politique
est peut-être une politique terre à terre qui néglige
les grands coups d'aile, qui ne change pas le monde
et ne le transforme pas en quelques minutes. Cela est
vrai, Messieurs ; mais ce que je sais, c'est qu'il y a eu
des époques où l'on a voulu transformer le monde par
décrets, en noircissant quelques rames de papier, et
que depuis soixante-dix ans il en est résulté ceci, que
ces tentatives chimériques, mal conçues, en désaccord
avec la conscience générale du pays, nous ont valu
les terribles retours qui ont failli nous accabler.
(*Mouvement.*) Je passe, car avant nous d'autres que
nous ont tenté ces aventures, et il faut toujours examiner l'histoire du passé pour se garder de commettre des fautes dans le présent. On l'a dit avec raison :
C'est l'histoire, celle de notre pays surtout, qui doit
nous apprendre à nous connaître nous-mêmes. Il ne
faut rien laisser au hasard, rien laisser aux entreprises
de l'ennemi qui toujours guette, qui n'est pas abattu,
qui ne cède pas, qui est toujours là, servant de lien
et de ciment à tous les adversaires-nés de l'installation de la démocratie aux affaires. Il faut donc le dé-

loger pied à pied, et non pas follement lui donner la possibilité de vous surprendre et de vous détruire. (*Applaudissements unanimes. — Adhésion générale.*)

Je considère en un mot que le résultat de la dernière consultation nationale signifie nettement qu'il faut, maintenant que la République est assise, qu'elle soit réformatrice; mais « réformatrice » ne veut pas dire « niveleuse, utopique ou chimérique ». « Réformatrice » veut dire qu'à force d'études, de compétence, à l'aide d'hommes comme celui qui vous parlait tout à l'heure, dans un style plein de force et de sobriété, de la réorganisation judiciaire, il faut étudier les problèmes et les résoudre avec calme, patiemment et graduellement, car ce que la France veut, ne le perdez pas de vue, c'est que vous lui assuriez la confiance et la sécurité dans l'avenir.

Ce qui a fait dans toutes les campagnes, du Nord au Midi, le succès du régime républicain, ce qui a amené l'adhésion, tous les jours grandissante, de ces masses rurales, de ces petits propriétaires, de ces bourgeois, de ces ouvriers sans lesquels vous ne pouvez vivre et gouverner, contre lesquels vous ne pouvez ni vivre ni gouverner, ce qui a fait naître leur confiance, c'est que depuis dix ans l'ordre a régné non seulement dans la rue, mais dans les esprits, qu'en même temps tous les horizons ont été ouverts, qu'on n'a jamais marché en arrière, que l'on a toujours marché en avant!

Eh bien, marchons en avant, mais marchons comme des hommes qui savent où ils vont, qui ont un but marqué, réalisable, qui ont un but tangible qu'ils puissent montrer tous les jours, parce qu'ils ont besoin véritablement, pour l'atteindre et, une fois atteint, pour s'y maintenir, de la confiance du pays, et qu'on ne gagne sa confiance qu'en lui procurant la sécurité. (*Applaudissements.*)

Je pense que c'est dans cet esprit que les représen-

tants que la France vient de se donner se retrouveront
au mois de novembre. Je pense que, quelle que soit
l'étroitesse du mode de scrutin qui leur a donné naissance, ils trouveront en eux la quantité d'application,
d'énergie et de volonté nécessaires pour donner exactement les mêmes résultats que s'ils étaient sortis de
la consultation par le scrutin de liste. Et, à ce propos,
je le dis bien haut pour répondre à certaines rêveries
ou à certaines insinuations, il ne serait pas politique,
il ne serait pas sage de remettre en question la législation nationale à la rentrée de cette Chambre. Non,
Messieurs, la question du scrutin de liste, il ne faut
pas y renoncer, mais il faut l'ajourner jusqu'à l'expiration des pouvoirs de cette Assemblée, ou à une
rénovation constitutionnelle, si elle a lieu. (*Applaudissements.*) Mais ce qui est certain, c'est qu'il serait
tout à fait imprudent et, permettez-moi le mot, absolument puéril de demander à une Chambre issue hier
du suffrage universel de réformer sa législation électorale et de réclamer une autre consultation ; quant
à moi, qui ne fais que de la politique pratique, je
trouverais ce procédé souverainement ridicule. (*Très
bien! très bien! et applaudissements.*)

Donc, assurée de son existence, et devant, par là
même, beaucoup plus de sacrifices individuels, faisant
taire les rivalités, les querelles personnelles, les ambitions même les plus légitimes (car les ambitions
peuvent ne pas être illégitimes ; mais elles ont un
devoir, c'est de s'éliminer toujours devant l'intérêt
commun), faisant disparaître toutes les causes d'antagonisme et d'émiettement, la prochaine Chambre
se devra à elle-même, devra au pays à qui elle l'a
promis implicitement, de lui donner une majorité
sérieuse, solide, stable, qui assure au gouvernement
la même autorité qu'à la République elle-même.
(*Bravos et applaudissements unanimes.*)

Et puis, Messieurs, la tâche commencera, et quant

à moi j'imagine que ce ne sont pas les hommes qui manqueront à la tâche, ni la besogne qui manquera aux hommes. Je ne veux même pas aborder ce sujet. J'ai la confiance, pour ma part, que le jour où ils se trouveront réunis dans l'enceinte du Palais-Bourbon, ceux que la France vient d'investir de sa confiance sauront bien dire ce qu'ils veulent, non pas pour l'imposer, car nous ne sommes plus sous un de ces régimes où l'on ait besoin de menacer le pouvoir exécutif; nous sommes sous un régime qu'on pourrait appeler paternel, tant il est véritablement animé de sympathie, de dévouement pour les représentants de la chose publique. (*Applaudissements prolongés.*) Quand la Chambre aura parlé, tout le monde se trouvera d'accord. (*Très bien! — Oui! oui! — Très bien! très bien !*)

Messieurs, je m'arrête ici. Il ne me conviendrait pas de pousser plus loin cette analyse. Au surplus, comme vous vous en êtes aperçus, je n'avais qu'un seul but dans les quelques observations que je vous adressais, c'était d'affirmer la nécessité de persévérer dans la méthode politique qui depuis dix ans a valu au parti républicain les succès dont il jouit, dont jouissent ceux-là mêmes qui les dénigrent le plus, vous donnant ce spectacle d'impuissants dans la défaite et d'orgueilleux insensés dans le triomphe. (*Adhésion générale. — Applaudissements prolongés.*)

Mais, Messieurs, après avoir affirmé à nouveau la supériorité de cette méthode politique, j'éprouve le besoin d'exprimer aussi ma confiance entière dans les élus du suffrage universel et de bien les prévenir que, quant à moi, ce n'est pas la loi électorale dont ils sont sortis qui pourrait, à un titre quelconque, créer la précarité de leur mandat.

Messieurs, je crois en avoir assez dit pour résumer cette journée et affirmer que ce 4 septembre se lève sur la patrie française plus radieux que celui où nous

eûmes la lourde mission et le douloureux honneur
de nous trouver au poste du péril, et qu'il est permis
d'espérer que la succession de ces anniversaires nous
donnera un jour la joie de célébrer, dans sa plénitude,
la réunion de tous les Français sous le même drapeau.
(*Bravos et applaudissements prolongés.*)

En finissant, je bois aux républicains de l'Eure,
non pas particulièrement à ceux qui nous ont donné
cette courtoise et sympathique hospitalité, mais à
tous ceux qui, dans cette belle Normandie, pays de
sapience, comme on disait autrefois, allient la fermeté dans les convictions à la sagesse dans la conduite. Ce n'est pas sans raison que nous avons choisi,
pour venir au milieu de vous, la fête que vous donnez
à la grande ombre qui plane sur cette assistance, à
Dupont de l'Eure, qui fut la meilleure expression de ce
patriotisme inflexible et cependant toujours conciliant
sur les questions de personnes, auquel il a dû d'être
et de rester, pour les générations futures, comme le
symbole même de la vertu républicaine. (*Applaudissements et acclamations. — Longue adhésion. — Cris répétés de : Vive la République! Vive Gambetta!*)

ALLOCUTION

Prononcée le 5 septembre 1881

AU BANQUET D'ÉVREUX [1]

Mes chers concitoyens,

C'est d'une âme profondément émue que je vous adresse l'expression de ma cordiale reconnaissance. Je suis très touché de l'accueil sympathique, fraternel, républicain, pour tout dire, que vous voulez bien me faire. (*Applaudissements.*)

Et sachez bien, quoi que l'on insinue, quoi que l'on dise et quoi que l'on répète, que l'homme qui est devant vous ne poursuit dans la vie politique d'autre but que la défense des intérêts de tous, l'intérêt de la patrie française si cruellement éprouvée, mais à laquelle nous devons tout ce que nous possédons de courage, d'énergie, de force de travail et d'esprit de sacrifice. (*Applaudissements.*)

Lorsque dans des populations travailleuses on rencontre de pareilles sympathies qui s'adressent non à l'homme, car les hommes ne sont rien, mais aux principes qu'ils servent, à la République qu'ils défendent, on peut dire que des temps nouveaux se sont levés sur la France et que désormais la démocratie, arrivée au gouvernement du pays, s'imposera aux restes des partis vaincus, comme elle saura mériter le respect et l'estime du monde. (*Applaudissements.*)

Pour atteindre un pareil but, mes chers concitoyens,

---

1. Le banquet d'Évreux était offert à M. Gambetta par la municipalité de cette ville.

il faut deux choses qui ne doivent jamais être sépa-
rées : une grande fermeté dans la poursuite du but et
une grande sagesse dans l'emploi des moyens. Sépa-
rées l'une de l'autre, c'est l'aventure et bientôt la
défaite, tandis qu'au contraire, en les associant, en
ne séparant jamais l'esprit de conciliation et de sagesse de l'esprit de fermeté, tous les résultats peuvent
être obtenus parce qu'on ne demande rien à la raison
de tous, à la raison qui est le véritable souverain de
ce monde. (*Bravos.* — *Applaudissements.*)

Je vous quitte sur l'impression de cette idée que je
reçois de vous et que je vous transmets à mon tour :
car, en somme, c'est la communication intime entre
le peuple et ses serviteurs, ses élus, qui fait leur force
et leur prestige. Ils ne sont rien que par lui et avec
lui. Mais, il faut bien s'entendre, il ne s'agit pas de
subir des courants qui peuvent traverser les foules ;
il faut avoir le courage de leur dire la vérité, sûr que
l'on est que le monde trouve toujours. au fond de sa
conscience, la lumière de la raison et du patriotisme.
pour savoir et reconnaître où sont le droit, la vérité,
la justice. (*Vifs applaudissements.*)

Je vous dis donc merci au nom de toutes ces idées
qui nous sont communes ! Persévérons, et que l'espérance règne désormais dans vos âmes : nous arriverons ! Au revoir et vive la République ! (*Applaudissements et acclamations prolongés. — Vive la République!
Vive Gambetta!*)

DISCOURS

Prononcé le 6 septembre 1881

AU BANQUET DE HONFLEUR

Honfleur, 6 septembre.
(Compte rendu de la *République française*.)

Le banquet, auquel prennent part environ cinq cents convives, est dressé sous une vaste maison de bois élevée pour la circonstance et entièrement tendue, à l'intérieur, de draperies tricolores. Au fond, au-dessus de la place occupée par le président, est un buste de la République, encadré de feuillages. Cette salle, éclairée à profusion, est d'un fort bel effet.

M. Houyvet, premier président de la cour de Caen, porte le toast suivant :

« J'ai l'honneur de porter un toast qui aura, Messieurs, j'en suis convaincu, toutes vos sympathies. Je bois à la santé du président de la République. » (*Salve d'applaudissements.*)

M. Michelon, vice-président de la chambre de commerce et président de la commission de la fête, prend la parole en ces termes :

« Messieurs, je porte un toast qui aura, j'en suis sûr, un écho dans tous nos cœurs : à l'armée et à la marine; à l'armée, qui est aujourd'hui et qui, désormais, sera toujours l'armée de la loi; à la marine, qui sait porter haut et ferme le drapeau de la France et qui est si dignement représentée dans cette réunion.

« M. le ministre de la marine ne pouvait, pour le représenter parmi nous, faire un meilleur choix que celui de l'officier distingué qui a laissé à Honfleur de si unanimes sympathies, l'honorable M. Courejolles.

« Autrefois, Messieurs, on pouvait distinguer, mettre à part en quelque sorte, l'armée et la nation; aujourd'hui, l'armée, c'est la nation elle-même, affirmant sa force et sa volonté de défendre son indépendance et son honneur.

« Messieurs, je bois à l'armée, à la marine française! » (*Vifs applaudissements.*)

M. Courejolles, capitaine de frégate, au nom du ministre de la marine et des colonies, adresse ses remerciments à la ville de Honfleur qui l'a prié de venir à cette fête de l'inauguration du nouveau bassin. Au nom de M. le ministre de la marine, en terminant, il boit à la prospérité de la ville et du port de Honfleur. (*Vive approbation et applaudissements.*)

M. Chasles, maire de Honfleur, prend la parole en ces termes :

« Messieurs, je porte un toast auquel d'avance toute cette salle est associée : A M. Léon Gambetta! (*Salve d'applaudissements.*) A M. Gambetta qui nous honore aujourd'hui d'une visite dont notre ville républicaine ne perdra jamais le souvenir.

« Il y a, Messieurs, un homme qui, au cours d'une période bien cruelle, et malgré tout glorieuse, a résumé et magnifiquement exprimé nos douleurs, nos colères et nos espérances; dont l'ardent patriotisme a réchauffé et soulevé celui de la France entière; qui a contribué, plus que tout autre, à sauver l'âme de la patrie. Ceux-là se calomnieraient eux-mêmes, je veux le croire, qui ne reconnaîtraient pas qu'alors ils ont lutté, souffert, espéré avec lui. S'il en était autrement, il faudrait les plaindre. (*Bravos.*)

« Ensuite, après une campagne plus longue, mais triomphante, celle-là, il nous a conduits, nous tous républicains, nous les survivants de la génération de 1848, à la victoire définitive qui nous avait si douloureusement échappé, il y a trente ans, et que nous avons pendant si longtemps attendue. Ce patriote illustre, ce Français, ce républicain, est au milieu de nous : c'est avec une profonde et respectueuse sympathie, c'est vraiment du fond de nos cœurs que nous réunissons dans une acclamation le nom de M. Gambetta et le nom de la République. » (*Applaudissements prolongés. — Vive la République! Vive Gambetta!*)

M. Gambetta prononce le discours suivant :

Messieurs et chers convives,

Vous me voyez sincèrement et profondément ému
des paroles que vient de m'adresser le maire de cette
patriotique et vaillante cité de Honfleur. Il a dit, qu'il
me permette de le remarquer, il a dit, avec exagération, une partie de la vérité quand il a parlé des efforts
que je devais à ma cause et à mon pays. Mais ne laissons pas dire, jamais, que l'on peut identifier un principe à un homme. Distinguons bien, et ne permettons
jamais la confusion entre les individualités et la République, qui doit planer au-dessus non seulement des
hommes, mais des partis eux-mêmes. (*Applaudissements.*)

En me levant devant vous, à l'heure où nous
sommes... je ne veux pas reporter mes regards sur
ce passé si douloureux qu'on ne peut pas l'évoquer,
même devant les plus implacables ennemis de la
République, sans remuer en eux la fibre nationale qui
vibre toujours en tous les Français. (*Applaudissements.*)
Non, il ne convient pas, après les triomphes, à l'intérieur, du régime républicain, de mêler ces évocations,
trop douloureuses, à nos fêtes électorales. J'aime
mieux, mes chers concitoyens, vous parler de vous,
de votre pays, de ce que j'y ai vu, de ce que je suis
venu y chercher et des espérances que j'emporte et,
permettez-moi de l'ajouter puisque vous m'y avez provoqué, de l'ineffaçable souvenir que vous me laisserez
dans l'âme. (*Applaudissements.*)

Je suis venu ici, Messieurs, parce qu'il y avait longtemps que nous nous étions engagés, vos amis et moi,
à venir vous visiter au lendemain de la campagne
électorale qui vient de se clore et que vous avez si
brillamment illustrée par des succès qui me paraissent vous mériter, dès aujourd'hui, le prix d'excellence électorale dans le pays. (*Rires d'adhésion et
applaudissements prolongés.*)

Oui. Messieurs, je savais depuis longtemps, et j'ai des témoins dans cette enceinte, que dans ce Calvados tant décrié, que l'on a maintenu et laissé sous des tutelles et des influences qui dataient de loin et n'en étaient ni plus pures ni plus légitimes, je savais, dis-je, qu'un jour viendrait où, grâce à l'esprit de propagande, de résolution et de persévérance du vaillant noyau républicain qui était à Caen, à Honfleur, à Lisieux, à Bayeux, à Vire, à Falaise, à Pont-l'Évêque, on finirait bien par éveiller dans cette population si sensée, si avisée, si soucieuse de ses intérêts matériels qui sont la garantie de ses intérêts moraux, on finirait bien par éveiller ce vieil esprit de sagesse normande, et qu'un jour la République apparaîtrait aux populations de ces contrées comme le gouvernement par excellence, comme le gouvernement de leur prospérité et de leur avenir. (*Applaudissements.*)

Ce jour est arrivé, et ce ne sont pas là des conquêtes éphémères, vous le savez bien. Vous savez bien qu'une idée de novation, de changement, de transformation est toujours difficile et délicate à faire pénétrer dans le cœur de chêne de vos populations; mais vous savez aussi que lorsque cette idée est entrée dans les esprits elle y reste, elle s'y enfonce, et on l'en arrache bien difficilement. J'espère bien que cette idée, celle de la République, on ne l'en arrachera plus. (*Vifs applaudissements et bravos.*)

Les conquêtes que font les Normands sont des conquêtes définitives. (*Nombreux applaudissements. — Rires approbatifs.*) J'ai connu, je connais encore d'autres populations plus mobiles, plus ardentes, plus enthousiastes, mais aussi qui portent peut-être plus d'imprévu et de variabilité dans le culte de leur affection. (*Nouveaux rires et applaudissements.*)

Messieurs, ce n'est pas avec un sentiment de critique ou de regret que je fais cette comparaison. Il faut voir la France comme elle est, dans toutes ses parties,

avec la variété de ses traits ; et il faut l'aimer jusque
dans tous ses défauts, parce que c'est toujours la
France et qu'il n'y a rien au-dessus. (*Adhésion unanime et applaudissements.*)

Eh bien, nous sommes ici tout joyeux, au lendemain de cette victoire que je constate et que je célèbre
avec d'autant plus de plaisir que c'est à vous qu'elle
est due, Messieurs. L'occasion n'était-elle pas tout à
fait opportune... (*On rit*)... pour venir vous visiter et
m'enquérir, — non pas que ce fût pour la première fois,
vous ne l'ignorez pas, — de vos intérêts, sur place ;
vous savez avec quel soin jaloux je me suis mêlé aux
discussions qui touchaient à votre marine marchande... (*Bravos prolongés*), à vos travaux publics et
à la situation de vos inscrits maritimes ; non pas que
je cherchasse ainsi à vous donner un appui qui pût
avoir un caractère personnel ou local, mais j'étais
tout à vous parce que vous êtes un des éléments
nécessaires, supérieurs, de la fortune de la France et
que, à ce titre, tout ce qui vous touche intéresse et
doit intéresser celui qui place l'intérêt général avant
tous les autres. (*Salves d'applaudissements.*)

Messieurs, je suis heureux d'être venu. J'ai constaté
qu'environnés de tous les présents et de tous les dons
de la nature, au bord d'un fleuve magnifique, devant
cette étendue sur laquelle vous savez, intrépides navi-
gateurs, audacieux coursiers, vous lancer à votre tour,
adossés à cette merveilleuse vallée où l'on voit presque
l'herbe pousser, tant elle va vite et tant elle est drue,
vous avez trouvé le moyen d'ajouter à toutes ces
richesses. On peut constater, en interrogeant celui
qui passe dans la rue, sur le port, que votre fortune
commerciale est grandissante, que tous les ans vos
relations s'étendent, que votre tonnage augmente,
que vous êtes déjà à l'étroit dans vos bassins, que vous
songez à vous étendre.

Aujourd'hui on vous a donné quelques bonnes

paroles que vous avez saisies au vol, avec la précision
et la sagesse qui vous caractérisent, et j'ai bon espoir
que de ces paroles vous ferez un contrat, et que de
ce contrat sortira l'amélioration que vous souhaitez.
(*Applaudissements prolongés.*) Aussi vous avez bien
raison de vous vouer aux affaires; mais vous avez
encore plus raison de ne point admettre cet apho-
risme, qui avait encore cours il n'y a pas déjà si longtemps, que la politique tue et que les affaires vivifient.
Vous êtes de ceux qui ont compris, en hommes d'expérience et en hommes d'affaires consommés, qu'il n'y a,
au contraire, de sécurité pour les affaires, de véritable
garantie pour les entreprises à longue échéance, que
sous la garantie d'une politique bien faite et d'une
politique faite d'une façon soutenue, rationnelle, et à
laquelle tout le monde prend part, parce que cette
politique-là c'est l'affaire de tout le monde. (*Vive
adhésion. — Bravos et applaudissements.*)

Il y a des politiques qui ont vécu pendant des générations sur la division entre la politique et les affaires,
et il s'est trouvé que les politiques ont été compromises. C'est pourquoi il a fallu en venir à créer un
régime nouveau où les intérêts et les affaires politiques fussent essentiellement liés les uns aux autres.
Pourquoi? Pour assurer la prospérité et la sécurité particulières par le contrôle de tous. (*Applaudissements.*)

Messieurs, c'est le gouvernement de la République
que vous tenez, que vous assurerez, que vous propa-
gerez, que vous développerez encore dans l'avenir;
c'est ce gouvernement qui, dès aujourd'hui, apparaît,
non pas pour vous, mais pour les populations rurales, industrielles, qui sont immédiatement en contact avec vous, comme le générateur et le protecteur
de ses affaires. (*Applaudissements prolongés.*) Les bassins que vous inaugurez, cette mer que le génie de
vos ingénieurs force à réparer elle-même, en passant
à travers un certain organisme, le mal qu'elle a causé,

des cales qu'il faut fonder, ces bassins que vous êtes
en train de creuser et dont j'espère que l'on élargira
le cercle... (*Applaudissements*), qu'est-ce que tout cela
prouve? Cela prouve que les affaires vont mieux parce
que la politique est mieux conduite. (*Double salve
d'applaudissements et bravos.*) Et, chose admirable, sur
toute cette côte les affaires ne sont pas seulement les
affaires des agglomérations urbaines; non, on assiste
pour ainsi dire à ce rêve réalisé de voir l'industrie se
faire bocagère et l'agriculture se faire industrielle. On
exploite avec une égale aisance, à la campagne, des
usines, des filatures; et ce n'est pas un des moins
beaux spectacles de votre admirable puissance que de
voir des filatures au milieu des futaies les plus épais-
ses, les plus ombrageuses. En sorte que vous avez
marié les champs et la ville, et vous y avez ajouté les
trésors que vous savez arracher à la mer. (*Vifs applaudissements.* Pays privilégié. Il ne vous manquait qu'une
chose, non pas à vous, mais à tous vos voisins, c'était
de bien comprendre que pour assurer ces trésors, les
répandre, les féconder, il fallait un gouvernement
qui fût le vôtre. Désormais c'est au nom de ce gouvernement que vous invoquerez l'esprit particulier de
votre contrée et que vous le mettrez au service de
tous. (*Bravos et applaudissements.*)

Messieurs, on vous a dit aujourd'hui, dans un langage aussi précis que ferme, dans un langage qui convenait à l'esprit éminent, distingué, de M. le ministre
du commerce, on vous a dit qu'il ne servirait de rien
de creuser ces beaux bassins, de multiplier le réseau
ferré, de vous créer des moyens de transport, des
moyens de rapprochement, si l'on n'étendait pas aussi
la sphère de votre action, si on n'ouvrait pas de nouveaux débouchés, si on ne maintenait pas surtout les
anciens et si, enfin, à une politique industrielle on
n'ajoutait pas une politique commerciale. (*Applaudissements unanimes.*)

Aussi, Messieurs, je crois qu'il est temps pour tout le monde que le régime économique et commercial de ce pays soit fixé avec les puissances étrangères. Vous connaissez mes convictions ; elles n'ont pas varié. Je pense que vous êtes assez forts, que vous êtes assez ingénieux, assez audacieux et, en même temps, assez expérimentés et assez prudents, pour supporter la concurrence avec les autres nations qui nous entraînent. Et, par conséquent, je complète les espérances que je forme pour votre développement local, par le vœu que j'exprime pour que les traités qui ouvrent la liberté des échanges avec les peuples soient consacrés dans un avenir très rapproché.

Je bois à la prospérité et au développement de votre belle cité !

Permettez-moi, en terminant, de vous dire que de toutes les récompenses que je puisse désirer dans ma vie, il n'en est aucune, couverte ou décorée de quelque nom que vous voudrez, sous quelque apparence qu'on la présente, il n'en est aucune qui vaille pour moi cet accueil joyeux, fraternel, dont la franchise m'allait au cœur, et que je lisais dans tous les yeux, que j'ai reçu ici depuis que j'ai eu le plaisir d'y arriver. (*Applaudissements prolongés.*)

Je bois donc à nos amis présents ; je bois à nos amis non présents, qui ne peuvent pas être des absents et que j'espère retrouver demain, sinon tous, au moins en aussi grand nombre que possible ; je bois, Messieurs, aux habitants de la ville de Honfleur. (*Longs applaudissements et bravos prolongés. — Cris de : Vive la République! Vive Gambetta!*)

DISCOURS

Prononcé le 7 septembre 1881

AU BANQUET DES OUVRIERS DU PORT

A HONFLEUR

Honfleur. (Dépêches de la
République française.)

BANQUET DE HONFLEUR.

Le second banquet de Honfleur, qui a eu lieu ce matin,
à neuf heures, réunissait environ cinq cents convives,
presque tous ouvriers du port, du commerce et de l'industrie.

M. Monod, préfet du Calvados, porte un toast au président de la République, à M. Jules Grévy. « Nous honorons
en lui, dit-il, le premier fonctionnaire de l'État, le premier
serviteur du pays, choisi par nous-mêmes, puisqu'il l'est
par nos mandataires. Nous lui sommes reconnaissants de
remplir dignement, pour le bien de la patrie, cette grande
fonction, et nous saluons en lui la plus haute émanation de
la volonté nationale. » (*Vifs applaudissements.*)

Le préfet constate que la victoire remportée aux dernières élections du Calvados est due à la modération et à
la sagesse du parti républicain. Il termine ainsi : « C'est
un grand bonheur pour moi de me réjouir de cette victoire avec vous, avec le grand patriote qui préside à cette
fête, et de le faire dans cette ville si anciennement et si
profondément républicaine (*Applaudissements*), qui a été
au milieu de nos désastres le refuge de nos soldats malheureux, les sauvant ainsi de la captivité, et qui, de tout
temps, a donné l'exemple du libéralisme et de la fidélité
aux convictions démocratiques. » (*Bravos et applaudissements répétés.*)

M. Michelon prend la parole en ces termes : « Je porte

un toast qui est sur toutes les lèvres, dans tous les cœurs :
au grand citoyen qui n'a jamais désespéré de l'avenir de
la patrie; au membre du gouvernement de la Défense nationale, au président de la Chambre des députés, à M. Gambetta! » (*Salve d'applaudissements.* — *Vive la République!
Vive Gambetta!*)

M. Gambetta prononce le discours suivant :

Messieurs, le toast que notre ami Michelon vient
de porter est, permettez-moi de vous le dire, le véritable couronnement, la fin naturelle de cette fête
fraternelle que vous m'avez donnée depuis que je suis
parmi vous.

C'est au nom de la population ouvrière, travail-
leuse, de Honfleur que M. Michelon vient de parler;
et moi je veux lui répondre au nom précisément de
cette démocratie républicaine de la France entière,
de cette démocratie amoureuse de l'ordre, qu'elle ne
veut pas séparer de la justice. (*Vifs applaudissements.*)

Il n'y aurait pas de fête véritablement républicaine
si on n'entrait en communication étroite et fraternelle avec toutes les couches de la démocratie contemporaine. (*Bravos et applaudissements.*) Soyez bien
assurés, mes chers amis, que ce qui est mon souci
constant, ce qui est le but toujours poursuivi à travers
les difficultés et les chemins couverts de la politique,
c'est l'affranchissement et l'émancipation du peuple
des travailleurs. (*Adhésion unanime et applaudissements
prolongés.*)

Il y en a peut-être, et il y en a trop eu dans le passé,
qui ont poursuivi, ou dit qu'ils poursuivaient cette
émancipation sociale, but définitif de la Révolution
française, mais qui la poursuivaient par une politique
trop connue et bien caractérisée, la politique des manifestations stériles. Je pense qu'instruite par l'expérience, par les plus sanglantes expériences, la démocratie nouvelle, — celle que nous servons et celle
à laquelle nous appartiendrons, quelles que soient

les sottises qu'on ait débitées à cet égard, jusqu'au
dernier souffle de notre vie, parce que, sorti d'elle,
nous ne voulons pas, nous ne pouvons pas nous séparer d'elle, — je pense que cette démocratie comprendra nos efforts et s'y associera. (*Vives acclamations.*)

Eh bien, je dis qu'autrefois on a fait une certaine
politique d'émancipation sociale ; mais nous la com-
prenons autrement. Oui, je pense que la politique ne
serait qu'un art stérile, un jouet à l'usage des rhéteurs,
si elle n'avait pas pour but de travailler à l'émancipation de l'individu d'abord, à un plus grand accroissement de la justice et, s'il faut dire le mot, de bonheur
parmi les hommes réunis. (*Applaudissements unanimes.*)
Mais je pense aussi qu'il importe de ne pas leurrer
de promesses irréalisables ceux qui n'ont que le capital de leurs bras et à qui la société n'a pas encore
pris la précaution d'assurer le capital de l'intelligence.
(*Vifs applaudissements.*) Je pense que si tout se tient
dans la société, il faut cependant avoir un ordre et une
méthode d'action et savoir commencer par le commencement : et c'est ce que nous avons essayé de
faire en face de ces problèmes complexes qu'une formule ne pourra jamais résoudre comme par un coup
de baguette. Nous avons regardé, et nous n'avons pas
regardé à nous tout seuls, mais avec nos frères, avec
nos prédécesseurs dans la carrière, avec nos penseurs
et nos philosophes, et nous avons vu que la première
chose qu'il fallait faire, c'était de prendre la cervelle
de l'enfant et de la meubler... (*Nouveaux applaudissements et bravos*), de l'éclairer, et cela d'une certaine
manière qui est la seule digne d'un peuple libre, c'est-
à-dire de l'éclairer à la pure lumière de la raison et
de la science, au lieu de la laisser dans les ténèbres
de la crédulité et de la superstition ! (*Bravos et applaudissements prolongés.*) Nous pensons que l'éducation,
cette éducation universelle, est la pierre angulaire de
la rénovation sociale ; qu'avec elle on peut tout entre-

prendre, et, dans tous les cas, tout commencer. (*Vifs applaudissements.*)

Est-ce à dire que parce qu'on aurait ouvert des écoles, donné des maîtres et des professeurs, poussé la sélection et le choix entre les intelligences jusqu'au plus haut degré de l'enseignement scientifique, est-ce à dire que tout serait fini et qu'il faudrait se reposer? Nullement. Il est toute une série de mesures et d'institutions à organiser, non pas que l'État doive les créer de toutes pièces en se substituant à la liberté individuelle, à l'effort des énergies associées ; mais, Messieurs, quand les individualités sont impuissantes, quand cette collection, cette réunion, cette association de volontés libres et d'efforts individuels avortent, il reste une grande et haute personne sociale, le pays, l'État, qui se doit à lui-même d'intervenir, non pour opprimer, mais pour imprimer le mouvement ; non pour se substituer à la volonté des citoyens, mais pour l'encourager, la soutenir, l'aider, la porter pour ainsi dire sur les bras, et amener chaque citoyen à l'épanouissement complet de son intelligence et de sa raison. (*Salve d'applaudissements.*)

Eh bien, nous pensons, Messieurs, que ces choses peuvent être faites, et faites sans aucune espèce de secousse, de soubresaut, en s'informant de ce qu'il est désirable et possible d'établir, au point de vue des institutions de prévoyance, de crédit, d'assistance, de secours mutuels. Nous pensons, de plus, que ces choses-là ne sont pas tellement unies entre elles que l'on ne puisse parfaitement les isoler, les séparer, les résoudre à part chacune l'une de l'autre : que c'est là la tâche qui incombe précisément au législateur soucieux des progrès d'une démocratie.

C'est alors qu'il sera permis d'entrevoir, et très prochainement, je crois, ce grand mouvement de rénovation sociale. Il est déjà commencé! Cette liberté d'association tant réclamée, si justement réclamée, eh bien! elle a été concédée en ce qu'elle a d'immédiatement pratique : on a reconnu qu'il fallait que les ouvriers et les patrons pussent s'associer entre eux ou séparément, qu'il était juste et pratique de leur reconnaître la personnalité civile, le droit d'acquérir, de posséder, de transmettre, enfin que cette association fût établie aussi bien pour l'épargne que pour la production : et c'est là ce que l'on appelle le régime des syndicats libres, des syndicats professionnels.

Je sais bien que cette loi attend à la porte du Sénat. Messieurs, je ne suis pas, vous le savez bien, l'ennemi du Sénat : je le crois nécessaire ; mais je suis, en revanche, l'ennemi des résistances inutiles ou offensantes pour la nation, et je ne crois pas à leur durée. (*Applaudissements prolongés.*)

Voilà, Messieurs, dans quelle voie nous nous sommes engagés sagement mais fermement. L'heure n'est pas aux discours ; nous allons nous séparer : le temps presse, mais vous pouvez être assurés, et en garder fidèlement le souvenir, qu'en ce qui touche à tous ces intérêts qui ne sont pas des intérêts de classe, — je proteste contre ce mot, — qui sont les intérêts de la démocratie républicaine, qui est aujourd'hui toute la nation, il pourra y avoir des esprits plus heureux, des intelligences plus fortes : il n'y aura jamais de cœur plus sincère et de foi plus loyale dans vos destinées et dans l'avenir de la patrie républicaine. (*Salve d'applaudissements. — Acclamations prolongées. — Cris de : Vive la République! Vive Gambetta!*)

À la sortie du banquet, M. Gambetta est monté en voiture pour se rendre à la gare. Sur le parcours, les ouvriers du port lui ont fait une ovation enthousiaste et ont voulu dételer et traîner sa voiture. M. Gambetta s'est énergiquement opposé à cette manifestation, disant : « Les chevaux sont faits pour traîner et non pas les hommes. » La foule a accompagné le président de la Chambre jusqu'à la gare et lui a fait une dernière et très chaleureuse ovation.

DISCOURS

Prononcé le 7 septembre 1881

AU BANQUET DE PONT-L'ÉVÊQUE

(CALVADOS)

Pont-l'Évêque, 7 septembre.
(Compte rendu de la *République française*.)

A son arrivée à Pont-l'Évêque, M. Gambetta a été reçu par M. Jullien, maire, qui a prononcé le discours suivant :

« Monsieur le président, Monsieur le délégué du ministre de la marine, j'ai l'honneur de vous souhaiter, au nom de cette ville et du conseil municipal, nos souhaits de respectueuse bienvenue.

« Nous considérons ce voyage, Monsieur le président et Monsieur le délégué, comme la marque de la plus haute sympathie que le gouvernement pouvait nous donner.

« En ce qui vous concerne plus particulièrement, Monsieur le président, permettez-moi de vous rappeler qu'à une époque lugubre vous avez su comprendre que résister à l'ennemi, fût-il fort, c'était encore sauver la France. Et, au nom de notre ville, je vous exprime nos sentiments de profonde gratitude pour avoir épargné au pays une troisième invasion. (*Vives et nombreuses acclamations.*)

« Vous trouverez ici, Monsieur le président, des cœurs fermes et dévoués qui depuis longtemps, avec des obstacles multiples, luttent pour le triomphe de la République. Satisfaits aujourd'hui du succès, nous conserverons de votre visite, Messieurs, un souvenir inaltérable. » (*Bravos et applaudissements prolongés. — Cris : Vive la République! Vive Gambetta !*)

M. Gambetta a répondu :

Monsieur le maire, Messieurs, vous pouvez croire

qué c'est avec un profond sentiment de joie que je viens au milieu de vous; et je n'oublie pas que j'y viens au lendemain d'une victoire qui vous a coûté de longs efforts, mais qui n'en est que plus glorieuse et plus fructueuse. En venant ici, vous savez que je viens pour m'enquérir de vos intérêts et pour prendre une part aussi active que possible au développement de votre prospérité économique.

Tout à l'heure, j'espère avoir le plaisir de voir de plus près ces produits magnifiques que vous avez ajoutés à la fortune de la France. (*Vifs applaudissements. — Cris de : Vive la République! Vive Gambetta!*)

Un enfant, s'avançant vers M. Gambetta, le complimente et lui offre, au nom des écoles, un superbe bouquet.

M. Gambetta dit à cet enfant :

Mon cher enfant, je vous remercie d'avoir pensé à moi; je vous remercie de m'offrir ces fleurs. Je les accepte comme une marque de votre jeune patriotisme.

Je n'aime pas beaucoup qu'on parle politique avant l'âge; mais quand on parle de l'avenir de la France, j'applaudis, car c'est là une pensée qui ne saurait trop enthousiasmer les jeunes cœurs. C'est la jeunesse qui est, en effet, l'avenir de ce pays; mais elle ne pourra le réaliser complètement que si elle est ardente au travail, appliquée à l'étude et soucieuse de ses devoirs. Par la manière dont vous avez exprimé vos sentiments, je vois que dans ces écoles dont vous parliez tout à l'heure vous avez véritablement reçu les bons principes.

Je vous remercie. Rien ne me touche davantage que les manifestations de la jeunesse; et vous ne pouviez pas choisir de symbole qui vous ressemble plus que ces fleurs, car vous êtes le printemps de la France. (*Applaudissements prolongés et acclamations.*)

A deux heures, le [président de la Chambre a visité le

concours de juments poulinières organisé par M. Perrine, administrateur des courses de Pont-l'Évêque.

Un banquet de trois cents couverts a réuni le soir, à l'hôtel de ville de Pont-l'Évêque, M. Gambetta, M. Courejolles, représentant le ministre de la marine, MM. Spuller, d'Osmoy, Duchesne, Mauger, Henry, députés; le préfet et les sous-préfets du Calvados, les maires de Caen, de Lisieux et de Honfleur, les principaux éleveurs de la région, M. Popoff, commissaire des haras russes, etc.

Le préfet porte la santé du président de la République; M. Henry, député de Caen, et M. Jullien, maire de Pont-l'Évêque, portent la santé de M. Gambetta.

M. Gambetta prononce le discours suivant :

Messieurs, je suis très touché des divers toasts que l'on veut bien porter à ma santé et je suis tout prêt à y répondre.

Cependant, je veux faire observer à nos amis qui ont eu la première idée de cette réunion, que ce n'était pas tout à fait sous cette forme que nous l'avions comprise, car la fête d'aujourd'hui est une fête à laquelle on avait songé depuis déjà longtemps; si je ne me trompe, l'idée en remonte à trois ou quatre années en arrière.

Il aurait peut-être été plus fructueux de reproduire exactement notre première réunion... (*Sourires.*) Mais puisqu'un nouveau dîner, en petit comité, n'a pas paru possible, il ne faut pas nous en plaindre, mais il nous faut certainement changer le caractère de la cérémonie. (*Rires.*)

En effet, Messieurs, il y a de cela trois ans, des hommes dévoués, — les mêmes qui sont ici, — m'ont entretenu assez longuement de cette grande et belle industrie normande de l'élevage du cheval français, et j'ai pu, dans une certaine mesure, comprendre leurs visées, m'associer à leurs efforts, et les aider dans la poursuite du but qu'ils ont si pleinement et si complètement atteint aujourd'hui. Je leur dis alors : Si vous voulez que nous fassions une œuvre sage et vraiment pratique, ne soyons pas trop nombreux pour être sûrs de mieux nous entendre; réunissons-nous chez l'un de vous,— qui a été primé et médaillé aujourd'hui, et justement, car ses produits figuraient parmi les plus beaux : c'est M. Balvay. (*Applaudissements.*)

Il nous reçut chez lui avec ses amis... je ne les citerai pas tous, parce que ce serait très long, mais j'ai été très heureux de voir aujourd'hui qu'ils étaient à la tête de ceux qui ont obtenu les récompenses et les primes de ce magnifique concours de Pont-l'Évêque. Messieurs, on peut avoir organisé des concours plus nombreux, mais, de l'avis de tous ceux qui s'y connaissent et que j'ai bien interrogés, on n'en a jamais vu de plus beau que celui d'aujourd'hui. (*Vifs applaudissements.*)

Il y avait là le représentant de l'administration des haras, et, Messieurs, il ne faut pas oublier cette administration, parce qu'elle sert grandement à la propagation de l'élevage du cheval; elle lui donne les règles et quelque chose qui pèse bien aussi : la subvention, la prime en argent. (*Rires et marques d'approbation.*) Elle a aussi le pouvoir d'accumuler les notions techniques, les ressources de toute nature, en les empruntant à l'Angleterre, à l'Allemagne, à l'Autriche, à la Russie, car nous sommes dans un pays où l'on s'occupe surtout des trotteurs, et j'ai rencontré sur le terrain des courses le commissaire russe, M. Popoff, qui commence à être inquiet... heureusement!... (*Hilarité*)... de cette rivalité pour ses trotteurs russes. (*Rires et applaudissements répétés.*)

Eh bien, Messieurs, dans cette petite réunion d'il y a trois ans, je fis ce que j'ai l'habitude de faire quand je suis avec des hommes spéciaux, et je vous assure qu'il n'y a pas pour moi de travail plus fructueux et plus agréable que de me rencontrer avec ceux auprès desquels je peux m'instruire; au lieu de leur porter

des toasts et de leur faire des discours, je leur dis :
Causez des choses que vous savez et que j'ai besoin
d'apprendre. (*Rires et applaudissements.*)

Voilà comment, ce soir-là, à trente ou trente-deux,
car je crois que nous n'étions pas plus nombreux, on
donna la parole à chacun des convives, qui étaient
tous les gens spéciaux, les uns parce qu'ils avaient
une longue pratique de l'administration des haras,
les autres parce qu'ils possédaient cette expérience
que l'on acquiert le jour, en risquant son capital, en
travaillant sur son propre fonds à des améliorations.
Un premier résultat sortit de cette longue et utile
conversation, grâce à l'initiative d'un homme que je
veux nommer, M. Degoux-Longpré... Je ne le vois pas...

PLUSIEURS VOIX. — Il est là!

M. GAMBETTA. — Oh! je sais bien qu'il ne peut pas
manquer ici! Il en sortit, dis-je, ce petit plan que l'on
rappelait tout à l'heure, et que connaît bien M. Henry,
que nous compterons désormais parmi nos collègues
à la Chambre des députés, — ce qui me dispensera
d'autant de pousser tout seul à l'étude de la question
chevaline. (*Rires et applaudissements.*)

Ce petit plan, très modeste au début, s'agrandit, se
développa comme toutes les choses qu'on fait sagement et dont on s'occupe tous les jours. On est parti
d'une subvention bien petite, bien exiguë; aujour-
d'hui, nous sommes en route, je l'espère, pour la
création d'un centre nouveau, — oh! il ne faut blesser
personne, — qui sera aussi important que tous les
autres. (*Oui! oui! — Très bien! — Applaudissements.*)

Eh bien, chemin faisant, — et je ne veux pas abuser
des mots techniques, — je me garderai bien d'avoir
l'air de connaître l'hippiatrique, la science de l'élevage... (*On rit.*) Mais j'ai beaucoup causé, et comme
il n'est jamais interdit de retenir les paroles qu'on a
entendues, je me suis fait aussi ma petite idée sur la
marche de votre grande industrie. Je ne vous ennuie-

rai pas en vous en entretenant ce soir, parce que vous
êtes trop nombreux... (*Parlez! parlez!*) Si j'avais pu
réaliser le plan que nous avions conçu, mon excellent
ami M. Jullien et moi, si l'on avait organisé de petits
groupes, j'aurais demandé à l'un ce qu'il pense des
jumenteries, à l'autre du croisement qu'il emploie au
point de vue du développement et de l'énergie des
membres; à d'autres, j'aurais adressé des questions
relatives au sang à donner aux chevaux et aux conséquences de l'emploi du pur sang; je leur aurais
demandé s'il n'y avait pas lieu de se préoccuper de la
force du support, de la solidité du dessous, de ce
jarret que le poids du dessus et une puissance mus-
culaire considérable peuvent compromettre.

Je n'insiste pas, Messieurs, vous me comprenez
bien tous. (*Rires et applaudissements.*)

J'aurais pu causer aussi, avec les divers représentants des autres cantons ou des autres arrondissements, de cette belle production qui s'étend
non seulement dans tout le département du Calvados,
mais qui déborde sur l'Orne, sur la Manche...

M. D'OSMOY, *député de l'Eure.* — Et sur l'Eure.

M. GAMBETTA. — ... et sur l'Eure... J'allais le dire,
mon cher d'Osmoy, car je ne puis pas oublier que
vous représentez l'Eure. (*Rire général et bravos.*)

Et alors nous aurions pu agiter la question de
savoir quel est le meilleur système, de la prime ou du
pensionnement, ou s'il n'y aurait pas lieu de provoquer la création complémentaire ou supplémentaire
d'un autre concours départemental.

Ce sont là des questions qui, toutes, vous intéressent, vous passionnent, et, permettez-moi de le dire,
qui me passionnent aussi, car je crois qu'on peut très
bien se passionner, à tour de rôle, pour tous les
intérêts français, à mesure qu'on les rencontre sur
les différents points du territoire. (*Vive et unanime
approbation. — Applaudissements prolongés.*)

Je crois aussi que, à proprement parler, la fonction d'un homme politique n'est pas de substituer ses visées personnelles à celles des divers groupes intéressés, mais de s'en aller, comme je tâche de le faire à travers cet incomparable pays de France, dans ces voyages que j'ai entrepris il y a tantôt quinze ans, m'informant, m'instruisant ici des questions agricoles, là des besoins de l'industrie; ici, des intérêts commerciaux et maritimes, et partout, Messieurs, des intérêts de ceux qui n'ont d'autres capitaux que leurs bras... (*Bravos et applaudissements prolongés*), interrogeant tour à tour ceux qui représentent toutes les branches de cette immense activité nationale et tâchant de revenir au centre, à Paris, chargé non pas d'honneurs et de flatteries, mais de renseignements, d'indications et de notes, comptant sur mon travail et sur la bonne volonté de tous pour en faire sortir une amélioration et un progrès. (*Salves d'applaudissements. — Au moment où l'orateur va reprendre la parole, de longues acclamations se font entendre pendant quelques instants.*)

Eh bien, Messieurs, aujourd'hui j'ai tenu à vous voir de près, et surtout à voir ces éleveurs, ces producteurs, ces hommes de patience qui ne reculent devant aucun effort, qui ont sacrifié bien de l'argent et qui ont, chose rare aussi, refusé d'en gagner en refusant de livrer à l'étranger des produits qui honoraient l'industrie française. (*Bravos et applaudissements.*)

Je les ai vus, j'ai tenu à m'approcher de chacun d'eux, à voir, à étudier de près, toujours avec le concours des hommes spéciaux que je remercie d'avoir bien voulu m'accompagner et m'apporter leurs lumières, à juger sur ce qui avait été fait. Or, je le déclare, ce qui a été fait est un résultat superbe, merveilleux, et je pense qu'il est temps, grand temps qu'on le reconnaisse en haut lieu et qu'une féconde initiative soit prise s'il y a quelque amélioration à apporter, quel-

que règlement à modifier, quelque nouvelle institution à fonder. (*Nouveaux applaudissements.*)

Quant à moi, Messieurs, comme je vous l'avais dit
il y a quatre ans, et comme ma présence ici vous le
prouve, j'ai tenu ma parole; je vous tiendrai encore
parole, et si vous avez besoin de moi, je serai tout à
vous. (*Vive adhésion et applaudissements.*)

Je bois donc à l'industrie chevaline du Calvados et
des beaux départements qui le bordent, et je bois,
Messieurs, à votre excellente solidarité républicaine,
car il importe assez peu, en fin de compte, qu'il en soit
resté trois sur sept. (*Rires approbatifs.*) Le progrès est
dessiné, l'orientation est marquée, et je connais trop
bien l'esprit de ces populations pour douter de l'unanimité à la première épreuve. (*Marques de vive approbation. — Applaudissements.*)

J'ignore si, dans cette assemblée, il en est qui n'ont
pas encore épousé la cause commune de la nation;
s'il y en a, je fais appel à leur patriotisme et je les
ajourne à quelques années; alors, il n'y aura plus ni
dissidences, ni divisions; je reviendrai d'ici là au
milieu de vous; mais ce jour-là, au grand jour de la
fête prochaine, — car qu'est-ce que c'est que trois ou
quatre années dans la vie d'un peuple? — nous trouverons tous les Normands unis sous le drapeau de la
République. (*Applaudissements et acclamations prolongés. — Marques unanimes d'approbation. — Toute l'assistance se lève. Les convives du banquet se rapprochent et se
pressent autour de M. Gambetta pour le saluer et le féliciter.*)

En quittant le banquet, M. Gambetta s'est rendu à la
gare. Le train qui le ramenait à Paris s'est mis en marche
au milieu des cris de : « Vive Gambetta ! » poussés par la
foule qui avait franchi les barrières et envahi le quai de la
gare. La ville était brillamment illuminée.

DISCOURS

Prononcé le 25 octobre 1881

AU BANQUET DU HAVRE

———

Nous raconterons dans le volume suivant quels furent, pendant les mois de septembre et d'octobre 1881, les principaux incidents politiques qui préparèrent la chute du cabinet présidé par M. Jules Ferry et l'avènement du ministère du 14 novembre.

M. Gambetta, qui avait passé la fin du mois de septembre en Allemagne, était revenu à Paris le 10 octobre. Après avoir eu, le 13 octobre, une première entrevue avec le président de la République, il accepta l'invitation qui lui avait été adressée par la municipalité du Havre à visiter le port de cette ville.

Nous reproduisons, d'après la *République française*, le compte rendu sténographique du banquet du Havre :

TOAST DE M. PEUVELEY, DÉPUTÉ

« Mes chers concitoyens, j'ai l'honneur de vous proposer de porter un toast au chef vénéré de l'État, au président de la République, à M. Grévy (*Applaudissements et acclamations.*)

« Pour être le fidèle interprète de vos sentiments, laissez-moi dire ici, Messieurs, tout ce que nous pensons de son patriotisme, de sa loyauté, de la rectitude de son jugement et des services immenses qu'il a rendus au pays, à la démocratie et à la cause de la République ; toutes ces choses sont profondément gravées dans nos cœurs, et certes il n'est pas nécessaire de vous les rappeler longuement. Sans doute sa tâche est loin d'être accomplie, car plus les services rendus par lui ont été considérables dans le passé, plus nous sommes autorisés à compter sur son patriotisme et sur son dévouement pour l'avenir.

« En ce moment, la République s'affirme de plus en plus ; elle prend racine dans le pays, et c'est alors que toutes les grandes réformes apparaissent en même temps de plus en plus nécessaires. Il faudra, — et je ne doute pas le moins du monde de ses intentions à cet égard, — il faudra que les aspirations du suffrage universel telles qu'elles se sont récemment manifestées reçoivent une solution. Quant à moi, j'ai la profonde conviction, ou plutôt j'ai une telle foi en la loyauté, en l'esprit politique de celui qui est à la tête du gouvernement de la République, que je ne doute pas un instant qu'il se conforme aux décisions et aux désirs du suffrage universel. J'ai l'espoir qu'il en donnera une nouvelle preuve ; et en conséquence, mes chers concitoyens, je crois répondre à votre sentiment en vous proposant le toast que j'indiquais tout à l'heure :

« A M. le président de la République ! A M. Jules Grévy ! » *(Applaudissements.)*

DISCOURS DE M. SIEGFRIED, MAIRE DU HAVRE.

« Messieurs,

« Je bois à la santé de l'hôte illustre que nous avons le privilège d'avoir au milieu de nous.

« M. Gambetta, dont nous n'avons pas oublié la première visite en 1872, à une époque où l'avenir politique de la France était en jeu, a bien voulu revenir parmi nous, non pas pour s'occuper de questions politiques, mais de questions commerciales et maritimes.

« Aujourd'hui que la République est assise sur des bases solides parce qu'elle est le gouvernement du pays par le pays, les hommes qui, par leurs fonctions, sont ses premiers représentants, en travaillant à développer l'agriculture, l'industrie et le commerce, ces trois grands facteurs de la richesse publique, travaillent à leur propre gloire, comme dans le passé les Sully, les Colbert et les Turgot.

« Tout ce qui peut contribuer à la grandeur et à la prospérité de notre chère patrie tient à cœur à M. Gambetta, et s'il est venu au Havre, c'est parce qu'il sait que ses intérêts ne sont pas seulement ceux de notre ville, mais ceux de la France. (*Applaudissements et acclamations.*)

« Le Havre, par sa position géographique, est le port de l'Atlantique le mieux situé pour les relations de l'ancien et du nouveau continent.

« Sans doute, plusieurs ports étrangers lui disputent ses avantages. Liverpool nous a devancés de bien loin, quoique sa situation soit moins favorable que la nôtre; Anvers, Brême, Hambourg, luttent vigoureusement contre nous, secondés par leurs gouvernements et leurs Compagnies de chemins de fer.

« Notre mouvement maritime n'était encore en 1880 que de 4,500,000 tonnes, contre 6,100,000 tonnes à Anvers et 14 millions de tonnes à Liverpool.

« Quelles sont les raisons de cette grande différence?

« Voici les principales :

« Notre gouvernement, absorbé par d'autres préoccupations, n'a pas pu donner jusqu'ici aux questions économiques toute l'attention nécessaire et l'appui qui leur est donné par les gouvernements étrangers; sans doute la loi sur la marine marchande et les grands travaux publics en projet témoignent de ses excellentes intentions; mais les travaux de ports rivaux ont été poussés plus activement que les nôtres, leurs voies de communication sont plus nombreuses et leurs tarifs de chemin de fer moins élevés.

« Peut-on comprendre qu'aujourd'hui encore le Havre n'ait qu'une seule ligne de chemin de fer pour le relier avec la France et le reste du continent?

« Qu'en résulte-t-il?

« Par suite de la cherté des tarifs, de la lenteur des expéditions, des encombrements forcés de nos quais et de notre unique gare, une grande quantité de marchandises, au lieu de suivre la voie naturelle à l'avantage du pays tout entier, est détournée par les ports étrangers, Anvers, Brême, Hambourg.

« Voilà la situation !

« Est-elle décourageante? Non. Malgré ces difficultés, le Havre, grâce à l'activité et à l'initiative de ses habitants, a vu son commerce se développer; mais cette marche en avant doit-elle s'arrêter?

« Non, Messieurs, un magnifique avenir se présente devant

nous, à la condition que nous soyons, en politique, progressifs mais sages; en affaires, énergiques mais prudents, et que nous soyons secondés par nos hommes d'État.

« Le développement du bien-être tant en France qu'en Europe et dans le monde entier, ne s'arrêtera pas, et avec lui la production et la consommation grandiront forcément.

« Les échanges deviendront de plus en plus importants, et comme nous sommes sur la ligne la plus directe du transit maritime entre l'Amérique et l'Europe centrale, nous devrons bénéficier dans une large part de la prospérité de ces deux parties du monde.

« L'Europe avec ses 311 millions d'habitants pour une superficie de 9,800,000 kilomètres carrés, est déjà si peuplée, qu'elle progressera plus en bien-être qu'en accroissement de population; mais l'Amérique, et principalement les États-Unis qui, pour une superficie de 9,270,000 kilomètres carrés, n'ont encore qu'une population de 50 millions d'habitants avec un sol riche et fertile, grandira dans des proportions immenses.

« En 1830, les États-Unis avaient une population de 12,800,000 habitants; en 1880, elle était de 50 millions.

« Est-il déraisonnable de penser que dans trente ans elle sera de 100 millions, et en 1950, de 200 millions?

« Et si vous ajoutez à tous ces producteurs et consommateurs nouveaux ceux de l'Amérique centrale, de l'Amérique du Sud, avec lesquels le canal de Panama va faciliter encore nos relations, ne pouvons-nous pas dire avec raison que notre mouvement maritime peut et doit passer de 4,500,000 tonnes à 12 millions de tonnes avant la fin du siècle, et qui peut estimer le chiffre qu'il atteindra en 1950?

« Je crains de vous avoir ennuyés, Messieurs, avec ces chiffres que quelques-uns d'entre vous, peut-être, trouveront exagérés, et qui ne le sont pas, si l'on juge de l'avenir par le passé; mais dans la vie des nations plus encore que dans celle des individus, il faut voir les choses de loin pour s'y bien préparer.

L'homme d'État éminent qui nous honore de sa présence le sait mieux que personne, et, l'histoire en main, il pourrait nous le prouver. (Très bien! Parlez!)

Je lui laisse le soin d'apprécier avec le coup d'œil sûr et profond dont il a donné tant de preuves, avec le patriotisme qui est sa grande passion, et le désir de voir la France libre, forte et prospère, qui est sa grande ambition...

M. GAMBETTA. — Vous pouvez dire son unique ambition. (*Applaudissements et acclamations enthousiastes.*)

M. SIEGFRIED. —... son unique ambition, s'il ne convient pas de faire tous nos efforts, plus encore dans un intérêt national que dans un intérêt purement havrais, pour assurer à notre France, à notre port, l'avenir commercial, industriel et maritime qui se présente à nous.

« C'est là le but qu'il nous faut atteindre, et je lui laisse le soin de dire si, comme nous, il ne pense pas qu'il est urgent de multiplier nos bassins, d'en garantir l'accès aux navires les plus grands, de développer nos moyens de communication et d'avoir enfin cette autonomie administrative qui nous est indispensable.

« Nous aimons à penser que son appui ne nous fera pas défaut, et nous avons confiance dans celui qui a su défendre dans les moments les plus douloureux de notre histoire l'honneur de la France, qui a contribué à nous préserver nous-mêmes de l'invasion ennemie, qui a travaillé plus que tout autre à la consolidation de la République et qui veut aujourd'hui, comme nous tous, assurer le bien-être matériel et moral de notre chère patrie.

« Je bois, Messieurs, à la santé de M. Gambetta. » (*Acclamations. — Longs applaudissements.*)

DISCOURS DE M. GAMBETTA.

Messieurs et chers concitoyens,

Je ne saurais trouver d'expressions suffisantes pour traduire devant vous le sentiment de profonde reconnaissance que me causent les paroles que mon ami Siegfried a bien voulu prononcer dans un sentiment excessif d'amitié pour moi.

Mais vous savez bien que si je ne mérite pas ces louanges et ces éloges dans la plénitude où il me les adresse, j'ai l'ambition de les mériter. (*Vifs applaudissements.*) Et du moins, s'il ne s'agit que de servir les intérêts qu'il rappelait tout à l'heure à vos applau-

dissements patriotiques, à coup sûr je me sens digne
de concourir aussi bien qu'un autre pour mériter
cette récompense. (*Nouveaux applaudissements.*)

Oui, je suis venu parmi vous, non pas, Messieurs,
comme en 1872, pour protester contre les machinations et les complots des partis hostiles à la République, non plus pour poursuivre devant le pays la
propagande de la dissolution, — ces temps sont passés et. quelles que soient les terreurs stipendiées
d'une certaine presse, ils sont passés pour toujours.
Oui! oui! — Bravos et applaudissements.)

La France peut songer désormais. dans sa liberté
reconquise et assurée, au développement de ses intérêts moraux qui ne peuvent sérieusement, dans une
société démocratique, c'est-à-dire qui repose sur le
travail, être séparés des intérêts matériels du plus
grand nombre (*Applaudissements*); et c'est pour cela
que depuis quelque temps je m'efforce, autant qu'il
m'est possible, de me rapprocher des hommes d'affaires, des sociétés de travail, de m'adresser en même
temps et à ceux qui n'ont d'autre ressource que leur
travail manuel et à ceux qui se glorifient de consacrer toute leur intelligence et l'énergie de leur esprit
d'entreprise à vivifier ce travail par le capital et à en
faire une véritable force nationale. permettant ainsi
à la France de se donner la joie d'être encore la première des nations dans le monde (*Salve d'applaudissements*); et c'est parce que vous êtes dans ce pays,
grâce à la nature qui vous a si admirablement placés
pour jouer dans le concert des forces nationales un
rôle prééminent, c'est parce que vous êtes placés pour
ainsi dire comme une tête de pont entre les deux
mondes et que vous pouvez devenir à la fois le plus
vaste entrepôt et le plus grand marché de la patrie,
que je suis venu parmi vous (*Bravos et applaudissements répétés*) pour m'enquérir sur place, avec le
concours de vos édiles, de votre municipalité mari-

time, de votre chambre de commerce, des ingénieurs qui ont consacré leur intelligence au développement de votre prospérité maritime, pour m'enquérir sur place, dis-je, et voir par moi-même, en recueillant méthodiquement, en contrôlant les uns par les autres, les dires et les renseignements de ceux qui ont fait vœu de faire du Havre le plus grand port de France. (*Applaudissements. — Acclamations.*) Eh bien, qu'ai-je vu?

J'ai vu que vous aviez les germes et les éléments de la fortune, mais qu'ils n'avaient reçu ni l'impulsion ni la chaleur nécessaires pour leur faire véritablement produire tous leurs fruits.

Je n'accuse personne, ni les gouvernements ni les obstacles que vous avez rencontrés : ce sont là affaires de circonstances; le passé est le passé. Tournons les yeux vers l'avenir; vivifions le présent; et surtout, Messieurs, donnons-nous un idéal aussi élevé, aussi large, aussi immense que celui que traçait votre maire.

Il faut que nous soyons tous résolument disposés à ne jamais reculer devant le plus haut idéal, en sachant marcher avec fermeté, avec méthode, avec précision, sans rien abandonner à l'esprit d'aventure, de chimère, mais aussi sans jamais sentir le froid de la défaillance et de la lassitude au cœur. (*Vifs applaudissements.*)

Ce port, on voit bien ce qui lui manque pour être à la hauteur des rivaux qui le harcèlent; je ne parle pas de ceux de ce pays-ci. Je parle des rivaux qui sont en face (*Très bien! très bien! — Bravos*), qui sont plus haut, non seulement dans le canal de la mer du Nord, à Brème, à Hambourg, dont on vous parlait tout à l'heure, mais plus haut encore.

Je vous avouerai, — il m'est agréable de vous le confesser à vous, mes amis, mes coreligionnaires politiques, — après toutes les inventions que l'on a

imprimées et racontées dans la presse[1], il m'est, je le
répète, agréable de vous dire ce que j'étais allé voir
et observer en Allemagne : c'était justement le développement des ports de commerce de Brême, de
Hambourg, de Lubeck, de Stettin, et je viens vous
dire précisément : Il faut travailler, il faut vous presser, vos concurrents se sont engagés dans la route:
voilà une lutte pacifique dont vous pouvez sortir vic-
torieux, car la nature vous a plus favorisés. Il ne
s'agit que de vouloir et de se mettre résolument à
l'œuvre! (*Longs applaudissements.*)

Voilà le voyage que j'ai fait! Et j'en parlais à vos
amis, à vos magistrats. Je faisais des comparaisons
entre les quais, entre vos bassins, entre les moyens
d'écoulement de vos produits, la difficulté qu'il y a
même d'entrer dans vos ports pour les grands navires
qui affectent aujourd'hui des longueurs énormes de
150, 160, 170 mètres; je pensais à ce qu'il y avait
véritablement d'humiliant pour nous, non pas pour
vous, gens du Havre, mais pour nous, Français, de
penser qu'un grand centre, un grand foyer d'appel
des marchandises du monde entier, pouvait en être
réduit pour quelques rubans d'acier qui lui faisaient
défaut, à ne pouvoir soutenir la lutte, à ne pouvoir
se trouver en communication directe, ni avec le nord,
ni avec le centre, ni avec l'ouest de la France. Messieurs, c'est une situation qui ne peut durer! (*C'est
cela! c'est cela! — Applaudissements prolongés.*)

Je ne parle ici que comme simple citoyen. Je ne
mets à votre disposition que le concours de ma parole
individuelle et libre; mais s'il dépend de moi de
pousser à cette question, certainement vous ne res-

---

1. Le *Times* avait raconté que M. Gambetta avait eu une entrevue avec M. de Bismarck pour le rassurer sur ses intentions à
l'égard de la Prusse. Toute la presse intransigeante et réactionnaire avait naturellement accueilli et commenté cette invention
ridicule.

terez plus bloqués par derrière, quand la mer vous sollicite par devant. (*Bravos et applaudissements.*)

Et puis, je crois qu'il faudra aborder résolument d'autres questions qui vous touchent.

J'ai vu, j'ai compris vos applaudissements, toutes les fois que venaient sur les lèvres d'un de vos orateurs, d'un de vos confidents, d'un des avocats habituels de vos intérêts, ces mots de « Seine-Maritime ». (*Applaudissements répétés.*) Je ne puis pas vous dire à l'heure qu'il est ce qu'il peut en advenir, ce n'est pas mon rôle; ce sont des questions d'État dans lesquelles je n'ai pas à entrer. Je n'ai qu'une chose à vous dire : c'est qu'un jour, à une certaine heure, j'ai pu jouer ce rôle à votre égard, et j'ai signé un décret.

Ce décret a été rapporté.

Je ne dis pas qu'il faut le reprendre immédiatement, mais je crois, Messieurs, que l'heure viendra. Oui, il faudra le reprendre.

Vous avez su attendre, sachons attendre encore, et un jour je pense que je serai au nombre de ceux qui reprendront le décret dont je vous ai parlé tout à l'heure. (*Bravos et applaudissements prolongés.*) Mais je ne voudrais pas et ne comprendrais même pas qu'on solidarisât trop étroitement ces deux questions : votre développement au point de vue maritime et votre développement au point de vue administratif.

Ces deux questions se touchent, mais ne se commandent pas l'une l'autre.

On peut très bien ajourner ce que vous appelez votre autonomie administrative et cependant reconnaître qu'il y a une nécessité impérieuse à ne pas ajourner l'installation de vos ports et de vos débouchés de voies ferrées. (*Nouveaux applaudissements.*)

Ce sont des questions qui doivent être traitées avec ordre. Ce qui presse le plus, c'est de mettre votre fortune et vos ressources à la hauteur des concurrences et des rivalités qui éclatent dans le monde. (*Vifs applaudissements.*)

Qui est-ce qui pourrait douter qu'avec l'esprit d'entreprise qui vous caractérise, ou avec tout ce qui existe ici et qui s'y développe tous les jours, qu'avec l'esprit de conciliation, d'association, de rapport entre le capital et le travail, qui pourrait douter, dis-je, que le jour où vous serez véritablement dotés des instruments de lutte vous ne sortiez vainqueurs de l'arène où tout vous provoque à descendre?

Ce n'est certes pas moi, qui connais les progrès merveilleux accomplis par votre commerce depuis trente ans.

Ce que vous avez fait est le garant de ce que vous pouvez faire.

Je sais bien que le plus grand bénéfice ne serait pas pour vous. Vous trouveriez naturellement la légitime rétribution de vos sueurs, de vos peines, de votre travail, des capitaux engagés; mais c'est surtout la France qui gagnerait; c'est elle qui sentirait décupler sa puissance; c'est elle qui, par toute la filière des impôts, des transactions, recueillerait le bénéfice le plus considérable des progrès et des améliorations de ce grand port du Havre; c'est elle qui se verrait pour ainsi dire devenir elle-même la grande route par où passeraient tous les produits du monde américain. Elle ne serait plus témoin de cette sorte de circuit, qui est presque une injure et une honte pour nous. (*Vives marques d'approbation et applaudissements.*)

Non seulement ce serait ici que l'on jouirait des premiers bénéfices de cette restitution au transit naturel, mais ce serait encore tout le long de la route, car vous savez bien que lorsque les denrées, les marchandises, les trésors de la terre voyagent, ils laissent partout des vestiges bienfaisants que les populations recueillent et qui deviennent le fond de leur épargne. (*Applaudissements et bravos.*)

Je dis que c'est à cet avenir qu'il faut travailler ;
que c'est là la tâche d'un gouvernement réparateur,
du gouvernement de la République, de ce gouvernement que vous avez appelé de vos vœux, que vous
avez su défendre de vos votes, que vous voulez faire
tous les jours pénétrer plus avant et plus sérieusement dans la confiance de la France. Et je n'ai qu'à
me souvenir combien on vous a toujours trouvés unis
et fermes à l'heure du danger, pour être convaincu
que vous savez bien que la tâche d'un pays n'est
jamais achevée, et que l'unité et l'union qui ont régné
parmi vous pour vous assurer à vous-mêmes l'abri
de la République, est encore plus nécessaire pour
l'assurer à vos enfants, à la génération que vous diri-
gez si bien dans les écoles que j'ai parcourues et
visitées aujourd'hui avec une émotion profonde, à
cette génération qui sera véritablement la France
nouvelle. (*Bravos prolongés.*)

Vous voudrez persévérer de plus en plus dans cette
politique d'union et de conciliation.

C'est ici, dans cette salle Franklin, au milieu des
amis et des confrères réunis, que je trouve véritablement agréable de me souvenir du passé et de vous
rappeler que cette institution n'était pas encore fondée
quand je vous visitai en 1872. Grâce au dévouement
de citoyens éclairés et d'hommes qui comprennent
que le rôle des heureux ou des favorisés de la fortune
dans ce monde, c'est de penser qu'il y a des déshérités
et des frères puînés autour d'eux, et qui depuis qu'ils
sont rentrés au milieu de nous n'ont d'autres visées
que le bien public et vous en donnent tous les jours
des marques éclatantes (*Bravos*); grâce à leur dévouement, dis-je, il m'est doux de traduire vos sentiments
à tous en exprimant notre gratitude envers ce vertueux et honnête citoyen que vous avez placé à la tête
de votre municipalité. (*Bravos et acclamations prolongés.*)

Mais je sais que la véritable récompense qui l'attend, c'est surtout de voir se développer parmi vous l'esprit de solidarité, l'esprit de rapprochement entre les patrons et les ouvriers. Quelle institution plus favorable, plus profitable que celle-ci à ce rapprochement!

Je voudrais que vous vous serviez dans ce but de cette création empruntée aux pays voisins, mais où certainement celles de ce genre ne fonctionnent pas avec autant d'éclat et de prospérité qu'ici.

Je voudrais qu'ici ce cercle devînt tous les jours l'occasion pour vous d'agiter les uns avec les autres les questions qui vous passionnent, qui vous intéressent si légitimement, questions de caisses d'épargne, de mutualité, d'associations, de coopération..., de telle manière que vous ayez ici une sorte de collège perpétuel, d'école d'éducation mutuelle, où vous vous éclaireriez les uns par les autres et où, au lieu de subir les déclamations de la chimère extérieure, vous penseriez par vous-mêmes, vous chercheriez vous-mêmes les véritables solutions pratiques qui sont de nature à améliorer tous les jours votre situation. (*Bravos et applaudissements.*)

Je bois donc à l'avenir de la ville du Havre! A l'avenir de cette société démocratique réunie ce soir dans cette salle Franklin! Je bois à votre prospérité commune à tous, et ce faisant je sais que je bois à la grandeur de la République française. (*Salves répétées d'applaudissements et acclamations prolongées.*)

DISCOURS

Prononcés le 26 octobre 1881

A BOLBEC, A QUILLEBŒUF ET A PONT-AUDEMER

Nous reproduisons, d'après la *République française*, le compte rendu du voyage de M. Gambetta à Bolbec, à Quillebœuf et à Pont-Audemer.

A son arrivée à Bolbec, M. Gambetta a reçu le maire et les conseillers municipaux, qui lui ont été présentés par M. Faure, député de la circonscription.

Il a reçu également les membres de la chambre consultative des arts et manufactures, et différentes corporations ouvrières.

Le maire de Bolbec et le président du comité ouvrier républicain ont prononcé des allocutions pour remercier M. Gambetta de sa visite. Le président du comité ouvrier s'est exprimé en ces termes :

« Citoyen,

« Le comité ouvrier républicain de Bolbec suit le grand courant national qui se manifeste actuellement en France en vous souhaitant la bienvenue dans notre cité. Le comité républicain ouvrier dont nous sommes les délégués a confiance en l'éminent homme d'État qui a donné des gages sérieux de son patriotisme et de son dévouement à la République.

« Il espère que si les évènements vous amènent, comme il en a la conviction, au pouvoir, les républicains pourront voir l'application des réformes depuis si longtemps réclamées et toujours ajournées. Le prolétariat a le droit de compter qu'il lui sera donné satisfaction sur toutes les

questions qui touchent à ses intérêts matériels et moraux.
Si nous possédons aujourd'hui le gouvernement de la République, vous n'ignorez pas, citoyen, que c'est grâce aux
suffrages donnés par les travailleurs; aussi espérons-nous
que notre attente ne sera pas déçue. Le comité républicain
ouvrier n'a jamais combattu pour des personnalités, mais
pour des principes; il est convaincu, citoyen, que telle est
aussi votre manière de voir les choses. » (Cris répétés de :
Vive la République! vive Gambetta!)

M. Gambetta a répondu :

Messieurs,

Je vous remercie beaucoup de votre accueil, et je
ne saurais mieux faire que de vous rappeler ce que
vous disait tout à l'heure votre représentant, mon ami
Faure. Oui, il est nécessaire que tous les intérêts,
dans une démocratie comme la nôtre, trouvent leur
heure, mais à une condition, c'est que ces intérêts
s'harmonisent entre eux, c'est qu'ils reçoivent dans
la loi et dans les mœurs la consécration de leur véritable équilibre. La République, Messieurs, n'est le
bien de personne; elle n'est l'affaire d'aucune catégorie sociale; elle est au contraire le faisceau de tous
les intérêts nationaux. C'est à ce titre qu'elle sera un
gouvernement national, et ici, dans un pays de liberté
et de travail où se trouvent constamment associés
dans les mêmes efforts ceux qui vivent du salaire de
leurs bras et ceux qui consacrent leur intelligence et
leur énergie à doter la France d'industries vraiment
nationales, ceux-là sont faits pour s'entendre s'ils
savent les uns et les autres abjurer, soit l'aversion
qu'inspirent quelquefois même aux esprits élevés et
peut-être trop raffinés les mœurs de la démocratie,
soit l'envie et la défiance que le démocratie ressent
peut-être trop souvent pour les classes supérieures.
Je crois que la conciliation peut se faire, et cette
conciliation doit être surtout l'œuvre des hommes

publics qui n'ont les passions ni des uns ni des autres.
(*Bravos et applaudissements prolongés.*)

C'est cette politique sagement poursuivie sans
recul, sans emportement, sans sacrifier rien à l'esprit
de précipitation, mais sans jamais non plus faiblir
devant les difficultés et les nécessités de la société
moderne, qui a la tâche de vivre au milieu des problèmes et d'en résoudre les difficultés. Et c'est parce
que la nation est véritablement maîtresse des solutions qui devront être données, que malgré les préjugés du passé elle devient de plus en plus républicaine :
c'est seulement sous la République qu'elle peut
trouver le libre développement de sa volonté, de ses
institutions et de sa fortune, car je crois que les intérêts matériels sont aussi des intérêts moraux; que
les efforts s'appliquent à l'industrie ou à l'agriculture, ils sont un produit de la pensée et, comme tels,
ils constituent un effort moral. (*Vive adhésion et applaudissements.*)

Faisant allusion aux paroles prononcées par le président
du comité ouvrier qui venait de dire qu'il croyait que le
président de la Chambre allait prendre la direction du
ministère, M. Gambetta continue ainsi :

Je vous remercie de vos paroles élogieuses, peut-
être prématurées; j'écarte ces dernières et je ne con-
serverai de votre accueil qu'un sentiment de gratitude
entière. (*Vifs applaudissements et cris répétés de : Vive
Gambetta!*)

M. Gambetta, répondant au maire de Lillebonne, a dit :

Je vous remercie, Monsieur le maire; vous pouvez croire, en effet, que la question que vous venez
de traiter n'est pas nouvelle pour moi : j'en ai causé
avec les hommes les plus compétents, et les raisons
que vous venez de donner et que vous connaissez
bien tous pourront être facilement complétées.

Je partage pleinement votre manière de voir sur cette idée d'une ligne à grand rayon et à transit direct, franchissant la Seine dans des conditions de sécurité, de permanence et d'emploi constant assurées, et pouvant être largement utilisée pour tous les grands intérêts de l'industrie, de l'agriculture et même de la défense nationale, comme vous l'avez très bien visé dans la fin de votre exposé.

Je suis très aise de recueillir de nouveau ici l'affirmation des représentants de cette cité et de vous, Monsieur le maire, en me félicitant de vous trouver d'accord avec votre député, ce qui affirme votre victoire politique, si longtemps attendue, et qui est due à vos efforts. Par conséquent nous sommes d'accord sur la politique, nous sommes d'accord sur les affaires, nous resterons d'accord dans la poursuite du but que vous indiquez. (*Applaudissements.*)

Quillebœuf, 26 octobre.

Au banquet de Quillebœuf, le maire a porté la santé de M. Grévy. Le comte d'Osmoy a pris ensuite la parole. Il a commencé par défendre les intérêts de ses compatriotes et a fait appel à l'esprit de justice et d'équité du président de la Chambre en faveur des améliorations à apporter à la navigation du fleuve.

Les travaux accomplis ont déjà amené des progrès, il faut les continuer et prolonger l'endiguement jusqu'à Tancarville. Le député de la circonscription a terminé en buvant à la santé de M. Gambetta.

M. Gambetta a répondu :

Mes chers concitoyens,

(*Bruit et applaudissements.*) Un peu de silence, Messieurs, d'autant plus que je ne vous retiendrai pas longtemps. Je ne veux pas faire un discours, je veux simplement vous remercier de l'accueil que vous nous avez fait à tous. Je dis « nous », car nous sommes comme une colonie depuis quelques jours (*Rires*), visitant les ports de ce fleuve; c'est toute une expédition.

Ce voyage de Normandie, nous l'avons entrepris il y a déjà quelques années; nous le poussons avec plus d'activité dans cette dernière saison. Nous l'avons interrompu, après cette première visite que j'ai faite en compagnie de mon ami d'Osmoy, de Papon, et des autres. Aujourd'hui, nous venons de le reprendre en allant de Paris au Havre, en brûlant des stations où nous reviendrons d'ailleurs (*Applaudissements*), ce qui vous prouve que nous pouvons être courts aujourd'hui, parce que nous sommes perpétuellement destinés à nous revoir. (*Nouveaux applaudissements.*)

En effet, ce n'est pas une œuvre d'un jour, Messieurs, que l'étude, le développement, la défense d'intérêts aussi grandioses et, il faut bien le dire, aussi emmêlés que les vôtres. Pour moi, je ne veux pas ici accepter la responsabilité des demandes que je recueille; cela ne me serait pas possible, et je crois que cela ne serait pas correct. Ce dont je m'efforce, Messieurs, c'est de recueillir des données précises et pour cela de venir les chercher sur place, en m'adressant sans distinction de partis aux hommes que je crois les plus compétents, dans tous les rangs, en contrôlant leurs dires les uns par les autres, en ayant non pas une carte, mais le pays lui-même sous les yeux. Je crois qu'en le faisant avec sincérité, sans avoir plus de passion pour l'une que pour l'autre des localités qui sont aux prises, et qui ont peut-être tort d'être aux prises, je suis sur le chemin de la vérité. Cette vérité, je l'emporterai avec moi, je tâcherai de m'en servir au jour prochain, vous le savez bien, où la France tout entière, adonnée à des œuvres d'activité industrielle et commerciale, entièrement consacrée à l'épanouissement de ses ressources intérieures, demandera au gouvernement définitivement assis la restauration de sa fortune passée. (*Vifs applaudissements.*)

Le voyage que nous faisons ici sera complété par les renseignements que je recueille de chacun de vous, par le concours de cette presse à laquelle on faisait appel tout à l'heure, qui, précisément parce qu'elle présentera elle-même le même spectacle de controverses et de divisions, passera au crible les mêmes idées et les mêmes intérêts; mais enfin un jour, — et un jour qui est proche, — la majorité de la France, par ses représentants, dira d'une voix souveraine où est la vérité, où est la loi et où doit être la règle. (*C'est cela! — Applaudissements.*)

C'est pour la préparation de cette œuvre définitive que nous voyageons. Nous ne sommes pas aussi embarrassés de conclure que pourrait le laisser croire la diversité des opinions et des contestations qui sont aux prises. Je sais bien qu'il y a des œuvres entamées qui ont été discutées, critiquées et arrêtées; mais une fois qu'elles sont décidées et qu'elles se préparent, qu'elles s'exécutent, tout le monde en prend son parti, et peut-être qu'il arrivera là ce qui est arrivé bien des fois, que ce sont ceux qui se sont le plus obstinément opposés à une création qui en profitent le plus lorsqu'elle est réalisée. (*Oui! oui! — Très bien!*)

Enfin, Messieurs, il y a ici, à Quillebœuf, un intérêt qui, bien que local, se relie à ces deux grands centres d'affaires qui peuvent monter, grandir, sans se nuire : j'ajoute même : qui ne peuvent monter et grandir qu'en s'aidant et en se prêtant un mutuel appui. (*Bravos et applaudissements.*)

Aujourd'hui Quillebœuf, qui ne peut plus jouer le même rôle que peut-être il avait entrevu il y a un demi-siècle, a cependant son intérêt, ses légitimes ambitions qu'il faut satisfaire : il ne le peut plus, et je le dis avec un sentiment de sympathie profonde pour ce corps de pilotes qui assiste ici à notre réunion. Autrefois, ces pilotes étaient une source de revenus considérables. A chaque instant on réclamait leur courage, leurs lumières, leur dévouement pour guider les navires ; aujourd'hui, on ne les met plus qu'à peine à contribution. Pourquoi? Parce que le péril a disparu; parce que le lit du fleuve est plus profond et que l'on passe presque sans danger. Est-ce à dire que tout avenir est perdu pour ce pays? Je ne le crois pas. Je crois le contraire. Je pense qu'il y a là un passage à créer, une grande route permanente à établir au-dessus ou au-dessous de ce fleuve, et que la route ouverte, tout le monde en retirera un bénéfice : ceux qu'on aura débloqués, ceux qui garderont la porte de ce transit et ceux qui derrière en recevront les fruits. (*Applaudissements prolongés.*) C'est là une série d'entreprises qui réclament l'entente d'abord, et beaucoup d'argent ensuite. Je sais bien qu'on se dit quelquefois : Est-ce que la France ne dépense pas trop dans ces travaux d'utilité publique? est-ce qu'on ne porte pas témérairement la main sur l'épargne du pays en le provoquant à multiplier les voies de communication, les chemins de fer, les canaux, les œuvres d'utilité générale?

Hé! Messieurs, quand un pays dépense pour multiplier les échanges, pour travailler et pour produire, on peut être sûr que cette dépense est placée à un intérêt usuraire. Non seulement il le retrouve par la multiplication de la prospérité qu'il développe sur le passage, sur le sillon de ses voies, de ses canaux; mais l'État, même au point de vue de l'impôt par toutes les veines de la contribution publique, ne tarde pas à récupérer, non pas l'intérêt, mais bien au delà du capital dont il a couvert le pays pour le faire fructifier. (*Bravos et applaudissements prolongés.*)

Ce n'est pas qu'il ne faille une règle, qu'il ne faille proportionner les sacrifices de la génération présente à ceux de la génération future; mais il y a un reproche à adresser au passé : c'est que l'on a toujours fait des travaux d'utilité publique pour un avenir de dix ans et qu'en somme ils se sont trouvés trop mesquins, trop exigus et que, s'ils avaient été faits pour un avenir plus lointain, il y aurait eu économie à dépenser plus tôt et largement l'épargne du pays. (*Nombreux applaudissements.*) C'est avec cet idéal qu'il faut concevoir la transformation de l'outillage de la France. (*Longs applaudissements.*)

Je sais, Messieurs, que ce sont vos idées; et sans apporter ici une opinion préconçue et sans me faire le défenseur d'un système local ou régional quelconque, j'ai assez recueilli pour me donner le désir et le plaisir de revenir encore au milieu de vous. (*Bravos.*) Je bois donc, Messieurs, au développement et à la conciliation de tous les intérêts le long de cet admirable ruban qui est mieux que la Tamise, quoi que vous en disiez (*Rires*), car il part d'un océan qui nous est ouvert sur 500 lieues de côtes et il aboutit, quoi qu'on dise et quoi qu'on raille, à la capitale de la civilisation humaine. (*Longues acclamations. — Bravos et applaudissements prolongés. — Cris répétés de : Vive la France ! Vive la République! Vive Gambetta !*)

Pont-Audemer, 26 octobre.

M. Gambetta, à son arrivée à Pont-Audemer, a été reçu par les membres du conseil municipal, qui lui ont été présentés par le maire, M. Montier, par les membres du conseil général et du conseil d'arrondissement, et par toutes les corporations de la ville.

Un grand nombre d'habitants des campagnes environnantes étaient accourus.

Toutes les fenêtres étaient garnies de spectateurs : il y en avait jusque sur les toits et les murs des jardins.

L'accueil fait au président de la Chambre a été très enthousiaste. Les cris de : « Vive Gambetta! Vive la République! » n'ont cessé de se faire entendre sur son passage.

Au banquet, le maire, M. Montier, a porté un toast à

M. Grévy, président de la République, et un second toast à l'armée et au général Lecointe.

M. d'Osmoy a porté un toast à M. Gambetta.

M. Gambetta a prononcé le discours suivant:

Messieurs et chers concitoyens,

Il n'y a rien de plus dangereux que de répondre à des orateurs qui, sous prétexte de se défier d'eux-mêmes, savent merveilleusement rencontrer au fond de leur pensée à la fois l'éloquence du cœur et la poésie de l'artiste. (*Vifs applaudissements.*)

Mon ami, et votre représentant déjà depuis dix ans, — depuis onze ans même, mais la première année comptait à peine, — mon cher d'Osmoy vient tout à la fois, sous la forme d'un apologue ingénieux, de m'adresser une leçon et un panégyrique. (*Rires approbatifs.*) Le panégyrique, je l'accepte en le dépouillant des exagérations inévitables de l'ami et du poète. (*Très bien! très bien!*) Quant à la leçon, je la retiens. (*Nouveaux rires.*)

Et ce n'est pas ici, Messieurs, que je croirais nécessaire de reprendre une à une ces épithètes élogieuses pour en faire sentir l'exagération. Il n'y a qu'une chose vraie, une chose que je tiens à confirmer de ce qu'il a dit dans un assez fier langage et dans une forme assez définitive pour que je la reproduise elle-même. Oui, avec l'orgueil des grandes choses j'ai la passion des petits intérêts. (*Bravos et applaudissements prolongés.*) Ah! Messieurs, au fond, il n'y a pas de petits intérêts. C'est une façon tout à fait inexacte de parler. Les intérêts valent par la nature des droits qu'ils contiennent et surtout aussi par la légitimité de la place qu'il faut leur faire dans le monde. Tous les intérêts sont petits; c'est en les rapprochant, c'est en les liant dans un indestructible faisceau, qu'on en fait la force et la richesse même d'un peuple. (*Vifs et nombreux applaudissements.*)

Et à côté de ces intérêts qu'on qualifiait d'opulents
tout à l'heure, en faisant allusion sans doute à ces
deux maîtresses cités, si nobles et si jalouses de leurs
fortunes légitimes l'une et l'autre, on croyait qu'ici
l'intérêt était plus étroit. Je ne le pense pas, Messieurs.
Je crois, j'ai vu, j'ai appris de vous, de vos représentants, que, bien que votre cercle d'action soit restreint,
on vous doit que dans sa sphère il soit véritablement
plein, garni et vraiment rémunérateur. (*Applaudissements prolongés.*)

Vous avez une question qui vous tient à cœur, et
il est légitime que vos revendications se fassent jour.
Je ne dis pas que cette rectification du cours de la
Risle, que cette navigation à la fois maritime et flu-
viale qui ne demanderait qu'à croître pour la batelle-
rie, c'est-à-dire à participer en même temps du cabo-
tage et du transport en atteignant le chiffre de 250
ou 300 tonneaux qui pourraient remonter jusqu'à
Pont-Audemer, je ne dis pas que cette étude n'ait pas
été forcée, exagérée, dans une certaine mesure, au
point de vue de la dépense ; mais ce que je sais, c'est
que vous avez un intérêt, en même temps que la possibilité, à vous faire une place honorable au soleil.
C'est qu'il s'agit en ce moment d'une médiocre question d'argent, et vous me trouverez à côté de votre
député pour faire prévaloir vos droits. (*Vifs et nombreux applaudissements.*) Et, Messieurs, il faudrait bien
s'entendre ; il faudrait se défendre d'un jugement
téméraire sur cette enquête et sur cette étude que je
poursuis. Je n'ai pas la prétention, — et je la rejette
bien loin, — par le fait seul que je m'occupe d'une
affaire et d'un intérêt, de le voir, pour ainsi dire,
prendre plus de consistance et s'imposer plus à l'attention du pays et de ses représentants. Nullement :
mais je pense que dans la limite qui est la mienne,
usant de ma liberté d'action et de propagande, de mon
travail et de ma libre parole, je suis bien libre de

choisir dans les intérêts qui se présentent ceux que je crois légitimes, urgents, impérieux, et d'en poursuivre librement aussi la réalisation et le succès. (*Applaudissements prolongés.*)

Voilà, Messieurs, le but de ce voyage. Cette seconde tournée va s'achever. Mais je n'exprimerais pas le fond de ma pensée si je me bornais purement et simplement à cette très sèche expression de mon opinion économique. A coup sûr, il y a autre chose derrière ce besoin de travail et de concours. Il y a, Messieurs, le sentiment qu'en servant ces intérêts je sers le parti républicain. (*Bravos et applaudissements prolongés.*) Il faut que dans notre France laborieuse, soucieuse de ses intérêts, de son épargne, de son développement, ceux qui s'attachent passionnément à la fondation, à l'inébranlable fondation de la République dans ce pays, comprennent les intérêts des diverses populations et se consacrent à leur protection.

Et, bien que je me sois promis de ne pas prononcer une parole touchant à la politique générale de l'État dans ce voyage, je manquerais à la sincérité qui est mon devoir envers la démocratie, envers mon pays, si je ne disais pas que soigner, défendre, protéger les intérêts matériels de l'immense production nationale, c'est à mes yeux la meilleure propagande de l'ordre républicain. (*Vive adhésion et longs applaudissements.*)

Voilà ce qu'il y a de politique dans cette démarche ; et maintenant on la jugera, on la critiquera. Je suis habitué, Messieurs, à la critique (*Rires approbatifs*), et même à la critique qui dépasse la mesure ; je ne m'en plains pas. J'ai traversé, on peut le dire, des orages, des averses d'injures et d'outrages, et, grâce au bon sens français, je peux constater qu'aujourd'hui comme hier, demain comme aujourd'hui, lorsque je me retrouve face à face avec mon pays et mes coreligionnaires politiques, je reçois ce jour-là et je l'emporte comme le consolateur, s'il en était besoin, —

mais je n'ai jamais été atteint ni par l'outrage ni par la défaillance...

Ici l'orateur est interrompu par les applaudissements et les acclamations.

— j'emporte, dis-je, avec moi le souvenir fortifiant et vengeur de ces accueils et de ces libres sympathies qui se produisent. Et, je vous le dis dans la sincérité de mon âme, quels que soient les devoirs qui s'imposent, les responsabilités à assumer et même les sourires de la faveur qui pourraient venir d'ici ou de là, il n'y a qu'une chose qui me paye, qui me rémunère largement, Messieurs, ce sont les sympathies de la démocratie. Elles suffisent à remplir toutes mes ambitions. (*Applaudissements répétés et cris de : Vive Gambetta!*)

En nous séparant pour nous retrouver, car vraiment on ne voit que moi en Normandie (*Rires et applaudissements*), en nous séparant, je résume toutes mes impressions dans un seul mot : Messieurs, votre accueil si touchant me fait votre obligé. (*Salves d'applaudissements. — Nouvelles acclamations et cris répétés de : Vive la République! vive Gambetta!*)

APPENDICE

LETTRE A M. ALBERT JOLY

(Banquet commémoratif de la naissance du général Hoche,
le 24 juin 1879.)

Nous empruntons à la *République française* le compte rendu suivant :

« Versailles vient de célébrer le 111ᵉ anniversaire de la naissance du général Hoche.|Les fêtes ont duré deux jours. Hier mardi, à sept heures, un grand banquet de trois cents couverts a été présidé, au théâtre des Variétés, par M. Feray. L'honorable sénateur a porté un toast au président de la République. Le secrétaire général de la préfecture, M. Gauwin, lui a répondu au nom du gouvernement.

« M. Albert Joly a donné lecture de la lettre suivante par laquelle M. Gambetta s'est excusé de ne pouvoir assister, comme d'ordinaire, au banquet de Hoche :

« Mon cher ami,

« Je n'assisterai pas cette année à votre fête républicaine ; mais le sacrifice serait trop dur si je ne comptais sur votre généreuse assistance pour dire à nos amis que, comme dans les dix années écoulées, ma pensée et mon cœur sont avec eux.

« Nous avons invoqué les leçons et les exemples qu'offre la vie de notre grand général républicain aux heures critiques de nos dernières luttes politiques ; c'est encore sous la protection de sa mémoire, de son patriotisme, de sa fidélité au droit et au devoir démocratiques, que nous devons placer notre meilleure fortune.

« Persévérez dans la pratique de ce pieux et fortifiant anniversaire, et vous y trouverez dans l'avenir, comme dans le passé, le développement de l'esprit de concorde, d'activité, de solidarité dans tous les rangs de la population républicaine de cette ville de Versailles, où, par deux fois, en moins d'un siècle, la liberté française a retrouvé ses titres.

« Grâce à cet anniversaire maintenant célèbre, nous nous reverrons longtemps encore, et Paris, rendu enfin à son rang de capitale de la France, ne nous fera pas oublier ce que fut pour la République, durant dix années de tourmente, la population profondément républicaine de Versailles.

« Versaillais, au revoir !

« Salut cordial.

« LÉON GAMBETTA. »

« M. Albert Joly a ensuite porté un toast au grand patriote qui, pendant de nombreuses années, est fidèlement venu, au 24 juin, sous l'égide du général Hoche, marquer les étapes successives de la République, dont nous pouvons aujourd'hui célébrer l'avènement définitif. C'est à l'abri de cette grande image qu'il venait parler à la France et donner au parti républicain les conseils autorisés grâce auxquels la République est sortie victorieuse de toutes les intrigues et de toutes les embûches de la réaction. Il venait même dans les mauvais jours, après le 24 mai, après le 16 mai, alors que les fidèles de la fête en l'honneur de Hoche se réunissaient dans le domicile privé de quelque patriote. Car les petits hommes qui gouvernaient alors le pays avaient peur de l'ombre même des grands citoyens. Les meneurs du 16 mai considéraient comme une injure personnelle les honneurs rendus aux illustrations nationales. M. Albert Joly a ajouté que la pensée de tous, aujourd'hui que la victoire est complète, devait se reporter naturellement vers celui qui avait donné un si grand éclat à cette fête, et qui lui avait imprimé en quelque sorte un caractère éminemment national.

L'orateur a demandé qu'on lui permît de joindre à cette santé celle du vice-président de la Chambre des députés,

M. Brisson, qui avait bien voulu accepter de porter dans
la réunion le toast de Hoche. « Je ne dirai pas de M. Brisson
tout ce que j'en pense, s'est écrié M. Albert Joly, d'abord
parce que c'est un ami trop personnel, et ensuite parce que
sa haute situation de vice-président de la Chambre des
députés, de président de la commission du budget, et surtout son dévouement à la cause de la République et de la
démocratie rendent superflus tous les éloges, d'ailleurs mé-
rités, que je pourrais faire de sa personne et de son talent.
Laissant de côté pour un moment les personnes, et certain
que je suis de répondre aux sentiments de ceux dont je
viens de prononcer les noms, je résume en un seul les deux
toasts que je voulais porter, et je bois à la réconciliation de
tous les enfants de la France sous le drapeau de la République et de la société civile! »

« Les paroles de M. Albert Joly ont été saluées d'une double
salve d'applaudissements. M. Henri Brisson a ensuite prononcé un remarquable discours sur l'œuvre de la Révolution française et sur les droits de l'État, particulièrement
en matière d'enseignement. »

SÉANCE DU 22 AVRIL 1880

PRÉSIDENCE DE M. GAMBETTA

———

Discussion de l'interpellation de M. Godelle sur les faits livrés
à la publicité par une lettre de l'ancien secrétaire général du
gouvernement d'Algérie [1].

M. LE PRÉSIDENT. — M. Godelle a demandé la parole.
(*Exclamations à gauche*).

M. GODELLE. — Messieurs, je ne viens pas faire un nouveau discours, je viens seulement déclarer à la Chambre que
je persiste plus que jamais dans ma demande d'enquête.

Voix à gauche. — Lisez la dépêche! lisez la dépêche!

M. GODELLE. — J'y persiste, par la raison que M. le gouverneur général de l'Algérie n'a répondu à aucune des
questions que j'ai posées. (*Bruyantes exclamations à gauche.*)

M. HÉRISSON. — Il y a plusieurs manières de répondre!

M. GODELLE. — Il ne m'a pas répondu sur la colonisation

1. M. Journault, secrétaire du gouvernement de l'Algérie, avait
adressé sa démission à M. Lepère, ministre de l'intérieur, en
accusant le gouverneur général d'avoir désavoué ses actes à deux
reprises, alors que le travail préparatoire et les solutions présentées avaient été à l'origine approuvées par lui (6 mars 1880).
La lettre de démission de M. Journault ayant été publiée dans
le journal *le Siècle*, M. Godelle, député bonapartiste du VIIIe arrondissement de Paris, avait interpellé le ministre de l'intérieur et porté contre M. Albert Grévy les accusations les plus
graves d'incapacité administrative, de péculat, etc. M. Albert
Grévy, nommé pour l'occasion commissaire du Gouvernement
auprès de la Chambre, ayant répondu au réquisitoire de M. Godelle,
celui-ci demanda la parole et provoqua l'incident dont nous reproduisons le compte rendu.

qui n'a fait aucun progrès depuis un an; il ne m'a pas répondu davantage sur des concessions de terrains scanda leuses, dont le Gouvernement ne voudra jamais nous communiquer la liste, je l'en mets au défi... (*Rumeurs à gauche.* — *Très bien! très bien! à droite*); ni sur des adjudications de travaux publics, qui ont donné lieu à des abus dénoncés par la presse algérienne, par les journaux d'Oran...

Voix à gauche. — Par l'*Akhbar!*

M. JACQUES. — Ces faits sont antérieurs au gouvernement actuel.

M. GODELLE.... — ni sur des spéculations de fonctionnaires qui engagent directement le chef du cabinet du préfet d'Oran, et peut-être le préfet lui-même; ni sur des nominations qu'on a pu qualifier d'offenses au sens moral du pays.

Sur toutes ces questions, pas un mot de réponse!

Le monarque absolu de notre colonie africaine... (*Exclamations à gauche et au centre.*) S'il ne l'est pas par droit de conquête, il l'est par droit de naissance. (*Très bien! à droite.*

Le monarque absolu de notre colonie africaine s'est contenté de nous dire : L'Algérie, c'est moi!... (*Très bien! à droite.*) Et se rappelant certains souvenirs qu'il n'a peut-être pas perdus depuis le collège ou qu'il a retrouvés sur la terre d'Afrique, il s'est écrié : Montons au Capitole et rendons grâce aux dieux. (*Rires approbatifs à droite.* — *Murmures à gauche et au centre.*)

M. Grévy n'a répondu qu'à une seule question, celle concernant le chemin de fer de Sétif à Bougie.

M. JACQUES. — Êtes-vous satisfait au moins?

M. GODELLE. — M. Grévy s'est borné à donner à son ancien secrétaire général, M. Journault, un démenti formel.

Entre M. Albert Grévy, qui est aujourd'hui un haut fonctionnaire du Gouvernement, et M. Journault, républicain comme lui, fonctionnaire comme lui, fonctionnaire du Gouvernement comme lui, il y a quelques semaines, je ne sais ce que je dois penser, je ne sais qui je dois choisir.

Une voix à droite. — L'enquête! l'enquête!

M. GODELLE. — La lumière n'est donc faite sur aucun des points qu'a touchés mon interpellation. C'est pourquoi je persiste à demander une enquête. (*Très bien! très bien! à droite.*)

Je persiste à la demander, parce que l'Algérie la veut...

A gauche. — L'*Akhbar!* l'*Akhbar!*

M. GODELLE... — Je persiste à la réclamer, parce que, comme le premier jour, il pèse des soupçons injurieux sur le front du frère du président de la République. (*Applaudissements à droite. — Vives réclamations, murmures et cris: A l'ordre! sur les bancs de la gauche et du centre.*)

M. LE COMMISSAIRE DU GOUVERNEMENT se présente à la tribune.

Plusieurs membres à gauche. — Ne répondez pas!

D'autres membres. — Si! si! répondez! il y va de l'intérêt gouvernemental.

M. LE PRÉSIDENT. — Avant de donner la parole à l'honorable M. Albert Grévy, je dois inviter M. Godelle à préciser. (*Interruptions à droite.*) Permettez, Messieurs, la situation est assez grave. (*Applaudissements à gauche et au centre.*)

M. DE BAUDRY D'ASSON. — C'est grave pour l'Algérie!

M. LE PRÉSIDENT. — Monsieur de Baudry d'Asson, je vous rappelle que vous êtes encore sous le coup de la censure, et je vous engage à ne pas interrompre.

M. DE BAUDRY D'ASSON. — Je demande la parole.

M. LE PRÉSIDENT. — Je dis que l'insinuation de M. Godelle contrevient à deux prescriptions de notre règlement. Elle contient en effet une double injure : l'une à l'adresse de celui qui est à la tribune et qui saura la relever, et une autre qu'il m'appartient de réprimer ici. (*Très bien! très bien! et applaudissements à gauche et au centre.*)

J'avais, dans une précédente séance, invité M. Godelle à ne pas introduire, ni par allusion, ni autrement, le nom de M. le président de la République dans nos débats. (*Interruptions à droite.*)

M. LE DUC DE FELTRE. — Il ne fallait pas que M. le président de la République nommât son frère gouverneur général de l'Algérie.

M. LE PRÉSIDENT. — ... Il vient de le faire, avec le sentiment de sa responsabilité.

M'armant du texte du règlement, qui punit de l'exclusion temporaire...(*Exclamations à droite. — Applaudissements à gauche et au centre.*)

L'article 124 du règlement punit de la censure avec exclusion temporaire toute injure ou toute parole outrageante adressée au chef de l'État... (*Nouvelles exclamations à droite.*)

M. PAUL DE CASSAGNAC. — M. Godelle n'a pas parlé du chef de l'État !

M. DUGUÉ DE LA FAUCONNERIE. — Il n'a pas injurié le chef de l'État ; il n'a parlé que du frère du président de la République.

M. LE PRÉSIDENT. — M. Godelle aura le droit d'être entendu, ou de faire entendre en son nom un de ses collègues : le règlement est formel à cet égard. (*Interruptions diverses à droite.*)

Je dis à la Chambre qu'un délit de parole, relevé et puni par son règlement, a été commis. (*Non! non! à droite.*)

Il ne suffit pas que vous disiez non ! la question est de savoir quelle est l'autorité compétente pour décider entre le président qui affirme et vous qui niez. (*Applaudissements à gauche.*)

A droite. — Personne ne conteste votre autorité !

M. LE PRÉSIDENT. — Je comprends que vous vouliez couvrir votre collègue, mais il n'y a pour lui qu'une manière de se couvrir...

A droite. — Répétez la phrase qu'il a prononcée !
— Il n'a pas injurié le président de la République !

M. GODELLE. — Je demande la parole.

M. LE PRÉSIDENT. — Je donnerai la parole, selon le règlement, à M. Godelle, quand j'aurai précisé la situation.

Je soutiens que, seul ici, le président a le droit de dire si un délit a été commis : le droit de la Chambre est de se prononcer quand le président la consulte. (*Nouvelles interruptions à droite.*)

Messieurs, n'essayez pas de couvrir ma parole, j'ai le sentiment de mon devoir, et je le remplirai. (*Très bien! très bien! à gauche et au centre.*)

M. DUGUÉ DE LA FAUCONNERIE. — Personne ne conteste votre droit!

M. LE PRÉSIDENT. — Messieurs, quand il vous plaira de vous taire, je continuerai.

M. LE VICOMTE DE BÉLIZAL. — Laissez parler M. Godelle!

M. LE PRÉSIDENT. — M. Godelle parlera quand je lui aurai donné la parole; en attendant, il faut renoncer à interrompre.

M. PAUL DE CASSAGNAC. — Il n'a pas attaqué le président de la République !

M. LE PRÉSIDENT. — Il ne vous appartient pas d'expliquer sa conduite; il appartiendra tout à l'heure à M. Godelle de le faire.

M. LEVERT. — Vous n'avez pas entendu la phrase!

M. LE PRÉSIDENT. — Monsieur Levert, vous n'avez pas la parole!

M. PAUL DE CASSAGNAC. — Vous vous êtes trompé!

M. LE PRÉSIDENT. — Je ne me suis pas trompé, Monsieur...

M. DUGUÉ DE LA FAUCONNERIE. — Voulez-vous répéter la phrase, Monsieur le président?

M. LE PRÉSIDENT. — Tout à l'heure on la répétera: permettez-moi d'abord de conduire le débat et non de m'en référer à vos sentiments et à vos impressions. (*Très bien! à gauche et au centre.*)

Je donne lecture de l'article du règlement dont je réclame l'application.

A *droite*. — Il faudrait savoir à quoi il s'agit de l'appliquer !

M. LE PRÉSIDENT. — Article 124 du règlement :

« La censure avec exclusion temporaire du palais de l'Assemblée est prononcée contre tout député :

« 5° Qui se sera rendu coupable d'outrage envers le président de la République. » (*Exclamations à droite.*)

Or, en terminant son discours, M. Godelle a prononcé à l'adresse de M. Albert Grévy des paroles outrageantes... (*Dénégations à droite.*)

Messieurs, vos dénégations ne prouvent pas que je n'ai pas le droit de poser la question.

M. Godelle a prononcé des paroles...

Plusieurs membres à droite.—Lesquelles? lesquelles?

M. PAUL DE CASSAGNAC. — Lesquelles? Vous ne les avez pas entendues!

M. LE PRÉSIDENT. — Je les ai entendues.

M. DE BAUDRY D'ASSON. — Vous les avez si bien entendues que vous ne pouvez pas les répéter.

M. LE PRÉSIDENT. — Je les répéterai au moment où je trouverai convenable de les répéter.

M. PAUL DE CASSAGNAC. — Il y a un malentendu!

M. LE PRÉSIDENT. — Il n'y a pas de malentendu, vous allez le voir.

Un membre à gauche. — C'est une reculade!

M. LE PRÉSIDENT. — Veuillez vous taire, Monsieur. (*Ah! ah! à droite.*)

Je réclame le silence de tout le monde.

Je dis qu'en terminant son discours, M. Godelle a adressé à l'honorable M. Albert Grévy une parole outrageante, il a touché la personne de M. le président de la République.

Au centre gauche. — Oui! oui! — C'est cela!

A droite. — Mais non!

M. LE PRÉSIDENT. — Et maintenant, je cite ce que j'ai entendu, et ce qui a été irrécusablement prononcé, à savoir « qu'il pesait des soupçons injurieux, après le débat, sur le front du frère du président de la République ».

Voilà ce qui a été dit.

M. LE VICOMTE DE BÉLIZAL. — Eh bien! un frère n'est pas responsable des fautes de son frère !

M. LE PRÉSIDENT. — Je dis que je vais consulter la Chambre sur la question suivante :

Moi, votre président, j'estime que le paragraphe 5 de l'article 124 du règlement est applicable. (*Réclamations à droite.*) C'est mon opinion ; la Chambre dira si je me trompe.

M. CUNEO D'ORNANO. — C'est une pression exercée sur le vote !

M. LE PRÉSIDENT. — M. Godelle a la parole pour s'expliquer ; il peut faire entendre à sa place un de ses collègues.

M. GODELLE. — Je n'ai qu'un mot à dire : faisant allusion à ce passage de la lettre de M. Journault, où il est allégué que M. Albert Grévy a cédé, pour ainsi dire, capitulé devant des dénonciations intéressées, dans l'intérêt de tout le monde j'ai réclamé l'enquête, et j'ai dit qu'en présence de cette phrase de M. Journault, il pesait encore sur le front de M. Albert Grévy des soupçons injurieux.

Plusieurs voix à gauche. — Le frère du président !

M. GODELLE. — Ne voulant dans aucune mesure outrager le président de la République pour lequel j'ai un profond respect... (*Rumeurs à gauche.*)

Voix à droite. — Oui, nous l'avons nommé comme vous !

M. PAUL DE CASSAGNAC. — Nous avons toujours voté pour lui ici et nous ne voterions pas pour M. Gambetta !

M. LE PRÉSIDENT. — Je ne vous l'ai jamais demandé.

M. PAUL DE CASSAGNAC. — Il y en a des vôtres qui n'ont pas voté pour vous non plus !

M. LE PRÉSIDENT. — Je ne m'en plains pas.

M. GODELLE. — J'ai dit que par cela seul que M. Albert Grévy était le frère du chef de l'État, du président de la République... (*Interruptions*), il était nécessaire, il était indispensable que la lumière se fît tout entière et qu'il ne restât rien de ces soupçons injurieux qu'avait jetés dans le public français la lettre de l'ancien secrétaire général du gouvernement de l'Algérie.

Je n'ai pas eu l'intention de dire autre chose, je l'affirme sur l'honneur. (*Très bien ! très bien ! et applaudissements à droite.*)

M. CUNEO D'ORNANO. — Il n'y a d'outrage contre personne !

M. LE PRÉSIDENT. — La Chambre a entendu les explications de l'honorable M. Godelle, elle peut parfaitement juger, en conséquence, où est la vérité : si elle est dans l'interprétation que j'ai donnée des paroles prononcées par lui ou dans ce qu'il vient de présenter. (*Vives protestations à droite.*)

M. PAUL DE CASSAGNAC. — Vous devez accepter sa déclaration ! C'est une pression ! Vous vous êtes laissé emporter tout à l'heure, et vous ne voulez pas revenir. Voilà le fond de l'affaire.

M. LE PRÉSIDENT. — Je ne me suis emporté en aucune façon !

M. LE VICOMTE DE BÉLIZAL. — C'est l'invalidation continuée !

M. LE PRÉSIDENT. — Il n'y a pas là d'invalidation.

M. DE LA ROCHEFOUCAULD, DUC DE BISACCIA. — Nous ne pouvons pas douter de la loyauté d'un de nos collègues. La Chambre n'a pas le droit de douter de la loyauté de M. Godelle, pas plus que vous, Monsieur le président.

M. PAUL DE CASSAGNAC. — Ayez le courage d'avoir tort une fois. (*Rumeurs à gauche.*)

M. LE PRÉSIDENT. — Monsieur Paul de Cassagnac, je n'ai pas à vous répondre sur ce terrain. Si je m'étais trompé, je le reconnaîtrais ; mais je crois que si quelqu'un s'est trompé ici, ce n'est pas moi ; la Chambre va juger.

M. THIRION-MONTAUBAN. — Vous n'avez pas le droit de douter de la parole d'un collègue.

M. LE PRÉSIDENT. — Que ceux qui sont d'avis d'appliquer le paragraphe 5 de l'article 124 du règlement qui emporte l'exclusion temporaire veuillent bien se lever. (*Nouvelles protestations à droite.*)

M. ROUHER. — Je demande la parole.

M. LE PRÉSIDENT. — Je ne puis vous la donner. J'ai prévenu la Chambre qu'il n'y avait qu'une seule personne qui pût avoir la parole, c'est M. Godelle. J'ai même ajouté que M. Godelle pouvait charger un de ses amis de présenter des explications; les termes du règlement sont formels : la Chambre statue sans débat, une fois que la personne qui a eu la parole a pu s'expliquer.

M. CUNEO D'ORNANO, *s'adressant à la gauche.* — Allons! marchez! debout! (*Vifs murmures et réclamations à gauche et au centre.*)

M. FLOQUET. — Est-ce que nous allons nous laisser insulter?

M. LE PRÉSIDENT. — M. Cuneo d'Ornano vient de prononcer à l'adresse de ses collègues une parole sur laquelle la Chambre statuera tout à l'heure... (*Très bien! très bien! à gauche. — Applaudissements ironiques à droite.*)

Un membre à droite. — C'est la dictature!

M. LE PRÉSIDENT. — Il n'y a pas d'autre dictature que celle du règlement, Monsieur!

Je consulte la Chambre pour savoir si elle entend prononcer contre M. Godelle la censure avec exclusion temporaire.

(*La Chambre, consultée par assis et levé, prononce la censure avec exclusion temporaire contre M. Godelle. — Agitation prolongée.*)

M. JANVIER DE LA MOTTE (*Eure*) *et plusieurs membres à droite.*) — Vive la liberté!

M. LE DUC DE FELTRE. — Après une séance pareille, vous n'avez plus qu'une ressource, c'est de modifier le compte rendu des sténographes.

M. LE PRÉSIDENT. — Je vous rappelle à l'ordre!

Messieurs, nous devons respecter le règlement de la Chambre. (*Applaudissements à gauche et au centre.*)

Tout à l'heure, au cours de l'incident et au moment où la Chambre allait prendre une mesure disciplinaire, un de nos collègues...

(*Plusieurs membres de la droite quittent leur place et paraissent se disposer à sortir de la salle.*)

M. LE PRÉSIDENT. — Ceux qui donneront le signal d'une sortie collective encourront les pénalités du règlement. (*Applaudissements à gauche.*)

M. PAUL DE CASSAGNAC. — On n'a jamais vu une tyrannie semblable! C'est honteux! On n'a pas même la liberté de s'en aller.

M. LE PRÉSIDENT. — Monsieur de Cassagnac, je vous invite à garder le silence.

Tout à l'heure, pendant que la Chambre s'occupait de l'incident qu'elle vient de clore, M. Cuneo d'Ornano a prononcé ces paroles sur lesquelles je l'invite à venir s'expliquer...

Un membre à droite. — C'est inutile.

M. LE PRÉSIDENT. — La Chambre, dans sa justice, statuera, Monsieur!

Vous avez, Monsieur Cuneo d'Ornano, prononcé ces paroles, au moment où vos collègues allaient prendre part à un vote : « Allons, tous debout!

Vous savez, avant de vous expliquer, quelle est la conséquence de cette interruption.

M. CUNEO D'ORNANO. — Cela n'a pas d'importance. (*Exclamations à gauche.*)

M. LE PRÉSIDENT. — Vous avez la parole pour vous expliquer sur l'application du règlement.

M. CUNEO D'ORNANO. — Vous devriez comprendre, Messieurs, que si je m'explique, ce n'est pas pour le règlement, ce n'est pas pour une mention, ni pour une affiche qui, dans mon arrondissement, fera plaisir à tous mes amis, remarquez-le bien, comme celles que j'ai déjà eues.

M. EUGÈNE FARCY. — C'est de la réclame électorale!

M. CUNEO D'ORNANO. — Oui, c'est une réclame électorale. Il est vrai que je la paye, mais elle vaut son argent. (*Rires à droite.*) Je ne fais en ce moment aucune attention aux pénalités du règlement.

A gauche. — Oh! oh!

M. CUNEO D'ORNANO. — Je ne me préoccupe que d'une chose: c'est de ne pas paraître manquer d'égards aux collègues avec lesquels je siège depuis plusieurs années; voilà tout.

Eh bien, Messieurs, tout à l'heure je me suis élevé, par les paroles qu'on me reproche, contre la pression évidente que le président a exercée sur ses amis dans cette Assemblée. (*Exclamations à gauche.*)

Je m'explique. Vous ne tiendrez pas compte de mon explication au point de vue de la censure. Je le sais; mais encore une fois, ce n'est pas pour le règlement que je la donne, c'est pour moi et pour mes amis.

Je me suis, dis-je, élevé contre les paroles de M. le président, les trouvant absolument contraires à la courtoisie qui doit régner entre nous, surtout de la part du président.

M. THIRION-MONTAUBAN. — Et contraires à la protection due à la minorité.

M. CUNEO D'ORNANO. — Je trouve convenable que notre président, qui a sur vous tous, Messieurs, de ce côté de la Chambre (*la gauche*), une influence très grande...

M. TALANDIER. — Pas du tout!

M. CUNEO D'ORNANO. — M. Talandier dit cela; les autres ne disent rien.

M. le président, avant de vous consulter, a fait intervenir son opinion, il a tenu à plusieurs reprises à la faire connaître; j'estime qu'il y a eu là de sa part une intervention qui vous ôte votre liberté. (*Interruptions à gauche.*)

Ce n'est pas que vous soyez des hommes sans indépendance...

Un membre à gauche, ironiquement. — Vraiment!

M. CUNEO D'ORNANO. — Si vous ne voulez pas m'écouter... (*Si! si! — Parlez! parlez!*) ... mais il est évident que le président ayant engagé son initiative dans la mesure disciplinaire qu'il vous proposait, vous ne pouviez, sans paraître le mettre en échec, voter autrement que vous avez voté. C'est précisément à cause de cette attitude particulière du président que je me suis levé et que j'ai prononcé les paroles que vous connaissez.

Maintenant, Messieurs, vous ferez du règlement l'application qui conviendra à M. le président (*Murmures à gauche et au centre*); quant à moi, Messieurs, j'ai trouvé cette intervention présidentielle contraire à la dignité des membres de cette Chambre : c'est pour cela que j'ai parlé comme je l'ai fait, et je descends de cette tribune ne retirant pas un mot de ma protestation ni de mon interruption. (*Très bien! très bien! à droite.*)

M. LE PRÉSIDENT. — Je donne lecture du paragraphe 4 de l'article 123 du règlement, lequel est ainsi conçu :
« La censure est prononcée contre :

. . . .

« Tout député qui aura adressé à un ou plusieurs de ses collègues des injures, provocations ou menaces. »

Je consulte la Chambre sur la question de savoir si elle entend appliquer cette disposition à M. Cuneo d'Ornano.

(*La Chambre, consultée, décide affirmativement.*)

M. LE PRÉSIDENT. — La censure est prononcée. (*Murmures à droite.*)

M. CUNEO D'ORNANO. — Suis-je aussi exclu, Monsieur le président?

M. LE PRÉSIDENT. — Non, Monsieur. (*Rires à droite.*) Ah ! Messieurs, je ne vois véritablement pas qu'il y ait là rien qui puisse prêter à rire.

M. le gouverneur général de l'Algérie a demandé la parole...

M. LE GOUVERNEUR GÉNÉRAL, *commissaire du gouvernement.* — Après l'incident qui vient de se produire, je n'ai plus à prendre la parole.

M. LE PRÉSIDENT. — Monsieur le commissaire du Gouvernement renonçant à la parole, et personne ne la réclamant plus sur l'interpellation relative à l'Algérie, je mets aux voix la clôture de la discussion.

(*La Chambre, consultée, prononce la clôture de la discussion.*)

M. LE PRÉSIDENT. — M. Spuller a la parole.

M. SPULLER. — Au nom des groupes qui composent la majorité, j'ai l'honneur de remettre entre les mains de M. le président un ordre du jour motivé, destiné à clore l'interpellation.

M. DE BAUDRY D'ASSON. — Mais j'ai demandé la parole, Monsieur le président.

M. LE PRÉSIDENT. — Vous l'aurez tout à l'heure.

L'ordre du jour qui vient de m'être remis est ainsi conçu :

« La Chambre des députés, pleinement satisfaite des explications fournies par M. le gouverneur général et convaincue que le développement du régime civil peut seul assurer la prospérité de l'Algérie...

« Passe à l'ordre du jour. » (*Applaudissements à gauche et au centre.*)

L'ordre du jour est adopté à l'unanimité par 342 votants.

SÉANCE DU 9 NOVEMBRE 1880

INCIDENT

Présidence de M. Gambetta

Dépôt, par M. de Baudry d'Asson, d'un projet de résolution tendant à réserver la séance du mercredi de chaque semaine à
l'examen de la conduite du gouvernement pendant les vacances
parlementaires.

M. DE BAUDRY D'ASSON. — Messieurs, pendant la courte
session où nous allons assister, je l'espère, à l'agonie de la
République... (*Bruyantes exclamations et rires à gauche et au
centre, et cris : A l'ordre !*), je demande que la Chambre...

M. LE PRÉSIDENT. — Monsieur de Baudry d'Asson, je vous
préviens qu'il ne saurait convenir...

M. DE BAUDRY D'ASSON. — C'est une espérance que j'exprime, et j'en ai bien le droit.

M. LE PRÉSIDENT. — ...ni à la Chambre, ni au Gouvernement, qui est toujours présent ici, de tolérer un langage
comme celui que vous vous permettez d'employer, sans que
rien vous y provoque.

En conséquence, je vous avertis que, si le reste de votre
discours écrit... (*Rires à gauche*) était dans ce style, je vous
ferais l'application du règlement. (*Très bien! à gauche.*)

Veuillez continuer.

M. DE BAUDRY D'ASSON. — Messieurs, je tiens à répondre
à ce que vient de dire M. le président.

Je ne vois rien qui puisse blesser la Chambre dans les paroles que j'ai prononcées. C'est l'expression d'une espérance
que j'ai le droit de manifester. C'est non seulement mon
droit, mais mon devoir.

Quant à mon discours écrit, ainsi que M. le président vient de le dire, je l'ai en effet rédigé sur le papier pour qu'aucune des expressions que j'emploierai ne soit omise au compte rendu de la séance, et j'espère retrouver textuellement demain au *Journal officiel* les paroles que j'aurai prononcées.

Je demande que la Chambre désigne le mercredi de chaque semaine... (*Bruit à gauche.*)

Si vous ne voulez pas m'écouter...

Un membre à gauche. — Si ! si !

M. DE BAUDRY D'ASSON. — Je demande que la Chambre désigne le mercredi de chaque semaine pour permettre aux députés de réclamer au Gouvernement les comptes rigoureux de sa conduite pendant les vacances parlementaires.

La conscience publique, justement indignée... (*Exclamations à gauche*), attend que prompte et sévère justice se fasse.

Nous aurons à interpeller tour à tour les citoyens ministres de ce gouvernement de crocheteurs... (*Vives protestations à gauche et au centre.*)

M. LE PRÉSIDENT. — Je ne pense pas que la Chambre puisse tolérer que de pareilles expressions soient proférées devant elle.

Les mots que l'on prononce ici ont une double valeur : celle qu'ils peuvent tirer de l'autorité de la personne qui les emploie... (*Léger mouvement.*) Oui ! vous m'entendez... (*Sourires*) et celle qu'ils tirent du lieu même où ils sont prononcés.

C'est à cause de cette seconde autorité... (*Très bien ! très bien ! et applaudissements prolongés à gauche et au centre*) que je vais faire application à M. de Baudry-d'Asson d'un article du règlement que j'ai eu déjà malheureusement l'occasion de lui appliquer. C'est l'article 124, qui dit :

« La censure avec exclusion temporaire du palais de l'Assemblée est prononcée contre tout député qui...

« 4° Aura adressé à un ou plusieurs membres du Gouvernement des injures, provocations ou menaces ;

« 5° Qui se sera rendu coupable d'outrages envers

le Président de la République, le Sénat ou le Gouvernement. »

Monsieur de Baudry d'Asson, vous avez la parole pour vous expliquer sur l'application de la peine.

M. DE BAUDRY D'ASSON. — Messieurs, M. le président vient de vous dire que les paroles que j'avais prononcées n'avaient aucune autorité sur la majorité de la Chambre.

Un membre au centre. — Il n'a pas dit cela !

M. DE BAUDRY D'ASSON. — Je lui répondrai ceci : Si mes paroles n'ont aucune autorité sur la majorité républicaine, elles en ont une suffisante vis-à-vis du pays tout entier, qui a protesté comme je viens de le faire moi-même, contre ces infâmes exécutions auxquelles se sont livrés ces hommes que j'ai sous les yeux... (*Réclamations à gauche et au centre*) et qui ont la réprobation de toute la France honnête. (*Très bien ! sur divers bancs à droite.*)

M. LE PRÉSIDENT. — Je consulte la Chambre sur la question de savoir si elle entend prononcer contre M. de Baudry d'Asson la censure avec exclusion temporaire.

(La Chambre, consultée, prononce la censure avec exclusion temporaire.)

M. LE PRÉSIDENT. — Monsieur de Baudry d'Asson, il ne vous reste plus qu'à vous retirer.

(M. de Baudry d'Asson se dirige vers son banc.)

Voix à gauche et au centre. — Tout de suite ! tout de suite !

(M. de Baudry d'Asson s'assied à sa place, ce qui provoque de nouvelles exclamations à gauche et au centre.)

M. LE PRÉSIDENT. — Messieurs, votre règlement a prévu ce cas.

M. LE PRINCE DE LÉON. — On va faire le siège de M. de Baudry d'Asson !

M. MARGAINE. — Ce n'est pas nécessaire.

M. LE PRÉSIDENT. — On n'en a pas besoin.

Le règlement a prévu ce cas ; on a recours alors à une opération extrêmement simple : le président lève la séance, puis il la rouvre quand le moment de la résistance est passé. J'espère qu'il ne sera pas de longue durée. (*Très bien! très bien! à gauche et au centre.*)

La séance est levée.

Plusieurs membres à gauche. — Suspendue ! suspendue !

(Un grand nombre de membres se lèvent et se préparent à quitter la salle.)

M. LE PRÉSIDENT. — Permettez, Messieurs...

M. LE PRINCE DE LÉON. — Mais vous avez déclaré que la séance était levée !

M. LE PRÉSIDENT. — Je la rouvre, et c'est mon droit.

M. DE LA ROCHEFOUCAULD, DUC DE BISACCIA. — Faites venir les tambours !

M. LAROCHE-JOUBERT. — Il faut qu'une séance soit ouverte ou fermée. (*Bruit.*)

M. LE PRÉSIDENT. — Vous n'avez pas la parole !

Messieurs, il ne doit pas y avoir d'équivoque.

Quelques-uns de nos collègues croient que la séance n'est que suspendue. C'est une erreur. Aux termes du règlement, le président ne peut que la lever ; c'est ce que je fais, en rappelant à la Chambre que, d'après l'ordre du jour, qu'elle a réglée, le projet de loi relatif à la magistrature viendra en discussion jeudi.

(La séance est levée à quatre heures.)

SÉANCE DU 11 NOVEMBRE 1880

INCIDENT

Présidence de M. Gambetta

———

M. Louis Legrand demande à interpeller le Gouvernement de la déclaration ministérielle du 9 novembre.

M. Jules Ferry, *président du conseil*. — Le Gouvernement accepte.

M. le Président. — Je consulte la Chambre.

(La Chambre, consultée, décide que la discussion de l'interpellation aura lieu immédiatement.)

M. le Président. — M. Louis Legrand a la parole.

A ce moment M. de Baudry d'Asson entre dans la salle et va s'asseoir à son banc. (*Mouvement prolongé sur tous les bancs.*)

M. le Président. — Messieurs, la Chambre a prononcé la peine édictée par l'article 124 de son règlement. Un de nos collègues qui avait été atteint par cette mesure refuse obéissance à votre règlement.

Quel que soit le légitime désir de la Chambre de vaquer à ses travaux, elle ne pourrait pas procéder, en face de la violation flagrante de son règlement, à la suite de ses délibérations. Je regrette qu'on n'ait pas tenu compte de l'autorité de vos décisions et que, par des procédés dont j'ignore encore la portée, on ait pu violer les consignes qui avaient été données.

Avant de faire observer le règlement, qui sera exécuté sans aucune émotion, Messieurs, n'ayez aucune inquiétude...(*Très bien! très bien! à gauche et au centre*), j'invite M. de Baudry d'Asson à vouloir bien déférer au rappel au règlement que je lui adresse, en le priant de sortir et de donner à la Chambre l'exemple du respect de ses décisions. (*Nouvelle approbation.*)

Monsieur de Baudry d'Asson, je vous prie de sortir. Vous ne pourriez évidemment qu'entamer votre caractère de député en restant plus longtemps. Je m'en rapporte à quelques minutes de réflexion et aux conseils que pourront vous donner vos amis. (*Marques générales d'approbation. — M. de Baudry d'Asson reste à son banc.*)

M. LE PRÉSIDENT. — Vous refusez de sortir?

M. DE BAUDRY D'ASSON. — Monsieur le président, vous me permettrez... (*Vives et nombreuses interruptions.*)

M. LE PRÉSIDENT. — Non! non! Faites parler un de vos amis, je ne puis pas accepter que vous parliez dans cette circonstance.

A gauche. — Levez la séance.

M. THIRION-MONTAUBAN. — Voilà un exemple du savoir-vivre de la Chambre.

M. BOURGEOIS monte à la tribune.

A gauche. — Non! non! — Levez la séance, Monsieur le président.

M. LE PRÉSIDENT. — Nous allons lever la séance.

M. BOURGEOIS. — Vous avez invité l'un des amis de M. de Baudry d'Asson à parler. (*Interruptions et dénégations à gauche.*)

M. DE LA ROCHETTE. — C'est sur l'invitation de M. le président...

M. BOURGEOIS, *descendant de la tribune.* — J'avais à donner à la Chambre des explications... (*Non! non! à gauche.*)

M. LE PRÉSIDENT. — Monsieur Bourgeois, attendez un moment.

J'invite la Chambre à garder le silence le plus complet, sa dignité y est engagée.

Monsieur Bourgeois, veuillez me faire connaître ce que vous voulez dire; vous pouvez parler de votre place, ce n'est pas un discours.

A droite. — A la tribune! à la tribune!

M. Bourgeois. — M. le président tout à l'heure a engagé un des amis de M. de Baudry d'Asson à vouloir bien, en son nom, déclarer quelles étaient les raisons qu'il pouvait faire valoir pour expliquer son refus de se soumettre à la décision de la Chambre.

A gauche et au centre. — Non, non! Ce n'est pas cela.

M. le président, — M. Bourgeois, comme un autre membre de cette Assemblée, a parfaitement le droit de s'expliquer sur l'incident; mais je prie M. Bourgeois de ne pas sortir des termes de la question que j'ai posée; j'ai demandé si M. de Baudry d'Asson entendait résister ou déférer au règlement et à la décision de la Chambre. C'est à cette question et non à aucune autre que j'invite M. Bourgeois à répondre.

A droite. — A la tribune!

M. Bourgeois, *à la tribune.* — M. le président a, tout à l'heure, demandé qu'un ami de M. de Baudry d'Asson voulût bien expliquer, en son nom, quels sont les motifs pour lesquels il refuse d'obtempérer...

A gauche. — Non! non!

A droite. — Oui! oui! — C'est cela!

M. le président. — Messieurs, je précise la question. Veut-on, oui ou non, déférer au règlement et à l'autorité de la Chambre?

M. Bourgeois. — M. de Baudry d'Asson me prie de déclarer à tous ses collègues qu'il juge que son mandat serait amoindri s'il venait ici obtempérer aux ordres qui lui sont donnés. (*Très bien! sur plusieurs bancs à droite. — Vives réclamations à gauche et au centre.*)

M. le président. — Messieurs, je vais lever la séance.

Il est deux heures un quart; nous rentrerons en séance à deux heures et demie. (*Très bien! très bien! à gauche et au centre.*)

Je prie les membres de la Chambre de vouloir bien quitter la salle, et j'invite le public à rester absolument calme, car autrement je serais obligé de faire évacuer les tribunes. Je compte sur la tranquillité d'âme et d'esprit, et je lève momentanément la séance. (*Applaudissements à gauche et au centre[1].*)

M. LE PRÉSIDENT quitte le fauteuil.

(A 5 heures 10 minutes, M. le président Gambetta remonte au fauteuil.)

M. LE PRÉSIDENT. — Messieurs, je vous invite à reprendre vos places.

M. LÉON CHEVREAU. — Monsieur le président, il n'est pas possible que nous nous asseyons sur nos bancs; il faudrait qu'ils fussent nettoyés.

M. LE PRÉSIDENT. — S'ils ont besoin d'être nettoyés, c'est la faute de ceux qui l'ont voulu... (*Très bien! à gauche et au centre. — Réclamations à droite*), et toutes les fois que l'on rendra une décision dans cette enceinte, et que je serai chargé de la faire appliquer, elle le sera. (*Applaudissements à gauche et au centre.*)

Je déclare la séance reprise.

Huissiers, faites rentrer le public.

M. LAROCHE-JOUBERT. — Nous ne pouvons pas nous asseoir dans l'ordure!

M. LE PRÉSIDENT. — Si vous ne pouvez vous asseoir, constatez-le, et on vous donnera d'autres places, mais

---

1. Un certain nombre de députés appartenant à la droite restent dans la salle. L'officier commandant le Palais-Bourbon entre dans la salle et somme M. de Baudry d'Asson, qui a repoussé toutes les injonctions des huissiers, de se retirer. M. de Baudry d'Asson refuse. Dix à douze de ses collègues injurient grossièrement M. Riu. Le colonel ordonne aux soldats de sa suite d'enlever le représentant rebelle. Malgré les outrages redoublés des députés de droite dont quelques-uns frappent les soldats qui étaient entrés sans armes et qui ne ripostent point, M. de Baudry d'Asson est enlevé. Le tumulte continue.

n'en rendez pas responsables ceux qui ont voulu avoir
raison d'une rébellion que rien n'autorisait. (*Applaudissements à gauche et au centre.*)

M. LAROCHE-JOUBERT. — Il y a eu rébellion contre
la Constitution !

M. LE PRÉSIDENT. — Monsieur Laroche-Joubert, je
vous invite à ne pas continuer ce dialogue.

Messieurs, nous reprenons notre ordre du jour.

Tout à l'heure, avant l'incident, j'avais donné lecture à la Chambre d'une demande d'interpellation,
déposée par M. Louis Legrand et adressée au Gouvernement, sur la déclaration ministérielle lue à la dernière séance.

M. DE CLERCQ. — Je demande la parole.

M. LE PRÉSIDENT. — J'ai donné la parole à M. Louis
Legrand.

M. DE CLERCQ. — Il est impossible de laisser passer
sans protestation ce qui vient de se produire tout à
l'heure. (*Exclamations à gauche et au centre.* — *Bruit
à droite.*)

M. GEORGES DE CASSAGNAC. — Vous avez violé toutes
les libertés et vous ne voulez pas que nous protestions !

M. LE PRÉSIDENT. — Je répète que la parole est à
M. Louis Legrand.

M. DE CLERCQ. — Je constate que vous me refusez la
parole.

M. LE PRÉSIDENT. — Vous pouvez le constater : le
Journal officiel en fera foi.

M. LÉON CHEVREAU. — Racontera-t-il la scène de
violence qui s'est passée tout à l'heure?

M. LE PRÉSIDENT. — Je vous invite à laisser la Chambre continuer ses travaux.

Un membre à droite. — Faites-nous tous exclure.

M. LE COMTE DE COLBERT-LAPLACE. — Nous sommes à
nous demander si nous ne devons pas, tous, donner
notre démission.

M. LE PRÉSIDENT. — Vous êtes libre de le faire. Le

suffrage universel jugera ; ce sera un bon moyen.(*Vive approbation et applaudissements à gauche et au centre.*) Mais, en attendant, il faut que l'ordre du jour soit respecté. Il y a un débat annoncé, débat dont tout le monde comprend la gravité et l'importance, je ne laisserai pas troubler l'ordre de la discussion. (*Très bien! très bien!*)

Monsieur Louis Legrand, vous avez la parole.

(M. Louis Legrand développe son interpellation, et la séance continue. — A l'issue de la séance, le président donne la parole à M. de la Rochefoucauld sur un rappel au règlement.)

M. DE LA ROCHEFOUCAULD, DUC DE BISACCIA. — Messieurs, j'aborde la tribune avec une profonde émotion. Je viens d'assister à une scène absolument révolutionnaire... (*Vives exclamations.*)

Voix à gauche. — Révolutionnaire de votre part!

M. DE LA ROCHEFOUCAULD, DUC DE BISACCIA. — ...et tout à fait contraire au règlement. J'ai vu la force armée ...

M. MARGAINE. — Je demande la parole.

M. DE LA ROCHEFOUCAULD, DUC DE BISACCIA. — ... entrer dans cette enceinte, bousculer, renverser des députés qui étaient assis à leurs bancs.

D'après le règlement, la séance devait être levée, elle ne l'était pas. (*Réclamations.*)

—*Voix nombreuses à gauche et au centre.* — Elle l'était!

M. DE LA ROCHEFOUCAULD, DUC DE BISACCIA. — Elle ne l'était pas !

A gauche. — Si! si!

A droite. — Elle n'était que suspendue.

M. LE PRÉSIDENT. — Elle était levée. Je vous ai fait observer à deux reprises différentes que je ne pouvais pas la suspendre, que le règlement exigeait qu'elle fût levée, et alors j'ai dit : La séance est levée, et nous pourrons la reprendre comme le permet le règlement.

A droite. — Alors, elle n'était pas levée, elle n'était que suspendue.

M. LE PRÉSIDENT. — Non, Messieurs, c'est une erreur manifeste. De même qu'à la dernière séance, je l'avais levée et non suspendue en donnant lecture du texte du règlement. Par conséquent, si c'est là-dessus que repose votre rappel au règlement, il repose sur une base fausse. (*Vives marques d'adhésion au centre et à gauche.*)

M. DE LA ROCHEFOUCAULD, DUC DE BISACCIA. — Je regrette de ne pas me trouver d'accord avec le président, car il a dit lui-même en reprenant : La séance est reprise.

M. LE PRÉSIDENT. — Je ne crois pas l'avoir dit, mais j'aurais pu le dire, en employant les termes mêmes de l'article 125 du règlement.

M. DE LA ROCHEFOUCAULD, DUC DE BISACCIA. — Je dis donc qu'au nom de la représentation nationale, au nom de la liberté, je proteste contre l'invasion de la force armée dans cette enceinte : je dépose sur cette tribune la protestation suivante :

« Les soussignés, membres de la Chambre des députés... »

M. LE PRÉSIDENT. — Je ne reçois pas de protestations, Monsieur. (*Vives réclamations à droite. — Très bien! très bien! à gauche et au centre.*)

A droite. — Lisez! lisez!

M. LE PRÉSIDENT. — Non, Messieurs, je ne reçois pas de protestations.

M. DE LA ROCHEFOUCAULD, DUC DE BISACCIA. — Comment! Messieurs, la force armée est entrée dans cette enceinte, elle a pénétré ici par ordre du président et je ne pourrais pas protester au nom de la liberté violée!... Je proteste à la face de mon pays...

M. LE PRÉSIDENT. — Je ne reçois pas votre protestation.

M. DE LA ROCHEFOUCAULD, DUC DE BISACCIA. — C'est du

despotisme. La tribune n'est pas libre. Vous n'êtes pas encore dictateur.

M. LE PRÉSIDENT. — Il ne s'agit de dictature en aucune façon.

M. DE LA ROCHETTE. — C'est un abus d'autorité.

M. MARGAINE. — Je demande la parole.

M. LE PRÉSIDENT. — Je dis qu'il est absolument impossible de porter à la tribune cette protestation.

A droite. — Nous en donnerons la copie aux journaux.

M. LE PRÉSIDENT. — Il n'y a pas de copie à donner.

M. DE LA ROCHEFOUCAULD, DUC DE BISACCIA. — Nous la donnerons à la France !

M. LE PRÉSIDENT. — Vous réglerez vos affaires hors de cette enceinte.

Je dis que le règlement est parfaitement clair. Il exigeait que M. de Baudry d'Asson quittât la séance. Il allait même plus loin, le règlement : il permettait, aux termes du paragraphe dernier...

Un membre à droite. — De le fusiller!

M. LE PRÉSIDENT. — Pas de plaisanteries, s'il vous plaît. Si vous trouvez que la situation comporte des mots pareils, je le regrette pour vous. (*Très bien! très bien!*)

M. LAROCHE-JOUBERT. — Je préférerais avoir été fusillé que d'avoir subi l'humiliation qu'on a infligée à notre collègue. (*Exclamations et rires à gauche.*)

M. LE PRÉSIDENT. — Monsieur Laroche-Joubert, vous n'avez pas la parole, surtout pour proférer des regrets à la sincérité desquels nous serions désolés de croire. (*Rires et applaudissements.*)

M. BOURGEOIS. — J'ai été pris à la gorge, moi qui vous parle.

M. LE PRÉSIDENT. — Messieurs, vous ne ferez pas que les faits ne soient pas les faits.

M. BOURGEOIS. — Voyez les bancs !

M. LE PRÉSIDENT. — Eh bien, oui, je les vois, et je

dirai au pays qui les a mis dans cet état. (*Très bien! très bien! à gauche et au centre.*)

M. DE LA ROCHEFOUCAULD, DUC DE BISACCIA, *et plusieurs autres membres à droite.* — C'est vous! c'est vous!

M. LE PRÉSIDENT. — Vous avez résisté à la force publique.

M. BOURGEOIS. — Nous étions à nos places et on voulait nous en chasser!

M. LE PRÉSIDENT. — Non! vous n'étiez pas en séance.

M. LAROCHE-JOUBERT, *et d'autres membres à droite.* — Si! si!

M. LÉON CHEVREAU. — Si vous aviez été là, vous auriez vu le spectacle scandaleux qu'on a donné.

M. LE PRÉSIDENT. — Vous comprenez que je ne puis pas entrer en lutte avec trente voix qui m'enterrompent à la fois. J'ai, conformément au règlement, levé la séance.

M. LE PROVOST DE LAUNAY PÈRE. — Non, vous avez suspendu la séance pour un quart d'heure. Vous l'avez dit.

M. LE PRÉSIDENT. — J'avais le droit de lever la séance et de la reprendre.

M. DE LA ROCHEFOUCAULD, DUC DE BISACCIA. — Vous ne vous êtes pas couvert!

M. LE PRÉSIDENT. — Je n'avais pas besoin de me couvrir. L'article 125 dit : « En cas de désobéissance du député à l'injonction qui lui est faite par le président de sortir de la Chambre, la séance est levée, elle peut être reprise. » C'est ce que j'ai fait.

Et dans l'intervalle, que s'est-il passé? On a résisté à la force publique. Eh bien, je dis que les articles 126 et 129 ouvrent une action contre ceux qui ont résisté à la force publique. (*Très bien! très bien! à gauche et au centre.*)

Ah! Messieurs, permettez-moi de vous le dire, la situation cruelle dans laquelle s'était mis par sa faute votre collègue...

A droite. — Nous ne parlons pas de notre collègue.

M. DE LA ROCHETTE. — Vous l'avez insulté l'autre jour!

M. DE PERROCHEL. — Nous parlons de toute la minorité.

M. LE PRÉSIDENT. — Monsieur de Perrochel, vous n'avez pas la parole.

Je comprends vos sentiments de solidarité et de protection, mais il est une chose que je ne comprends pas, c'est que vous ayez protesté contre l'exécution du règlement et que la force armée agissant avec la plus grande modération... (*Applaudissements à gauche et au centre. — Dénégations et protestations à droite.*)

M. LE PRÉSIDENT. — Ce que je ne comprends pas, c'est que la force armée ait été l'objet de traitements que je regrette et que je suis certain que l'Assemblée tout entière regrette qu'elle ait pu recevoir dans l'enceinte où on fait la loi. (*Applaudissements.*)

Je dis donc que si, après cette violation éclatante du règlement, vous pouviez vous armer de la résistance même que vous avez faite à la force publique pour apporter ici une protestation, vous méconnaîtriez et vos droits et vos devoirs. (*Très bien! très bien! et applaudissements répétés à gauche et au centre.*)

En conséquence, cette protestation, je refuse de la recevoir, et je consulte la Chambre sur la clôture de l'incident.

M. DE LA ROCHEFOUCAULD, DUC DE BISACCIA. — Je demande la parole. (*Non! non! Aux voix! la clôture!*)

M. BOURGEOIS. — Nous arriverons à la mort sans phrase.

M. LE PRÉSIDENT. — Je consulte la Chambre.

(La clôture, mise aux voix, est prononcée.)

SÉANCE DU 13 NOVEMBRE 1880

INCIDENT

Présidence de M. Gambetta.

M. LE PRÉSIDENT. — Je donne la parole à M. Léon Chevreau pour un rappel au règlement.

M. LÉON CHEVREAU. — Je ne viens pas apporter à la tribune un débat irritant. Je sais ce que je dois à la Chambre, ce que je me dois à moi-même, et c'est justement pour éviter le retour des scènes dont nous avons été jeudi les témoins attristés que je demande aujourd'hui la parole pour un rappel au règlement.

Je n'ai pas l'honneur d'appartenir au parti politique de M. de Baudry d'Asson, et je dois déclarer que, si j'avais été frappé de la même mesure disciplinaire que lui, si sévère qu'elle soit, je me serais abstenu de reparaître dans cette enceinte. (*Très bien !*)

La personne de M. de Baudry d'Asson n'est donc pas en jeu.

M. LE PRÉSIDENT. — Elle ne peut pas y être.

M. LÉON CHEVREAU. — Il s'agit seulement ici de fixer un point de jurisprudence parlementaire, et un des plus importants, puisqu'il touche à la dignité de notre mandat et à l'inviolabilité de nos personnes. (*Très bien ! à droite.*)

Dans la séance de jeudi, j'estime que le règlement n'a été appliqué ni dans son esprit ni dans sa lettre, et, qu'il me permette de le lui dire avec le respect que je dois à ses fonctions, M. le président a fait une confusion regrettable entre l'article 125 et l'article 126. (*Très bien! à droite.*)

En effet, que nous a dit M. Gambetta lorsque M. de la Rochefoucauld-Bisaccia était à la tribune à la fin de la dernière séance ?

« M. LE PRÉSIDENT. — J'avais le droit de lever la séance et de la reprendre.

« M. DE LA ROCHEFOUCAULD. — Vous ne vous êtes pas couvert !

« M. LE PRÉSIDENT. — Je n'avais pas besoin de me couvrir. L'article 125 dit :

« En cas de désobéissance du député à l'injonction faite « par le président de sortir de la Chambre, la séance est « levée. Elle peut être reprise. »

« C'est ce que j'ai fait. »

Eh bien, je le répète, M. le président s'est trompé — involontairement, j'en suis convaincu, — et l'erreur dans laquelle il est tombé a été cause du spectacle affligeant que nous regrettons tous ici. (*Rumeurs à gauche et au centre.*)

M. LE PRÉSIDENT. — Veuillez écouter, Messieurs.

M. LÉON CHEVREAU. — Si vous ne regrettez pas ce spectacle, Messieurs, je vous plains.

L'article 125 est ainsi conçu :

« La censure avec exclusion temporaire entraîne l'interdiction de prendre part aux travaux de la Chambre et de reparaître dans le palais législatif jusqu'à l'expiration du jour de la quinzième séance qui suivra celle où la mesure aura été prononcée.

« En cas de désobéissance du député à l'injonction qui lui est faite par le président de sortir de la Chambre, la séance est levée. Elle peut être reprise. »

Messieurs, je vous le demande, ne ressort-il pas du texte même de cet article qu'il s'applique à la séance où la censure avec exclusion temporaire vient d'être prononcée, et non à une autre ? (*Exclamations sur plusieurs bancs au centre.*)

M. LE PRÉSIDENT. — Laissez parler, Messieurs !

M. LÉON CHEVREAU. — Je vous remercie, Monsieur le président, de votre courtoisie.

Je crois, Messieurs, que M. le président a eu tort d'invoquer cet article 125, et il a eu d'autant plus tort, que l'article suivant, l'article 126, lui donnait une entière satisfaction.

Voici cet article, que je vais reprendre, paragraphe par paragraphe, afin d'être plus précis.

« Art. 126. — Si le député reparaît dans le palais législatif avant l'expiration du délai d'exclusion, il est arrêté par l'ordre des questeurs, conduit dans un local préparé à cet effet, et y est retenu pendant un temps qui ne peut excéder trois jours. »

Je ne sais, Messieurs, quelles mesures MM. les questeurs ont pu prendre et comment M. de Baudry d'Asson a échappé à la surveillance qu'il était de leur devoir strict, pour éviter tout scandale, d'établir aux portes du palais et aux portes mêmes de cette salle. (*Nouvelles interruptions au centre.*) Mais enfin, M. de Baudry d'Asson est entré ; il s'est assis à son banc.

Que devait-on faire alors ? L'article 126, paragraphe 2, va répondre pour moi :

« S'il reparaît dans la salle des séances, sa présence est constatée par le bureau. Le président lève la séance et, sur son ordre, le député est arrêté par les soins des questeurs et retenu comme il est dit au paragraphe précédent. »

Voix à gauche. — Eh bien ! eh bien !

A droite. — Attendez donc ! laissez parler !

M. LÉON CHEVREAU. — Je vous prie de bien peser les termes de cet article, qui d'après les principes en matière de législation pénale, sont limitatifs. (*Marques d'assentiment à droite.*)

« La séance est levée » ; elle n'est pas « suspendue » ; il n'est pas dit qu'on peut la reprendre comme le porte l'article 125... (*Bruit au centre*) lorsque le député vient d'être exclu, Non, on ne peut pas la reprendre ; elle est levée définitivement et le règlement, — que je n'approuve pas, que je n'ai pas voté, mais qui a force de loi et que je respecte comme tel, — est en cela fort sage.

En effet, qu'arrive-t-il, dans la pratique, quand la séance est levée définitivement ? Les députés peuvent rester plus ou moins longtemps dans cette salle, mais il faut bien qu'ils finissent par en sortir. M. de Baudry d'Asson, quelle que soit la sympathie qu'il inspire à ses collègues, aurait fini par se trouver seul ou presque seul ; il aurait lui-même été obligé de quitter son banc. (*Exclamations ironiques à gauche.*)

M. HENRI DE LACRETELLE. — Il aurait dû sortir !

M. LÉON CHEVREAU. — Permettez ! je ne discute pas la question de savoir ce que M. de Baudry d'Asson aurait dû faire ; je ne parle que de ce qu'il a fait.

M. de Baudry d'Asson aurait donc été contraint de quitter son banc, et alors, soit ici, soit dans un des couloirs de la Chambre, il aurait été, sans tumulte, arrêté et conduit dans le local préparé pour lui.

Voilà ce que le règlement commandait.

Au lieu de cela, qu'avons-nous vu? Par je ne sais quel besoin hâtif de mettre immédiatement en action un programme arrêté le matin entre le ministère démissionnaire et la majorité, on a suspendu la séance, au lieu de la lever. Or, on n'avait pas le droit de la suspendre. (*Bruyantes exclamations au centre.*)

M. LE PRÉSIDENT. — Laissez donc parler, Messieurs!

M. LÉON CHEVREAU. — Permettez-moi d'ajouter que M. le président s'est servi, dans cette occasion, d'un euphémisme fort heureux, que je trouve au *Journal officiel*, en annonçant qu'il levait momentanément la séance à deux heures un quart, pour la reprendre à deux heures et demie! Or, lever momentanément la séance, cela ne veut-il pas dire, en bon français, qu'on la suspend? (*Dénégations à gauche.*)

A droite. — C'est cela! — Très bien!

M. LÉON CHEVREAU. — C'est incontestable. Et alors, la séance n'étant que suspendue en fait, qu'est-il arrivé? Nous avons vu la force armée, commandée par un officier supérieur, entrer dans cette enceinte; nous avons vu des soldats monter à l'assaut des bancs où les représentants du peuple étaient assis à leur place ordinaire... (*Oui! oui!—Très bien! à droite!* — *Réclamations à gauche*); nous avons vu ces soldats, ou plutôt quelques-uns de ces soldats, car je dois rendre cette justice à beaucoup d'entre eux qu'ils avaient une attitude contrainte et forcée... (*Marques d'adhésion à droite*)...former avec les députés une sorte de grappe humaine, en renverser plusieurs de leurs sièges.

A gauche. — Ils y étaient bien obligés!

M. LÉON CHEVREAU. — ...et tout cela pour arrêter, au milieu d'un tumulte indescriptible, un de vos collègues, qu'il eût été facile d'incarcérer sans bruit et sans violence. (*Réclamations à gauche et au centre.*)

Messieurs, vous avez tort de réclamer ainsi. Je vous ai promis d'être modéré, d'être maître de moi, et il me semble que j'ai tenu religieusement ma parole.

Je ne veux pas aller plus loin et dépeindre ici le spectacle que nous avons eu sous les yeux. Mais j'espère que l'avenir... (*Interruptions*) ...nous dispensera d'assister à des scènes aussi pénibles pour notre dignité à tous. (*Très bien! très bien! à droite.*)

M. BOURGEOIS. — Je demande la parole.

M. le président. — Vous l'aurez tout à l'heure.

Messieurs, l'honorable M. Chevreau se plaint de ce que le règlement de la Chambre n'aurait pas été sainement interprété. J'ai le regret de me séparer complètement de lui dans cette appréciation. Il reconnaît que M. de Baudry-d'Asson était en état de désobéissance flagrante contre le règlement, et même, ce qui est plus grave, contre une décision rendue par la Chambre. Il reconnaît, en outre, que le règlement donne au président le droit de lever la séance. La seule objection, ou plutôt la seule critique qu'élève M. Chevreau est la suivante : c'est qu'il fallait absolument lever la séance et ne pas la reprendre. J'ai le regret de dire que c'est là une pure subtilité. (*Exclamations à droite.*)

En effet, Messieurs, le fait de procéder à l'expulsion d'un député qui, au mépris de ses devoirs et de la décision rendue, se glisse dans cette enceinte...

M. Bourgeois. — Il ne s'est pas glissé, Monsieur, il est entré! (*Exclamations et rires à gauche.*)

Je proteste contre cette expression extra-parlementaire! il est entré à mon bras, j'en suis témoin et je l'affirme sur mon honneur. (*Très bien! très bien! - droite.*)

Un membre à droite. — Il faut savoir peser ses termes, Monsieur le président.

M. le président. — Je les pèse, Monsieur, et la preuve...

M. Bourgeois. — M. de Baudry-d'Asson est entré à mon bras; il ne s'est pas glissé, comme vous le dites, et je le prouverai !

M. le président. — Veuillez d'abord garder le silence.

M. Bourgeois. — Oui, je le garderai.

M. le président. — Oui, je pèse mes paroles, et la preuve, c'est que, quand je dis qu'il s'est glissé dans cette enceinte, j'emploie un diminutif... (*Très bien!*

à gauche et au centre)... car ce n'est pas seulement dans cette salle qu'il s'est glissé, c'est même dans l'enceinte du palais.

M. BOURGEOIS. — Qu'en savez-vous?

M. LE PRÉSIDENT. — Je le sais et peut-être que je l'apprendrai à ceux qui lui ont servi de complice. (*Exclamations à droite. Applaudissements à gauche et au centre.*)

Je dis qu'on n'a pas pénétré dans l'enceinte par les procédés ordinaires, qu'on y a pénétré par des moyens abusifs et détournés. (*Très bien! très bien! à gauche et au centre.*)

M. BOURGEOIS. — C'est inexact!

M. LE PRÉSIDENT. — En conséquence, je maintiens mon mot: il est parfaitement exact....

M. BOURGEOIS. — Il ne l'est pas!

M. LE PRÉSIDENT —...et je regrette que vous m'ayez interrompu pour dire que vous aviez offert votre bras à M. de Baudry d'Asson pour pénétrer dans la salle des séances, car vous vous êtes ainsi associé à la violation du règlement. (*Applaudissements à gauche et au centre.*)

Maintenant, Messieurs...

M. LE COMTE DE COLBERT-LAPLACE. — Si vous voulez discuter, Monsieur le président, vous ne pouvez pas rester au fauteuil : il faut que vous veniez à la tribune. (*Bruit.*)

M. LE PRÉSIDENT. — Vous aurez la parole ; veuillez ne pas m'interrompre.

M. LE COMTE DE COLBERT-LAPLACE. — Je demande la parole.

M. LE PRÉSIDENT. — J'ajoute que la question qui est posée n'est pas une question de règlement.

Il y a un moyen d'éviter les scènes regrettables et douloureuses qui ont eu lieu dans cette enceinte, et surtout d'éviter ce spectacle de soldats et d'officiers objets de sévices et d'outrages de la part de ceux qui font la loi. (*Applaudissements prolongés à gauche et au centre.*)

M. Louis Le Provost de Launay (*Côtes-du-Nord*). — Je demande la parole.

(*De nouveaux applaudissements s'adressant aux paroles de M. le président partent des mêmes bancs.*)

M. le président. — Mais il vaut mieux jeter un voile sur ces détails dont on a déjà trop entretenu le pays et qui n'ont qu'un nom : la rébellion. (*Applaudissements à gauche. — Interruptions à droite.*)

En pareil cas, le règlement me donne le droit de lever la séance, mais il me donne également le droit, et il m'impose le devoir de ne pas laisser les affaires du pays en suspens... (*Nouveaux applaudissements à gauche et au centre*), de reprendre la séance quand justice a été faite. (*Très bien! très bien! sur les mêmes bancs.*)

C'est ce que j'ai fait, Messieurs.

Et permettez-moi de dire que cette insistance à soutenir que la séance ne pouvait être reprise laisserait croire que de pareilles entreprises n'ont d'autre but que de retarder les affaires du pays... (*Nouveaux applaudissements à gauche et au centre.*)

M. Huon de Penanster. — Ce ne sont pas les affaires du pays ; ce sont les affaires du ministère.

M. le président. — ...ce que je ne permettrai pas, quant à moi, tant que j'aurai l'honneur d'être à ce fauteuil.

Le pays m'est témoin, et vous-mêmes, Messieurs, vous m'êtes témoins que j'ai mis tout ce qu'on peut mettre de sang-froid et de modération... (*Applaudissements répétés à gauche.*)

A *droite.* — Non! non !

(*Quelques membres à droite.* — De sang-froid, oui ; de modération, non !

M. le président. — J'ai fait appel à la raison et à l'esprit de conciliation, et, je le dis, Messieurs, avec un sentiment douloureux, à la dignité commune, pour que la scène fût évitée. J'ai eu l'honneur d'en informer plusieurs d'entre vous qui étaient venus me trouver dans mon cabinet pour me demander d'ordonner une suspension de ces mesures ; je leur ai fait connaître, avec une tristesse qu'ils partageaient, je pense, que la loi avait été enfreinte et que dès lors satisfaction et force devaient rester à la loi. (*Applaudissements au centre et à gauche.*)

A droite. — Il ne s'agissait pas d'une loi, mais du règlement !

M. LE PRÉSIDENT. — Et c'est quand vous saviez cette résolution inébranlable que la scène a eu lieu.

Eh bien ! tant pis pour ceux qui y ont joué un rôle ! Le règlement a été respecté, et j'estime qu'il n'y a pas lieu de s'arrêter à l'interprétation subtile qu'a essayé de faire valoir M. Chevreau. (*Applaudissements au centre et à gauche.*)

SÉANCE DU 11 AVRIL 1881

Présidence de M. Gambetta

Discussion d'une interpellation relative à l'expédition de Tunis[1].

M. Janvier de la Motte interpelle le cabinet sur l'expédition entreprise par lui en Tunisie.

M. le président. — La parole est à M. le président du conseil.

M. Jules Ferry, *président du conseil, ministre de l'instruction publique et des beaux-arts.* — Messieurs, le Gouvernement aurait devancé spontanément les explications qu'on vient de lui demander s'il avait cru pouvoir ajouter quelque chose à celles qui ont été données, il y a si peu de jours, à cette tribune, et que la confiance unanime de la Chambre a bien voulu accueillir. (*Marques nombreuses d'approbation à gauche et au centre.*)

Je n'ai rien à ajouter aux déclarations qui nous ont valu, dans l'une et l'autre Chambre, le double témoignage de confiance qui est à la fois notre honneur et notre force. (*Rumeurs à droite.*) Nous vous avons dit que nous entrions sur le territoire de la Tunisie, à la fois pour châtier des agressions dont il me sera permis de dire qu'on parle beaucoup trop légèrement à cette tribune... (*Marques d'assentiment à gauche et au centre*) et pour mettre un terme à une situation qui est, vous le savez aussi bien que moi, absolument intolérable, car elle dure depuis dix ans; or, dix ans

1. Voir, sur l'expédition de Tunis, les commentaires du tome X.

c'est trop pour l'honneur de la France et pour le repos de
nos possessions algériennes. (*Applaudissements.*) Nous allons
en Tunisie pour châtier les méfaits que vous connaissez ;
nous y allons en même temps pour prendre toutes les
mesures qui pourront être nécessaires pour en empêcher
le renouvellement. (*Nouvelles marques d'assentiment sur les
mêmes bancs.*)

Le Gouvernement de la République ne cherche pas de
conquêtes, il n'en a pas besoin... (*Vifs applaudissements à
gauche et au centre*) ; mais il a reçu en dépôt, des gouvernements qui l'ont précédé, cette magnifique possession algérienne que la France a glorifiée de son sang et fécondée
de ses trésors. Il ira, dans la répression militaire qui commence, jusqu'au point où il faut qu'il aille pour mettre à
l'abri, d'une façon sérieuse et durable, la sécurité et l'avenir
de cette France africaine. (*Nouveaux applaudissements.*)

Vous reviendrez, Messieurs, dans un mois ; le Gouvernement vous fera part des incidents qui seront passés et il affron-
tera sans crainte la responsabilité dont il se fait gloire, que
la confiance des deux Chambres lui a imposée et à laquelle
il espère, il est convaincu que la Chambre des députés restera fidèle. (*Très bien! très bien! Applaudissements.*)

M. LENGLÉ. — Messieurs, j'ai écouté avec le plus grand
soin les paroles de M. le président du conseil, je les ai écou-
tées avec l'attention que comporte la grave question qui est
soumise à vos délibérations, et je suis obligé d'avouer que
la réponse de M. le président du conseil ne m'a pas paru
suffisante pour un ministre responsable devant la Chambre
et devant le pays. (*Très bien! à droite.*)

Je ne veux pas chercher des sous-entendus derrière ses
paroles, je veux les voir telles qu'elles sont. M. le président
du conseil nous a dit qu'on nous avait déjà donné des
explications suffisantes et qu'il ne pouvait que les répéter.

Oui, on nous a parlé de la nécessité d'aller réprimer des
pillards à la frontière. Nous sommes tous d'accord, c'est
une chose nécessaire, il faut faire vite, il faut faire bien.
(*Interruptions.*)

La question n'est pas là. Nous ne vous demandons pas
ce que sera votre attitude devant les pillards, mais ce que
sera votre attitude vis-à-vis de la Tunisie. Voilà la question
que j'ai l'honneur de vous poser. (*Très bien! à droite.*)

M. BALLUE. — Commencez par nous dire ce que fera la Tunisie.

M. LENGLÉ. — Je parle du sentiment actuel du Gouvernement. (*Interruptions.*)

M. LE PRÉSIDENT. — Tout le monde s'ingère de répondre à la fois sur la position de la question. S'il y a un débat où l'on doive écouter attentivement, c'est bien un débat de cette nature. Laissez parler M. Lenglé; on lui répondra.

M. LENGLÉ. — Il se passe un fait étrange, et ce n'est pas la première fois que nous en sommes témoins. Nous vivons dans un pays qui a la prétention d'être soumis au régime parlementaire; or, toutes les fois qu'on interroge les ministres, les ministres qui doivent parler se taisent, et nous assistons à ce curieux spectacle, que c'est par les gouvernements étrangers et par des agences irresponsables que nous, les représentants de la France, nous sommes mis au courant de nos affaires. (*Rumeurs à gauche et au centre. — Approbation à droite.*) Il arrive même qu'il y a des contradictions étonnantes entre ce que l'on dit au dehors et ce que l'on dit ici. (*Interruptions à gauche.*)

J'ai moi-même signalé à cette tribune un démenti donné au ministre de France par le ministre de Grèce; on nous a répondu en demandant l'ordre du jour pur et simple.

Aujourd'hui, lorsqu'à l'étranger un ministre fait connaître les déclarations qui ont été faites par le Gouvernement français, ce n'est pas à la tribune de cette Chambre qu'on vient protester, mais par l'intermédiaire de l'agence Havas. Il y a là une atteinte portée à la dignité du Parlement! (*Très bien! très bien! à droite.*)

Tout à l'heure notre honorable président nous disait avec une bienveillante sollicitude qui s'adressait à tous les membres de cette Chambre, qu'il y avait des questions qu'il fallait toucher légèrement, mais qu'à un certain moment nous serions à même de juger les responsabilités. Eh bien, Messieurs, ce que nous voulons, nous, c'est prévenir ces responsabilités... (*Interruptions à gauche.*)

Que M. le ministre le sache bien, — et il le sait, nous ne voulons pas jouer sur les mots : celui qui déclare la guerre, ce n'est pas celui qui envoie l'ultimatum, qui prépare la guerre, c'est celui qui la rend nécessaire par son habileté ou son inhabileté. (*Très bien! à droite.*)

Si de dures nécessités s'imposaient, nous serions prêts, l'heure venue, à faire ce qu'il faut pour la défense de notre pays, pour la sauvegarde de son honneur, mais nous ne sommes pas disposés à donner notre argent et le sang de nos enfants... (*Exclamations à gauche et au centre.*)

Je le répète, nous ne voulons pas donner l'argent de la France et le sang de ses enfants pour les Jeckers de la Tunisie. (*Vives protestations au centre et à gauche. — Mouvements divers.*)

M. GATINEAU. — Et l'expédition du Mexique?

M. LE PRÉSIDENT DU CONSEIL. — Qu'est-ce que c'est que les Jeckers de la Tunisie? (*Agitation.*)

M. LE PRÉSIDENT. — Monsieur Lenglé, je n'avais pas entendu vos dernières paroles; on me fait observer que vous avez parlé, en terminant, des Jeckers de la Tunisie. Comme on ne peut se tromper sur la signification de cette épithète, on demande que vous vouliez bien donner quelques explications. (*Très bien! très bien! à gauche et au centre.*)

M. LENGLÉ. — Je suis toujours prêt à donner quelques explications à la Chambre.

M. GERMAIN CASSE. — Pas d'arrière-pensées!

M. LE COMTE DE ROYS. — Pour qu'il y ait des Jeckers, il faut des Mornys!

M. LE PRÉSIDENT. — Vous n'avez pas la parole, Monsieur de Roys!

M. LENGLÉ. — Je pourrais répondre à mon collègue et ami M. de Roys que l'expérience a pu nous instruire et qu'il n'est pas mauvais de prévenir le retour de questions pénibles pour le pays.

M. LE PRÉSIDENT. — Veuillez parler à la Chambre.

M. LENGLÉ. — Je ne crois pas que je puisse apprendre à la Chambre quelque chose de bien nouveau; dans tous les journaux, on ne parle que des questions financières qui ont été soulevées en Tunisie. On dit, on prétend... (*Exclamations ironiques à gauche et au centre.*)

M. LE PRÉSIDENT. — Veuillez faire silence, Messieurs. Pourquoi cette intolérance? Pourquoi, après avoir demandé des explications, ne voulez-vous pas les écouter en silence?

M. LOUIS LE PROVOST DE LAUNAY (*Côtes-du-Nord*). — On n'en veut pas, d'explications!

M. Lenglé. — J'entends dire partout, je lis partout qu'il existe des entreprises financières de nature peut-être à entraîner notre pays dans des aventures, et j'appelle sur ce point l'attention du Gouvernement. Vous paraissez trouver extraordinaire que je veuille dégager la responsabilité de la Chambre de ces aventures? Vous semblez considérer cette manière d'agir comme antipatriotique? Ah! Messieurs, vous ne le ferez pas croire au pays! (*Rumeurs à gauche. — Approbation à droite.*)

M. le président. — La Chambre n'est à aucun degré engagée dans cette question. Il s'agit de donner des explications sur l'analogie qui existerait entre l'affaire Jecker et les affaires de Tunisie. (*C'est cela! très bien!*)

M. Lenglé. — Je suis véritablement étonné du souci et des susceptibilités qui semblent animer la Chambre et son honorable président à l'occasion d'une réflexion qui ne concerne aucun membre de cette Chambre. Je répète le bruit public; je ne suis pas le Gouvernement; je n'ai pas les moyens d'instructions que doit et peut avoir le Gouvernement: je m'instruis où je peux. Eh bien! il y a des accusations graves que vous connaissez tous...

A gauche et au centre. — Non! non! — Dites-les!

M. Lenglé. — Vous avez beau faire, je ne les formulerai pas!

M. Fouquet. — Pas de réticences! C'est assez sérieux!

M. Lelièvre. — Expliquez-vous!

M. le président. — Un peu de patience, Messieurs; M. Lenglé allait vous donner l'explication; laissez-le parler!

M. Lenglé. — Je n'ai pas à raconter ici toutes ces affaires et tous ces tripotages...

A gauche. — Mais quelles affaires?

M. Lenglé. — Il n'y a personne ici qui ne connaisse toutes ces questions. (*Rumeurs diverses.*)

M. le président. — Veuillez écouter, Messieurs.

M. Lenglé. — Vous ne me forcerez pas à vous expliquer ce que vous connaissez tous.

M. Lelièvre. — Pourquoi en avez-vous parlé?

M. Lenglé. — J'ai voulu donner au Gouvernement un conseil utile et nécessaire. Tout le monde sait ce que c'est que la réclamation des biens de l'Enfida; je n'ai pas besoin d'en parler ici, et je n'en parlerai pas. (*Très bien! à droite.*)

Mais il était de mon devoir de dire au Gouvernement : Prenez garde d'aller trop loin et de vous mettre à la remorque de quelque question financière qu'il n'est ni de la dignité ni de l'intérêt de la France de soutenir. (*Mouvements divers.*)

M. LE PRÉSIDENT. — Messieurs, il ne faut pas se méprendre sur la question qui s'agite aujourd'hui devant vous. Toutes les paroles prononcées dans ce débat sont graves.

M. Lenglé, à propos d'un intérêt français... (*Interruption à droite*), — et je crois qu'il est de mon devoir de président de relever ses paroles, — à propos de la réclamation de l'Enfida, M. Lenglé a insinué qu'il y avait là quelque analogie avec l'affaire Jecker. Je pense, Messieurs, alors que nos nationaux se plaignent depuis longtemps et que cette question a fait l'objet d'interpellations au parlement italien et au parlement anglais, que M. Lenglé voudra bien, ici, compléter ses explications. (*Très bien ! très bien ! applaudissements.*)

M. LENGLÉ. — Je m'y refuse absolument. (*Vives exclamations à gauche et au centre.*)

M. LE PRÉSIDENT. — Permettez-moi de vous faire observer qu'en cette matière tout est important. (*Très bien ! très bien !*)

Voix à droite. — Vous discutez ! Prenez le ministère alors !

M. LE PRÉSIDENT. — Le ministère a son rôle et la Chambre a le sien. (*Très bien ! très bien !*)

M. ANISSON-DUPERRON. — Vous sortez de votre rôle de président !

M. LE COMTE DE MAILLÉ. — Vous n'avez pas le droit de parler ! Vous n'avez pas le droit de discuter ; ou bien il faut vous faire remplacer au fauteuil. (*Exclamations. Agitation.*)

M. LE PRÉSIDENT. — Messieurs, veuillez faire silence.

Un membre à droite. — Vous êtes le Gouvernement, alors ?

M. LE PRÉSIDENT. — Je ne suis pas le Gouvernement.

M. DE BAUDRY D'ASSON. — Ce n'est pas à vous de répondre, c'est au ministre !

M. LE PRÉSIDENT. — Vous devez assez me connaître pour savoir que j'arriverai à dire à la Chambre et au pays ce que je crois qui doit leur être dit.

Je vous engage à vouloir bien garder le silence... (*Interruptions à droite.*)

M. HAENTJENS. — A la tribune !

M. LE PRÉSIDENT. — Non, Monsieur !

M. DE BAUDRY D'ASSON. — Quittez votre siège présidentiel et descendez à la tribune.

M. LE PRÉSIDENT. — Ce n'est pas comme député que je parle, c'est comme président de cette Chambre... (*Applaudissements à gauche et au centre.*)

Messieurs, je ne veux rappeler aucun douloureux souvenir, mais il est certain que dans ces matières il n'est pas possible de laisser planer des soupçons compromettant le pays. (*Applaudissements prolongés à gauche et au centre.*)

M. DE BAUDRY D'ASSON. — Ils compromettent le Gouvernement et non le pays.

M. LE PRÉSIDENT. — Vous savez très bien, Messieurs...

Plusieurs membres à droite. — A la tribune ! à la tribune !

M. LE PRÉSIDENT. — Non ! Messieurs. Je défends la dignité de mes collègues !... (*Nouveaux applaudissements à gauche et au centre. — Interruptions à droite*) la vôtre comme la leur !

Je disais que vous savez très bien que le litige dont vous avez entretenu la Chambre a été débattu dans un autre parlement, et qu'il est actuellement même l'objet d'une contestation internationale. Vous savez très bien qu'il y a débat... (*Nouvelles interruptions à droite.*)

A gauche. — Mais laissez donc parler ! C'est intolérable !

Plusieurs membres à droite. — C'est au gouvernement à répondre !

D'autres membres sur les mêmes bancs. — A la tribune ! à la tribune !

M. LE PRÉSIDENT. — Oh ! vous m'écouterez !...

Plusieurs membres à droite. — Non ! non ! Descendez de votre fauteuil de président !

M. LE PRÉSIDENT. — Non, Messieurs !...

Il y a, disais-je, débat pour savoir quelle est la juri-
diction compétente.

Eh bien, je vous demande, est-ce que demain on
pourra lire, dans les débats de la Chambre française,
que la contestation dans laquelle le Gouvernement
français est engagé est une affaire véreuse, sans qu'il
y soit dit qu'il a été réclamé contre une pareille assertion et que des rectifications ou des justifications y
ont été apportées ? Si l'affaire est véreuse, il faut la
dénoncer à l'indignation du pays. (*Acclamations et
applaudissements prolongés sur les bancs de la majorité.*)

Mais si l'affaire est comme les affaires ordinaires
que le Gouvernement prend en main, c'est-à-dire à
l'abri de toute accusation de ce genre, il faut garder
le silence ou ne pas en parler dans les termes que
vous avez employés. (*Nouveaux applaudissements.*)

M. Lenglé a la parole. (*Mouvement.*)

M. LENGLÉ. — Du tout, je ne veux rien ajouter à ce
que j'ai dit.

M. LE PRÉSIDENT. — Il y a deux façons de vider le débat : c'est de répondre ou de ne pas répondre ; la
tribune vous est ouverte. Je constate que vous ne répondez pas. (*Vifs applaudissements à gauche et au
centre.*)

ALLOCUTIONS

Prononcées dans les séances des 21 février, 4 et 18 mars,
21 et 30 juin 1879; 2 et 12 février, 10 mai,
13 et 25 novembre, 6, 24 et 27 décembre 1880;
17 février, 14 mars, 4 avril, 2 juin et 7 juillet 1881

A L'OCCASION DES DÉCÈS DE MM. DE NALÈCHE,
LOUIS DE LA ROCHETTE, LEBOURGEOIS, HUON, ISIDORE CHRISTOPHLE,
GRANIER DE CASSAGNAC, CARREY, CODET, COLIN,
REYMOND, DE CHAMBRUN, ALBERT JOLY, LESGUILLON,
DE TILLANCOURT, MÉNIER, ROUVRE, DESSEAUX, TRON ET SOZON

PAR LE PRÉSIDENT DE LA CHAMBRE DES DÉPUTÉS

SÉANCE DU 21 FÉVRIER 1879

DÉCÈS DE M. DE NALÈCHE [1]

Messieurs, avant de vous faire connaître le résultat du dépouillement du scrutin, j'ai la douleur d'avoir à porter à la connaissance de la Chambre une lettre que je viens de recevoir :

Monsieur le Président,

Nous avons l'honneur de vous faire part de la perte douloureuse que nous venons de faire. Notre père, M. de Nalèche, député de la Creuse, est mort hier soir, à huit heures et

1. Bandy de Nalèche, né à Aubusson, en 1828, avocat au Conseil d'État et à la Cour de cassation, député d'Aubusson le 20 février 1876.

demie, à Versailles, 67, rue Duplessis. (*Mouvement de sympathique émotion.*)

Le service funèbre aura lieu dimanche prochain 23, à deux heures, dans l'église paroissiale de Notre-Dame de Versailles.

Veuillez agréer, Monsieur le président, l'hommage de notre profond respect.

« *Signé :* GILBERT DE NALÈCHE.

ÉTIENNE DE NALÈCHE.

Messieurs, je crois être l'interprète fidèle des sentiments de la Chambre, en exprimant, pour la famille, pour le pays auquel appartenait notre estimable et estimé collègue, les sentiments de regret qui ont accueilli cette douloureuse nouvelle. (*Oui! oui!* — *Très bien !*)

M. de Nalèche, qui était au milieu de nous depuis 1876, n'avait malheureusement pas pu, à cause du mal qu'il portait en lui et sous lequel il vient de succomber, donner dans cette Chambre toutes les preuves de son aptitude pour le travail législatif : il avait, autrefois, appartenu à la Cour de cassation et au conseil d'État comme avocat, et il avait occupé ces différents postes avec honneur.

L'honorable M. de Nalèche avait, dans son pays, consacré tous ses efforts, toute son intelligence à la défense des idées libérales. Issu d'une vieille famille parlementaire qui, depuis quatre-vingts ans, fournissait des représentants dans toutes les assemblées, il s'était franchement, et de très bonne heure, placé sous le drapeau de la République. Il y meurt en laissant un souvenir honoré dans cette Chambre et qui sera pour ses fils un exemple en même temps qu'une consolation. (*Applaudissements.*)

Il va être procédé au tirage au sort de la députation qui assistera aux obsèques de M. de Nalèche.

SÉANCE DU 4 MARS 1879

DÉCÈS DE M. DE LA ROCHETTE[1]

Messieurs, j'ai reçu de M. Emerand de la Rochette la lettre suivante :

Paris, le 4 mars 1879.

Monsieur le Président,

J'ai la douleur de vous apprendre la mort de mon frère, qui a succombé ce matin à onze heures et demie. (*Mouvement de douloureuse et sympathique émotion.*)

Recevez, je vous prie, Monsieur le président, l'assurance de ma haute considération.

EMERAND DE LA ROCHETTE.

Messieurs, M. Emerand de la Rochette, qui vient d'être frappé par un coup aussi soudain, est le frère de celui qui était hier encore notre collègue.

M. de la Rochette nous quitte au milieu, on peut le dire, des espérances et des promesses de la jeunesse. Tous ceux qui l'ont connu, — et il a commencé à siéger avec vous au lendemain de la Constitution du 25 février, — ont pu apprécier quelle perte fait la Chambre, quelle perte font ses amis, quelle perte fait

---

1. Louis Poictevin de la Rochette, né à Quénet, le 2 juin 1837, officier de dragons dans l'armée pontificale de 1866 à 1868, lieutenant-colonel d'un régiment de mobilisés en 1870, député légitimiste de la 2e circonscription de Saint-Nazaire depuis 1876.

le pays. Car, s'il avait un autre idéal politique que celui qui anime la majorité de cette Chambre, quelle que fût la vivacité de ses opinions, la fermeté de ses espérances, nul d'entre vous, Messieurs, n'a pu, à la courtoisie de ses rapports, voir en lui un adversaire. (*C'est vrai ! — Très bien ! très bien !*)

Je crois traduire les sentiments do la Chambre (*Oui ! oui !*) comme un hommage suprême au nom qu'il portait et qui était vénéré à bien des titres, en disant qu'il avait ici l'estime et la sympathie de tous les partis. (*Assentiment unanime.*)

Il va être procédé, par la voie du tirage au sort, à la désignation des membres de la députation qui sera chargée d'assister aux obsèques de notre regretté collègue.

SÉANCE DU 18 MARS 1879

DÉCÈS DE M. LEBOURGEOIS [1]

———

Messieurs, j'ai le devoir, toujours douloureux, d'annoncer à la Chambre qu'elle vient encore de faire une perte dans la personne d'un de ses membres les plus estimés. Je donne lecture de la lettre que je viens de recevoir :

Versailles, 18 mars 1879.

Monsieur le Président,

J'ai la douleur de vous annoncer la mort de mon père, député de la Seine-Inférieure, décédé aujourd'hui, à deux heures de l'après-midi.

Ses obsèques auront lieu jeudi matin, à Versailles, en l'église Notre-Dame.

Veuillez agréer, Monsieur le Président, l'expression de ma très haute considération.

PAUL LEBOURGEOIS.

Il va être procédé au tirage au sort des noms des membres de la députation qui assistera aux obsèques de notre regretté collègue qui auront lieu vendredi, à l'église Notre-Dame à Versailles.

Les membres du bureau et les membres faisant partie de la députation se réuniront au palais de la Chambre à Versailles.

1. Paul Lebourgeois, né à Dieppe en 1815, avocat, puis maire de Dieppe sous l'Empire, député de la Seine-Inférieure, depuis le 3 juillet 1871.

SÉANCE DU 21 JUIN 1879

DÉCÈS DE M. HUON[1].

———————

Messieurs, j'ai reçu de notre collègue M. Armez la lettre suivante, que je place sous les yeux de la Chambre :

Paris, le 18 juin 1879.

Monsieur le Président et cher collègue,

J'ai la douleur de vous annoncer que notre collègue M. Huon, député de Guingamp (Côtes-du-Nord), est décédé ce matin en son domicile à Paris.

Veuillez agréer, Monsieur le Président, l'hommage de mes sentiments de haute considération.

L. ARMEZ,
député des Côtes-du-Nord.

M. Huon, que l'état délicat de sa santé avait empêché, dans ces derniers temps, de prendre part à nos travaux, était un député du département des Côtes-du-Nord, plusieurs fois investi par ses compatriotes du mandat de les représenter dans cette enceinte.

M. Huon était fils de ses œuvres ; il appartenait à la classe des hommes voués aux travaux actifs de la campagne ; un accident survenu dans son enfance l'avait arraché à cette destinée, et, déjà avancé dans sa jeunesse, il s'était tourné vers les études du droit.

———

1. Huon, né à Guingamp en 1820, avocat, député des Côtes-du-Nord le 20 février 1876.

A force de patience et de volonté, il put réparer le temps perdu et arriver à se faire, dans le barreau de province, une situation d'honneur, de compétence, de services qui attirèrent sur lui la reconnaissance et l'estime des populations au sein desquelles il exerçait sa profession. (*Très bien ! très bien !*)

Dès 1870, il fut désigné à la confiance du Gouvernement de la défense nationale pour présider à l'administration de son arrondissement. Je suis heureux de dire que, à quelque opinion qu'ils appartinssent, ses compatriotes lui rendirent, au lendemain de nos épreuves, le témoignage public qu'il n'avait traité personne en ennemi, ni même en adversaire. (*C'est vrai ! c'est vrai !*) Il avait attiré sur lui l'estime et la considération universelles.

M. Huon, pris par la maladie, n'a pas pu nous donner, dans cette enceinte, le tribut de conseils et de travail sur lequel on était en droit de compter.

Aujourd'hui, j'ai le triste devoir d'exprimer le sentiment de ses collègues, et ce n'est, en vérité, qu'une bien douloureuse compensation pour la jeune famille déjà nombreuse qui reste après lui. (*Applaudissements.*)

SÉANCE DU 30 JUIN 1879

DÉCÈS DE M. CHRISTOPHE[1]

———

J'ai le douloureux devoir de vous informer, Messieurs, que j'ai reçu une lettre par laquelle la sœur d'un de nos collègues fait part à la Chambre de la perte que vient d'éprouver la famille Christophe, par la mort de M. Isidore Christophe, député de la Drôme, décédé en son domicile à Paris, rue Marivaux, 7. (*Mouvement.*)

La Chambre s'associera au témoignage de regret, de douloureuse émotion qu'une mort si imprévue et si soudaine lui cause. Elle nous prive d'un collègue entouré de l'estime générale, et qui avait, dans une vie toute de dévouement, de travail et de sacrifice, figuré durant les plus mauvaises heures au rang des plus vaillants défenseurs de la République. (*Marques d'assentiment et de sympathie.*)

1. Isidore Christophe, né à Valence, en 1843, avocat, député de la Drôme le 14 octobre 1877.

SÉANCE DU 2 FÉVRIER 1880

DÉCÈS DE M. GRANIER DE CASSAGNAC PÈRE [1]

J'ai reçu de M. Paul de Cassagnac, notre collègue, la lettre suivante :

Paris, 1er février.

Monsieur le Président,

J'ai la douleur de vous annoncer la mort de mon père décédé au château de Coulomé (Gers).

Veuillez agréer, Monsieur le Président, l'expression de mes sentiments les plus distingués.

PAUL DE CASSAGNAC.

Messieurs, en faisant part à la Chambre de cette communication, toujours si douloureuse pour un fils, je dois ajouter, au nom de la Chambre, que l'homme qu'elle perd aujourd'hui à la fin de la carrière si remplie, à divers titres, qu'il avait parcourue, reste, dans la mémoire de ceux qui l'ont connu, au dedans et au dehors de cette enceinte, comme un esprit qui, à presque tous les points de vue, occupait un des

---

1. Adolphe de Granier de Cassagnac, né à Averon-Beyelle, le 12 avril 1808, successivement rédacteur de la *Presse*, de l'*Époque*, de l'*Assemblée nationale*, du *Pouvoir*, du *Constitutionnel*, du *Réveil* et du *Pays*, député officiel au Corps législatif pour la 3e circonscription du Gers depuis 1852, réélu député de Mirande le 30 février 1876.

rangs les plus distingués de la littérature française.

Nous n'avons ici ni à le juger, ni à le louer; nous n'avons qu'à parler très brièvement du député et du collègue qui siégeait parmi nous depuis 1876.

A ce titre, quand il est intervenu dans nos débats, il y a, comme orateur, constamment apporté les puissantes qualités de son esprit, une grande sobriété, une grande concision, une forte originalité.

La part qu'il y a prise n'était jamais exempte de courtoisie pour ses adversaires, ni d'autorité pour ses amis.

La place importante qu'il occupait dans cette Assemblée marque et mesure le vide et les regrets qu'il laisse derrière lui. (*Très bien! très bien! sur un grand nombre de bancs.*)

DÉCÈS DE M. ÉMILE CARREY [1]

Messieurs, durant les quelques jours que la Chambre s'est séparée, conformément à une tradition constante dans le régime parlementaire, la mort, qui paraît redoubler ses coups et frapper, hélas! sans distinction, la mort a encore enlevé un de nos meilleurs et de nos plus estimables collègues.

M. Émile Carrey a pu, malgré notre séparation, recevoir les marques suprêmes de la sympathie de la Chambre. Ses obsèques ont eu lieu avec l'assistance et le concours de la représentation de la Chambre. J'ai cru pouvoir procéder à la désignation et me faire ainsi l'interprète de vos sentiments. (*Très bien! très bien!*)

Le collègue que nous perdons, Messieurs, occupait une place honorée depuis longtemps déjà dans le monde des études politiques, commerciales et consulaires. Il avait siégé en 1845 et 1846, en qualité de secrétaire, auprès d'une haute assemblée politique.

En 1848, il avait été choisi pour être le secrétaire du Gouvernement provisoire. Depuis, il avait reçu du gouvernement de son pays des missions lointaines et délicates, dont il s'était acquitté au profit de la France et avec honneur pour sa carrière.

Entré dans les rangs de la majorité républicaine dès

1. Émile Carrey, né à Paris le 26 septembre 1820, avocat, chargé de missions en Amérique et en Kabylie, conseiller général et député de Rambouillet depuis 1876.

1876, il y avait marqué sa place par le soin qu'il apportait à toutes les délibérations intérieures, et je puis
dire qu'il jouissait auprès de tous d'une haute autorité intime, qui ne se révèle pas toujours en public,
mais qui ne s'en exerce pas moins efficacement dans
les bureaux. (*Très bien! très bien!*)

Il avait, en effet, dans les multiples relations de sa
vie qui l'avaient mis en contact avec des pays, des
peuples, des institutions très diverses, puisé le sens
véritable de la politique, une expérience consommée
des choses et des hommes, une philosophie douce et
conciliante qui lui a valu vos sympathies et qui lui
gardera vos regrets. (*Très bien! très bien! — Applaudissements nombreux.*)

SÉANCE DU 10 MAI 1880

DÉCÈS DE M. CODET [1]

———

Messieurs, j'ai la mission, toujours très cruelle, de faire part à la Chambre de la mort d'un de nos collègues les plus honorés et les plus aimés, M. Émile Codet. (*Mouvement.*)

J'ai reçu hier de M. Codet fils une lettre que je place sous vos yeux :

Paris, 8 mai 1880.

Monsieur le Président,

J'ai l'extrême douleur de vous faire connaître que mon père, M. Louis Codet, député de la Haute-Vienne, est décédé ce matin à 9 heures, et je vous prie de vouloir bien faire part de sa mort à ses collègues.

Veuillez agréer, Monsieur le Président, l'expression de mon respect et de ma haute considération.

J. CODET.

Messieurs, nous ne pourrons pas envoyer aux funérailles de notre regretté collègue une délégation officielle de la Chambre, parce que ces funérailles n'auront pas lieu à Paris ; nous en exprimons publiquement nos regrets.

La Chambre eût tenu à honneur d'accompagner

---

1. Émile Codet, manufacturier, juge de paix, maire de Saint-Junien, pendant la guerre de 1870, député de la Haute-Vienne depuis 1876.

jusqu'à sa dernière demeure celui qui, au milieu de
ses concitoyens, comme au milieu des représentants
du pays, avait toujours été fidèle et dévoué à ses convictions. Généreux jusqu'à la bienfaisance la plus
extrême dans sa vie privée, ayant vécu au milieu
d'une population ouvrière dont il était à la fois le
protecteur, le collaborateur et l'ami... (*Très bien! très
bien!*), nous l'avons vu, aux heures les plus tristes de
la vie du parti républicain, toujours ardent, toujours
dévoué.

Aujourd'hui nous ne pouvons qu'associer notre
deuil au deuil de sa famille et conserver sa mémoire,
pour les siens et pour nous, comme une espérance et
une consolation. (*Très bien! très bien! — Applaudissements.*)

SÉANCE DU 13 NOVEMBRE 1880

———

Messieurs, j'ai le devoir toujours douloureux d'annoncer à la Chambre qu'elle vient de faire deux pertes du caractère le plus regrettable. Nos honorables collègues, M. Colin, représentant de Pontarlier, et le vénérable M. Ferdinand Reymond, de l'Isère, ont été frappés hier dans la même journée. (*Sensation.*)

La Chambre avait pu apprécier ce que ce dernier, M. Ferdinand Reymond, avait conservé sous le poids de l'âge, de vigueur, de sentiment patriotique, libéral et républicain. (*Marques d'approbation à gauche et au centre.*)

M. Ferdinand Reymond était, parmi nous, le représentant de cette vieille génération de combattants de 1830 qui n'ont jamais failli à leurs devoirs envers leurs concitoyens et envers la patrie. (*Applaudissements.*)

Ses concitoyens, à des époques différentes l'avaient toujours trouvé prêt pour la vie publique; en 1848 et après le 4 septembre, ils étaient allés le chercher dans une retraite qu'honoraient toutes les vertus pratiquées

1 Gustave Colin, né à Pontarlier le 2 avril 1814, avocat, juge de paix à Morteau et à Pontarlier, député le 20 février 1876.
2. Joseph-Ferdinand Reymond, né à la Tour-du-Pin le 14 octobre 1805, préfet de l'Isère en 1848, puis représentant à l'Assemblée législative, député en 1871 à l'Assemblée nationale, député de la Tour-du-Pin le 29 février 1876.

par lui, pour l'envoyer défendre leurs droits dans les diverses assemblées de ces époques. M. Ferdinand Reymond n'avait jamais failli à ses devoirs, et sa mémoire, Messieurs, restera une des plus grandes, une des plus honorées, dans cette vaillante province du Dauphiné qui a su allier toujours le plus grand patriotisme à la plus grande fermeté dans la défense des principes. (*Très bien! très bien!*)

M. Colin nous appartenait depuis moins longtemps. Instruit et frappé douloureusement, lui qui avait pris naissance aux bords de cette frontière menacée de l'Est, instruit, dis-je, par les cruelles leçons qui nous ont atteint, il y a dix ans, il s'était réfugié sous le drapeau de la République comme sous le seul qui pût désormais protéger et maintenir la France. (*Applaudissements à gauche et au centre.*)

Entré aux époques les plus difficiles parmi nous, il s'était toujours trouvé, malgré sa modestie, au premier rang, quand il s'est agi de défendre à la fois la loi et la République. (*Applaudissements à gauche et au centre.*)

DÉCÈS DE M. LE VICOMTE DE CHAMBRUN[1]

Messieurs, je ne peux clore la séance sans faire part à la Chambre d'une nouvelle douloureuse.

Voici la lettre que j'ai reçue de notre ancien collègue à l'Assemblée nationale, M. de Chambrun. J'en donne lecture à la Chambre :

> Monsieur le Président,
>
> Au nom de la famille, j'ai la douleur de vous informer de la perte qu'elle vient de faire en la personne de mon frère, M. le vicomte de Chambrun, député de la Lozère, décédé hier, 24 novembre, en son château d'Houdemont, près Nancy.
>
> Je vous prie de vouloir bien faire part de cette triste nouvelle à ses collègues.
>
> J'ai l'honneur d'être, Monsieur le Président, votre très humble et très obéissant serviteur.
>
> *Signé :* Comte DE CHAMBRUN.

Messieurs, je crois être l'interprète de tous les membres de cette Chambre, en exprimant les regrets que cette nouvelle nous cause, et en rendant l'hommage qui lui est dû à la mémoire d'un homme qui appar-

1. Charles de Chambrun, né à Paris le 14 janvier 1827, ancien officier de cavalerie, député de Marvejols le 20 février 1876.

tenait à une famille parlementaire, qui s'était distingué au service de son pays comme militaire, et qui avait toujours au milieu de nous, malgré la division des opinions, marqué par son urbanité, sa courtoisie et la loyauté de ses sentiments. (*Marques unanimes d'assentiment.*)

SÉANCE DU 6 DÉCEMBRE 1880

DÉCÈS DE M. ALBERT JOLY [1]

Messieurs, j'ai la triste mission d'apprendre à la Chambre qu'elle vient d'essuyer une perte dont aucun regret ne pourra exprimer la mesure et l'étendue. (*Mouvement.*)

Notre cher et jeune collègue M. Albert Joly est décédé hier, dans la nuit! Vous savez tous, Messieurs, quelles espérances nous fondions, avec la France républicaine, sur cette jeune et ferme intelligence. Ils sont nombreux parmi vous ceux qui avaient pu apprécier depuis déjà longtemps, dans une vie si courte, et les services qu'il avait rendus, et ceux qu'il était appelé à rendre. Il est de ceux dont la vie est pleine avant que le terme en soit fixé.

J'ai la consolation dans cette triste circonstance de pouvoir associer l'Assemblée tout entière à la perte que nous venons de subir. En effet, les dispositions légales qui nous régissent permettent de rendre au député qui meurt soit dans le département de Seine-et-Oise, soit dans celui de la Seine, les derniers honneurs; et sur cette tombe on pourra décerner au défunt l'hommage qui lui est dû, et lui payer devant ses concitoyens et devant la France, qui le pleure

1. Albert Joly, né à Versailles le 10 novembre 1841, avocat, député de la 1ʳᵉ circonscription de Versailles aux élections du 20 février 1876 et du 14 octobre 1877

comme une espérance trop tôt envolée, permettez-moi cette expression, le tribut d'affection et d'immortel souvenir que nous lui devons. (*Marques nombreuses de sympathique assentiment.*)

Il va être procédé au tirage au sort d'une députation de vingt-cinq membres qui devra assister aux obsèques. Demain, à huit heures et demie, on pourra se rendre à Versailles. La cérémonie aura lieu à neuf heures et demie.

SÉANCE DU 24 DÉCEMBRE 1880

DÉCÈS DE M. LESGUILLON [1]

J'ai reçu la lettre suivante dont je donne connaissance à la Chambre :

Monsieur le Président,

J'ai la douleur de vous apprendre que mon frère, M. Lesguillon, député de Loir-et-Cher, vient de succomber à sa douloureuse maladie, et je vous prie de vouloir bien en faire part à ses collègues.

Veuillez bien agréer, Monsieur le président, l'assurance de ma haute considération.

Veuve CHEMIN, née LESGUILLON.

J'ai reçu également l'avis suivant :

Monsieur le Président,

La famille Lesguillon a l'honneur de vous informer que le convoi de M. Lesguillon, député de Loir-et-Cher, aura lieu le dimanche 26 décembre, à neuf heures précises du matin.

On se réunira à la maison mortuaire, boulevard Latour-Maubourg, n° 33, pour se rendre à la gare d'Orléans.

Vous vous rappelez tous, Messieurs, que M. Lesguillon comptait parmi les plus anciens et les plus

---

1. Pierre Lesguillon, né à Gien le 28 octobre 1811, avocat, procureur de la République à Blois le 4 septembre 1870, représentant de Loir-et-Cher à l'Assemblée nationale, député de Romorantin depuis le 20 février 1876.

fidèles serviteurs de la démocratie républicaine. La maladie qui le tenait malheureusement éloigné de nous depuis trop longtemps a fini par nous l'enlever.

Je suis sûr d'être l'interprète de tous ceux qui l'ont connu, en rendant hommage à cette vie consacrée au bien et à la défense de la justice. (*Nombreuses marques d'assentiment.*)

Il va être procédé au tirage au sort de la députation qui accompagnera les restes de notre regretté collègue.

SÉANCE DU 27 DÉCEMBRE 1880

DÉCÈS DE M. DE TILLANCOURT [1]

Messieurs, j'ai encore une douloureuse nouvelle à
porter à la connaissance de la Chambre.

Il y a quelques instants, le bureau et une délégation
parlementaire, choisie pendant votre absence, accompagnaient la dépouille mortelle de notre regretté collègue M. de Tillancourt.

Je ne veux pas m'étendre longuement sur la perte
que l'Assemblée vient de faire; elle ajoute un nom de
plus à cette liste déjà si cruellement remplie par la
mort depuis quelques mois.

M. de Tillancourt était parmi nous un représentant
d'un caractère tout à fait élevé; il apportait parmi
nous, ayant appartenu à toutes les Assemblées successivement élues par le pays depuis 1848, des lumières
spéciales sur les questions d'affaires.

Vous avez tous pu apprécier le dévouement qu'il
mettait dans l'étude des questions agricoles et artis-
tiques pour lesquelles il avait une compétence particulière.

Ce que surtout aucun de vous ne peut avoir oublié
et dont chacun gardera certainement un souvenir

---

1. Édouard de Tillancourt, né à Doultoc le 14 octobre 1809,
avocat, représentant de l'Aisne à l'Assemblée constituante (1848)
et à l'Assemblée législative, député depuis 1865 au Corps législatif, représentant à l'Assemblée nationale (1871), député de
Château-Thierry depuis 1876.

affectueux, c'est la parfaite courtoisie, la loyauté
de l'homme, l'élévation du caractère, cette cordialité
que relevait toujours une pointe d'esprit qui amenait
le sourire sans jamais produire de blessure. (*Vives et
nombreuses marques d'assentiment.*)

M. de Tillancourt, je puis le dire, ne comptait que
des amis sur tous les bancs de cette Chambre, ayant
su, durant toute sa vie, unir la modération et la fermeté dans ses opinions à une courtoisie inaltérable.
(*Applaudissements.*)

Je dois, Messieurs, quoique cela ne soit pas conforme aux usages, vous faire part des remerciements
que la famille m'a chargé de faire à la Chambre, pour
le concours qu'elle a donné au cortège funèbre, par le
grand nombre de ses membres qui s'y étaient joints.
(*Applaudissements prolongés.*)

SÉANCE DU 17 FÉVRIER 1881

DÉCÈS DE M. MENIER [1]

Messieurs, je reçois à l'instant une dépêche télégraphique qui m'annonce une nouvelle perte que la Chambre vient de faire encore dans la personne de notre honorable collègue et ami M. Menier. (*Mouvement.*)

Voici en quels termes est conçue cette dépêche :

J'ai la douleur de vous faire part du décès de M. Émile Menier, député de Seine-et-Marne, qui a succombé ce matin à Noisiel, après une longue et cruelle maladie.

Agréez, Monsieur le Président, l'expression de ma haute considération.

HENRI MENIER.

Messieurs, ce n'est pas sous le coup de cette nouvelle que votre président peut trouver des expressions véritablement suffisantes pour expliquer ou plutôt pour traduire devant le pays l'émotion qu'elle provoque sur vos bancs. En effet, M. Menier, qui appartenait à la haute industrie parisienne, était connu de vous tous comme un homme de bien par excellence. Tout le monde savait et appréciait les qualités de cœur, la passion généreuse, on peut le dire, qu'il

---

1. Émile Menier, né à Paris le 18 mai 1826, industriel à Noisiel, membre de la Chambre de commerce de Paris, député de Seine-et-Marne depuis 1876.

apportait au service des œuvres philanthropiques, et l'on a vu, dans les dernières circonstances de sa vie, alors que la maladie ne le tenait pas encore éloigné de nous, avec quelle ardeur juvénile il poursuivait la réalisation d'idées qui, pour n'être pas acceptées de ses collègues, n'en étaient pas moins inspirées par la plus haute générosité sociale. (*Très bien! très bien!*)

M. Menier avait exercé pendant une vie trop courte les fonctions consulaires, les fonctions de membre de la chambre de commerce, et il s'était toujours montré à la hauteur de tous ses devoirs. Comme industriel, M. Menier avait pris une place qui ne sera pas remplie de sitôt, au point de vue du développement de notre industrie et des débouchés qu'il trouvait dans le monde entier pour les produits qu'il y répandait.

M. Menier était enfin, dans cette Assemblée, un lien naturel entre vous et ces chercheurs un peu hardis qui, dans le domaine de la finance et de l'impôt, étudient les procédés les plus simples de prendre les ressources naturelles d'un pays là où elles se trouvent.

Vous serez convoqués à ses funérailles par lettre à domicile, puisque demain il n'y a pas séance publique. On n'a pas encore fixé le jour des obsèques, mais la Chambre comprendra qu'il faut tirer au sort dès à présent la députation qui assistera à son cortège funèbre. (*Très bien! très bien!*)

SÉANCE DU 14 MARS 1881

DÉCÈS DE M. ROUVRE [1]

Avant de lever la séance, j'ai à faire connaître à la Chambre la perte qu'elle vient de faire dans la personne de notre honorable et regretté collègue M. Rouvre, député de l'Aube.

M. Rouvre a été frappé la nuit dernière, et enlevé à sa famille, à ses amis et à la Chambre par un coup d'autant plus cruel qu'il était inattendu.

Voici la lettre que sa fille m'a adressée :

Paris, 11 mars 1881.

Monsieur le Président,

J'ai la douleur de vous annoncer la mort de mon père, M. Rouvre, député de l'Aube, enlevé à notre affection ce matin à quatre heures.

Recevez, Monsieur le président, l'expression de ma considération la plus distinguée.

J. DUCOUDRÉ.

M. Rouvre était un vétéran d'un parti républicain. Il n'avait jamais recherché l'honneur de représenter son pays : ses concitoyens ont fait violence à sa modestie aux heures difficiles qu'a traversées la France. Ils le connaissaient autant pour la fermeté

---

1. Louis Rouvre, né à Saint-Parres-les-Vaudes le 12 décembre 1802, docteur en médecine, député de Bar-sur-Seine depuis 1876.

que pour l'ancienneté et la modération de ses opinions. Ils le connaissaient aussi comme un homme de bien, désintéressé, toujours prêt à prodiguer ses soins, ses talents, ses ressources, sa vie, pour le soulagement des infortunes qu'il rencontrait sur son passage. (*Très bien! très bien!*) Il a été parmi nous un député fidèle à ses convictions, aimé et honoré de ses collègues... (*Oui! oui! — C'est vrai!*); son souvenir restera présent dans le cœur de tous ceux qui l'ont connu. (*Marques générales d'assentiment.*)

Il va être procédé au tirage au sort d'une députation qui devra accompagner les restes mortels de notre regretté collègue; après quoi, je lèverai la séance.

SÉANCE DU 4 AVRIL 1881

DÉCÈS DE M. DESSEAUX [1]

Messieurs, avant que la Chambre reprenne le cours de la délibération, je dois lui apprendre la perte qu'elle vient d'éprouver par la mort de notre regretté, vénéré et aimable doyen, M. Desseaux. (*Sensation.*)

Vous connaissiez tous M. Desseaux, et certes je ne pourrai louer trop haut les qualités de cœur, d'esprit, d'urbanité, qui le distinguaient et qu'il avait pour ainsi dire le don de répandre au milieu de nous.

M. Desseaux appartenait à cette forte génération de la fin du siècle dernier, qui a traversé les trois quarts de celui-ci, en portant haut et ferme le drapeau de la Révolution française. (*Très bien! trèsbien! — Applaudissements à gauche et au centre.*)

Sous tous les gouvernements, et au milieu des épreuves les plus cruelles, il avait su grouper autour de lui toutes les sympathies, et, je peux le dire, tous les concours, car, aux heures de crise que traversaient la patrie et cette grande ville de Rouen, toujours généreuse et ardente, M. Desseaux se levait, montait les degrés de la maison commune et apportait le tribut

---

1. Louis Desseaux, né à Honfleur le 6 décembre 1778, avocat à Rouen en 1820, bâtonnier, premier avocat général en 1848, député au Corps législatif en 1869, préfet de la Seine-Inférieure le 4 septembre 1870, député de la 1re circonscription à Rouen depuis 1876.

de sa fermeté civique, de son courage et de son dévouement au bien public. (*Applaudissements.*)

A ce poste de lutte et de péril, M. Desseaux était suivi et soutenu par tous ceux qui, le connaissant, savaient ce que l'on peut attendre de son énergie et de sa clairvoyance.

La crise passée, cet honnête homme rentrait chez lui, se dérobant pour ainsi dire à la reconnaissance de ses concitoyens et laissait à d'autres l'honneur de les représenter dans les Assemblées parlementaires.

Enfin un jour vint où on lui fit violence; et sous l'Empire, après qu'on eut longtemps pesé sur lui, on le décida à venir se joindre au groupe des députés qui défendaient la cause démocratique. Il combattit au milieu d'eux.

Il se retrouva aussi avec eux, au lendemain de nos désastres : on lui imposa encore, — et il ne put s'y dérober après les services éminents qu'il avait rendus pendant la défense nationale, — le mandat de représentant de son pays.

C'est là, Messieurs, que vous l'avez connu, que vous l'avez rencontré, et le plus beau des éloges qu'on puisse faire de lui, c'est certainement le souvenir qu'il a laissé dans vos cœurs. (*Nouveaux applaudissements.*)

Chargé de jours, mais l'âme toujours forte, il supportait d'une façon presque juvénile les travaux que son âge lui imposait à l'ouverture de nos sessions.

Nous ne verrons plus à ce siège cette douce et aimable figure de vieillard, mais cependant je suis sûr que plus d'un l'évoquera naturellement le jour où il avait l'habitude de remplir les fonctions de doyen de l'Assemblée. (*Oui! oui! — C'est vrai!*)

Messieurs, il sort de la vie, il la quitte sans agitations, sans souffrances; on peut dire qu'à ses derniers moments il aura été un favori de cette heureuse fortune, qui manque quelquefois aux carrières les plus noblement remplies et consacrées tout entières au culte de la justice, à la défense du droit et à l'amour du beau! (*Applaudissements prolongés.*)

Il va être procédé au tirage au sort de la délégation chargée de représenter la Chambre aux obsèques de notre regretté collègue, qui auront lieu demain à deux heures.

SÉANCE DU 2 JUIN 1881

Messieurs, j'ai le regret très sincère d'annoncer à la Chambre la perte qu'elle vient de faire dans la personne de M. Charles Tron, député de la Haute-Garonne.

Voici la lettre que j'ai reçue de son fils :

Paris, le 1er juin 1881.

Monsieur le Président,

Mon père a succombé, ce matin, aux suites d'une fluxion de poitrine. J'ai la douleur de vous l'annoncer, en vous priant de vouloir bien en faire part à ses collègues.

Veuillez agréer, Monsieur le Président, l'assurance de ma haute considération.

ADOLPHE TRON.

Messieurs, notre honorable et sympathique collègue était depuis longtemps dans la vie publique. Il avait été mêlé très jeune aux luttes du parti libéral, sous le gouvernement de Juillet. Au milieu des populations qu'il représentait dès cette époque, et où il était estimé et apprécié, en dehors de toute question de parti, comme un homme très bienfaisant, il avait apporté, dès les premiers jours, dans la politique, les

1. Charles Tron, né à Bagnéres-de-Luchon le 13 mars 1817, avocat, représentant de la Haute-Garonne à l'Assemblée législative (1849), député de Saint-Gaudens au Corps legislatif (1869), et depuis 1876, à la Chambre des députés.

sentiments de libéralisme dont il ne s'est pas départi jusqu'à la fin de sa vie, quelle que fût la violence des opinions qui se déchaînaient autour de lui.

Après avoir fait partie de l'Assemblée de 1849, M. Tron, à la suite des évènements qui avaient mis fin à la seconde République, se renferma dans la retraite et y resta jusqu'en 1869. J'eus l'honneur et le plaisir de le connaître à cette époque, et je suis heureux de déclarer ici qu'il était impossible de rencontrer un homme plus affable, quel que fût le drapeau sous lequel il était enrôlé. (*Très bien! très bien!*)

Lorsqu'il nous a été rendu par les suffrages de ses compatriotes, M. Tron était déjà atteint par la maladie ; la fatigue et sa santé débilitée ne lui permettaient pas de donner tous ses soins aux travaux parlementaires ; mais toutes les fois qu'il a pris part à nos débats, il a donné des preuves de la courtoisie de son caractère et de la noblesse de ses sentiments. (*Très bien ! très bien !*)

C'est une perte pour la Chambre ; c'est toujours une perte, quels que soient l'opinion que représente un collègue et le rang qu'il occupe parmi les hommes politiques de son pays, que la disparition d'une intelligence doublée d'un grand cœur. (*Applaudissements.*)

Je n'ai pas reçu d'indication pour le jour des obsèques.

M. LENGLÉ. — Les obsèques n'auront pas lieu à Paris.

M. LE PRÉSIDENT. — Alors, il n'y a pas lieu de nommer une délégation de la Chambre pour y assister.

DÉCÈS DE M. PAUL JOZON [1]

Messieurs, j'ai le douloureux devoir d'apprendre à la Chambre qu'elle vient d'éprouver encore une perte qui sera par elle bien cruellement ressentie.

J'ai reçu ce matin la nouvelle de la mort de notre éminent et aimé collègue, M. Paul Jozon. (*Mouvement.*)

Il nous est enlevé au milieu des promesses et des espérances qui reposaient sur sa tête. Il était depuis 1871, à l'Assemblée nationale, comme ici, un des représentants les plus vertueux, les plus laborieux... (*Très bien ! très bien !*) et les plus méritants de la démocratie républicaine. (*Vifs applaudissements !*) Cette perte, nous ne pouvons aujourd'hui qu'exprimer la profonde douleur qu'elle nous cause ; nous ressentirons plus tard et pendant longtemps le vide qu'elle laisse au milieu de nous. En effet, Paul Jozon, depuis sa plus tendre enfance, avait marqué dans sa génération, qui ne l'avait jamais perdu de vue, une place à part. Il était de ceux qui choisissent les tâches difficiles, et qui à force d'intelligence, d'activité et de persévérance

1. Paul Jozon, né le 12 février 1836 à la Ferté-sous-Jouarre, avocat à la Cour d'appel, puis avocat au Conseil d'État et à la Cour de cassation, adjoint au maire du VIᵉ arrondissement de Paris le 7 octobre 1870, représentant de Seine-et-Marne à l'Assemblée nationale, député de Fontainebleau le 11 octobre 1877.

les mènent à complet résultat. (*Applaudissements.*) La fermeté, chez lui, se déguisait à peine sous l'amitié et la courtoisie de ses manières ; mais vous avez vu, aux heures les plus difficiles, avec quel noble courage il assumait les plus hautes responsabilités, et on peut dire que la République et le pays perdent en lui une de leurs meilleures espérances. (*Applaudissements.*)

Je ne veux pas aujourd'hui, Messieurs, ce n'est pas le lieu dans une assemblée d'hommes politiques, insister plus longtemps sur ce qui est surtout une perte d'ami ; mais il appartiendra à d'autres, à ses concitoyens, à ses compatriotes, de retracer la vie déjà si remplie d'un homme encore si jeune. Ils diront qu'au Conseil d'État, à la Cour de cassation, au barreau, dans le Parlement, Paul Jozon s'était montré à la hauteur de toutes les tâches et de toutes les difficultés.

Il fut, dès l'Empire, le défenseur courageux des idées libérales et républicaines, et il aurait su les défendre à toutes les époques autant par sa modération que par son intelligence et sa ténacité. (*Applaudissements.*)

Associons-nous donc tous dans l'expression de nos regrets, car tous vous sentez que lorsque la France perd un de ses bons citoyens, c'est une perte commune et qui doit être communément déplorée. (*Applaudissements unanimes.*)

Messieurs, notre regretté ami sera enseveli samedi ; je ne connais pas encore l'heure de ses obsèques, mais vous en serez avertis.

En attendant, il va être procédé au tirage au sort de la députation qui représentera la Chambre.

DISCOURS INÉDIT

Prononcé le 18 septembre 1878

A VALENCE

Le discours prononcé par M. Gambetta à Valence, le 18 septembre 1878, en réponse à un toast de M. Madier de Montjau, n'avait été reproduit qu'en analyse dans la *République française* du lendemain. La sténographie de cet admirable morceau d'éloquence n'a été transcrite que plus tard. Des circonstances indépendantes de notre volonté nous ayant empêché de publier à sa place (tome VIII, page 222) le texte complet de ce discours, il nous a paru nécessaire de le donner dans cet appendice.

M. GAMBETTA. — Très chers concitoyens, tout à l'heure, à la fin de ce bouillonnement d'éloquence que vous venez d'entendre (1), on vous annonçait des paroles éloquentes : c'était une promesse décevante. Je ne sache pas d'homme qui puisse la réaliser avec ce jet du cœur, avec cette chaleur de l'âme et, qu'il me permette de le dire, avec cette brûlante foi de l'apôtre républicain que vous avez entendu. Et, s'il y a une noblesse dans la République, — et il y en a une, — soyez-en sûrs, c'est celle précisément qui se révèle dans ce langage à la fois héroïque et mystique et qui fait que, lorsque nos anciens parlent de la République, on croit entendre retentir une hymne sacrée

---

1. Le discours de M. Madier de Montjau, député de la Drôme. (Voir t. VIII, p. 218-222.)

dédiée à la grandeur de la France, qu'il faut applaudir
et suivre à l'unisson dans son âme, sans chercher à
lutter d'éloquence et de paroles avec cette poésie et
ce lyrisme. (*Vive adhésion et applaudissements.*)

Non, je n'ai pas la prétention de répondre à ce langage vibrant et enflammé. Je n'ai à vous apporter,
Messieurs, que des paroles toutes simples, que des
paroles de reconnaissance, d'effusion et de gratitude,
oui, de gratitude, pour l'accueil que vous m'avez fait,
et de reconnaissance pour les paroles déjà trop excessives que m'adressait mon ami et mon devancier,
mon éminent collègue, mon désintéressé compagnon
et, — je peux le dire parce qu'il n'y a de vraie collaboration que dans le péril, — mon plus précieux collaborateur dans la période du 16 mai, Madier de
Montjau. (*Salve d'applaudissements.*)

Je me rappelle ses dernières paroles, car personne
plus que moi n'a l'horreur des personnalités et de
l'égoïsme dans le plus généreux des partis, le parti
de la démocratie. J'ai toujours dit et toujours répété
que, dans l'état républicain, il fallait se garder, plus
que dans aucun autre état social, du vertige des personnalités. Il n'y a pas de pente plus glissante, il n'y
a pas de péril plus redoutable, il n'y a pas de situation
à la fois plus lamentable et plus humaine, dans ce
pays de foule, que de predrne un homme, de le suivre
comme chef et d'en faire une idole qui se retourne
ensuite contre le pays et lui fait payer, au prix de la
plus dure servitude, les enthousiasmes légitimes de
la première heure.

J'ai le sentiment profond, — et je le dis avec l'orgueil qui doit s'attacher à une conviction lentement
et solidement mûrie, — que s'il y a dans la politique un
péril, c'est d'y mettre trop de sa personnalité, et ce
que j'ai été depuis la première heure où je suis des-
cendu dans l'arène jusqu'à aujourd'hui, — au risque
de blesser les uns, d'effaroucher les autres, je le serai

toujours : l'ennemi des personnalités excessives. J'ai réclamé mon rang, ma place dans la démocratie pour la servir et non pour l'asservir. (*Applaudissements et acclamations.*)

Je l'ai réclamé pour pousser à ma manière, selon les calculs et les combinaisons de ma raison, sa politique de progrès et d'avancement incessant de la conscience. Oh ! je sais que je ne serais pas de mon parti, que je n'aurais pas d'entrailles, que je ne serais pas un fils du peuple ayant ses origines, ses passions, ses enthousiasmes et ses aspirations, si j'ignorais qu'il y a dans ses rangs des impatients et des étourdis, des violences et des passions en même temps qu'un souffle généreux qui le porte à vouloir briser les obstacles alors qu'il serait si simple de les détruire par quelques mois de patience.

Eh bien, je n'ai jamais failli à ce devoir de rendre hommage à nos devanciers, et jamais il n'est sorti de ma bouche, — quelles qu'aient été les sollicitations venues du dehors ou d'ailleurs, — une parole, je ne dirai pas de blâme, mais même de remarque contre ceux qui, fidèles au drapeau, comprenaient autrement la conduite et les intérêts du parti républicain. Non, jamais !

Et pourquoi ? Parce que je ne voulais jamais élargir le fossé, aviver les dissidences, irriter les controverses. Je suis, au contraire, pour les aplanir, et savez-vous ce qui, je crois, fait ma force dans ce pays et mon action sur vos esprits, malgré de légitimes colères contre ce qu'il faut faire disparaître ? C'est que, partout où je vais, je cherche la concorde et l'union parce que j'estime que c'est là qu'est l'avenir. (*Adhésion unanime et applaudissements prolongés.*)

On nous le disait tout à l'heure : quand il fallut refaire la France, l'arracher aux abus qui la rongeaient et aux cataclysmes de boue et de sang, il fallait de puissantes mains : il fallait des hommes allant, comme des lions, contre les obstacles, s'y heurtant le front au risque de disparaître et léguant à la postérité non seulement de sublimes efforts, mais des résultats dont nous jouissons à l'aise aujourd'hui ; il fallait cette génération de Titans qui, il y aura bientôt quatre-vingt-six ans, ont fait la République contre l'Europe monarchique, contre les rois coalisés, contre un régime de quatorze siècles, contre une oppression qui menaçait de devenir éternelle. Alors, il fallait avoir recours à la violence et à la passion qui ne calculent pas. Ces temps héroïques sont finis, et il nous appartient aujourd'hui de remplacer la force par le calcul parce que nous sommes en possession d'un instrument souverain qui manquait à nos pères : la nation consultée par le suffrage universel. (*Applaudissements et acclamations prolongées.*)

Et, de même que l'ancien régime, avec ses plus éminents docteurs, tirait toute la politique de l'Écriture sainte, — après Bossuet, on l'a tirée de la raison d'État, et la Convention, s'en emparant de ses puissantes mains, a tout haché en roulant la France devant l'ennemi pour triompher des obstacles. Mais, quand le peuple est devenu majeur, quand il est capable de se prononcer, je dis que l'emploi de la force et de la violence est un crime et un attentat contre la patrie. Et alors, ne faisant appel qu'à la raison et à la persuasion, je dis : Je connais mon maître, c'est le peuple, je le consulterai, et son autorité s'imposera parce que la loi est celle qui s'exprime par le suffrage universel. (*Salve d'applaudissements.*)

Le suffrage universel a pu se tromper quelquefois alors qu'il était l'objet de tentations hasardeuses ; mais, à partir du moment où il a pu fonctionner librement, il lui a suffi de l'instinct de conversation, du sentiment de justice et d'égalité, unissant, dans une même pensée, le culte de l'humanité et du droit public, — il lui a suffi de ces conditions pour rester le maître et briser, avec une facilité sans exemple, les

intrigues les mieux ourdies et les tyrannies les plus
subtiles comme les plus infâmes. Eh bien, c'est à ce
suffrage universel qu'il faut se rattacher, c'est lui
qu'il faut respecter toujours. Lorsqu'il y a sept ans
il nous donnait tort, l'avons-nous attaqué, nous sommes-nous retournés contre lui? Non. J'ai dit, à ce
moment, et je tiens à le répéter, que c'était à lui
qu'il fallait s'adresser, en parcourant la France, en
visitant jusqu'à ses hameaux pour faire pénétrer au
fond des âmes les véritables principes restaurateurs
et réparateurs de la patrie, et j'ajoutais qu'un jour
viendrait où ce suffrage universel, qui s'était prononcé
dans un jour de malheur, — comme le disait un in-
conscient qui fut un ministre, — remettrait tout en
place, nous reporterait aux affaires et dans des conditions qui ne permettraient à personne de contester
vos titres, d'entraver votre action sous peine d'être
des factieux que la loi atteindrait.

C'est cette épreuve que nous avons faite ; c'est cette
expérience qui s'est imposée à la France et si, aujour-
d'hui, nous pouvons, avec quelque tranquillité d'âme,
envisager l'avenir, ne redouter aucune intrigue, défier
toutes les déclamations, c'est parce que le suffrage
universel nous est revenu; c'est parce que, éclairé,
et convaincu par cette double expérience: la perte de
la patrie quand on se confie à un seul et la perte de
la liberté quand on abdique entre les mains de quelques-uns, il est revenu à la véritable doctrine, à savoir
qu'il n'y a de bon gouvernement que pour les nations
résolues à se gouverner elles-mêmes. Et ce qui fait
notre cohésion, notre entente et notre union, c'est que
nous n'avons qu'un maître que nous reconnaissions
comme seul légitime; et ce maître, c'est le peuple.
(*Acclamations et applaudissements prolongés.*)

S'il y a des dissidences parmi nous, elles ne portent jamais que sur la forme, que sur des questions
d'heure et de mesure, que sur des questions qu'on a

qualifiées d'opportunes ou d'inopportunes. Eh bien,
je n'ai jamais voulu m'arrêter à ces termes, et quant
à moi, je suis d'une école qui, en philosophie comme
en politique, ne reconnaît que la réalité et l'expérience. (*Bravos et applaudissements.*)

Entre nos adversaires irréconciliables et nous il y
a un fossé qu'on ne franchira jamais, c'est la souveraineté du peuple, et entre mes amis et moi, — amis de
la première, de la seconde ou de la troisième heure, —
des questions de forme seules peuvent nous séparer,
mais il y aura toujours un arbitre pour nous dépar-
tager, ce sont les principes et les intérêts républicains.
(*Adhésion unanime.*)

Nous marcherons toujours, sinon d'un pas égal,
du moins sur la même voie, vers le même but, quoique les moyens soient différents.

Quant à ce pays de traditions, longtemps soumis
aux despotismes de tous genres, depuis celui de la
conscience jusqu'à celui de l'administration, comment
penser que, dans un pareil pays, il ne faille pas, avant
tout, conquérir les esprits un à un, par l'autorité de
la raison et de la persuasion, par des preuves, des
paroles et des actes, en y mettant autant de persévérance que de patience? Eh bien, jamais je ne me départirai de ce procédé, de cette théorie. Je connais la
France. Je ne prends pas son image dans tel ou tel
département, ardent, généreux, intelligent et figurant
à un rang supérieur sur la carte de l'instruction publique. Non, je la prends dans son ensemble, dans
sa totalité, et je crois que, pour assurer le véritable
avenir du parti républicain, pour le fonder définitivement, pour lui faire pousser, jusqu'au tuf du sol
français, des racines indéracinables, ce qu'il faut,
c'est d'être, permettez-moi de le dire. de l'opinion
de la France et non d'un parti, d'une opinion, d'une
école. (*Salve d'applaudissements.*)

A côté de cette théorie et de cette méthode de gou-

vernement, toutes les initiatives, toutes les hardiesses,
toutes les énergies individuelles peuvent se produire ;
on les examine, on les discute, on entre dans la controverse, c'est la loi des gouvernements démocratiques
qui veulent des esprits libres émancipés, mais il faut
la règle et la mesure et un gouvernement doit d'abord
gouverner dans le sens de l'opinion qui résulte de la
direction générale des esprits.

Voilà mes principes au point de vue de la conduite
gouvernementale, et j'ai le sentiment que la France y
répond. L'immense mouvement électoral qui se poursuit dans ce pays, depuis tantôt huit ans, ne les a
jamais démentis : il les a, au contraire, corroborés : et,
quant à moi, j'appelle vivement le jour où s'ouvrira
enfin cette dernière épreuve des élections sénatoriales,
c'est-à-dire le jour où nous serons débarrassés définitivement des intrigants, des petits maîtres, des fai-
seurs de coups d'État d'antichambre, des impuissants
de coulisse, des aristocrates sans noblesse (*Rires et
applaudissements prolongés*), le jour où nous pourrons
enfin faire entrer dans le Sénat ce contingent nécessaire de républicains qui en fera, non pas un frein
comme on l'a dit, mais, au contraire, un pouvoir har-
monique, la Chambre du suffrage universel travaillant d'une égale ardeur avec ce Sénat dans un but de
progrès général, dans toutes les directions : législation, impôt, administration, armée, réforme judiciaire, éducation nationale, et ces deux pouvoirs
donnant le spectacle de Français pouvant siéger dans
des enceintes diverses, mais tous animés de la même
passion : la grandeur de la patrie sous l'égide de la
République ! (*Salves d'applaudissements et acclamations
prolongées.*)

Voilà ce que j'appelle de tous mes vœux : d'abord
atteindre, toucher ce but, puis le dépasser et se
lancer dans la carrière indéfinie du progrès où nous
paraîtrons bien misérables à nos petits-neveux,

croyez-le bien; mais, avant tout, il nous faut maintenir l'union, la concorde, entre toutes les fractions du parti républicain. Oui, nous pouvons discuter, mais, au jour de l'action, il faut se ranger sous la règle commune parce qu'il n'y a d'armées victorieuses que les armées disciplinées. (*Vive adhésion.*)

Comme conclusion, je me permets, à mon tour, de porter un toast, et comme vous, mon éminent ami, à la République, parce qu'il ne convient pas, ici, de porter un toast à un homme, à un serviteur de la démocratie, si populaire, si brillant qu'il puisse paraître dans l'arène. Nous avons ici notre déesse suprême! (*L'orateur indique le buste de la République.*) Planant dans l'azur, sous le soleil plus brillant du Midi ou sous le climat plus tempéré du Nord, elle est l'image de la France sous les traits adorables de la République française. (*Salve d'applaudissements.*)

Je vous invite donc à porter un toast à cette République qui, lorsqu'elle sera dotée des institutions que nous lui destinons, pourra défier toutes les comparaisons et tous les rapprochements, qu'on les puise dans le passé ou dans le présent. Nous ne serons, à coup sûr, ni une république grecque, ni une république italienne, ni une république suisse, ni une république hollandaise, ni une république américaine. Nous introduirons dans le monde une figure, une physionomie spéciale, la figure et la physionomie d'un peuple qui, possédant les plus vieilles traditions, y ajoutera la plus haute culture intellectuelle, le goût le plus supérieur, la littérature la plus noble, le génie le plus sûr, la sensibilité la plus exquise, avec la fleur de l'urbanité et la finesse la plus élégante — et qui donnera au monde le spectacle d'une république sans exemple, c'est-à-dire de l'épanouissement de l'élite de l'humanité. (*Acclamation et applaudissements enthousiastes. — Cris prolongés de : Vive la République.*)

TABLE DES MATIÈRES

IX.   39

Paris. — Typ. G. Chamerot, 19, rue des Saints-Pères. — 13628.

www.ingramcontent.com/pod-product-compliance
Lightning Source LLC
Chambersburg PA
CBHW071141270326
41929CB00012B/1831